JN436728

스코틀랜드 교회와 한국장로교

서 요 한 저

Church of Scotland and Presbyterian Church of Korea

by

Rev. Yohahn Su, Th.M., Ph.D.

Professor of Ecclesiastical Theology
in Chongshin University(Seoul, Korea)
and
Director, Centre for the Puritans & Reformed Theology

Korean Edition

헌 정 사

삼가 이 작은 책을

사이비 이단의 척결과 한국 교회의 개혁과 재건을 위해

평생을 헌신하신

허병주 목사님과 김미연 사모님께

드립니다.

"복 있는 사람은

악인의 꾀를 좇지 아니하며

죄인의 길에 서지 아니하며 오만한 자의 자리에

앉지 아니하고

오직 여호와의 율법을 즐거워하여 그 율법을 주야로 묵상하는 자로다.

저는 시냇가에 심은 나무가 시절을 좇아 과실을 맺으며

그 잎사귀가 마르지 아니함 같으니

그 행사가 다 형통하리로다."

(시 1:1-3)

"여호와는

나의 목자시니 내가 부족함이 없으리로다.

그가 나를 푸른 초장에 누이시며

쉴 만한 물가로

인도하시는도다. 내 영혼을 소생시키시고

자기 이름을 위하여 의의 길로

인도하시는도다"

(시 23:1-3)

머 리 말

2015년 4월로 선교 130년을 맞은 한국 개신교는 일부 정체에도 불구하고 지금까지 기독교 역사 2,000년 동안 그 유래를 찾아 볼 수 없을 정도로 경이적인 발전과 부흥을 이루었다. 여러 이유 중에 하나는 선교 초기 서구 여러 나라들의 선교적 관심과 물질적 후원, 그리고 헌신적인 희생 때문이었다. 모든 일에 공과(功過)가 없을 수 없으나, 분명히 오늘 한국 교회의 장로교 전통은 스코틀랜드 교회를 제외한다면 탁상공론가 될 것이다. 최근 십 여 년 동안 국내 학자들 간에 개혁주의 전통, 특별히 스코틀랜드 장로교회에 대한 관심이 고조되면서, 16세기 종교 개혁자 존 낙스를 포함하여 그와 관련된 연구와 자료들의 번역이 간간히 소개되었다. 이에 편승하여 필자는 2014년 2월 「개혁신학의 전통」, (도서출판 그리심)을 출간하였다. 여기에는 격동기 스코틀랜드와 유럽의 몇 몇 국가들이 배출한 신학자들과 목회자들을 선별하여 심도있게 고찰하였다. 아울러 여러 학자들의 저술과 번역, 논문 등을 검토하는 중에, 아직 언급되지 않은 혹은 있어도 일부 보완과 보충이 필요함을 인식하던 차에 본서를 출간하게 되었다.

목차에서 보듯이 본서는 결론을 포함하여 모두 4부 18장으로 구성되었다. 제1부 스코틀랜드 장로교 전통아래 제1장 스코틀랜드 초기 교회의 역사적 전개, 제2장 스코틀랜드 교회의 언약신학적 전통, 제 3장 스코틀랜드 개혁: 존 낙스와 앤드류 멜빌의 공헌, 제 4장 언약사상의 역사신학적 전통, 제 5장 스코틀랜드 자유장로교회의 신학적 전통으로 구성되었다. 여기서는 주로 스코틀랜드의 초기 복음 전파와 확장, 종교개혁자 낙스와 멜빌, 이후 언약도들의 신학 전통, 그리고 언약도들의 신앙을 계승한 19세기 스코틀랜드 자유교회의 신학적 전통을 서술하였다. 특별히 스코틀랜드 자유교회의 신학적 전통은 한국에 최초로 소개되는 심도 있는 논문이다. 필자는 현재 한국 교회, 특별히 개혁교회와 정통 장로교회의 정체성 혼란과 무분별한 타협, 정치적 지역적 혼란을 목도하면서 신학적 재정립의 모색을 열망하며 여기에 본 장을 포함시켰다. 제 2부 한국 교회와 장로교 전통은 제 6장 개혁신학의 전통과 한국 장로교, 제 7장 개혁주의 성경관과 한국 장로교, 제 8장

한국교회의 청교도적 전통, 제 9장 예장합동 교단의 역사와 신앙전통, 제10장 최근 한국 대형교회의 사태와 해결방안으로 구성되었다. 여기서는 한국 교회의 역사적 전통, 특별히 2015년 4월 현재 국내 뿐 아니라 공히 세계 제 1의 교세로, 소위 보수 교회와 교단을 대표하는 예장 합동 교단의 역사적 신앙과 신학적 전통을 기술하였다. 아울러 최근 몇 년 사이에 한국 교회를 혼란에 빠뜨린 대형 교회들, 그 중에 수도권 서남 지역을 대표하는 제자교회 사태(?)를 포함시켰다. 제 3부 장로교 원리와 개혁주의 전통에는 제 11장 장로교의 전통과 교회의 일치, 제 12장 역사적 기독교의 정치형태 소고, 제 13장 교회 성직과 직분의 역할, 제 14장 성경통독과 개혁원리, 제 15장 기독교 세계관의 이해와 전개로 구성되었다. 여기서는 실제 교회 생활에서 요청되는 것들, 다양한 정치 형태와 성직과 직분, 장로교의 신학전통, 무엇보다 기독교 세계관을 통한 이해를 돕고자 하였다. 제 4부 결론: 종합적 평가, 제 16장 21세기 한국교회의 역사적 과제에는 현재 우리가 직면한 문제들을 탐색한 후에 몇 가지 대안을 제시하였다. 그리고 제17장 부록(1): 예수교전도관부흥협회의 형성과 대표성에 관한 연구에서는 1981년 1월 1일 자칭 천부 하나님으로 자처한 교주 박태선 장로의 천부교를 조명하였다. 2015년 4월 현재 천부교는 제2대 교주 박윤명의 부재로 심각한 내부 갈등을 겪고 있다. 제18장 부록(2): 21세기 한일 양국의 협력과 향후 전망에서는 한일 양국의 역사를 비교하되 최근 붉어진 일본 아베 정권의 독도 관련 역사 왜곡을 취급하였다.

본서의 출간과 함께 감사할 분들이 많지만 먼저 지난 34년 동안 거대 사이비 이단 천부교에 맞서 일사각오 슈교 정신으로 외롭게 투쟁해 오신 허병주 목사님과 김미연 사모님께 감사드린다. 두 분은 수 많은 위험과 위협 속에서도 타협하지 않고 오직 한국 교회의 개혁과 재건을 위해 헌신하셨다. 따라서 필자는 본서를 두 분께 기쁨으로 헌정한다. 아울러 지난 3년 동안 두 분과 함께 전국을 순회하며 이단척결을 위해 동분서주하며 동고동락한 최도영 전 MBC PD와 류재복 대기자(현재 추적 사건25시 편집국장)에게도 고마움을 전한다. 함께 했던 지난 세월의 기억들은 영원히 잊지 못할 것이다. 그리고 한국인이 가장 좋아하는 가곡 "그리운 금강산"을 작곡하신 雲山 최영섭 선생님의 깊은 관심과 따뜻한 사랑에 감사를 드린다. 선생님은 2015년 4월 현재 87세의 고령에도 불구하고 조국 대한민국을 향한 애국심이 활화산처럼 불타고 있다. 바라기는 이스라엘의 민족 지도자 모세처럼 장수하셔서 더욱 영감있는 작품들을 쏟아 내시기를 간절히 소원한다. 그리고 2015년 4월 현재 한국을 대표하는 국보급 서예가로 태극서법을 창안하여 국내외에서 왕성하게 활동하시는 草堂 이무호 선생님과 국내 최고의 사진작가 乾坤 강춘기 선생님과 淸河 이창인 선생님, 항상 신앙으로 격려해 주시는 김영태 목사님과 장영희 사모님, 이동렬 장로님(전 부천대학교 교수)과 主韓 강일구 목사님, 주 안에서 형제된 구세군 사관학교 안상준 교수님, 전남 여수 운화교회의 한송배 목사님과 이종옥 사모님, 소원교회의 유추월 목사님과 최종현 장로님, 전주 순양 교회 최영렬 목사님과 마태교회 양병오 목사님, 특별히 기도로 후원해 주신 겨자씨 회원들, 김기남 권사님, 이승숙 사모님, 김영미 전도사님, 이광자 집사님, 석경숙 집사님께 감사드린다.

끝으로 본서의 출간을 위해 수고하신 김향주 교수님과 오화선 목사님, 박은영과 박다솔 학우에게도 고마움을 전하며, 지속적으로 아들을 위해 기도해 주신 사랑하며 존경하는 모친 정복순 권사님과 아내 은순, 세 자녀들 에덴, 아론, 샤론, 그리고 도서출판 그리심 대표 조경혜 사장님과 편집부 직원들께 감사드린다. 바라기는 본서를 통해 한국교회가 역사적 개혁주의의 전통을 재확립하고 또한 모든 성도들이 각각 맡은 바 위치에서 주님의 소명을 이룰 수 있다면 이보다 더 큰 기쁨은 없을 것이다. 한국 교회의 회복을 열망하는 모두에게 주님의 크신 은총을 기원한다!

2015년 4월 부활절 아침에
개혁신학의 요람 사당동 연구실에서

中甫 서요한 교수

차 례

제 4부: 결론: 종합적 평가 및 부록

Church of Scotland and
Presbyterian Church of Korea

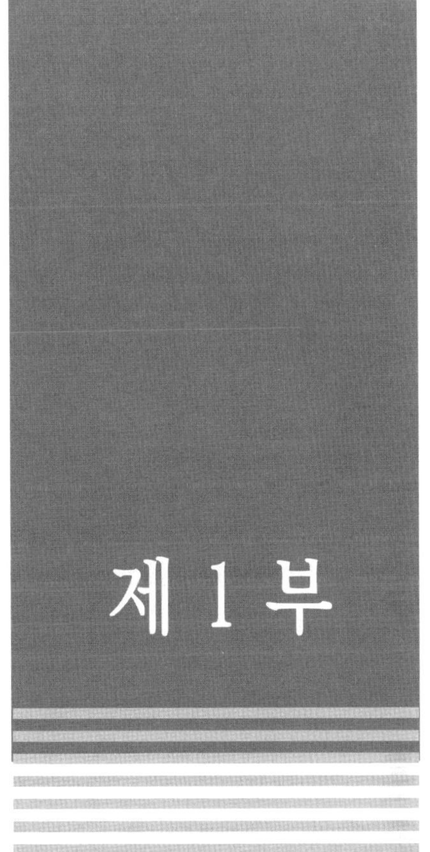

제 1 부

스코틀랜드 장로교 전통

제1장

스코틀랜드 초기 교회의 역사적 전개

-A.D. 400년 초기 복음 전래부터 1560년 종교개혁까지-

1. 서론

16세기 유럽의 종교개혁과 함께 세계는 정치, 경제, 사회, 문화, 종교 분야에서 급속한 변화를 겪었다. 물론 개혁의 다른 편에 르네상스가 일부 기여한 바 있지만, 개혁자들에 의한 개혁 이념이 확고히 자리를 잡으며 이후 세계 문화를 주도하였다. 많은 공헌 중에 존 칼빈(John Calvin, 1509-1564)과 존 낙스(John Knox, 1514-1572)의 역할을 결코 과소평가할 수 없을 것이다.[1] 하지만 개혁의 전개 과정에서 상대적으로 스코틀랜드는 개혁의 성과와 기여에도 유럽의 다른 국가에 비해 관심

---

1) G. R. Elton, *Reformation Europe 1517-1559* (Fontana Press, 1963), 231-238; Robert D. Knudsen, "Calvinism as a Cultural Force", 그리고 W. Stanford Reid, "The Transmission of Calvinism in the Sixteenth Century", *John Calvin, His Influence in the Western World*, ed. W. Stanford Reid (Michigan: Zondervan, 1982), 13-29, 33-52; M. Weber, *The Protestant Ethics and the Spirit of Capitalism*, ed. T. Parsons and R. H. Tawney (New York: Scribner, 1958), 1-98; C. Gregg Singer, *John Calvin: His Roots and Fruits* (Greenville: Salisbury, 1989), 29-60; Alastair Duke, "Perspectives on international Calvinism", *Calvinism in Europe 1540-1620*, eds. Andrew Pettegree/Alastair Duke/Gillian Lewis (Cambridge University Press, 1996), 1-20; Donald K. McKim, *Readings in Calvins's Theology* (Michigan: Baker Book House, 1984), 9; Francois Wendel, *Calvin: The Origins and development of his religious thought* (London: Collins, 1963), 106.

이 미미하였다. 특별히 존 낙스에 의해 정착된 장로교 체계는 이후 지금까지 세계 유일의 국교 체제를 갖추었음에도 불구하고 관심이 소홀하였다. 이러한 상황에서 스코틀랜드와 구미 장로교 전통을 계승한 한국교회는 개혁자 낙스와 스코틀랜드의 역사적 전통에 관심을 기울여야 할 것이다. 이는 선교 125년의 한국교회가 칼빈과 낙스가 이룩한 장로교의 신학적, 신앙적 전통에 많은 빚을 졌기 때문이다.

스코틀랜드 종교개혁과 장로교 전통의 연구에 비해 상대적으로 초기 복음전래로부터 종교개혁까지는 별다른 진척이 없었다. 장로교의 모태인 스코틀랜드 교회의 초기 복음전파가 종교개혁 이전까지 어떻게 전개 되었는지를 살피는 것은 매우 의미있는 일일 것이다. 따라서 필자는 제시된 주제를 따라 스코틀랜드 장로교회의 형성과정을 초기 기독교 전래와 로마 천주교 시대로 정리하고, 초기 스코틀랜드 교회의 특징을 수도원 조직, 종교의식, 교육 중심, 신앙적 독립 등 4가지로 규명할 것이다. 그리고 개혁 전 스코틀랜드의 종교적 실상과 개혁의 전개를 고찰하고 정리와 함께 제안으로 논문을 맺을 것이다.

2. 스코틀랜드 교회의 형성 과정

2.1. 초기 기독교 전래(400-1070)

이 시기 스코틀랜드 교회는 다음과 같이 3분될 수 있다. 하나는 400-563년까지의 초기 기독교의 전래, 다음은 563-717년까지의 콜롬바 교회 시대, 마지막은 717-1070년까지의 픽트 교회(Pictish Church)와 스코트-픽트(Scoto-Pictish Church) 교회 시기이다.

(1) 400-563년 초기 기독교 전래: 초기 스코틀랜드 교회 역사는 대체로 율리우스 카이사르(Julius Caesar, B.C.102-44)가 그의 병사와 함께 B.C. 55년경 영국의 켄트(Kent) 연안에 도착한 이후 북부 스코틀랜드 진군으로 시작되었다. 그 후 A.D. 80년부터 185년까지 이 지역은 로마의 군인들이 주둔하였다. 따라서 최초로 영국 북부에 로마의 군 선교사들에 의해 기독교가 전파되었으며 이후 국경 넘어 스코틀랜드에 전파되었다. 하지만 로마는 식민지화한 남 영국과 달리 북부 지역은 실제로 정복하지 못하였다.[2] 로마는 영국 북부 지역에 담을 쌓고 주둔지에 길을

만들었다. 그러나 로마는 병사들 중에 기독교인들이 포함되었음에도 군사적인 것 외에 이방 신들과 우상에 사로잡힌 국민들의 신앙과 관습에는 전혀 영향을 끼치지 못하였다. 따라서 이후 스코틀랜드는 로마의 철수부터 6세기 중반 성 콜롬바의 등장까지 기독교의 흔적을 찾을 수 없다. 당시 스코틀랜드는 각기 다른 왕국의 4 족속, 브리톤족(Britons), 픽트족(Picts), 스코트족(Scots), 앵글족(Angles)으로 구성되었다.[3] 이들 각 족속 중 앵글족은 성 콜롬바의 순교[4]와 그의 계승자들의 선교 때까지 기독교의 대적으로 각각 이방 종교를 숭상하였다. 스코트족은 성 패트릭에

---

2) E. C. Leal, *The Christian Faith in Early Scotland* (Edinburgh: John Menzies & Co., 1885), 1-32; Andrew Lang, *A History of Scotland from the Roman Occupation* (Edinburgh: William Blackwood and Sons, 1900), vol. I., 2-18; John Macpherson, *A History of the Church In Scotland: from the earliest times down to the present day* (London: Alexander Gardner, 1901), 1-4; Robert Herbert Story(ed.), *The Church of Scotland, Past and Present* (London: William MacKenzie, 1890), vol. I, 1-18; John A. Duke, *History of the Church of Scotland to the Reformation* (Edinburgh: Oliver and Boyd, 1937), 1-2; 수잔 와이즈 바우어, 『세계 역사 이야기 2』, 최수민 역 (꼬마이실, 2008), 27.

3) 당시 브리톤족은 켈트족의 북부 영국을 지배하였다. 이들은 B.C. 400년 경 기독교 전파 이전에 대륙에서 건너와 한 때는 섬 전체를 다스렸다. 이들은 이후 로마인들의 입국과 더불어 영국의 중심 부족으로 자리하였다. 그 후 이들은 남부의 콘웰과 서부의 웨일스로 이동했는데, 컴브리아 왕국(the Kingom of Cumbria)으로 알려졌다. 픽트족은 브리톤과 같은 켈트족으로 로마의 웅변가 유메니우스(Eumenius)에 의해 A.D. 297년 처음 언급된바 이후 로마인들이 픽트로 사용하였다. 이들이 영국을 점령한 후 북부 포스(Forth)에 정착하며 인버네스(Inberness)에 왕실을 건립하였다. 스코트족 또한 켈트족이나 495년과 501년 사이 그들의 수장 포거스 모어(Fergus Mor)의 영도아래 서부 연안에 정착하였다. 한편 앵글족은 켈트족이 아닌 튜톤족(Teutons)으로 북 유럽 연안에서 이곳으로 건너와 북부 영국을 지배하였다. 그리하여 스코트 족이 서부 연안을, 이들은 동부 연안을 거점으로 정착하였다. 547년 앵글리안의 지도자 아이다(Ida)는 노텀벌란드(Northumberland) 연안에 본부를 건설하고 그곳에 버니시아(Bernicia) 왕국을 세웠다. Venerable Bede, *The Ecclesiastical History of the English Nation* (London: Aldine House, 1903), vol. I, chap. 5-9; John MacKintosh, *The History of Civilisation of Scotland* (Aberdeen: Printed for the Author, 1877), vol. I., 103-109, 113-130; G. D. Henderson, *The Church of Scotland* (Edinburgh: The Church of Scotland Youth Committee, 1954), 10-11; C. Stewart Black, *The Scottish Church* (Glasgow: William Maclellan, 1952), 7-8; Gordon Donaldson, *Scotland: The Shaping of a Nation* (London: David & Charles, 1974), 15.

4) Lucy Menzies, *Saint Columba of Iona* (J. M. F. Books, 1992), 1-212; *St. Columba of Iona, 521-597*, (Edinburgh: Church of Scotland, 1935), 9-84; Adamnan, *Life of Saint Columba*, ed. by William Reeves (Edmonston and Douglas, 1874, reprinted 1988), 19-135, G. F. Maine(ed.), *A Book of Scotland* (London and Glawgow: Collins, 1953), 76, 180.

의해 선교가 시작되었으며[5], 이후 성 콜롬바의 사역으로 복음화가 이루어졌다. 한편 브리톤은 성 니니안에 의해 최초로 선교가 시작되었다.[6] 이렇듯 성 니니안과 함께 시작된 초기 스코틀랜드 교회는 이후 성 콜롬바의 등장과 아이오나(Iona)에 선교사를 파송함으로 촉진되었다.

432년 성 패트릭의 선교가 본격적으로 아일랜드에 시작되었다. 프로스퍼(Prosper)는 그의 「연대기」(*Chronicle*)에서 431년 성 팔라디우스(Palladius)가 교황 셀레스틴(Celestine)에 의해 안수받았다고 하였다. 그리고 교황은 그를 그리스도를 믿는 스코트족의 첫 주교로 파송하였다. 따라서 프로스퍼는 성 패트릭 선교 이전에 아일랜드에 이미 선교되었다고 하였다. 실제로 아일랜드에는 이미 기독교인이 있었고 성 팔라디우스가 첫 주교로 임명되었다. 비록 아일랜드가 로마에 정복이나 소속이 되지 않았으나 브리튼(Britain)처럼 밀접히 관계하였다. 그것은 아일랜드에서 로마의 화폐, 동전의 발견과 무역을 한 증거들 때문이다. 그럼에도 성 패트릭(St. Patrick)은 실질적인 아일랜드의 사도로 활략하였다.[7] 그는 여러 곳에 교회를 세워 부흥시키며 성 콜롬바와 밀접히 연계되었다. 이후 그의 사역은 콜롬

---

5) Robert Herbert Story(ed.), vol. I, 42-45, 94-100; E. A. Thompson, *Who was Saint Patrick?* (UK: The Boydell Press, 1999), 1-178.

6) Venerable Bede, vol. III, chap. 4. 성 니니안은 4세기 중엽 기독교 왕족 혹은 한 지역장의 아들로 태어났다. 하지만 출생지는 알려지지 않았으나 보통은 솔웨이(Solway) 근처로 알려져 있다. 장성하여 로마 순례 후 진리를 접하였다. 그리고 교황의 환대를 받고 교회론을 익힌 뒤 주교로 서임 받고 주민들을 회개시켰다. 귀국 길에 갈리아를 경유하는 중에 투르(Tours)의 성 마틴(St. Martin)을 방문하여 갈릭 수도원의 설립자 아보트(Abbot) 주교를 기념하였다. 그리고 그 수도원에서 몇 가지 이상을 배워 귀국 후 조국에 로마 교회를 본뜬 석조 건물 교회를 최초로 설립하였다. C. Stewart Black, *The Scottish Church* (Glasgow: William Maclellan, 1952), 12-23.

7) 부유한 영주의 기독교 집안에서 출생하였다. 부친은 집사였으며 조부는 사제였다. 16세 때 포로로 붙잡혀 아일랜드에서 노예 생활을 하였다. 비록 기독교 가정에서 태어났지만 무관심 속에 반종교적 생활을 하였다. 그런데 한 가지 특별한 죄가 그의 양심을 무겁게 짓눌렀다. 그리하여 그는 하나님께 돌아갔다. 마침내 종교는 그의 삶에 열정이 되었다. 날마다 숲속이나 산에서 하나님께 간절히 기도하였다. 금식하며 하나님께 용서를 구하였다. 6년간의 포로생활 후 어느 날 꿈에 탈출하여 유럽에 이르렀다. 마침내 431년 고국으로 돌아가 461년 죽기까지 헌신하였다. 생전에 그는 수많은 사람들에게 세례를 주었으며 목사를 안수하였다. 그리고 수많은 사람들이 그로 인하여 수도사와 수녀가 되었다. 그의 수고는 가장 성공적인 영광으로 아일랜드에 이교주의의 저력을 깨뜨리고 기독교회의 기초를 놓았다.

바누스에 의해 독일과 네덜란드로 확장되었으나 기존의 가톨릭 교회와 제휴하였다.[8)]

(2) 563-717년 콜롬바 교회 시대: 이 기간의 기억할 만한 아이리쉬(Irish) 교회의 성자는 스코틀랜드 역사 속에 기억된 성 콜롬바였다. 521년 북부 아일랜드에서 왕족 출신 기독교 양친의 후광으로 아일랜드 왕이 될 수 있었으나 하나님의 종, 사제가 되었다. 그러나 출신 배경 때문에 그는 사람들의 존경을 받았다.[9)] 546년 데리(Derry)에 첫 수도원을 건립하고 그 밖에 더로우(Durrow)와 켈스(Kells)에 수도원을 건립하였다.[10)] 그러던 중 아일랜드를 떠나 북부 영국의 선교사로 가면서 위기를 맞았다. 그는 텔타운(Teltown) 노회의 변변찮은 문제로 출교되었으나[11)] 복권되었다. 563년 5월 12일, 그의 나이 42세 때 12명의 제자들과 함께 이이오니(Iona)에 도착하였다. 그는 북부 브리튼에도 교회를 재건하며 설립하였다. 그리고 그곳에 전략적 요충지와 수도원을 건립하였다. 597년 6월 6일 77세로 죽기까지 천사처럼 위엄 있게, 능력과 성별을 겸비한 상담가였다. 그는 이곳에서 34년간 군인으로 시간을 허비하지 않고 성경을 연구하며 기도하고, 저술과 그밖에 일에 매진하였다. 금식으로 성령 충만하였으며 인품은 기독교 역사에 기억될 위대한 몇몇 성인 중에 한 사람이었다.[12)]

---

8) John A. Duke, *History of the Church of Scotland to the Reformation*, (Edinburgh: Oliver and Boyd, 1937), 1-224; 서요한, "제20장 초기 복음전파와 기독교선교", 『초대교회사』 (도서출판 그리심, 2010), 601-603.

9) 본래 세례 명은 크림탄(Crimthann)이었으나 또 다른 이름 비둘기 의미의 콜롬바(Columba)를 받았다. 그러나 이후 그는 교회의 비둘기(the Dove of the Church)라는 의미의 콜롬사일(Culumcille)로 알려졌다.

10) G. D. Henderson, *The Church of Scotland* (Edinburgh: The Church of Scotland Youth Committee, 1954), 16-17.

11) 전하는 말에 의하면 당시 콜롬바는 정본에서 시편의 한 번역판을 소유자의 승인을 받지 않고 비밀리에 복사를 하였다. 그런데 이 사실이 밝혀지자 정본의 소유자는 "송아지는 암소에게, 사봄은 모든 책주인에게"라는 아일랜드의 판결에 의하여 사본의 소유를 주장하였다. 따라서 콜롬바는 자기 부족에 호소하였다. 그 결과 컬드레브리(Culdrevny)에서 유혈 전투가 발생하였다. 그 결과 그는 교회 회의에 의해 파문되었으며 회개의 표시로 추방되었다. John A. Duke, *History of the Church of Scotland to the Reformation* (Edinburgh: Oliver and Boyd, 1937), 24-25.

12) E. C. Leal, *The Christian Faith in Early Scotland* (Edinburgh: John Menzies & Co., 1885), 25-162; Elizabeth W. Grierson, *Early Light-Bearers of Scotland* (London: James

597년 6월 6일 성 콜롬바의 사망일에 교황 그레고리 I세의 파송으로 성 어거스틴이 영국 선교사로 입국하였다.[13)] 그리고 7년 후 604년 어거스틴이 사망하였다. 성 콜롬바의 사후 아이오나(Iona)는 왕실 요청으로 스코틀랜드의 남동 지역과 잉글랜드의 북동지역 선교를 위해 아이단(Aidan)을 파견하였다. 그리하여 그곳의 정착민들이 기독교로 개종하였다. 그 후 잉글랜드의 북동 소재 노텀브리아 출신의 두 왕자 인프리드(Eanfrid)와 오스왈드(Oswald)가 전쟁 실패로 아이오나에 도착하였다. 이들은 아이오나 수도원에서 연명하며 농사를 지었다. 당시 이곳에 바울파(Paulinus)들의[14)] 기독교 전파로 두 젊은이가 주님을 영접하였다. 16년 후 인프리

Clarke & Co., Ltd., n.y.), 13-254; Robert Herbert Story(ed.), *The Church of Scotland, Past and Present* (London: William MacKenzie, 1890), vol. I, 39-41.

13) 콜롬바는 매우 특징적이고 훌륭한 인격의 소유자였다. 그는 일생동안 종교적 실천에 헌신한 경건의 사람이었고 그리스도에 대한 봉사에서 지칠줄 몰랐다. 동시에 교육가로 시적 능력을 갖춘 채 탁월한 지도력으로 사람들을 사랑하고 죄인들에게는 동정적이었다. Venerable Bede, *The Ecclesiastical History of the English Nation* (London: Aldine House, 1903), vol. II., chap. 1.

14) 처음 이 단체를 이끈 지도자 콘스탄틴 실바누스(Constantine Silvanus, 650-660)는 사도적 정신과 능력, 겸손과 인내, 불굴의 용기와 믿음을 가진 훌륭한 그리스도인으로 당시 로마 가톨릭 교회의 지나친 제도화 및 의식화, 형식화 즉 성직 제도와 화상 예배를 비롯한 미신적 신앙의 헛됨과 수도원의 폐해, 왜곡되게 운용되고 있는 가톨릭의 여러 예식들(성례)을 비판하며 제도 일체를 거부하였다. 그 후 동방의 레오 3세는 화상 숭배를 반대하고 콘스탄티노플을 사라센 제국으로부터 수호함으로 제국의 분위기를 쇄신하였다. 그는 동서방 교회가 위험에 처한 것은 우상 숭배와 미신 때문이라고 하였다. 따라서 726년 성상 숭배 금지령을 내리고, 화상(畵像)들을 강제적으로 파괴하는 운동을 벌이며 숭배자를 박해하였다. 이후 논쟁은 한 세기 이상 전개되었다. 당시 다메섹의 요한(John of Damascus)은 레오의 정책을 비판하며 숭배를 옹호하였다. 그에 의하면 "어떤 사람들은 우리가 우리의 구세주와 동정녀, 그리고 성자들과 그리스도의 종들의 모습을 본떠 만든 형상들을 숭배하고 기념한다고 비난하는데, 그들은 태초에 하나님께서 자신의 형상을 따라 인간을 창조하셨다는 것을 기억해야 할 것이다. 물론 구약 성경에서는 형상을 만드는 것을 허용하지 않았다. 그러나 하나님께서 불쌍히 여기시는 마음으로 우리를 구원하시기 위해 사람이 되셨고.. 세상에서 사셨으며 기적을 행하고 고난을 받으시고 십자가에 달리셨으나 부활하셔서 하늘로 승천하셨다. 이 모든 일이 실제로 일어났다는 것을 당시에 살고 있지 않던 우리로 믿고 축복을 받을 수 있도록 하기 위해 성경을 기록하였다. 그러나 모든 사람이 글을 읽을 지식이나 시간을 갖고 있지 않으므로 교부들께서는 이러한 사건들을 간단히 기억시키기 위해 이것을 형상화 하는 것을 승인하였다. 때로 우리가 마음속으로 주님을 향한 열정이 없을 때 그리스도의 십자가상을 바라보면 구원의 기쁨이 되살아나 무릎을 꿇고 경배하게 된다. 이때 우리가 경배하는 것은 형상 자체가 아니라 그 형상이 나타내고자 하는 정신이다. 동쪽을 향해 예배드리는 것, 십자가나 그와 유사한 많은 상징물을 경배하는 성상 숭배는 비록 성경에 기록되어 있지는 않

드(Eanfrid)는 다시 조국으로 돌아가 왕위를 되찾고 노텀부리아 북부 지역의 왕이 되었으나 곧 암살되었다. 그 후 634년 오스왈드가 투쟁에서 승리함으로 옛 왕국을 회복하였다. 전쟁 전날 밤 꾼 꿈에 콜롬바가 나타나, 콜롬바의 승리를 전해주었다. 그리하여 오스왈드는 들에 나무 십자가를 세우고 동료들과 함께 무릎을 꿇고 모든 것을 하나님께 위탁하였다.[15]

635년 성 아드리안이 노텀브리아에 도착하였다. 역사가 비드(Bede)에 의하면 그는 금욕주의자로 매우 경건한 사람이었다. 부자들의 죄를 비판하고 겸손히 가난한 자들을 독려하였다. 보통 도보로 선교여행을 했는데, 이를 안 왕 오스왈드가 잘 훈련된 자신의 말(馬)을 선물하였다. 그러던 어느 날 아드리안은 노상에서 한 거지를 만나 그에게 그 말을 건넸다. 그 후 왕은 그의 설교를 듣기 위해 특별 통역관을 세웠다. 아드리안은 오직 복음과 하나님을 생각하며 선교에 임하였다. 많은 사람들이 아드리안의 설교를 듣기 위해 몰려왔다. 그리고 부호들이 교회에 기증한 땅에 교회와 수도원을 건립하였다. 어린이들을 학교에 보내는 등 기독교가 노텀브

으나 하나의 중요한 전통인 것이다." 다메섹의 요한을 포함한 당시 많은 사제들과 수도사들이 레오의 조치에 반대하였다. 레오는 그의 명령에 복종하지 않은 콘스탄티노플 대감독을 교체하였다. 그는 성상을 파괴한 이유로 "성상 파괴자"(Iconoclast)란 별명을 얻었다. 그의 뒤를 이어 아들 콘스탄틴 5세와 손자 레오 4세가 계승하였다. 레오 4세의 사망으로 미망인 이레네가 아들 콘스탄틴 6세를 섭정하며 다시 성상 숭배를 허용하였다. 그리고 787년 로마 교황은 제7차 니케아 공의회에서 성상 숭배를 합법화하였다. 국가와 교회의 지도자들이 모인 프랑크푸르트 회의에서는 결국 성상에 대한 예배, 참배, 존경과 경의를 표하는 행위 및 성상 앞에 무릎을 꿇고 향을 피우는 행위와 동정녀 및 아기 예수를 조각한 것에 입 맞추는 행위 등 성상에 대한 일체의 경배 행위는 없어져야 한다고 규정했다. 다만 교회 안에 신앙심이 깊은 사람이 있을 경우 그들의 삶을 기리고 기념하기 위한 목적으로 허락할 수 있다고 규정하였다. 또한 하나님께 예배할 때 라틴어, 헬라어, 히브리어 3가지만 사용할 수 있다는 종래의 내용을 거부하고 어떤 언어로도 기도드릴 수 있는 규례를 확정하였다. 813년 다시 성상 숭배를 반대한 데오빌루스(Theophilus) 황제를 거쳐 그의 미망인 데오도라(Theodra)가 어린 아들 미카엘(Michael) 3세를 섭정하며 842년까지 계속되었다. 비밀리에 성상 숭배를 지원하고 있던 사제들의 영향으로 데오도라는 즉시 성상을 재건하였다. 콘스탄티노플에 있는 성 소피아교회에서는 이 일이 엄숙히 거행되었다. 숨겨져 왔던 성상들과 그림들이 나타나고 교회와 국가의 고위성직자 고관들이 이것들에 경배하였다. 주디스 헤린, 『비잔티움』, 이순호 역 (글항아리, 2010), 131-145, 172-173; 한국서양사학회 엮음, 『유럽중심주의 세계사를 넘어 세계사들로』 (푸른역사, 2010), 143-145. Cf. 서요한, "제6장 동방(동로마) 교회의 역사와 신학", "제12장 중세교회의 이단 유형과 특징", 『중세교회사』, (도서출판 그리심, 2010), 185-187, 374-376 참조.

15) Venerable Bede, vol. III., chap. 2.

리아 왕국 전역으로 확산되었다. 복음은 노텀부리아로부터 남쪽 이웃 국가인 중부 앵글스 왕국으로, 동부의 색슨 왕국으로 퍼져나갔다. 651년 아드리안의 사후, 657년 힐다는 휘트비(Whitby)에 수도원을 건립하였다. 이 시기에 기독교가 급속히 남쪽으로 확장되었다. 그 과정에 아이오나와 켄터베리에서 온 선교사들이 신앙 문제로 대립하였다. 664년 휘트비 공의회를 주제한 그 지역 대표자는 쌍방 대표자의 주장을 경청한 후 켄터베리 측을 지지하였다.[16] 그리하여 가톨릭 교회와 제휴로 설립된 켈트 교회는 성경의 전통에서 이탈하였다.[17] 686년 아이오나 수도원의 아담넌은 대륙 교회와 접촉한 사람들의 관습을 계승하였고, 717년 픽츠의 왕 네흐탄(Nechtan)도 아담넌의 본보기를 따랐다.

(3) 717-1070년까지 픽트 교회와 스코트-픽트 교회: 이 기간은 스코틀랜드가 외세의 침략으로 어려움을 당하던 시기이다. 특별히 이 시기 픽트족과 스코트 족간의 전쟁은 케네스 마칼핀(Kenneth Macalpin)의 노력으로 843년 통합되었다.[18] 하지만 이 때 덴마크와 노르웨이가 서부 해안을 약탈하였다.[19] 이들의 서부 헤브리데스(Hebrides) 제도의 통치는 1266년까지 계속되었다. 오크니(Orkneys)와 세트랜드(Shetland) 제도는 1472년 스코틀랜드에 편입되었다. 이 때 데인족이 스코틀랜드 해안을 침공하여 자주 국경선이 바뀌었다. 그 과정에 교회가 국민들의 지배권을 강화하며 점차 조직화되었다. 878년 스코틀랜드 교회가 공식 출현하였으며, 성 앤드류(St.Andrews)는 사도의 뼈가 묻혔다는 전설과 함께 왕국의 수호성인으로, 사도의 십자가가 민족의 문장이 되었다. 하지만 당시 스코틀랜드 교회는 유럽

---

16) 당시 아이오나 수도원의 대표는 콜만(Colman)이었고 켄터베리는 윌프리드(Wilfrid)였다. G. D. Henderson, 19-20; Simon Taylor, "Seventh-century Iona abbots in Scottish place-names", *Spes Scotorum: Hope of Scots*, ed. by Dauvit Broun/Thomas Owen Clancy (Edinburgh: T&T Clark, 1999), 35-70.

17) Edwin Nisbet Moore, *Our Covenant Heritage* (Scotland: Christian Focus Publications Ltd., 2000), 13.

18) John Bannerman, "The Scottish takeover of Pictland and the relics of Columba", *Spes Scotorum: Hope of Scots*, ed. by Dauvit Broun/Thomas Owen Clancy (Edinburgh: T&T Clark, 1999), 71-94.

19) John MacKintosh, *The History of Civilisation of Scotland*, (Aberdeen: Printed for the Author, 1877), vol. I., 111-112; Gordon Donaldson, *Scotland: The Shaping of a Nation* (London: David & Charles, 1974), 16-17.

대륙의 교회들과 단절되었다. 이러한 상황에서 마가레트 여왕은 스코틀랜드 교회와 세계 교회의 일치를 획기적으로 수립하였다.

1066년 당시 노르만족은 폐위당한 왕실 가문의 사람들을 추방하였다. 그리하여 마가레트 왕비는 영국의 덤펌린(Dumfermline) 스코틀랜드 왕실로 피신하였다. 말콤은 당시 북동쪽의 섬들을 제외한 스코틀랜드를 통치하였다. 그녀는 그곳에서 말콤 캔모어(Malcom Canmore)와 결혼하였다. 결혼 후 마가레트는 중기 스코틀랜드 역사에 가장 주목받는 인물이 되었다. 마가레트는 강한 종교적 열정과 인품, 학문과 지성으로 성경과 교부, 교회 복지에 관심을 갖고 재산을 불우한 사람들에게 분배하였다. 그리고 좋은 그릇과 장식물들을 교회에 바쳤다. 기도, 금식, 자선에 매우 헌신적이었다. 따라서 그녀는 왕을 포함하여 그녀를 알고 있는 모든 사람들의 존경을 받았다. 남편 말콤은 기분 상하지 않도록 항상 그녀를 배려하였다.[20] 말콤은 왕비가 연구한 책이나 기타 애용품에 경외감을 갖고 보석으로 책들을 장식하였다. 마가레트는 성실한 어머니이자 지혜로운 왕비로 또 여왕으로 국사에 영향을 끼치며 1093년 말콤의 사망 시까지 통치하였다.[21]

2.2. 로마 가톨릭 시대(1070-1560)[22]

(1) 교구 분리와 수도원: 교회의 안정적 발전 속에 마가레트의 아들 에드가(Adgar, 1097-1107), 알렉산더 1세(Alexander I, 1107-1124)와 데이비드 I세(David I, 1124-1253), 이들 중 특히 알렉산더는 스코틀랜드 교회를 외국 교회, 특별히 로마 가톨릭과 근접시키려는 어머니의 노력을 계승하였다.[23] 이 시기에 교구

20) G. D. Henderson, *The Church of Scotland* (Edinburgh: The Church of Scotland Youth Committee, 1954), 23-24.

21) John MacKintosh, *The History of Civilisation of Scotland* (Aberdeen: Printed for the Author, 1877), vol. I., 149-150; Robert Herbert Story(ed.), *The Church of Scotland, Past and Present* (London: William MacKenzie, 1890), vol. II, 263.

22) Richard Morris Stewart, *The Church of Scotland from the Time of Queen Margaret to the Reformation with Supplementary Chapter Dealing with Scottish Ecclesiastical Affairs to the Presbyterian Settlement of 1690* (London: Alexander Gardner, 1892), 1-401.

23) Duncan Forrester/Douglas Murray(eds.), *Studies in the History of Worship in Scotland* (Edinburgh: T. & T. Clark Ltd., 1984), 18; William D. Maxwell, *A History of*

들이 분리된 주교좌로 각각 성 앤드류스와 모레이(Moray), 던키드(Dunkeid)와 글라스고우, 애버딘과 로스, 케스네스(Caithnes), 던블레인(Dunblane)과 브레친(Brechin)으로 나뉘었다.[24] 그 후 1472년까지 갈로웨이와 아일스, 오크니와 아길(Argyll)로 확대되었다. 각 교구들은 주교좌와 결합된 대성당을 소유하였다. 주교는 각 지역의 영적 지도자로 교회를 봉헌하고 사제를 서임하였다. 참사회나 통치조직을 관장하는 이들의 도움으로 사법권을 갖고 대성당을 주관하였다. 그리고 주교들은 정치적인 일과 더불어 사회의 지도자로 여러 분야를 관장하였다. 그것은 당시 주교들이 귀족보다 교육을 잘 받고 라틴어를 알 뿐 아니라 외국 사정에도 밝았기 때문이다.[25]

주교 교구들은 각각의 사제를 가지고 있는 본당으로 구성되었다. 사제들은 교구사제, 'rector' 혹은 'vicar' 로 불리었다.[26] 중세의 설교는 평범한 사제들의 임무가 아니었고, 주로 주교나 순회 탁발 수도사들이 감당하였다.[27] 이는 프란체스코회나 도미니쿠스회 소속의 수도사들의 몫이었다. 이와 함께 사제들은 각자의 일과 개인 기도 시간을 가졌다. 그리고 정규 예배의 인도 어린이 세례를 포함하여 7성례, 견진성사와 결혼 성사, 고해성사, 종유성사를 실천하였다. 사제들은 교인들에게 주기도문과 사도신경, 십계명을 반복적으로 가르쳤다. 아울러 7가지 치명적인 죄를 피하고, 7가지 덕과 자비로운 행위를 실천하였다.[28] 하지만 대체로 이 시

Christian Worship: An Outline of Its Development and Forms (Michigan, Grand Rapids: Baker Book House, 1982), 44-71.

24) John A. Duke, *History of the Church of Scotland to the Reformation* (Edinburgh: Oliver and Boyd, 1937), 263-269; Gordon Donaldson, *Scotland: The Shaping of a Nation* (London: David & Charles, 1974), 16-23.

25) 당시 대표적인 주교들은 성 앤드류스의 람버톤(Lamberton), 에버딘의 엘피스톤(Elphinstone), 성 앤드류스의 비톤(Beaton)은 영국의 울시(Wolsey)와 프랑스의 리설리외(Richelieu) 같이 나라의 통치에 깊이 관여하였다.

26) John A. Duke, 271-271; Gordon Donaldson/Robert S. Morpeth, *A Dictionary of Scottish History*, (Edinburgh: John Donald Publishers Ltd., 1988), 179 참조.

27) G. D. Henderson, *The Church of Scotland* (Edinburgh: The Church of Scotland Youth Committee, 1954), 24-25.

28) 서요한, "제11장 초기 기독교회의 분파운동", 『초대교회사』, (도서출판 그리심, 2010), 325; "제13장 중세 마녀사냥과 종교재판의 상관성", "제15장 중세 스콜라신학의 형태와 특징(I)", 『중세교회사』, (도서출판 그리심, 2010), 406, 483. 초대 교회는 용서받을 죄와 받지 못할 죄로 구분하였다. 전자는 분노, 구타, 저주, 맹세, 거짓말로 매일 반복될 수 있는 죄요 후자는

기 사람들의 신앙은 미신적이었다. 그 이유는 영적 무지 때문이었다. 따라서 이들은 죽은 성인들의 뼈와 성지 순례, 십자가의 표식들과 성 마리아와 성인들을 숭배하였다. 교회 안에서 실시되는 모든 종교 의식들은 마술적이었다. 예배에서 사제들은 신부 복장을 하였고 여러 세기를 거치며 종교 의식으로 서 있거나 무릎을 꿇었다. 예배는 라틴어로 드렸으나 성도들은 단지 사제들의 목소리만 들었다. 그리고 이들의 경건한 동작과 제단의 불빛, 그릇을 보며 향내를 맡을 수 있었다. 이로써 성도들은 장소와 다양한 행사의 엄숙함을 경험하였다.

사제와 함께 수도승도 있었다. 수도원들은 초기와 달리 정부의 지원을 받았다. 대표적으로 마가레트 여왕과 그의 아들들이 지원하였다. 새로 건립된 수도원에 정착한 수도승들은 초기 켈틱 시대의 수도승과 달리 봉사보다는 자신들의 영혼 구원에 주력하였다. 사제들은 보통 재속신부(secular)로 수도승들은 수사신부(regular)로 불렸다. 수도원들은 다양한 교단(order)에 속했는데, 몇 몇 수도원은 베네딕트 교단이나 클루니 교단, 시토교단에 소속되었다. 당시 스코틀랜드에 약 180여개의 수도원이 있었다. 이 수도원들은 대개 12-13세기의 수도승, 탁발수도사들, 수녀들, 성당 기사들을 위해 건립되었다. 몇 몇 수도원들은 광대한 장원 소유주로 수천마리의 양과 농토를 거느렸다. 수도원 생활은 평화로웠고 사회적으로 유용하여 문명 보존에 도움이 되었다. 수도승들은 상급자에 대한 순종과 개별적인 청빈과 자비, 순결한 마음과 행실의 규제를 받았다. 그들은 수도원의 부속 성당에서 시간을 보내고 식당에서 함께 식사를 하였다. 금욕 생활을 높이 평가하여 수도원에

세례 이후 범하는 죄로, 터툴리안에 의하면 우상숭배, 신성모독, 살인, 간음, 음행, 위증, 기만을 지적하였다. 한편 중세는 7가지 용서받지 못할 죄로 교만, 질투, 분노, 나태, 탐욕, 탐식, 음란을 들었다. 그러나 이를 잘 지키면 겸손, 사랑, 인내, 근면, 자비, 절제, 순결의 7가지 미덕이 생긴다고 하였다. 한편 참회자들은 죄의 경도에 따라 4 그룹으로 나뉘어 (1) 울며 슬퍼하는 자(The Weepers)는 4년 동안 교회당 안으로 들지 못하고 재를 뒤집어 쓴 채 밖에서 성도들을 위해 기도하였다. (2) 청취자(The Hearers)들은 5년 동안 예배 전에 교회에 들어갔으나 성찬 예배 전에 교사와 함께 자리를 떴다. (3) 부복한자(The Prostrate)는 교회에 머물렀으나 7년 동안 성도의 예배가 마칠 때까지 엎드렸다. (4) 기립 자들(The Standers)은 성도들과 예배했으나 4년 동안 성찬 참여가 금지되었다. 그리고 살인죄를 범한 자는 20년 동안 출교되었다. 죄의 고백은 사적 혹은 공적 범죄에 따라 동일하게 사적, 공적으로 적용되었다. Marjorie Strachey, *Saints and Sinners of the Fourth Century* (Ldondon: William Kimber, 1958), 208-209; 조신권, 『청교도 신앙과 문학의 탐구』, (총신대학교출판부, 2005), 208.

서 생활하지 않으면 비 기독교인으로 간주하였다. 한편 중세는 그림과 조각, 음악과 나무 조각, 건축과 장식, 보석 기술이 발달하여 모든 종교의 시녀 역할을 하였다. 스코틀랜드는 유럽 국가들 보다 발전이 느렸으나 파괴된 몇 몇 건축물에 그 정신이 보존되었다.[29)]

(2) 가톨릭 교회의 확장: 주지하듯이 예수님은 당신의 피로 값 주고 사셔서 이 땅에 교회를 세우셨다. 교회는 엡 4:5-6, "한 주와 한 신앙과 한 세례와 모든 사람의 한 하나님과 아버지를" 가졌다. 그러나 특별한 신앙과 실천을 가진 하나의 가시적인 교회가 점차 일반화 되었다. 중세 가톨릭은 교황을 중심으로 교회의 통일을, 스콜라 신학을 통해 세속성을, 예배의 형식화로 모든 기구와 조직을 장악하였다. 수도원과 세속 교회(종단), 대학은 이들의 전유물이었다. 교황은 초대 교회의 사도적 전통을 계승한 명분아래 무소불위의 교권을 휘둘렀다. 그리고 필요시에 면죄부를 만들어, 어떤 이는 천국에 다른 이는 지옥에 보냈다. 교회의 권위는 역사의 발전과 더불어 더욱 증가하였다. 구원의 유일한 방법은 성례로 교회의 모든 의식과 전통을 통제하였다. 따라서 왕들과 귀족들, 농민들은 교회와 등 돌리는 것을 두려워하였다. 심지어 사악한 사람들조차 교회의 냉대를 피하기 위해 선물과 맹세에 의존하였다.

교회의 권위는 말씀 보다 형식에 치우쳤다. 여기에 중심은 7성례로[30)] 화체설과 연옥, 강제적인 독신제도, 그밖에 외부적 신앙 행위, 예를 들면 성지 순례, 성화 및 성물, 성인 숭배, 특별히 마리아 숭배가 강요되었다. 이와 함께 예배의 시각적 효과를 위해 다양한 전시품을 교회 안으로 끌어들였다. 예를 들면 그림들과 동상들, 채광 장치와 종들, 의복들과 향료, 기름과 성수, 행렬 성가와 제스처들, 오르간과 깃발들, 유물들이 유포되었다. 초기의 단순한 예배에 많은 것이 첨가되었고, 이해하지 못해도 기억할 수는 있게 하였다. 본질보다 여분(餘分)의, 부수적인 의례들이 실행되어 사람들은 성경 대신 성인들의 설화로 양육되었다. 여기서 존경과 모

---

29) 대표적인 건축물로는 성 앤드류스와 글라스고우, 커크월(Kirkwall)와 던블레인(Dunblane), 엘긴(Elgin)과 브레힌(Brechin)의 대성당, 저드버러(Judburgh)와 아브로쓰(Arbroath)와 홀리우드(Holywood)와 플러스카덴(Pluscarden)과 인크콜름(Inchcolm) 등 약 100여개가 중세에 지어졌다. G. D. Henderson, 28-29.

30) 서요한, "제17, 18장 중세교회 예배의식의 제 형태(I, II)", 『중세교회사』, (도서출판 그리심, 2010), 참조.

방이 숭앙되었다. 중세 교황은 자신의 통치와 권위, 영광을 위해 사제와 수도승, 수녀와 교회에 의해 성별된 사람들의 충성을 강요하였다. 철저히 상명하복의 모든 것이 전적으로 임명자에게 집중되었다. 따라서 교회는 각 나라 국민의 관심을 뛰어넘는 일종의 초법적 국가였다.[31)]

(3) 스코틀랜드와 교회의 독립: 영국의 지속적인 스코틀랜드에 대한 지배권 행사는 알렉산더 I세(1107-1124)의 통치 아래 독립적인 기회를 얻었다. 이후 다시 윌리암 사자왕(William the Lion, 1165-1214)의 통치로 더욱 발전하였다. 1174년 당시 윌리암이 영국 군에 체포되어 헨리 II세의 가신을 강요받았다. 당시 두 나라 간의 조약은 "영국의 교회는 스코틀랜드 교회 안에서, 스코틀랜드 교회가 당연히 가져야 하는 권한을 가져야 한다"는 것이었다. 그런데 1189년 영국의 리차드 I세가 배상금을 대가로 이 조약의 권리를 포기하였나. 그리고 윌리암 사자 왕은 성 앤드류스 주교의 선택 문제로 교황과 대립하면서 한 때 가톨릭의 모든 성례와 종교적 의식을 박탈당하였다. 그 후 교황 클레멘트 III세(1187-1191)는 1188년 교서를 통해 로마의 특별한 딸 스코틀랜드 교회를 간섭하지 않겠다고 선언하였다. 이 결정은 이 후 다른 교황들에 의해 확정되었다. 1225년부터 스코틀랜드 교회는 자신들의 문제를 규제할 수 있는 회의 개최 권한을 승인받았다. 그리하여 스코틀랜드 교회는 가톨릭의 오랜 통제로부터 독립했으나 1472년 첫 대주교를 임명하였다.

알렉산더 III(1249-1286)는 스코틀랜드에 대한 교황의 부당한 간섭에 강력히 맞섰다. 그리고 스코틀랜드 성직자들이 로마의 지시 사항을 무시하도록 격려하였다. 윌리암 월레스(William Wallace)경과 로버트 브루스(Robert Bruce)[32)] 지도하의 독립전쟁 동안 교황청과 스코틀랜드 관계는 비우호적이었다. 당시 교황은 불공정하게 영국 편을 들었다. 스코틀랜드 교회들은 교황의 메시지와 명령에 별다른 반응을 보이지 않고 로마에 지불 할 징수금을 보내지 않았다. 1320년 4명의 스코틀랜드 주교들이 교황의 출두를 받았으나 무시하였다. 1328년 스코틀랜드의 독립

31) 이것은 하나님의 주권에 대한 교리와 종교가 구약의 이스라엘과 유대 왕국에서 차지했던 지위와 어거스틴이『신의 도성』을 근거로 교회가 국왕들과 민족들에게 막강한 통제권을 행사하였다. 교회는 권력 단체가 아닌 봉사와 섬김, 희생이 본질적 사명이었으나 정치 세력으로 통제하며 고착화되었다. G. D. Henderson, 28-29.

32) Agnes Mure Mackenzie, *Robert Bruce King of Scots* (London: Alexander Maclehose & Co., 1936), 3-116.

과 로버트 브루스의 주권이 공적으로 인정되었을 때, 스코틀랜드는 교황에 대한 충성을 수용하였다.[33] 하지만 독립 전쟁 중에 스코틀랜드는 정치적으로 어려웠으나 신앙적 전통을 잃지 않았다. 이 때 대표적으로 성 앤드류스의 람버튼(Lamberton, 1328년 사망)과 글라스고우의 위샤르트(Wishart, 1316 사망) 주교는 애국심을 보여주었다. 어느 시대 어느 민족이든 항상 자유는 고귀한 것이다.

(4) 스코틀랜드 교회의 활동: 브루스의 사망 후 스튜어트 왕조의 형성과 함께 스코틀랜드는 반란과 침입, 암살과 방화, 도둑질과 음모, 전염병과 가난이 끝없이 전개되었다. 제임스 I세(1406-1437)와 III세(1460-1488)는 암살당했다. 제임스 II(1437-1460)와 IV세(1488-1513)), V세(1513-1542)는 영국과의 투쟁 속에 사망하였다.[34] 당시 귀족들의 지위는 왕보다 막강하여 다루기 힘들었다. 국왕이 어리거나 영국에 잡혀있을 동안 섭정은 의심과 시기(猜忌)의 진원지였다. 하지만 이 때 스코틀랜드는 대륙의 프랑스와 동맹을 맺었다. 제임스 I는 스코틀랜드의 안정을 바랐으며, 제임스 IV는 자녀 교육에 열정을 보이며, 1496년 교육 강요법을 의회에서 통과시켰다. 도시에 학교를 설립하여 교인들의 교육을 책임졌다.[35] 그리하여 1411년 성 앤드류스 대학, 1451년 글라스고우 대학, 1494년 애버딘 대학이 파리와 볼로냐의 학풍을 따라 설립되었다.[36] 교육과 더불어 해외 통상도 활성화되었

---

33) Agnes Mure Mackenzie, *Robert Bruce King of Scots* (London: Alexander Maclehose & Co., 1936), 3-116; Gordon Donaldson, *Scottish Kings* (London: B. T. Batsford Ltd., 1967), 9-43.

34) Charles Petrie, *The Stuarts* (London: Eyre and Spottiswoode, 1937), 1-343; Agnes Mure Mackenzie, *The Rise of the Stewarts* (London: Alexander Maclehose & Co., 1935), 3-386; Andrew Lang, *A History of Scotland from the Roman Occupation* (Edinburgh: William Blackwood and Sons, 1900), vol. I., 283-456; A. R. MacEwen, *A History of the Church in Scotland* (London: Hodder and Stoughton, 1913), vol. I., 333-487; John MacKintosh, *The History of Civilisation of Scotland*, Aberdeen: Printed for the Author, 1877, vol. I., 348-550.

35) Gordon Donaldson, 63-213; D. L. Farmer, *Britain and the Stuarts* (London: G. Bell and Sons Ltd., 1965), 1-282; C. V. Wedgwood, *The Trial of Charles I* (London: St. James's Place, Collins, 1964), 9-224; Esme Wingfield-Stratford, *King Charles the Martyr 1643-1649* (London: Hollis & Carter, 1950), 3-368; Godfrey Davies, *The Early Stuarts 1603-1660* (Oxford: At the Clarendon Press, 1949), 1-413.

36) Andrew Lang, *A History of Scotland from the Roman Occupation* (Edinburgh: William Blackwood and Sons, 1900), vol. I., 296-385; Ronald Gordon Cant, *The University of St. Andrews: A Short History* (Edinburgh: Scottish Academic Press, 1970), 3-43 참조.

다. 가톨릭 교회의 확장 과정에서 대학 설립은 결코 과소평가할 수 없을 것이다. 교회는 학교를 통해 교사들을 훈련하며 제자들을 양성하였다. 과목은 7개로 문법, 수사학, 변증학, 수학, 기하학, 음악, 천문학이었다. 따라서 대학을 통해 중세의 교육 정신이 잘 보존되었다. 가난한 자를 돌보고 구빈원들에 대한 공급이 진행되었다. 전쟁과 질병, 생활고로 어려움이 있었으나 이 모든 것은 사랑으로 완화되었다.

대학과 함께 교회는 대 도시와 지방을 중심으로 대성당과 주교 성당의 설립에 박차를 가하여 15세기에 약 40개가 세워졌다. 대표적으로 비거(Bigger)의 성 메리 성당, 에든버러의 성 자일스 성당과 크레일(Crail) 성당, 그밖에 링클루덴(Lincluden) 성당, 보스웰(Bothwell) 성당과 쿨렌(Cullen) 성당, 던바(Dunbar) 성당, 테인(Tain)에 있는 성 두택 (St. Duthac) 성당과 애버딘의 성 니콜라스(St. Nicholas) 성당 등이다. 이 성당들은 종교적 헌신과 가르침의 중심지였다. 당시 교회는 몇 몇 지도자들의 탁월한 영성으로 신앙이 계승되었다. 대표적으로 성 엔드류스 주교 제임스 케네디(James Kennedy, 1465 사망)와 애버딘의 윌리암 엘핀스톤(William Elphinstone, 1514 사망)이었다. 전자는 뛰어난 인격과 경건, 관대함과 학문에 정치적 수완이 탁월하였으며 후자는 교회법에 능통하였으며, 성직자의 교육과 영적 훈련을 위해 대학 설립에 기여하였다.[37]

3. 초기 스코틀랜드 교회의 특징[38]

(1) 수도원 조직: 스코틀랜드 교회는 초기 아이리쉬(Irish) 교회같이 수도원 형태로 아일랜드의 기존 제도 위에 설립되었다. 당시 교회들의 상호 연결과 중심 역할은 아이오나 수도원이 맡았다. 당시 아이오나는 성 콜롬바에 의해 설립된 본부로 영국과 아일랜드 모든 교회의 어머니였다. 아이오나 수도원장은 모든 일원들을 한 가족으로 통제하였다[39] 아이오나는 성 콜롬바의 모범을 따라 수장은 항상

---

37) John Macpherson, *A History of the Church In Scotland: from the earliest times down to the present day*, London: Alexander Gardner, 1901, 53-73; A. R. MacEwen, *A History of the Church in Scotland* (London: Hodder and Stoughton, 1913), vol. I., 322-357.

38) E. C. Leal, *The Christian Faith in Early Scotland* (Edinburgh. John Menzies & Co., 1885), 136-162.

39) John A. Duke, *History of the Church of Scotland to the Reformation* (Edinburgh: Oliver and Boyd, 1937), 52.

장로가 맡았다. 공동체 안에서 모든 사람들은 무슨 직책을 가졌든지 원장에게 복종하였다. 이것이 당시 교회 정치의 유일한 형태였다. 성 콜롬바 교회의 탁월한 특징으로 입법화된 이 전통에 따라 주교들은 장로회에 복종하였다. 감독직이 교회의 기초였으나 종종 주교들이 감독의 기능을 수행하였다. 하지만 이 또한 주교들이 수도원장, 장로에게 복종하였다. 당시 수도원장은 주교들의 영적 기능을 관장했으나 실제 역할을 담당하지 않았다. 이것은 아이오나 만의 전통으로 수도원장과 장로회의 특수 관계를 보여준다.[40)]

다른 콜롬바 수도원에서는 주교들이 수도원장으로 종종 활동하였다. 하지만 아이오나의 장로와 수도원장의 통치에 복종이 요구되었다. 수도원장은 제단에서 직무를 수행하고 성례를 집행하였다. 때로 중요한 일을 결정할 때는 수도사 위원회를 소집하였다. 그러나 보통은 그 자신이 모든 위원회의 문제를 직접 관장하였다. 축제들을 설정하고 금식을 정례화 하며 훈련을 진행하였다. 그리고 여러 사역을 위해 형제들을 밖으로 파송하였다. 뿐만 아니라 수도원의 제반 일들을 돌보았다. 수도원의 설립자는 보통 그의 계승자가 이름을 붙였고, 후임 수도원장은 아이리쉬(Irish) 관습에 따라 선출되었다. 수도원의 수장은 영적 아버지인 원장이 맡았다. 그러므로 공동체 회원들은 대가족의 한 일원이었다.[41)] 성 콜롬바는 수도원 규칙을 만들어 사용하였다. 그 규칙의 핵심은 청빈, 자비, 복종이었다. 이 후 콜롬바 교회의 조직은 여러 교회 학교에서 지속적으로 논의되며 활성화되었다. 이는 여러 해외 선교지에서 성공했으나 교회 설립에는 실패하였다. 그것은 주교들이 장로에게 복종하고 장로들의 수행 능력이 결여되었기 때문이다. 이런 상황에서 가톨릭과 감독파, 장로파는 각각의 차이로 교회 문제에 무관심하며 지원하지 않았다.[42)]

(2) 종교 의식: 콜롬바 교회와 아이리쉬 교회는 밀접히 연관되었다. 그들은 최

---

40) Venerable Bede, *The Ecclesiastical History of the English Nation* (London: Aldine House, 1903), vol. III., chap. 5; John Cunningham, *The Church History of Scotland: From the Commencement of the Christian Era to the Present Time* (Edinburgh: James Thin, 1882), vol. 1., 48-49; Robert Herbert Story(ed.), *The Church of Scotland, Past and Present* (London: William MacKenzie, 1890), vol. I, 121-146.

41) John A. Duke, 53.

42) Robert Herbert Story(ed.), *The Church of Scotland, Past and Present* (London: William MacKenzie, 1890), vol. I, 121-136.

초로 성 패트릭이 프랑스에서 가져온 규범과 매우 유사한 의식서를 사용하였다. 당시 의식 중에 세례는 매우 엄격히 실시되었다. 예를 들면, 세례는 그리스도를 주로 고백하는 모든 성도에게 실시되었으나, 세례 후 범한 죄는 두 번 용서하지 않았다. 따라서 세례는 최후의 사망 직전에 받는 통칭 "임상(臨床) 세례"(clinical baptism)로 일상화되었다. 초기에 콘스탄티누스 대제를 포함하여 일부 사회 지도자들이 받았으나 사람들에게 호의적이지 않았다.[43] 한편 아담난(Adamnan)의 지적처럼 아이오나에서 집행한 성찬 직무의 핵심은 성 마틴(St. Martin)의 이름이 성자들을 기념하는 중심에 있다는 점이다.[44] 그런데 콜롬바 교회의 병자를 위한 성찬은 로마 가톨릭의 의식과 상당히 다른 독특한 면을 보여준다. 이것은 동방 교회와 어떤 연관이 있는지 모르지만 콜롬바 교회와 아일랜드 교회 기도서의 형식에 일부 포함되었다. 그런데 일부 동방 교회의 전통이 초기 아일랜드 미사로 더욱 다양해졌다. 콜롬바 교회 또한 상당부분 의식적으로 다양해졌나.[45] 콜롬비 교회의 예배는 매 시간 정규적으로 드렸다. 여기서 매일 일주일 동안 콜롬바 자신이 작사한 찬양이 드렸다. 콜롬바의 시(詩)적 은사와 뛰어난 목소리는 우리에게 특별한 관심을 불러 일으킨다. 신성한 날(Dies Solemnes)은 주일(Dies Dominicae)과 성인들의 날(Sanctorum natales)로 성찬 기념과는 다르게 구별되었다.

의식 중에 년 중 가장 중요한 축제는 부활절(Paschalis somemnitas)이었다. 이날 성찬 예배가 드려졌으며, 년 중 특별히 기쁨과 축제(Laetitiae Festivitas)의 절기로 간주되었다.[46] 부활절부터 성령강림까지 50일 동안은 부활절(Paschal Days)로 교인들이 승리의 기쁨에 참여하였다. 그밖에 또 다른 기독교인의 연간 축제는 크리스마스(Natalitium Domini)였다. 예배 중 최고의 백미는 성만찬 의식이었다. 의식의 집행은 물을 와인에 섞은 것이 사용되었다. 실제로 성찬 시에 빵과 잔을 모든 참여자들에게 제공하였다. 집례자는 제단 앞에 서서 빵과 잔을 축성하였다.

---

43) Marjorie Strachey, *Saints and Sinners of the Fourth Century* (Ldondon: William Kimber, 1958), 208.

44) Adamnan, *Life of Saint Columba*, ed. by William Reeves (Edmonston and Douglas, 1874, reprinted 1988), chap. iii, 12; John MacKintosh, *The History of Civilisation of Scotland*, (Aberdeen: Printed for the Author, 1877), vol. I., 119-124.

45) Robert Herbert Story(ed.), vol. I, 39-42.

46) John A. Duke, 55.

이 때 집사는 집례자를 위해 빵과 잔을 준비하였다. 성찬 참여자들은 참여를 위해 제단으로 나아갔다. 사역의 실천은 매우 다양하였다. 장로들만이 성찬 석에 출석한바, 그 중에 대표 한 사람이 경건하게 참여를 요청하였다. 그러나 종종 두 명의 장로들이 성찬을 집행했는데 이때 주교가 모든 것을 집례하였다. 주교가 아일랜드에서 아이오나를 방문했을 때 성 콜롬바는 그에게 성찬 집례를 맡겼다. 보통 성찬은 주일과 성인들의 날에 수도원장이 집례하였다. 집례 시간도 매우 다양한 바, 이른 아침(mane primo)과 12시(hara sexta), 저녁 시간(vespertinalis Dominicae noctis Missa)에 드렸다.

성찬이 병자들에게 실시되었으나 예약이나 어떤 확증, 금식의 참여 혹은 고백은 언급되지 않았다. 성찬식 때 축제 행사로 집례자는 흰 띠를 어깨에 찼으며 예배는 합창으로 갈리아 성가를 사용하였다. 따라서 찬양이 콜롬바 교회의 중요한 위치를 차지하였다. 세례는 신앙의 교훈 이후 성인들에게, 신앙 고백 이후 집례자가 집행하였다. 그러나 성 콜롬바는 종종 초대 교회 사도들의 모범을 따라 가족 전체, 즉 남편과 아내, 애들과 심지어 종들에게 세례를 주었다. 그러므로 당시 유아 세례는 매우 자연스럽게 실행되었다. 세례는 또한 죽은 자들에게 실시되었다. 특별한 도유식에 관해 언급이 없으나 세계 도처에서 실시되었다. 아일랜드에서 사용된 것처럼 의식의 형태는 물세례와 함께 뿌리는 의식이 병행되었다. 성직수임은 주교가 맡았으며, 안수 전에 수도원장은 후보의 머리 위에 함께의 뜻으로 오른 손을 놓았다. 전통 적으로 안수식에 3명의 주교들이 참여하였다.[47]

한편 콜롬바 교회에서 기도는 매우 중요한 위치를 가졌다. 그 과정에 성 콜롬바의 생전 기도가 중심 모델이었다. 그는 소위 "천사들의 작은 언덕"(Colliculus Angelorum)에 올라 기도했는데, 천사들이 종종 그곳에 내려와 응답하였다. 실제로 그는 제단 옆에서 무릎 꿇고 기도하다 운명하였다.[48] 죽은 자를 위한 기도는 일상적으로 그리고 임종을 앞둔 자에게 실시되었다. 아이오나 묘비의 한 글귀에는

---

47) Venerable Bede, *The Ecclesiastical History of the English Nation* (London: Aldine House, 1903), vol. III. chap. 22-28.

48) Adomnan of Iona, *Life of St. Columba* (England: Penguin Book, 1995), 1-234; Jennifer O'Reilly, "The Wisdom of the scribe and the fear of the Lord in the Life of Columba", *Spes Scotorum: Hope of Scots*, ed. by Dauvit Broun/Thomas Owen Clancy (Edinburgh: T&T Clark, 1999), 159-211.

죽은 사람을 위한 기도가 요청되었다. 거기에는 그 글을 읽는 자들을 위한 기도의 요청이 포함되었다. 성 콜롬바의 일거수일투족은 모두 기도하는 삶으로 책에 기록되었다. 이것은 그의 사후 제자들의 모범이 되었다. 그의 제자들은 그의 책과 가운을 발 앞 제단에 올려놓고 그의 이름을 불렀다. 왜냐하면 그의 영혼이 하늘에서 그들의 외침을 들을 것이라고 믿었기 때문이다.[49)]

금식은 콜롬바 교회의 종교 의식으로 실시되었다. 수요일과 금요일은 항상 금식하는 날이었으며, 절기상 고난주간에는 더욱 권장되었다. 그리고 금식은 종종 9시까지 연장된 채 40일 동안 엄격히 지켰다. 고난 주간에는 주일을 제외하고 모두 금식일 이었으며 일부 면죄부가 승인되었다. 예외적으로 손님이 방문했을 때 환대하여 신축성 있게 집행하였다. 금식은 기도의 응답 속에 하나님께, 특별히 전쟁의 승리나 교회와 수도원의 건축을 위해 장기간 올려졌다. 고해성사에 의한 고백이 실습되었다. 고백은 공적, 사적 두 가지로 이루어졌다. 보통은 죄의 공적 고백 후에 개인적으로 용납되었다. 그런데 어떤 경우, 즉 망명 중이거나 종신 징계를 받았을 때는 강제로 요구되었다. 그러나 사적인 고백은 또한 일상적이었다. 콜롬바 교회나 아이리쉬 교회를 포함한 당시 모든 교회는 모든 개인, 즉 평신도든 성직자든 죄를 고백한 자들에게 영적 지침서, "영혼의 친구"(soul-friend, anmchara)가 제공되었다. 죄의 고백은 언제나 자율적이었다. 결혼과 관련하여 목사는, 특별히 불행한 결혼 부부를 취급하였다. 혹 아내가 남편으로부터 벗어나고자 할 때 수녀를 권했으나 동의하지 않으면 거절되었다. 혹 합법적으로 이혼하고자 하는데 남편이 살고자 한다면 남편의 법에 묶이는 것이다. 그것은 분리할 수 없도록 하나님이 법적으로 하나로 묶어주었기 때문이다.[50)]

또한 목사는 장례식 하관예배를 주관하였다. 죽은 날은 생일로 간주되어 정기적으로 기념되었으며 장례는 보통 주야 3일간 유지되었다. 이 기간 동안 시편이 낭송되었고 시체는 깨끗한 삼베로 감싸 관에 넣었다. 그 후 편히 쉬도록 무덤에 안장하였다. 또 다른 종교적 관습으로는 십자가의 표지였다. 이것은 보통 "구원의

49) Venerable Bede, vol. III. chap. 5; Robert Herbert Story(ed.), *The Church of Scotland, Past and Present* (London: William MacKenzie, 1890), vol. I, 121-182.

50) John MacKintosh, *The History of Civilisation of Scotland* (Aberdeen: Printed for the Author, 1877), vol. I., 126-129, 136-139.

표지"(Signum Salutare)로 가능한 모든 기회에 실습되었다. 예를 들면, 이른 아침 우유를 짜기 전 혹은 사탄이나 사나운 짐승이 사용하기 전에 연장과 무기를 다루면서 실시되었다. 비밀스런 장소나 특별히 기념할 만한 사건이 있는 곳에는 십자가를 세웠다. 그리고 십자가 표지를 만들어 십자가의 선교사로 바다 위를 항해하였다.[51)]

(3) 교육 중심: 복음 전도 후 스코틀랜드 구 셀틱 교회는 약 700년간 종교적 의무로서 교육을 지속하였다. 그 규칙은 남녀 소년소녀들에게 하나님의 말씀을 읽고 쓸 뿐만 아니라 교회 행사와 특별히 영적 친구로서 함께 사랑을 나누는 성례의 참여를 독려하였다.[52)] 셀틱 수도원은 항상 교육의 중심이었다. 찰스 대제가 고등학교를 설립한 것은 그 자신이 유럽의 옛 수도원에서 공부했기 때문이다. 따라서 그는 첫 교사들을 위해 셀틱 수도원에 보내 훈련시켰다. 따라서 로마 교회는 셀틱 교회에서 교육 받아 문명국가가 되는데 도움을 얻었다. 성당과 수도원 학교는 많은 교사와 학생들이 붐볐으며 그곳에서 서로의 필요를 채울 수 있었다.

1494년 롤라드 무리 약 30명이 위클리프의 이단자로 고소되었다. 이들 중에 당시 많은 스코틀랜드 학생들이 옥스퍼드 대학교에서 위클리프의 지도를 받았다. 당시 존 위클리프의 제자들이 학교 분위기를 주도하였다. 이들은 이후 조국 스코틀랜드로 돌아가 개혁에 영향을 끼쳤다. 이후 스코틀랜드 여러 지역, 성 앤드류스와 글라스고, 애버딘에 대학이 설립되었다. 대학의 설립으로 당시 도시들은 빈곤으로부터 벗어날 수 있었고, 이로서 우수한 스코틀랜드 학생들이 영국의 옥스퍼드, 케임브리지, 프랑스의 파리에서 유학하였다.[53)] 교사들은 학생을 돌보기 위해 영국과 심지어 유럽을 오가며 교육하였다. 종종 스코틀랜드의 젊은이들이 강사로 혹은 유학생으로 해외에 머물렀다. 당시 대학 교육 위원회는 롤라드 지도자들의 잘못된 가르침을 색출하기 위해 각 대학을 방문하였다. 하지만 이미 이들의 가르침은 대학에서 시민들에게 전파된 때였다.[54)] 따라서 같은 시기의 유럽이나 가까운 영국과 달리 스코틀랜드는 향학열이 남달랐다.

---

51) John A. Duke, 59. Cf. William D. Maxwell, *A History of Christian Worship: An Outline of Its Development and Forms* (Michigan: Baker Book House, 1936), 1-71.

52) T. M. Lindsay, *The Reformation* (Edinburgh: T. & T. Clark, 1961), 111.

53) 각주 34 참조.

(4) 신앙적 독립: 콜롬바 교회의 정강에 따르면 로마 교회와의 관계는 매우 명확히 규명되었다. 첫째, 교황의 위치는 현재의 주장과 달리 이해되었다. 당시 교황은 오늘처럼 모든 교회를 향해, 로마 교회의 모든 공동체에 그렇게 무소불의 권력을 휘두르지 않았다. 당시 교황권은 그렇게 교회에 강압적이지 않았다. 따라서 각 교구는 교황에게 어떤 제약 없이 각각의 교회 문제에 경영권을 가졌다. 물론 당시 교황이 하는 일들은 대 로마시의 상속자로, 세계의 수도로 존중되었다.[55] 이 같은 상황에서 영국 교회는 정책상 로마로 이동하고 점차 영향을 받았다. 한편 콜롬바 교회는 아일랜드 교회의 영향을 받아 확장되어 로마교회로부터 독립하였다.[56] 당시 로마의 성 팔라디우스(St. Palladius)의 파견에 실패하자 성 패트릭(St. Patrick)은 로마에 위원을 부탁하지 않았다. 그리고 그는 하나님이 자신을 아일랜드의 주교로 임명하였음을 강조하였다. 이는 이미 고찰한 바와 같이 성 콜롬바의 사역을 통해 증명된다. 콜롬바의 생애에 아직 교황 제도가 형성되지 않았으나 지위를 반대하지 않았다. 이는 선교사를 요청하거나 징계한 사실이 전혀 없음이 증명한다. 성 패트릭이 자칭 아일랜드의 사도라고 한 것과 달리 성 콜롬바는 아이오나의 원시 교회의 설립에도 불구하고 교황으로부터 어떤 것도 받지 않고 지속적으로 성장하였다. 그 결과 가톨릭의 몰락 위에 스코틀랜드는 종교개혁을 이룰 수 있게 되었다.[57]

4. 개혁 전 스코틀랜드의 종교적 실상

(1) 중세 말 교회의 모습: 당시 스코틀랜드는 무법천지의 상황에서 교회와 수도원을 통해 종교와 문화에 관심이 고조되었다. 사람들의 시민의식이 고양되면서 민속을 위한 새로운 기풍이 형성되었다. 뿐만 아니라 열악한 교육 환경에서 그림과 형상(形象)을 포함한 다양한 건축과 예술적 활동으로 신앙이 독려되었다. 그리하

54) T. M. Lindsay, 112.

55) John A. Duke, 59.

56) John Cunningham, *The Church History of Scotland: From the Commencement of the Christian Era to the Present Time* (Edinburgh: James Thin, 1882), vol. 1., 46-49.

57) John A. Duke, 59-61; John Cunningham, vol. 1., 29-30.

여 교회는 스코틀랜드를 하나로 통합하는 역할을 하였다. 하지만 외형과 달리 교회는 내적 부패와 타락으로 본질과 사명을 상실하였다. 따라서 오랜 중세 교회의 의식과 교리들은 더 이상 사람들의 관심을 끌지 못하였다. 새로 고안된 외적 행위들과 경건한 헌금자들의 기여로 부유했으나 교회와 교황의 우위권과 교회법, 정치와 구원의 수단은 더 이상 정당화 되지 못하였다. 이런 상황에서 스코틀랜드에 선진화된 유럽 문화가 유입되었다. 새로운 무역로가 개척되면서 생활은 여유로웠다. 한편 중세 봉건주의의 몰락과 함께 신흥부호들이 대두되었다. 화약의 발견으로 기존의 전쟁 방식이 바뀌었다. 애국주의의 등장으로 민족 언어에 대한 관심이 고조되었다. 무엇보다도 지적인 변화로 기존의 권위와 전통에 회의가 제기되었다. 그리고 상대적으로 교육과 학문이 장려되면서 개개인의 사상이 발전하였다. 고대 학문 뿐 아니라 성경에 대한 관심이 고조되었다.

여기에 인쇄술의 발명은 결정적이었다. 동시에 다른 편에서는 영적, 도덕적 변화가 일어났다. 그것은 기존의 외적 관심에서 내적 열망으로 표출되었다. 수행보다는 말씀을 통한 깨달음이 중시되었다. 사제들의 도움 없이 각각 누구라도 담대히 하나님의 보좌로 나가게 되었다. 교회의 권위보다는 신적 은총의 자의식이 고취되었다. 따라서 사람들은 교회의 권위와 전통으로부터 벗어나 모처럼 자유를 누렸다. 구원은 오직 예수 그리스도를 믿음으로 얻는다고 생각하였다. 심지어 세속인들도 자신들이 교회 일에 참여할 수 있다고 느꼈다. 이 때 자국어로 된 성경의 출현은 중세인의 의식을 완전히 바꾸었다. 1526년 틴데일의 영어 성경 번역, 1534년 루터의 독일어 성경이 번역되었다. 그 후 성경에 대한 해석과 설교의 확대로 개혁이 전 유럽으로 확장되었다. 신앙생활을 위해 수도원으로 피하지 않고 각각 생활 현장을 사수하였다. 그러면서 사람들은 교회 내부에서 성행하는 진리의 남용에 민감하게 반응하였다. 더는 묵과할 수 없는 교회의 부정과 타락은 예견된 대로 종교개혁을 피하지 못하였다.[58)]

---

58) 예를 들면, 교황들과 고위 성직자들의 세속적인 생활과 부의 축적, 수도승들과 탁발 수도사들의 부도덕한 생활, 하위 성직자들의 탄식할 정도의 무지, 교인들에 대한 무거운 강제 징수금들, 직책과 관련된 성직 매매와 뇌물수수, 자질 없는 친척을 등용과 수입 증대를 위해 어린 아이에게 중요 직책을 하사하는 것 등이었다. G. D. Henderson, *The Church of Scotland* (Edinburgh: The Church of Scotland Youth Committee, 1954), 39-40.

(2) 유럽의 종교개혁: 중세 교회의 타락에서 벗어나려는 시도는 도처에서 다양하게 전개되었다. 대표적으로 옥스퍼드의 위클리프는 성경의 가르침에 따라 부패 이전의 교회 회복을 추구하였다. 그리하여 정치와 부, 미신이 교회를 부패시키기 이전 상태로 교회를 회복시켰다. 제자 후스도 여기에 동참했으나 1415년 프라하에서 화형되었다. 1498년 도미니쿠스회 소속 수도사 사보나롤라도 플로렌스에서 처형되었다. 한편 영국의 대법관(Lord Chancellor) 토마스 모어와 그의 친구 콜레트(1519년 사망)가 르네상스 정신을 도입하였다. 당시 콜레트는 성 바울 성당의 사제장이었다. 그는 사도 바울의 서신에 대한 신선한 해설로 사람들에게 많은 영향을 끼쳤다. 로테르담의 에라스무스는 종교 개혁기에 탁월한 인물이었다. 헬라어 신약 성경에 대한 학문적 연구와 특별히 그의 개인적인 헌신과 우신예찬으로 교황을 통렬히 비판하였다.

하지만 종교개혁의 실질적 전개는 마틴 루터에 의해 시작되었다. 당시 루터는 교회의 권력 남용을 비난하며 1517년 10월 31일, 독일 비텐베르크 대학 정문에 95개 항의문을 못 박았다. 당시 그는 성경과 교부들의 저술에 해박한 학자로 종교체험을 한 어거스틴파 소속 수도승으로, 강력한 인격적 힘과 용기, 수많은 저작과 성경 번역, 대중적 찬송가 작곡과 칭의 교리, 만인 제사장 론을 통해 교회의 전통 확립에 크게 기여하였다. 1536년 약관 27세의 존 칼빈은 「기독교 강요」 초판을 출간하고, 제네바에 개혁된 교리와 예배와 치리를 체계화하였다. 그는 하나님의 절대 주권 신학을 체계화한 신학자로 당대 최고의 지성인이었다. 훈련된 변호사, 명료한 저술가, 숙련된 행정가, 헌신된 신앙인이었다. 그의 사상은 이후 지금까지 유럽의 근접국가, 예를 들면, 프랑스, 화란, 영국, 스코틀랜드, 미국, 한국, 그 밖의 나라들의 모델이 되었다.[59] 한편 존 낙스는 칼빈의 제네바를 "사도시대 이후 지상에서 가장 아름다운 그리스도의 학교"라고[60] 평가하였다. 그리고 스코틀랜드 종교개혁을 이끌며 평생을 헌신하였다. 이후 종교개혁운동은 독일과 스칸디나비아 반도의 나라들과 프랑스, 화란, 보헤미아, 헝가리, 영국, 특스코틀랜드에 영향을 끼

---

59) 각주 1번 참조

60) John Knox, *The Works*, vol. 4., ed. D. Laing (Edinburgh, 1855), 240-241; G. R. Elton, *Reformation Europe 1517-1559* (Fontana Press, 1963), 57; John Knox, *The History of the Reformation of Religion in Scotland* (London: Andrew Melrose, 1905), 1-420.

쳤다. 이때 로마 가톨릭의 열렬한 옹호자 이그나티우스 로욜라는 종교개혁을 저지하기 위해 예수회를 설립하였다. 가톨릭 교회는 1545-1563년까지 트렌트 공의회를 통해 대응하였다.

5. 스코틀랜드 종교개혁의 전개

(1) 첫 순교자의 출현과 롤라드의 등장: 유럽의 종교개혁이 급속히 확장되는 과정에 많은 사람들이 죽거나 이단으로 정죄되었다. 대표적으로 영국인 사제 존 레스비(John Resby)는 1406년 퍼스에서 화형되었다. 존 후스의 추종자 파울 크로어(Paul Crawer)도 1433년 성 앤드류에서 죽었다. 1494년 카일(Kyle)의 롤라드 무리 약 30명이 위클리프의 이단자로 고소되었다. 당시 많은 스코틀랜드 학생들이 옥스퍼드에서 공부하였다. 당시 존 위클리프가 교수로 있었고 그 제자들이 학교를 주도하였다. 이들은 이후 조국 스코틀랜드에 돌아가 여러 지역의 대학 설립에 기여하였다. 당시 대학 교육 위원회는 롤라드 지도자들의 그릇된 가르침을 색출하기 위해 각 대학을 방문하였다. 하지만 이미 이들의 가르침은 대학에서 시민들에게 확산된 때였다. 이러한 박해와 억압적 상황에서 16세기 종교개혁기에 첫 번째 패트릭 해밀톤(Patrick Hamilton, 1503-1528)[61]이 순교하였다.

(2) 존 후스(John Huss)와 마틴 루터의 영향: 보헤미아의 존 후스의 행적은 스코틀랜드에 널리 알려졌다. 보헤미아 출신 폴 크로우(Paul Craw)는 존 후스와 위클리프의 교리를 가르침으로 이단이 되었다. 당시 가톨릭에서는 화체설, 사제의 축성 후에 떡과 잔이 그리스도의 몸으로 변한다는 교리를 주장하였다. 크로우는 이를 비성경적인 것으로 간주하였다. 당시 성 앤드류스의 주교 헨리 워드로우(Henry Wardlaw)는 교황의 정죄 교서를 크로우의 입에 물리고 화형에 처하였다.

---

61) 유복한 가문 출신으로 탁월한 재능으로 파리와 루벵에서 수학하였다. 그 후 독일의 말부르그 대학에서 학문적 능력을 인정받았다. 1527년 유학을 마치고 귀국한 그는 의도적으로 복음을 전파하였다. 그러나 1528년 2월 29일 심문을 받고 이단으로 정죄되어 성 샐베이터 대학(St. Salvator's College) 정문에서 화형되었다. Alexander Cameron(ed.), *Patrick Hamilton: First Scottish Martyr of the Reformation* (Edinburgh: The Scottish Reformation Society, 1929), 11-100; John Howie, The Scots Worthies (Edinburgh and London: Oliphant, Anderson, & Ferrier, 1870), 11-17.

하지만 개혁의 불길은 멈추지 않고 타올라 오히려 개혁이 스코틀랜드 전역에 영향을 끼쳤다. 루터의 저술들이 유입되었으며 성 앤드류스와 에든버러 리스(Leith)의 상인들이 대륙에서 밀수한 틴데일의 성경 복사본을 판매하였다. 의회의 금지에도 불구하고 사용이 더욱 확대되었다. 동시에 가톨릭 교회의 타락과 여러 폐해들이 연극과 시 그리고 음악을 통해 풍자되었다.[62]

(3) 조지 위샤르트(George Wishart, 1512-1546)의 순교와 박해: 스코틀랜드의 종교개혁은 조지 위샤르트의 사역으로 더욱 확대되었다. 한 때 몬트로스에서 교사를 지내며 헬라어 신약 성경을 연구하였다. 그 후 스위스와 독일, 영국에서 종교개혁의 신앙적 확신을 강화하였다. 귀국하여 던디와 그 밖의 여러 지역에서 힘을 다해 열정적으로 설교하였다. 그러나 당시 섭정자 보스웰은 석방 약속을 파기하고 추기경 데이비드 비톤(David Beaton)에게 넘겼으며, 곧바로 성 앤드류스로 압송되어 1546년 3월 1일 성 밖에서 화형되있다.[63] 당시 메시지에 매료된 채 그를 수행했던 존 낙스는 "희생은 한 사람으로 족하다"(One is sufficient for one sacrifece)라는 말을 듣고 개혁자로 전환하였다.[64] 1538년 그 때 또 다른 사람 토마스 포렛

---

62) 당시 데이비드 린드세이(David Lyndsay) 경은 자신의 연극 "삼부회의에 대한 즐거운 풍자"에서, 그리고 시를 통해, 영어로 번역된 신약 성경이 국민들의 관심 속에서 차지하고 있는 위치, 가치 없는 수도승들과 수녀들과 비효율적이고 세속적인 사제들에 대한 공공의 경멸, 돈에 대한 교회의 계속적인 요구에 의해 야기된 불만, 설교와 종교적 교훈에 대한 욕구, 사제들에 대한 고백과 연관된 악들과 연옥과 같이 비성경적인 교리들과 성 유물에 대한 무역과 교회가 조장하고 있는 많은 미신적인 실천들과 관련된 대중적인 의견들에 대한 적대감 등이었다. 특별히 당시에 널리 통용되었던 운율적인 시편들과 루터의 찬송가와 종교적 연관과 종교개혁의 가르침을 포함하고 있는 대중적인 노래들로 구성되었다. G. D. Henderson, *The Church of Scotland* (Edinburgh: The Church of Scotland Youth Committee, 1954), 43.

63) D. P. Thomson, George Wishart: *The Man who Roused Scotland* (Edinburgh: Church of Scotland Publications Department, n.y.), 32; 1-James William Baird, *Thunder Over Scotland: The Life of George Wishart Scottish Reformer 1513-1546* (California: Green Leaf Press, 1982, 13-206; St.Mary's College Book, *George Wishart: Scholar, Saint, Reformer, Martyr* (St. Andrews University Press, 1946), 5-27; John C. Johnston, *Treasury of the Scottish Covenant* (Edinburgh: Andrew Elliot, 1887), 241; T. M. Lindsay, *The Reformation* (Edinburgh: T. & T. Clark, 1961), 113.

64) John Knox, *The Works of John Knox*, vol. I., 149-152, 177; J. A. Duke, *op. cit.*, 180; Alex R. Macewen, *A History of the Church in Scotland* (London: Hodder and Stoughton, 1913), vol. I., 466-477.

(Thomas Forret)이 순교하였다. 그는 돌라(Dollar)의 유식한 사제로 헌신적이며 친절하고 복음의 신실한 설교자였다. 1558년 노경의 월터 밀네(Walter Milne)가 순교하였다. 또 다른 사람 알레시우스(1500-1565)는 독일로, 마카배우스(Macchabaeus, 1577년 사망)는 덴마크로 망명하였다.

(4) 데이비드 비톤(David Beaton, 1494-1546)의 암살: 추기경 비톤은 당시 종교개혁 예비 지도자들의 순교 배후의 인물이었다. 그는 당시 교회 정치가로서 막강한 권력을 행사하였다. 그는 부도덕하고 신중하지 못했으며, 개혁자들에게 적극 저항했으나 위샤르트의 순교 후, 추기경을 반대하는 계획 속에 성 앤드류스 성에서 암살되었다. 한편 그곳의 대주교 해밀톤은 1551년 소요리문답을 작성하였다. 여기서 그는 단순한 논리로 종교적 진리 규명을 위해 십계명과 신조, 7성례와 주기도문을 해설하였다.[65] 그러나 너무 늦은 저술로 종교개혁의 흐름을 저지하지는 못하였다.

6. 결론

지금까지 스코틀랜드 교회의 역사적 전개는 16세기 유럽의 종교개혁에 비해 그렇게 학계의 주목을 받지 못했다. 그러나 전개 과정에서 볼 때 결코 소홀히 할 수 없음을 확인하였다. 스코틀랜드 교회는 복음 전래 후 종교개혁 이전까지 다양한 과정을 거치며 발전하였다. 그러나 다른 유럽 국가에 비해 당시 스코틀랜드의 국가적 여건은 매우 열악했음에도 정치적으로 직접 로마의 지배를 받지 않았다. 그 결과 여타 분야에 발전이 더디었으나 종교적으로 로마 가톨릭의 간섭과 영향에서 비교적 자유로웠다. 그럼에도 불구하고 이 기간 교회를 대표하는 걸출한 지도자들, 예를 들면 성 니니안, 성 콜롬바, 성 패트릭의 헌신적인 사역으로 안정 속에 발전하였다. 원시적인 문화를 기독교로 변형시키며 민족을 통합하고 다양한 예

65) A. F. Mitchell(ed.), *The Catechism set forth by Archbishop Hamilton* (Edinburgh, 1882) 참조; Duncan Forrester & Douglas Murray(eds.), *Studies in the History of Worship in Scotland* (Edinburgh: T. & T. Clark Ltd., 1984), 28; R. G. Cant, *The University of St. Andrews* (Edinburgh: Scottish Academic Press, 1970), 36-39, 42, 64, 145. Cf. James Kirk, “John Hamilton”, *Dictionary of Scottish Church History & Theology*, ed. by Nigel M. de S. Cameron (Edinburgh: T & T Clark, 1993), 389-390.

전들과 정치 체제를 정착시켰다. 이러한 현상은 종교개혁 직전 스코틀랜드로 하여금 독립적인 변화를 촉진하여 가톨릭의 억압과 확장에도 불구하고 특징적으로 정착하는 계기를 마련하였다.

따라서 본 논문을 통해 몇 가지 교훈을 얻을 수 있다. (1) 스코틀랜드 선교는 이웃 나라, 특히 아일랜드의 도움이 컸다는 것이다. 소위 연합 선교의 노력과 성과에서 현대 선교의 전형을 발견한다. 성 콜롬바와 성 패트릭은 스코틀랜드 선교에 모범적인 헌신자로 기독교 복음화에 기여하였다. (2) 선교 과정에 다양한 문화적 전통과 기독교 신앙이 융합되어 나타났다는 점이다. 물론 당시 스코틀랜드는 열악한 환경으로 생존에 대한 필사적인 욕구가 있었다. 그리하여 이들은 복음을 적극적으로 수용하고 도처에 성당과 교회, 나아가 최고 교육 기관으로 대학을 설립하여 국민 계몽에 주력하였다. 이는 16세기 종교개혁의 기반 구축에 촉매제였다. (3) 주변 국가, 당시 영국과 달리 기독교 신앙 선동, 즉 제네바를 모델로 장로교 전통 확립의 기초를 놓았다. 이러한 전통은 개혁 이전 존 후스와 존 위클리프, 16세기 종교 개혁기에 조지 위샤르트와 존 낙스의 출현, 회중파의 등장, 17세기 언약도들의 개혁주의 신학과 사상의 지속적인 추구와 헌신적인 활략으로 개혁을 완수하였다.[66] 1560년 시작된 스코틀랜드의 종교개혁은 1688년 명예혁명으로 완결되기까지 이들의 절대적인 헌신과 노력의 산물이었다.

66) Edwin Nisbet Moore, *Our Covenant Heritage* (Scotland: Christian Focus Publications Ltd., 2000), 15.

제2장

스코틀랜드 교회의 언약신학적 전통

-1560년 종교개혁에서 1637년 공동기도서 출현까지-

1. 서론

1559년 5월 약 3년의 제네바 생활을 정리하고 귀국한 존 낙스의 주도아래 스코틀랜드의 종교개혁은 이후 많은 시련 속에 급박하게 전개되었다.[1] 당시 유럽 교회의 개혁 양태가 대동소이했으나 그 중에 스코틀랜드는 다른 나라와 달리 장기간 갈등과 대립, 분열과 전쟁을 겪었다.[2] 그 과정에서 스코틀랜드 교회는 장로교회에서 감독교회로, 감독교회에서 다시 장로교회로 여러 차례 오가 던 중, 1688년 명예혁명과 함께 장로교를 국교로 수용하였다.[3] 스코틀랜드 교회는 개혁의 이념을 언약 신학에서 찾고 이를 정치적으로 활용하였다. 따라서 그들은 언약의 깃발 아

1) Walter Roland Foster, *The Church before the Covenants* (Edinburgh: Scottish Academic Press, 1975), 1.

2) James King Hewison, *The Covenanters* (Glasgow: John Smith and Son, 1908), 2 vols; J. A. Wylie, *The Scots Worthies, Their Lives and Testimonies, including many additional notes, and lives of eminent worthies not contained in the original collection* (London: William Mackenzie, Ludgate Hill, E. C., n.y)

3) R. Buick Knox, "A Scottish Chapter in the History of Toleration", *Scottish Journal of Theology* (Scottish Journal, 1988), vol. 41., 49-74; T. C. Smout, *A History of the Scottish People 1560-1830* (Collins/Fotana, 1973), 57-66; William Haller, *Liberty and Reformation in the Puritan Revolution* (Columbia University Press, 1961), 104.

래, 1536년부터 1688년 명예혁명까지 약 31회의 계약과 동맹으로 국가(세속) 권력에 맞서 투쟁함으로 승리하였다.[4] 이 같은 장기간의 투쟁 속에 개혁을 주도한 이들이 바로 언약도(Covenanters)들이다. 이들은 오직 성경에 기초한 개혁 교회의 재건, 즉 "주님의 왕권과 언약을 위하여"(*For Christ's Crown and the Covenant*)와 "그리스도의 영광과 그분의 말씀을 위해서"(*For the Glory of Christ and His Word*) 온전히 헌신하였다.[5] 이들은 이 명제로 성경의 절대적 권위와 교회의 영적인 독립, 통치자의 지배 능력, 국가의 입법과 종속을 하나로 통합하였다. 따라서 언약도들의 열망에 국민들의 적극적인 지지와 동참으로 투쟁은 큰 승리와 기쁨을 제공하였다.

역사적으로 개혁교회 혹은 장로교회에서 언약신학은 매우 중요하다. 그런데 이 신학이 오늘 날 교회의 전통으로 수용되기까지, 형성, 발전, 정착되는 과정에서 스코틀랜드 언약도들의 공헌을 간과할 수 없다. 실제로 이들은 안으로 개인의 신앙과 교회 생활 뿐 아니라 밖으로 국가 교회의 재건에 크게 기여하였다. 비록 현대 교회의 경향은 과거 언약도들이 일관되게 추구해온 전통에 일부 동의하지 않을지도 모른다. 그러나 언약도들은 자신들의 신학 전통을 올 곧게 사수함으로 정체성 없이 타협하거나 망망대해를 표류하는 이 시대 교회를 향해 중요한 메시지를 제공하였다. 그것은 혼합주의와 상대주의, 자유주의 내지 초현대적 가치추구로 보편화된 시대에 우리가 그들로부터 배울 수 있는, 개혁주의와 보수주의, 정통신학을 지속적으로 추구할 수 있는 확실한 증거요 교훈이라 할 것이다. 본고에서 필자는 스코틀랜드 장로교회의 언약신학적 전통, 그 기원과 발전을 1560년 종교개혁[6]으로부터 1637년 공동기도서 출현까지 역사적 발전 속에 형성된 신학적 쟁점을

---

4) J. Lumsden, *The Covenants of Scotland* (Alexander Gardner, Paisley, 1914) Cf. Trevor Hart, "Christ the Mediator", *Reformed Theology in Contemporary Perspective: Westminster: Yesterday, Today-and Tomorrow?* Lynn Quigley(ed.) (Edinburgh Dogmatics Conference Paper, Rutherford House, 2006), 80.

5) Yohahn Su, *The Contribution of Scottish Covenant Thought to the Discussions of the Westminster Assembly(1643-1648) and its Continuing Significance to the Marrow Controversy(1717-1723)* (University of Glamorgan, Ph.D., thesis, 1993), 354.

6) 스코틀랜드 교회의 16세기 이전 역사는 졸저, "스코틀랜드 초기 교회의 역사적 전개, A.D. 400년 초기 복음 전래부터 1560년 종교개혁까지", 『신학지남』, 2011, 봄 호, 총권 제307호 참조.

심도 있게 고찰할 것이다.

2. 스코틀랜드 언약신학 형성과정[7)]

스코틀랜드 언약 신학의 형성은 여러 복합적인 요소가 작용하였다. 그것은 당시 유럽의 복잡한 정치와 종교 상황과 깊이 연관되었기 때문이다.

(1) 국가적 시련: 스코틀랜드 언약 사상의 기초는 중세의 봉건적 전통 속에서 무엇보다도 이들의 오랜 고난 속에서 형성되었다.[8)] 그것은 무엇보다 천연자원의 빈곤으로 특히 저지대 지방은 당시 천연의 요새나 철제 병기 제작에 필요한 광물을 보유하지 못하였다. 따라서 이들은 고지대 주민들과 달리 수세기 동안 침략에 시달렸나. 이러한 외부적 환경은 비록 음울했으나 강인하며 진지하고 독립적이면서도 인내심이 상한 독특한 성격을 낳았다.[9)] 이는 한 학자의 비유처럼 "성깔부리는 고슴도치의 가시"로, 이후 바이킹을 물리친 구국 공로로 스코틀랜드의 국화가 된 민족의 상징 찔레꽃과 깊이 연관되었다. 1260-1261년 알렉산더 통치기에 주교, 백작, 바론 등 13명은 어린 왕의 통치를 돕기 위하여 비상섭정위원회를 구성하였다. 그 후 1286년 알렉산더 3세가 후사 없이 사망하자, 당시 비상섭정 위원회에 참여했던 버칸 백작 알렉산더 코민(Alexander Comyn of Buchan)의 경험이 1286년 왕국의 보호 체제를 구성하는데 영향을 끼쳤다.

전례에 따라 스콘(Scone)에 소집된 스코틀랜드 의회는 왕국을 보호할 적합한 인물 6명을 귀족 중에서 선발하였다.[10)] 그리하여 이들은 왕국의 보호자로 왕국 공

---

7) J. A. Wylie, *Story of the Covenant and the Services of the Covenanters* (Edinburgh: James A. Dickson, 1982), 3-40; Johannes G. Vos, *The Scottish Covenanters* (Edinburgh: Blue Banner Productions, 1998), 17-226. Cf. Richard Morris Stewart, *The Church of Scotland from the Time of Queen Margaret to the Reformation with Supplementary Chapter Dealing with Scottish Ecclesiastical Affairs to the Presbyterian Settlement of 1690* (London: Alexander Gardner, 1892), 1-401; John A. Duke, *History of the Church of Scotland to the Reformation* (Edinburgh: Oliver and Boyd, 1937), 1-262.

8) 야베 긴야,『중세유럽의 산책』, 양덕관 역 (한실사, 2005), 223-233; 서요한, "스코틀랜드의 종교개혁과 낙스의 개혁원리",『개혁신학』(시올: 개혁신학연구원, 1994), 115-154.

9) John C. Johnston, *Treasury of the Scottish Covenant* (Edinburgh: Andrew Elliot, 1887), 14.

10) 당시 알렉산더는 에든버러에 소집한 회의 후 배설한 연회에서 술에 취하였다. 그는

동체를 이끄는 거대한 평화 수호자였다. 국왕 없는 왕국에서 왕국의 보호자들은 국왕을 대신하여 왕국의 평화를 유지하고 안정을 추구하며 동시에 외부의 간섭으로부터 왕국의 자유를 확보하는 역할을 하였다. 따라서 당시 왕국 공동체는 곧 국왕과 귀족들의 상호 이익을 위한 동맹체였다. 그러므로 왕국의 보호자들은 국왕의 대리자라는 명분하에 자신과 왕국의 이익을 대변하였다. 이들의 임무는 주로 왕국의 평화와 안정의 유지, 외부의 간섭으로부터 왕국의 자유를 확보하는 것이었다.[11]

이러한 상황에서 1296년 영국의 에드워드 I세는 스코틀랜드 왕국을 무력으로 정복하였다. 그리고 스코틀랜드의 국왕 존 1세를 강제로 폐위하여 영국으로 압송하였다. 그러나 이 사건은 오히려 당시 왕위상속권을 둘러싸고 분열한 스코틀랜드 귀족들과 성직자들의 결속을 강화하였다. 따라서 스코틀랜드에서 저항이 일어나 독립전쟁으로 발전하였다. 일부에서는 존 1세의 복위에 초점을 맞추었다.[12] 그 후 1304년 6월 11일 캠버스케네스(Cambuskenneth) 수도원에서 로버트 브루스 7세와 성 앤드류스의 람버튼 주교(Bishop of Lamberton)가 친구 몇 명과 동맹을 맺

근교에 자신의 두 번째 부인 요란데 에게 달려갔다. 봉신들의 말류에도 불구하고 그는 3명의 향사(Esquire)와 함께 나루터를 건넜으나 폭풍 중에 길을 잃었다. 그러던 중에 왕도 홀로 길을 재촉하다가 악천 후 속에 말에서 떨어져 목이 부러져 죽었다. 그에게 두 명의 아들(알렉산더와 데이비드)과 딸(마가렛)이 있었으나 일찍 사망하여 그의 유일한 후손인 외손녀 마가렛이 왕위를 계승하였다. 그러나 그마저 7세에 요절(1283-1290)함으로 스코틀랜드 왕위계승권 분쟁이 장기간 지속되었다. 그리하여 향후 20년 동안 스코틀랜드에는 6명의 왕국 보호자들, Bishop of St. Andrews(Frazer), the Earl of Fife, the Earl of Buchan(Alexander Comyn), the Lord of Badenoch(John Comyn), the Bishop of Glasgow(Wishart), 그리고 James the Steward이 나라를 통치하였다. 이들 6명은 "평화의 수호자"로서 당시 대표적인 두 파벌 브루스 가문과 벨리올 가문에서 각각 한 명씩, 왕국의 지배 계급을 대표하는 주교 2명, 바론 중에서 2명이 선발되었다. 이들은 1306년 로버트 브루스 7세가 로버트 1세로 왕위에 등극하기까지 왕권을 행사하였다. Andrew Lang, *A History of Scotland from the Roman Occupation* (Edinburgh: William Blackwood and Sons, 1900), vol. 1., 162.

11) 알렉산더 3세의 사망으로 로버트 브루스와 갤로웨이의 존 벨리올은 6명의 비상섭정위원 중에서 각각 3명씩 확보하여 서로 견제하였다. 이것이 바로 영국의 에드워드 1세로 하여금 스코틀랜드 왕위계승에 영향력을 행사하게 하는 빌미가 되었다. 1289년 왕국의 보호자 6명 중에 2명이 사망하여 4명으로 줄었으나 충원하지 않았다.

12) 홍성표,『스코틀랜드 분리 독립운동의 역사적 기원』(충북대학교 출판부, 2010), 5-48.

었다. 이 계약서는 혹 누군가에 맞서 대항 할 시에 협력할 의무 규정으로 상호 협의 없이 어떤 일(arduous business)도 시행하지 못 한다는 것이다.[13] 이 합의서는 로버트 브루스를 스코틀랜드 왕위에 앉히려는 의도로 작성되었다.[14] 당시 스코틀랜드 교회는 영국에 저항한 자국민을 보호할 목적의 이면 조정자였고 이 일에 람버튼 주교가 실질적인 조정자였다.

마침내 1306년 3월 25일 브루스는 자신의 왕위 계승 걸림돌을 제거한 후, 글라스고우 주교를 포함한 몇 명의 주교와 백작들과 친족들, 소수의 지지자들의 충성 하에 스콘에서 스코틀랜드 왕에 등극하였다. 그리고 국왕으로 교회의 자유를 보호한다고 맹세하였다.[15] 이에 대해 영국의 에스워드 1세와 존 1세의 복위를 주장하는 자들은 이를 인정하지 않았다. 그러므로 브루스가 자신의 왕위 계승을 정

---

13) 이러한 상호 동맹은 대표적으로 고대 페르시아 제국 초기 다리오 왕과 5명의 혈쟁 동지들, 오타네스, 고브리아스, 히다르네스, 아르타페르네스, 페로스와 맺어졌다. 당시 이들은 지혜의 신 아후라마즈다 앞에서 스스로 약속한 맹세를 어긴 자는 즉시 벌을 내릴 것을 천명하였다. 그들 모두는 신의를 저버리지 않고 서로에게 최선을 다할 것을 신의 이름으로 굳게 맹세하였다. 표윤명,『페르시아』(휴먼비전, 2008), 214-229.

14) F. Palgrave(ed.), *Documents and Records Illustrating the History of Scotland* (London, 1837), vol. 1., cxlvi; 홍성표,『스코틀랜드 분리 독립운동의 역사적 기원』(충북대학교 출판부, 2010), 147-161. 당시 협정 배경은 캐릭 백작 로버트 브루스가 존 코민(John Comyn)과 함께 부끄럽게도 스코틀랜드가 영국에 종속된 점, 영국인들의 무자비함, 스코틀랜드인들의 고통을 이야기하면서 관습이나 법에 의해 왕국의 통치권이 로버트 브루스 7세 자신에게 있음을 언급하면서 양자 간에 협정을 체결하였다. 즉 로버트 브루스는 존 코민에게 내가 스코틀랜드의 국왕이 되게 도움을 주면, 나는 너에게 나의 영지를 줄 것이고, 네가 나에게 너의 영지를 주면 내가 너를 도울 것이다 라고 제안하고 양자가 서명한 문서를 교환하였다. 또한 이 협정문에는 영국인들이 이유 없이 우리 백성들을 살해하고 이유 없이 우리 왕국을 점령하였는지를 보라고 지적하고, 그들은 힘을 모아서 부끄러운 종속으로부터 스코틀랜드인들을 해방시킬 것을 약속하였다. 그러나 약속과 달리 수일 뒤, 존 코민이 이 협정문을 영국의 에드워드 1세에게 넘겨주고, 그 대가로 스코틀랜드에 대한 지배 우선권을 획득하였다. 이 문서를 접한 에드워드 1세는 로버트 브루스를 궁정으로 소환하여 그의 인장이 찍힌 존 코민과 맺은 약정서를 보여주며 사실이냐고 물었다. 이 때 브루스는 협정문에 찍은 인장을 집에 두고 왔으므로 확인할 시간적 여유를 달라고 요청하였다. 그리하여 그 날 저녁 밤새 눈길을 따라 스코틀랜드로 향하던 중에 국경 지방에서 남쪽으로 여행하는 스코틀랜드인을 만나 행선지를 물으며 몸을 수색한 결과 존 코민이 에드워드 1세에게 로버트 브루스를 속히 처형할 것을 요청하는 편지를 발견하였다. 그리하여 그는 편지를 빼앗고 메신저를 살해하고 극적으로 죽음을 면하게 되었다.

15) 그 후 그는 1329년 6월 7일까지 23년 2개월 12일 동안 통치하였다. 홍성표, 161, 182.

당화하기 위해서는 두 세력과의 투쟁이 불가피하였다. 결국 브루스의 불법 행위는 영국에 대한 독립 전쟁으로 추종자들에게 정당화되었다. 1307년 로도운 언덕(Loudoun Hill) 전투에서 스코틀랜드의 로버트 브루스(Robert Bruce, 1274-1329)는 자력으로 몇 배에 달하는 영국군을 물리쳤다. 비록 많지 않은 후원자를 가졌으나 최초로 스코틀랜드의 독립을 쟁취하는 계기가 되었다.[16] 이들 후원자들은 믿음 안에 협력적으로 계약을 맺고 자신들의 재산과 인원을 동원하여 브루스를 지원하기로 맹세하였다.[17] 1309년 마침내 성직자들과 귀족들은 로버트 브루스의 왕위 계승의 정당성을 주장하는 선언문을 발표하였다. 이후 스코틀랜드에 조성된 자유에 대한 갈망은 그 어떤 것과 비교할 수 없는 영광의 위대한 이상이 되었다. 이들에게 자유는 과거의 화두나 담화가 아니라 미래를 향한 발전이었다. 그 과정에서 언약이 한 걸음 전진하며 스코틀랜드 민족정신으로 영광스런 특징이 되었다.[18] 그 특징은 1320년 발표된 자유와 자치를 천명한 아브로스 선언(Declaration of Arbroath)에 나타났다.[19] 이 선언문은 지금까지 국민의 정체성과 완전히 다른 개인주의적 의식

---

16) Agnes Mure Mackenzie, *Robert Bruce King of Scots* (London: Alexander Maclehose & Co., 1936), 135-241; Gordon Donaldson, *Scottish Historical Documents* (Edinburgh: Scottish Academic Press, 1974), 48-50, 61-63. 당시 브루스는 1286년 이래 스코틀랜드에 전승된 왕조적 합법성 대신 다른 원칙들, 특별히 노르웨이 처녀 마가렛의 사망과 존 벨리올의 즉위와 폐위, 왕국의 보호자 제도를 벗어나는 자국 국민들의 왕국 공동체의 이상을 발견하였다. 그런데 다수의 스코틀랜드인들이 그 이상을 공유함으로 브루스가 스코틀랜드의 정복자 에드워드 1세에 맞서 승리할 수 있었다. 당시 대표적인 후원자들은 성 앤드류 주교 William of Lambryton, 글라스고우 주교 Robert Wishart, 스콘 대수도원장, 브루스의 네 명의 형제들인 Edward, Nigel, Thomas, Alexander, 그의 조카인 Thomas Randolph of Strahdon, 그의 매부 Christopher Seaton of Seaton, Malcolm Lennox 백작, Athole 백작 John of Strathbogie, James Douglas 경, Gibert de la Haye of Errol, 그의 동생인 Hugh de la Haye, David Barclay of Cains in Fife, Alexander Fraser, Walter de Somerville of Linton and Carnwath, David of Inchmartin, Robert Boyd, Robert Fleming 등이다.

17) Sheldon J. Watts, *A Social History of Western Europe 1450-1720* (London: Hutchinson Publishing Group, 1984), 7-252; Hector MacPherson, "The Covenanters: Their Fight for Freedom", *The Evangelical Quarterly*, eds. by John R. Mackay/Donald Maclean (London: James Clarke & Company, 1932), vol. 4., 173-194; Lauchlan Maclean Watt, "The Scottish Covenanters", *The Evangelical Quarterly* (London: James Clarke & Co. Ltd., n.y.), 3-12.

18) John C. Johnston, 16.

19) John MacPherson, *A History of the Church in Scotland* (London: Alexander Gardner, 1901), 50-51; Gordon Donaldson/Robert S. Morpeth, *A Dictionary of Scottish History* (Edinburgh: John Donald Publishers Ltd., 1988), 8; Gordon Donaldson, *Scottish Historical*

을 스코틀랜드인들에게 심어 주었다.[20] 이들의 개인주의는 곧 타율 보다는 자율적 삶의 권리요 공언이었다.

(2) 롤라드 출현과 칼빈주의의 확산: 이러한 신앙 전통은 이 후 종교개혁으로 더욱 확산되었다. 특별히 종교개혁을 위한 개혁자들의 열망은 하나님이 그의 백성과 맺은 언약의 수호로 결집되었다. 그 중에 스코틀랜드의 개신교 롤라드주의자들이 영국의 개혁자 존 위클리프(John Wyclif, 1384 사망)[21]가 번역한 신약 성경을 입수하고 이 운동을 전개하였다. 그리고 이곳에서 1406년 순교한 제임스 래스비를 필두로 많은 사람이 순교하였다. 1494년 카일(Kyle)의 롤라드 신봉자로 알려진 30명의 에어셔 출신들이 이교도의 죄명으로 왕과 그의 추밀원에 출두하였다. 이때 아담 리드는 하나님이 하늘에 계시는지를 묻는 주교의 질문에 고도의 기술과 논리로 주교의 답변에 응답하며 하나님께로 신앙을 촉구하였다.[22] 한편 1517년 10월 31일 루터의 95개 항의문 이후 윌리엄 틴데일(1536 사망)이 번역한 신약 성경은 평신도들이 성경을 직접 대면할 수 있는 기회를 제공하였다. 실제로 성경을 읽고 묵상함으로 신앙생활에 활력을 얻었다. 하지만 존 칼빈의 신학이 스코틀랜드에 급속히 전파되면서 이전처럼 혹독한 박해가 자행되었다. 그러나 박해가 오히려 그리스도인들의 양심을 자극하며 개혁이 고조되었다. 그들 중에 로버트 램 부부(Robert Ram)는 성인 숭배와 동정녀 마리아의 숭배 거부로 처형되었다.[23]

(3) 패트릭 해밀턴(Patrick Hamilton, 1503-1529)과 조지 위샤르트(Goerge

Documents (Edinburgh: Scottish Academic Press, 1974), 55-58.

20) 홍성표, 『스코틀랜드 분리 독립운동의 역사적 기원』 (충북대학교 출판부, 2010), 11-13, 23, 201-222.

21) Professor Lechler, *John Wycliffe and His English Precursors*, (London: The Religious Tract Society, 1876), 1-467.

22) "나는 당신이 생각하듯이 하나님이 하늘에 계신다고 생각하지도 믿지도 않는다. 그러나 그분께서는 하늘뿐 아니라 이 땅에 또한 계심을 확신한다. 그런데 당신들은 하나님이 결코 그곳에 계시지 않으며 혹 계시다 해도 그분이 꼼짝 못하게 갇힌 채 지상에서 무슨 일들이 벌어졌는지 모른다고 생각하고 있다. 그렇지만 만약 당신이 하나님이 하늘에 계심을 믿는다면 예수님이 제자들에게 복음을 전파한 사명을 주셨음을 잊지 말아야 한다. 그렇다면 이제 폐하를 위하여 저와 주교 중에 누가 하나님이 하늘에 계심을 확신하고 있는지 판단해 주시기 바란다". Edwin Nisbet Moore, *Our Covenant Heritage* (Scotland: Christian Focus Publications Ltd., 2000), 15.

Wishart, 1515-1546)의 출현: 이 두 사람은 사람들에게 개혁주의를 전파하며 각성을 촉구하였다. 먼저 해밀톤은 1527년 대륙 생활을 마치고 귀국하여 목회와 복음 선포로 로마 교회를 자극하였다. 그에 의하면 구원은 은혜 안에서 오직 믿음으로 가능하다. 그리고 가톨릭의 형식적이며 외형적인 의식 및 종교적인 의식들을 반대하였다. 이로써 그는 혹독하게 박해를 받았다.[24] 그는 성 앤드류에서 스코틀랜드 교회의 대주교 제임스 비톤(James Beaton)에 의해 자신이 믿는 이교적인 가르침으로 고소되었다. 하지만 그는 참된 크리스천은 은혜 안에 거하며, 구원에 은혜가 절대적임을 숙지하였다. 그에 의하면 이는 여호와의 약속과 언약에 기초하였기 때문이다. 이러한 신앙은 "사악한 인간아, 너는 내가 사악한 인간이 아님을 알고 있다. 나는 지금 하나님의 진리 때문에 고난을 당하고 있다"고 한 마지막 순교의 고백에 잘 표현되었다.[25] 한편 위샤르트[26]는 1539년 6월 헨리 8세의 피의 법령 반포로 어쩔 수 없이 해외로 망명하였다. 그는 해외에 머무는 동안 스위스 개혁자들과 교류하며 성경적 근거가 없는 모든 신앙 해위를 거부하였다. 귀국 후 앵거스(Angus), 파이프(Fife), 에어셔 (Aryshire) 등지에서 예수 그리스도의 사역을 통한 죄인들의 구원을 가르쳤다. 1543년 그는 하나님의 말씀과 주기도문, 로마서를 설교하였다. 일부 반대에도 불구하고 로마 교회의 악습들과 부패를 비판하며 인간 대신에 하나님을 섬길 것을 증거하였다(행 5:29). 그리고 로마 교회의 성례들, 예를 들면 미사나 고해성사를 성경적 근거가 없는 미신으로 규정하였다.[27]

---

23) 각 자의 처형장으로 가면서 로버트의 아내는 남편을 위로하며, "여보, 기뻐하세요. 우리가 기쁨 가운데 살아왔지만, 영원한 행복을 누리게 될 오늘이 가장 기쁜 날 이예요, 작별 인사는 하지 않겠어요, 천국에서 다시 만나게 될 테니까요". 그녀는 익사 형이 집행되기 직전에 자신의 품안에서 떼어 놓게 될 자녀들을 돌보아 달라고 이웃에게 애원하였다.

24) Several Authors, *Patrick Hamilton: First Scottish Martyr of the Reformation*, ed. by Alexander Cameron (Edinburgh: The Scottish Reformation Society, 1929), 11-100.

25) John Spottiswoode, *History of the Church of Scotland: Beginning the Year of our Lord 203, and continued to the end of the reign of King James the VI* (Edinburgh: Printed for the Spottiswoode Society, 1847), 126-127.

26) St.Mary's College Book, *George Wishart: Scholar, Saint, Reformer, Martyr* (St. Andrews University Press, 1946), 5-27; James William Baird, *Thunder Over Scotland: The Life of George Wishart Scottish Reformer 1513-1546* (California: Green Leaf Press, 1982), 9-206; D. P. Thomson, *George Wishart: The Man who roused Scotland* (Edinburgh: Church of Scotland Publications Department, n.y.), 1-32.

1546년 성 앤드류스에서 순교하기까지 그는 하나님이 당신의 언약적 자비와 약속에 따라 그와 함께 하심을 확고히 믿었다.

3. 스코틀랜드 언약사상의 전개

(1) 존 낙스와 회중파의 출현: 1556년 일단의 귀족들이 처음으로 종교 동맹을 맺었다. 그리고 1557년 12월과 1559년 5월 귀족들의 요청으로 귀국한 낙스는 상호 방어를 위해 계약을 맺었다.[28] 당시 이들 귀족들은 스스로를 회중파로 호칭하며 변함없는 친교와 단결, 우정을 함께하며, 성경에서 하나님이 요구하는 모든 것, 즉 하나님의 이름을 욕되게 하는 모든 것들을 격파하고 제거하여 신실로 하나님을 순결하게 섬길 것, 모든 회중파 성도들을 위해 노역과 재물, 물질과 그리고 몸과 생명을 아끼지 않기로 서약하였다.[29] 회중파들은 이 맹세를 지키기 위해 에스라와 느헤미야의 모범을 따랐다. 이에 낙스는 이전 영국의 에드워드 VI세(Edward VI, 1547-1553)의 도움아래 개혁을 주도했듯이 이들과 함께 하나님의 말씀에 입각하여 개혁운동을 전개하였다.[30] 그와 함께 제임스 스튜어트 경(the Lord James Stewart)과 뉴밀른(Newmilns) 지방의 캠벨(Campbells)이 합세하여 하나님의 백성으로 맹세를 새롭게 하였다. 그들은 이스라엘이 하나님의 백성으로 선택된 점에서 스코틀랜드와 많이 닮았다고 믿었다.[31]

---

27) John Foxe, *The Acts and Monuments of the Church: Containing the History and Sufferings of the Martyrs: Wherein is set forth at large the whole race and course of the Church, from the primitive age to these later times, with a preliminary dissertation, on the difference between the church of Rome that now is, and the ancient church of Rome that then was., ed. M. Hobart Seymour* (London: Printed for Scott, Webster, and Geary (revised), M. Hobart Seymour, 1838, vol. 8.), 625.

28) John C. Johnston, 23.

29) Gordon Donaldson, *Scottish Historical Documents* (Edinburgh: Scottish Academic Press, 1974), 114-120; G. D. Henderson, "The Covenanters", *Religious Life in Seventeenth Century Scotland* (Cambridge University Press, 1937), 158-189; J. Lumsden, *The Covenants of Scotland* (Paisley: Alexander Gardner, 1914), 11-12; John C. Johnston, *Treasury of the Scottish Covenant* (Edinburgh: Andrew Elliot, 1887), 23-26.

30) Edwin Nisbet Moore, *Our Covenant Heritage* (Scotland: Christian Focus Publications Ltd., 2000), 17-18.

(2) 가톨릭의 몰락: 언약 운동의 전개 과정에서 낙스는 당시 로마 가톨릭 교회를 타협의 여지가 없는 비성경적 거짓 교회로 간주하였다. 그에 의하면 교회는 성경에 기초한 올바른 해석에 따라 정의되어야 했다. 그리고 우리의 신랑이신 예수 그리스도를 파괴의 근원과 바벨론의 귀신으로부터 분별할 수 있어야 한다. 그렇지 않으면 경솔하게 정숙한 배우자 대신 매춘부를 껴안을 수 있기 때문이다. 또한 낙스는 우상 숭배와 거짓 신앙의 타파를 성경의 명령으로 믿고, 그리스도의 참된 교회가 거짓 교회와 영적 교전 상태에 있음으로 그들과의 공존은 상상할 수 없다고 주장하였다. 공교롭게 그의 귀국과 더불어 스코틀랜드 가톨릭 교회의 몰락이 급속히 진행되었다.[32] 낙스의 귀국 1년여 만에 개혁교회는 당시 가톨릭에서 개종한 약 60명의 목사들을 맞이하였다. 이러한 급진적인 개혁에 당시 역사가 제임스 컥톤(James Kirkton, 1620-1699)은 교황이 스코틀랜드에서 방출된 십년 이내 신앙의 진정한 개혁을 고백하지 않은 지도층 인사는 10명도 안 되었다. 이것은 낙스(Knox)의 표현대로 하늘에서 쏟아지는 빗줄기였다.[33]

(3) 개혁문서의 채택: 개혁의 진행과정에서 낙스는 신앙생활에 필요한 여러 문서들을 채택하였다. 그 문서들은 대표적으로 신앙고백서, 제1치리서, 예배 의식서[34] 등이었다. 이 문서들은 모두 칼빈의 제네바 전통을 따라 하나님의 말씀을 근거로

---

31) 시 124편 참조.

32) 특별히 낙스가 퍼스(Perth)에서 행한 설교로 소요가 발생하여 사람들은 우상과 성상 그리고 교회의 잡다한 용구들을 파괴하였다. 이 소동은 한 사제가 백성들이 우상 숭배라고 생각하는 미사를 감행하자 군중들이 격노함으로 시작되었다. 화가 난 사제는 돌을 던져 성상을 파괴한 한 소년을 폭행하였다. 이에 여왕 메리(Queen of Scots)는 도시와 남자, 여자, 어린이들을 쓸어버리겠다고 위협했고 그녀의 신하들과 동맹국인 프랑스에게는 자신들을 돕도록 요청하였다. 백성들은 자위 수단으로 봉기한 채 퍼스 지방의 멸절을 막기 위해 에어셔로부터 2,500명의 신교 군대를 편성하였다. 유사한 사건이 스코틀랜드 남부 전역으로 확대되면서 어떤 형태의 우상들도 남겨두지 않고 파괴하였다. 1560년 초 영국군의 도움으로 스코틀랜드 신교도들은 프랑스를 추방하는데 성공하였다.

33) Edwin Nisbet Moore, *Our Covenant Heritage* (Scotland: Christian Focus Publications Ltd., 2000), 19.

34) John Knox, *The History of the Reformation of Religion in Scotland* (London: Andrew Melrose, 1905), 1-421; William D. Maxwell, *The Liturgical Portions of the Genevan Service Book* (Edinburgh: Oliver and Boyd, 1931), 3-164; G. D. Henderson(ed.), *The Scots Confession of 1560* (Edinburgh: The Saint Andrew Press, 1960), 9-80; James K. Cameron(ed.), *The First Book of Discipline* (Edinburgh: Saint Andrew Press, 1972), 3-209; Janet G. Macgregor, *The*

작성되었다. 제1치리서는 성도들이 선출한 장로, 집사, 목사, 감독으로 구성된 교회 정부에 관한 내용이었다. 감독직은 주교와 혼동을 피하고 숙련된 목사의 부족을 충족하기 위해 임시로 구성되었다. 따라서 현직 목사의 사망 시 정직되었으며 목사와 같은 서열로 큰 지역에 파송되는 선교사와 대리 목사로 봉직하였다. 이 같은 개혁의 전개는 스코틀랜드 종교개혁의 또 다른 특징을 낳으며, 충성 서약이나 당사자 간의 협약, 혹은 계약이 매우 보편화 되었다. 이러한 현상은 스코틀랜드 국민들의 생활과 인격, 신앙을 바로 세우기 위한 필연적인 결과였다. 동시에 하나님에 대한 개인적 책임의식을 새롭게 소생시킨 영적 성장의 결과였다. 그리고 국민복지와 안녕을 위해 주변 국가와 협약을 맺었다. 그 중에 대표적인 것이 1560년 7월 6일, 스코틀랜드 지도자들이 영국과 맺은 리스 협약(the treaty of Leith 혹은 the treaty of Edinburgh)이다. 스코틀랜드 지도자들은 말씀의 개혁과 정착을 위해 프랑스로부터 나라를 지키려고 영국과 정치적인 의무 협약을 맺었다. 하지만 주목할 것은 협약이 국왕이 아닌 국민이 하나님 말씀의 관리자임을 단언하였다.[35]

4. 스코틀랜드 언약신학-개혁주의 논쟁

4.1. 교회와 국가 통치권 문제

16세기 개혁의 중심에서 당시 스코틀랜드도 유럽의 국가들처럼 가톨릭과의 단절이 시급한 과제였다. 그런데 같은 시기 영국 교회는 오랫동안 로마 교황청의 간섭아래 있었으나 헨리 VIII세의 단교 선언과 수장령 선포로 독자적인 감독제의 성공회를 수립하였다. 이로서 영국 교회는 가톨릭 체제로부터 독립하였으나 실제는 국가 수반이 교황의 직무를 관장하게 되었다.[36] 그럼에도 불구하고 영국 교회, 특

Scottish Presbyterian Polity: A Study of its Origins in the Sixteenth Century (Edinburgh: Oliver and Boyd, 1926), 1-137; Gordon Donaldson, *Scottish Historical Documents* (Edinburgh: Scottish Academic Press, 1974), 114-135.

35) Gordon Donaldson, *Scottish Historical Documents* (Edinburgh; Scottish Academic Press, 1974), 120-123.

36) J. H. Merle d'Aubigne, *The Reformation in England* (Edinburgh: The Banner of Truth Trust, 1985), vol. II., 165-207.

별히 스코틀랜드 교회에서는 통치권을 둘러싸고 장기간 동안 갈등과 대립, 반목과 살상이 자행되었다. 전자는 다양한 그룹의 청교도들로 후자는 장로파 출신의 언약도들을 중심으로, 양국의 교회 수장은 교황도 국왕도 아닌 오직 예수 그리스도의 왕 되심(the Kingship of Jesus Christ)을 천명하였다. 역사가 흐르면서 당시 양국의 종교 체제는 신학을 따라 점차 구분된 채 감독제냐 장로제냐로 정리되는 바, 이를 둘러싸고 한 치의 양보 없이 장기간 대립하였다.[37] 이러한 대립의 정점에 개혁신학의 정수인 언약신학-사상이 자리한다.

(1) 통치권 문제: 이 문제는 16세기 종교개혁과 더불어 급속히 전 유럽으로 확대되었다. 쟁점은 교회와 국가 간, 즉 교황과 국왕 간의 통치권을 둘러싸고 벌어진 문제였다. 세속 국왕은 국왕대로 교권 수장 교황은 교황대로 나라뿐 아니라 영적 수장으로 교회까지 교차 지배하려 하였다.[38] 그런데 1305년부터 1378년까지 교황청의 아비뇽 천도로 교황권이 급속히 몰락하면서, 민족주의의 출현과 함께 다시 세속 통치자의 권한이 부상하였다. 이후 교황권의 분열로 다양한 형태의 개혁운동이 전개되면서[39] 가톨릭은 혼란에 빠졌다. 이러한 상황에서 당시 통치권은 교파나 교단의 신학적 입장에 따라 이견을 달리하였으나 핵심은 왕권신수설이냐 그리스도의 왕권론이냐 였다. 이를 둘러싸고 로마 가톨릭은 자신들이 신약의 사도적 전통을 계승했다고 주장하였다. 로마의 주교들은 자신들이 집례하는 성례가 바로

---

37) Yohahn Su, *The Contribution of Scottish Covenant Thought to the Discussions of the Westminster Assembly(1643-1648) and its Continuing Significance to the Marrow Controversy(1717-1723)* (University of Glamorgan, Ph.D thesis, 1993), 85-86.

38) 역사적으로 로마 시대 제국 황제들은 무소불위의 절대 권력을 행사하였다. 476년 패망과 함께 종식되었으나, 800년 교황 레오 3세가 프랑크 왕국의 샤를마뉴에게 황제관을 수여하여 로마 황제 등극으로 재형성되었다. 이후 세속권의 교회 지배는 1096년 십자군 전쟁까지 행사되었으나 로마 교황 우르반 2세의 십자군 전쟁 참여 독려로 상황이 완전히 바뀌었다. 서요한, "제5장 프랑크 왕국과 신성 로마제국의 형성", "제8장, 제9장, 중세 서임권 논쟁의 형성과 발전", 『중세교회사』, 도서출판 그리심, 2010, 127-160, 229-291. 로마의 교황들은 교황권을 강화하여 소위 권력의 이중구조 속에 절대 권을 행사하였다. 따라서 몇 몇 국왕들이 교황권에 맞서는 등 두 정상은 서로 자신들이 최고 통치자임을 자처하며 상대를 비난하고 정죄하였다. R. H. C. Davis, *A History of Medieval Europe*, (London: Longman, 1989), 226-240; G. G. Coulton, *Studies in Medieval Thought*, (London: Thomas Nelson & Sons Ltd., 1945), 174-178.

39) 서요한, "제22장, 중세 개혁운동의 양태와 특징", "제23장 중세 교회의 신학적 개혁운동", 703-764.

그 전통으로, 이것은 누구도 침범할 수 없는 자신들의 고유 영역이라고 보았다.[40)]이들은 자연법에 따라 정부의 권세가 하나님으로부터 직접적으로 주어진다고 주장하였다. 비록 왕들의 권위가 신적이지만 그 권세를 위탁한 공동체의 동의를 통해 제가 되었다.

하지만 교황은 왕들과 국가에 대해 간접적이지만 지배적이며 강제적인 권세를 갖는다. 그러므로 자신의 뜻에 따라 왕을 옹립하거나 혹은 폐위 할 수도 있다고 보았다.[41)] 감독교회파를 대표하는 당대 독일계 의사 토마스 에라스투스(Thomas Erastus, 1524-1583)와 영국의 리챠드 후커(Richard Hooker, 1553-1600)는 국가가 종교적 문제에서 최고의 권위를 갖는다고 주장하였다.[42)] 이들에 의하면 모든 정부는 국가든 교회든 신적 권위에 의해 세워졌다. 그러므로 절차에 따라 정부의 공적 행정관들이 법을 집행할 수 있었다. 이는 결국 종교를 정치적으로 국가에 종속시켜 교회의 모든 의식과 참여, 배제 결정권을 박탈하였다. 에라스투스는 국가로부터 독립된 어떤 교회 정부도 있을 수 없다고 하였다. 그에게 교회는 단순히 국가의 일반적인 기능들 중 하나임으로 교회의 모든 것들은 공권력에 복종해야 하였다. 그러므로 교회가 지금까지 집행한 출교는 더 이상 집행해서는 안 되었다. 에라스투스는 모든 교회의 영적 통치권을 박탈해 버리고 교회를 단순히 국가의 종속물로 만들었다.[43)]

이에 맞서 독립주의자들은 하나님께서 세우신 두 개의 서로 다른 제도들, 교회와 국가를 주장하였다. 이들에 의하면 교회와 국가는 각각 자신의 정부와 행정 조직을 갖고 있는바 한편이 다른 한 편의 통제권을 행사할 수 없다. 그러므로 국가는 교회나 교회의 일들을 통제할 수 없으며 교회도 국가를 다스릴 수 없다. 하나님의 선택받은 언약 백성 모두가 동등한 권리를 갖기 때문이다. 어떤 회중도 다른

---

40) James L. Ainslie, *The Doctrines of Ministerial Order in the Reformed Churches of the 16th and 17th Centuries* (Edinburgh: T&T Clark, 1940), 199-228.

41) Samuel Rutherford, *Lex, Rex* (London, 1644), 205.

42) Richard Hooker, *The Works of that Learned and Judicious Divine* (Oxford: At the Clarendon Press, 1860), 2 vols. 참조.

43) R. W. Dale, *History of English Congregationalism* (London: Hodder and Stoughton, 1906), 265; Kenneth Stevenson, *Covenant of Grace Renewed* (London: Darton, Longman and Todd Ltd., 1994), 1-84.

회중을 통제할 수 없고 각각 독립적이며 개별적으로 완전하다. 따라서 교회 내 기구들, 예를 들면 당회, 노회, 총회는 불필요하다. 특별한 경우를 제외하고는 누구의 도움도 불필요하다고 하였다. 이들은 의도적으로 장로교와 관계된 여타 교회 조직을 거부하였다.[44] 한편 장로교 정치는 감독교회나 독립교회와 달리 각 지역 회중들이 선출한 장로들의 통치가 핵심이다. 이들은 상회로 노회와 대회, 총회를 구성한다. 그 중에 노회는 모든 행정의 중심으로 목사의 준비와 임명, 치리와 교회 설립, 통합과 분리, 재정과 상회 즉 대회와 총회와의 임무를 관장하였다. 따라서 장로교 조직은 주교나 교황 혹은 감독 혹은 독립파처럼 개인에게 권한이 부여되지 않고 교회 단체들, 즉 지역 교회 회의, 당회와 노회, 지역적으로 좀 더 넓게 대회와 총회에 부여되었다.

(2) 교회와 국가의 논쟁: 이처럼 수장권 문제는 초기 로마 제국의 황제권과 중세 가톨릭의 교황권의 대립 속에 16세기 유럽 국가들, 당시 스코틀랜드도 예외가 아니었다. 하지만 유럽 국가와 달리 스코틀랜드는 장로교냐 감독교회냐, 그리스도냐 세속 국왕이냐를 둘러싸고 대립하였다.[45] 이와 관련하여 독일의 개혁자 마틴 루터는 처음부터 국가가 신앙 문제에 간섭하거나 혹은 교회가 정부 시책에 도전하거나 혹은 일반 공공 관계의 선도 등에 별로 흥미가 없다. 본래부터 세상에 되어가는 일에는 불관섭이 원칙이다. 그 대신 교리는 언제나 중요한 과제였으나 의식과 형식, 기구적 구조에는 관심이 없다.[46] 그러나 칼빈은 크리스천은 교회와 국가 간의 이중적 통치 아래 있다. 그러므로 완전히 다른 본성을 갖는 이 두 나라를 무분별하게 혼합하지 않을 것을 강조하였다. 이는 마치 육체와 영혼이 대립 없

---

44) James Moir Porteous, *The Government of the Kingdom of Christ* (Edinburgh: Johnstone, Hunter & Co., 1873), 190-205.

45) R. Buick Knox, "A Scottish Chapter in the History of Toleration", *Scottish Journal of Theology* (Scottish Church History Society, 1988), vol. 41, 330-360; T. C. Smout, *A History of the Scottish People 1560-1830* (Collins/Fotana, 1973), 57-63; William Haller, *Liberty and Reformation in the Puritan Revolution* (Columbia University Press, 1963), 104.

46) 그러나 세계 2차 대전 후에는 전례를 깨뜨리고 "오이쿠메네", 즉 "사람들이 들어가 살고 있는 땅" 혹은 "사람 사는 땅"에 관심을 기울였다. 이들은 세계 루터교 연합회를 구성하고 에큐메니칼 운동에 열정을 보였다. 마침내 1966년대 WCC 중앙 위원회 의장에 세계 루터교 연합회 회장 프랭클린 클락 프라이(Dr.Franklin Clark Fry) 박사가 맡았다. 존 A. 매카이,「에큐메닉스」, 민경배 역, 대한기독교서회, 1966, 37, 233.

이 필연적으로 구별되듯이 그리스도의 영적 나라와 세상적 지배권도 이와 같다. 그러나 이렇게 구별한다고 해서 우리가 통치의 온전한 본성이 타락한 것이므로 기독교인과 전혀 무관하다고 생각하는 태도를 취하는 것은 아니다. 실제로 그런 태도는 거침없는 방종을 즐기는 특정 광신자들이 큰소리치고 자랑하는 것이다.

하지만 이런 종류의 통치가 그리스도의 영적이며 내적인 나라와 구별되지만 동시에 양자가 서로 모순되지 않는다는 사실도 분명히 인식해야 한다.[47] 롬 13:1-3에 기초하여 칼빈은 성경의 기록에 따라 모든 정부는 하나님이 세운 것으로 이해하였다. 이는 다른 말로 국가는 곧 하나님이 대리인이다. 그러므로 국가는 그 자체가 목적이 아니요 세상이 또 국가를 위해 존재하는 것도 아니다. 교회는 국가의 시책에 대해 할 수 있는 한 협조적이어야 한다. 따라서 칼빈의 국가관은 기존의 문화 즉 가톨릭과 문화를 기부하는 재세례파의 중간에 위치하였다. 실제로 재세례주의자들은 실재로 시민사회로부터 완전히 분리되어 자신들만의 공동체를 구성하였다. 그러나 이 공동체는 두 나라를 새롭게 혼동하는 요인이 되었다.

(3) 존 낙스의 개혁사상: 낙스는 이 문제를 본격적으로 논의하며 교회와 국가에 대해 6가지 대안을 제시하였다. 낙스에 의하면 만약 하나님의 법이 국가의 법과 대립하면 하나님의 법을 따르라. 그리고 국가, 즉 국왕은 성경에 계시된 참 신앙을 보호할 의무가 있다. 따라서 낙스는 하나님께서 국왕이 교회의 양육자가 되어 주기를 소원하신다고 믿었다. 예를 들면, 프로테스탄트의 신앙이 확립된 후에 법은 중죄인에 해당되는 가혹한 형벌, 사형을 통해 가톨릭의 미사를 점차 금지시켰다. 낙스는 한 설교에서 메리 여왕에게 "나에게 있어 한 차례의 미사는 우리 모두의 신앙을 억압할 목적으로 우리의 영역 어느 한 곳에 상륙한 일만 명의 무장한 적군보다 더 두려운 것이라"고 하였다.[48] 그리고 낙스는 자신을 지키기 위해 폭력에 저항하는 것은 정당하지만 그것이 기독교인들이 선택하는 첫 번째 무기가 되어서는 안 된다고 하였다. 그에 의하면 범인이 산수의 피를 흘리지 않는다면 그의 도주를 승인하였고, 그 자신 악행자로 남을 피 흘리게 한 적이 없음을 자랑하였다.

47) John Calvin, *Institutes of Christian Religion*, vol 2., 2. 15. Cf Michael Horton, *God of Promise: Introducing Covenant Theology*, (Michigan: Baker Books, 2006), 125.

48) Thomas M'crie, *The Story of the Scottish Church from the Reformation to the Disruption* (London: Blackie & Son, 1875), 40-44, 48-53-57.

그리고 군주에게 무력으로 봉기하는 것이 정당한 것인지를 묻는 여왕 메리의 질문에 "만일 군주가 한계를 벗어난다면, 폐하, 백성들은 분명히 저항 할 것입니다. 힘을 동원해서라도 말입니다" 라고 하였다. 이에 여왕이 그를 반역죄로 기소한 재판정에서 낙스는 "나는 신앙의 수장인 것을 제외하고는 한 번도 폐하의 권위를 반대한 적이 없다" 고 하였다. 결국 법정은 그의 결백을 인정하여 석방하였다. 또 다른 기회에 낙스는 여왕에게 바울이 네로 황제 치하에서 살았듯이 자신도 국왕의 지배아래 사는 것에 만족한다고 하였다. 그러나 그것은 그녀의 손을 "순교자들의 피로 더럽히지 않겠노라" 는 조건 붙은 충성 서약이었다.

나아가 낙스는 교회와 국가가 가난한 사람들을 구제하고 각 교구마다 학교를 세워 하층민들을 교육하는 일에 함께 힘을 기울여야 한다고 믿었다. 그에 의하면 교회는 그 자체 내 가난한 자들을 부양해야 하지만 완고하고 게으른 거지들에게 그 의무가 통용되는 것은 아니다. 더욱이 교회와 국가는 어린이들의 마음과 영혼이 육신보다 중요하기 때문에 그들을 기독교적인 환경에서 교육시킬 의무가 있는 것이다. 따라서 낙스는『제1치리서』에서 모든 교회의 각 그룹이 교장을 임명하고 큰 도시에 대학을 하나씩 세울 것을 요구하였다. 이렇게 할 여유가 있는 교회는 반드시 시행해야 하지만 가난한 집의 어린이들은 교회의 책임아래 지원하고 부양하여야 한다. 낙스에게 학교는 유약한 어린이들에게 낯설고 위험한 장소가 아닌, 영양을 공급하고 지식과 선행을 가르치는 곳이었다. 하지만 당시 귀족과 사제들은 교회의 토지에서 얻은 수입의 2/3를 착취하면서도 그 중에 겨우 1/3을 여왕의 궁전과 교회를 위한 비용으로 남겨 둠으로서 낙스의 이상을 실현하는데 장애가 되었다.[49)]

그리고 낙스에게는 교회가 영적인 훈련을 담당하고 국가는 악행을 저지르는 자들을 처벌하는 의무가 서로 밀접히 연관되었다. 사실 낙스와 초기 스코틀랜드 교회는 훈련에 관한 의무를 매우 중요하게 생각하였다. 따라서 장로들이 무보수로 매주 한 번씩 모여 교회의 제자 훈련을 시행하였다. 간부, 주일성수 위반자, 배교

---

49) James K. Cameron, *The First Book of Discipline* (Edinburgh: The Saint Andrew Press, 1972), 1-209; Thomas M'crie, *The Story of the Scottish Church from the Reformation to the Disruption*, 47-. Gordon Donaldson, *Scottish Historical Documents* (Edinburgh: Scottish Academic Press, 1974), 126-133.

자들은 십중팔구 장로회에 출두하여야 했다. 낙스는 신성모독, 간통, 살인, 위증, 그밖에 사형에 해당되는 중죄에 대하여 교회보다는 국가가 먼저 행동을 취해야 하며, 국가가 그 의무를 이행하지 못할 때 교회는 공개적인 회개를 통해 복권될 때까지 공공연히 경멸 자들을 확실히 제명해야 한다고 믿었다. 그는 국가가 훌륭한 법과 그에 따른 엄정한 집행 없이는 융성해 질 수도 오래 지속 될 수도 없는 것처럼, 교회도 지속적인 훈련 없이는 순결한 하나님의 교회로 길러지거나 존속되지 못한다고 주장하였다. 국가가 간부에 대한 처벌을 법으로 통과시켰지만 대개는 국가가 집행하지 않고 해당 범죄에 대한 징계를 교회에 일임하였다. 결론적으로 그의 논거의 핵심은 국가가 하나님의 법과 말씀을 따라 국민들을 올바른 신앙으로 보호해야 하며 혹 통치자가 어겼을 경우에는 정당하게 맞서야 한다는 것이다. 국가를 상대로 한 낙스의 투쟁은 생사를 건 문제였다.

1572년 스코틀랜드의 여왕 메리의 프랑스 친척들은 그곳의 신교도들을 쓸어버리기로 결심하였다. 그리고 다음 해 성 바돌로매 축제날에 속임수로 수만 명의 프랑스 신교도들을 살해하였다. 메리 또한 스코틀랜드에 가톨릭 신앙을 재건하기로 결심하였다. 그 결심은 낙스가 없었다면 그리고 장로교회가 단결로 반대하지 않았다면 성공했을 것이다. 이러한 대결과 만연된 악평으로 여왕은 1567년 모레이, 제임스 스튜어트 경의 섭정을 받았다. 그러나 그녀의 폐위로 왕권은 그의 어린 아들 제임스 6세(1566-1625)에게 권력이 양위되었다. 메리의 몰락 시기에 스코틀랜드에는 약 250여 명의 임명된 목사와 일 천 개의 신교파 교회가 잔류하였다. 같은 해 의회는 교리의 단일화를 위해 신앙고백서 작성과 함께 스코틀랜드 장로교회를 설립하였다. 그리고 교회를 손상 시키면서까지 의회는 교회의 지배권을 못 박아 놓은 양식에 배서하지 않았다. 그 과정에 1572년 낙스가 사망하였다.[50)]

4.2. 교회정치 구조와 예배 개혁

50) 그의 묘비에는 "사람의 얼굴을 두려워 해 본 적이 없는 자가 여기에 누워있노라". 그의 가장 큰 기여는 교황으로부터 백성을 해방시킨 것 보다는 교회를 위한 헌신적인 기도이다. 그는 임종 시에 아내에게 마지막으로 요 17:3, "영생은 곧 유일하신 하나님과 그의 보내신 자 예수 그리스도를 아는 것이니이다"를 읽어 달라고 부탁하였다. 그리고 같은 장에서 주님은 "아버지께서 내 안에, 내가 아버지 안에 있는 것같이 저희도 다 하나가 되어 우리 안에 있게 하사 세상으로 아버지께서 나를 보내신 것을 믿게 하옵소서".

(1) 장로교 정치체제 확립: 1572년 낙스의 사후 1617년까지 개혁운동이 확대되면서 스코틀랜드 가톨릭은 급속히 몰락하였다. 이 시기 영국은 헨리 8세의 개혁에도 불구하고 주교들이 교회를 지배하였다. 그러나 스코틀랜드는 사도의 모범을 좇아 장로들, 장로회가 교회를 다스렸다. 당시 영국의 대다수 청교도들은 장로교 정치 형태의 성경적 보증을 인정했으나 영국 국교회 주교들은 내부 개혁을 더 희망하였다. 이러한 이탈은 차후 어린 국왕 제임스 6세의 섭정 촉구 중에 주교의 직위가 회복되었다. 비록 교회 여러 조직에 종속되었으나 주교들은 교회보다는 도리어 국왕에 대해 근원적으로 충성하였다. 주교직에 대한 백성들의 혐오 심화로 그들은 주교를 상징하는 흰색 복장 표지를 검정개에게 붙여 놓고 이름을 불렀다.

이러한 상황에서 앤드류 멜빌(Andrew Melville, 1545-1622)[51]이 낙스를 대신하여 개혁을 이끌었다. 그가 비록 국왕에 맞서 무력을 사용하지 않았으나 공권력이 교회 문제에 불법 침입한 것에 저항한 후기 언약도의 중심 지도자로 활략하였다. 멜빌은 스위스 교회와 더불어 주교는 어진 양 떼의 목자여야 한다고 믿었다. 1578년 작성된 「제2치리서」에서 교회와 시민 권력이 가지는 책임과 권력을 명쾌하게 규명하였다. 여기서 멜빌은 그리스도가 교회의 머리되심을 담대히 선언하였다. 그리고 국가와 교회가 모두 하나님의 것으로, 하나님의 영광을 진작시키며 훌륭하고 착한 신하가 되는 것을 목적으로 하였다.[52] 1580년 교회의 지도부인 총회가 주교의 지위 폐지를 건의했으나 의회는 이를 이행하지 않았다. 따라서 국왕 제임스 6세는 그가 성년이 된 1581년 「국왕의 서약」(the King's Confession)에 서명함으로 개신교 정신에 헌신을 선언하였다.[53] 이 서류에 서약한 자들은 1560년 채

---

51) St. Giles' Lectures, *Scottish Divines 1505-1872* (Edinburgh: Macniven and Wallace, 1883), 37-72; John Howie, *The Scots Worthies* (Edinburgh: 1775), 91-100; W. Beveridge, *Makers of the Scottish Church* (Edinburgh: T. T. Clark, 1908), 183-195; Ronald Selby Wright(ed.), *Fathers of the Kirk* (London: Oxford University Press, 1960), 129-142; Scottish Divines (Edinburgh: Macniven and Wallace, 1883), 273-316; John Walker, *The Theology and Theologians of Scotland* (Edinburgh: T. & T. Clark, 1888); John Macleod, *Scottish Theology* (Edinburgh: The Banner of Truth Trust, 1974)

52) James Kirk(ed.), *The Second Book of Discipline* (Edinburgh: The St. Andrew Press, 1980), 3-244; John C. Johnston, *Treasury of the Scottish Covenant* (Edinburgh: Andrew Elliot, 1887), 44-47.

53) John C. Johnston, *Treasury of the Scottish Covenant* (Edinburgh: Andrew Elliot, 1887), 48-51; John Lumsden, *The Covenants of Scotland* (Paisley: Alexander Gardner, 1914),

택된 신앙고백에 명시되었듯이 진정한 그리스도인의 신앙과 종교를 고백하고 동의하고 확약해야 하였다. 그들은 또한 국왕과 교회의 수호를 약속하였고, 그리스도교에 상반되는 일체의 모든 종교와 교리를 증오하고 혐오하되, 주로 모든 종류의 가톨릭 일반에 그렇게 하기로 합의하였다. 그러나 교회의 지위에 걸맞지 않게 이 계약서는 주교에 관해서는 침묵했으며, 후일 국왕은 이 사실을 이용하여 장로교를 폄하하였다.

일부 귀족들이 가톨릭 고문들의 영향으로부터 나이 어린 왕을 구하기 위해 그를 납치하였다. 국왕은 귀족들로부터 구출된 후 장로교를 탐탁치 않게 여기는 조언자들이 자신을 호위케 하고 1584년 통일령(Black Acts, 검은 법령 혹은 흑암법)[54]을 통과시켰다. 이 법령은 교회의 회의 소집 권한을 박탈하고 목사는 주교를 상전으로 인정할 것을 요구하였다. 그리고 왕의 권위에 대한 어떤 모욕도 반역으로 간주하였다. 교황에게 보낸 편지에서 국왕은 "아직 당신 손에 쥐어 드릴만한 게 없습니다. 그러나 항상 그렇지는 않을 것입니다."라고 썼다.[55] 생존을 위해 급히 해외로 도망한 멜빌을 제외한 다른 목사들은 법령에 서명하고, 일부는 "하나님의 말씀에 따라서"라는 구절을 첨가했다.[56] 실패로 끝난 1588년 스페인의 무적함대, 아르마다의 영국 침략은 이러한 하락 추세를 저지하며 장로교 운동을 위한 지원을 증가 시켰다. 이러한 일련의 사건들이 가져온 변화가 스코틀랜드 의회로 하여금 "통일령"을 철회하고 장로교 형태의 정치를 복원하도록 이끌었다.

이러한 추세를 역전시키기 위해 제임스는 그가 "왕의 통치술"이라 명명한 일련의 점진적인 행동에 착수하였다. 목적은 그의 주교들을 복권시켜 그 자신을 교회의 수장으로 옹립시키기 위한 것이었다. 당시 그가 좋아한 속담 중의 하나는 "주교 없이는 왕도 없다"와 "스코틀랜드의 장로회가 군주제를 찬동하는 것은 하나님과 악마가 승인하는 것과 같은 것이다"였다.[57] 제임스가 추방당한 가톨릭 교

105.

54) Gordon Donaldson, *Scottish Historical Documents* (Edinburgh: Scottish Academic Press, 1974), 153-156.

55) John Cunningham, *The Church History of Scotland, from the Commencement of the Christioan Era to the Present time* (Edinburgh: James Thin, 1882), vol., 1., 374-380.

56) Thomas M'Crie, *The Story of the Scottish Church* (London: Blackie & Son, 1875), 71-78.

회의 귀국을 허락하자 멜빌은 국왕은 교회의 수장이 아닌 단지 한 사람의 평신도임을 상기시켰다. 그런데도 그는 국왕의 공권력에 복종할 것을 서약하였다. 그 후 즉시 왕은 교회 문제에 관한 국왕의 권위를 의심하는 성직자를 추방하였고, 비슷한 생각을 가진 성직자들에게 체포 영장을 발급하였다. "왕의 통치술", 즉 왕권을 이용하여 제임스는 1596년 성직자들이 국왕의 공권력을 인정할 것을 요구하는 "린리스코령"을 승인하여 그의 권한을 규정하였다. 그리고 가톨릭 성향의 퍼스(Perth)에서 총회를 소집하여서 자신에게 유리한 몇 개의 결의안들, 예를 들어 교회가 법령 제정을 비난 하거나 총회를 소집하는 것을 금지하고, 또는 국왕의 승인 없이 성직자를 임명하는 것을 금지하는 법안을 통과 시켰다. 교회를 관리하는 지방 행정관을 임명하고, 전국에 걸쳐 의회의 선거 위원을 포함한 위원들을 확보함으로 교회에 대한 지배를 강화시켰다. 이런 방법으로 국왕 제임스는 장로교회의 통치조직을 와해시키는데 성공하였다. 그런데 이후 국왕의 박해는 장로교 성도들에게만 한정되지 않았다. 그는 영국의 교회에서 분리된 비국교도들을 강제로 화란으로 도피하게 하였다. 소위 "브라운파"로 불리는 이들 분리주의자들은 경건과 소규모 친교의 중요성을 강조함으로 교회를 덜 중시 하였다.[58]

1598년 제임스는 군주의 법과 의무 그리고 권한에 관한 한편의 논문(Law of Free Monarchies)을 썼다.[59] 논문에서 그는 국왕의 직위를 시민법에 구속받지 않는 절대적인 지배자이자 백성의 아버지로 기술하였다. 이 글에서 아들에게 장로교를 추방하고 청교도들을 미워하며 감독교회로 복귀할 것을 당부하였다. 부분적으로 이 작품은 어린 시절 그의 가정교사였던 조지 버카난(1506-1582)이 1579년 제왕과 시민의 역할, 그리고 책임을 논한 저서에 대한 응답이었다. 버카난은 그의 책에서 국왕은 "시민사회의 유지를 위해 고안"된 것이므로 국민 각 사람에게 법의 지시에 따른 "정의를 실천 할 의무"가 있으며... 만일 군주가 법을 훼손하고 그 사회를 붕괴하려 하면 폭군이 되고 백성들의 원수가 된다. 따라서 국민은 그에게 복종할 의무가 없으며 오히려 "그 원수를 제거할 권리"를 가진다고 주장했다.[60]

---

57) John Cunningham, *The Church History of Scotland* (Edinburgh: James Thin, 1882), vol. 1., 428-438.

58) Albert Peel/Leland H. Carlson, *The Writings of Robert Harrison and Robert Browne* (London: The Sir Halley Stewart Trust, 1953), 150-531

비록 멜빌 당시 장로제가 왕에 대한 반역을 주장하지 않았으나 후기 언약자도들은 신앙의 적으로 공언된 국왕의 권위를 인정하지 않았다.[61]

1603년 3월 24일 엘리자베스 여왕의 사망으로 영국과 스코틀랜드 국왕을 겸한 제임스의 입장이 더욱 강화되었다. 그리하여 같은 해 가톨릭교도인 왕비 덕택에 약 150여명의 가톨릭 사제들이 영국으로 왔다. 제임스는 주교들을 종교 회의의 상설 중재자로 임명하였다. 그리고 귀족에게 뇌물을 제공하였고 소신을 밝히는 장로교회의 지도자들을 추방하거나 감금시킴으로 장로교의 부식을 꾀하였다. 1610년 국왕은 글라스고 총회를 통해 주교의 완전한 권한을 회복시키고 국왕을 교회의 수장으로 선언하여 완벽한 승리를 거두었다. 제임스는 자신에게 도전한 앤드루 멜빌(Andrew Melville)과 존 낙스의 사위 존 웨일스(John Wales, 1558-1622)를 포함한 많은 목사들을 감금하거나 추방하였다.[62]

(2) 예배의식의 투쟁: 1617년부터 1637년까지 제임스와 그의 아들 찰스는 모든 예전에 영국 국교회의 전통을 따라 스코틀랜드 교회를 강압적으로 개축하려 하였다. 1617년 제임스는 먼저 외관에 초점을 두고 사도들의 조상과 초상화, 오르간으로 홀리루드(성 십자가) 예배당의 면모를 쇄신하였다. 그런데 스코틀랜드 국민들은 과거 그들의 선친들이 힘들게 싸워 제거한 가톨릭 교회의 성상들의 복구에 분노하였다. 그들에게 오르간은 반갑지 않은 점유물이었다. 왜냐하면 장로제는 구약시대의 성전 예배 악기들을 단지 그리스도를 가리키는 예표로 믿었기 때문이다. 따라서 그리스도께서 교회와 함께 하시는 지금은 더 이상 필요 없다고 믿었기 때문이다.[63] 칼빈은 "죽은 자가 세상에 남긴 영상"에 대한 그 어떤 강조도 복음의 빛을 매장하는 수단으로 간주하였다. 바로 그 해, 54명의 장로교 범법자들이 왕에게 국왕과 주교들이 총회의 승낙 없이 교회 법령을 마음대로 제정 할 수 있다는데

59) John Cunningham, *The Church History of Scotland* (Edinburgh: James Thin, 1882), vol. 1., 448.

60) Thomas M'Crie, *The Story of the Scottish Church, from the Reformation to the Disruption* (London: Blackie & Son, 1875), 71-78

61) John Cunningham, 449.

62) Thomas M'crie, 101-108.

63) David Stevenson, "Conventicles in the Kirk, 1619-37: The Emergence of a Radical Party", *Record of Scottish Church History Society* (Edinburgh, 1972), vol 4., 99-114.

이의를 신청하였다. 이에 화가 난 제임스는 주모자 몇 명을 출두시켜 그들의 항의를 변호케 하였다. 그 때 그들 중 데이비드 칼더우드(David Calderwood, 1575-1650)는 자신이 혹 마지못해 복종 할 수 있겠지만 예배의식 대신에 차라리 고난을 택하겠다고 하였다.[64]

1618년 제임스는 5개 조항의 영국 국교회 예배의식을 수정하여 장로교에 강요하였다. 1621년, 퍼스에 소집된 영국 국교의 성직자 회의는 이 신조를 채택하여 "퍼스 5개 조항"으로 명명하여 의회의 인준을 받았다.[65] 이 조항들은 부활절이나 성탄절처럼 사적인 성만찬과 주일 성수를 지키면서, 주의 만찬 때 무릎을 꿇는 것과 같은 의식을 제정하였다. 이것은 외적으로 순수했으나 내적으로 신앙의 본질을 심각히 훼손하였다.[66] 장로교는 처음 주의 만찬에서 제자들이 보여준 친교의 모범을 따라야 한다고 주장했다. 그러므로 그들은 가톨릭 성당의 성찬 상 앞에서 무릎을 꿇는 것으로 간주하였다. 시편은 단 한번 무릎 꿇는 것을 언급하였는데, 이를 근거로 예배의 다양한 자세를 권고하고 있다고 주장하였다. 광야에서 사탄이 그리스도에게 먼저 엎드리고 그 다음 경배하라고 한 것은 아이러니이다(마 4:9). 그리스도께서는 내면을 먼저 움직이시는데 반하여 사탄은 외적 행위를 첫 번째로 노린다. 더욱이 그들은 날의 엄수를 "너희가 날과 달과 절기와 해를 삼가 지키니 내가 너희를 위하여 수고한 것이 헛될까 두려워하노라"(갈 4:10-11)라고 가르친 사도 바울의 훈계에 상치되는 것으로 생각하였다.

1625년 제임스의 사망으로 아들 찰스 I세(1643-1649)가 새 국왕이 되었다.[67] 역사학자 길버트 버넷(Gilbert Burnet, 1643-1715)의 지적처럼 영국 왕 중에 찰스만큼 국민이 애석해 하거나 존경도 하지 않은 국왕의 죽음은 없었다. 하지만 오늘날 그는 자신이 정신 이상자로 매도했던 청교도들이 마련한 킹 제임스 성경에 기여한 최고의 인물이었다. 국왕 제임스의 죽음으로 교육과 기금 그리고 훈련된 목사들의 전반적인 결핍으로 상당한 영적 무관심이 교회 안에 팽배하였다. 부패한

---

64) Andrew Lang, *A History of Scotland from the Roman Occupation* (Edinburgh: William Blackwood and Sons, 1802), vol. 2., 495-505.

65) John Mackintosh, *The History of Civilisation in Scotland* (Aberdeen: A. Brown & Co., 1884), vol. iii., 23-32.

66) John Cunningham, *Church History of Scotland*, vol. 1., 492-494.

67) Gordon Donaldson, *Scottish Kings* (London: B. T. Batsford Ltd., 1967), 9-213;

주교들은 유용한 기금의 대부분을 허비함으로 사정을 악화 시켰다. 제임스 국왕 치하에서 박해는 일상적인 것으로 대개 아일랜드로 도피했다가 때로는 비밀집회라는 야외 기도모임의 지속을 위해 돌아왔다. 비록 많은 목사들이 왕의 폭정에 맞서 싸우는데 실패했어도 교회는 단결을 유지하였다. 차후에 보겠지만 언약도들은 이 생생한 경험을 적극적으로 투쟁에 활용하였다. 당시 격렬한 항의자 중에 한사람이자 언약도였던 사무엘 루터포드는 교회를 "매춘모"로 표현하였다.

제임스가 사망한 그해에 농촌 여러 교구에서 부흥 운동이 일어났다. 가장 주목할 만한 부흥은 뉴밀른에서 멀지않은 스튜어턴 강 유역에서 일어났다. 이것은 당시 어빈 마을의 목사 데이비드 딕슨(David Dickson, 1583-1662)의 설교에서 찾을 수 있다. 그는 한결같고, 진지하며, 실천적인 경건한 목사로 개종자들을 "스튜어턴 증세"에 걸린 사람들이라는 말을 들을 정도로 확실히 구별되게 변화시켰다. 뉴밀른 근교에 거주하며 사람들의 심정을 파악한 로우도운 경은 사태가 변하고 있음을 우려하는 왕에게 보낸 답장에서, "각하, 그 사람들의 신앙과 양심을 건드리지 않는다면 스코틀랜드 인들은 전심으로 각하의 모든 일에 기꺼이 복종할 것입니다." 역사가 맥크리는 로우도운을 "스코틀랜드 국민과 그들의 신앙의 권리를 위한 주요 수호자"로 언급하였다. 한편 사무엘 루터포드는 주님이 주신 용기로 이마에 그리스도의 표지를 달고 거리로 뛰쳐나갔던 그를 칭송하였다. 비록 표면상 여러 해 동안 제 2의 종교개혁이 시작되지는 않았지만 하나님은 이미 당신의 백성을 준비 시키고 계셨다.

한편 영국에서는 청교도들이 1628년에 윌리엄 라우드(William Laud, 1573-1645)가 런던의 주교가 되고 그 후 캔터베리 대주교가 된 1633년까지는 비교적 평화를 누렸다. 그러나 가톨릭 교회와의 일치를 열망했던 라우드가 청교도들을 박해하자 1630년 천여 명이 영국을 떠나 매사추세츠로 건너갔다. 그 후 1640년까지 또 다른 이천 명이 영국을 떠났다. 국왕 찰스 1세는 로드 대주교와 영국 국교회 사제단의 도움을 받아 장로와 교회에 대하여 "교회 헌법서"를 강제 적용함으로 남아있던 조직을 일소하였다. 하지만 찰스는 만족하지 않고 그들의 정신을 파괴하기 위해 조치를 취하였다. 1637년 라우드는 스코틀랜드 교회에 "라우드의 기도서"로 알려진 신규 예배규범의 사용을 지시하였다.[68] 스코틀랜드 장로교는 이 교본이 여러 부분에서 가톨릭 교회의 미사와 흡사하므로 수용 할 수 없다고 하였다.

라우드의 개혁조치와 아르미니우스적인 성향에 대한 반박문을 우려한 나머지 에든버러의 고등법원은 언약파의 지도자 사무엘 루터포드를 애버딘으로 추방하였다.[69] 이것은 친 감독 교회파 성향을 가진 그곳 애버딘 대학 교수들의 교리적인 가르침을 받게 하기 위해서였다. 그곳에 머무는 동안 루터포드는 교인들을 포함한 시민들과 종교 지도자들에게 격려의 편지를 썼다.[70] 루터포드는 그의 편지에서 변함없는 그리스도의 사랑, 언약을 노래하였다. 이는 그의 고향 근교의 파이프와 스털링에서 롤라드의 언약이 꾸준히 전해져 왔기 때문이다. 롤라드의 언약은 결국 위클리프의 성경에서 유래되었다.

5. 신학적 논쟁의 전개

1617년부터 1637년까지 교회 정부와 예배 형식에 대한 공격에 더하여 제임스와 찰스 왕실은 경건한 신앙의 본질에 교활하고 유해한 공격을 착수하였다.[71]

---

68) James Cooper, *The Book of Common Prayer, Laud's Liturgy of 1637* (Edinburgh: William Blackwood and Sons, 1904), 5-216; Evan Daniel, *The Prayer-Book: Its History, Language, and Contents* (London: Wells Gardner, Darton & Co., Ltd., 1905); 1-536; Leighton Pullan, *The History of the Book of Common Prayer* (London: Longmans, Green, and Co., 1909), 1-294; Gordon Donaldson, "Reformation to Covenant", *Studies in the History of Worship in Scotland*, eds. by Duncan Forrester & Douglas Murray (Edinburgh: T&T Clark, 1984), 33-51 참조.

69) John M. Brentnall, *Samuel Rutherford in Aberdeen* (Inverness: John G. Eccles Printers Ltd, n.y.), 3-23; Stanley Barnes, *An Inspirational Treasury of Samuel Rutherford* (Northern Ireland: Ambassador Publications, 2001), 9-152; Faith Cook, *Samuel Rutherford and His Friends* (Edinburgh: Th Banner of Truth Trust, 1992), 1-147.

70) 당시 루터포드는 그의 편지에서 "그리스도를 위해 우리가 고난을 겪는 것은 지극히 기본적인 것입니다. 하지만 그 안에 그리스도의 사랑이 살아있고, 내가 품고 있는 것과 같은 냉담한 마음을 녹여주시기 위해 불꽃과 섬광을 내 뿜으며 주님은 스스로 움직이십니다. 만일 그리스도가 흘리신 비탄의 눈물이 달콤함이라면, 그분이 지니게 될 어떤 모습도 나는 상상 할 수가 없습니다. 진흙으로 만들어진 우리의 육신이 사망의 옷을 벗어 던지고 결혼식장에 들어가 장엄한 왕궁에서 천상의 옷을 입고 보좌에 앉으신 왕을 알현하게 될 때, 나는 이제 더 이상은 달 아래 놓여있는, 진흙으로 지어진 세상의 장막에서 싸우던 그곳을 열망하지 않을 것입니다. 그 대신 매일 같이 새롭게 베풀어지는 사랑의 잔치를 그리스도와 함께 보내며, 그분의 강한 힘으로 서있는 한 낮의 해처럼 맑은 그분의 얼굴에 때때로 입맞춤으로 나의 갈급함을 채우는 자유를 누리게 될 것입니다". Samuel Rutherford to John Nevay, *Letters* (Edinburgh: Oliphant Anderson &

(1) 아르미니우스의 도전: 화란의 아르미니우스 사망 이듬해인 1609년 그의 추종자들이 정부에 보낸 항의서에 스승의 가르침을 요약하였다. 유럽의 프로테스탄트 교회들은 아르미니우스파의 철학이 그들이 수용한 신조에 전적으로 배치되었다. 따라서 각국의 대표들이 참가한 화란의 종교회의에서 그 항의서를 숙고하기 위해 1618-1619년 회의가 소집되었다. 회의는 아르미니우스주의의 다섯 개 조항을 거부하고 칼빈의 관점에서 일일이 반격하는 돌트 신조를 발표했다.[72] 쌍방 교리는 두 교파간의 성경 해석의 차이로 피차 용납 할 수 없는, 어느 한 조항도 허위가 입증되면 그것은 전체 교리가 와해됨을 의미했다. 이것은 교리의 모든 조항들이 그들 교리 속에 절대적으로 내재하고 있는 한 가지 기본 전제에 의존하였기 때문이다.

칼빈주의는 구원을 전적으로 하나님의 사역으로 고수하는 반면 아르미니우스주의는 하나님과 인간이 공동으로 이루는 것으로 그 최종 선택은 인간에 달려있다고 가르친다. 설령 아르미니우스 주의의 해석이 인본주의적 논리와 정서에 호소하고 있지만 그것은 성경 사상에 배치한다는 것이다. 아르미니우스주의의 입장의 변호를 위해 인용된 구절들, 예를 들면, 요 3:16, 6:40; 행 10:34; 딤전 2:4-6; 요일 2:2은 칼빈의 해석과 관련해 설명되어져야 한다. 왜냐하면 칼빈주의자들이 인용한 요 6:37-44, 10:28-29; 롬 8:29-30 등을 아르미니우스파의 관점에서는 설명이 불가능하기 때문이다. 아르미니우스파의 접근 방식을 받아드리면 유일한 논리적 귀결은 성경을 배척하는 것이다. 이제 선택은 성경의 명백한 가르침인 "모든 일을 그 마음의 원대로 역사하시는 자의 뜻을 따라"(엡 1:11)와 "이성적인 인간에게는 복음이 미련한 것이요"(고전 1:18)의 말씀 중에서 취해져야 한다.[73]

Ferrier, 1863), June 16, 1637, 196.

71) David Stevenson, *The Scottish Revolution 1637-1644: The Triumph of the Covenanters* (UK: David & Charles: Newton Abbot, 1973), 15-87.

72) James Nochols, *The Works of James Arminius* (London: 1825), vol. I., 257-706.

73) 칼빈주의와 아르미니우스주의의 5개항의 논점을 항목별로 비교하면 (1) 칼빈주의: 선직 부패, 인간은 그 자신을 구원 할 수 없으며 선을 행 할 수도, 이해 할 수도, 바랄 수도 없나. 인간은 선악 간에 그 자신의 자유로운 선택으로 하나님을 거부하고 반역한다. 한편 아르미니우스주의: 불완전 부패, 인간이 비록 타락으로 손상을 입었으나 선한 일을 행 할 수 있고, 하나님의 도움을 받아 스스로 구원을 택할 수 있다. (2) 칼빈주의: 무조건적인 선택, 하나님은 세상의 기초에서부터 제한된 구원을 택하시지만 타락한 인간의 규모와 수효에 있어서 그분의 은혜와 자비에

(2) 스코틀랜드 장로교회의 개혁: 1617년부터 시작된 가톨릭의 스코틀랜드 교회 내 예배 개혁의 시도는 1637년까지 집요하게 진행되었다.[74] 이 시기에 역사의 무대에 본격적으로 등장한 언약도들은 이미 논의된 통치권과 교회와 국가의 문제, 예배의 개혁과 신학적 논쟁 과정에 깊숙이 개입하였다. 여기 언약도들은[75] 먼저 감독 교회에 적극적으로 맞서 그리스도의 신적 권리의 사수를 위해 왕권신수설을 거부한 앤드류 멜빌(Andrew Melville)과 사무엘 루터포드(Samuel Rutherford)를 계승한 장로교도들을 지칭한다. 이들은 장로교 정치 체제 이외의 어떤 형태도 수용하지 않았다.[76] 이들은 매우 강경한 언약도였으나 또 다른 부류는 1690년 명예혁명 이후 교회와 국가의 체제 확립에서 양자의 존립을 거부한 카메로니안

기초한다. 이 선택은 인간 내부의 어떤 것에 의해서가 아니라 하나님의 주권적인 의지와 그분의 선하신 목적에 기인한다. 아르미니우스주의: 조건부 선택, 하나님은 미리 예정하신 자들을 선택하셨고 그들을 구원하시기 위해 인내 하신다. 본질적으로 그 선택은 하나님이 아니라 인간이 하고 관리한다. (3) 칼빈주의: 제한 속죄, 그리스도는 오직 그분이 선택하신 양들만을 위해 죽으셨다. 그 양들을 위한 하나님의 사랑은 실제적인 것으로 그리스도는 아버지께서 그분에게 주신 그들 중 아무도 잃지 아니 하신다. 아르미니우스주의: 보편적 속죄, 그리스도는 온 인류의 구원이 가능하게 하기 위해 죽으셨다. (4) 칼빈주의: 불가항력적인 은혜, 하나님은 선택하신 자들을 그분에게로 이끄시며 인간은 그분의 부르심에 저항 할 수 없다. 하나님은 택하신 자들의 영혼을 변화시켜 그들을 죄의 멍에로부터 해방 시키시며 변화된 자들은 그리스도와 그분의 길을 자유로이 선택한다. 아르미니우스주의: 저항 받는 은혜, 인간은 그의 본래의 상태에서 하나님의 구원 제의를 선택 할 수도 거부 할 수도 있다. (5) 칼빈주의: 성도의 견인, 일단 구원받으면 영원히 구원받은 것이다. 선택된 자들의 인내는 그들 내부에서 가아닌 하나님의 뜻 안에서 멈추어 진다. 아르미니우스주의: 가변적인 구원. 인간이 하나님의 구원 제의를 받아드렸더라도 다시 타락하여 구원을 상실 할 수도 있다. 1637년까지는 칼빈주의 청교도들과 언약도들은 아르미니우스주의의 주교들과 팽팽하게 맞서는 전선을 구축하고 있었다.

74) J. A. Wylie, *Story of the Covenant and the Services of the Covenanters* (Edinburgh: James A. Dickson, 1982), 3-14; Hugh Watt, *Recalling the Scottish Covenants* (Edinburgh: Thomas Nelson and Sons Ltd., 1946), 1-8.

75) 언약도들은 정책의 진행 과정에서 몇 차례 분열하였다. 최초의 분열은 1647-1648년 약정을 둘러싼 논쟁으로, 1649-1650년 계급법으로, 1651-1653년 결의파들, 마지막은 1690년 카메로니안 들이었다. 특히 1650년대 크롬웰 치하에서 항의파들은 국가의 교회 문제 간섭에 반대하였다. 보다 자세한 것은 Yohahn Su, *The Contribution of Scottish Covenant Thought to the Discussions of the Westminster Assembly(1643-1648) and its Continuing Significance to the Marrow Controversy(1717-1723)* (University of Glamorgan, Ph.D., thesis, 1993), 136-269를 참고하라.

76) 서요한, "사무엘 루터포도의 정치사상",「프로 에클레시아」,

(Cameronians)들이었다.

그리스도의 언약 교회는 종교개혁자들과 그 계승자들인 언약도들은 성경이 장로교 정치 형태를 보증해 준다고 확고히 믿었다. 당시 스코틀랜드에서 언약도들이 주장한 것은 하나님께서 이 세상에 세우신 두 제도들, 교회와 국가이다. 이 제도의 안전을 위해 두 기관은 상호 협력해야 한다. 교회는 국가를 위해 기도하고, 국가는 교회를 지지해 주어야 한다. 하지만 언약도들은 교회 정치에 더 큰 강조점을 두고 교회에는 목사보다 우위의 어떤 직무도 있을 수 없다고 주장하였다.[77] 이들은 또한 언약에서는 모든 목사들이 하나님 앞에서 지위나 영적인 문제들에서 동등하다고 믿었다. 목사는 당신의 교회를 다스리시는 예수 그리스도의 통일된 지체이다. 언약자들은 목사들이 다스리시는 예수 그리스도의 통일된 지체이다. 언약자들은 목사들이 단순한 한 회중을 책임지고 있는 것이 아니라 전체 교회를 책임지고 있다고 주장하였다. 이들은 무엇보다도 목사가 하나님의 계시를 전파하고 하나님이 맡기신 양떼를 돌보며, 말씀을 설교하며 세례와 주의 만찬을 집행하며, 장로들과 함께 사람들을 위해 기도하고, 하나님의 이름으로 이들을 축복하며, 교회를 다스리고 치리를 시행하는 이 모든 것들은 목사에게 속한 것으로 그리스도를 대신하여 행하는 것이라고 주장했다. 장로교인들은 목회에서 시행되는 모든 권세들은 절대적으로 영적이지 현세적이지 않다고 하였다.

말씀의 전파와 함께 목사에게 중요한 것은 성례의 바른 집행이었다. 장로교인들은 세례가 목사에 의해서만 시행되어야 한다는 규칙을 강조하였다. 그 이유는 예식이 의식적으로 형식화되거나 느슨하게 집행되었기 때문이다. 교회는 질서 유지를 위해 권징을 시행하였다. 그러나 왕국의 통일성은 공적 행정관들(civil magistrate)과 확연히 구분되는 교회 직원들에 의해 나타났다. 하지만 교회 정치는 백성들의 자유와 그 통치자들의 권위 아래 존재한다. 한편 노회의 신적 권위 이론은 국가적 문제들과 교회 문제들을 분명히 구분지은 앤드류 멜빌(Andrew Melville)이 주장하였다.[78] 결과적으로 장로 교인들과 후대의 언약도들은 새로운

---

77) James Kirk, *The Second Book of Discipline* (Edinburgh: The Saint Andrew Press, 1980), 43-45; G. D. Henderson, *The Claims of the Church of Scotland* (Hodder and Stoughton, 1951), 81-85.

78) James Walker, *The Theology and Theologians of Scotland 1560-1750* (Edinburgh:

운동의 주요 방해물이던 감독 교회의 주교들을 거부하였다. 이들은 특히 고위 성직자로서 주교들이 가지는 자만심과 지상 교회 지도자들과 너무나 대조되었기 때문이다.

6. 결론

16세기 종교개혁 이후 1637년까지 스코틀랜드 교회는 통치권을 둘러싸고, 특별히 신학과 실천, 교리와 예배 개혁 문제로 국왕과 첨예하게 대립하였다. 왕실과 의회의 대립 속에 장로교에서 감독교회로, 감독교회에서 다시 장로교회로 기울었다. 쟁점은 스코틀랜드의 장로교 전통이냐 아니면 영국 성공회의 감독제냐 였다. 전자는 당회와 노회, 대회와 총회로 구성된 대의 민주주의를 후자는 절차 없이 국왕이 성직자를 임명하는 제도였다. 종교적으로 장로교적 배경에서 성장한 제임스 6세는 1603년 엘리자베스의 사망으로 겸하여 영국을 통치하였다. 하지만 제임스는 장로교 대신에 영국의 감독제를 선호하고, 이 제도를 스코틀랜드에 정착시키기 위해 주력하였다. 그의 사후 아들 찰스 1세는 더욱 감독제의 정착에 주력하였다. 그 과정에서 영국은 물론 스코틀랜드는 정치적, 종교적 혼란에 빠졌다.

Knox Press, 1982), 2-3; John Macleod, *Scottish Theology* (Edinburgh: The Banner of Truth Trust, 1974), 41-48.

제3장

스코틀랜드 장로교의 역사적 전통

-종교개혁자 존 낙스(John Knox)와 앤드류 멜빌(Andrew Melvill)을 중심으로-

1. 서론

16세기 유럽의 종교 개혁은 세계사뿐 아니라 기독교사에서도 주목하는 전환기적 운동이다. 당시 종교 개혁은 정치, 경제, 사회, 문화, 무엇보다도 종교적 상황과 함께 어우러져 형성되었다. 특별히 여러 요인 중에 하나는 정치와 종교 지도자들의 부패와 타락일 수 있으나 교회 개혁을 위해 하나님이 준비하신 지도자들 때문이었다. 당시 종교개혁의 지도자들은 로마 가톨릭과 교황청을 향해 개혁의 필요성을 역설하고 나아가 기존의 국가 체제에 대해서도 지속적인 변혁을 촉구하였다. 이러한 행동 배경에는 국민들의 각성과 이전에 보지 못한 새로운 종교적 신앙과 경험을 발견했기 때문이다. 결국 말씀 중심의 신앙은 종교 개혁으로 이어져 전통적이며 형식적인 종교적 관습에서 벗어나 역사적인 개혁주의 신학을 수립하고 그 신학적 기초위에서 새롭게 신앙생활을 하고 믿는 성도들의 공동체로서의 교회를 새롭게 하였다.

하지만 16세기 개혁 당시 스코틀랜드는 유럽의 테두리를 벗어나지 못하였다. 왜냐하면 당시 스코틀랜드는 정치적으로 종교적으로 외부 세력에 오랫동안 통제되어 왔기 때문이다. 사실 스코틀랜드는 수세기 동안 영적(교회)으로 육적(국가)으로 외세의 압제 하에 속박된 채 수 백 년을 지냈다. 일반 백성들은 물론 심지어 기득권층이던 성직자들도 속박된 사회구조 속에서 벗어나지 못했다. 이처럼 오래 동안 불안하고 부자유했던 시대를 지내면서 마침내 역사는 새롭게 거듭나게 되었다. 그것은 시대에 부합한 지도자들의 결단과 국민들의 지속적인 개혁의 열망에 기초하였다. 격동기에 종교개혁을 주도한 지도자들은 존 낙스와 앤드류 멜빌, 로버트 브루스, 그리고 조지 버카난과 알렉산더 헨더슨 등이었다.[1] 이들은 바른 교회 건설과 개혁을 위해 조국 스코틀랜드에 모든 것을 바쳤다. 마침내 그들의 헌신이 응답되어 장로교 체제의 종교개혁을 이룩하였다.

본장에서 필자는 16-17세기 스코틀랜드 장로교 정착에 크게 공헌한 존 낙스와 후계자 앤드류 멜빌을 고찰할 것이다. 특별히 정치적으로 종교적으로 격동하던 혼란기에 어떻게 이들은 왕권에 맞서 장로교를 국가 교회로 정착시켰는지를 살필 것이다. 역사적 흐름과 끝없는 시대적 변화 속에서 오늘 우리에게 요구되는 현안들은 무엇인지 진지하게 고민해야 할 것이다. 낙스와 멜빌은 세속화된 매우 타협적인 시대를 사는 우리에게 개혁주의 전통을 확립하는 좋은 모범을 제공할 것이다.

2. 존 낙스의 개혁운동

16세기 중엽 개혁자 존 낙스(John Knox, 1514-1572)[2]의 귀국 당시 스코틀랜드는 유럽처럼 정치적 및 종교적으로 매우 혼란하였다. 그러나 낙스의 귀국으로 스코틀랜드의 개혁 운동은 급속히 확산되었다. 당시 그가 귀국했을 때 스코틀랜드

---

1) William M'gavin, *The Last Words and Dying Testimonies of the Scots Worthies, containing the Cloud of Witnesses, Naphtali* (Glasgow: W. R. M'phun, 1846), 1-562; John Hovie of Lochgoin, *The Scots Worthies*, ed., W. H. Carslaw (Glasgow and London, 1858), 1-604; John Macleod, *Scottish Theology* (The Banner of Truth Trust, 1974), 1-137; St.Giles Lectures(ed.), *Scottish Divines 1505-1872* (Edinburgh: Macniven and Wallace, 1883), 1-460.

2) 존 낙스와 관련된 자료는 필자의 "제11장 스코틀랜드 종교개혁의 전개와 특징", 「종교개혁사」 (도서출판 그리심, 2013), 510, 각주 40번을 참조하라. 그리고 보다 학문적인 자료로는 Kenneth David Farrow, *John Knox: Reformation Rhetoric and the Traditions of Scott Prose* (University of Glasgow,, Ph.D., thesis, 1989), 433; Roger A. Mason, *Kingship and Commonweal: Political Thought and Ideology in Reformation Scotland* (University of Edinburgh, Ph.D. thesis, 1983), 1-418; Thomas Carlyle, "John Knox", *A Book of Scotland*, ed., G. F. Maine (London and Glasgow: Collins, 1953), 185를 참고하라.

와 프랑스는 동맹관계였으나 반면 영국은 대립 관계였다. 이로써 프랑스와 영국은 스코틀랜드를 둘러싸고 상호 이권 문제로 적대 관계였다. 이런 정치적 상황에서 영국은 스코틀랜드와의 두 차례 전쟁(1513년의 플로덴과 1547년의 핑키에서)에서 승리하였다. 그러므로 어린 여왕 스코트 메리(1542년 출생)는 프랑스로 보내졌고 그곳에서 프랑스 국왕 프란시스 2세와 결혼하였다. 그러나 프랑스는 지나치게 가톨릭적이었고 어린 딸의 섭정자 기즈의 메리는 철저히 프랑스적이었다. 이렇게 되자 스코틀랜드는 프랑스 변방의 한 성에 불과하다는 인식이 고조되었다. 프랑스의 통치를 받는 것은 분명 프랑스와 동맹을 맺는 것과는 다른 것이다. 결국 스코틀랜드 내에 영국을 선호하는 경향이 뚜렷하게 증가하였다. 특별히 스코틀랜드의 개신교도들 간에 도움을 위해 영국 개신교에 의존하려는 경향이 나타났다.

섭정자 기즈의 메리는 지혜롭지 못했고 개신교도들은 그녀를 불신하였다. 귀국 시 낙스는 자신의 나라가 내란 상태에 있음을 발견하였다. 1559년 기즈의 메리는 잘 훈련된 프랑스 군대를 앞세워 개혁 군과 싸웠으나 사망하였다. 당시 영국을 통치하던 엘리자베스 여왕이 마침내 개신교도들을 지원하여 스코틀랜드로 자국 군대를 파견했을 때 프랑스 군대는 희망을 포기하고 스코틀랜드를 떠났다. 그 후 "회중의 영주들"(Lords of Congregation)로 불리는 개신교 지도자들이 스코틀랜드를 통제하였다. 그들 중에는 여러해 전에 하나님의 가장 축복된 말씀과 그의 회중을 확립하고 유지하며 진전시킬 것을 맹세한 사람들이 포함되었다. 그리고 로마의 미신을 비난하고 모든 교구에서 개신교 예배를 드리며 하나님께서 군주를 감동시켜 목사들에게 공적 설교를 허락하도록 요구한 자들이 포함되었다.

조국에 돌아온 낙스는 회중의 영주들을 격려하였고, 그의 열정적인 확신과 능숙한 성경 언어 구사력, 상대방을 효과적으로 다루는 완숙한 토론 능력과 공격 재능, 그의 목소리와 용모와 제스처, 그리고 그의 강직한 성품과 인식의 힘이 그의 설교를 힘 있게 하였다. 낙스의 한 친구는 그에 대하여 실로 "그는 하나님의 사람이요, 스코틀랜드의 빛이며, 교회의 위로이고, 신실함의 거울이며, 경건 생활과 교리의 건전함, 사악함을 비난하는 일에서 모든 진실한 목사들의 모델이었다"라고 하였다.[3] 따라서 낙스 "한 사람의 목소리는 한 시간 안에 우리의 귀속에 울리는

3) G. D. Henderson, 76.

500개의 나팔소리가 할 수 있는 이상의 생명력을 사람들의 마음속에 불어 넣었다". 낙스는 설교를 통해 그의 청중들을 완전히 압도하였다. 낙스는 당시의 정치적 및 경제적 불만 요소들을 종교적 통로로 바꾸어 개혁에 앞장섰다. 이 일을 위해 낙스는 모든 타협을 거부하고 개혁의 선봉에서 직접 지휘하였다.

종교 개혁에 가담한 귀족들 중에는 교회에 예속된 땅들을 자신들의 소유로 하여 부하게 될 줄로 믿고, 단순히 경제적인 이유로 이 운동에 가담한 자들도 있었다. 이 귀족들은 당시 성직자들의 낮은 도덕적 삶에 분개하여 수도원을 공격하고 성상과 나무 조각과 교회 장식들을 파괴하였다. 이런 혼란기에 낙스는 신선한 영적 이상과 기회가 제공되어야 함을 인식하였다. 낙스는 당시 종교개혁 가담자들에게 열심히 성경을 읽는 것과 장로들에게 도덕 생활의 성결과 시편 찬양을 그들의 언어로 예배 시에 부를 수 있게 하였다. 무엇보다도 설교 사역을 통하여 하나님을 진실하게 섬길 것과 자신들이 하나님에 의하여 부름 받았다는 인식을 가질 것을 촉구하였다.

3. 스코틀랜드 개혁의 3대 원리

스코틀랜드 교회가 바로 개혁된 데는 많은 산적한 일들이 해결되어야 했다. 그러나 감사하게도 계획한 일들이 하나씩 진척되었다. 이처럼 개혁이 진행 되어가던 중에 의회는 공식적으로 라틴어 미사를 폐지하고 감독제를 철폐하였다. 그리고 개혁자들이 작성한 신앙고백서를 승인하였다. 그리고 낙스로 하여금 교회 정치와 교육, 그밖에 다른 중요한 실천적 문제들에 견해를 밝히도록 하였다. 이에 낙스는 하나님께 드릴 공예배 의식서를 발표하였다. 이때 낙스가 종교 개혁의 원리로 삼은 것은 3가지로 장로교회의 중요한 교리 문서였다.

(1) 낙스의 신앙고백서: 마틴 로이드 존스는 이 고백서가 없이는 낙스의 하나님을 발견할 수 없다고[4] 하였다. 실로 낙스는 종교 개혁이 확산되던 1560년 제1차 스코틀랜드 장로교 총회가 에든버러에서 개최되었다.[5] 그리고 낙스는 다른 5

---

4) D. M. Lloyd-Jones, *Knowing the Times* (The Banner of Truth Trust, 1989), 90-105.

5) 이로써 첫 장로교 총회 총대는 모두 42명으로 목사 6명, 장로 36명이었다. 그 후 총

명의 동료와 함께 작성한 신앙고백서를 의회에 제출하였다. 의회는 만장일치로 이 고백서를 장로교 신앙고백서로 채택하고 "하나님의 말씀, 즉 오류가 없는 진리에 기초한 건전하고 유익한 교리로 신앙 고백서를 받아들였다.[6] 모두 24장으로 구성된 신앙고백서 서문에서 저자들은 그들의 신앙이 하나님의 거룩한 말씀에 근거함을 주장하며 혹 성경 말씀에 따라 어떤 오류를 발견할 때는 언제든지 수정할 자세가 되어 있음을 밝혔다. 이 고백서는 상당 분량을 할애하여 하나님과 그의 선택교리, 인간의 타락과 그리스도의 구원을 서술하였다. 그리고 당시 가톨릭의 성찬 의식의 비성경적 배경을 기술하고 참된 교회의 표지는 하나님의 말씀의 신실한 선포와 성례의 올바른 집행, 그리고 합법적으로 정당하게 집행되는 치리라고 주장하였다. 이렇게 함으로 가톨릭교회가 모호하게 했거나 왜곡 혹은 부패시킨 것들을 부각시키고 자신들의 역사적 정통성을 확립하였다.[7]

저자들은 또한 이 고백서가 모든 국민들의 마음속에 있는 따뜻한 언어라고 묘

회는 처음에는 일 년에 두 차례씩, 나중에는 일 년에 한 차례 열렸다. 총회가 거듭되면서 개혁교회의 유지와 발달에 참으로 필요하고 효율적이라는 사실을 입증하였다. 낙스는 총회를 선한 질서의 보존과 교리에서의 통일을 위하여 생명 같이 소중한 것으로 여겼다. 총회는 스코틀랜드 교회에서 그 중요성을 보존해 왔다. 총회는 귀족들과 시민들과 대학 교수들이 함께 활동하는 대표적인 조직체였다. 스코틀랜드 국민들의 마음과 의도는 의회나 그 밖의 다른 것에서 보다 총회에서 훨씬 더 분명한 자신들의 의사를 대변하는 기구로 생각하였다. 그리고 대회는 대략적으로 중세의 교구와 일치하면서 총회 산하에서 넓은 지역에 있는 교회들의 문제를 다루는 모임인데 목사와 대표 장로들이 반년마다 모였다. 많은 점에서 대회는 이전의 주교들의 책임을 가지고 있었다. 이 최초의 총회의 주된 안건은 각 지역 분할과 총대 구성에 대하여(한교회에서 1 혹은 2명의 총대 파송)논의 했고 6차 총회까지 총회장을 선출하지 않는 내용이었다. 그리고 이때 많은 사람들이 개혁교회에 가입하기 위해서 신청서를 냈다. 이들은 주로 대학들과 성 앤드류스 대학교와 수도원에서 온자들이었다. 그리고 총회는 다음해이 총회 장소와 일정을 결정했는데 제 2차 총회는 1561년 5월 26일 회동하기로 의결하였다. 제 3차 총회는 같은 해 12월에 메리의 허락없이 총회가 소십되있는데 그로인해 약간의 싸움이 있었다. 낙스는 총회의 소집은 국왕의 의도와는 전혀 상관이 없다고 반박했다. 낙스는 총회의 자유를 위하여 우리들 취하고 복음의 자유를 위하여 우리를 취하라고 했다. 왜냐하면 총회 없이는 어떻게 선한 실서믈 집으며 교리적 통일 을 유지하겠느냐는 것이다.

6) 이 신앙 고백서는 약 3주 만에 작성되어 의회에 제출되었는데 유럽의 다른 교회의 신앙고백서들을 참고하여 만들었다. 특별히 칼빈의 기독교 강요의 가르침을 많이 수용하였다. G. D. Henderson(ed.), *The Scots Confession of 1560* (Edinburgh: The Saint Andrew Press, 1960) 참조.

7) 서요한, "스코틀랜드의 종교개혁과 낙스의 개혁원리" (개혁신학, 1995).

사하고 유럽 대륙의 개혁교회와 맥을 같이 하였다. 이 고백서는 낙스와 그의 후계자 앤드류 멜빌, 그 다음 세대 교회 지도자 알렉산더 헨더슨의 신앙 고백서였고 17세기 초 감독주의자들의 신앙고백이었다. 18세기 에드워드 어빙(Edward Irving)과 맥클라우드 캄벨(John Macleod Campell)을 포함한 몇몇 후기 교회 지도자들은 이 고백서를 높이 평가하였다. 이 고백서는 1647년 웨스트민스터 신앙고백서가 장로교 총회에서 신앙고백서로 채택될 때까지 사용되었다.

(2) 제 1치리서(장로교 정치 편람): 제 1치리서는 신앙 고백서를 작성했던 동일한 위원회의 작품으로 1561년 1월 의회에 제출되었다.[8] 이는 마치 새로 개혁된 교회의 헌법과도 같은 것이다. 이 제출된 치리서는 스코틀랜드 교회의 임대 재산을 소유한 몇몇 교회 사람들에게(2.3) 모든 재산을 지방 귀족과 시민에게 넘겨야 한다고 하였다. 이 중에 단지 1.3만이 일반 목회자들에게 지불되고 나머지는 왕실에 받쳐졌다. 따라서 이 개혁안은 헌신적으로 교회의 처분에 맡기는 것이 편리하다고 하였다. 이 문서는 영적 일을 담당하는 교회의 실질적 운영과 연관되었다. 그러나 이것은 편리한 것 그 이상의 돈을 요구하는 것으로 간주되어 의회의 인준이 거부되었다. 이 문서는 1581년 총회에서 제 2치리서로 채택되었다. 그래서 합법적인 장로교 정치 편람으로 사용되었다.

제 1치리서는 모두 16장으로 다음과 같이 구성되었다. (1) 교리에 관한 것으로 복음 설교를 즐거워하는 것과 이것을 반대하는 것들에 대하여, (2) 세례와 성찬에 관하여, (3) 철폐된 우상숭배에 관하여: 예를 들면 미사와 성자들의 숭배와 성상숭배, 그리고 간소한 거행과 주일 예배와 주중 예배의 규정, (4) 목회자와 자질이 구비된 목회자를 청빙할 수 있는 합법적 선출에 관하여, (5) 목사들이 훈련을 마칠 때까지 임시 독경사[9]를 임명하여 목회자를 돕고 준비시키는 일과 목사들이 가난한자와 과부들을 도와야 할 일들에 대하여 구체적으로 설명한다. (6) 그리고 목사들과 독경사들의 전체적인 활동을 감독할 수 있는 저명한 인물로 구성된 총감

---

8) *Ibid.*, 99. Cf. James K. Cameron, *The First Book of Discipline* (Edinburgh: The Saint Andrew Press, 1972) 참조.

9) 독경사는 신학 교육을 받지 않은 평신도 중에서 신앙이 좋은 사람을 선출하여 설교를 할 수 없으므로 목회자를 도와 예배 시간에 성경만 읽어주는 사람을 말한다. 종교 개혁이 성공했으나 많은 교회에 목사들이 없었기 때문에 임시적인 조치로 독경사를 임명하여 교회를 돌보도록 한 것이다.

독[10]을 두는 것 등이다. (7) 학교와 대학들에 관하여 기술하며 학교의 필요성과 학교에 개설되어야할 교과 과정, 그리고 3개 대학교(글라스고우, 성 앤드류스, 그리고 애버딘)의 건축에 관하여, (8) 교회를 임대하는 것과 목회자와 교사들, 가난한자들을 위한 준비가 안전하게 되도록 하고 그들의 도움에 유용하도록 하는 것들, (9) 교회 훈련, (10) 장로와 집사의 선택과 목사, 장로, 집사의 견책, (11) 예배는 어떻게 감독되고 집행되어야 하는지의 교회 정책에 관하여, (12) 성경의 강론과 해석에 대하여, (13) 결혼에 관하여, (14) 장사지냄에 관하여, (15) 교회의 보상에 관하여, (16) 성찬을 혐오하고 말씀을 정죄하며 그것들을 시행할 자격이 없이 집행하려고 하는 자들에 관한 징계에 대하여 기술한다.

이 치리서의 주된 강조점은 하나님의 말씀에 따라 성결한 신앙생활에 힘쓰는 사람을 장로로 선택할 것과 가난한 사람들의 필요를 채워주며 공급할 집사들을 선택하는 것이었다. 이 치리서는 모든 교회는 성경을 가져야 하며 사람들은 성경의 확실한 설명이나 읽는 것을 듣기 위하여 교회에 모여야 한다고 가르친다. 사람들은 시편을 노래하는 것을 실천하도록 촉구 받았다. 그리고 가족 예배가 권장되었고 교구원들의 종교적 지식이 정기적으로 검토되어야 했다. 성찬식 시행은 칼빈이 말한 대로 할 수 있는 데로 자주 행해야 하나 일 년에 4차례를 명시하였다. 성찬식에 참여하는 자는 사도신경과 주기도와 십계명을 아는 사람에게만 허용되었다. 그리고 주의 날은 엄격하게 시행되어야 할 것이 기록되었다.

(3) 공예배 지침서(예배모범): 흔히 낙스의 예배서라고도 하는 이 의식서는 사실 1561년의 제 1치리서보다 먼저 작성되었으나 교회의 총회에 의해 공식적으로 채택되지 못했다. 그러다가 1564년 총회 때 예배 규칙서로 인준받았다. 이 지침서

---

10) 총감독은 종교 개혁이 이루어지고 나서 아직까지 교회들이 안정되지 못했기 때문에 여러 지역을 순회하면서 각 교회의 형편을 살펴 잘못된 것을 바로잡는 역할을 하였다. 그러나 이들은 로마 가톨릭 주교와는 달리 자기 교회를 가지고 있지 않았으며 설교를 주로 하였다. 그들은 동료 목사들에 의해서 선출된 임시직이었으며 동료 목사들의 비판을 받았다. 그러나 여러 지방을 순회하며 잘못된 것을 바로 잡을 수 있다는 점에서 다른 목사들 보다 우위권이 있었다. 총감독 제도는 스코틀랜드 교회가 본래부터 갖고 있던 것이었기에 감독제 교회의 성향을 띠지 않나 하는 논란이 있었다. 그러나 이 직책은 목회사로서 자격을 갖춘자가 거의 없었기 때문에 단지 임시직으로 봉사했고 감독교회의 총감독과는 달랐다. 이때 10개의 구역에 총감독이 임명되었었는데 실제로 임명된 총감독은 5명이었다. 보다 자세한 것은 John Macpherson, *A History of the Church in Scotland* (Alexander Gardner, 1901), 113을 참고하라.

의 출현 배경은 영국의 에드워드 6세의 통치기에 개혁 운동이 활발하게 전개되었다. 이때 낙스는 망명자로서 에드워드 6세의 개혁을 도왔다. 그리고 1552년 제 2기도서 작성에 관여하여 도움을 주었다. 그러나 에드워드 6세의 갑작스런 사망으로 메리 여왕이 등극하여 더 이상 그곳에 머물 수 없게 되자 유럽으로 건너갔다. 그는 그곳에서 1554년까지 독일 프랑크프르트에 머물렀다. 낙스는 그곳에 망명온 영국인들을 중심으로 목회하였다. 그는 당시 경험을 살려 파렐과 칼빈의 예배의식서들을 개정하여 새로운 형태의 공예배 의식서를 만들었다. 이때 제네바에서 사용하던 예배서는 칼빈이 작성한 「제네바 규례」(*The Order of Geneva*)였다.[11]

이때 영국에서는 에드워드 6세의 제 2기도서가 사용되고 있었고 일부 스코틀랜드의 개혁파 회중교회도 사용하였다. 이 성공회 기도서는 목사의 지도 아래 기도와 예배가 집행되어야 했다. 1556년 낙스는 성공회보다 제네바 의식을 따라 예배 의식의 간소화를 주장하였다. 제 1치리서는 이것을 이미 공 예배 규례서로 암시하였는데 1562년 총회는 성찬의 집행과 결혼식 축제를 허용하였다. 그 후 1564년 총회는 모든 목회자가 이 지침서를 따를 것을 명령하였다. 이 후 이 공 예배 지침서는 1637년 라우드의 예배 지침서의 등장으로 어려움을 겪었으나 1645년 영국 웨스트민스터 총회에서 채택된 「하나님에 대한 공예배 지침서」(*Directory for the Public Worship of God*)로 대체되었다.

예배가 독경사들에 의해 진행될 때 그들은 예식서에 규정된 말들을 거의 그대로 따랐으나 목사들은 그들 자신의 기도를 사용하도록 하였다. 공 예배 지침서는 신성한 예배의 모든 부분의 본질과 올바른 순서에 대한 안내로 도움이 되었다. 정상적인 예배는 예배에 대한 부름과 고백의 기도와 용서에 대한 탄원과 운율적인 시편과 성령의 도움에 대한 짧은 기도와 성경 봉독과 설교와 중보 기도와 주의 기도와 사도신경과 다른 운율적인 시편과 마지막으로 축도가 있었다. 공 예배 지침서는 나아가 시편과 송영들과 제네바에서 사용된 신앙고백과 목사와 장로와 집사와 총감독과 당회 규율과 출교와 병자 방문, 장례와 결혼과 세례와 성찬과 금식에 대한 규율을 몇 개의 가족 기도들과 식사 전후의 감사 기도와 특별한 경우를 위한

11) William D. Maxwell, *The Liturgical Portions of the Genevan Service Book, Used by John Knox while a Minister of the English Congregation of Marian Exiles at Geneva, 1556-1559* (Edinburgh: Oliver and Boyd, 1931), 3-128 참조.

기도가 포함되었다. 이에 대해 칼빈의 요리문답이 공 예배 지침서와 함께 묶여졌다. 칼빈의 요리 문답은 1648년 웨스트민스터 소요리 문답이 채택될 때까지 종교적 교훈을 위해 개혁 교회에서 사용되었다. 이 책은 성례와 결혼 시행에서 예식서를 따를 것이 강조되었고, 정식 예배 순서와 내용에 대한 안내 지침이 주어졌다.

4. 스코틀랜드 종교개혁의 발전

(1) 메리와 낙스의 갈등(1561-1572): 13년의 프랑스 체류 동안 메리는 2살 연하의 프랑스 앙리 2세의 아들 프란시스 2세와 결혼하며 가톨릭에 헌신하였다. 그러나 메리는 갑작스런 남편의 사망으로 약 1년 반 동안 프랑스 여왕을 지냈다. 그러나 이후 프랑스 생활을 청산하고 1561년 8월 조국 스코틀랜드로 귀국하였다.[12] 이때 백성들은 약관 18세의 미모의 메리를 열렬히 환영하였다. 그러나 여왕의 미래는 프랑스의 정치와 종교 의 기류, 환경이 다른 조국에서 매우 불투명하였다. 메리의 부친 제임스 5세는 그녀의 어린 나이에 사망했고 어머니 기즈의 메리는 오랫동안 떨어져 있었기 때문이다. 따라서 메리는 자신이 프랑스에 체류하는 동안 신봉한 구교를 조국 스코틀랜드에 정착시키고자 하였다. 그러나 당시 장로교 국가인 스코틀랜드에서 옛 전통을 유지하는 데는 많은 어려움이 뒤따랐다.

낙스와 그의 동료들은 메리가 가톨릭 신봉자임을 잘 알고 있었다. 따라서 스코틀랜드에서의 그녀의 존재는 중대한 문제였다. 메리는 낙스에게 자기의 궁정에서만은 미사를 드릴 수 있도록 요청하였다. 그리고 메리는 강력한 반대와 항거에도 귀국 후 첫 주일에 왕립 교회의 열린 미사에 참여하였다. 이 소식을 들은 낙스는 성 사일즈 교회의 강단 설교를 통해 "단 한 번의 미사는 침공해오는 1만 명의 군대보다 더 무섭다"며 강력히 도전하였다. 그 후 메리는 회중의 영주들을 성공적으로 포섭한 다음 낙스를 침묵케 할 목적으로 2가지 죄목으로 낙스를 소환하였다. 첫째는 여성 정부에 대한 낙스의 반역적인 저술과 그 다음은 왕실 종교 외에 다른 종교를 가르친다는 것이었다. 덧붙여 메리는 백성들이 권력을 가질 때 그들의 영주들에게 저항할 수 있는지를 물었다.

12) John Macpherson, *op. cit.*, 115.

이에 낙스는 흥분한 모습으로 여왕이 자신의 종교를 백성들에게 강요하는 작태를 부인하였다. 그리고 영주들이 그들의 한계를 벗어나 그들에게 백성들이 순종치 않아도 될 것들을 강요할 때 무력에 의한 저항은 의무라고 맞섰다. 이 변론에 메리는 약 15분간 침묵을 지켰고 낙스는 메리에게 영주의 의무로서 교회를 기름지게 할 것을 당부하였다. 이에 메리는 낙스에게 "당신은 내가 기름지게 해야 할 교회가 아니다". "나는 로마 교회를 수호할 것이다. 왜냐하면 로마교회는 하나님의 참다운 교회이기 때문이다"라고 했다. 이에 낙스는 "여왕이여, 당신의 의지로는 로마의 매춘이 예수 그리스도의 순결한 신부가 되리라고 합리화 하지 말고 또 그렇게 생각지도 마십시요"라고 대답했다. 낙스는 몇 차례 걸친 메리와의 비극적인 인터뷰를 통해 새롭게 성취된 종교 개혁이 위험에 빠져 있다고 믿고 그녀와 화해할 수 없는 강력한 적이 되었다.[13] 그 결과 낙스가 구상한 종교 개혁은 지연되었고, 이를 반대한 사람들은 큰소리로 떠들어댔다. 그리고 개혁에 중도적 입장을 취한 사람들은 구실을 갖게 되었다.

이 같은 첨예한 대립과 혼돈의 와중에 1567년 사생활 문제로 메리가 폐위되었다. 따라서 개신교도인 머레이(Morey), 메리의 이복 오빠인 백작 제임스 스튜어트(James Stewart, 1st Earl of Moray)가 어린 왕자 제임스 6세(1566년 6월 19일생)를 섭정 하였다. 머레이는 경건한 크리스천이자 확신있는 개신교도였다. 하지만 그는 이 때 낙스에게 오직 종교적인 일들을, 자신은 정치적 상황들에 대처하는 것으로 역할을 분담하였다. 그러던 중 1570년 머레이의 살해 뒤 섭정자들 간에 사건이 발생하였다. 정치적으로 가련한 메리 여왕의 친구들에 의한 음모와 어린 국왕에게 영향력을 행사하려는 귀족들의 갈등이었다. 종교적으로 교회가 재정적으로 별 도움이 안 되는 상황이 계속되었다. 설상가상 1572년 성 바돌로메 축일에 파리에서 수천 명의 프랑스 개신교도들의 살해 소식을 접하였다. 그리고 국가적으로는 자체의 목적을 위해 교회에 감독제를 강요하려는 시도가 나타났다.

---

13) 이런 와중에서 메리에게는 설상가상으로 비극적인 사건들이 계속해서 꼬리를 물고 일어났다. 즉 리찌오(Rizzio)의 피살, 단리(Darney)의 살해, 보쓰웰(Bothwell)과의 이상한 결혼, 로흐레벤(Lochleven)에의 수감과 랭사이드(Langside)에서의 패배 등이다. 이 모든 사건들은 7년 안에 종식되어 메리는 마침내 귀족들의 압력에 퇴위하였다. 그리고 그녀는 엘리자베스 영국 여왕의 제거 음모에 실패하여 죄수의 몸으로 영국의 런던 타워에 수감되고 그곳에서 처형되었다.

(2) 장로교와 감독교회 체제의 타협(1572-1625): 1572년 낙스의 사망 직전 열린 리스 협약(Leith Convention)에서 개혁파는 어쩔 수 없이 감독제의 수정된 형태를 받아들였다. 이 때문에 주교들이 비난을 받았지만 종교개혁 이전 주교들은 성직자들이 구원의 수단으로 절대적인 통제권을 갖는 체계를 표출시켰다. 낙스와 개혁파는 개혁의 실천은 곧 주교 중심의 전제정치의 철폐임을 강조하였다. 그러나 국가가 주교들을 재 지명했을 때 이들은 국왕의 수족이 되어 결국 성도들의 영적 자유는 박탈되었다. 장로 제도는 세속인들에게 교회 내에서 참된 자리를 주면서도 교회를 그들의 통제하에 놓지 않기 때문에 보다 나은 제도였다. 결국 1572년 감독제의 필요성이나 신수성(神受聖)은 주장되지 않았다. 그러나 총감독은 치리의 관점에서 유용한 것으로 밝혀졌다. 필요한 경우 주교들은 교회의 잃어버린 재산 중에서 적어도 어느 정도는 다시 한 번 주교들을 위해 사용될 수 있을 것으로 간주되었다. 그 밖에도 주교들은 정부와의 관계에서 교회의 이해관계를 지지할 수 있을 것이며 교회와 국가사이의 유용한 중재인이 될 수 있었다. 이런 이유로 섭정자 머톤[14]의 압력으로 교회가 굴복하였고 낙스 이 결정을 묵인하였다.

이 같은 타협 적인 정치 체제는 결국 장로제도 감독제도 아니었다. 1572년 제임스는 머톤을 통해 자신의 계획안을 지지할 총감독과 다른 성직자들을 리스의 한 모임에 소집했다. 그리고 제임스는 총감독과 주교라는 이름을 다시 취하였다. 그런데 같은 해 소집된 총회는 이 혁신안을 정죄하였다. 그럼에도 불구하고 머톤의 계획안이 통과되어 주교들의 모든 이권은 개혁 이전처럼 다시 보장되었다. 그런데 당시 스코틀랜드 교회 안에 세 종류의 주교가 있었다. (1) 나의 주 주교(my Lord Bishop), (2) 나의 주의 주교(my Lord's Bishop), (3) 주의 주교(Lord's Bishop)이다. 나의 주 주교는 로마 가톨릭에 속하는 주교이며, 나의 주의 주교는 이제 나의 주가 성직록의 재산이 되는 것을 얻어 주교가 그의 지배를 확고히 했을 때 되는 것이며, 주의 주교는 복음의 참된 목사를 가르친다. 그런데 머톤의 이 계획안을 받아들인 새로운 주교들을 툴찬(tulchan) 주교[15]라고 불렀다. 그것은 임소

14) George R. Hewitt, *Scotland Under Morton*, 1572-1580 (Edinburgh: John Donald Publishers Ltd, 1982), 1-207.

15) 툴찬(Tulchan) 주교란 1572년의 리스 협약 이후 스코틀랜드 장로주의자들에 의하여 도입된 명목상의 주교들에게 경멸적으로 붙여진 이름이다. 그들은 총회에 대하여 책임을 지

가 젖을 내지 않을 때 사람들은 송아지 가죽에 짚을 가득 채워서 그것을 암소 앞에 놓는다. 사람들은 이것을 툴찬이라고 불렀다. 그래서 이 주교들은 명칭과 성직록을 가지고 있었으나 직임은 없었으므로 그들에게 무슨 이름이 주어지는지 알지 못했다. 그래서 그들을 툴찬 주교라로 불렀다. 이처럼 계속되는 정치 체제의 공방 속에서 낙스의 사망으로 스코틀랜드 교회는 매우 불안한 채 위험에 직면하였다.[16]

5. 앤드류 멜빌과 장로교주의 정착

개혁자들의 강력한 개혁 의지에도 불구하고 스코틀랜드 교회는 장로주의냐 감독주의냐의 문제로 계속 혼란에 빠졌다. 장로주의는 공적으로 국법에 의해 인준된 체제였으나 실제로 왕실은 로마 주교가 통제하였다. 총회는 주교들에게 의회의 대의원과 교회 문제에 있어서 어떤 권위도 허락하지 않았고 오히려 교회에 종속되어야 했다. 총회는 주교의 명칭이 교회에 잔류하는 것조차 교회의 자유를 위협하는 것으로 위험하게 생각했다. 따라서 총회는 1575년부터 1580년까지 주교의 명칭 사용과 이들의 어떤 직무도 인정하지 않을 것을 결의하였다. 특별히 1580년 총회는 주교 제도는 성경에 보증이 없는 잘못된 것이며 오히려 하나님의 교회를 전복시키는 위험이 있다고 보았다. 이와 같이 장로주의의 정착 과정에서 앤드류 멜빌이 크게 기여하였다. 그가 스코틀랜드의 역사 무대에 등장하면서 장로주의는 새로운 상황으로 전개되었다.

6. 앤드류 멜빌의 생애

앤드류 멜빌(Andrew Melvill)[17]은 낙스의 사후 스코틀랜드가 배출한 위대한

고 있었으나 교회의 감독을 피하면서 단순히 그들 교구의 이익을 차지하는 세속 귀족들의 수단이 되었다. John Macpherson, *op. cit.*, 131.

16) G. D. Henderson, *The Church of Scotland* (Edinburgh: The Church of Scotland Youth Committee, n.y.), 57-58.

17) William Morison, *Andrew Melville* (Edinburgh: Oliphant Anderson & Ferrier, 1899), 9-152; Thomas M'crie, *Life of Andrew Melville* (Edinburgh: William Blackwood and Sons, 1859), 1-399; St. Giles' Lectures, *Scottish Divines 1505-1872* (Edinburgh: Macniven and

종교 개혁자요 지도자였다. 그는 1545년 8월 1일 몬트로스(Montrose) 근교 발도비(Baldovy)에서 출생하였다. 그러나 어린 나이에 부모의 사망으로 그의 장형 리차드(Richard) 목사의 가정에서 자랐다. 멜빌의 형제 중에 조카 제임스 멜빌(James Melville)은 후에 그의 삼촌의 친구로 함께 일하였다.[18] 멜빌은 몬트로스의 문법 학교에서 헬라어를 배웠고, 그 후 성 앤드류스 대학에서 수학 후 당대 가장 위대한 철학자요 시인이며 헬라어에 능숙한 젊은이라는 평가와 함께 대륙으로 떠났다. 1564년 유럽으로 건너가 약 10년 동안 그곳에서 공부하였다. 처음에는 파리 대학과 그다음 포이티어(Poitiers) 대학에서 학문을 넓혔다. 그는 프랑스 체류 동안 위그노와 로마 가톨릭 간의 내란을 목격하고 프랑스를 떠나게 되었다.[19]

그 후 멜빌은 이미 종교 개혁이 정착된 제네바로 가서 공부하였다. 1564년 칼빈 사망 후 제자 데오도레 베자(Theodore Beza, 1519-1605)[20]는 유명한 신학자요 연설가, 행정가로서 칼빈의 뒤를 이어 종교 개혁을 주도 하였다. 베자는 멜빌을 환영하였고 제네바 학술원의 인문학 주임 교수로 5년간 교수하였다. 이때 멜빌의 학식과 달변 능력은 제네바 시에서 가장 위대한 사람 중에 하나로 간주되었다. 멜빌의 박학함은 그의 도서관에 있는 책들이 증거하는 바, 도서관은 모든 언어와 예술과 과학 분야에서 당대 가장 유명한 저자들의 희귀한 저서들을 갖추었다. 멜빌이 제네바에서 교수로 지내는 동안 당시 종교 개혁 지도자들과 긴밀히 접촉하였다. 그리고 프랑스의 개신교도들이 실제로 겪고 있는 어려움을 접하게 되었다. 이때 스코틀랜드 개혁자들은 몇 년 동안 멜빌의 생사를 알지 못했으나 그가 아직 제

Wallace, 1883), 37-72; John Howie, *The Scots Worthies* (Edinburgh: 1775), 91-100; W. Beveridge, *Makers of the Scottish Church* (Edinburgh: T. T. Clark, 1908), 183-195; Ronald Selby Wright(ed.), *Fathers of the Kirk* (London: Oxford University Press, 1960), 129-142; Scottish Divines (Edinburgh: Macniven and Wallace, 1883), 273-316; John Walker, *The Theology and Theologians of Scotland* (Edinburgh: T. & T. Clark, 1888); John Macleod, *Scottish Theology* (Edinburgh: The Banner of Truth Trust, 1974).

18) James Melville의 유명한 작품은 그의 일기(Diary)가 있다. 멜빌은 그의 일기에서 스코틀랜드의 종교 개혁에 대한 것을 포함하여 그의 삼촌에 대한 많은 정보를 제공해 주고 있다. Robert Pitcairn(ed.), *The Autobiography and Diary of Mr. James Meville*. (Edinburgh: Wordrow Society, 1862) 참조.

19) John Macleod, 41-48.

20) Beza's Icones, *Contemporary Portraits of Reformers of Religion and Letters* (London: The Religious Tract Society, 1909), 1-249.

네바에 있다는 소식을 듣고 귀국하여 낙후된 조국의 대학의 명예를 회복해 줄 것을 요구하였다. 따라서 이들은 베자에게 제네바 교회가 스코틀랜드에게 보여줄 수 있는 사랑의 가장 큰 표시와 스코틀랜드 교회가 풍요로워지기 위해 멜빌의 귀국을 촉구한다고 편지하였다.[21)]

그 후 멜빌은 1574년 7월 조국 스코틀랜드로 돌아왔다. 이때 머톤 백작이 그에게 사목을 제공했으나 거절하였다. 그리고 오래잖아 글라스고우 대학 학장으로 봉직하였으며, 1580년 성 앤드류스의 성 메리 대학의 학장으로 스코틀랜드 교육의 향상과 유능한 목회자 양성에 공헌하였다. 교회는 멜빌의 지도력에 찬사를 보냈다. 당시 섭정이 그를 교수형에 처하든지 추방시키겠다고 위협하자 그는 다음과 같이 대답했다. "쳇, 당신의 신하들이나 그런 방식으로 다스리시요. 나는 공중에서 썩든지 땅속에서 썩든지 똑같습니다. 땅은 주님의 것입니다. 복지가 있는 곳은 어디든지 나의 조국입니다. 하나님의 진리를 추방하거나 목맨다는 것은 당신의 권한에 있지 않습니다."[22)] 그리고 교회에 대한 국가의 간섭에 대해 멜빌의 불만 사항을 왕실 위원회에 제출하기 위한 문서를 작성했을 때 귀족 중에 한명이 "누가 감히 이 같은 모반적인 문서에 서명하겠는가?" 라고 외쳤다. 그때 앤드류 멜빌은 앞으로 나가 펜을 들고 선언했다. "우리가 감히 한다. 우리는 이 주장을 위해 생명으로 서명하고 생명을 바칠 것이다."[23)] 멜빌은 그의 생애를 통해 교회를 바르게 섬기는 참된 헌신과 역사의 격동기에 크리스천 지성인의 역할이 무엇인지 가르쳐 주었다. 장기간의 토론 끝에 마침내 1578년 멜빌은 그가 작성한 제 2치리서를 총회에 제출하였다. 마침내 총회는 그것을 채택하여 장로교 정치 규범으로 사용하였다.

6.1. 멜빌의 제 2치리서와 장로교주의 정착

보통 "정치의 책" 으로 불리는 제 2치리서[24)]는 일찍이 1576년 4월 총회는 위원

---

21) Thomas M'crie, *The Story of the Scottish Church* (London, 1875), 67.

22) John Macpherson, *op. cit.*, 137.

23) *Ibid.*, 137.

24) James Kirk, *The Second Book of Discipline* (Edinburgh: The Saint Andrew Press, 1980) 참조.

들에게 교회 정책과 정치에 대하여 작성케 하였다. 여기 위원들은 글라스고우, 에든버러, 성 앤드류스, 몬트로스 그리고 애버딘 등의 각 도시를 대표하는 사람들로 구성되었다. 이들은 스털링에서 함께 토의하고 그 이듬 해 총회에서 보고토록 하였다. 그러던 중 10월 총회 모임에서 정책위원장은 그 동안의 작성된 정책을 낭독하며 함께 토의했다. 그리고 총회는 개정위원회를 구성하여 더 나은 형태로 작성할 것을 일임하였다. 1577년 4월 총회는 또 다시 장시간에 걸쳐 토론하였고 총회는 또다시 위원회를 구성하였다. 이때 가장문제가 된 의안은 집사직 이었다.[25] 이런 장기간의 토론과 개정을 통해 결국 장로교 정책이 총회에서 통과되었다. 총회는 이 정책의 사본을 왕에게 보내 법적 공인을 희망하였다. 그 이듬 해 제임스는 긍정적인 답변을 했다. 그러나 의회는 정책이 주요 의제만을 고려한다고 약속하였다. 그 후 1581년 4월 총회에서 이 정책이 최종 통과 되었다.

이 장로교 정책의 작성을 주도한 앤드류 멜빌은 장로교 정치체제 외에 감독제를 포함한 어떤 형태의 정치 체제는 적극적으로 반대하였다. 제 1치리서와 달리 제 2치리서는 총 13장으로 그 양에 있어서 약 반밖에 되지 않게 구성되었다. 여기서는 주로 국가 즉 세상과 교회의 권한에 대한 서로의 차이점들을 구분하였다. 다시 말하면 예수 그리스도는 그의 교회를 다스리기 위해서 세상 정부와 구별되는 그의 지도자들을 세우신다. 예수님은 자신의 지도자들이 자신의 이름 안에서 그의 권위를 가지도록 훈련한다. 세상 정부는 외적 평화를 도모하고 백성들을 잘 인도해야 한다. 그리고 교회는 종교와 양심 문제에 있어서 사람들을 지도한다. 그러나 이 두 그룹은 모두 하나님에게 속해있고 하나의 일상적인 목적을 가지고 있다. 그것은 하나님께서 각자에게 주신 권세를 바르게 사용하게 되면 하나님께 영광이 되고 사람들은 좋은 백성들이 될 것이라는 것이다. 때문에 이 두 그룹은 하나의 목적을 위해 두려움 없이 서로를 존경하고 협력해야 한다. 그러나 장로주의는 무엇보다도 교회를 그리스도의 집으로서 그의 권한을 강조하며 세상 권세로부터 독립된 사역을 하는 것을 주장했다. 따라서 제 2치리서는 두 기관의 권한을 분명히 구별하였다.

제 2 치리서의 주된 내용은 (1) 교회의 일반적인 정책으로 정부의 정책과 다름

25) John Macpherson, 133.

을 밝힌다. (2) 교회정책의 부서들과 행정위원회를 구성하는 사람들과 직무 수행자에 대하여. (3) 교회의 기능을 수행하는 사람들이 어떻게 그들의 사무에 임해야 하는지에 대하여. (4) 특별히 교회 직무를 담당한 목사들과 사역자들에 대하여. (5) 박사들과 그들의 직무와 학교 교사들의 직무에 관하여. (6) 장로들과 그들의 직무에 관하여. (7) 장로직과 총회, 그리고 규칙에 관하여. (8) 집사들의 직무와 교회의 일상적인 기능에 관하여. (9) 교회의 재산과 분배에 관하여. (10) 교회 안에 있는 기독교 관헌들에 관하여. (11) 교회 안에 잔재하는 비난받아야 할 것과 우리가 개혁되기를 바라는 것들에 관하여. (12) 우리가 간절히 바라는 종교 개혁의 특별한 현안들. (13) 모든 위원회에서 종교개혁으로 유입될 실용성에 관하여 등이다. 그리고 마지막으로 이 정책은 작성자뿐 아니라 관헌과 영주들도 예외가 아님을 강조한다. 모든 사람이 이 정책을 지킴으로 하나님께는 영광이 될 것이고, 교회는 든든히 세움을 입을 것이며, 모든 교회가 한 몸을 이루어 예수 그리스도와 그의 왕국은 설립되고 사탄과 그의 왕국은 파멸될 것이다. 성부와 성령 하나님은 예수 그리스도 안에서 우리를 위로할 것이며, 영원히 축복 중에 거하실 것이다. 아멘으로 끝맺는다.[26]

그런데 제 2치리서는 다시 2가지 체제로 정리할 수 있다. 하나는 교회밖에 체제로 총회, 대회, 노회, 당회의 역할과 다른 하나는 교회 안에 직무자들인 목사 장로 집사에 대하여 설명하면서 철저히 장로교 정치체제를 확립시켰다. 이 치리서는 교회의 당회나 목사 위에 어떤 고 지위나 직분이 있을 수 없으며 어느 누구도 회중의 뜻을 거스려 행할 수 없다. 이렇게 함으로서 성직자들과 교인들이 갖는 독특한 영적 자유를 주장하였다. 따라서 지 교회 교인들은 상부의 명령이나 지명에 의해서가 아닌 자신들이 원하는 성직자를 투표에 의해 결정하고 청빙할 수 있게 되었다. 칼더우드가 말한 것처럼 이 모든 정책은 철저히 "거룩한 하나님의 말씀"에 근거하여 확립되었다.[27] 따라서 이 모든 정책들은 그리스도의 양들을 위해 바르게 실습되어야 한다. 개혁자들은 그들이 정죄하는 자들은 성경에 따라 실습하지 않았다고 했다.

---

26) James Kirk, *The Second Book of Discipline* (Edinburgh: The Saint Andrew Press, 1980), 1-244.

27) John Macpherson, 68.

앤드류 멜빌에 따르면 이 치리서의 중심 의제는 참된 교회의 직무자들은 목사와 장로와 집사이다. 덧붙여서 멜빌은 박사나 교사들도 필요한 경우 역시 요구되는 것으로 인정하였다. 그러나 목사들은 소명의식을 가져야 하고 회중들의 뜻에 의해 선출되어야 하며, 안수에 의해 임직 받는다. "임직은 그가 시험을 거쳐 자질이 있는 것으로 인정된 후에 하나님과 그의 교회에 의해 지명된 사람을 분리시키고 거룩하게 하는 것이다". 그들은 말씀을 설교하고 성례를 시행하며, 결혼을 거룩하게 하고, 사람들의 영적 복지를 돌보아야 하며 병자를 방문해야 한다. 장로들은 해마다 선출되어 교회 정치에서 평신도를 대표하는데 교구의 영적 감독에서 목사를 돕고 회중들의 도덕적 행동을 감독한다. "목사가 말씀을 가르치고 씨를 뿌리는데 열심이듯이 장로들은 사람들을 돌보는데 열심이어야 한다." 집사들은 그들의 특별한 책임으로 가난한 자를 돌보아야 한다.

교회 정치는 총회로부터 당회까지 인정된 법정의 수중에 있다. 행정 관리들, 다시 말해 왕과 의회와 지방 관리들은 교회를 돕고 유지하며 부패를 방지하고, 교회가 치리를 적용할 수 있는지를 알아보며, 목사와 학교와 가난한 자의 부양에 필요한 것을 공급하고 종교의 진전에 필요한 법을 만드나 순수하게 영적인 일에는 간섭하지 말아야 한다. "행정 권력은 영적인 직책을 가지고 있는 사람들이 하나님의 말씀에 따라서 그들의 직책을 훈련하고 시행할 수 있도록 추천해야 하고, 영적인 관리들은 기독교 관리들이 정의를 시행하고 악을 처벌하고, 교회의 자유와 평온을 유지하도록 요구해야 한다".

노회와 관련하여 제 1치리서에는 일체 언급이 없다. 그러나 1580년부터 지역을 구분하여 조직되기 시작하였다. 노회 조직은 프랑스의 조직으로 이미 입증된 유용성에 의해 격려되었다. 대회는 노회로 나누어졌다. 이들은 제한된 구역 내에 모든 교회의 목사들과 각각의 회중으로부터 파견되는 한 명의 장로로 구성된다. 스코틀랜드의 장로 제도는 이중의 기원을 가지고 있다. 스코틀랜드 교회 안에는 종교 개혁 시대부터 성경 연구를 위한 목사와 장로들의 정규적인 모임인 연습회가 있었다. 그들이 새로운 노회의 중심이 되었다. 노회는 오랫동안 그들이 연습회라고 부른 모임들을 설교와 토론으로 시작하였다. 반면에 대회들은 목사들의 숫자와 조직된 교구들의 숫자가 증가함에 따라 과중한 짐을 짊어지는 경향이 있었으며, 그 결과 대회는 실질적으로 그 일의 일부를 좀 더 지역적인 조직에게 위임하는 것이 필요했다. 노회의 의무들은 대회의 의무들과 비슷해지거나 좀 더 소규모로 되었다. 노회는 이와 같이 점차 활동적이고 효율적인 교회들의 실질적인 필요의 자연스런 결과였다. 목사들의 임직과 치리에 대하여 책임을 지는 것은 노회였다.

이러한 특징적인 장로교회 법정의 마지막 기구는 당회였다. 당회는 개 교회의 영적 문제의 책임을 지고 있었으며, 목사와 장로로 구성되었다. 법정의 이와 같은 등급화 된 체계-총회, 대회, 노회, 당화-는 완전히 조직된 장로교회의 특징적인 모습 가운데 하나였다. 자연히 교회를 새로 조직해서 질서를 잡는 데는 많은 시간이 걸렸다. 종교 개혁 초기에 설교의 중요한 사명을 감당할 정도로 충분히 훈련받은 사람들이 비교적 적었다. 그 교회들의 대부분은 얼마 동안 공 예배 규례서의 규정에 따라 예배시에 회집한 회중들에게 성경을 읽어주는 독경사로 만족해야 했다.

치리서의 교육에 대한 강조에도 불구하고 교육 문제에서의 진전은 매우 느렸다. 그러나 학교는 개혁 문제에서 특별히 중요했다. 왜냐하면 사람들이 성경을 알고 교회의 공적인 예배와 행정에서 지적인 역할을 해야 한다면, 사람들이 성경을 읽고 그들의 판단력을 사용할 수 있도록 가르침 받아야 하기 때문이다. 무엇보다도 교회는 이런 교육 개혁의 노력 속에서 자금 부족 때문에 심각하게 어려움을 겪었다. 종교 개혁 이전의 교회는 아주 부요했다. 그러나 교회 재정의 대부분은 이제 왕실과 귀족들과 지방 행정 당국에 의해 이용되어, 교회는 너무나 가난하여 그들의 역할을 효율적으로 담당할 수 없게 되었다. 반면 종교 개혁 이전에 종교가 가졌던 낮은 형편 때문에 스코틀랜드 사람들은 새로운 제안에 대단히 적극적이었다. 따라서 그들은 종교 개혁을 통해 철저히 개혁하기를 원했고 그들이 받아들인 범위가 아주 넓었다. 로마 가톨릭은 거의 사라졌고, 이제 신앙은 형식과 미신에서 벗어나 실재적인 영감있는 것이 되었다.

장로교 정치 체제의 수용과 안정에도 불구하고 당파들 간의 싸움은 계속되었다. 성 앤드류의 대주교 패트릭 아담슨은 감독제를 지지하는 사람들의 대표적인 인물이었다. 이러한 상황에서 당시 제임스 6세는 논쟁에 실질적인 관심을 가질 정도로 충분히 성장하였다. 1584년 의회에서 암흑법(Black Acts)[28]이 통과되자 감독제 지지파는 일시적으로 승리하였다. 그러나 1592년 7월 마침내 국왕과 의회가

28) Thomas M'crie, *The Story of the Scottish Church from the Reformation to the Disruption* (London: Blackie & Son, 1875), 76-82.

제 2치리서의 주요 원리를 인정하였다. 그리고 총회와 대회와 노회와 당회가 교회의 통치를 승인하였다. 이로써 이 치리서는 스코틀랜드 장로교회의 황금 법령(Golden Acts 혹은 대헌장(Magna Carta)으로 불리었다.[29]

6.2. 감독파와 장로교주의의 갈등[30]

1592년의 황금 법령으로 스코틀랜드는 장로교주의를 국가종교로 합법화하였다. 이것은 실로 놀라운 성취였다. 그러나 스코틀랜드 장로교회는 제임스 6세의 의도적인 교회 간섭으로 어떻게 처신해야 하는지 고민에 빠졌다. 결국 장로교회와 감독교회의 정치체제 문제는 교회와 국가와의 관계 문제로 발전하였다. 이 문제는 이미 영국의 헨리 8세가 교황과의 결별을 선언하고 자신이 교회의 수장이 되면서 새로운 국면에 들어가게 되었다. 헨리는 교황을 대신하여 교회의 수장이 되었고 국가가 개혁의 주도권을 잡게 되었다. 그 후 정부는 그 나라의 종교 생활을 계속 지도 간섭하였다. 이 체제는 일반적으로 독일의 에라스투스[31]에 의해 제창이 되어 국가 수장의 권한을 절대화 시키는 계기가 되었다. 이 체계 하에서 교회는 교육부나 우체국 같이 다소간 하나의 국가 부서 같은 위치를 가지게 되었다. 제임스 6세

29) Gordon Donaldson, Scotland: *The Shaping of a Nation* (London: David & Charles, 1974), 188-189. 마그나 카르타는 1215년 영국 귀족들이 국왕 존(John)의 잘못된 정치에 분노하여, 왕의 권한을 제한하고 국민의 자유와 권리를 보장하기 위해 왕에게 강요하여 받은 법률 문서이다. 17세기에 이르러 국왕의 전제(專制)로부터 국민의 권리와 자유를 지키기 위한 전거로 받아들여, 권리 청원(權利請願), 권리 장전(權利章典)과 더불어 영국 입헌제의 기초가 되었다.

30) Yohahn Su, *The Contribution of Scottish Covenant Thought to the Discussions of the Westminster Assembly(1643-1648) and its Continuing Significance to the Marrow Controversy(1717-1723)* (University of Glamorgan, Ph.D., thesis, 1993), 68-101.

31) 에라스투스는 16세기 스위스 의사요 츠빙글리파 신학자로 성찬시 루터의 공재설에 맞서 츠빙글리의 기념설을 옹호하였다. 에라스투스는 삼위일체 교리와 그리스도의 신성을 부인하는 유니테리언주의 성향 때문에 출교되었다. 그에 의하면 출교는 성경에 어긋나며 신실로 성례를 받고자 하는 사람에게는 예전을 거절 할 수 없다. 그리고 기독교 사회에서 죄에 대한 처벌은 세속 관리들의 권한이라고 주장하였다. 그리고 모든 시민이 하나의 종교를 신봉하는 곳에서는 국가가 민법뿐 아니라 교회법 위반까지도 처벌할 권리와 의무를 갖는다고 하였다. 에라스투스주의는 세속 권력의 우월성을 강조한 리처드 후커의「교회 정치법에 관하여」(*Of the lawes of ecclesiasticall politie*, 1593-1662)와 1643년 웨스트민스터 의회에서 벌인 토론 중에 국가수위설로 규정된 후 현재까지 동일한 사상을 견지하였다.

는 바로 자신이 국가의 최고 통치자로서 종교까지 장악하려 하였다. 그는 1598년에 출판된 그의 책 「바실리카 도론」(*Basilica Doron*)[32]에서 이 견해를 명백히 주장하며, 교회일의 통제를 "그의 직책의 적지 않은 부분"이라고 표현하였다.

앤드류 멜빌은 제임스의 견해와 아주 상반되었다. 그는 국가의 기능을 경시하고 교회에 결정적인 우선권을 허락하였다. 이 이론은 교회가 세상을 지배하기를 원했던 중세 교황 힐데브란트의 의견과 매우 유사하였다. 이것은 구약 성경에 나타나는 바 신정정치에 의한 통치이다. 이것은 17세기 스코틀랜드 언약도들이 승리했을 때 이러한 방향으로 접근되었다. 그러나 그들조차도 힐데브란트가 했던 것처럼 성직자만의 통치가 아니라 언제나 성직자와 세속 지도자들이 함께 통치하는 것이었다. 멜빌은 이 세상의 지도체제에는 영적인 것과 세속적인 두 개의 독립된 부문이 있다는 것이다. 교회는 영적인 부문에 대하여 책임을 지고 국가는 세속적인 부문에 책임을 지는데, 각 부문은 다른 부문으로부터 권위를 받는 것이 아니라 각자가 독립적으로 하나님께로 부터 권위를 받는다. 멜빌은 제임스에게 말하기를 "스코틀랜드 안에는 두 명의 왕과 두개의 왕국이 있다. 이 나라의 수장은 제임스 6세이며 교회의 국왕은 예수 그리스도이시다. 제임스는 그리스도의 신민이며 그리스도 왕국의 왕이나 영주나 수장이 아니고 구성원이다".

이러한 멜빌의 주장에 맞서 제임스는 "주교가 없으면 국왕도 없다"(No bishop no king)[33]고 했다. 이 원리에 근거하여 제임스는 자연히 감독제로 돌아섰고 그는 영국에서 행해지고 있듯이 감독제 하에서 주교를 통해 교회를 통제코자 하였다. 제임스는 조심스럽고 주의 깊은 조치들을 통하여 스코틀랜드 안에 감독제의 수용을 격려하였다. 그는 중대한 어려움 없이 그가 원하는 이러한 체제를 수립하는데 성공했다. 주교들이 참된 교회의 존재에 필수적이라고 주장되지 않는 한, 많은 사람들은 주교들이 유용하며, 그러한 이유로 허용되어야 한다는데 동의할 준비가 되어 있었다. 제임스는 교회의 성격에 관해서는 관심이 없고 오히려 교회의 권위가

---

32) Thomas M'crie, *The Story of the Scottish Church from the Reformation to the Disruption* (London: Blackie & Son, 1875), 88. 제임스에 따르면 국왕은 국민을 즐겁게 하는 자유로운 절대 권력자이다. 헨리 왕자에게 행한 연설에서 제임스는 국왕의 직무는 부분적으로 시민적이지만 부분적으로는 교회적이다. 하지만 궁극적인 기능은 교회를 통제하는 것이다.

33) Thomas M'crie, 76, 88.. 만약 누구든지 자신의 정책에 맞서 항거하면 모든 힘을 다해 싸울 것이라고 천명하였다.

그의 수중에서 통제받는 것이었다. 그는 주교들은 목사를 통치해야 하고 국왕은 양자를 다스려야 한다고 말했다. 이에 대하여 장로교 주의자들은 로마가 다시 지배권을 확보할 것으로 인식하고 두려워하였다. 그러므로 강력한 장로주의자들은 국왕의 반대에도 불구하고 1605년 애버딘 총회를 개최하였다. 그 결과 앤드류 멜빌과 그의 조카 제임스 멜빌, 알포드의 존 폽스(John Forbs of Alford)와 이 당파의 다른 지도자들이 추방되었다.

그 후 이 당파는 국왕의 의도에 전혀 간섭할 수 없게 되었으며 제임스 6세는 1610년까지 스코틀랜드 안에서 충분히 조직된 감독제 교회를 가질 수 있었다. 그러나 제임스 6세는 이러한 성공에 만족하지 않았다. 1603년 3월 24일 영국 엘리자베스 여왕의 사망과 함께 그가 영국의 왕위를 계승하자 아주 민감하게 두 왕국을 이름뿐 아니라 실질적으로 하나로 통합하고자 했다. 따라서 제임스는 양국에 동일한 종교적 관습을 실행하기 위해 마침내 감독제 지지를 결정하였다. 그리고 스코틀랜드 교회의 예배를 그가 영국 안에서 발견한 노선으로 변경, 정착시키기를 원했다. 당시 영국에서 시행된 예배는 개혁 이전의 그것과 그렇게 다를 바가 없는 가톨릭적인 것이었다.

7. 제임스 6세하의 갈등과 대립

이 후 제임스 6세는 영국처럼 스코틀랜드에도 감독제 중심의 왕권신수설을 정착시키고자 하였다. 멜빌은 제임스 6세와의 논쟁에서 두 왕과 두 왕국 설 주장으로 학장에서 추방되었다.[34] 그리고 감독제 강요에 맞서 투쟁 중에 혹독한 고생을 하였다. 1606년 종교통합정책을 펼칠 때 그는 감독제 거부 운동을 전개하였다. 그 결과 1607년-1611년까지 런던탑에 수감되었다. 그 후 네덜란드 레이든 대학에서 11년 강의 중에 1622년 프랑스 스당에서 사망하였다. 이 시기에 제임스 6세는 영어성경 KJV을 출간하였다.

8. 결론: 정리 및 평가

종교 개혁에 있어서 스코틀랜드와 낙스, 멜빌의 관계는 취리히의 스빙글리와

34) Thomas M'crie, 88-90.

불링거, 그리고 제네바 종교 개혁기에 칼빈과 베자에 상응할 것이다. 그만큼 스코틀랜드의 장로교주의 정착에 있어 낙스와 멜빌의 위치는 심대하다. 사실 스코틀랜드의 종교 개혁은 낙스와 멜빌의 합작품이었다고 해도 지나친 말이 아닐 것이다. 어려운 시대에 태어나 국가와 교회를 위하여 낙스와 멜빌은 헌신적인 생애를 살았다.

개혁자로서 이들의 공통점은 (1) 다 같이 정치적, 종교적 혼란기에 방랑 생활을 경험한 자들이었다. 자의가 아니라 타의에 의해 오랜 세월을 유럽에서 보냈다. 그리고 유럽의 여러 개혁자들과 만나 개혁을 논의하고 철저히 장로교주의를 배워나갔다. (2) 낙스와 멜빌은 모두 칼빈의 제자인 베자와 인연이 깊고 그를 통해 많은 영향을 받았다. 낙스는 제네바에 체류하며 칼빈과 교제하였으나 멜빌은 베자와 깊은 교제를 나누었다. 물론 낙스도 베자로부터 상담을 받았으나 멜빌 역시 많은 도움을 얻었다. 그렇게 함으로 칼빈 신학을 정립하였다. (3) 결국 이 두 사람은 해외 망명과 유학을 통하여 당대 최고의 지성인으로 한 시대를 주도한 지도자였다. 따라서 이들은 많은 글들을 써서 당대에 신앙인들을 깨우쳤고 그들이 세운 신학적 이론은 개혁주의 신학에 있어서 국가에 대한 시민 불복종(혹은 정의의 반역)같은 독특한 입지를 확보하였다. 이런 독특한 사상은 스코틀랜드 장로교회 발전에서 중요한 역할을 하였다. (4) 무엇보다도 이들은 다 같이 장로교주의에 확신과 신념을 갖고 살았다. 이 신학의 정착을 위해서 당시의 실세였던 메리와 제임스 앞에서 단판을 냈고 추호도 자신들의 입장을 양보하지 않았다. 그리고 두 사람은 국가의 위기에 자신들이 섬겨야 될 일터는 조국임을 생각하고 힘써서 국가와 교회를 위해 봉사하였다.

이 같은 공통점에도 불구하고 낙스와 멜빌은 개혁자로서 몇 가지 차이점을 보여 준다. 영국의 심리학자 프로이드(Froude)는 영국의 개혁가들 중에서 낙스 이상으로 위대한 인물은 없다고 하였다. 또한 사상가 토마스 카알라일은 낙스를 그의 조국과 세계가 빚을 지고 있는 스코틀랜드인이라고 토로했다. 그만큼 낙스는 그의 조국 스코틀랜드의 종교 개혁을 위해 고뇌하던 신학자요 목회자요, 호소력 있는 설교자요 저술가였으며 그리고 상담자였다. 낙스는 사리사욕에 매이지 않은 자유인이요 오직 그의 조국 스코틀랜드의 개혁만을 위해 살다간 기독교 이상주의자였다. 역사의 격동기에 낙스의 등장은 새로운 역사 창조의 분수령이 되었고 그의 공헌은 스코틀랜드가 세계 최초의 장로교 국가종교가 되게 하는 데 공헌하였다.

한편 낙스와 달리 멜빌은 좀 더 고조된 개혁적 분위기에서 낙스의 세 가지 개혁원리를 따랐으나, 그 중에 특별히 장로교 정치규범을 집중적으로 연구하였다. 그리고 그것이 장로교주의의 대 원리가 되게 했다. 그는 여기에서 제 1치리서 보다 논리적으로 신학적으로 장로교 정치 체제를 잘 규명하였다. 실제로 멜빌은 낙스가 이루지 못한 장로교 정치 체제 규범을 법적으로 입법화함으로 새로운 기독교사, 특별히 장로교 정착에 획을 그었다. 그런 면에서 두 사람은 스코틀랜드의 장로교주의 정착에 크게 공헌하였다. 하지만 낙스는 그의 염원에도 불구하고 이 정치 체제를 미완의 작업으로 남겼으나 멜빌은 그것을 성취시킨 완성자였다. 낙스가 결정주의적인 사람이었음에도 불구하고 멜빌은 더욱 장로주의의 확신 속에 장로교 체제를 정비하였다. 낙스가 높이 든 장로교주의의 점화는 멜빌에 의해 활짝 봉화되었다.

결국 이 두 사람은 스코틀랜드 장로교주의의 정착에서 동전의 양 잎처럼 서로 뗄 레야 뗄 수 없는 핵심적인 인물이다. 이들의 국가 교회에서 장로교 정착에 대한 굳은 의지는 당시 어떤 개혁자들보다도 강했고 독특하였다. 비록 서로 다른 섭정자를 모시고 살았으나 그들이 처한 상황에서 각자의 신념을 최대로 완수하였다. 낙스는 메리여왕과 더불어, 멜빌은 아들 제임스와 한판 승부를 벌였다. 두 사람은 각기 다른 두 절대 권력의 긴장과 갈등 속에 감독교회냐 장로교주의냐의 싸움에 각자의 생애를 헌신하였다. 결론적으로 낙스가 타협적이었다면 멜빌은 비타협적이었다. 예를 들면, 낙스는 총감독제를 묵인했으나 멜빌은 추호의 양보 없이 장로교주의를 관철시켰다. 결국 이들의 공헌으로 오늘 스코틀랜드는 세계에서 유일한 장로교 국가교회가 되었다. 단순히 추상적 상태에서 벗어나 실제적인 개혁을 위해 몸 바쳤다. 하나님은 이들을 그 시대만이 아니라 장차 도래할 시대의 파수병으로 귀히게 사용하셨다. 실로 오늘 우리 한국 장로교회는 이들에게 많은 빚을 지고 있다.

급변하는 21세기를 살아가면서 우리는 자주 교회(장로교회) 개혁과 갱신을 말하곤 한다. 어떻게 하면 우리 교회가 새롭게 될 수 있을까? 참다운 교회 개혁과 갱신은 단순히 구두로 이룩되는 것이 아니다. 끊임없는 집념과 노력, 자기와의 싸움을 통해 성취되는 것이다. 우리에게 주님의 은총이 절대적으로 요청된다 할 것이다.

제4장

언약사상의 역사 신학적 전통

1. 서론

오늘 세계 교회는 급속한 다원화 현상으로 그 특징을 잃어가고 있다. 더욱 역사적 칼빈주의적 개혁교회는 맹렬한 세속주의와 자유주의의 도전으로 그 모습이 매우 위축되는 느낌이다. 이 같은 상황을 극복하기 위해 오늘 교회가 해결해야 할 과제는 무엇인가? 그 과제 중에 하나는 교회가 주님의 참된 지체로서 거룩성을 지속하고 바른 전통을 확립하기 위해 성경에 기초한 신학적 체계를 재정비하는 일이다. 동시에 그 신학적 전통을 생활 속에 실천하는 일이다. 교회는 세상에 맞서 하늘나라 건설을 위해 적극적인 자세로, 주님의 지상 명령을 실현해야 할 것이다. 그리하여 교회가 교회로서 단일성과 거룩성, 보편성과 사도성을 들어내어, 하나님의 창조 목적을 회복해야 할 것이다. 그렇지 않으면 기독교는 더 이상 존재 의미가 없다.

기독교 신학에는 삼위일체 하나님, 그리스도의 양성, 인간의 본성과 타락, 예정, 예배, 진노, 심판, 재림과 내세, 사랑과 구속과 같은 신학적 주제들이 많이 있다. 그런데 그중에 가장 중요한 주제 중에 하나가 언약 사상이다. 이 사상은 전 성경의 주제인 하나님의 예정, 그리스도의 구속과 그로 말미암는 구원을 하나로 연결하는 신학의 중심 용어이며 동시에 전 교회사에 나타난 신학의 대 주제 중에 하나이다. 그런데 오늘 한국 교회는 신앙적 및 신학적 전통의 강조와 달리 개념을 바로 이해하지 못하고 있다. 더욱 안타까운 것은 이 개념에 대한 무관심 현상으로 우리 교회는 더욱 그 독특성을 상실하였다. 사실 이런 현상은 우리만의 경우는 아니지만 이 시점에서 신학적 전통을 바로 세워 우리의 정체성을 바로 확립하는 것이 긴박하게 요청된다. 결국 우리 개혁주의가 신학적 전통을 매우 중시하는데 그렇다면 그 신학적 전통에서 중요한 신학 사상을 점검하는 것이 매우 중요하다. 이러한 맥락에서 필자는 언약 개념을 통한 개혁주의의 이해를 본 논문에서 서술하고자 한다.

2. 언약개념의 중요성

언약은 성경적 개념으로서 크리스챤들에게 그들의 구원이 절대적으로 하나님께 의존한다는 것을 분명하게 보여주는 말이다. 구약과 신약에 깊이 뿌리내리고 있는 이 언약이라는 말은 인간들 가운데서 이루어지는 하나님의 구원 활동을 나타내 주는 탁월한 표현이다.[1] 그런데 이 언약 개념은 크리스챤 개개인의 삶뿐만 아니라 신자들의 공동체 전체의 삶을 위한 기초이기도 하다. 다른 말로하면 언약 개념은 사회적, 문화적, 법적, 종교적, 정치적 면들을 가지며, 특별히 신학적으로 전체적인 틀을 형성하는 핵심용어 중에 하나이다. 그러나 이 개념은 초대 교회이래 교부시대와 중세시대에 이르는 수백 년 동안 그렇게 완전하게 전개되거나 조직화 되지는 않았다.

이러한 언약 개념의 골격은 대륙에서 일어난 16세기 종교 개혁과 그 후 약 2

---

1) Jakob Jocz, *The Covenant: A Theology of Human Destiny* (Grand Rapids, Michigan: William B. Eerdmans P.C., 1968), 9, 40-41; Thomas Edward McComiskey, *The Covenants of Promises: A Theology of the Old Testament Covenant* (Grand Rapids: Baker Book House, 1989), 179; Jaroslaw Pelikan, "The History of the Covenant," *The Christian Tradition: History of the Development of Doctrine*, vol. 4., Reformation of Church & Dogma(1300-1700) (The University of Chicago Press, 1984), 368; *Dictionary of Biblical Theology*, ed. Geoffrey Chapman (London, 1973), 93-98; Denis Sutherland, "The Interface between Theology and Historycal Geography", *Scottish Bulletin of Evangelical Theology*, no. 1. (1993), vol. 11. 17-30.

세기를 지내면서 스위스나 화란, 영국과 스코틀랜드 등 여러 곳에서 개혁주의 신학의 중심으로서 조직적으로 확고하게 발전하였다. 특별히 16세기의 종교개혁자들에 의하여 완전히 체계가 잡혔는데 이들은 이 개념을 통해 신학의 전반적인 틀을 확립하였다. 일반적으로 개혁자들은 이 개념을 통해 자신들의 신학을 정립하였고 그들의 신학에서 하나님의 주권이 중심점이 되게 하였다. 그리고 여기서 좀 더 발전하여 이 개념이 어떻게 인간의 구원과 관계하며 실제 삶속에서 구현되어 질 수 있는가를 개인과 개인, 국가와 국가, 혹은 민족과 민족에 연결하여 다각적으로 보여주었다. 결국 이 사상은 종교 개혁 이후에 개신교 발전과 신앙생활에 지대한 영향을 끼치게 되었다. 따라서 이 언약 개념의 중요성은 구약시대로 부터 신약시대, 그리고 지나간 2,000년의 교회역사에서 하나의 맥을 긋는 신학과 신앙의 중심원리가 되었다.

2. 언약사상의 역사신학적 전통

이와 같은 성경적 기초와 역사적 발전 속에서 언약사상의 전통은 다양하게 표현되고 적용되었다. 그것들을 특별히 각 시대마다 역사적 전통, 신학적 전통, 교회적 전통, 국가적 전통, 목회적 전통을 통해 이것이 갖는 의미가 매우 포괄적임을 말해준다. 즉 시공간적이며 개체와 주체를 포함하여 전 우주적임을 보게 된다. 이 같은 개개의 언약적 전통을 통해 이 개념이 기독교인의 구원과 삶에 어떤 관련을 맺고 있는가를 살펴 볼 것이다.

2.1. 성경적 전통

(1) 성경적 의미와 중요성. 성경은 다양하고 수많은 기독교 신학의 주제들을 포함하고 있는 책이다. 그중에 하나님, 삼위일체, 그리스도의 본성, 인간의 본성과 타락 예정, 예배, 진노, 심판, 의와 축복, 재림과 내세, 사랑과 구속등과 같은 것들이 포함된다. 이와 같이 많은 다양한 주제들의 중요성은 이것들이 모두 성경에 기초했다는데 기인한다. 그런데 언약 개념은 위의 모든 주제들을 다시 하나로 묶어 하나님의 예정과 인간의 타락, 죄인을 구속하시는 그리스도와 관련하여 집약적으

로 설명해 주고 있는 대표적인 주제이다. 이 언약 개념은 하나님이 타락한 죄인을 구속하기 위하여 약속된 메시야가 오셔서 그것을 어떻게 적용하고 성취하시는가를 구체적으로 보여 주는데서 분명하게 나타난다.

성경은 하나님의 영원하신 구원 계획 속에서 이 사상을 설명하고 인간의 타락 전에 자연 언약, 생명의 언약, 혹은 에덴의 언약이나 행위언약을 통해 하나님의 언약을 보여준다. 이와 같이 언약 사상은 성경의 묘사들을 연대기적으로 살펴보아도 그 역사가 퍽 오래인 것을 알 수 있다. 그래서 우리는 그 역사를 구약에서 고대 이스라엘까지 거슬러 올라갈 수 있다. 최근에 들어와서 언약이라는 말과 언약 사상이 고대 힛타이트 및 다른 근동 국가들의 외교적 계약들과 관련하여 연구되고 있지만 일반적인 시선은 여전히 구약에 맞추어져 있다.[2)]

신구약 성경에 묘사되고 있는 언약이라는 용어는 약 300회 이상 발견되는데 구약 성경에서는 히브리말의 버리쓰(Berith)가 사용되었다. 이 말의 뜻은 견고한 결속이나 상호간의 자발적인 협약 혹은 쌍방 간의 동등한 조약 혹은 계약으로 다양하게 사용되었다. 이 말은 신인 언약을 가리키는 말로써 뿐만 아니라 사람들 사이의 언약들을 가리키는 말로도 사용된다. 구약에서는 이런 사례들이 자주 등장하는데 그 모습들은 개인과 개인, 그룹과 그룹, 그리고 공동체와 공동체 및 국가와 국가 사이에 맺어졌다. 그런데 이러한 성경적 언급들을 연구해 보면, 하나님과 인간 사이의 언약 개념이 유대 신학에서뿐만 아니라 크리스챤에게도 중요한 위치를 차지한다는 사실이 분명히 드러난다. 그러나 맺어진 언약은 일시적이고 특별한 시기 동안에만 유용할 수도 있고 영구적일 수도 있다. 이러한 면은 특별히 하나님께서 그의 백성 이스라엘과 언약을 맺으신 종교적 협약관계를 통해 발견하게 된다. 구약과 신약을 잇는 중간기의 묵시문학에서는 언약 개념이 대개 의의 왕이나 메시야에 대한 기대와 소망같은 것을 통하여 은유적으로 표현되었다.

구약의 히브리어 버리쓰는 헬라어로는 순테케(suntheke)와 디아테케(diatheke)라는 단어로 번역되었다. 전자는 당사자들이 서로 동등한 관계에서 거래하는 계약, 회합, 또는 협정을 가리키는 일반적인 용어이다. 이들은 어떤 미래적 행위나 결과

---

2) C. van der Waal, *The Covenantal Gospel*, Alberta, Neerlandia: Inheritance Publications, 1990, p. 1; Dale Patrick, "Law and Covenant", *Old Testament Law* (SCM Press Ltd., 1985), 223-246.

를 산출하기 위해 상호 조건들 속에 스스로를 묶는다. 때문에 서로에 대한 의무는 조건적이다. 결국 순테케의 사용 용례는 대개 상업적 의미로서의 계약적 의미가 강한 것을 본다.

반면 70인경은 시종일관 히브리어 베리트를 디아테케로 번역하고 있다. 일상적인 용례 속에서 이 말은 법률이나 법령이라는 일반적인 의미를 가진다. 그러나 구체적인 의미를 살펴보면 이 말은 일반적으로 사후 재산 처분에 대한 유언을 가리키는 말이다. 그런데 이 말은 언약에서는 하나님의 주도권을 강조하며, 하나님의 주권과 하나님의 섭리의 은혜로우며 권위 있는 성격을 강조한다.[3] 즉 종교적 의미로서 신적 계약의 의미가 강하게 나타난다. 또한 이것은 하나님께서 죄인인 인간을 부르시는 구원 사역과 관련하여 언약을 사용한다. 다시 말하면 하나님이 타락한 인간과 체결하시는 구속사건의 묘사에서 일방적인 의미를 부여하면서 디아테케라는 단어가 사용되었다. 이러한 배경에서 신약 성경에서 언약은 개인이나 집단에게 주시는 하나님의 무조건적인 선물이다. 이 언약은 분명하게 하나님의 약속에서 비롯되며 성경 역사의 중심이다. 새 언약과 관계하여 사용되는 디아데케는 대체적으로 고대 헬라어역의 언약과 같은 말이며, 약속들뿐만 아니라 요구 조건들까지도 포함한다. 비록 고대 근동에서 이 언약 개념이 당시 세속 사회에서 일상적인 생활 습관에 깊이 뿌리를 두고 있다 할지라도 성경은 이 개념을 종교적 의미로 하나님의 인간에 대한 구속 사역에 독특하게 사용되었다.

그러나 베리트라는 말의 어원은 명확하지는 않다. 하지만 이 말이 두 가지 상호간의 관계 개념들, 즉 당신의 백성들에 대한 하나님의 특별한 관계의 개념들을 가리키며, 이러한 관계 개념들은 그 의도들에 있어서 거의 반대된다는 것에 주목하는 것이 중요하다. 언약 신학이 하나님과 인간 사이의 관계를 단순한 상거래 계약의 수준으로 격하시켰다는 주장이 때때로 제기되는데 이는 조금도 놀라울 것이

3) Robert D.Brinsmead, "Covenant", *Present Truth* (California, Nov.1976), vol. 5. no.7., 13-57; vol. 5. no. 8., 6-20; Leon Morris, *The Apostolic Preaching of the Cross*, 97; Thomas Edward McComisky, *op. cit.*, 62-63; G. H. Kersten, *Reformed Dogmatics: A Systematic Treatment of Reformed Doctrine* (Netherland Reformed Book & Publishing Committee, 1980), vol. I., 192-196; Cf. J.Guhrt, "Covenant", *The New International Dictionary of N.T.Theology*, ed. Colin Brown (The Paternoster Press, 1975), vol. I., 367-368; Sinclair B. Ferguson, *John Owen on the Christian Life* (Edinburgh: The Banner of Truth Trust, 1987), 20-36.

못된다. 그러나 하나님의 언약은, 두 계약 당사자들이 동등한 인간의 협정과는 성격이 달랐다. 즉 하나님의 언약에서 하나님은 언제나 주권자이셨으며 그분이 자유롭게 맺으시는 언약은 곧 그분의 은혜의 행위였다. 이것은 인간과 맺으시는 하나님의 언약은 그분의 입장에서 보면 거저 주시는 약속이지만, 일반적으로 인간에 의한 일정한 조건 충족에 달려있음을 의미한다. 달리 말하자면 언약에는 상호간의 책임이 뒤따른다. 예를 들면 하나님께서는 인간이 순종하면 인간의 생명을 지속시키시고 은혜를 베풀어 주시겠다고 약속하시면서, 이와 더불어 불순종시 주실 징벌에 대한 말씀도 아울러 주셨다(창 2:16-17).[4] 다른 한편으로 역사적으로 볼 때 언약 개념은 하나님께서 성경에서 언약의 형식을 사용하기 이전에도 사용되었다. 언약개념을 좀 더 잘 이해하기 위해서는 언약의 구약적 배경에 대한 이해가 선행되어야 한다. 이와 같은 언약 개념은 구약에 깊이 뿌리를 두고 있다.

(2) 사회-정치적 의미: 성경, 특히 구약에서 찾아지는 하나님의 언약은 중요한 사회-정치적 측면들을 갖는다. 그래서 언약은 개인들, 집단들 그리고 국가들 사이에서 효과적인 상호 협정이나 계약으로서 행동을 규제하는 주요한 수단이었으며, 특별히 국가적 관계의 영역에서 그러했다.[5] 하나님과 인간사이(신 12:24-31, 24:14-15, 25:13-16) 그리고 인간과 인간 사이의 상호 관계에 대한 이러한 강조(호 4:1-2, 6:3, 8:12, 10:4)는 의무법으로 묘사될 수 있다. 여기에서 하나님은 어떤 구체적인 의무도 갖지 않으셨다. 그러나 인간 쪽 파트너들은 특정한 조항들을 기키겠다고 맹세했다. 그리고 불순종할 때에 공동체 구성원들로부터 국외 추방되는 것이었다. 단지 하나의 사상에 불과했던 것이 아니라 때때로 사회적. 정치적 실체였던 이러한 종교적 언약 개념은[6] 유일하신 하나님께 충성을 다하며 사회 속에서

---

4) William J. Dumbrell, *Covenant and Creation: A Theology of Old Testament Covenants* (New York: Thomas Nelson Publishers, 1984), p.16. 33; *New Westminster Dictionary of the Bible*, 188-189; A.B.Van Zandt, "The Doctrine of the Covenants considered as the Central Principle of Theology", *The Presbyterian Review* (New York, 1882), vol. III., 28-39.

5) Leon Morris, *The Atonement: Its Meaning and Significance* (I.V.P, 1983), 14-42; T.M.Lindsay, "The Covenant Theology", *The British & Foreign Evangelical Review*, London, 1879, vol. 28., 524-525.

6) Jacob Jocz, *op. cit.,* p.32; William J.Dumbrell, *op. cit.*, p. 17; *The Interpreter's Dictionary of the Bible* (Abingdon Press, 1862), vol. I., 714.

상호간의 중요한 책임들을 다할 것을 요구했다. 그 책임들이란 생명과 재산 그리고 정의 등을 존중하는 것이었다. 그러므로 언약은 국가 조직을 위한 강력한 힘 즉 신학적 추상물이 아니라 실제로 작용하는 원리였다.

특히 언약의 사회-정치적인 개념은 서로 다른 지파들이나 집안들 간의 결혼 계약들에서 아주 잘 드러났다. 그래서 이러한 집단들을 상호 결혼에서 필수적인 패턴들을 지켰다.[7] 이것이 가정 및 정치적 영역들 모두에서 견고한 유대 관계 즉 양쪽 사회들을 위한 사회적 정치적 질서에 대한 기본적인 동의를 만들어 냈다. 이스라엘에 있어 책임 언약은 그들의 사고의 중심이며 지배적인 위치를 차지했다. 이에 의해 하나님의 은혜와 도덕적 책임이 주어진다. 그리고 하나님께 대한 충성과 이웃에 대한 관심이 한곳에 묶어진다. 언약사상은 여호와와 그의 백성들 사이에 관계가 빈번하게 언약이라는 말로 묘사된 구약에서부터기독교에 의해 계승되어 개별적 이스라엘이나 이스라엘이라는 나라 전체 속으로 침투되었다.

따라서 이러한 언약에 함축된 중요한 의미들을 다음과 같이 규정할 수 있다. (1) 언약은 인간의 기원에서부터 현재에 이르기까지 인간 구원사 속에는 계속성이 있음을 입증해 주었다. (2) 이러한 언약은 율법을 보충했으며, 때로는 율법을 대신했다. 인간은 타락 이후 율법아래 놓였다. 그러나 은혜 언약을 통하여 탈출구가 주어졌다. 언약의 첫번재 측면 즉 동의의 측면이, 언약의 두 번째 측면 즉 언약의 역사적 계속성의 측면과 더불어 종교개혁의 언약신학 속에 풍성이 발전되어 나타난다.[8]

2.2. 역사적 전통

이런 성경적 기초위에서 교회역사는 언약사상을 발전시켰으나 속사도 시대 이후 종교개혁 시대까지 거의 발전되지 않았다. 사실 이 시기에 하나님, 인간본성,

---

7) Jacob Jocz, *Ibid.*, 35; James T. Johnson, "The Covenant Idea and the Puritan View of Marriage", *Journal of the History of Ideas* (1971), vol. 32, 107-116.

8) Peter E. Golding, "The Development of the Covenant": *An Introductory Study in Biblical Theology*, *Reformed Theological Journal* (Belfast, Northern Ireland, 1993), vol. 9, 46-61.

인간과 하나님의 연합, 교회에서의 그리스도 및 교황의 권위에 대한 교리들을 어떻게 이해하느냐에 관하여 논의되기도 했다. 어떤 경우에는 이단들에 대항하며 신학의 바른 정립을 위하여 싸우기도 하고 자신들의 교리들을 방어했다. 이들은 모든 가능한 논쟁들을 동원하여 호의적인 관점에서 기독교를 변호하고 그 시대의 최선의 사고 및 실행과 비교하려 했다. 특별히 스콜라철학의 등장으로 교회의 가르침들은 도그마되었고 점점 더 신앙보다는 학문과 지성을 강조하게 되었다. 그리하여 철학적, 신학적 사상들을 결합하는 새로운 그리스도인의 교제로서 사상들을 형성하는데 상당한 영향을 미쳤다. 그리고 자신들의 기독교를 설명하는 가운데 신학자들은 복음에 담긴 지적 함축들에 깊은 관심을 표했다.

그러나 이 시기에 주된 관심은 보편적 가톨릭교회 내에서의 의식을 중심한 교회의 전통이나 미신적인것들이 흔히 강조되고 실천되었다. 때문에 교회는 초기의 얼마간의 시대를 제외하고는 그 정체성을 상실하고 어둠의 깊은 수렁에 빠지게 되었다. 부분적으로는 중세기 동안에 어거스틴의 사상을 계승하려 했으나 역부족이었다. 따라서 이 언약 사상은 주로 종교 개혁자 츠빙글리와 그의 제자 불링거, 무엇보다도 칼빈에 의해서 크게 발전되었고 화란의 개혁자들에 의하여 체계가 잡히었다. 종교개혁 이후에 언약사상은 칼빈 신학의 기초위에서 발전되어 조건적 의미가 부각되기 시작하여 정치화되는 색채를 띠게 된다. 특별히 불링거 같은 신학자는 이점을 강조하였다. 그런데 이런 경향은 16, 7세기의 스코틀랜드 장로교 개혁자들과 언약도(Covenanters)들에게 현저히 특징지어 졌으며, 이들은 그들이 처한 정치적 사회적 및 역사적 상황에 적용하였다.[9)]

이와 같은 언약사상의 역사적 전통의 이해를 위해 우리는 이 사상이 어떻게 교회사에서 다양하게 주장되고 적용되었는가를 살펴볼 수가 있다. 그러나 본고에서 필자는 주로 종교개혁 이전 시대에 크게 활동했던 3명의 학자들을 -이레네우스, 어거스틴, 옥캄- 중심으로 어떻게 이 사상이 이들의 작품 속에서 발전되었는가를

---

9) John McNab, *Our Priceless Heritage, the Essence of Our Faith* (The Presbyterian Church in Canada, 1950), 5-9, 33; A. Dakin, *Calvinism* (London: Duckworth, 1941), 160-165; Thomas M. Lindsay, *History of the Reformation*, vol. II., 289. Cf. Yohahn Su, *The Contribution of Scottish Covenant Thought to the Discussions of the Westminster Assembly(1643-1648) and its Continuing Significance to the Marrow Controversy(1717-1723)* (University of Glamorgan, Ph.D theses, 1993), 354.

살피고자 한다.

2.2.1. 이레네우스(130-200)

이레니우스에게 있어서 언약 개념은 그의 작품을 통해 매우 포괄적으로 언급되고 있으나 크게 3가지로 구분해 볼 수 있다. (a) 그리스도의 선재성 논쟁. 이것은 당시 영지주의자들의 2원론에 맞서 성경을 통해 그리스도의 선재성의 중요성을 논하며, (b) 그리스도의 세례와 관련하여, (c) 그리스도의 구속사건과 관련하여 설명해 주고 있다. 이 3가지 중심적인 관점은 그가 처했던 시대적 상황에서 영지주의에 대한 이단논쟁과 무관하지 않음을 보게 된다.

(a) 언약과 그리스도의 선재성: 이레네우스는 교부시대에 주목할 만한 기독교 변증가 중에 한 사람으로 당시 이단으로 정죄받은 영지주의자들의 2원론을 강력히 비판하고 그리스도의 선재성에 대하여 성경적으로 변증하고 그것을 통해 언약사상을 발전시켰다. 그는 성경에 근거하여 기독교의 가르침들을 당대의 이론들과 혼용시켜 기독교의 진리를 해체하려는 영지주의자들에 대항하였다. 특히 그는 이단들의 가르침에 반대하여 성경의 실체를 바로 보여주려고 힘쓰고 또한 그리스도의 성육신의 실재뿐 아니라 다른 것들 가운데서 하나님의 목적과 사역의 통일성을 숙고하였다.

일반적으로 알려진 바와 같이 이 시기에 에비온파들과 같은 초기 영지주의자들은 우주의 구성을 영과 물질 세계로 구분하고 모든 것을 선악과 동일시하여 해석하였다. 이들은 인간의 영이나 영혼의 참 된 구원을 위해서 육체 안에서 벗어나는 것이다. 그러나 인간은 스스로를 구원할 수가 없다. 따라서 참 하나님은 인간을 구원하기 위해서 그리스도를 아래로 파송하지만 그리스도는 인간이기 때문에 진정으로 성육신 할 수가 없다. 그리하여 그리스도는 일시적으로 인간 예수와 연합하든지 혹은 단순히 외양만을 취할 뿐 실제적인 물리적 몸을 취하지 않는다. 또한 이들은 구원은 육체 안에 갇힌데서 해방되는 것을 의미하며 육체적인 욕구들을 극도로 억제하는 금욕적 삶을 수반하게 된다고 가르쳤다. 따라서 이들은 자신들의 가르침을 신앙보다 고차적인 것이라고 이해한다. 그들은 이를 사도들에 연원하는 은밀한 전승과 연관시킴으로서 이를 고양시킨다.[10)]

이와같은 영지주의자들의 오류에 대하여 이레네우스는 먼저 성경에 기초하여 그들을 비판한다. 그에 따르면 인간은 참된 하나님에 의하여[11] 선하게 창조되었으나 스스로 하나님께 불순종함으로 범죄 타락하게 되었다.[12] 피조물로서의 인간은 본래 자유롭고 도덕적인 존재이다. 그의 영혼은 본질적으로 불멸의 존재이다. 그러나 모든 인간은 아담의 죄로 말미암아 그와 함께 연합되었다. 그의 범죄로 인하여 모든 인류는 죄가 있고 사망을 소망하게 되었다.[13] 때문에 그는 인간의 참된 구원이란 하나님에 의하여 성육신하신 예수와의 연합을 통하여 이루어지며 그가 실제로 인간으로 오셨다고 믿었다. 그에 따르면 이러한 사실은 성경에 분명하게 명시되어 있어 조금도 의심할 수 없다. 사실 성경에 나타난 것들이 분명하지만 어떤 것들은 너무 신비하여 다 알 수는 없다. 이처럼 신비한 것들을 이해하기 위해서 우리가 영적으로 경험을 하려 하거나 현상적인 일들에 억매이고 그것 때문에 염려할 필요는 없다.[14] 그러나 우리가 신앙생활을 하다보면 하나님의 신비한 비밀들에 대한 열망이 추구되기 때문에 성경의 문서화가 당연히 요구된다. 때문에 예수님의 사도들은 예수님의 가르침을 받고 그것들을 기록하여 문서화 함으로써 신앙의 기초가 되게 한 것이다. 때문에 사도들에 의하여 기록된 말씀은 곧 그리스도가 하나님의 신적 존재이며 그는 구약 성경에 나타난 어떤 선지자들과 동일하지 않은 독특한 위치에 계신 구세주이다. 그러나 영지주의자들은 구전적 전통을 중시하고 성경에 기록된 말씀을 경시하였다. 이레네우스는 이에 성경과 전통을 서로 대립시키지 않고 오히려 양자를 동일한 사도적 기탁물의 두 가지 형태로 이해하고 이 두가지가 가치가 있다고 믿었다.[15] 그러면서 그는 사도들이 어떤 문헌들을 남겨두지 않았다 할지라도 사도들이 교회들에 위임한 자들에게 전해준 규범을 따

10) Irenaeus, *Aeversus Haereses*, I 10, 1.

11) Irenaeus, *Against Heresies*, 2.1.1.

12) Harold O. J. Brown, *Heresies: The Image of Christ in the Merror of Heresy and Orthodoxy ffrom the Apostles to the Present* (Michigan: Baker Book House, 1988), 79.

13) Irenaeus, *Against Heresies*, 2.23.3; 5.13.3.

14) J. F. Bethune-Baker, *An Introduction to the Early History of Christian Doctrine to the Time of the Council of Chalcedon* (London: Methuen & Co. Ltd., 1920), 52.

15) Geoffrey W. Bromiley, *Historical Theology* (Edinburgh: T & T Clark Ltd., 1978), 19-20. 이레네우스의 전통에 관한 입장은 그동안 호된 비판의 대상이 되어왔다. 그 이유는 그가 지나치게 전통을 수호하는 국교회적 태도를 취한 때문이었다. 이러한 그의 주장은 때로 성경보다도 전통을 중시하는 듯한 우려를 갖게 한다.

라야 한다고 말함으로서 전통에 상당한 비중을 두는 경향을 표출하였다. 그러나 분명한 것은 영지주의자들과 달리 그는 사도들이 기록한 신구약 성경에 광대한 의존하였다. 이 기초위에서 이레네우스는 그리스도를 아담과 모세 가운데서 이미 나타난 바 있었다고 하는 영지주의자들의 새로운 형태의 계시를 비판하고 그리스도의 선재성을 주장하였다.

이레네우스에 따르면 그리스도는 새로운 형태의 그리스도가 아니라 창조주이시며 또한 하나님의 제 2격이시고 죽음에서 부활하신 전능하신 하나님이라고 주장하였다. 그는 이 사실을 위해 요한복음 1:14을 통해 그리스도의 성육신을 단순히 말씀이 육신이 되어라고 말한다. 세례 요한의 증언을 엘리야의 증언과 연관시킴으로서 사도 요한은 말씀이 이 세계의 조성자인 하나님의 말씀이라는 것을 입증한다. 오직 성사만이 하나님 자신을 볼 수 있다. 하지만 성자는 하나님이 성자가 계시한 자에게 인식되노록 하나님을 선포한다. 때문에 그는 그리스도를 새로운 모세나 다른 선지자로 이해되어서는 안된다. 만약 그렇지 않을 때 그리스도를 순수한 하나의 인간으로 밖에 인식될 수 없다는 것이다. 그리스도의 온건한 가르침의 일괄성은 곧 그가 우리에게 생명과 치유를 가져다 주는 동력이 된다.

이레네우스는 영지주의자들이 그리스도의 인성을 강조하여 그의 신적 선재를 부인하는 것과 성육신과 동정녀 탄생을 부인하는 것을 부정하였다.[16] 이레네우스의 전형적인 태도는 그리스도가 하나님으로부터 나신 방식에 대하여 일체의 설명을 거절하는 것이고, 이런 태도는 그리스도안에서 하나님과 인간이 가지는 관계에 관해서도 마찬가지였다. 그는 어떤것의 도움없이 성경의 내용을 설명하고자 하였고 단순한 사유적인 방법에 의지하는 대신에 철저하게 신앙규범적 방법을 지키려고 했다. 바로 이러한 사상은 그의 신약과 구약의 두 언약적 관계의 설명을 통해서 예수 그리스도의 성육신은 곧 신약에서 옛 언약의 영적성취를 의미한다고 한데서 절정에 이르렀다.[17] 따라서 그는 초대교회의 다른 교부들 처럼 그리스도 중심의 철저한 신앙을 견지하였다.

(b) 언약과 그리스도의 세례: 이레네우스는 그리스도의 세례와 관련하여 언약

---

16) 벵트 헤그룬트, 「신학사」(성광문화사, 1994), 40-41.

17) J. F. Bethune-Baker, *op. cit.*, 53.

을 설명하는 중에 영지주의자들을 비판하고 그는 영원전부터 하나님의 아들이었으나 하나님의 의를 이루기 위하여 세례를 받으시고 부활로서 하나님의 아들로 인정되었다고 주장했다.[18] 때문에 인간의 구원은 하나님의 아들이신 그리스도의 사망과 부활과 필연적으로 관련을 맺는다. 그리고 마침내 사망을 이기시고 부활하신 그의 승리의 재림으로 말미암아 지상의 천년 왕국이 시작된다고 보았다. 결국 그리스도의 재림은 그의 통치가 구체적으로 나타나는 승리의 때이다. 그는 의인의 운명에 매우 깊은 관심을 갖었다.

이레니우스는 이와 같은 영지주의자들의 신비주의적이며 헬라적인 사상에 대항하여 기독교가 갖는 특성을 분명하게 규명해 주었다. 그는 기독교적 특성을 설명하는 과정에서 기독교는 이원론을 배제하며 구원이란 단순히 물질세계에 수속되어있는 영혼의 해방을 의미하지 않는다고 했다. 언약개념을 주로 세례, 성경의 정경론과 대속가운데서 사용하였다. 그는 세례의식을 통해서 보여주시는 하나님의 언약을 구속과 관련해서 이해하였다. 그에 따르면 세례는 죄와 옛사람을 벗어버리고 새사람으로 지음받는 표이다. 따라서 세례는 하나님의 자녀로 입양되는 공적이며 외적인 표식이다. 예수님은 하나님으로서 세례를 받으시고 성령에 충만하였다.

(c) 언약과 그리스도의 구속: 이레네우스는 언약개념을 그리스도의 구속 사건과 관련하여 창조에서 완성에 이르는 하나님의 구원의 순서를 기초로 해서 이해하였다.[19] 이것은 곧 그의 총괄갱신이라는 신학원리에서 집약되었다. 그에 따르면 인간이 하나님 앞에 타락하고 범죄 했듯이 하나님께서는 당신의 백성을 은혜로운 언약을 통하여 구속하신다. 말씀이신 우리의 교사가 하나님의 언약의 경륜에 따라서 인간이 되지 않았다면 다른 방식으로는 하나님에 대한 일들을 배울 수 없다는 것이다. 때문에 그에게 있어서 그리스도의 형상대로의 새 창조가 본질적인 부분을 형성한다.[20] 그러므로 인간은 그리스도안에서 실현된 언약 안에서 옛 언약과 새

---

18) 롬 1:4. "성결의 영으로는 죽은 가운데서 부활하여 능력으로 하나님의 아들로 인정되셨으나 곧 우리 주 예수 그리스도시니라". 이는 곧 성령의로 말미암아 그가 죽은 자 가운데서 부활하심을 보여준다. 그런데 그는 부활 전에는 아들이 아니셨다는 말이 아니라, 부활 전에도 하나님의 아들이셨지만, 부활 후에야 비로소 하나님의 아들로 확증되셨음을 말한다(행 2: 36)

19) Harold O. J. Brown, *op. cit.*, 80; Robert L. Ottley, *The Doctrine of the Incarnation* (London: Methuen & Co., 1896), Vol. I., 211.

20) J. F. Bethune-Baker, *op. cit.*, 336-337.

언약으로 정의되며 하나님은 자신의 구원을 성취하기 위하여 그리스도 안에서 이것을 완성하셨다. 이것은 곧 말씀을 통해서 이루어지는데 그리스도의 보혈에 의해 그리고 언약의 중심된 성취로서의 성찬의 빵과 포도주를 통하여 양분(養分)에 의해 주어지는 구속 사역과 분가분리의 관계에 있다. 그의 언약적 이해는 구원과 깊이 관계하고 매우 실제적이며 구속사적이다.[21] 그는 창조하시는 분도 구원하시는 분도 한분이시기 때문에 창조와 구원은 서로 결합될 수 있다고 믿었다.

이러한 구속은 영혼과 육체 모두를 포괄하는 것으로 하나님과 인간의 연합 및 교제를 그 목표로 한다. 이것은 그리스도의 성육신 사건을 통해 명백하게 보여진다. 그는 성육신은 성령에 의해 하나님을 인간에게 내려오게 하며 성육신에 의해 인간을 하나님에게 고양시키는 비하와 승귀의 이중적 운동을 갖는다고 믿었다. 그는 이것을 총괄갱신 작업을 통해서 설명한다. 이러한 그의 입장은 계속해서 바울의 아담과 새 아담의 비교를 통해 발전된다. 아담 안에서 시작과 그리스도 안에서 종결을 연결시키면서 이레내우스는 아담은 결코 아담을 자기 형상과 모양대로 만드신 하나님의 손들을 벗어나지 못했다고 강조한다. 결국 그의 총괄 갱신을 통해서 자신의 순종으로 선악과에 불순종함으로 행해졌던 것을 갱신하고 그리스도께서 새롭게 하셨다.[22] 그리고 인간을 성령과 연합하게 하고 성령을 인간 안에 두셨다. 창 3:15는 우리에게 원수가 오직 여인에게서 난 남자에 의해서만 정복되었다고 가르친다. 왜냐하면 원수가 여인을 통해 인간에 대한 권세를 획득하였기 때문이다.

이와같이 이레네우스의 언약 사상은 그 당시 영지주의 같은 이단사상에 맞서 참된 기독교의 진리를 변증하는 과정에서 정돈되어 나타났다. 그는 철저하게 그리스도 중심적으로 성경을 해석하고 거기에 기록된 그의 사건들을 의심없이 믿었다.

---

21) Irenaeus, *Against Heresies*, 4.12.2; 4.12.5; 4.13.1; 4.15.1; 4.15.5, *Ante-Nicene Fathers: Translations of the Writings of the Fathers down to A D 325*, eds., Alexander Robert and James Donaldson (Michigan, Grand Rapids: Eerdmans Publishing Company, 1979); *Ibid.*, 80. 이레네우스는 여기서 시대적인 분류로서 언약의 3중성을 말한다. 첫째는 하나님과 인간 사이에 맺어진 자연법적 언약이며 둘째는 의식적 율법인 십계명 언약이고, 그리고 셋째는 그리스도안에서 맺어진 구속 언약이다. 그에 따르면 첫번째 언약은 전 우주적이었고, 두번째 언약은 오직 유대인들만을 포함하는 특별언약 이었으며 셋째는 또다시 우주적이었다고 했는데 이것은 그리스도의 재림시까지 유효하다고 보았다.

22) Harold O. J. Brown, *op. cit.*, 82-85.

특별히 그는 문자화된 성경의 신비한 기록들을 해석하는 과정에서 지나치게 영적으로 나가지 않도록 경고하고 오히려 그것들이 하나님의 말씀을 더욱 확증한다고 보았다.[23] 여기서 그리스도의 성육신은 그의 모든 사상의 중심이 된다. 이러한 그의 입장은 결국 그의 총괄갱신논을 통하여 옛 계시가 새 언약 안에서 성취되는 과정을 통해 새롭게 조명하고 그리스도 중심의 구속사적으로 이해하였다.

2.2.2. 성 어거스틴(354-430)

초대 교부시대가 낳은 최대의 신학자요 목회자였던 어거스틴은 "중세의 설립자들 중 한 사람" 으로서[24] 비단 교회사에서 뿐만 아니라 일반 문화사에서도 중요한 위치를 차지한다. 그가 저술한 작품들은 신학 이외에도 철학, 문학, 교회정치, 법률 분야에 이르기 까지 두루 영향을 미쳤다. 그는 고대 사상과 문화를 축약하여 그 유산을 기독교 신학과 조화시키는 일을 위해 노력하였다. 그 결과 고대 철학의 유산과 기독교의 종합을 성취하였다. 그러나 그는 여기에 머물지 않고 자신의 창조적인 신학 사상을 발전시켜 후대에 사상적 기반이 되게 하는데 결정적 영향을 미쳤다. 그런데 어거스틴에게 있어서 최대의 공헌은 그가 초대 교부들 중 언약이라는 말을 교리적으로 처음 사용한 매우 탁월한 신학자였다는데 있다. 그는 무엇보다도 자신이 처한 정치적인 상황속에 그 의미를 새롭게 부여하여 언약을 통해 교회와 국가를 이해하고 이것을 적용하려고 노력하였다. 이러한 그의 신학적 체계는 중세시대를 거쳐 종교개혁자들에게 지대한 영향을 미쳤고 지난 2,000년의 교회역사에서 빼놓을 수 없는 위치를 확보하게 하였다. 그런데 그의 언약 개념은 그의 작품을 통해 다양하고도 분명하게 나타난다.

(a) 고백록과 언약사상: 먼저 그의 언약 사상은 그의 고백록에서 자신의 파란만장했던 신앙 역정을 서술하는 가운데서 발견된다. 그는 여기서 자신의 회심과 거듭남에 대해 말하면서 인간이 얼마나 부패하고 반항적인가의 실체를 리얼하게

---

23) *Ibid.*, 80.

24) T. S. K. Scott-Craig, "On Christian Instruction", *A Companion to the Study of St. Augustine*, ed. Roy W. Batternhouse (Michigan, Grand Rapids: Baker Book House 1979), 127; Colin Brown, *Christianity and Western Thought; From the Ancient World to the Age of Enlightenment* (Illinois, I.V.P., 1990), vol. I., 93-99.

보여준다. 무엇보다도 그는 자신을 타락과 부패를 표적으로 삼고 도무지 구제받을 수 없는 자신을 구원하시기 위해서 그토록 집요하게 찾으시고 추적하시는 하나님의 사랑에 기초하여 설명한다. 어거스틴은 죄악이 주는 그 비참성이란 무엇인가에 대하여 자신의 생애를 통해 뿌려졌던 것을 회상하며 왜 이처럼 하나님이 자신 같은 패역한 자를 버리지 않으시고 긍휼을 베풀어 주셨는가 자문하였다. 그는 이 물음에 답하면서 하나님의 언약적 사랑에 근거하여 이해하고 그것은 곧 하나님의 은혜 때문에 불가항력적 일 수밖에 없었다고 고백한다. 결국 그의 구원은 하나님이 거저 베푸시는 은혜 안에서 얻은 평안과 그의 헌신된 삶을 통해서 아름답게 열매맺는다. 이것이 곧 그가 이해한 죄인을 향한 하나님의 언약이었다.[25] 그는 언약을 사랑에 기초한 구속적인 개념으로 이해하였다.

(b) 펠라기우스와의 논쟁: 어거스틴에게 있어서 언약이라는 말은 펠라기우스와의 논생을 통한 신적 계시와 언약에서 발견된다.[26] 펠라기우스는 자신의 교훈 가운데서 인간의 자유의지에 주의를 환기시켰다. 그는 말하기를 인간은 하나님에 의하여 지은바 되었기 때문에 본질상 거룩하다.[27] 여기에 기초하여 그는 인간은 하나님이 주신 절대적인 의미의 자유가 있고 그 자유와 하나님이 주신 명령안에서 인간은 선을 행할 수 있가 있다. 그리고 그는 선한 것에 대해서 긍정적으로 결단할 수도, 부정적으로 결단할 수도 있다. 인간은 악을 행할 수도, 선을 행할 수도 있다는 것이다. 어떤 것을 선택한다는 것은 전적으로 인간 자신에게 달려있기 때문에 모든 죄는 인간 스스로 범하는 것이라고 주장하고 아담의 범죄로 인해 발생한 원죄 개념을 거부하였다.[28] 그에 따르면 아담은 적극적인 거룩함의 상태로 창

---

25) "The Confession of St. Augustine", *A Select Library of the Nicene and Post-Nicene Fathers of the Christian Church*, ed. Philip Schaff (Edinburgh, 1886<reprinted in 1988>, T. & T.Clark), vol. III., 114-115, 129-141.

26) *A Select Library of the Nicene and Post-Necene Fathers of the Christian Church*, ed. Philip Schaff, Edinburgh: 1866(reprinted in 1988), T.& T. Clark, vol. III., 175; vol. IV., 20-24, 55-57, 69-76; *St.Augustine's City of God*, 13: 14, 14: 15; Gerald Bonner, *St.Augustine of Hippo: Life and Controversies*, London: SCM Press, 1963, 312-393; Larry D. Sharp, "The Doctrine of Grace in Calvin and Augustine", *The Evangelical Quarterly*, ed. F. F. Bruce (1980), vol. LII., 84-96.

27) R. L. Dabney, *Systematic Theology* (Edinburgh: The Banner of Truth Trust, 1985), 297.

조된 것이 아니라 도덕적인 중립의 상태로 창조되었다. 즉 아담의 상태는 도덕적 성품을 가지고 있지 않았다. 그러나 그는 악을 선택함으로서 죄인이 되었다. 죄가 개별적인 의지의 행위를 의미하는 것으로 인식되는 한 생식에 의하여 죄가 전이 된다는 개념은 무의미한 것이다.

때문에 중요한 것은 한 인간이 선을 행하는냐 아니면 악을 행하느냐는 것은 순전히 그의 자유롭고 독립된 의지에 달려 있다는 것이다. 그러므로 여기서 도출되는 것은 개인의 도덕적 발전은 있을 수 없다. 그는 죄는 어떤 의미에서 후손들에게 전이되지 않았다. 원죄라는 것은 없다. 그는 죄가 보편화 되는 것은 단지 하나의 모방이기 때문이며 습관적으로 죄에 빠지기 때문이다.[29] 그러나 인간이 비록 범죄하여 타락했다 할지라도 스스로 선과 악을 자유롭게 선택할 수 있다. 또한 그는 범죄한 인간의 구원을 위하여 인간의 공로가 전혀 인정됨이 없는 믿음은 무용하다고 했다. 이 말은 곧 구원에는 인간 스스로의 의지적 결단과 선한 행실이 요구된다는 것을 의미한다. 따라서 그는 자신의 능력에 의하여 어떤 하나님의 명령이라도 수행할 수 있다고 보았다. 다시 말해서 인간에게는 선을 위한 결정을 내릴 수 있는 가능성과 능력이 있다는 것이다.[30]

펠라기우스에 따르면 죄는 다만 개개인의 의지에 분리된 행위들속에서 자유롭게 존개한다. 사람이 악한 것을 의지(意志)하면 그는 죄를 범하게 된다. 펠라기우스는 죄가 인간의 본성 또는 특성의 견지에서 고찰되어야 한다는 생각을 거부하였다.[31] 그는 죄를 본성의 탓으로 보지 않고 의지의 책임으로 인식하였으므로 원죄에 관한 교훈도 역시 인정하지 않았다. 죄는 인간의 행동 여하에 달려 있는 것이기 때문에 그것은 유전에 의해서 물려받을 수도 없고, 본성 가운데 함축되어 있을 수도 없다. 그는 죄에 대한 인간의 책임을 이상과 같은 조건에서만 물을 수 있으며, 인간의 향상에 관한 문제도 이와 같은 배경 하에서 상상할 수 있음을 주장하였다.[32] 또한 어린이들은 의식적으로 안한 것을 선택할 수 없는 상태에 있으므

---

28) G. H. Kersten, *Reformed Dogmatics* (Netherlands Reformed Book and Publishing Committee, 1981), 209.

29) 루이스 벌코프, 「조직신학」, 크(리스챤 다이제스트, 1994), 상, 450-451.

30) G. H. Kersten, *op. cit.*, 200-201; R. L. Dabney, *op. cit.*, 298.

31) Bengt Hagglund, *op. cit.*, 183.

로, 죄로부터는 자유로운 자들이라고 했다. 결국, 세례는 죄로 부터의 구원을 의미하는 것으로 볼 필요가 없는 것이다. 이것은 곧 인간은 죄를 짓지 않는 상태로까지 나아갈 수 있어서, 그는 점차적으로 악은 피하고 선을 선택할 수 있음을 강력하게 주장하였다. 따라서 펠라기우스의 이러한 주장은 곧 죄와 은혜와 관련한 인간의 구원 문제에 있어서 즉각적인 논쟁을 유발하였다.

펠라가우스의 이러한 주장에 맞서 어거스틴은 극력 반대하고 아담의 죄가 그의 모든 후손들에게 전가되었다고 주장했다. 바울의 말을 인용하면서 어거스틴은 모든 인간은 아담의 타락으로 인하여 그와 그 자손들에게 사망을 가져왔다.[33] 타락한 인간의 의지는 하나님의 은혜가 없이는 자생적으로 회복할 가능성이 전혀 없다. 때문에 타락한 인간은 축복된 존재가 아니다.[34] 오히려 타락은 자신을 파괴하고 저주를 가져 왔으며 하나님을 슬프게 했다고 믿었다. 인간의 구원은 단순히 원죄와 자유의지 만이 아니라 구원의 획득, 그리고 은혜와 예정 등과 같은 문제들을 포함한다. 이 문제 해결을 위해 어거스틴은 인간 자신과 인간이 하나님과의 관계에서 가지는 위치가 어떠함을 설명해 준다.

어거스틴에 따르면 인간은 아담의 타락으로 인하여 전적으로 무능력하게 되었고 스스로 구원을 위해 선택할 그 무엇도 갖고 있지 않다. 아담의 잘못은 인류를 오염시켰고 하나님의 권능에 의해 이론적으로는 무죄가 가능할 지라도 인간 안에는 정죄받을 만한 가능성이 존재한다. 이는 오직 하나님의 도움이 없이는 완전히 극복될 수 없는 것이다. 어거스틴은 펠라기우스에 맞서 모든 선한 것과 모든 악한 것은 타고난 것이 아니라 우리에 의해 행해진다는 소위 자유의지의 변호를 비판하였다.[35] 그는 특별히 자유의지와 은혜의 사역은 인간이 창조에서부터 완성까지 이르는 그의 발전 과정에서 자신을 발견하게 되는 여러 단계에 의하여 조건지워졌다. 어거스틴은 이러한 단계들을 네개로 나누고, 내 단계에 상응하는 인간을 대응시켜서 타락전의 인간, 타락후의 인간, 회심후의 인간, 그리고 완성된 인간이란 말을 사용하였다.

---

32) *Ibid.*, 202.

33) 롬 5:12-19.

34) G. H. Kersten, *op. cit.*, 217.

35) Geoffrey W. Bromiley, *op. cit.*, 117.

결국 이 단계들은 한때 인간이 완전한 자유를 가지고 있었으나 죄로 타락한 이후에는 그 자유의지가 무능력해져서 이제는 단지 자신의 정욕을 위해 사용될 뿐이라는 것이다. 그러므로 참된 자유의지란 성령 안에서 거듭날때 재 기능을 발휘한다고 했다. 그리하여 어거스틴은 인간의 범죄와 자유의지를 아담의 타락과 관련맺고 이것이 그리스도의 은총으로 거듭나야 한다고 강조한다. 그리스도는 우리의 연약함을 위하여 친히 내어주심이 되셨고 마침내 십자가에서 하나님의 언약을 성취하였다. 이것이 그가 말한 복음이다.

펠라기우스에 대한 어거스틴의 반대는 그의 예정 교리 가운데 가장 잘 표현되었다. 그에 따르면 인간 구원의 유일한 근거인 은혜는 하나님의 사랑하시는 의지이며, 이 은혜는 전능성을 가진다. 이 은혜의 전능성은 바로 인간의 구원이 전적으로 하나님의 의지와 작정에 달려 있음을 암시한다. 하나님께서는 영원 전부터 특정의 인간들을 선택하시고 이들을 타락한 무리로부터 빼어내셔서, 구원에 참여시키겠다는 것이다. 그러므로 구원의 순서에 있어서 은혜의 사역은 하나님의 영원하시고 숨겨진 작정을 적시에 집행하시는 그런 것이다. 어거스틴은 이러한 결론을 롬 8:30절의 말씀에 근거하였다: "또 미리 정하신 그들을 또한 부르시고, 부르신 그들을 또한 의롭다 하시고, 의롭다 하신 그들을 또한 영화롭게 하셨느니라".

따라서 인간 구원의 결정적인 근거는 인간들의 공로나 자유 의지 가운데 있는 것이 아니라, 다만 하나님의 의지 속에 있는 것이다. 어거스틴은 이 말을 선택 받은 자들이 언젠가는 구원을 받을 것이라는 뜻으로 해석하며 하나님이 그의 백성과 맺은 언약 관계를 설명하였다. 때문에 한번 믿음을 가지게 된 자들은 필시 떨어져 나갈 수 없다. 이는 은혜가 이들에게 믿음뿐만 아니라 견인의 은사까지도 공급해 주기 때문이다. 이 같은 사상은 이른바 불가항력적 은혜라고 불리우는 신학적 용어 속에 농축되었다. 어거스틴은 여기에 근거하여 예정자들은 교회 밖에서도 발견될 수 있다고까지 믿었다.[36] 이처럼 어거스틴은 인간 구원의 유일한 기초를 신적 예정에 맞추고 그것이 하나님이 그의 자녀에게 베푸시는 언약적 관계 속에서 최종적 효력을 발생한다고 믿었다.

(c) 성례와 참된 교회의 언약적 관계: 어거스틴은 배교자들이 베푼 성직임명이

---

36) Bengt Hagglund, *op. cit.*, 192.

나 세례는 무효라고 주장하는 도나투스들과의 논쟁을 통해 이것을 발전시켰다. 도나투스자들에 따르면 성례전에서의 영적 영향력은 그것을 집전하는 성직자의 거룩성 여하에 달려 있다. 이에 대하여 어거스틴은 기독교 성례들이 그리스도로 말미암아 시작된 것이지 결코 성직자나 교회에서 비롯된 것이 아님을 보여준다. 그는 이 성례들의 가치는 결코 이를 집행하는 사람이 가치있느냐 그렇지 않느냐에 따라 좌우되지 않는다고 주장했다.[37] 어거스틴은 심지어 이단자에 의하여 받은 세례까지도 교회가 인정해야 한다는 주장을 폈다. 그는 세례 그 자체는 성스러운 행위이므로, 그것이 베푸는 자의 거룩성에 상관없이 효력이 있다고 했다. 그는 "이단자들에 의한 세례에 사용되는 물이 불순하거나 더러운 것일 수 없는 것은, 하나님의 피조물 그 자체는 악한 것이 아니며, 복음의 말씀을 어떠한 거짓 교사에 의해서도 흠 잡힐 수 없기 때문이다".[38] 인간은 세례를 통하여 자신이 그리스도에게 속한 자라는 표를 받게 되며, 마치 노예들이나 가축 등이 특정 개인의 소유임을 나타내기 위하여 낙인을 받듯이, 그리스도인에게는 주님의 인격이 주어진다.

이 논쟁은 계속해서 교회의 거룩성과 관련하여 확대되었다. 도나투스들은 그들 나름대로의 교회 조직을 형성해 놓고 이를 가리켜 유일의 참다운 교회라고 주장했다. 그들은 오래전의 영적 전통을 영속화 시켜서 성령의 은사들을 가지고 있는 성직자들만을 정당한 의미에서의 성직자로 인정하였다. 시프리아누스의 경우처럼 그들은 직분을 성령과 연관지어 생각했으며, 감독의 직분은 언제나 성령의 은사들을 지니는 것이라고 결론지었다. 그들은 성직자들 가운데서 흠이 없는 생활과 여러 가지 받은 은사들에 의해서 자격이 인정된 자들만을 진정한 감독으로 인정해 주었다. 따라서 그렇지 못한 무가치한 성직자에 의해서 성직 임명을 받았거나 세례를 받은 사람들의 성직 수임과 성례전은 효력이 없다고 보았다. 이에 대하여 어

---

37) *St.Augustine's De Baptismo*, vol. IV., 27, vol. VII. 102; Answer., II., 5, vol. III., 67-68; "Letters of St.Augustine", *A Select Lbrary of the Nicene and Post-Nicene Fathers of the Christian Church*, ed. Philip Schaff, vol. I. 1886(reprinted in 1988) (Edinburgh: T. & T. Clark), 408-410, 526-530, 532; "St.Augustine's City of God and Christian Doctrine", *A Select Library of the Nicene and Post-Nicene Fathers of the Christian Church*, ed. Philip Schaff, vol. II., Edinburgh: 1866(reprinted in 1988) (T. & T. Clark), 248, 255, 467, 472-473; T. S. K. Scott Craig, *Ibid*., 199-200.

38) Geoffrey W. Bromiley, *op. cit*., 172.

거스틴은 그리스도의 전체 교회란 전 세계에 분포하는 것이며 이것은 바로 그리스도의 말씀에 기초한 교회이다. 때문에 그 안에서 주의 성례전이 베풀어 질 수 있다. 그러므로 비록 신앙심이 없는 자들과 위선자들이라도 다른 사람들에 의하여 이 교회권으로부터 추방될 수는 없는 일이다. 그에 따르면 외형적 의미에서의 이 교회에 속한 자들은 그들 중 비록 성령이나 사랑이 결핍되어 있는 자들이라 할지라도 반드시 교회의 일부분으로 인정되어야만 한다.

더 나아가 어거스틴은 지상에 있는 언약 조직체로서 교회는 하나님의 예정된 언약 아래 두 가지 주요한 집단 곧 가시적 집단과 비가시적 집단으로 구성되어 있다고 주장한다. 전자는 지상 영역에 속하며, 후자는 천상의 영역에 속한다. 그는 우리가 가견적 교회에서만 그리스도를 통한 구원을 발견할 수 있다고 주장한다. 그러나 그는 비록 가시적인 교회라 할지라도 성령이 계시는 참된 교회안에서 베풀어지는 세례는 구속적 영향력을 가진다고 했다. 따라서 이단자의 성례는 정당한 것이 되지 못하므로 이단적인 배경으로부터 교회로 들어오는 자들은 반드시 재세례를 받아야 한다. 세례는 사람들이 하나의 교회에 관한 교리를 신봉하는 곳에서만 죄 용서의 갱생을 허용해 준다. 이것은 교회안에서만 성령을 받을 수 있으며, 사랑의 은사가 주어지는 것도 성령과 더불어 이루어지는 것이다.

어거스틴은 성례 그 자체와 성례의 유효성을 분리시킴으로써, 이 두 사상의 결합 문제를 해결하였다. 그는 성례가 성립되는 것과, 그것이 유효성을 가지는지의 여부는 별개의 문제다라고 했다. 성례전의 효용은 교회의 통일성이 보존되어 있는 곳에서만 발전되는 것으로서 그것은 사상의 모습으로 나타난다는 것이다. 그러나 때에 따라서는 비록 그 유효성은 없어도, 성례 자체는 성립될 수 있는 경우도 있다. 세례 받은 사람은 설사 그가 교회의 통일성으로부터 떨어져 나온다 해도, 세례 받은 성례전은 상실하지 않는다. 이와 같이 성직에 임명된 자가 교회의 통일성에서 스스로를 떼어놓아도 세례를 집전할 수 있는 자격이 부여된 그 성례전의 의미는 상실되지 않는다.

이와 관련해서 생각해 볼 것은 어거스틴은 성례란 말을 보다 넓은 의미에서 사용하였다는 것이다. 하지만 세례와 성찬이 주요 성례전이라는 견해에서는 일치하였다. 이 성례들은 그리스도를 통하여 우리에게 전해진 것이며, 말씀과 함께 교회의 기초를 형성한다. 어거스틴은 성례전에 사용되는 외형적 상징들이나 요소들과 이들이 가지는 영적 의미 사이에 엄격한 구분을 두었다. 또한 그는 같은 방식으로 외형적인 말씀과, 말씀가운데서 말씀하시는 성령을 구별하였다. 외형적인 징표는 영적 실재들을 가리키는 상징물이다. 어거스틴은 어떤 외형적인 실재에는 그에 대응하는 영적 효용성이 있는 것으로 인식하였다. 이 둘은 하나님의 명령의 결과로 하나에 함께 속해 있지만 이와 동시에 그것들은 서로 다르다. 겉으로 보이는 것들과 영적인 것은 분명하게 구별이 가능하나, 전자의 것들은 신적인 것을 가리키는 상징물로서, 그리고 그 신적인 것을 우리에게 가까이 인식시켜 주는 수단으로 이용될 수 있었다. 성례전은 영적인 내용을 담고 있는 외형적 징표로 볼 수 있다. 그러나 이 성례전이 반드시 이 징표들에게 귀속되는 것은 아니다. 어거스틴은 감독들의 성직 임명에 대해서도 위에서와 같은 원리를 주장하고 재 세례나 재임명은 전혀 필요 없는 것이라고 했다. 결국 이러한 그의 주장은 가톨릭적 교회의 권위주의적 전통과 도나티스들의 극단적인 믿는 자들로 구성된 엘리트 의식에 강하게 비판하고 참된 성례와 교회의 의미를 보여주었다.

(d) 신의 도성과 언약사상: 그러나 무엇보다도 어거스틴의 언약사상은 자신이 저술한 신의도성에서 확대 발전되었다. 그는 이 책에서 하나님의 역사 그리고 빛의 창조로부터 최후의 심판에까지 이르는 일련의 세대들을 통하여 주어지는 예언들의 점진적인 진행 과정에 대해서 말해준다. 여기서 어거스틴은 두 개의 대조되는 원칙들 사이의 갈등에 주목한다.[39] 이 원칙들은 그가 두 도성들, 국가들, 사회들이라고 부르는 것들 속에 실현되었다. 하나님께 대항하는 첫 번째 반역이 있은 후로 줄곧 이 두 도성들 즉 천상의 도성과 지상의 도성이 존재해 왔다. 그리고 각 도성은 가인으로부터 자신에 대한 사랑에 의해 유지되었다.[40] 지상의 도성은 가인

---

39) *St.Augustine's De Baptismo*, vol. XVIII., 54; *St.Augustine's City of God*, 196, 205, 284-287, 396, 412, 509-511; Gerald Bonner, *op. cit.*, 257-283, 270.

40) *St.Augustine's City of God*, 282-283. 성 어거스틴은 이렇게 기록하고 있다: "두 도성들은 두 사랑들에 의해 건설되었다. 지상의 도성은 심지어 하나님을 경멸하기까지 하는 자애에 의해 건설되었다. 하늘의 도성은 심지어 자신을 경멸하기까지 하는 하나님의 사랑에 의해 건설되었다. 한마디로 말하자면 전자는 그 자체 속에서 영화롭게 되고, 후자는 여호와 안에서 영화롭게 된다. 왜냐하면 전자는 인간으로부터 영화를 구하지만 후자의 자장 큰 영광은 하나님, 곧 양심의 증인이기 때문이다. 전자는 자신의 머리에 자신의 영광을 드리운다. 그러나 후자는 그의 하나님께 "당신은 나의 영광이시며, 내 머리를 드시는 자이십니다" 라고 말한다. 전자에게 있어서 그들이 복종하는 왕들과 나라들은 통치에 의한 사랑에 의해 지배된다. 후자에게 있어서 왕들과

으로부터 바벨론과 로마 제국에 이르기까지 지상의 속된 삶을 살아온 사람들의 공동체를 말한다. 천상의 사회는 어떤 세대에 속했건 간에 이 땅에서 자신들이 나그네들이며, 순례자들임을 고백하는 사람들로 대표된다.

어거스틴에게 있어서 모든 역사는 이러한 두 도성들 사이의 작용과 반작용으로 이루어 진다. 지상의 도성이라고 해서 전적으로 악한 것은 아니다. 왜냐하면 지상의 악을 누르고 공적 질서를 유지하기 때문이다. 그러므로 일정한 양의 선이 없다면 지상의 도성은 결코 존재할 수 없다. 그러나 지상의 도성은 그 본성 때문에 영원하지 못하며 일시적이도록 운명지어져 있다. 신의 도성 즉 천상의 도성만이 영원성을 갖는다. 어거스틴에게 있어서 언약 개념은 이점에서 교회와 국가를 바로 규합시켜 준다. 하나님께서는 세상을 창조하시고 통치하셨으며 자신이 창조하신 세상을 위해 지도자들을 지명하셨다. 그러나 이와 동시에 하나님께서는 당신의 교회를 지으시고 이 교회의 관리를 위해 또한 지도자들 세우시고 돌보아 주신다. 비록 이 땅에 이처럼 두개의 성이 있다 할지라도 결국 교회는 이 세상 나라를 지배하게 되며 궁극적으로 승리하는 영원한 나라가 된다고 믿었다. 어거스틴은 언약을 자신의 삶과 자신이 처한 상황 전체에 적용시켰다.[41]

게다가 어거스틴은 윤리적이며 도덕적 상황에 언약 사상을 적용하면서 이렇게 주장하였다. 모든 자녀들은 그들 모두의 조상인 아담이 범죄하여 언약을 파괴한 것과 똑 같은 방법으로 언약을 파괴시켜 왔다. 어거스틴은 인간 본성 속에는 그것에 의해 인간이 하나님으로부터 독립적으로 자신의 자유 의지로 살 수 있는 질서가 있다고 주장한다. 그러나 이 자연의 질서는 하나님과 반대되며, 하나님 바로 그분에 의해서만 회복될 수 있다. 인간을 죄로부터 끌어내서 생명으로 인도하는 과정에서 그 주도권은 하나님께 있다. 의로운 삶을 살려는 모든 인간적인 노력들은 언약을 지키시는 하나님의 행동 때문에 가능하다. 하나님께서 당신의 은혜를 베풀지 않으신다면 인간들은 하나님의 은혜를 받을 수 없다.[42] 이러한 하나님의

백성들은 사랑 가운데서 서로를 섬긴다. 전자는 모든 것을 소요하려하나 후자는 순종하려 한다. 전자는 자신의 힘을 기뻐하며, 그 통치자들의 인격 속에서 나타난다. 후자는 그의 하나님에게 "나의 힘이 되신 여호와여 내가 당신을 사랑하나이다" 라고 말한다.

41) *St.Augustine's City of God*, 409-411, 413; *Aeneid*, vol. VIII., 175-279. Cf. Gerald Bray, *Creeds, Councils and Christ* (IVP., 1984), 128-144.

은혜는 사실 인간의 삶 속에서 불가항력적이다. 하지만 그 근원은 하나님의 언약적 사랑에 있다.

2.2.3. 윌리암의 옥캄(1280-1349)

옥캄은 자신의 소책자 "교황의 권력에 관한 여덟 가지 질문으로부터의 인용"(*An Excerpt from Eight Questions on the Power of Pope*)이라는[43] 소책자에서 언약 이라는 말을 정치적 용어로 사용하였다. 여기에서 그의 주된 관심은 교황권의 기원과 범위에 집중되었다. 당시 중세 교회의 상황은 교황의 권력이 하나님으로부터 즉각적으로 부여되었다고 믿었다. 교황 이노센트 4세는 영적인 일과 세속적인 두 가지 행정을 위해 하나님은 그 권위를 교회에 위임하였다고 믿었다. 때문에 그는 이 원리 위에서 절대자처럼 그의 권력을 행사하였다. 만약 어떤 사람이 교회 안에 있지 않을 때는 어떤 것도 소유할 수가 없다.

사실 옥캄은 교황권의 기원이 하나님으로부터 나왔다는 것을 전혀 의심하지 않았다.[44] 그에 따르면 교황은 이 세상적인 것과 영적인 문제에 있어서 권력을 소유한 것은 사실이다. 그러나 그의 권력은 단지 그가 통치하는 제국의 대표로서 실행되는 것일 뿐이다. 때문에 교황은 자신의 권력에 의하여 황제를 시험하고 임명하며 취임하고 폐할 수가 있으며 혹 다른 국가나 지역으로 이동시킨다.[45] 그리고 영국의 엘리자베스 1세나 독일의 황제 헨리 4세의 경우와 같이 그들의 백성들이 통치자에게 충성하지 못하게 하여 반란을 일으키도록 역사하였다. 그러나 대부분의 경우에 황제들은 교황에게 자신들이 그의 종으로서 충성을 맹서하였다. 교황은 이처럼 영적인 일이나 현세적인 일을 판단하기 위해 두 칼을 가진다. 하늘과 땅에서

---

42) *At.Augustine's City of God*, 278-279, 285-286; G. H. Kersten, *Reformed Dognatics: A Systematic Treatment of Reformed Doctrine* (Netherlands Reformed Book & Publishing Committee, 1980), vol. I., 192.

43) *A Scholastic Miscellany: Anselm to Ockham*, ed. Eugene R. Fairweather (Philadelphia: The Westminster Press, 1956), 437.

44) *Ibid.*, 437-442. Cf. David Ogg, *The Reformation* (London: Ernest Benn Ltd., 1927), 10.

45) 로레인 뵈트너, 「로마 가톨릭 사상 평가」(기독교문서선교회, 1992), 181; 윌리암 R. 케논, 「중세교회사」(기독교문서선교회, 1994), 285-289; 시드니 휴튼, 「기독교 교회사」(나침판사, 1994), 99-106.

인정받은 그의 완전한 영혼을 통해서 교황은 영적인 능력은 물론이고 정치적인 능력까지 행사하였다. 그러나 교황의 권력은 여기에 머물지 않고 연옥에 있는 영혼들을 위해 누구든지 고통에서 해방할 수 있는 특별한 재판권을 가지며 또한 그의 열쇠의 권능을 통해 만사(萬事)의 해결사로 군림하였다. 그가 내린 결정은 곧 하늘에서 인준받는다는 것이다.

이에 대하여 옥캄은 교황의 권력이 모든 인간에 대한 심판권까지 포함하고 있지는 않으며 오히려 하늘의 열쇠와 지상의 통치권은 교황이 아닌 베드로에게 주어졌다고 했다.[46] 그는 단지 인간에 불과할 뿐이며 그리스도를 대신할 수 없다. 교황권에 대하여 옥캄은 자신의 신학에서 다음과 같은 세 가지 중심되는 요점들을 뒷받침하기 위해 언약 개념을 도입하였다. (1) 최고의 권위는 하나님으로부터 오지만 항상 언약의 상황 속에서 온다. (2) 이러한 하나님의 언약은 최고의 권위가 하나님 바로 그분의 통제 아래 있음을 확증해주었다. (3) 절대 권력이 가지는 세속적, 영적 성격과 교황에 의한 오용은 분명히 구분되어야만 한다.

3. 맺는말

지금까지 필자는 서론에서 언약사상의 성경적 배경을 논하고 본론에서 성경적 언약개념이 갖는 2가지 측면, 즉 성경적 특성과 사회-정치적 특성들을 살펴보았다. 여기에서 강조된 것은 언약개념이 신적인면과 인적인 면으로 나타난다는 점이다. 그러나 신약의 저자들은 디아데케라는 구약의 베리쓰 개념을 통해 신적 구원의 일방성을 강조하여 보여주었다. 특별히 하나님께서 그의 백성들에게 구원을 위해 일방적으로 베푸시는 그 권능이다. 그리고 종교개혁 이전 까지의 기간을 통해 이레네우스와 어거스틴, 그리고 옥캄의 신학 사상에서 보여지는 언약 사상의 다양한 발전과 적용점들을 살펴 보았다. 이들의 특징은 자신들이 처한 상황에서 잘못된 이단과 전통에 대항하여 그 참된 의미를 규명하고 더 나아가서 성경의 원리들을 신학적으로 정립한 것이었다. 그러나 우리는 이들로부터 서로 다른 신학적 특징도 발견할 수가 있다. 예를 들면, 이레네우스는 신비주의적 영지주의자를 대항하여

46) 마 16: 19. Cf. *Ibid.*, 438-440.

싸운데 반하여 어거스틴은 인간의 자유의지를 강조하는 펠라기안주의자들과 싸우며 많은 논쟁을 통해 전반적인 기독교 신학의 체계를 세웠다. 어거스틴은 많은 저술 작품을 통해서 신학을 구체적으로 묘사하였다. 이러한 면은 이레네우스와 대조해 볼때 확연히 구분된다.

동시에 어거스틴은 언약 개념을 매우 포괄적으로 취급하여 기독교인들의 삶에 적용시켰다. 예를 들면, 도나투스들과의 교회론 논쟁이나 혹은 신국론을 통해 보여 지는 역사에 대한 새로운 해석, 교회와 국가에 대한 상호관계에 대한 이해 등이다. 여기에서 어거스틴은 언약적 개념을 매우 드라마틱하게 구속사적이고 실천적이며 한걸음 더 나아가 정치적으로 적용하였다. 이와 달리 옥캄은 교황의 권위에 대해 언급하면서 참된 권위의 기원이 어디로부터 오는가를 묻고 참된 권위자는 하나님이심을 분명히 하였다. 그리고 그는 교황의 절대 권위에 의문을 제기하며 언약 개념을 정치적으로 발전시키고 참된 권위는 오직 그리스도와 하나님 자신이라고 주장했다. 결국 지금까지의 언약적 사상정립은 아직 구체적으로 체계화되지는 못했지만 종교개혁자들의 신학적 이해를 위한 기초를 제공했다는 점에서 큰 기여를 했다. 특히 이레네우스와 어거스틴의 사상은 16세기 종교개혁자 대부분이 그들의 신학을 정립하는 가운데 힘입은 바가 컸다. 따라서 언약 사상은 초대교부시대와 중세시대를 거쳐 종교개혁자들에게 접목됨으로 서로가 깊은 유대와 상관관계 속에 있음을 알게 된다.

제5장

스코틀랜드 자유교회의 신학적 전통 소고

-1834년부터 1843년까지, 그 10년간의 투쟁-

1. 서론

1560년 스코틀랜드의 종교개혁 이후 교회는 대내외적으로 긴장과 대립에 직면하였다. 특별히 1843년 당시 스코틀랜드 상황은 국가가 교회의 주권을 침해하고 간섭하여,[1] 교회만의 독립성과 영적 지휘권을 빼앗아 감으로 위기에 처하였다. 당시 스코틀랜드 자유교회는 뜻과 달리 그들 자신들을 위해 자산과 소유재산을 유리하게 만들어 불공정한 법적 결정과 잘 못 제정된 법의 사악한 이점을 얻은 교회로 인식되었다.[2] 그 과정에서 당시 영국 정부는 스코틀랜드를 비난하며 그들의 독립 억제를 결정하였다. 이러한 상황에서 영국의 정당들은 혼란을 이용하여 그들의 편익을 도모하였고 특별히 스코틀랜드에 대한 내부 규제 규칙과 규범을 제정하였다. 그러나 당시 영국의 스코틀랜드 자유교회(Free Church) 교역 성직자들이 비하(卑下)는 정치에 기독교를 묶어 두려는 것으로, 징세와 규제의 확충에도 불구하고 성직자들은 개혁을 힘 있게 전개하였다.

---

1) William Storbar, *Scottish Identity: A Christian Vision*, (Edinburgh: The Handsel Press Ltd., 1990), 36

2) Alexander Stewart/J. Kennedy Cameron, *The Free Church of Scotland: The Crisis of 1900*, (Edinburgh: The Knox Press, 1989), 1-16.

오늘날 전 세계의 전통적 개혁교회는 모든 것을 상대화하는 포스트모더니즘(post-modernism)적 상황에서 사회적, 경제적, 정치적, 심지어 문화적 그리고 종교적 문제에 직면하였다. 사람들은 안타깝게도 세속적 이상과 성공의 추구에 익숙해 있으며, 심지어 교인들마저도 역사적 기독교 신앙의 수용과 실천을 망설이고 있다. 그러나 이 같은 사태는 오히려 교회의 본질과 사명을 급속히 퇴보시킬 뿐이다. 그러므로 오늘 교회는 이 같은 문제와 다양한 도전에 맞서 역사적 신앙과 실천적 가르침을 따라 적절히 행동해야 할 것이다. 이러한 결단은 초대교회로부터 계승된 역사적 개혁주의, 특별히 16세기 종교개혁 이후 스코틀랜드에 모범적으로 정착된 장로교 전통으로부터 배워야 할 것이다. 본 연구에서 필자는 16세기 종교개혁 이후 개혁주의 신학의 전통을 계승한 스코틀랜드 교회, 특별히 자유 장로교회에 초점을 맞추었다. 이를 기초로 어떤 교훈과 실천이 한국 장로교를 포함한 전 세계교회에 반영될 것인지를 역사적, 신학적, 실천적 관점에서 취급하였다.

2. 역사적 배경

스코틀랜드에서의 정치적, 종교적 갈등과 대립을 올바로 이해하기 위해서 우리는 당시 교회의 역사를 고찰해야 할 것이다. 우리가 아는 대로 스코틀랜드 교회는 1560년 종교 개혁자 존 낙스(John Knox, 1514-1572)의 주도아래 제1차 종교개혁의 신학적 기초를 놓았고,[3] 1638년의 제2차 종교개혁 기에는 왕권에 맞서 그리스도의 주권과 통치를 주창하며 강력한 개혁과 정화운동을 전개하였다. 그리고 1660년 왕정복고로 정체성 상실의 위기를 맞았으나 지속적인 노력과 투쟁으로 1689년 장로교의 성공적인 정착을 완수하였다. 하지만 이 후 권력의 대립 속에 뜻밖에 다른 운동이 촉발된바, 하나는 영국에서의 보수주의 운동이며 다른 하나는 스코틀랜드에서의 엄격한 혁신운동으로, 둘은 각각 서로 다른 결과를 배태하였다.[4] 소위

3) William Macleod, *Steadfast in the Faith*, (Edinburgh: The Publications Committee of the Free Church of Scotland, 1943), 1.

4) 예를 들면, 영국 측은 보수적인 성향을 띠고 조심스럽게 움직이는데 반해, 스코틀랜드는 가장 역동적이고 혁명적인 성향을 나타낸다. Chrles Sanford Terry, "A History of scotland", (Cambridge: At the University Press, 1920), 485.

1707년 "통합법"(the Treaty of Union)에 따라서 스코틀랜드는 영국 의회로부터 그들의 독립권을 통해 교회를 방어하였다. 그러나 1712년 앤 정부의 토리당(Tory party)은 왕권 회복을 꿈꾸는 스코틀랜드의 제임스 II세, 소위 제수이트 지지자들을 만나 자신들의 목사 임명권인 관용법(Act of Toleration)을 통과시켰다.[5] 이 법안은 장로교 성직자가 지주에 대한 독립성을 강화하는 것이었다. 교회는 이 악명 높은 법안이 복음주의 당을 자극하고 탄압할 때까지 비효과적이도록 항거하였다. 복음주의 당은 영국 국교로부터 탈퇴한 스코틀랜드 장로교회와 정부의 지원을 받고 있는 영국교회와 합병을 이루었다. 이러한 사태는 결국 스코틀랜드 장로교회의 대분열까지 계승되어[6] 이른바 별도의 분리된 구원교회를 창설하였다.

(1) 최초의 장로교 분립총회: 1690년 장로교회의 정착 이 후 1712년 목사 임명권의 회복은 기존의 목사들이 회중들의 소청에 맞서는 입장을 취하는 근거였다. 이로써 사람들의 불평과 불만은 탄원과 호소를 야기했으나, 1730년 총회는 그들을 염두에 두지 않고 무시해 버렸다. 이렇듯 회중을 무시하는 시도는 복음주의파

---

5) 목사임명권과 관련된 후원제도는 역사적으로 오래된 관습으로, 스코틀랜드 교회의 설립 초기부터 시행되었다. 1649년 폐지되고, 1661년 부활되었으며, 1690년 다시 폐지되었다. 그러나 1690년 목사를 임명할 수 있는 권리가 부유한 평신도, 지주 및 장로들에게 이양되면서 교회의 평화는 파괴되었고, 결국 교회 분열의 원인이 되었다. 1733년 분리 이후 스코틀랜드 교회는 복음주의자(Evangelical)와 타협주의자(Moderate)로 나눠졌고 후자가 우세하였다. 전자와 후자는 완전히 다른 성향을 띠었다. 이러한 경향은 설교 방식에서 시작하여 음주 법까지 달랐는바, 사실 이러한 차이는 평신도 목사임명권의 수용과 신학적 차이 때문이었다. 타협주의자는 합리주의의 영향으로 평신도의 목사 이명을 쉽게 용인한 반면, 복음주의자는 엄격한 칼빈의 교리를 따라 정통적으로 모든 사람에게 자유로운 복음을 제공하고 선교에 열정적이었다. 이는 1843년의 불가피한 갈등을 야기했고, 결국 1866년부터 평신도 목사임명권 폐지를 위한 움직임이 시작되었다. 그리고 1874년, 평신도 목사임명권은 성공적으로 폐지되었다. Gordon Donaldson/Robert S. Morpeth, *A Dictionary of Scottish History*, (Edinburgh: John Donald Publishers *Ltd., 1988), 169; G. D. Henderson, The Church of Scotland,* (Edinburgh: The Church of Scotland Youth Committee), 104-105; Church Interests Committee, *The Defence of the Church of Scotland, Fact, Arguments and Answers to Opponents*, (Edinburgh: J. Gardner Hitt, 1895), 23.

6) Thomas Brown, *Annals of the Disruption: With Extracts from the Narratives of Ministers who left the Scottish Establishment in 1843*, (Edinburgh: Macniven & Wallace, 1884), 1-796; *Alexander Stewart, The Free Church of Scotland 1843-1910*, (Edinburgh & Glasgow: William Hodge and Company, 1910), 1-405; David E. Wright/Gary D. Badcock, *Disruption to Diversity*, (Edinburgh: T&T Clark, 1996), 29-289.

목사들의 분노를 일으켰다. 1730년 에베니젤 어스킨(Ebenezer Erskine)은 의회와 교회의 영적 상태를 신랄하게 비판하였다.[7] 나날이 고조되는 분위기에 회중들의 불만을 잠재우기 위한 위원회가 설립되었고, 그 위원회는 이러한 비평과 비난을 심사한 바, 어스킨을 징계에 회부하였다. 이들은 또 다른 12명의 지원자들을 총회에 제소하고, 위원회를 떠받들어 처벌을 시행할 수 있게 총회에 명하였다. 당시 어스킨을 지지한 사람들은 12명중 3명에 불과한바, 그들이 일어나 총회의 결정에 탄원서를 제출하였다. 총회는 분노하였고, 교회에서 출교 압력을 행사하기 위한 위원회 결성 전에 그들의 주장 철회를 명령하였다. 그러나 이들이 복종 대신에 항의문을 쓴 결과 교회로부터 출교되었다. 그리하여 이 일단의 목사들은 이 후 스코틀랜드 장로교단을 결성하고, 진정한 칼빈주의 교리로부터 일부가 칼빈주의 찬동파와 반대파, 즉 시민파(burgers)와 반시민파(anti-burgers)로 나누인 채 놀랍게 부흥하였다. 특별히 이들은 하나님을 두려워하며 그 하나님이 자신들을 인도하심을 믿고, 엄숙한 신앙적 태도와 회원들의 견고한 특성을 확고히 견지하였다..[8]

(2) 구원 교회: 어스킨과 그의 동조자들의 추방 후 총회는 목사 임명권에 관해 불합리한 법률에 복종할 것을 이전보다 더 압박하고 통제하였다. 당시 던펌린(Dunfirmline) 노회는 인버키딩(Inverkeithing) 교구에서 불평하는 목사들, 즉 평판이 좋지 못한 목사들을 잘 관리할 것을 하달 받았다. 그런데 이 목사들이 규칙 수용을 거부하자 총회 위원회가 이 문제를 재판에 회부하였다. 총회가 위원회를 불신하는 중에 총회가 직접 그 사안을 총회 앞에서 해당 노회를 드러내어 명령함으로 판례 규정을 결정하였다. 정족수 부족으로 회의가 성립 되지 않을 시에 토마스 길레스피(Thomas Gilespie, 1708-1774)[9]와 다른 5명의 위원들이 상급 법원의 명령을 따르지 못하게 된 이유를 진술하였다. 이 6명의 위원들은 각각 따로 호출을 받은 중에,

---

7) Elizabeth H. F. Kirk, *Annals of Erskine*, (Erskine 250, 1987), 1-142; *The Whole Works of the Late Rev. Ebenezer Erskine*, (Edinburgh: Ogle & Murray, 1871), 3 vols; A. R. MacEwen, *The Erskines*, (Edinburgh: Oliphant Anderson & Ferrier, 1900), 9-160; Ronald Selby Wright, *Fathers of the Kirk*, (London: Oxford University Press, 1960), 106-118.

8) John Macleod, *Scottish Theology*, (Edinburgh: The Banner of Truth Trust, 1974). 167-266.

9) Kenneth B. E. Roxburgh, *Thomas Gillespie and the Origins of the Relief Church in 18th Century Scotland*, (Peter Land, 1999), 1-251.

어떤 사람은 흔들리고, 어떤 사람은 굴복하고, 어떤 사람은 묵비권을 행사했으나 길레스피는 용감하게 자신의 신앙을 방어하였으며 다시 진정서를 의회에 상정하였다. 그 후 불공정한 재판의 속회로 안타깝게 그는 징계를 받았고 다른 사람들도 그와 운명을 같이 하였다. 오래지 않아 그 구원 교회는 스코틀랜드 자유교회의 설립에 기초를 놓으며 교회 성장과 부흥의 초석이 되었다.

1834년 이 구원파, 소위 복음주의 당은 총회에서 특별한 위치에 서게 된바, 1690년 제정한 교회의 안전 상속 권리를 주장하는 거부권법(Veto Acts)을 통과시켰다. 그 법은 목사가 성도들의 의지에 맞서 어떤 회중에게도 강요하는 일을 해서는 안 된다는 것을 선언한 것이다. 하지만 이 법은 곧바로 교회와 국가 간의 분쟁을 야기하였다. 이는 유명한 악터라더(Auchterarder) 조항인바, 사람들의 항거에도 불구하고 회중을 위해 목사임명을 국가가 정하였다.[10] 이 같은 무도한 전제 군주적 탄압은 사법관할권과 교회의 당회 제도가 충돌할 때까지 계속되었고, 낭시 목사들은 예외 없이 모든 교구에서 설교를 금지 당하였다. 그러나 최후 결정은 영적인 문제로 교회가 합법적인 권리와 특권, 그의 독립성을 인정하도록 요청하는 권리 청원(Claim of Right)을 정부에 제출하였다. 그런데 이 법안이 거절 되자 많은 수의 성직자들이 스코틀랜드 국교를 떠났고 정부로부터 자유롭게 활동하는 교회를 구성하였다. 그러나 목사들이 줄지어 나가게 됨과 동시에 국교회의 탁상 위에는 항의문이 그대로 남아 있었으며, 한편 여전히 교회의 설립과 재산 기증 문제와 지금까지 이해한 대로의 스코틀랜드 교회의 신앙고백과 기준을 유지하는 문제가 지속되었다. 그러므로 자유교회와 정부 사이에는 교리와 실천의 정체성에 대한 각각의 절대적 입장을 고수한바, 1874년 마침내 쌍방 간에 합리적인 타협을 이루었다.[11] 그리하여 목사 추천권의 폐지는 교단 연합으로 통합되었다.

---

10) Alexander Stewart, *The Free Church of Scotland 1843-1910*, 1-7; Yohahn Su, *The Contribution of Scottish Covenant Thought to the Discussions of the Westminster Assembly(1643-1648) and its Continuing Significance to the Marrow Controversy(1717-1723)*, (University of Glamorgan, Ph.D thesis, 1993), 298-299.

11) 1847년 연합조약에도 불구하고 115개의 노회는 서로 다른 성격을 띠며 분열하였는데, 1733녀의 분리교회의 설립, 그리고 1761년 구원교회 설립이 그 대표적인 예이다. 그들은 원칙적으로 국교회와 동일한 교리와 원칙을 고수했다. 그러나 "자발적인 성금에 의한 지원은 바람직하다. 그러나 국가의 지원은 부도덕한 것이다."라는 주장에 견해를 달리하면서 교회는 여러 갈래로 분열하였다. John B. Orr, *Scotish Church Crisis: Full Story of the Modern phase of the*

3. 스코틀랜드 자유교회의 형성

수 백 년의 세월에도 스코틀랜드 교회는 아직 해결되지 못한 몇 몇 논제가 있는바, 이는 신학도들이 관심을 갖고 연구해야 과제이다. 영국과 마찬가지로 당시 스코트랜드에서도 정부, 즉 의회와 교회에 개혁의 필요성이 긴급히 요청되었다. 예를 들면, 1707년 영국 의회에 스코틀랜드가 합병되었음에도 여전히 그 나라 자치와 시민법이 1833년까지 낡은 상태로 남아 있었다. 그러나 이러한 문제들은 향후 일어난, 소위 1843년의 대분열 사건과 연관되었다. 일찍이 나타난 이런 현상은 교회의 객관적 증거의 연속성을 위해 간략한 정리가 요청된다.

역사적으로 스코틀랜드 자유교회는 10년간의 투쟁이 유지된 19세기 초로 거슬러 올라간다. 당시 국교로부터 독립한 자유교회는 형성이전 오랫동안 심각한 갈등을 피하지 못하였다.[12] 1843년 대 분열은 국교로부터 그 원인을 찾는바, 소위 정부 주도의 교회가 복음주의라는 명칭 사용 권리를 허락한 후, 정부 주도의 교회와 복음주의 교회가 연합한 것이었다. 그런데 개혁이 성공에 이르렀을 때, 스코틀랜드의 관심사는 국교와의 분열로, 당시 국교는 10년 동안 지속적으로 계약된 내용을 가지고 속박하였다. 그 후 논쟁점으로 전환되었고 결국 국교로부터 분열되었다. 이 사건은 국가의 세속적인 행동으로 다음과 같은 두 가지 탐구에 근거한다.[13]

(1) 목사 후원제도: 이는 스코틀랜드의 초기 역사, 가톨릭교회로부터 시작되었다. 그런데 이 법안은 1649년 청교도 혁명기에 폐기되었다가 1661년 다시 복원되었다. 1690년 목사 임명권의 권리가 토지 소유주와 시장, 지사와 그리고 장로들에게 이전 되었으나[14] 개인의 권리는 1712년 목사 임명권의 법적 선언으로 복고되었다가 1874년 다시 폐기 되었다. 그 과정에서 스코틀랜드 교회의 탈퇴와 분열이

Presbyterian struggle, (Glasgow: John M'neilage, 1905), 9-10; Gordon Donaldson/Robert S. Morpeth, *A Dictionary of Scottish History*, (Edinburgh: John Donald Publishers Ltd., 1988), 181.

12) Alexander Stewart/J. Kennedy Cameron, *The Free Church of Scotland 1843-1910*, (Edinburgh: William Hodge and Company, 1910), 1; Alexander Stewart, *The Free Church of Scotland 1843-1910*, (Edinburgh & Glasgow: William Hodge and Company, 1910), 1-16.

13) Charles Sanford Terry, *A History of Scotland*, 612.

14) A. R. MacEwen, *The Erskines*, (Edinburgh: Oliphant Anderson & Ferrier, 1900), 45.

반복적으로 발생하였다.15) 그런데 목사 임명권의 부활은 과거 악독한 스튜어트 왕국(Stuart Dynasty)의 관습으로 귀의하는 경향을 보였다. 당시 온건파로 알려진 타협주의파가 힘을 얻은바, 그 파의 신학적 방종은 교회가 국가에 종속되어 감투를 쓰는 일에 기꺼이 음모를 시도하는 일을 양산하였다. 수년 동안 목사 임명권은 악한 압력적인 느낌은 없었다. 따라서 목사 임명권을 가진 단체나 노회들은 사람들이 수납할 수 있는 사역자들을 지명하는 일을 행하였다.16) 설교자들은 사람들로부터 소명(召命)이 있다는 것을 이해하고 표현하는 것을 수납할 수 있도록 주의를 기울였다. 약 20년 후 목사 임명권이 부활했을 때 소명은 필수 조건이었다. 이것은 교회 내부에서 일어난 일이지만 처음부터 목사 임명권에 관한 내용을 싫어했던 사람들이 있었다. 그들은 지속적으로 두 가지의 절대적인 원리에 옛 교회의 이념을 주장하게 된바, 하나는 국가의 간섭으로부터의 자유와 다른 하나는 목사 선출의 자유를 누리는 것이었다.17)

에베니젤과 랄프 어스킨 형제를 중심으로 한 복음주의 파는 타협주의파와 팽팽한 대치를 이루었으나, 후자에 비해 그 규모가 훨씬 작았다. 그러나 1715년 초 갈등 속에 에베니젤은 "사람들에 대한 목사의 관계는 선거, 선택, 또는 사람들의 자유로운 의견 일치를 명백히 알아낸 후 성도들이 자신들의 목사를 자기 손으로 선택하는 자유를 행사하지 않고는 결정할 수 없다"18)고 선언한 후 노회를 옮겼다. 그러나 이 문제는 총회가 열린 1731년까지 심각한 상태에 이르지 않았으나, 그것들은 총회가 주로 타협주의파들을 포함 시키는 일, 공석으로 있는 교회를 사용하여 새로 개척하는 일에 관한 활동을 승인하는 일, 공석인 교회를 지명하여 노회안으로 들어올 경우 선언하는 일, 또 선거는 부동산 소유자와 프로테스탄트 교인들과 그리고 장로들이 의무적으로 함께 참여하는 것이었다. 여기에 기념비적인 진행이 있었는바, 사실 지금까지 교회는 영적 독립성에 관해 정부와 투쟁을 해 왔으나 교회는 스스로 타협주의파를 통해 교회의 영적 독립성에 마치 시련처럼 혹독

15) Gordon Donaldson/Robert S.Morpeth, *A Dictionary of Scottish History*, (Edinburgh: John Donald Publishers Ltd., 1988), 169.

16) Hector MacPherson, *Scotland's battles for Spiritual Independence*, (London: Hodder and Stoughton, 1905), 145-147.

17) Hector MacPherson, 146.

18) A. R. MacEwen, *The Erskines*, 37-38.

한 타격을 입게 되었다.

1834년 8월 월뜨셔(Pwerthshire) 교구에서 로드 키놀(Lord Kinnoull)경 자치구에 무감독 교회가 세워졌다. 키놀 경은 젊은 강도사 로버트 영(Robert Young)을 교회 대표로 보냈다. 그리고 교회는 그의 사역에 서명하도록 교구 사람들을 초청하였다.[19] 330명의 대표들이 모인 중에 5/6의 287명이 특별한 이유 없이 영국 국교에 반대하였다. 총회의 통보를 기다린 후 악터라더(Auchterader) 노회가 1835년 7월 영(Young)의 교회 대표성을 거절하였다. 따라서 목사 후보생과 목사의 추천을 받은 이들이 노회의 거부에 맞서 법원에 제소하였다. 1837년 모든 재판 위원들 앞에서 논쟁이 벌어졌다. 연구자들에 의하면 1592년의 황금 법은 자격을 갖춘 후보생들을 승인하여 노회를 지속 시킬 것을 인용하였다. 다른 한편 그의 미래 양무리에 대한 수용이 질적인 요소를 내포하는바, 그것은 순수한 초청으로 교회론적 조례여야 한다. 그런데 그것은 국가의 권위가 요청하는 것이 아니며 또한 사법권의 시행에 의한 것도 아니어야 한다. 그리고 "초청"을 부활시키는데 있어 단지 거부권 조항이 무시된 실천을 다시 회복하는 것이었다. 결국 그들의 관점은 재판에서 설득력을 잃어버렸다. 1838년 13명중 8명의 판사들이 첫 재판을 제외하고는 영(Young)을 거절하는 판결을 내렸다. 악터라더 노회는 법 조례를 불법적으로 적용한 채 그들의 의무를 저버렸다.[20] 그 결정은 근래의 복음적 성장을 비틀거리게 하는 회오리가 되었으며 교리적 안정을 기하는 일에 채찍을 가했다. 그 다음 총회가 교회의 영적 독립을 주장하는 소용돌이 때문에 소집되었는데 지방 재판에 대항하여 주님의 집에 호소하였으며 그로 인하여 1839년 5월 더욱 명확하고 황당한 판단을 불러 일으켰다. 재판부의 판단이 지지를 적게 받은 것뿐 아니라 어떤 근거에 있어서도 목사 후보자를 거절하는 노회의 무능력과 경쟁력 없는 진술 뿐 이었

---

19) Charles Sanford Terry, *A History of Scotland*, 622.

20) Alexander Stewart, *The Free Church of Scotland 1843-1910*, (Edinburgh & Glasgow: William Hodge and Company, 1910), 1-16.

21) 악더라더 사건은 결코 우연히 일어난 일이 아니었다. 1837년 Lethendy와 Kinloch 목사의 경우를 보면, 재임기간 중에 사망한 성주를 대신하여 그의 직위를 계승하는 것은 목사였다. 그러나 대다수의 성도들이 동의하지 않자, 노회는 자신들이 지명한 두 번째 후계자에게 왕관을 넘겨주었다. 이는 악더라더 사건의 원인이 된 첫 번째 후계자 지명으로 인한 항소법원의 파문을 무릅쓰고 한 용감한 행동이었다. 이로 인해 1839년, 노회는 법정으로부터 엄청난 비난과 질책을 받았고, 다시 한 번 이러한 행동을 반복할 경우에는 투옥될 것이라는 위협까지 받았다.

다. 그 후, 1842년 복음주의자들은 더 강해지고 결심이 확고해졌다.[21] 윌리암 커닝햄 박사(Dr. William Cunningham, 1805-1861)[22]는 현재 교회가 어려움에 처한 것은 평신도 목사 임명권 때문이라고 지적하고 폐지운동을 전개하였다.[23]

(2) 자유주의 신학: 스코틀랜드 종교적 삶은 혁명적인 개혁 정착과 함께 놀라운 변화를 이끌었다. 국가의 이념과 힘은 정해진 교회론적 통로와 함께 정해진 노선을 따라 산업, 상업, 문학, 그리고 철학 등 다양한 분야로 확장되었다. 과거 인간 중심의 신학적 교리와 타락의 결과는 인간 중심의 새로운 자연신론의 교리와 인간의 타고난 선의 교리 앞에서 줄달음치기 시작했다. 결론적으로 기독교에 있어 자연주의는 초자연주의를 계승하는 것이었다.[24] 사람들이 필요한 것은 그렇게 많은 새로운 자연주의를 이식하는 것이 아니라 전통적 신앙, 즉 옛 자연주의를 잘 배양하는 것이었다. 실로 근대주의의 갑작스런 발흥은 교회에서 채찍질을 당해야 함은 의심의 여지가 없다. 신정정치의 이념을 집행하려는 노력에 있어 교회는 신학적 분야 밖에 놓여 있는 모든 종류의 발전에 대해 얼굴을 찌푸리고 있다.[25] 심

그 사이, Marnoch의 Moray 종교회의에서 비슷한 사건이 발생했는데, 바로 평신도들이 1837년 사망한 재임 자를 대신할 사람을 직접 뽑은 것이 그것이다. Yohahn Su, *The Contribution of Scottish Covenant Thought to the Discussions of the Westminster Assembly(1643-1648) and its Continuing Significance to the Marrow Controversy(1717-1723)*, (University of Glamorgan, Ph.D thesis, 1993), 68-123, 287-333.

22) 스코틀랜드 자유교회의 신학자로, 해밀턴에서 태어났으며 에든버러 대학에서 공부했다. 그는 1830년 Greendonk의 Middle Church에서 사역을 시작했고, 1834년 에든버러의 트리니티 대학으로 옮겼다. 1844년, 그는 Free Church 교단 신학교의 첫 신학과 교수가 되었고, 1845년에 기독교 역사를 가르치기 시작하였다. 1847년 토마스 찰머스의 자리를 이어받아 New college의 총장이 되었다. 1859년에는 Free Church 교단의 총회장으로 선출되기도 했다. 그의 두 권의 역작 "역사신학"과 "교회 역사 강의"는 걸작으로 간주된다. 그는 조직신학의 형성에 크게 영향을 끼친 학자였다. Donald Maclead, "William Cunningham", *Dictionary of Scottish Church History & Theology*, David F. Wright/David C. Lachman, Donald E. Meek(eds.), (Edinburgh: T&T Clark, 1993), 229-231.

23) G. D. Henderson, *The Church of Scotland: A Short History*, (Edinburgh: The Church of Scotland Youth Committee), 139.

24) John Macleod, *Scottish Theology*, (Edinburgh: The Banner of Truth Trust, 1974). 267.

25) Hector MacPherson, *Scotland's battles for Spiritual Independence*, (London: Hodder and Stoughton, 1905), 165; William Macleod, *Steadfast in the Faith: The Witness and Principles of the Free Church of Scotland*, (Edinburgh: The Publications Committee of the Free Church of Scotland, 1943), 67-68.

각한 노선은 성스런 것과 세속적인 것 사이의 선을 긋는 것이다. 거룩한 것을 지지하지 않는 어떤 것도 신정정치의 이념에서 멀리 떨어져 취급 받아야 한다. 앞에서 언급한대로 1834년 이후 100년간 투쟁이 이어져 왔다. 영(Young)이라는 목사 후보생이 수여식의 기회를 얻은 때부터 100년간 투쟁이 계속되었다. 이 사건이 주님의 집 즉 교회에 제소되었으며, 1839년 법정은 종교를 국가에 종속시키는 에라스티안파(Erastian)의 손을 들어 주었다.[26)]

이 사건 이 후 논쟁은 두 주장 사이에서 더욱 갈등이 심화되었다. 그것은 영적 기능의 본질에 있어 어떤 다른 재판부로부터 교회가 가지고 있는 자유에 관하여 문제가 발생하였다. 한편 교회가 국가와의 관계에서 인정하고 있는 법적 권위에 맞서 반항하는 단체로 간주 되었고 다른 한편 국가는 주님의 교회에 대한 신성을 범하는 단체로 간주 되었다. 이런 상황에서 스코틀랜드 교회가 법적으로 판단해야 할 시간이 다가왔다. 재판 결정 수개월 후 총회가 열렸을 때 총회는 교회를 정죄한 해결 방안을 통과시켰다. 시민의 권리에 관한한 일반법의 재판소에서 단독적으로 인정함과 그 분야에서 통과된 모든 결정에 순종할 것을 동의함과 동시에 교회에 관한 법에 의해 교회는 방어 차원에서 그들의 재판을 영적 판결과 유일한 그리스도의 머리와 최고의 주권을 주장 하였다. 주의 집 즉 교회에서 결정한 후 이를 널리 알려지도록 했는데, 이듬 해 총회에서 다수에 의해 결정한 유사한 내용을 수용하게 되었다.[27)]

---

26) Thomas Erastus(1524-1583), 독일 하이델베르크의 의학 박사로 교회는 국가 조직의 한 부분이 되어야 한다고 주장하였다. 그에 따르면 교회는 하나의 국가 기관에 불과하다. 따라서 별도의 정치제도가 필요 없고 국가의 직접적 통치를 받아야 한다. 또한 국가의 정치적 이득을 위해 교회의 법령은 언제든지 삭제되거나 새로 만들어질 수 있다. 한편 교회의 권징도, 국가가 최종 통치권을 행사할 것과 교회를 국가의 한 부속 기관으로 만들 것을 주장했다. 그의 주장은 교회 주권을 위험에 빠트렸으며 사람들로 하여금 교회는 "국가의 피조물" 일 뿐이라는 것을 강력하게 인식시켰다. 토마스와 그의 제자들은 후에 에라스티안파의 창시자가 되었다. James Moir Porteous, *The Government of the Kingdom of Christ*, (Edinburgh: Johnstone, Hunter & Co., 1873), 178-179; R. W. Dale, *History of English Congregationalism*, (London: Hodder and Stoughton, 1906), 265.

27) 갈등의 범위는 점차 확대되었다. 던켈노회는 항소법원의 파문을 무릅쓰고, 국가가 레쎈티 성의 성주로 임명한 클라크라는 사람을 거부했다. 그리고 던켈노회에서 직접 선택한 케센을 성주로 임명했다. 결국 던켈노회는 국가의 권위를 무시했다는 이유로 항소법원에 소환되었으며 간신히 투옥을 면했다. 마녹성의 사태는 더욱 심각했다. 스트라스보기노회의 일곱 목사들은,

4. 신학적 주제와 위치

1833년 이래 자유교회는 자연주의와 자유주의 신학을 저지해 왔으며 정부주도의 국가 교회로부터 떠나 자유로운 교회에 따라 충성할 위치에 놓였다. 따라서 모든 옛 장로교회의 성경적 원리에 의한 이념과 예배 형태를 유지하였다. 그것은 마치 옛 언약의 파란 깃발이 성직자로부터 특별한 열정과 함께 수년 동안 휘날리는 것과 같았다. 교회의 바른 기준으로부터 어떤 잘못 기울어진 내용을 조사하려는 강한 결정은 "이교도를 사냥하는 교회"로 불려지는 곳으로 인도되었다.[28] 목사들은 후대(後代)들에게 안전한 신앙적 계승을 위해, 그리고 역사와 교리를 젊은이들에게 올바로 교육하기 위해 가르침을 받았다. 1844년 이러한 가르침은 모범 신뢰 행동(Model Trust Deed)으로 명명되었다. 그러나 이 기간에 옛 파란 깃발(Old Blue Banner)이란 증명되지 않은 새로운 파가 독일 신학의 영향아래 배태되었다. 그들은 안식일을 지키는 일과 오직 안식일 날짜만을 주장하는 기독교를 내 세우며 권위 있는 공 예배 형식을 강조하였다. 이 파는 매우 급진적인 파로 기존의 시편(psalms)을 찬송가(hymns)로 대체하였다.

설교 역시 변화 과정을 거치는데, 심오한 신학적 가르침 보다는 쉽게 이해될 수 있는 가벼운 담화들로 구성되었다. 설교의 주제 역시 죄에 대한 심판보다는, 사람들이 관심을 갖는 문제나 때로 유명한 사건들에 초점을 맞췄다. 즉, 영혼과 지성

법원의 금지명령과 정직 처분 상태임에도 불구하고 공석 교구에 에드워즈를 안수하고 그를 취임시켰다. 국가는 점점 도를 넘어가는 교회의 불충의 행위를 더 이상 용납하지 않았다. 보통 임명된 목사는 일곱 명의 지지자의 동의만 있으면 자신의 교회와 교구 내에서 설교를 할 수 있는 권리를 부여받았는데, 시저 황제는 이러한 조항마저 철회시키고, 스트라스보기 노회의 목사들을 한 명씩 법정으로 소환했다. 이러한 환란의 시기에도 교회는 한 치도 흔들리지 않았다. 그들은 18세기 전, 유대 최고 법원에 외롭게 서 있었던 한 남자를 기억했다. 당시 예수 그리스도가 대 법정의 판결에 두려워하지 않은 것은, 그 모든 것이 한낱 인간의 명령에 불과했기 때문이다. 예수가 모든 환란과 핍박을 이겨낼 수 있었던 것은, 그는 목숨보다 하나님의 지상명령을 더 귀히 여긴, 더 높은 차원에 매여 있는 자였기 때문이다. 예수 그리스도의 깊은 영성이 수세기에 서서 진해져 내려와, 교회가 국가에 끝까지 맞서게 한 원동력이었다. Alexander Stewart/J. Kennedy Cameron, 5-6; Professor Eadie, *Tytler's History of Scotland*, (Edinburgh: William Mackenzie), vol. 2., 332-360.

28) William Storbar, *Scottish Identity: A Christian Vision*, (Edinburgh: The Handsel Press Ltd., 1990), 42-43.

에 호소하던 예배가 감각과 느낌에 의존하는 예배로 바뀐 것이다. 이러한 변화 역시 지속적인 투쟁의 결과였다. 이들의 반대편에는 전통적인 교리와 옛 예배 형식을 목숨보다 귀히 여기는 사람들이 있었다. 그들은 이러한 시대의 변화를 거부했으며, 진보당의 움직임을 어떻게든 저지하려고 했다. 그들은 후에 합법적인 입헌주의자(constitutionalists)들로 알려졌다. 1843년 자유교회는 4가지의 특별한 순수성을 유지한바, 성경 무오설, 공 예배의 형태, 교회의 영적 독립, 그리고 교회의 역할과 책임을 믿는 것이었다.

교회의 이러한 새 출발은 처음 2년까지는 추적이 가능하지만, 그 후부터는 시대별로 뚜렷한 변화가 없어 구분이 쉽지 않다.

(1) 성경의 무오성: 개혁파 신학에 맞서는 두 가지 도전은 특별히 성경을 둘러싸고 제기된 문제였다. 하나는 성경의 진리에 대한 회의론적 입장이다. 데카르트(Decartes)는 17세기 초 유명한 프랑스 철학자였는데 수세기 동안 종교와 신비에 관해 열매 없는 중세 스콜라주의자들의 방법론을 버리고 새롭게 철학 연구를 시도한 사람이었다. 그는 인간의 의무와 종착점에 관한 진정한 진리를 발견하려는 열정적인 욕망에 있어 의심이 될 만한 모든 것을 버리기 시작했다. 이런 그의 제거 과정을 통해 그는 의심할 나위 없는 하나의 사실 "나는 생각한다. 그러므로 나는 존재한다(*cogito ergo sum*)." 로부터 출발하였다. 그는 이제 어떤 것을 받아들이기 전에, 먼저 질문하고 생각해보도록 하는 방법적 회의를 제시하였다. 이 원리에 따르면, 사고하는 법, 즉 이성이 절대적인 위치를 갖는다. 반면, 물질적인 권위나 명예는 아무것도 아닌 것이다. 데카르트에게 성경은 근세 철학의 범위를 넘어 어떤 신적인 권위를 지닌 책이었다.[29] 데카르트의 추종자들은 카르티시안 이성주의자들(Cartesian Rationalists)로 불리어 졌으며 서유럽에 있어 사상적으로 많은 영향을 끼쳤다. 새로운 사고방식을 알게 된 프랑스 사람들은 지식의 근본은 오직 감각일 뿐이라고 주장하였다. 지극히 인간적이고 파급적인 사상에 성경적으로 맞서기 위해 자유교회의 두 인물, 토마스 찰머스 박사와 제임스 뷰캐넌(1804-1870) 박

---

29) G. R. Cragg, *From Puritanism to the Age of Reason: A Study of Changes in Religious Thought within the Church of England 1660-1700*, (Cambridge University Press, 1950), 48-49, 119; Christopher Hill, Puritanism and Revolution, (England: Penguin Books, 1990), 270.

사가 전면에 나섰다. 찰머스는 “천문학적 담론”(Astronomical Discourses)으로 유명하며, 제임스는 “하나님 신앙과 무신론의 비교”(Faith in God and Atheism compared)를 반박한 것으로 널리 알려졌다.[30)]

독일에서는 데카르트의 제자들이 더욱 주관주의 관점으로 빠져들었다. 진리란, 감성을 통한 심령과의 대화를 대신하며, 내재성을 더 주장하여, 경험과 이성을 더 요구하게 되었다. 그들은 “진리란 이성을 통해 찾을 수 있는 것이고 인간의 마음은 모든 진리에 대한 결정자이다.” 라고 믿었다. 독일에서는 철학과 종교는 아주 가까운 손 안에 있는 것이고 철학적 영역은 종교의 신앙을 안내하는 것이라 고 생각했다. 그러므로 같은 원리로 볼 때 하나님과 기독교인들은 큰 틀에서 인간의 개념과 이성으로부터 추론하도록 되었다. 교리는 성경을 받아 수납하는 대신 논리적 논증의 산물이 되어야 믿게 된다고 주장했다. 그들은 기독교의 사건과 교리는 인간의 이념에 따라 종속되어 진다고 믿었다. 기독교의 역사적 대 사건들은 인간의 지적 평가에 의해 들어온 것이다. 창조가 창세기에 기록된 것은 하나의 시적 예증으로 받아 들여져야 하며 기적들은 인과 관계의 이론을 무시하였기 때문에 배제되었다. 그리스도는 하나님의 아들로서 인정을 받는 대신 특별히 단지 도덕적 지적 성취자로만 고려되어야 하며 또한 예수님은 인격적이 아닌 이념자로 간주 되어야 했다. 이로 인해 독일에서는 많은 사람들이 구약과 신약의 역사적 진리를 부정하는데 아주 열정적이었다.

영국에서는 독일 문학을 연구한 악명 높은 콜리지(Coleridge)와 칼라일(Karlyle)이 성경을 비판하였다. 이에 맞서기 위해 스콧(Scot)이 나섰는바, 그는 어린 시절부터 뛰어난 논리력과 민첩한 두뇌를 가진 자였다. 하지만 그는 날카로운 성경적 지식으로 ‘성서비평’을 즐기는 시대적 흐름에 맞섰으나 결국 포기하였다. 흥미롭게도, 이단 사냥 교회(Heresy-hunting church)라 불린 자유교회는 이러한 파괴적인 일에 적극적으로 동참하였다. 이에 대해 맨 처음 체계적으로 이이디어를 낸 사람이 데이비슨 교수(Davidson, 1831-1902)[31)]이다. 그는 변식 위험을 무릅쓴 채 가장 중추적인 역할을 맡아, 그만의 미묘한 인용 기법을 이용하여 성경의 무오

---

30) N. R. Needham, “James Buchanan”, *Dictionary of Scottish Church History & Theology*, David F. Wright/David C. Lachman, Donald E. Meek(eds.), (Edinburgh: T&T Clark, 1993), 107-108.

류성을 비판하고 이를 젊은 학생들의 사고에 심어주었다. 뿐만 아니라 전통 교리를 버린 학생들 몇몇을 골라 직접 가르쳤다.

다음의 인용문은 헨리 드루몬드(Henry Drummond, 1851-1897)[32] 교수가 쓴 "이상적인 삶"(The Ideal Life)의 도입 부분에서 발췌한 것으로, 자유교회의 지지자이자 영국 위클리 매거진의 편집장이었던 로버슨 니콜(W. Robertson Nicoll, 1851-1923)[33]이 쓴 것으로, 나름의 타당성을 갖는다. "구약 신학의 대가로 불리는 데이비슨 박사의 문체는 창의적이고 절묘하며, 열정적이고 독특합니다. 그는 조용한 듯 보이나 엄청난 열정을 갖고 학생들을 가르쳤는데, 계시록에 대한 전통적 견해를 비판하고, 이는 반드시 수정되어야 한다고 주장했습니다. 데이비슨 박사 자신은 성경을 고치는 일에 관여하지는 않았지만, 당시 자유교회 성직자들이 성경의 오류를 비판하며 즉결에서 고쳤던 일이 빈번했던 것으로 보입니다. 데이비슨 박사의 학생들은 독일에서 어학연수 기회를 제공받았으며 편협한 사고에서 벗어나 넓은 시야를 갖췄습니다. 미국의 선교사 무디(Moody)가 말했듯이, 이러한 위험한 사고는 교회의 위기이며, 어쩌면 교회를 단숨에 산산조각 내버릴 수 있는 무기였

---

31) 뛰어난 구약 학자로, 스코틀랜드 신학의 선두자이다. 1849년 애버딘 대학교에서 수학을 전공, 최고 학위로 졸업했다. 그는 신학과 교리에서 논리보다는 지각과 경험에 의존했으며, 웨스트민스터 신앙고백의 예정론을 비판했다. 데이비슨은 자유교회 전 신학생들을 비평학에 매료되게 할 만큼 영향력 있는 교사였다. David F. Wright, David C. Lachman, Donald E. Meek(eds.), *Dictionary of Scottish Church History & Theology*, (Edinburgh: T & T Clark Ltd., 1993), 235.

32) 저명한 작가이자 뛰어난 선견지명을 갖춘 지질학자이다. 그는 에든버러 대학과 자유교회 대학, 그리고 튀빙겐에서 연구했으며, 에든버러의 Barclay 교회의 부목사로 섬기다가 후에 Marcus Dods(1834-1909) 목사를 도와 글라스고의 Possilpark 지역에서 노동자들을 돕는 사역을 했다. David F. Wright, David C. Lachman, Donald E. Meek(eds.), *Dictionary of Scottish Church History & Theology*, (Edinburgh: T & T Clark Ltd., 1993), 258.

33) 헨리 니콜의 아들로, Lumsden, Aberdeenshire의 자유교회 목사를 담임했으며, Achindoir Parish School, Aberdeen Grammar School, Aberdeen University and Aberdeen FC Divinity School을 졸업했다. 그 후, Dufftown, Banffshire(1874-1877), 그리고 Kelso, Roxburghshire(1877-1885)의 자유교회 목사로 임명되었다. 악화된 건강으로 목사직을 내려놓은 후, 런던으로 건너가 *The Expositor*(1885-1923)와 *The British Weekly*(1886-1923), *The Bookman*(1891-1923)의 편집장이 되었다. 그는 평생 목사와 편집장으로서 성실한 삶을 살았다. D. W. Bebbington, *Dictionary of Scottish Church History & Theology*, David F. Wright/David C. Lachman, Donald E. Meek(eds.), (Edinburgh: T&T Clark, 1993), 627.

다."[34)]

성경에 대한 불신의 씨앗이 젊은 목사들 마음에 비밀스럽게 뿌려졌고, 교묘하게 뿌리내리기 시작했다. 데이비슨 박사와 그의 제자들은 자신들이 노출되어 수사당할 위험을 대비하여 신학 수업을 창설하고 학교를 방패로 삼았다. 그들의 목적을 위해 경건하게 성실하게 일하되, 교회가 알지 못하도록 비밀스럽게 행동했다. 따라서 로버트 머레이 맥체인(Robert Murray Cheyne, 1813-1843),[35)] 토마스 찰머스(Thomas Chalmers, 1780-1847),[36)] 그리고 모든 자유교회 선조들을 지지해온 소위 "편협한 지협주의자들" 인 청교도들, 장로교인들, 개혁신앙인들, 그리고 초대교회 교인들의 마음을 사로잡은 소위 무지하고 선입견주의 출신들로부터 무엇을 믿어야 하며 무슨 설교를 해야 할 지도 모르는 황당한 독일의 비평적 신학자들로 변한 학생들이 사악한 임무를 위해 유학길에 오른 것이다.[37)] 후에 19세기 유명한 설교가 스펄전(C. H. Spurgeon, 1834-1892)[38)]은 스코틀랜드의 자유교회는 새로운 신학이 밀려오는 순간을 맞을 때 가장 불행한 시기로 간주되었다. 그것은 신학이 아니고 주님의 말씀에 정 반대되는 것이었기 때문이다. 그리고 그는 믿음에 있어 건전한 내용과 순교의 정신이 충만한 신앙에 처한 교회가 가장 영광된 교회이며

---

34) William Macleod, *Steadfast in the Faith*, (Edinburgh: The Publications Committee of the Free Church of Scotland, 1943), 1-10.

35) Andrew a. Bonar, *Memoir and Remains of the Rev. R.M.M'Cheyne*, (Edinburgh & London: Oliphant Anderson & Ferrier, 1892), 3-622.

36) William Hanna, *Memoirs of Thomas Chalmers*, (Edinburgh: Thomas Constable and Co., 1894), 2 vols; Hugh Watt, *Thomas Chalmers and the Disruption*, (Edinburgh: Thomas Nelson and Sons Ltd., 1943), 1-359; Ronald Selby Wright, *Fathers of the Kirk*, (London: Oxford University Press, 1960), 129-142; W. Beveridge, *Makers of the Scottish Church*, (Edinburgh: T. & T. Clark, 1908), 183-195.

37) John B. Orr, Scotish Church Crisis: *Full Story of the Modern phase of the Presbyterian struggle*, (Glasgow: John M'neilage, 1905), 18-19.

38) J. C. Carlile, *C. H. Spurgeon: An Interpretative Biography*, (London: The Religious Tract Society and the Kingsgate Press, 1934); *Spurgeon: The Poeple's Preacher*, (London: Walter Scott Ltd); Iain H. Murray, *The Forgotten Spurgeon*, (Edinburgh: The Banner of Trust Trust, 1966); Arnold Dallimore, *Spurgeon: A New Biography*, (Edinburgh: The Banner of Trust Trust, 1985); James J. Ellis, *Charles Haddon Spurgeon*, (London: James Nisbet & Co., Ltd); W. Y. Fullerton, C. H. *Spurgeon: A Biography*, (London: Williams and Norgate Ltd., 1934); R. Shindler, *From the Usher's Desk to the Tabernacle Pulpit: The Life and Labours of Pastor C. H. Spurgeon*, (London: Passmore and Alabaster, 1892).

다른 잡다한 신앙고백을 떠나 성경교리를 주장한 교수들이 목회사역을 훈련하도록 위탁 받을 때 교회의 모든 영광이 나타날 것이라고 하였다.[39] 따라서 교회는 어떠한 사법적 구조와 체제를 만날지라도 변함없이 하나님의 말씀의 무오한 진리와 하나님의 권위가 되는 신구약 성경을 믿는 신앙을 직무자들이 수납하고 확언하는 일을 가르치는 자들과 함께 그 약속을 성실히 이행 해 왔다.[40] 그러므로 자유교회의 젊은 목회자들은 이와 같은 선언을 해야 했으나 오직 자기 직업을 제공받기 위하여 그들은 퇴색해 가는 미신적 행위를 믿도록 가장하였다.[41] 이것은 1904년 연합자유교회의 형태로 인도 되어 목회사역에 있어 치욕을 피할 수 없게 되었다. 그러나 1843년의 자유교회는 자유교회의 본질적인 신학을 보존하였으며 그것은 의심할 여지없이 자유교회의 진정한 기반이 되었다.[42]

---

39) 1890년 혼란 이후, 독일의 비평론이 교회를 장악하기 시작했다. 저명한 작가인 Robertson Smith, A. A. Bruce, C. H. Dods, 그리고 이들을 이끄는 George Adam Smith 교수가 새로운 학교의 대표가 되었으며, 이들의 "자유주의"는 지대한 영향력을 끼치기 시작했다. 아담 스미스에 따르면 창세기는 신화와 전설로 이루어진 이야기일 뿐이다. 또한 십계명은 모세에 의해 기록되거나 모세로부터 기인되니 것이 아니다. 그의 비평학에 의하면, 사무엘과 열왕기상은 내러티브 형식으로 되었기 때문에 연구할 가치가 충분하다. 이러한 이유로 아담 스미스는 엘리야, 다윗, 룻, 요나, 시편, 그리고 이사야서를 제외한 채 구약을 설파하였다. 당시 저명한 학자들과 교수들 역시 그의 입장을 지지했고, 이들의 사상은 성경의 권위를 약화시켰을 뿐 아니라 '신' 보다 '인간의 이성' 에 초점을 맞추게 하였다: 그들의 사상은 거룩한 성경을 바탕으로 하지 않고 인간이성의 점진적 발전과 사고의 진화에 중심을 둔 것이었다. John B. Orr, 21-22.

40) William Macleod, *Steadfast in the Faith: The Witness and Principles of the Free Church of Scotland*, (Edinburgh: The Publications Committee of the Free Church of Scotland, 1943), 3, 11-20.

41) 가장 그럴 듯 하고 순수해 보이는 문서가 사실은 모호하고 불명확한 법이다. 이러한 선서는 교회법령에 제한되지 않으려는 자유분방한 목사 및 교수진들의 숙련된 묘책이었고, 사람들 눈에는 변한 것 없이 지켜지는 원칙처럼 보였다.

42) 토마스 찰머스는 '다만 우리는 어둠 속을 걸을 뿐이다. 우리 발의 등이요 힘이요 능력과 권세 되시는 하나님의 말씀 외에 우리는 어떠한 권위에도 굴복하지 않는다.' 라고 말했다. 사무처를 받는 조건으로 동일한 계약을 체결하는 스코틀랜드 자유교회 목사와 공무원들의 선서는 지금도 계속되고 있다, '...나는 대 의회와 교회로부터 승인을 받은 이 신앙고백서에 담긴 경건의 교리를 전심으로 따르기 원하고, 하나님의 진리의 말씀을 사모하기 원하며, 이것이 곧 내 믿음의 고백이 되기를 기도한다. 성서의 말씀은 인간이 쓴 것이 아니라 오직 하나님의 임재로 완성된 것이므로 내가 믿고 순종해야 할 신성한 책임이 분명하다. 나는 성경의 가르침에 어긋나는 모든 신조와 통설들을 차단할 것이며, 내가 본향에 가기까지 지녀야 할 것은 오직 성경뿐임을 고백한다.' John B. Orr, 25.

(2) 공 예배의 형태: 16세기 종교개혁 이후, 우리가 계시의 비범한 통로로 지칭하는 것이 있는데 그것은 모세와 선지자들과 사도들이다. 그들은 하나님의 뜻을 사람들에게 전하는 자들로 불리는 바, 이제는 그 일이 영구적으로 중단된 것이다. 하나님이 몸 된 교회에 전달하신 진리를 더 잘 보전하고 전파하기 위해 성경을 온전하게 기록하도록 그들에게 위탁하셨는데 그것은 지금 교회가 구약과 신약의 형태로 보전하고 있는 것이다.[43] 그러나 공 예배의 형태에 관해 개혁파 전통을 따르는 기독교인들은 웨스트민스터(Westminster) 신앙고백에 명백히 기록된 바, 교회의 봉사와 신자의 삶으로 특별히 받들어야 할 분야인 하나님의 말씀에 허락된 것이다. 그들은 오직 믿음과 순종의 법칙으로 하나님의 말씀을 바라보고 있다.[44] 말씀을 읽거나, 가르치거나, 그리고 하나님의 성령에 의해 축복을 허락하심으로 죄인이 회심하게 되고 효과 있는 확실한 은혜의 수단이 되며 나아가 그들을 성화에 이르게 한다. 이전에는 종교적 논쟁이 해결되고 교회의 법이 점검 받고 고대의 선조들이 기록한 문서들의 견해까지도 점검을 받고 사람들의 교리와 개인의 영적 문제까지도 사정을 받는 곳이 법정이었다. 그러나 말씀은 역시 교회의 예배를 규정하고 있다. 우리가 관찰한대로 어떤 것도 성경에 진술되지 않은데도 하나님에 대한 예배를 소개하는 교리가 있어서는 안 된다.[45] 이렇게 개혁주의 신자들이 말씀에 권위를 부여한 것은, 예배 형식을 규정하는데 실제적 영향을 미쳤을 뿐 아니라 여러 교회를 연합시키는데 성공하였다.

이러한 진술에 동의하는 장로교인들이 있는 것은 사실이다. 그러나 그러한 비평주의는 교회 건물의 열악함으로 인하여 부추겨져 왔으며, 예배의 양상을 지배하였으며, 예배 의식의 기본적 특성을 일방적으로 유지하였으며, 보는 앞에서의 활

---

43) 성경에 대해 웨스트민스터 고백서는 '그것이 새로운 성령의 계시든, 인간의 교리든 이 이후로는 어떠한 것도 더해지지 않았으며' 라고 기술하고 있다.

44) *The Confession of Faith: The Larger and Shorter Catechism, with the Scripture proofs at large: Together with the Sum of Saving Knowledge, contained in the Holy Scriptures, and Held forth in the said Confession and Catechism, and Practical use thereof; Covenant, National and Solemn League; Acknowledgment of sins, & Engagement to duties; Directories for Publick and Family Worship; Form of Church Government, &c, of Publick Authority in the Church of Scotland, with Acts of Assembly and Parliament, Relative to, and Approbative of, the Same*, (Edinburgh: D. Hunter blair and M. T. Bruce, 1836), 519-592.

45) 신 12:32; 마 15:9.

동을 강하게 저지 시켰으며, 또한 교회 사역자들의 생생한 복장을 저지시켜 왔다. 하나님의 말씀은 하나님을 예배하는 규율을 제정한다. 물론 그 하나님 말씀의 규율은 실제적으로 모든 기독교회에 의해 신앙고백을 요구한다. 로마 교회도 예외가 아니다.[46] 문제는 하나님의 말씀에 "하나님을 예배하는데 대해 어느 정도 또한 어느 범위로 규정하고 있느냐?" 이다. 그 궁극적인 단계가 어디인가? 칼빈의 제자들로서 웨스트민스터(Westminster) 신조를 고백하는 기독교인들은 지금까지 그렇게 해 왔는데 그들은 "하나님의 말씀에 기록되었으면 받아들이고 그렇지 않으면 배제한다." 라고 주장해 왔다. 모든 개혁파 신자들은 웨스트민스터 신조를 고백한 신앙인들이 이전 개혁파 신앙인들의 발자취를 따라온 것처럼 모든 필요한 교리를 가르쳐 왔는데 특별히 "성경이 기록되어 있는 것이나 또는 선한 것과 필요한 것은 그 결론이 성경으로부터 유추되어야 한다."[47]는 것이었다.

우리가 오래전부터 보아온 대로 개혁교회에서는 하나님의 말씀이 강대와, 성찬상과, 교인들의 참여와, 찬양과, 다양한 신앙적 활동과, 그리고 국가에 이르기까지 실천적인 방법에서 기독교인들의 생활과 깊은 관계가 되었다. 그러나 이러한 문제로 어느 자유교회 지도자들이 가장 넓은 범위 쪽으로 방향을 돌려 돌아섰고, 이러한 원리들의 개발을 통하여 철저하게 돌아섰는데 특별히 교회 찬양에 있어 그랬다. 자유교회 지도자들 가운데 예배에 있어서 악기에 관해 신학적으로 반대되는 수준이 아주 주목할 만한 정도에 이르렀는데 옛날에 쓰던 전통적 방법과는 구분하는 것이 더 좋다는 것이었다. 다양한 사람들이 있었는데, 어떤 사람은 시편 찬송가에 대한 고전적 장로교회의 입장에 대해 지식 있다는 변증가들로부터 웨스트민스터 문서가 말하고 있는 자료가 없다는 식의 저변으로부터 문제를 걸고 넘어지려는 의도로 참여하는 사람들이 있었다.[48] 교회의 화평에 대한 술어를 생각하고 있는 사람들이 있었는데 교회의 연합을 최고의 주제로 삼아 다른 교회와 합하는 것을 생각하는 사람들이었다. 그리고 예배의 형태로 인해 분리되는 것이 교회 연

46) Clement Graham, *Crown Him Lord of All, Essays of the Life and Witness of the Free Church of Scotland*, (Edinburgh: The Knox Press, 1993), 59.

47) John Calvin, *Institutes of the Christian Religion, vol. 1., trans. by Henry Beveridge*, (London: James Clarke & Co., Ltd., 1953), 84-89.

48) Clement Graham, *Crown Him Lord of All, Essays of the Life and Witness of the Free Church of Scotland*, (Edinburgh: The Knox Press, 1993), 64-65.

합을 위협하는 것처럼 느끼는 사람들은 예배에 관해 그들 자신들의 주장에 참여하는 새로운 교회에 각 교회 회중들의 참여로 인해 모든 문제를 개방하는 방법으로 새로운 연합을 결정할 수 있다고 믿는 사람들이었다.[49]

(3) 교회의 영적 독립: 영적 독립에 관한 문제는 1843년 자유교회의 분리에 대한 주된 원인이었을 뿐만 아니라 교회의 신학적 문제와 국가에 대한 정치적 문제에 대한 결과를 가져왔다. 분리된 자유교회 교인들은 영적 독립을 강하게 주장하고 있었다. 그들은 그리스도 교회를 올바로 상속해 주는 자유교회야 말로 주님의 말씀에 계시 된 대로 주님의 뜻에 합당한 영적인 일을 안내하고 지도해야 하는 자유를 주장하였다.[50] 교회의 영역 안에서 교회는 오직 하나님의 말씀에 의해 제한을 받아야 하는 자유를 가지고 있다고 했다. 이 자유는 교회를 후계에 상속해 주는 일과 동 떨어진 것이 아니다. 그것은 국가와 상관이 있든지 없든지 간에 영적 상속의 사유를 가져야 한다. 그것은 결코 상속의 자유를 감소시키는 것이 아니다. 교회는 예수님의 말씀 외에 어떤 것에도 굴복해서는 안 된다.[51] 이는 분열에 관한 인간의 주장을 반영하는 것이 아니다. 이것은 스코틀랜드 개혁자들이 그 교리를 지켜온 것이다. 앤드류 멜빌(Andrew Melville)이 한때 제임스 6세(King James VI) 왕에게 말하기를 "스코틀랜드에는 두 왕과 두 왕국이 있는데 그 하나는 제임스 왕인데 이는 연방국가의 머리이며 또한 다른 왕은 예수님인데 교회의 머리이며 그분은 제임스 6세의 주권자이다. 제임스 6세의 왕국은 진정한 왕국이 아니며 주인도 아니고 왕국의 한 사람이다."[52]라고 했다.

자유교회는 그들이 따르는 교리가 옳다는 것을 보여주기 위해 그들이 직접 증

---

49) Candlish 박사와 같이 악기를 제외한 예배 규정의 원칙을 엄격히 준수하는 사람이었다. 그는 신약 성경의 사유로움을 주장하며 찬송가를 도입하려 했다. 그러나 이 주제에 대해 직접적인 언급을 하지 않은 윌리엄 커닝햄은 종교개혁 지도자들을 가까이 따르며 갈등의 소재에 대해서 철저한 신학적인 검토를 했다. 뿐 만 아니라 다양한 의견과 주장 속에 자신만의 독특한 생각을 집어넣어 대안을 제시하기도 했다. Clement Graham, 66.

50) 마 22:15-22; 막 12:16-17; 눅 20:22-25; 롬 13:1.

51) Alexander Stewart/J. Kennedy Cameron, *The Free Church of Scotland 1843-1910*, (Edinburgh & Glasgow: William Hodge and Company, 1910), 1-2.

52) Robert Pitcairn(ed.), *The Autobiography and Dairy of Mr. James Melvill*, (Edinburgh: The Wodrow Society, 1842), 368-372; John Cunningham, *The Church History of Scotland*, (Edinburgh: James Thin, 1882), vol. 1., 432-433.

거자가 되는데, 이는 특별히 하나님께서 주신 독특한 소명이었다. 그들은 교회의 영적독립권은 시온으로부터 온 영광의 유산인 동시에, 세상에서 받는 고통과 핍박의 이유라고 생각했다. 토마스 찰머스 목사는 자유교회를 지지하며 이렇게 선포했다: "우리가 절대 잊어선 안 될 것은, 교회의 영역이 그 어떤 것으로도 침해될 수 없다는 것이다. 어떠한 권력도, 어떠한 높은 직위도 거룩한 교회의 영역을 침범할 수는 없다. 예를 들어, 외부의 힘이 어떤 탐욕스러운 자를 목사임명권 소유자로 만들 수는 있다. 그러나 그 외부의 힘이 교회의 신성한 영역을 침범할 수는 없으며, 그를 스코틀랜드의 교회의 목사로 안수할 권리 역시 없다. 독립으로 우뚝 서 영생의 힘을 갖고 있는 교회에게, 국가가 견제할 수 있는 방법이라고는 세속적인 방법으로 무력화하는 것 외에는 아무 것도 없다." 그 후 교회는 굳건히 자신의 위치를 지켰고, 역사상 가장 위대한 영성을 소유했을 뿐 만 아니라 도덕적으로 가장 훌륭한 모범이 되었다; 후에 교회의 영향력이 줄어들긴 했지만, 전례 없이 강한 모습을 유지하며 국민들에게 버팀목이 된 것은 괄목할 만 하다. 시간이 흘러 교회는 더 이상 이전의 명성을 갖지 못했고, 우위적인 위치에 속하지도 않았다. 그러자 판사를 비롯한 기득권층 역시 교회를 보호해주려고 하지 않았다. 그러나 영적재판은 그들의 독자적 관할이었고, 그 거룩한 영역만큼은 빼앗기지 않고 이전의 위치를 고수했다. 우위적인 입장을 갖고 말고를 떠나서, 교회가 어느 쪽에도 속박당하지 않고 신성과 거룩함을 지킨 것은 주목해야한다.[53)]

정부는 교회의 영역을 침범하기 위해 끊임없는 시도를 벌였고, 계속해서 신앙적 문제에 간섭하고 통제하려고 들었다. 그리고 국가의 이러한 시도는 스코틀랜드의 분열을 이끈 가장 큰 원인이 되었다. 시저 왕은 교회에 합법적인 국가 권위를 행사하는 것을 넘어 하나님의 성전을 무작위로 침해할 수 있는 법안을 공포하기에 이른다. 왕의 이러한 행동에 영향을 받은 시민들은 자신들도 교회 내부의 노회에 대한 간섭권을 얻으려고 했고, 수시로 교회 재판소의 권위를 무시했다. 교회만의 신성한 기능을 통제당한 채, 교회는 정부의 감시를 받기 시작했다.[54)] 이는 1842년 캠헬 경(Lord Camphell's)의 발언을 통해 당시 상황과 정부의 목적을 짐

53) Alexander Stewart/J. Kennedy Cameron, 3.

54) John Macleod, *Scottish Theology*, (Edinburgh: The Banner of Truth Trust, 1974), 54.

작할 수 있다: "기득권층에 남아있던 사람은 모두 국가가 채용해주었고, 국가의 월급을 받았다. 대신 그들은 법에 이용당하며 국가의 명령에 무조건 순종해야 했다. 반면 구원교회나 burgher church는 그들의 독립성을 유지했고 그들의 자치적인 법에 의해 운영되었는데, 그 대가로 자급자족하며 스스로 생존할 방법을 찾아야했다."55)

교회에 성도들이 늘어나면서 예배당 확장이 불가피하게 되자, 1834년 예배당에 관한 법안과 함께 거부권(veto act)이 통과되었다. 법안에는 목사 이명을 수용하지 않는 자는 노회, 대회, 총회를 포함해 어떠한 관직도 받을 수 없다는 내용을 담고 있었다. 이 부당한 법은 곧 제거되었다. 법안을 근거로 1839년 어바인 노회(Presbytery of Irvine)가 스튜어트 왕조의 권력을 나눠가지려고 했기 때문이다. 부유한 후원자와 지주들의 반대 가운데, 스코틀랜드 최고 민사법원은 법안의 불합리함을 표명했을 뿐 만 아니라 주 총회의 새로운 예배당 형성계획 역시 적합하지 않다는 판결을 내렸다. 이는 국가 기관과 교회 모두를 충족시킬 수 있는 입법안이 있다면, 두 집단이 합의될 수 있다는 뜻이기도 했다. 한편, 민주주의 원칙을 따른 양보로 거부권(Veto Act)을 지지한 휘그당은 이를 입법시켜 실행할 준비가 되지 않았다.

이때 토리당이 기회를 잡았고, 1840년 5월, 애버딘 영주가 스코틀랜드에서 목사임명권에 대한 의심을 제거하기 위한 법안을 제출하였다. 그는 성직에 추천되는 사람들의 자격요건을 정하는 권리를 교회에 보장하기를 원하면서도, 또한 총회의 치솟는 요구들을 잘라내는 것도 필요하다고 생각했다. 그 여름이 지나가는 중에, 철회된 조처에 의하여 커다란 반감이 폭발하였다. 1841년에 아길의 공작(Duke of Argyll)에 의하여 도입된 법안은, 거부법을 보존하되 안전장치 아래 두자고 제안한 것인데, 총회는 만족시켰으나 상원을 통과하지는 못했다. 이러한 교회적 혼란 가운데 장로교회의 순수성을 유지하려는 운동이 스코틀랜드 장로교 신학의 대부인 도마스 찰머스를 통해 일어났다. 그는 먼저 중도주의자들의 사상을 비판함으로 장로교의 신학의 정체성을 회복하고자 하였다. 정부가 교회의 주권을 침해하자, 찰머스는 이를 교회에 대한 심각한 도전으로 보고 교회의 자유를 보장할 만한 장

55) Alexander Stewart/J. Kennedy Cameron, 3-4.

치를 마련하고자 하였다. 그는 교회의 머리는 오직 예수 그리스도 외에 다른 이가 없다고 말했다. 교회의 머리요, 왕이신 예수 그리스도는 세상 관원과 구별하여 교회 직원들이 다스리도록 교회 정부를 세웠고, 이 정부는 오직 그리스도의 법에 따라 치리하며, 백성의 자유에 따라 운영되며 섬기도록 세워졌다는 것이다. 그는 그의 주장을 토대로 1842년 의회에 교회의 자유 보장을 재차 요구하였으나 찰머스의 이러한 요청은 무위로 끝났다.

이후 나라가 위기에 직면하였다. 토마스 찰머스는 "전쟁은 끝났다." 라고 말하며 그의 모든 시위와 대항을 그만두려고 했다. 그러자 사람들이 찰머스를 도와 위험을 무릅쓰고 공적으로 목사임명권 폐지를 지지하고 나섰으나 정부는 흔들림이 없었다. 평신도목사임명권은 국회로부터 허가받은 것이므로, 계속해서 유지되어야 한다는 것이 국가의 입장이었다. 이는 목사임명권이 유지되는 한 교회와 정부의 갈등은 계속될 것임을 확인할 수 있는 대목이다. 찰머스는 1842년 다시 목사임명권 폐지를 주장하며 교회의 자유를 보장할 만한 장치를 마련하고자 했고, 이에 의회의 대다수가 찰머스를 지지하며 성명서에 승인할 것을 요구했다. 이 성명서의 주제는 "주장하고, 선포하고, 항의해라." 로, '권리장전(claim of right)' 에서 인용된 것이다. 성명서에는 최근 교회가 자유와 주권을 침해당하고 있으며 교회가 해산될 지도 모른다는 위협까지 느끼고 있으므로 교회에게 자유를 달라는 내용이 담겨있다. 뿐 만 아니라 끝에는 아무리 국회를 거쳐 통과된 법일지라도, 교회에 관한 법이 교회의 동의 없이 통과된 것은 무효라며 국가의 행동을 강하게 비판하였다.

이와 같이 한 가지 논쟁에 대한 대답이 나올 수 있다. 1843년 3월 각료가 아닌 한 의원이 권리 주장 문서를 조사하기 위해 위원회로 지명되어 의회로 초청이 되었다. 상하 의회의 휘그당(Whigs)과 토리(Torries) 당원들은 단호하게 성명서의 주장을 비난하였다. 당시 로버트 필(Sir. Robert Peel, 1788-1850)[56] 경은 만약에

56). As a statesman, the son of a manufacturer and MP, he was educated at Harrow and Christ Church, Oxford. He entered parliament in 1809. He was Conservative Prime Minister(1834-1835, 1841-1846), in 1846 repealing the Corn Laws and splitting his party. His insistence on the existing rights of patrons was one of the factors contributing to the Disruption. D. W. Bebbington, "Robert Peel", *Dictionary of Scottish Church History & Theology*, David F. Wright/David C. Lachman, Donald E. Meek(eds.), (Edinburgh: T&T Clark, 1993), 651.

그들이 서로 양보하여 이 문제를 토의했다면 복음이 범위를 넓혀 스코틀랜드 국경을 넘어 펴져 나갔을 것이라고 진술하였다. 그는 국가의 시민 법정위에 영적 주권을 강조하기 위해 안건을 발굴해 냈고 그가 두려워하는 내용의 진술은 "기초를 놓은 종교개혁의 원리가 느슨해지면 그 나라의 시민과 종교의 자유는 멸망할 위치에 놓이게 될 것이라." 고 말했다. 어느 정부도 시민법의 주권과도 맞지 않고 또한 변하기 쉽고 무책임한 군중에다 목사 임명권의 권리를 이양하는 것은 더 이상 불합리한 요구를 만족 시킬 수 없는 일이다. 결국 그 활동은 다수결에 의해 거절 되었다. 2개월 후 찰머스 박사에 의해 소집하자는 소식에 따라 올바른 정신을 가진 성직자들 모두가 참석한 회의 소집이 이루어져 에든버러(Edinburgh)에서 총회가 열렸고 그 재판의 판결에 불복하여 교단을 탈퇴하기로 하고, 동역자들과 함께 새로운 자유교회를 설립하였다.

1843년 5월 18일 마지막으로 스코틀랜드 교회의 분리 이전 상태에서 재판을 위해 마지막 총회가 열리었다.[57] 총회 회관에서 개회 기도를 한 후 총회를 구성하는 대신 200명 이상의 이름으로 서명한 기록 문서를 마지막 사회를 집행하는 사회자가 읽었는데 교회의 권리를 침범하는데 대항하며 국교의 그늘로 말미암아 그들에게 거절된 자유를 찾아내기 위해 행동하고 있는 자를 지원하는 자들을 모집하는 것이었다. 이 때 400명 이상의 목사들이 동조하였고 교구장의 1/3 이상과 전 교회의 많은 정직자들이 동조함으로 그 내용을 승인할 수 있도록 이미 준비된 것을 총회 장소에서 모든 사람들에게 나누어 주었다. 대 찬성으로 찰머스 박사는 스코틀랜드 새 자유교회의 의장이 되었고, 첫 예배에서 그는 시편 43:1-5로 소망과 확신의 기도를 강조하였다. 1843년 5월 23일 396명의 목사들과 교수들의 합세로 회원 수는 474명으로 불어났으며 국교아래 유지해 오던 정부로부터 받은 모든 녹을 받아온 것을 포기하고 성교 분리의 법인에 서명하였다.[58]

(4) 교회의 책임과 역할: 루이스 벌코프는 "교회는 진리를 전파해야 할 신성한 직무를 가지고 있다." 라고 말했다. "그것은 누구든지 교회 안에서든 밖에서든 어

57) Charles Sanford Terry, *A History of Scotland*, 626.

58) William Macleod, Steadfast in the Faith: *The Witness and Principles of the Free Church of Scotland*, (Edinburgh: The Publications Committee of the Free Church of Scotland, 1943), 21-50.

떤 사람에게나 증인이 되어야 할 교회의 의무이다."[59]라고 말했다. 정직하게 말하면 교회는 이러한 신성한 마음 상태의 의무를 항상 유지하지 못하였다. 그리고 정직하게 말해 이전의 교회는 전파의 의무에 대해 진지하게 생각하지 않았다. 그러나 자유교회 덕분에, 이제 복음을 전파하는 것은 교회의 필수적인 의무가 되었다. 1843년, 선교사 파송을 꿈꾸는 스무 명의 선교사들이 전통교회에서 자유교회로 옮겨왔다. 자유교회가 스코틀랜드 내에서 그들의 첫 기반을 다지는 것만큼이나 안 믿는 나라에 복음을 전파하는 것을 중요시했기 때문이다. 이는 곧 국내 교회의 소망과 비전이 되었고, 믿음 생활의 척도가 되었으며, 해외의 선교사들에게 안정감과 확신을 심어주었다. 교회가 수많은 목사, 선생, 의사, 간호사, 예술인들을 배출하여 학교, 고아원, 병원, 신학대학교, 그리고 교회 등지에서 섬기도록 했음에도 불구하고, 해외 선교는 그 중대성에 비해 인력이 항상 부족했다. 선교사업의 범위와 다양성은 복음화 되지 않은 지역을 향한 사랑의 깊이를 나타내는 척도이다. 그들은 선교지의 복지와 생활의 개선을 위해 노력하는 것이 곧 불신자들의 구원을 간절히 바라는 선교사들의 열정을 나타내는 것임을 알았던 것이다. 찰머스와 거스리를 비롯한 스코틀랜드 자유교회의 지도자들이 불우한 이웃들을 향해 보냈던 사랑의 정신이 후대의 마음속에 숨쉬고 있었던 것이다.

(5) 선교사역: 자유교회 총회의 대표자들은 18세기 부흥 운동이 전국에 크게 영향을 끼치게 되자 중국 선교사 파송을 결정하였다.[60] 이러한 분위기는 스코틀랜드 의회로 하여금 해외 선교에 대한 정확한 명분을 제공하였다. 존 어스킨 박사(Dr. John Erskine, 1791-1803)[61]는 어두움과 사망의 그늘에 있는 자들에게 복음

---

59) *Systematic Theology*, (Edinburgh: the Banner of Trust, 1987), 597.

60) Isaac Watts와 John Newton의 부흥의 시대였다. 하나님은 놀랍고 위대하신 방법으로 유럽과 스칸디나비아 반도, 영국과 북아메리카를 움직이셨다. 세기 말엽 수많은 선교협회와 성경연구회의 설립은 하나님이 살아계심을 나타내는 강력한 증거가 되었으며, 하나님이 자신의 교회를 얼마나 놀랍게 축복하셨는지를 확인할 수 있었다. 이는 근대 선교의 태동이 되었으며, K. S. Latourette은 이를 "교회의 전성기"로 명명하였다. W. D. Graham, "Beyond the Borders of Scotland: The Church's Missionary Enterprise," *Crown Him Lord of All*, Clement Graham(ed.), (Edinburgh: Knox Press, 1993), 91. 그레이엄에 따르면, Wesleys와 Whitefield, Charles Simeon와 Jonathan Edwards, Moravian Brethren,

61) 그는 18세기 후반 스코틀랜드 교회의 복음주의파 지도자였다. 어스킨 목사는 복음주의파임에도 불구하고 칼빈교리의 지지자였다. 또한 그는 학생시절 조지 휫필드의 열렬한 팬으

을 전파하는 것은 기독교인만의 특권이라고 주장하였다.[62] 그럼에도 불구하고 당시 교회는 선교의 중대성을 깨닫지 못한 채, 총회 산하 교회가 이 의무를 심도 있게 받아들이기까지 30년의 세월이 흘렀다. 그러나 일부 스코틀랜드 교회의 많은 사람들이 전국을 통해 설립된 여러 단체들을 통해 선교 봉사를 위해 스스로 자신들을 헌신하기에 이르렀다. 글라스고우(Glasgow) 선교회와 에든버러(Edinburgh)의 스코틀랜드 선교회는 1796년 조직되었는데 이들 선교회를 통해 선교사들은 인도, 자마이카, 그리고 남 아프리카로 선교 사역을 나가게 되었다. 또한 여러 스코틀랜드 성도들이 찰머스 박사의 지원을 받아 런던 선교회를 통해 주님을 위해 선교사역을 감당하였다.[63]

이 후 자유교회는 사회를 깊이 인식하는 구조를 가지고 활력이 넘치는 신학적 정통성을 함께 한 틀을 형성한 뛰어난 특성을 가지고 구성되었다. 당시는 많은 사람들이 미지의 세계로 나아가는 것에 관심을 가지던 때였다. 궁핍과 굶주림의 시대이자 식민지 확장의 시대였고, 음지에 하나님의 소명을 전달해야한다는 사명의 시대였다.[64] 분열 교회의 선조들은 보편적 정신의 소유자였고, 이러한 영향은 영국과 유럽의 자유교회에 선도적인 움직임을 가져왔다.[65] 대표적으로 1843년은 가장 많은 선교사가 파송된 해다. 또한 1827년은 스코틀랜드 교회가 선교 사업을 시작한 이래, 교회의 지원 하에 알렉산더 더프((Alexander Duff, 1806-1878)[66] 라는

로, 1742년 시국을 고려하여 팜플렛을 만들기도 했다. 이는 휫필드를 비방하는 사람들로부터 그를 옹호하기 위해서였다. N. R. Needham, "John Erskine," *Dictionary of Scottish Church History & Theology*, David F. Wright/David C. Lachman, Donald E. Meek(eds.), (Edinburgh: T&T Clark, 1993), 300-301.

62) John Macleod, 279-281.

63) Hugh Watt, *Thomas Chalmers and the Disruption*, (Edinburgh: Thomas Nelson and Sons Ltd, 1943), 149 150. At that time their slogan was "We want more churches, and pledge ourselves to pay for them".

64) Gordon Donaldson, Scotland: *The Shaping of a Nation*, (London: David & Charles, 1974), 194-196.

65) John Roxborough, *Thomas Chalmers: Enthusiast for Mission*, (Paternoster Press: Rutherford Studies in Historical Theology, 1999), 2-242.

66) 1830년 선교사로 캘커타에 도착하사마자 Ram Mohan Roy의 도움을 받아 힌두학교 'Brahmo Samai' 를 설립하였다. 그는 신속히 가장 높은 카스트 계급의 학생들을 개종시켰다. 후에 더프 대학교로 개명되었으며, 인도에서 가장 규모가 큰 미션스쿨로 성장했다. Hugh Watt,

첫 목사를 파송한 해이다. 인도 캘커다(Calcutta)에서 더프의 사역은 전 세계로 알려졌고, 이는 다른 동료들에게 큰 힘과 격려가 되었다.[67] 1843년 분열 전까지 스코틀랜드 교회는 20 명의 해외 선교사들을 파송했는데, 이들 중에는 특별히 유대인의 구원을 위해 달려간 사역자들도 있었다.[68] 이렇게 스코틀랜드 자유교회는 정통 개혁신학의 요람으로, 또한 복음전도의 열정이 있는 교회로 성장해나갔다. 자유교회는 스코틀랜드 교회의 발자취를 밟았고, 그 결과 깊은 영성을 물려받은 상속자들이 되었다.

위에 열거한 대로 1843년 스코틀랜드 자유교회에서 동조자들과 함께 일어난 동기유발은 첫째, 우리가 아는 대로 웨스트민스터 신앙고백의 기준이 그 행동의 원인이 되었다. 이 고백서는 "이 천국 복음이 모든 민족에게 증언되기 위하여 온 세상에 전파되리니 그제야 끝이 오리라(마 24:14)"는 구절을 통해 교회들을 고무시키고, "모든 열방이 참된 진리 앞에 나아오게 하소서."로 끝맺고 있다. 후에 1647년, 주 의회가 "복음을 모르는 자들을 향해, 특히 유대인을 향해" 복음을 전파하려고 계획하는 과정에서, 다른 교회의 문서들에 웨스트민스터 신앙고백과 마태복음을 기반으로 한, 즉 자유교회와 동일한 정신을 지녔음을 발견하게 된다. 둘째로, 성경의 권위와 성경말씀의 선포이다. 초기 자유교회 선교사에 대한 자료를 살펴보면, 흥미롭게도 그들이 해외 선교 뿐 만 아니라 국내 전도도 담당했음을 알 수 있다. 기독교 암흑기를 거치고 있던 자국을 포함하여 국 · 내외에 할 것 없이 모든 곳을 복음전파의 사역지로 삼았던 것이다. 셋째로, 영혼 구원을 향한 사랑이었다. 이 사랑은 초창기 자유교회가 선교 사명을 감당해 낼 힘을 주었다. 선교사들은 특히 교육기관, 초등학교, 중학교에 초점을 맞춰 선교를 시작했는데, 이는 영혼들과의 만남을 사모했던 그들의 모습을 알 수 있게 한다. 오직 하나님이 부어주시는 은혜로, 그가 주시는 사랑을 안고 세계 복음화를 위해 나아갔던 것이다.[69]

Thomas Chalmers and the Disruption, 77, 149-150; David F. Wright, David C. Lachman, Donald E. Meek(eds.), *Dictionary of Scottish Church History & Theology*, (Edinburgh: T & T Clark Ltd., 1993), 259.

67) John Macleod, 279-281.

68) 자유교회의 해외 선교사 파송은 스코틀랜드의 분리교회, 개혁 장로교회, 그리고 연합 장로교회 등 수많은 교회에 거대한 영향력을 행사했다. 전국의 교회들은 선교의 사명에 응답했고 1843년 대 붕괴 이후에도 파송을 멈추지 않았다. W. D. Graham, 92.

선교에 대한 열정은 식을 줄을 몰랐다. 대부분의 사역이 현지의 교육기관을 통해서 이루어졌는데, 대표적인 예가 인도에 설립된 더프박사의 학교이다. 그의 학교 설립 목적은 깊은 영성을 갖춘 기독교 거장들을 배출하는 것이었고, 실제로 그의 선교기관에는 수많은 사역자들이 거쳐 가며 보살핌을 받았다.[70] 더프 박사는 현재 인도의 모습은 암울하지만 훗날엔 선교사를 배출하고 사명을 이행하는 나라가 될 것이라고 말했다. 남아프리카의 러브데일(Lovedale)에 선교사로 파송된 제임스 스튜어드 박사((James Stewart, 1831-1905)[71] 역시 뛰어난 사명의식이 있었다. 그는 " '기독교 영성' 은 복음을 모르는 현지인이 알아야할 교육의 가장 기본 원리이며, 복음이 들어가지 않고서는 절대 그 지역은 문명화될 수 없다." 그렇기에 "선교사역의 주목적은 현지인들이 영적 변화를 경험하고 영생을 얻도록 하는 것이 되어야한다" 고 말했다.[72] 이들의 모습은 각종 교회와 여러 선교 기관들의 공동 목표가 되었다. 호주와 뉴질랜드의 개혁 장로교회와 노회들의 지원을 받는 선교사업은, 아프리카, 인도 뿐 만 아니라 남해 제도의 여러 섬들 곳곳에서도 시삭되었다.

마지막으로 복음전도는 유대인들에게 증거 하는 일에 초점을 맞추는 일이었다. 이미 언급한 대로 스코틀랜드 교회는 유대인들에게 복음을 전파하는데 대한 소명을 심각하게 고려하기 시작하였다. 유대인들에 대한 기독교 복음 전도를 게을리 하는 것은 주 예수 그리스도에게 불복종하는 것과 같은 것이기 때문이다.[73] 그러므로 기독교인들은 육신적으로 예수님과 같은 피를 나눈 동족에게 구원의 복음을 같이 나누도록 특권과 기회를 소중하게 제공하도록 해야 한다.

---

69) W. D. Graham, 96.

70) Elizabeth G. K. Hewat, *Vision and Achievement 1796-1956*, (1960), 69.

71) 자유교회의 선교사이자 교육자로, 에든버러에서 출생하여 그곳 내의의 예술 과정을 마쳤다. 1855년 뉴 칼리지에서 신학을 연구했으며, 1859년에는 의학 박사 과정을 이수하였다. 1862년부터 1864년까지 스코틀랜드로부터 신교지 탐힘을 명령 받아, 데이빗 리빙스턴 선교사와 함께 아프리카 잠베지 지역을 남험했나. 그는 1899년 교단의 총회장으로 선출되었다. David F. Wright, David C. Lachman, Donald E. Meek(eds.), *Dictionary of Scottish Church History & Theology*, (Edinburgh: T & T Clark Ltd., 1993), 794-795.

72) James Wells, *Stewart of Lovedale*, (1919), 257.

73) Hugh Watt, *Thomas Chalmers and the Disruption*, (Edinburgh: Thomas Nelson and Sons Ltd, 1943), 152.

5. 결론

(1) 평가: 본 연구에서 우리는 스코틀랜드 자유교회에 관해 신학적 전통의 역사를 살펴보았다. 스코틀랜드 교회는 유럽에 있는 모든 개신교 국가들에 있어 교회 위에 국가의 우위권을 행사한 하나의 나라로서 가장 공개적으로 그리고 가장 투쟁적으로 대항하여 성공적으로 항거한 나라였다.[74] 사실, 종교개혁 이후 그러한 주장은 그리스도가 교회의 유일한 머리이며 시민의 우두머리인 정부는 교회를 간섭하거나 지배할 권리가 없다는 것을 강조한다.[75] 스코틀랜드 교회의 역사를 정리해 보면 스코틀랜드의 제1종교개혁 시대로 볼 수 있는 "교회와 국가에 관한 교황제도를 주장하는 교회의 우위권주의인 가톨릭의 결정을 1592년 거절하는 것이었다." 제2종교개혁 시대는 1649년으로 볼 수 있는데 "스코틀랜드의 교회와 국가는 이미 이전에 가톨릭 교황제도를 포기했으나 아직도 남아있는 계급적 고위 성직자 제도를 거절하는 것이었다." 그리고 제 3차 종교개혁은 1843년 "교회는 국가가 목사 후보생 추천권을 맹세코 버림으로 교회의 영적 독립권을 쟁취할 때 완성되었다." 스코틀랜드의 독립교회는 스코틀랜드의 자유교회를 지칭하며 그 교회는 조상들의 교회이다. 그리고 이 교회의 제 1차 총회는 스코틀랜드 교회 제 3의 종교개혁의 완성을 가르쳐 준다.[76] 그것은 스코틀랜드 교회가 1843년 제 3의 종교개혁 사역을 역사적으로 시작하였고 1851년 그 법안과 개혁의 선언을 확증하였다고 기록하여야 할 것이다.

자유교회의 근본 원리는 교회의 지도자들이 부와, 평안과, 특권과, 사회적 원칙[77]

---

74) Clement Graham, "The Headship of Christ in a Pluralist Society", *Crown Him Lord of All*, Clement Graham(ed.), (Edinburgh: Knox Press, 1993), 136-152.

75) Alec R. Vidler, *The Church in an Age of Revolution*, (Penguin Books Ltd., 1981), 57, 60.

76) William Macleod, *Steadfast in the Faith: The Witness and Principles of the Free Church of Scotland*, (Edinburgh: The Publications Committee of the Free Church of Scotland, 1943), 3; G. D. Henderson, *The Church of Scotland: A Short History*, (Edinburgh: The Church of Scotland Youth Committee), 142.

77) 원칙의 내용에는 교회의 성격이 서술된바, 이는 교회가 삼위일체이신 하나님을 믿으며, 개신교도이자 칼빈의 교리를 따른다는 것이다. "칼빈주의의 기본은 하나님의 절대 주권으로, 인간은 하나님으로부터 받은 것을 관리하는 관리인에 불과하다. 이는 칼빈교리의 기초이자

을 저버리고 교회의 정체성을 구체화 하는 일을 진정으로 소중하게 생각하는 소명을 받은 자들이었다.[78] 특별히 제 1조항은 스코틀랜드 자유교회의 설립 당시, 첫 노회가 1843년 투쟁 중에 기록된 것인데, '노회의 동의를 거쳐 통과된 교회의 법은 어떠한 것에도 영향을 받을 수 없다' 며 교회의 독립적인 면모를 강조하였다. 분열 이후 스코틀랜드 자유교회의 신앙 전통은 후대의 신앙인들이 어떻게 살아야 하는가에 대한 지침이 되었다.

(2) 제안: 우리가 위에서 고찰한 대로 자유교회 지도자들은 어렵고 곤란한 시대에 살고 있었는데도 그들은 믿음을 확고하게 하고 개혁자들의 신앙을 가지고 그들의 전철을 따랐다. 거기에는 오늘날 우리의 상황을 생각할 때 자유교회의 원리를 깊이 생각하고 실천해야 할 요소들이 있다.

(i) 진리의 하나님 말씀 보전: 스코틀랜드 자유교회의 전통은 16세기 종교개혁을 따르는 다른 교회와 보조를 맞추었다. 그것은 특별히 요한 칼빈과 데오도르 베자(John Calvin and Theodore Beza)에 의해 구성된 교리이다.[79] 이는 성경과 교회 정치에 있어 종교개혁자들의 신학을 말하는데 개혁파 영역과 자유교회의 후기 지도자들에게 잘 승계되어 전수된 신학을 가리킨다. 이러한 교회들은 모두가 교리, 예배, 교회정치, 그리고 훈련에 있어 그 안내를 따르는 특별함과 결심에 있어 성경에 대한 경외심을 가지고 있다. 때로는 이러한 교회들은 서로 도우며 함께 주님의 일을 잘 감당해 왔다. 라틴어를 사용하는 모든 대학들이 학생들로 하여금 자기의 국가에서 다른 국가로 여행할 수 있도록 하였고 자기들의 국가에서 공부한 것과 똑 같이 불편 없이 외국에 가서 공부할 수 있도록 하였다. 자유교회에 속한 모든 교회들은 그들이 신앙하는 바를 간직하기를 간곡히 원하였고 비 성경적 가르침에

가장 강조되는 내용이지만, 그만큼 사람들이 자주 잊어버리는 것이기도 하다. 칼빈이 개인적 모토인 고백 내용은, 그가 얼마나 하나님의 임재 중에 깨어있었는지, 자신은 그저 관리인에 불과하다는 사실을 자각하고 있었는지를 알 수 있다. 한 칼빈주의 학자에 따르면, 모든 인간은 그가 소유한 재능, 시간, 소유, 재산, 노동 등의 관리인이다. 어떤 인간도 통치하거나 다스릴 수 없다. 하나님 그분만이 다스리시고 통치하신다. 자유교회는 칼빈의 교리를 바탕으로 '교회의 머리는 오직 예수 그리스도 외에 다른 이가 없다' 는 내용을 기반으로 삼았다. William Macleod, 9-10.

78) The Constitution of the Free Church, in which her Principles are embodied, is plainly stated and well defined in historic documents. See William Macleod, 4-10.

79) Beza's Icones, *Contemporary Portraits of Reformers of Religion and Letters*, (London: The Religious Tract Society, 1909), 3-249.

대항하여 싸우기를 주저하지 않았다. 이는 다양한 교회들의 지도자들이 동일한 경험, 지식, 그리고 신념을 가지게 된 결과였다.

(ii) 신학적 전통의 정체성 계승: 자유교회 목사들은 교회와 국가의 관계에 있어 교회의 영적 독립성을 견지하였다. 그들은 16세기 종교개혁자들이 행한 것과 같이 투쟁의 시대에 살면서도 개혁파 전통 유지를 지속적으로 준행했던 것처럼 성경의 모범에 따라 살고 실천하였다. 역시 그들이 살고 있었던 시대는 오늘 우리들이 살고 있는 시대와 같이 매우 어려운 시대였다. 한 예로, 자유주의 신학, 세속주의, 그리고 후 근대주의가 만연한 시대였다. 그러나 자유교회 지도자들은 확고하게 16세기 개혁파 교회의 전통을 유지하며 그 신앙을 굳건히 지켜왔다.

(iii) 생활 속에 신학의 실천: 지극히 세속적인 삶 속에서 말씀을 실천하고 사는 것, 이것은 아마도 세계의 모든 교회가 동일하게 직면하고 있는 문제일 것이다. 자유 장로교회의 지도자들은 직접 솔선수범하여 올바른 경건의 방식을 보여주었다. 당시 탄압과 압제에 의해 극소수의 신자들만 남았을 때에도, 그들이 꿈꾸는 성경적 교회를 바라보며 굳건히 버티었다. 일시적이 아니라 일관되게, 외부적으로 자랑하기 위해서가 아니라 인격 속에 자리 잡은 거룩한 열정은 그들로 하여금 어려움을 이겨내게 한 동력이었다. 이들이 후대에 그토록 강한 영향력을 행사할 수 있었던 것은 이러한 이유 때문인지도 모른다. 10년 동안의 치열한 저항은 결국 1843년 교회의 분열을 가져왔고 마침내 개혁교회의 탄생을 알렸다. 자유교회 목사들의 열정은 경건하게 살고자 노력하는 성도들에게 지금도 면면히 흐르고 있다. 그리고 이제 세속화의 거센 물결과 비기독교적 혼합주의 문화에 포로가 되어버린 세계 여러 나라의 성도들에게 물려주어야 할 가장 소중한 신앙 전통이기도 하다. 그러므로 교회는 어렵게 지켜온 신앙 전통을 소중히 여기며, 주님 재림하시기까지 복음 전파와 영혼 구원의 사명을 잘 감당해야 할 것이다.

130년 전 우리나라에 북미, 캐나다, 웨일스, 그리고 스코틀랜드로부터 선교사들이 입국하여 여러 지역과 장소에서 복음 사역을 전개하였다. 이로써 하나님의 말씀이 온 나라에 급속히 퍼져 나갔다. 그런 가운데 오늘날 특별히 한국 장로교는 여러 문제에 직면한바, 시급히 해결해야 할 문제들이 산적해 있다. 그러므로 오늘 우리는 자유교회를 통해서 어떻게 계시된 진리의 말씀을 간직하고 신학적 전통의 정체성을 계승하며 또한 생활 속에서 신학을 실천해야 하는지를 배울 수 있게 되었다. 우리는 우리가 믿는 것과 우리 기독교를 어떻게 실천에 옮겨야 할 것을 생각해야 하지만, 결국 하나님의 사랑이 없이는 아무것도 할 수 없음을 깨달아야 한다. 우리는 살아계신 하나님께 우리의 마음을 찢고 엎드려 간구하며, 그분의 자비를 간절히 구해야 한다. 이 방법 외에 달리 우리에게 소망이 없기 때문이다. 디욱 겸손한 마음과 자세로 하나님께 찬양과 경배로 나가기 바란다.

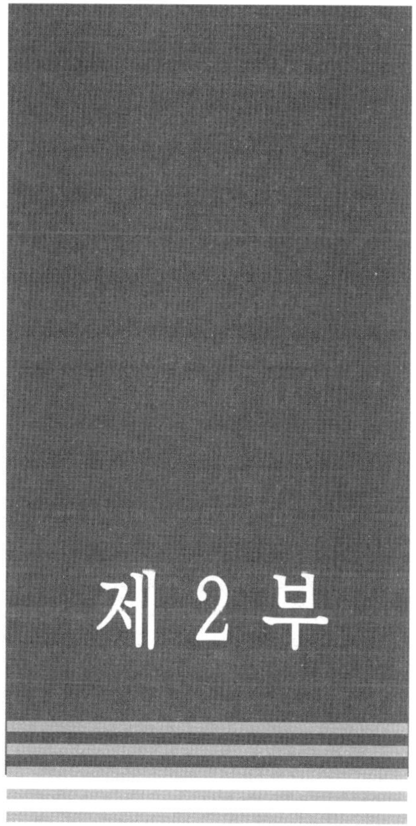

제 2 부

한국교회와 장로교 전통

제6장

개혁신학의 전통과 한국 장로교

1. 서론

개혁주의 혹은 개혁신학은 1960년대 이후 일부 학자들에 의해 폭넓게 이해되어 왔다. 미국의 개혁신학자 존 헤세링크는 「개혁주의 전통」에서 약 50년 전 독일의 칼빈주의 신학자 빌헬름 니젤(Wilhelm Niesel)의 「개혁주의란 무엇을 의미하는가?」를 인용하여 개혁주의의 모호한 정의와 사용을 지적하였다. 헤세링크에 의하면 개혁주의에 종교 개혁자 칼빈과 함께 자유주의 신학의 아버지 슐라이에르마허와 특별히 20세기 최대의 신학자 칼 바르트가 포함되었다.[1] 존 리스 또한 개혁주의를 지나치게 광의적으로 해석하고, 신학자로 존 칼빈과 청교도 윌리암 에임스, 17세기의 조직신학자 프란시스 투레틴, 19세기의 찰스 하지, 윌리엄 브라운, 20세기의 칼 바르트, 라인홀드 니버, 리차드 니버를 포함시켰다.[2] 이에 대해 일부 영국과 루터교 신학자들은 편향적으로 바르트가 오히려 지나치게 개혁주의적이라고 불평하였다. 그러나 미국의 웨스트민스터 신학교 전 변증학 교수 코넬리우스 빈틸

---

1) 존 헤세링크, 「개혁주의 전통」 최덕성 역, (서울: 본문과 현장사이, 2003), 19-20; 유진 오스터헤이븐, 「개혁주의 전통의 정신」 최덕성 역, (서울: 본문과 현장사이, 2000), 50.

2) John H. Leith, *An Introduction to the Reformed Tradition: A Way of Being the Christian Community* (Edinburgh: The Saint Anndrew Press, 1977), 17-55.

은 바르트를 개혁주의 신앙의 가장 위험한 적들 중에 한 명으로 규정하였다. 하지만 최근 개혁신학과 정면으로 대립되는 에큐메니칼 단체의 지도자들이 개혁주의자로 추앙되었다.[3] 이러한 혼란 속에 우리는 어떤 신학이 정통이고 개혁인지, 신학과 신학자는 많은데 바른 신학과 신학자를 분별하기가 쉽지 않다. 이것이 현재 망망대해(茫茫大海)를 표류하고 있는 우리 신학계의 현상이다.[4] 우리는 신학적 특징 없이 지구촌 도처에서 일어나고 있는 작금의 무분별한 행태에 통탄을 금하지 않을 수 없다.

이러한 상황에서 오늘 개혁신학 내지 장로교회는[5] 범람하는 자유주의 신학의 도전, 교회의 세속화, 성공주의와 번영신학, 특별히 종교혼합주의와 포스트모더니즘의 무차별적 도전에 직면하였다. 그러나 최근의 한국 교회는 선교 초기의 개혁신학, 일제 강점기 신사참배에 맞선 신앙적 전통을 일부 포기한 채 신학 부재 현상을 면치 못하고 있다. 오히려 교회와 교단, 신학교 간의 신앙적, 신학적 전통과 독특성을 소멸한 채 급속히 세속화 되고 있다. 그 결과 일부에서는 교회를 비난하고 신학을 경시하는 현상이 나타나고 있다. 따라서 개혁장로교회나 교단 혹은 신학교들은 일부 신앙적 강조와 신학적 전통의 불일치에도 불구하고 다양한 강조점과 개혁주의적 구성원을 필요에 따라 연합하여 개혁주의의 정체성을 재확립해야 할 것이다. 한국 교회에 개혁신학 없는 미래를 상상할 수 없다. 한국 교회는 곧 정통 장로교 개혁신학이기 때문이다. 지적했듯이 현재 보수 신학은 국내외를 막론하고 교회 안밖의 다양한 단체와 그룹에 의해 무차별적으로 도전받고 있다. 따라서

---

3) 대표적으로 화란 신학자로 세계교회협의회(WCC) 초대 회장을 지낸 호프트(W. A. V. Hooft)와 국제기독교회협의회(ICCC)의 전 회장이자 미국 성경장로교회 소속의 칼 맥킨타이어(Carl McIntyre)이다. 특별히 맥킨타이어는 세계교회협의회의 지도자들을 마귀의 도구로 간주하고 척결시키는 것이었다. 바르트와 반틸의 경우처럼 호프트와 맥킨타이어는 각각 자신들이 진정한 개혁주의자로 정통을 대표한다고 주장하였다.

4) 서요한, "제2장 교회사의 역사 개관(2)", 「초대교회사」 (도서출판 그리심, 2010), 57-58.

5) 필자는 본고에서 개혁과 장로교회를 16세기 역사적, 신학적 전통에 따라 일부 강조점의 차이에도 불구하고 같은 의미로 사용하였다. 두 개념의 일부 차이는 논문의 전개 과정에서 설명될 것이지만, 장로교는 신약성경 장로 혹은 감독을 의미하는 헬라어 프레즈비테로스(presbyteros)에서 기원하였다. 교회의 질서와 규범을 가리키는 용어로 주로 앵글로-색슨족, 특별히 스코틀랜드와 아일랜드 교회에 사용되었다. 신학적으로 개혁교회와 장로교회 간에는 츠빙글리와 칼빈, 낙스의 신학을 중심으로 형성 발전하였다.

필자는 제시된 주제 아래 해외 선교사들의 선교 125년, 이후 지금까지 한국 교회를 이끈 중심 동력의 하나인 개혁장로교 신학의 전통을 정의와 구분을 포함하여 몇 가지 특징을 중심으로 고찰할 것이다.

2. 개혁신학(주의)의 이해

(1) 정의: 개혁신학 혹은 정통신학은 무엇인가? 개혁신학(Reformed) 혹은 정통신학(Orthodoxy)은 역사적 기독교회가 지속적으로 믿고 추구해야 할 성경적 개념과 사상이다. 이는 성경의 핵심 내용과 가장 가까운 진리와 올바른 믿음을 가리키기 때문이다. 신약의 모든 저자들은 성령의 감동으로 직접 계시의 말씀을 성경에 기록하였다. 이렇게 기록된 성경은 많은 논쟁 속에 공의회를 거치며 정경으로 확립되었고 이 후 지금까지 개혁신학 혹은 정통신학의 경진이 되었다. 그러므로 개혁교회는 예수님과 사도들의 가르침에 따라 땅 끝까지 복음을 전파하는 것이다.

역사적으로 16세기 종교개혁은 두 가지 형태로 나타났다. 하나는 루터파이며 다른 하나는 개혁파로 츠빙글리와 칼빈이 주도하였다. 개혁신학, 정통신학 혹은 칼빈주의는 개혁 당시 루터파와의 구별을 위해 형성된 명칭으로, 주로 칼빈의 신학에 기초하여[6] 화란의 개혁파교회, 영어권 세계의 장로교회, 그리고 동일한 신학적 배경에서 일부 칼빈주의적 침례교회(Calvinistic Baptists Church)가 포함되었다.[7] 이 후 이 전통은 17세기 정통주의 시대를 거치며, 신앙고백주의자들에 의해 알미니안주의에 맞서 교리적으로 강하게 주창되었다.[8] 존 칼빈의 신학을 근간으로 형성된 개혁주의의 전통은 이후 여러 개의 신앙고백을 계승한 제2개혁 세대로 유럽의 많은 신학자들, 대표적으로 하인리히 불링거(Heinrich Bullinger), 볼프랑

---

6) Sinclair B. Ferguson(eds.), *New Dictionary of Theology* (Inter-Varsity Press, 1988), 569; Edmund Za Bik, "The Challenge to Reformed Theology", *Toward the Future of Reformed Theology*, eds. David Willis/Michael Welker (Michigan: William B. Eerdmans Publishing Company, 1999), 76.

7) 김영우, "개혁주의란 무엇인가?", 「기독신보」, 2011.2.25, 제352호 4면, 3.11. 353호 5면 참조.

8) 서요한, "장로교의 전통과 교회의 일치", 「한국장로교회의 합동운동」 서기행/홍정이 역음 (도서출판 새한, 2009), 209-263.

머스쿠루스(Wolfgang Musculus), 피터 마터 버미글리(Peter Martyr Vermigli), 스코틀랜드의 개혁자 존 낙스와 앤드류 멜빌, 언약도들과 영미 청교도들의 참여로 정교히 다듬어져 오늘에 이르렀다.[9]

(2) 구분: 개혁장로교회는 츠빙글리와 칼빈의 신학 위에 교리와 제도를 강조하는 개혁교회와 장로교회로 발전하였다. 예를 들면, 스위스, 독일 네덜란드, 프랑스는 교리적인 면을 스코틀랜드는 예배 모범과 장로제, 교회 직제와 정치를 강조한다. 본래 장로교회의 정치 개념은 구약의 회당에서 유래하였다. 당시 회당은 전통에 따라 일단의 장로들이 다스리고 지도하였다. 칼빈은 신약 시대의 교회도 장로교와 동일한 형태의 조직이었음으로 장로제는 현대 교회가 추구해야 할 가장 바람직한 조직 형태라고 보았다. 이후 이 주장은 신약시대의 교회가 계속되는 여러 세대들의 믿음과 교회 조직에 대한 항구적인 모범을 제공하였다. 따라서 칼빈은 신약교회의 모범을 따라서 교회에 4가지 직분, 목사, 교사, 집사, 장로를 두었다.[10]

영어권 교회에서 장로제 교회를 추구하던 자들은 메리 여왕의 박해로 제네바로 망명하였다. 그 중에 스코틀랜드의 개혁자 존 낙스의 지도를 받은 프랑크푸르트의 회중들은 이 제도를 그 교회에 정착시키려고 하였다. 따라서 이들은 영국 국교회의 「공동기도서」(*Book of Common Prayer*)나 망명한 주교들의 가르침을 거부하고 자신들의 신앙 양심을 따라서 제네바로 이동하였다.[11] 그들은 그곳에서 자신들이 선택한 목사, 낙스와 굳맨(Christopor Goodman)의 지도아래 장로제 교회를 조직하였다. 또한 그들은 칼빈의 가르침을 따라 신앙고백과 예배의식, 권징조례를 채택하였다.[12] 엘리자베스의 등극과 더불어 유럽의 개혁자들이 고국으로 돌아가

---

9) C. B. Eavey, *History of Christian Education* (Chicago: Moody Press, 1965), 151; Donald K. McKim(ed.), *Encyclopedia of the Reformed Faith* (Edinburgh: Saint Andrew Press, 1992), 265.

10) 당시 목사는 설교자이자 성도들의 상담자였다. 교사는 목사보다도 더 공식적인 방법으로 성도들을 가르쳤으며 필요시에는 신학교의 직책을 수행하였다. 집사는 주로 교회와 신자들의 물질적인 필요를 책임졌으며, 장로는 영적인 필요나 회중의 생활을 감독하였다. 목사와 교사들은 보통 다른 회중들의 목사들과 장로들에 의해 선택되어 승인을 받았다. 한편 집사와 장로는 기존의 당회나 제직회의 조언에 따라 회중들이 선택하였으며, 당회나 재직회는 장로들로 구성되었고 때로는 집사도 참여하였다.

11) M. A. Simpson, *John Knox and the Troubles begun at Frankfurt* (Edinburgh, 1975), 1-154 참조.

는 때, 낙스는 조국 스코틀랜드로 돌아갔다. 1560년 8월 의회는 개혁주의 신앙고백을 채택했으나 개혁주의적 교회조직 구조를 담고 있는 「제1치리서」(*Book of Discipline*)[13]는 거부하였다. 그러나 16세기 말엽 엔드류 멜빌(Andrew Melvill)의 적극적인 노력으로 이미 교리적으로 확립되어 있는 스코틀랜드 개혁교회에 지역교회의 당회로부터 노회, 대회를 거쳐 총회에 이르는 교회 법정의 체제를 갖추는 장로교회를 확립하였다.[14]

3. 개혁신학의 내용

개혁/장로교회의 기본 전제는 성경의 가르침을 따라서 삼위일체 하나님과 교회, 예수 그리스도께서 교회의 유일한 머리임을 강조한다. 다시 말하면 교회의 주인은 그리스도이시며 오직 그가, 그만이 참된 임금이요 왕이요 통치자라는 것이다. 실제로 그리스도는 역사 속에 그의 언약의 말씀과 성령으로 백성들을 나스리며, 그의 나라에 속한 성도들을 주권적으로 섭리하며 지도하신다.[15] 그러므로 개혁/장

12) William D. Maxwell, *The Liturgical Portions of the Genevan Service Book: John Knox's Genevan Service Book 1556* (Edinburgh: Oliver and Boyd, 1931), 3-128; Janet G. MacGregor, *The Scottish Presbyterian Polity: A Study of its Origins in the Sixteenth Century* (Edinburgh: Oliber and Boye, 1926); G. D. Henderson, *The Claims of the Church of Scotland* (London: Hodder and Stoughton Ltd., 1951), 251.

13) James K. Cameron(ed.), *The First Book of Discipline* (Edinburgh: The Saint Andrew Press, 1972), 3-212.

14) 이후 스코틀랜드 장로교회는 1688년 명예혁명까지 교회 체제, 장로제와 감독제를 둘러싸고 튜터 왕실과 스튜어트 왕실과의 100여 년 동안 대립하였다. 칼빈의 계승자 베자의 제자 카트라이트(T. Cartwright)는 영국 교회의 개혁을 위해 노력했으나 실패하였다. 이후 영국 의회는 다양한 노력들이 전개되었으나 1707년 오히려 장로제에 대한 다양한 수정 조치를 가하였다. 그 결과 스코틀랜드국교회 내부에서 분열이 일어났다. 18세기에 영국 식민지의 확장과 함께 스코틀랜드인들과 북아일랜드 얼스터 출신의 스코틀랜드-아일랜드계 사람들이 자신들의 장로교 체제-정치 형태와 교리, 예식을 가지고 대영제국의 영토로 확장하며 곳곳에 장로교회들이 해외에 설립되었다. 그 결과 전세계에 장로교적 구조와 신앙을 가진 교회가 존재하게 되었다. James Kirk(ed.), *The Second book of Discipline* (Edinburgh: The Saint Andrew Press, 1980), 3-244; J. D. Douglas(ed.), *Dictionary of the Christian Church* (Michigan: Zondervan Publishing House, 1981), 801-802.

15) Edwin Nisbet Moore, *Our Covenant Heritage; The Covenanters' Struggle for Unity in Truth* (Scotland: Christian Focus Publications Ltd., 2000), 382; J. G. Vos, *The Scottish*

로교회는 로마 가톨릭처럼 가시적인 교회의 지도자, 예를 들면 교황, 동방의 황제들, 감독들 그리고 신비주의자들처럼 직접적인 계시나 안수 같이 특별한 능력이나 권위를 받은 특수 집단에 대한 가르침을 거부한다. 장로교회는 교회를 다스리는 직분자들을 교회에 소속된 모든 구성원들이 투표로 선출하는바 그들은 하나님이 세우신 사람을 통하여 이 세상에서 교회를 가르치고 지도할 은사와 능력 주셨음을 인정하고 따른다. 특별히 장로교회는 신학, 정치, 예배의 원리로 17세기 영국의 웨스트민스터 총회의 표준 문서들, 신앙고백서와 대소요리문답, 예배 모범과 정치 편람을 따른다.[16] 총회 후 인준과정에서 영국의회는 웨스트민스터 신조들을 거부했으나, 스코틀랜드 의회와 총회는 그대로 채택하였다.[17] 이 후 이 신조들은 세계의 모든 장로교회의 신앙적 전통과 교회를 구성 확립하는 기반이 되었으며 그 중에 한국장로교회도 포함되었다.[18]

(1) 하나님의 주권적 통치와 언약: 이는 개혁주의 신학의 핵심으로 칼빈신학의 요체이다. 개혁신학은 창조주 하나님, 삼위일체의 하나님의 주권적 통치를 믿는다. 그는 스스로 자존하고 유일하며 인격적인 분으로 당신의 영원한 구속 경륜을 위하여 아들 예수 그리스도를 이 땅에 보내시고 십자가에서 죽게 하심으로 아들을

Covenanters (Pennsylvania: Crown and Covenant Publicationa, 1980), 1-207; Yohahn Su, *The Contribution of Scottish Covenant Thought to the Discussions of the Westminster Assembly(1643-1648) and its Continuing Significance to the Marrow Controversy(1717-1723)* (The University of Glamorgan, Ph.D. thesis, 1993), 350-370.

16) *The Confession of Faith: The Larger and Shorter Catechisms, with the Scripture-proofs at large: Together with the Sum of Saving Knowledge, contained in the Holy Scriptures, and held forth in the said confession and catechisms and Practical use thereof, Covenants, National and Solemn League; Acknowledgment of Sins & Engagement to Duties; Directories for Publick and Family Worship; Form of Church Government; of Publick Authority in the Church of Scotland* (Edinburgh, 1836).

17) Thomas M'crie, *The Story of the Scottish Church from the Reformation to the Disruption* (London: Blackie & Son., 1875), 186-253; John Mackintosh, *The History of Civilization in Scotland* (Aberdeen: A. Brown & Co., 1884), vol. III., 1-374; Andrew Lang, *A History of Scotland from the Roman Occupation* (Edinburgh: William Blackwood and Sons, 1904), 80-423; Adam Milroy, "The Doctrine of the Church of Scotland", *The Church of Scotland, Past and Present*, ed. by Robert Herbert Story (London: William Mackenzie), 220-302.

18) 신원균, 「스코틀랜드 신앙고백서와 웨스트민스터 신앙고백서의 교회론적 구조와 언약신학적 특징에 관한 연구」 (칼빈대학교 대학원, 2009), 1-284.

영접하는 자의 구원을 이루셨다. 성령 하나님은 그리스도의 사역을 계속 유지하시며 언젠가 그의 뜻과 예정대로 모든 만물을 아들의 무릎에 꿇게 하시고 영원토록 영광을 받으실 것이다. 하나님은 창조하신 만물을 그대로 두지 않고 주권적인 통치와 보전, 섭리아래 마지막 때 그리스도 안에서 그의 구속 경륜을 완성하신다. 성경은 하나님의 영감된 오류 없는 말씀으로 우리의 신앙생활의 유일한 표준이다. 참된 신앙은 성경 말씀을 믿느냐 안 믿느냐 궁극적으로 하나님을 경배하느냐 안 하느냐의 선택의 문제이다. 하나님은 말씀을 통해 모든 사람이 영생에 이르기를 소원하신다. 그러나 그분은 성경에 없는 것은 요구하지 않는다. 하나님은 당신이 주신 말씀에 철저히 매이신다. 따라서 개혁자들은 성경 이 외의 그 어떤 것도, 예를 들면, 가톨릭의 전통과 의식 혹은 규범을 포함하여 더하거나 뺄 수 없다고 주장하였다. 오직 성경만이 최종 권위를 갖는다고 믿은 말씀의 사람이었다. 특별히 루터와 칼빈은 성경의 권위를 강조하였다.

성경의 중심은 언약 사상으로 창조주 하나님이 영원 전에 그의 아들 예수 그리스도와 맺은 것으로 그를 통해 성취하는 것이다.[19] 하나님은 이 언약을 통해 그의 깊은 뜻을 세상에 나타내 보이셨다. 그런데 이 언약은 구속언약, 행위언약, 은혜언약으로 구분된다. 먼저 구속언약은 언약의 당사자인 아버지와 아들 사이에, 아버지가 아들을 중보자로 하여 그 백성의 구원을 결정한 창세전의 언약이다. 행위언약은 언약의 당사자 아버지와 인간의 대표 아담과 맺으신 것이다. 내용은 언약을 지키면 살고 어기면 죽는다는 도덕율에 대한 규범 언약이다. 창조 후 하나님은 아담과 더불어 생명나무와 선악을 알게 하는 나무를 통하여 언약을 맺으심으로 순종에 따라 영생과 죽음을 결정하였다. 한편 은혜언약은 하나님 아버지와 그의 백성 간에 맺은 것으로 하나님은 우리의 아버지요 우리는 그의 백성임을 보여준다. 그리하여 믿는 자에게는 영생을 거부하는 자에게는 심판을 약속하셨다. 결국 약속대로 예수 그리스도께서 십자가에 죽으셨으나 하나님은 모든 믿는 자들에게 자신의 기쁘신 뜻에 따라 영생을 값없이 주셨다. 그가 주신 선물은 우리의 행위로 말미암지 않고 전적인 은혜로 하셨다. 행위언약은 이행할 의무와 책임이 인류에게

19) Louis Berkhof, *Systematic Theology* (Edinburgh; The Banner of Truth Trust, 1984), 265-271.

있으나 은혜언약은 그리스도와 맺은 언약으로 예수 그리스도께서 친히 보증하심으로 성취되었다. 그러나 두 언약, 행위언약과 은혜언약의 궁극적인 목적은 영생이다. 하나님은 그의 선하신 뜻에 따라 어떤 자는 영생으로 어떤 자는 심판으로 부르셨다.[20)]

(2) 교회의 본질과 표지: 하나님은 구원 받은 백성들이 그를 경배할 수 있도록 예수 그리스도의 피로 값 주고 사신 터 위에 교회를 세우셨다. 그러므로 이 교회의 주인은 예수 그리스도이시며 구원받은 성도들은 명령에 따라 땅 끝까지 복음을 전파하고 또한 그의 성호를 찬양하며 영원토록 그를 경배할 것이다. 그리스도는 교회의 머리시며 모든 성도들은 한 몸으로 그와 연합되었다. 그리스도는 우리의 참 능력이요 소망이시다. 예수님은 복음이 전파되는 곳에 당신의 이름으로 교회를 세우셨다.[21)] 칼빈은 이 교회가 하나님의 언약의 백성인 새 이스라엘 공동체임을 인식하였다. 그런데 교회는 신학적으로 지상교회와 천상교회로 구분된다. 전자는 불완전한 교회로 불신자가 포함되며 후자는 완전한 교회로 오직 택함 받은 자로 구성된다. 지상교회는 보이는 교회지만 아직 교회 밖에 참 신자가 있으며 천상 교회는 보이지 않으나 이 교회 밖에는 구원이 없다. 교회는 천국의 모형이며 지상 교회가 비록 문제가 많으나 믿음을 통해 하나님과 점점 가까워지고 있다. 이 교회의 표지는 말씀을 바르게 선포하며, 성례를 바르게 집행하고, 권징을 바르게 시행함이다. 이것이 확실하게 잘 유지되는 교회가 참 교회이다. 이 땅에 수많은 교회가 있어도 이를 바르게 시행하지 않는 교회는 참 교회가 아니다. 참 교회는 강단에서 말씀이 올바로 선포되는 교회이다. 그리하여 구원 얻는 자들이 많아지도록 힘쓰고 애쓰는 것이다. 그리스도는 말씀의 바른 선포를 기뻐하시며 영광을 받으시며 축복하신다. 비록 유대인들이 표적을 구하고 헬라인들이 지혜를 찾으나 바울의 고백대로 참된 교회는 십자가에 못 박히신 그리스도를 선포하는 것이다. 기도하며 간절히 간구하면 성령께서 새 힘과 능력을 주실 것이다.

뿐만 아니라 참 교회는 성례인 세례와 성찬을 바로 집행한다.[22)] 이것은 주님께

---

20) R. L. Dabney, *Systematic Theology* (Edinburgh: The Banner of Truth Trust, 1985), 429-463.

21) G. H. Kersten, *Reformed Dogmatics: A Systematic Treatment of Reformed Doctrine* (Michigan: Eerdmans Publishing Co., 1983), 457-486.

서 친히 제정하신 규례로 전자는 그리스도의 피를 통한 죄 씻음과 그리스도와의 연합, 중생과 성령의 은사, 그리고 하나님께서 그의 백성들과 맺은 언약적 관계를 의미하며 후자는 구속받은 백성들의 실제적 증거로서 재림하는 그 날까지 은혜 속에 기념하도록 주님께서 직접 부탁하신 의식이다. 다시 말하면 성찬은 우리 영혼이 그 안에서 그의 흘리신 보혈과 십자가에 희생당한 몸에 의해 영생을 위한 자양분을 제공받는 그리스도와의 참된 친교이다. 그런데 성례, 즉 세례와 성찬은 하나님께서 그 뜻을 이루기 위해 사용하시는 은혜의 방편이다. 성령은 거룩한 복음의 설교로 우리의 가슴에 믿음을 창조하며 성례를 통하여 그것을 확증하신다.[23)] 하나님은 자기 백성들에게 말씀과 더불어 외적인 표식으로 구성된 신비한 상징, 혹은 거룩한 의식, 성스러운 규례를 주셨다. 이 의식들은 우리의 오감(五感)을 통해 그 은혜의 높이와 깊이, 넓이와 길이를 깨닫게 하셨다. 하나님은 성례의 성실한 집행으로 그의 백성들이 하늘의 은혜와 은사를 회상하게 하고 그의 약속들을 확증하신다. 하나님은 자기 백성에게 주신 축복들을 외적이며 가시적인 방법으로 드러내어 인증하신다. 그리고 이 규례를 통해 그리고 이것들과 함께 역사하는 성령께서 자기 백성의 믿음을 더욱 강화하신다.[24)] 개혁자들은 성경을 기초로 교회에 부과된 전통적인 의식과 규례들을 제거하고 오직 그리스도께서 제정하신 세례와 성찬만을 인증하였다. 칼빈은 "그리스도는 모든 성례의 본체요 실체이다. 그러므로 성례는 오직 그리스도 안에서만 확실하며 그를 떠나서는 아무 것도 아니다. 성례는 하나님의 말씀과 같은 기능을 갖고 우리에게 예수 그리스도를 제시한다"[25)]

---

22) 역사적으로 성례의식은 매우 다양하였다. 중세 교부 롬바르드의 사역 당시 성례는 축귀나 주기도문 암송을 포함하여 10가지, 클레르보의 베르나르(Bernard of Clairvaux)와 다미아니(Damiani)는 12가지, 신학자 성 빅토 유고(Hugo of St. Victor)는 30가지, 제3차 라테란 공의회는 여기에 감독서임과 장례식을 포함하였다. 하지만 최종적으로 롬바르드는 중세의 표준 교과서「문장서」(Book of Sentences, 1150)에서 완전 수 7로 선정하였다. 이후 1215년 제4차 라테란 공의회는 7성례를 합법적으로 승인하였다. 여기 7은 7가지 덕과 동시에 7가지의 치명적인 죄들과 대조되었다. 또한 7은 신격의 숫자 3과 이 세상(피조물)을 상징하는 4의 결합, 신인합일로 설명되었다. Tony Lane, *The Lion Concise Book of Christian Thought* (England: A Lion Book, 1987), 106.

23) G. Van Reenen, *The Heidelberg Catechism* (Michigan: Eerdmans Printing Company, 1979), 343-377.

24) G. H. Kersten, pp. 488-527.

고 하였다.

한편 교회는 그리스도의 신부로서 거룩과 순결 질서 유지를 위하여 권징을 올바로 실행한다. 그것은 성경이 말씀과 성례와 함께 권징을 가르치기 때문이다. 권징을 둘러싸고 많은 논쟁이 있었으나 교회가 세상의 빛과 소금의 사명을 감당하고 영적인 활력을 유지하기 위해서는 권징이 절대 필요하였다. 대개 권징은 마 19장에 따라 절차상 개인적인 훈계, 다음은 공적인 훈계, 수찬정지, 심한 경우 출교되었다. 권징은 주로 말이나 행위로 주를 부인하거나 그의 복음을 부인하는 행위 혹은 성도로서 품위를 잃고 이웃으로부터 지탄을 받는 행위자들에게 실행되었다. 칼빈은 권징이 가정, 클럽, 단체에 필요하듯이 교회의 거룩한 질서 유지를 위해 반듯이 필요하다[26]고 하였다. 한편 칼빈은 교회의 연합과 일치를 파괴하는 것을 강력히 비판하였다. 따라서 그는 비록 이 땅의 교회가 교리 상 차이가 있고 때로 불상사나 도덕적 결함, 혹은 의무를 이행하지 않는 것, 불안전하며 방종한 것, 혹은 교회의 일부가 죄를 범한 것 때문에 교회를 이탈하는 것은 옳지 않다고 보았다.[27] 그것은 주님의 하나 되게 하신 뜻과 그의 몸을 상하게 하는 것이기 때문이다.

(3) 교회의 직제와 조직: 개혁자들은 주님의 지상 명령을 준행하고 또한 교회의 질서 유지를 위해 직제가 필요함을 인식하였다. 따라서 상기한 목적을 효과적으로 이루기 위하여 정치 제도와 직제를 실시하였다. 개혁 당시 가톨릭은 절대 권력으로 왕과 황제에게 왕관, 제관을 씌워주거나 빼앗고, 시민들에게 주권자에 대한 충성을 강요하였다. 사제와 주교를 자기 편으로 삼기 위해 지방교구나 감독교구에 압력을 가하였다. 그러나 개혁자들은 성경의 가르침에 따라 로마교회의 교권적 종교적 권위에 강력히 항거하였다. 이에 영향을 받은 군주와 농민, 지주와 도시민들은 기독교인들에게 축복을 가져다 줄 통치 형식을 위해 로마의 계급주의를 거부하였다. 그리고 참다운 교회 개혁을 위하여 교황이 필요없는 교회 정치 형태를 구상하였다. 칼빈은 교회의 모든 일들이 품위있고 질서있게 이루어져야 한다.[28]고 주장하였다. 따라서 교회 안에 전문직을 세워 교회의 질서를 위해 참 진

---

25) John Calvin, *Institutes of the Christian Religion*, trans., by Henry Beveridge (London: James Clarke & Co., Ltd, 1953), vol. 4. xiv. 16-17.

26) John Calvin, *Institutes*., vol. 4. 12. 1-2.

27) John Calvin, *Institutes*., vol. 4. 1. 11-19.

28) John Calvin, *Institutes*., vol. 4. 3. 10.

리를 보존하고 전파하며 범죄자를 징책하는 일들을 맡겼다.

이 일을 위해 주님께서 당신의 교회에 목사, 장로, 집사, 그리고 교사를 세우셨다.[29] 먼저 목사는 특별하지 않은 다른 구성원들과 똑 같은 사람이다(엡 4:11). 단지 목사는 기능적으로 특별할 뿐이다. 그렇다고 교회 안에 모든 성도들이 성직에 동등한 역할을 하는 것이 아니며 또한 동참하는 것도 아니다. 그러므로 교회는 신(神)처럼 군림하는 전통적인 성직자의 이미지를 극복해야 한다. 목사는 다른 신자에 비해 영혼이나 몸에 특별하고 지울 수 없는 특별한 증거를 갖고 있지 않다. 그리스도 안에 모든 기독교인은 하나님의 사역자요 동등한 종이다. 그럼에도 불구하고 목사는 주님으로부터 특별한 책임과 임무를 부여 받았음으로 목회적인 신뢰와 말씀의 권위 즉 천국 열쇠(마 16:19; 요 20:23)로 교회를 다스려야 한다.[30] 목사는 말씀을 준비하며 항상 기도하고 성례를 집행하며 경건한 모범으로 교회를 치리한다. 이 직분은 성령의 능력을 통해 성도들의 교제 속에서 그 기능을 발휘한다. 성령의 기름부음은 교회에 의해 그리고 결과적으로는 하나님에 의해 부름받을 사람들에게 자격이 부여된다.[31]

개혁주의 교회 정치의 기본 체계는 장로직이다. 그러므로 교리적 개념의 개혁주의와 제도적 개념의 장로주의가 함께 사용될 수 있다. 장로에 해당하는 헬라어는 프레즈비테로스(presbyteros)이다. 구약에 약 100회 사용되었으며, 초대교회에는 주님을 대신하여 교회를 감독하는 직분이었다.[32] 장로는 하나님의 교회를 다스리도록 부름받아 안수받은 자이다. 이들 중 몇 몇이 말씀을 전하고 성례를 집행하도록 따로 구분되었으며 또한 몇 몇은 교회의 질서를 위해 교인들을 다스린다. 이 장로는 당회나 장로회에서 목사와 동등한 발언권을 갖는다. 이들은 교회를 돌아보고 교인들을 격려하며 권면하고 성례를 보호하며 권징을 시행하고 교회의 참회자를 용납하는 것이다. 그리고 목사를 돕고 그들이 가르침과 도덕적 행동에 주목해야 한다. 그러므로 그리스도의 이름으로 사역하는 장로에게 맞서는 것은 하나님을

---

29) John Calvin, *Institutes*, vol. 4. 3. 4-16.

30) Arnold B. Come, *Agents of Reconciliation* (Philadelphia: Westminster, 1960), 117.

31) A. A. Manson, *The Church's Ministry* (Philadelphia: Westminster, 1948), 81.

32) 감독자의 헬라어 에피스코스(episkos)에서 에피스코팔(episcopal)이 유래하였다. 장로는 감독자, 하나님의 교회를 다스리는 자이다(행 14:23; 20:17, 28; 딤전 5:17; 딛 1:5, 7).

대항하는 것이다.[33] 한편 집사는 초대 교회의 필요에 의해 특별히 궁핍한 자를 돕기 위해 세워졌다. 교회는 성령과 지혜로 충만한 평판있는 사람에게 집사의 직분을 맡겼다(행 6:1-6). 따라서 집사는 교회의 봉사자로 사도들과 장로들을 도와 주로 돈과 재산을 관리하는 일과 구제와 봉사의 직분을 수행하였다. 집사는 사람들의 필요를 제공하듯이 그리스도를 본받아야 하였다. 결국 교회의 이러한 직분은 교회 교육과 성장을 위해 그리고 교인들의 신앙적 성숙에 영향을 끼쳤다.[34] 이것은 전적으로 교회와 교회 규율의 조직을 통해 정착되었다. 칼빈은 단계별로 학교를 세워 시민들의 교육에 앞장섰으며 도시의 복음화를 위해 목회자를 양성하는 제네바 아카데미를 설립하였다.

(4) 선교적 소명과 사회적 책임: 개혁신학은 성경에 기초한 신앙고백적 전통에 따라서 가정, 직장, 사회, 그리고 국가에 크게 영향을 끼쳤다. 개혁주의는 가톨릭과 달리 강요대신 자발적인 순종을 촉구한다. 그것은 먼저 하나님께 받은바 신앙을 견고히 유지하는 것이다(수 24:15). 하나님이 요구하는 책임을 망각하거나 거부하면 약속하신 가나안은 들어갈 수 없다. 그러므로 자신의 신앙을 유지하는 성경적 기초 위에서 개혁주의는 신앙적 열정으로 자유롭게 자신들의 헌신과 봉사를 영예롭게 추구한다. 어떤 시련과 고난에도 흔들리지 않고 주의 길을 따른다. 그리스도를 통해 받은 구원을 온전히 이루기 위해 성령 안에서 성령을 따라 사는 것이다. 성령의 능력 없이 사는 것은 하나님을 모독하는 것이다. 그러므로 역사 속에 부름받은 교회는 그리스도의 몸으로 날마다 그의 말씀을 들으며 그와 연합해 살아왔다. 또한 말씀 속에서 자신의 존재 의미와 가치를 발견하며 감사한다. 감사한

---

33) 최초의 장로직 수행은 종교개혁 시에 스코틀랜드 교회에서 이루어졌다. 1560년 스코틀랜드 교회의 첫 총회에 장로 36명과 목사 6명이 총회를 하였다. Alexander Peterkin, *The Booke of the Universall Kirk of Scotland: wherein the Headis and Conclusionis* (Edinburgh: The Edinburgh Printing and Publishig Co. & William Blackwood and Sons, 1839), 1-5; Alexander Taylor Innes, *The Law of Creeds in Scotland: A Treatise on the Legal Relation of Churches in Scotland established and not established, to their Doctrinal Confessions* (Edinburgh: William Blackwood and Sons., 1847), 1-44; John Spottiswoode, *History of the Church of Scotland* (Edinburgh: Printed for the Spottiswoode Society, 1847), vol. 1., 263-373; W. Stephen, *History of the Scottish Church* (Edinburgh: David Douglas, 1894), vol. 1., 570-582.

34) 유진 오스터헤이븐, 「개혁주의 전통의 정신」 최덕성 역 (서울: 본문과 현장사이, 2000), 98.

것은 하나님이 인간의 연약을 아시고 자신의 지식 안에 우리를 붙잡아 두신다는 것이다.[35] 하지만 이 교회는 선교적 사명을 위해 소명을 받았다. 이것은 부르심에 대한 탁월한 특권이자 감당해야 할 책임이다. 그러므로 인간은 하나님이 만드신 세계의 주인으로서 그 특권을 잘 활용해야 한다. 왜냐하면 하나님은 인간에게 베푸신 것 만큼 많은 책임을 요구하시기 때문이다. 인간이 감당해야 할 책임은 창조기사로부터 천국에서 인간이 영화롭게 될 때까지 요청된다. 하나님의 은총과 사랑 즉 주권과 인간의 책임은 성경이 보여주는 일관된 진리이다.

이것이 소위 하나님의 면전, "Coram Deo"의 삶, 개혁주의 신학의 요체인 신전의식이다. 개혁자 루터는 항상 하나님 앞에서 말씀과 더불어 살았다. 칼빈은 루터에 못지않게 하나님의 임재 의식으로 성령에 사로잡혀 살았다. 그는 학자들의 지적처럼 "탁월한 성령의 신학자"[36]였다. 그러므로 그는 이 땅을 사는 동안 하나님의 강력한 주권과 섭리를 느꼈다. 인간이 비록 죄로 타락했지만 구원받은 자녀로서 하나님의 형상을 회복해야 한다. 창조물의 왕관으로서 그분께 영광을 돌리며 하나님이 우주 만물 속에 보이신 비밀을 눈을 열어 탐색하며 새로운 피조물로 살아야 한다.[37] 그리하여 자신에게 맡겨진 사명을 따라서 개인적으로는 영적 성숙을 위해 부단히 자신과 투쟁을 지속하며 특별히 복음증거를 위해 기도하며 고난과 환란 중에 구원을 이루어야 한다.[38] 언젠가 주오시면 우리가 다 반드시 그리스도의 심판대 앞에 드러나 각각 선악 간에 그 몸으로 행한 것을 따라 받게 될 것이다(고후 5:10). 그러므로 두렵고 떨림으로 우리의 구원을 이루어야 할 것이다. 루터는 교회와 황제 앞에서 강요에도 불구하고 자신의 주장을 강력히 피력하였다. 루터의 이러한 신앙적 태도는 세기말적 혼란에 직면한 오늘 날 우리에게 많은 감동을 주고 있다. 개혁주의 교회는 이러한 기독교인의 책임의식을 공유하며 그것을 하나님의 주권과 동등한 것으로 간주한다. 개혁신학은 우리의 모든 삶의 영역을 세밀하게 관상한다.

35) John Calvin, *Institutes*, 1.vi.1.

36) 유진 오스터헤이븐, 130.

37) John Calvin, *Institutes*., vol. 1.5.1.

38) John Calvin, *Institutes*., vol. 1.2.1

4. 개혁신학의 특징

개혁신학은 성경을 성경으로 해석하는 원리를 따라 신학적 해석과 가르침을 실천한다. 그 신학의 정점에 종교개혁자들의 개혁의 명제인 오직 하나님의 영광, 오직 믿음, 오직 은혜가 자리한다. 이러한 가르침은 역사 속에 개혁신학의 특징을 이루었다.

개혁신학의 특징은 **(1) 전통(Tradition)과 정통(Orthodox)을 중시한다**. 이는 다른 말로 과거의 역사를 특별히 신학적 관심에 주목하는 것이다. 이것은 단순히 과거의 지성적 유산 혹은 신학적 기여에 대한 습관적인 옹호가 아니다. 오히려 과거 선배들이 보여준 신앙을 현재적 상황에서 종합적으로 고뇌하며 성경의 전통과 정통 신학을 유지 회복하는 것이다. 여기에는 개인적으로 하나님 앞에서의 끝없는 영적 각성과 몸부림, 말씀의 성취를 위한 투쟁과 연합이 요구된다. 그것은 성령 하나님께서 주권적으로 역사를 섭리하시고 통치하시기 때문이다.[39] 그러므로 이것은 하나님의 명령이요 우리가 완수해야 할 소명이자 책임이다. 따라서 개혁주의는 종교개혁자들이 일관되게 추구한 신학적 전통 즉 사도들과 정통 교부들의 신앙을 회복해야 할 것이다. 그 과정에서 억지나 어떤 압박이 아닌 기쁨과 감사에 기초한 열정이어야 한다. 이는 왕상 19:4, 엘리야의 갈멜산 승리, 섬길 자를 택하라, 나는 하나님 앞에 서 있다는 확고한 신앙이다. 개혁주의의 전통 그 중심에는 영감된 계시의 말씀이 자리한다. 정통 신학은 반 기독교적인 세속주의와 혼합주의에 맞서 구원의 말씀의 비밀이 무엇인지 당당히 세상에 드러내야 한다. 진리 사수를 위해서는 어떤 타협도 없이 눈은 눈으로 이에는 이로 맞서야 하는 것이다. 그러므로 개혁주의 역사는 정통 신학의 투쟁사이다. 바른 신학은 매 순간 모든 행위가 순교적이다. 고전 15:1-3, 주께 받은 것을 사수하여 가감 없이 후대에 전하는 것이다.

(2) 부단한 자기 혁신을 요청한다. 교회의 존재 가치는 세상을 변화시키는데 있다. 이것을 성취하는 방법 중에 하나가 말씀을 증거하는 것이다. 이를 위해서 개

39) Brian Gerrish, "Tradition in the Modern World: The Reformed Habit of Mind", *Toward the Future of Reformed Theology*, eds. David Willis/Michael Welker (Michigan: William B. Eerdmans Publishing Company, 1999), 13.

혁주의자들은 부단히 연구해야 한다. 성경말씀만이 아니라 교회사의 수많은 고전들, 대표적으로 어거스틴의 참회록, 칼빈의 기독교 강요 등이다. 이 책들을 통해 이 시대 우리의 소명을 새롭게 해야 할 것이다. 연구에는 두 가지 방법 객관적인 평가와 비판이다. 무조건 맹종에서 벗어나 예리한 지성으로 정통 신학에 날을 새우는 것이다. 칼빈은 개혁 당시 적대자들인 로마 가톨릭을 심지어 국왕 프란시스1세에게 자신을 알렸다. 전통에 대한 비판없이 교회 개혁은 한 낮 공염불일 수 있다. 역사적으로 개혁주의 전통이 있다. 하지만 지속적인 자기 비판 없이는 개혁주의 전통은 있을 수 없다. 모든 평가와 비판은 성경 말씀에 기초해야 한다. 교부들의 정신을 신중히 추적하면서 개혁된 교회는 항상 개혁되어야 한다(ecclesia reformata semper reformanda est!)는 원리로 돌아가야 한다. 이것이 공허한 목표가 되어서는 안 될 것이다. 개혁주의자가 되기 위해서는 비판주의를 적극 수용해야 하며 수세적인 자세는 지향해야 할 것이다. 특별히 신학교에 이런 풍토가 적용되지 않으면 신학교 seminary는 공동묘지 cemetery가 될 것이다.[40)]

(3) 개혁신학은 실제상 교회를 위해 존재한다. 즉 교회에 필요한, 적용되는 신학이어야 한다는 것이다. 신학자의 사명은 단순히 귀를 즐겁게 하는 것이 아니라 양심을 확증하는 것 다시 말하면 진리의 명확성과 유용성을 가르치는 것이다. 칼빈은 기독교 강요에서 성경을 통해서 우리는 덕을 위하여 주어진 것들을 찾고 묵상하기를 끊임없이 힘써야 하며 호기심에 빠지거나 무익한 것들을 탐구하는데 마음을 빼앗겨서는 안 될 것이다. 그리고 주님께서는 열매 없는 질문들에 관해서가 아니라 건전한 경건과 그의 이름을 경외하는 것과 참된 신뢰와 거룩한 의무들에 관하여 우리를 가르치기를 원하시므로 우리는 그런 것들에 대한 지식으로 만족해야 할 것이라고[41)] 하였다. 그러므로 우리가 진정 지혜를 얻으려면 한가한 자들처럼 말씀을 벗어나지 않아야 한다. 이것이 성도가 하나님 앞에서 갖추어야 할 경건이며 선한 행실이다. 루터는 개혁을 단지 이론적 신학의 확립이나 강단의 설교 정책의 실천에 두지 않았다. 그리하여 그는 술에 취한 친구들과 깊이 잠을 사는 자들에게도 설교하였다. 칼빈의 임종시에 친구 목사들이 그의 생애에 남기고 싶은

40) Brian Gerrish, 16.
41) John Calvin, *Institutes*, 1.14.4.

말이 무엇이냐고 물었다. 이 때 칼빈은 그가 처음 교회 갔을 때 그곳에는 아무것도 없었다. 주교들의 설교만이 있었다. 그러나 개혁이 일어나지 않았다고 하였다. 그러므로 그는 개혁교회의 책무는 전 삶의 영역에서 개혁을 실천하는 것이다. 교회가 구호로서 설교만 하는 것이 아니다. 단순히 우리의 영혼만 아름답게 색칠해서는 안 되는 것이다. 실질적인 목회적 변화, 영혼에 응답하는 삶이 요청된다 하겠다.

(4) 공동체 사역의 지속적인 추구: 칼빈은 아카데미를 통하여 기독교 공동체가 어떻게 하나님의 거룩한 뜻을 이룰 수 있는지를 보여주었다. 주지하듯이 제네바 아카데미는 개혁 당시 유럽의 많은 개혁자들과 교회 지도자들의 생활 거점이었다. 이들은 함께 말씀을 배우며 기도하며 서로 격려하며 꿈을 키웠다. 그 중심에 존 칼빈과 데오도레 베자, 존 낙스와 크리스토퍼 굳만 등이 있었다.[42] 이들은 고난과 시련 중에 서로 돌아보아 형제를 격려하였다. 개혁/장로교의 특징은 하나님의 말씀과 함께 정치 조직상 개회 교인의 대표로 구성되는 당회, 노회, 대회, 그리고 총회로 구성되었다. 그 밖에 다양한 목표와 목적 은사를 따라서 크고 작은 조직과 단체들이 있다. 이 모든 체제는 하나님의 나라를 이 땅에 세우기 위한 포괄적인 조직이다. 하지만 그리스도를 머리로 모든 성도가 한 몸의, 우주적인 교회를 이룬다. 하나님의 나라는 교회라는 공동체의 사역으로 그 목적을 성취한다. 그러므로 이 땅의 수많은 교회와 신앙적 기관들, 그 중에 신학교는 특별한 것이다. 신학생 한 사람 목회자 한 사람을 통해 이루어질 사명과 비전은 실로 엄청난바 사역의 책임을 확인 재확인 다짐 재다짐이 요청된다 할 것이다.

5. 개혁신학의 발전

개혁신학의 전통은 역사적으로 모세와 선지자들로 소급되지만 대게 16세기 종

42) 물론 이들 외에도 개혁 당시 유럽 전역에서 마틴 루터와 필립 멜란히톤, 헐드리히 츠빙글리와 하인리히 불링거, 귀국 후 존 낙스와 앤드류 멜빌, 그밖에 많은 지도자들이 함께 사역하였다. 종교개혁은 우리에게 기독교 공동체의 힘과 연합된 승리의 저력을 보여준다. 이것은 현재 급속히 세속화 내지 다원화되는 시대에 맞설 교회의 공통된 과제라 할 것이다. Jurgen Moltmann, "Theologia Reformata et Semper Reformanda", *Toward the Future of Reformed Theology*, eds. David Willis/Michael Welker (Michigan: William B. Eerdmans Publishing Company, 1999), 120.

교개혁기에 태동하였다. 이후 개혁신학은 형성기, 중흥기, 발전기로 유럽 중심에서 전 세계로 급속히 확산되었다.[43)]

(i) 1560-1640년 형성기: 개혁자 존 칼빈의 사망과 청교도 혁명의 태동, 그리고 신앙고백서들이 정립된 시기이다. 개혁주의는 1560년 당시 유럽에 종교개혁이 확산되는 중에 독일과 프랑스, 스위스와 화란, 영국과 스코틀랜드에서 일어난 다양한 운동과 흐름 속에서 형성되었다. 주로 츠빙글리와 칼빈, 낙스와 관계된 교회뿐 아니라 일부 루터파도 포함되었다. 그것은 개혁 초기 개신교주의 "protestantism"과 동의어로 사용되었기 때문이다.[44)] 그러나 1590년 이후 루터파와 개혁파 간에 구분이 명확해 지면서, "개혁"(Reformed)은 이후 대륙의 거의 모든 칼빈주의 교회, 예를 들면 프랑스개혁교회(Eglise Reformee), 독일과 스위스의 독일어권 개혁교회(Reformierte Kirche), 화란개혁교회(Hervormde or Gereformeerde Kerken)에서 "하나님의 말씀에 따라 개혁된" 의미로 사용하였다. 그러므로 개혁, "Reformed"는 그 자체의 의미대로 하나님의 말씀에 대한 순종적 봉사로서 지속적인 신학의 발전, 즉 끝없는 자기 갱신을 가리킨다.[45)]

이 운동은 당시 유럽의 대부분의 국가들, 독일과 영국, 스칸디나비아 국가들과 폴란드, 스위스, 프랑스, 오스트리아와 벨지움으로 확산되었다.[46)] 스위스 출신 울리히 츠빙글리(Ulrich Zwingli)는 1516년 루터보다 1년 전 복음주의적이고 개신교적인 방식으로 취리히에서 복음을 전파하였다. 1519년 츠빙글리는 취리히의 그로스뮌스터교회의 설교 목사가 된 후 본격적으로 개혁운동을 전개하였다. 그 개혁운

---

43) Richard A. Muller, *Post-Reformation Reformed Dogmatics*, Grand Rapids (Michigan: Baker Book House, 1987), vol. 1., 13-52.

44) Bela Vassady, *Christ's Church: Evangelical, Catholic, and Reformed* (Michigan: Eerdmans Publishing Company, 1965), 44-48, 50.

45) 이후 Reformed는 ecclesia reformate, 개혁교회로(the reformed church), ecclesia emendata, 교정된 교회로(the corrected church), ecclesia repurgata, 순결한 교회로(the corrected church)로 이해되었다. Bela Vassady, *Christ's Church: Evangelical, Catholic, and Reformed* (Michigan: Eerdmans Publishing Company, 1965), 48-50; Edmund Za Bik, "The Challenge to Reformed Theology", *Toward the Future of Reformed Theology*, eds., David Willis/Michael Welker (Michigan: William B. Eerdmans Publishing Company, 1999), 79.

46) David Otis Fuller(ed.), *Which Bible?* (Michigan: Grand Rapids International Publications, 1971), 149.

동은 1519년부터 1523년 사이에 스위스 독일어권으로 급속히 확산되었다. 특별히 오이콜람파디우스(Oecolampadius)의 지도하에 바젤로, 홀러(Berthold Haller)의 지도하에 베른으로, 비렛의 지도하에 로잔으로, 파렐의 지도하에 제네바 같은 스위스 불어권 지역으로, 그리고 세인트 갈렌, 샤크하운젠, 글라우스 등지로 퍼져나갔다. 이러한 개혁운동은 독일의 루터파 운동과 명확히 구분되었으며, 1530년대 이후 프랑스 개혁운동이 현저히 발전하였다. 그 중심에 스트라스부르그의 마틴 부처(Martin Bucer)와 피터 마터(Peter Martyr, 1500-1562), 폴란드의 존 알 라스코(John a Lasco), 이후 헝가리에 교회가 설립되었다. 1532년 이탈리아 북부의 왈도파 교도들이 개혁교회에 동참하였다.[47] 1560년 스코틀랜드 의회는 낙스의 신앙고백서를 승인하였다. 같은 시기 네덜란드에는 루터파 교도들과 재세례파, 메노파, 그리고 개혁파가 확산되었다.

특별히 제2세대의 주역인 데오도레 베자(Theolore Beza, 1519-1605)와 자카리아스 우르시누스(Zacharias Ursinus, 1534-1583), 카스파르 올레비아누스(Caspar Olevianus, 1536-1587), 지로라모 잔키(Girolamo Zanchi, 1516-1590), 그리고 프란치스쿠스 유니우스(Franciscus Junius)는 개혁신학을 새롭게 특징화하였다. 이들에 의해 1563년 하이델베르크 신앙고백서, 1581년의 스위스 신앙고백서, 1615년 아일랜드 신앙고백서, 1618-9년의 돌트 신앙고백서가 작성되었다. 이 신앙전통은 이후 아만두스 폴라누스(Amandus Polanus, 1561-1610), 윌리암 퍼킨스(William Perkins), 바돌로메 케케르만(Bartholomaus Keckermann, 1571-1609), 요한 하인리히 알스테드(Johann Heinrich Alsted(1588-1638), 프란시스쿠스 고마루스(Franciscus Gomarus, 1563-1641), 요하네스 마코비우스(Johannes Maccovius, 1588-1644), 요한 도우네임(John Downame, 1571-1618), 제임스 어셔(James Ussher, 1561-1656)에게 전승되었다. 1618년 돌트 신앙고백과 더불어 고백주의가 종식된 후 1648년까지 보헤미아와 팔라티네이트에서 30년 전쟁이 발생하였다.

(2) 1640-1700년 중흥기: 30년 전쟁 동안 요한네스 크로펜부르그(Johannes Cloppenburg, 1592-1654)와 요한네스 후른백(Hoornbeek, 1617-1666)은 여러 관점에서 신학적 원리를 지적 복지로 형상화하였다. 그 후 개혁신학은 마르쿠스 프

---

47) 존 헤세링크, 「개혁주의 전통」 최덕성 역 (서울: 본문과 현장사이, 2003), 25.

리드리히(Markus Friedrich Wendelin, 1584-1652)와 기스베르트 보에티우스(Gisbert Voetius, 1589-1676)에 의해 정교히 다듬어졌다. 특별히 이 시기에 신학이 매우 지적으로 언어 연구와 주해 분야에서 브라얀 왈톤(Brian Walton, 1600-1661)과 그의 동료 에드문드 카스텔(Edmund Castell, 1606-1685)에 의해 런던 폴리그롯 성경(London Polyglot Bible, 1654-1657)과 사전(1669)의 출간으로 확대되었다. 이 시기 특별히 개혁주의 안에서 요하네스 코케이우스(Johannes Cocceius, 1603-1669)의 언약사상[48]과 소무르 학파(the Academy of Saumur)들[49] 간의 여러 개의 신학 논쟁이 고도로 전개되었다. 코케이우스는 은혜언약의

---

48) 당시 언약신학자로는 코케이우스와 화란 출신 헤르만 비트시우스(Herman Witsius, 1636-1708)가 있다. 코케이우스에 의하면 구약에서 안식일은 단지 주일의 그림자였다. 이스라엘에게는 아직 참되고 영원한 선이 없었으나 소망의 백성이었다. 땅에서 나그네의 삶을 장기간 열망하였으나 여전히 죽음의 공포 안에 사로잡혀 있었다. 거기에는 죄에 대한 불완전한 용서가 존재하였고, 동물 희생은 아직 완전한 화해를 이루지 못하였으므로 칭의 또한 불완전하였다. 따라서 신자들의 위로도 약하고 그들의 양심은 참으로 안식하지 못하였다. 더욱이 마음의 할례는 없었고 다만 신약에서 선물로 주신 것이다. 율법은 천사들에 의해 제공되었다. 이 모든 것들은 주관적으로가 아니라 객관적으로도, 우연에 있어서(in accidentia) 뿐만 아니라 실체에 있어서(in substantia)도 구약은 신약과 다른 것이었다는 것이다. 코케이우스의 잘못은 은혜언약을 다만 부정적으로 점진적으로 그리고 역사적이며 계속적으로 발전된 행위언약의 폐지로 파악하여 언약론 전체를 근절한 것이다. 따라서 그는 언약에 대해서 아무 것도 남기지 못하였다. 그것은 다만 일시적으로 인간적이며 계속 스스로 변하는 종교 형태로 간주함으로 코케이우스는 개혁주의 신학의 출발점과 기본 선에서 이탈하게 되었다. 코케이우스 오류에 대해 헤르만 바빙크는 코케이우스가 언약론 자체보다는 성경을 교의학의 원리와 규범보다는 대상으로 삼는 성경적 역사적 교의학이었다고 하였다. 그는 성경신학을 전통신학과 대립시키고 언약을 성경과 대립시키며 역사를 이념에 대립시켰다. 그의 방법의 위험성은 영원하고 불변하는 언약의 실체를 시간적이고 역사적인 언약의 경륜으로 바꾸고 하나님 자체를 이념으로 바꾼데 있다. cafe.daum.net/dusonma. 한편 비트시우스 관련자료는 *Sacred Dissertations on The Apostles's Creed* (California: Escondido, 1993), 2 vols 참소.

49) 이 학파의 중심은 프랑스의 신학자 아미로트로 내용은 그리스도의 속죄의 범위와 효력을 서로 분리하여 이해하였다. 그에 의하면 그리스도의 속죄, 십자가의 죽음은 온 세상의 구원에 충분하나 그 효력은 제한되어 있다는 것이다. 다시 말하면 예수님의 죽으심이 객관적으로는 모든 사람들을 구원하기에 충분하였지만 주관적으로는 자신들의 죄를 회개하고 예수님을 믿는 사람들을 구원하는 데 유효할 뿐이라는 것이다. 논점은 그리스도께서 누구를 위해 죽었는가로 아미로트는 이를 보편적으로 간주하였다. 이것은 도르트 신경의 5가지 교리 중에 제한속죄를 삭제하고 나머지 넷을 보존하였다. 그러나 제한속죄 없이 예정교리를 수상한다면 이것은 내용상 달라질 수밖에 없나. 이것은 성경의 명백한 증거와 교부들, 종교개혁자들이 가르쳐왔던 순수한 예정교리를 부정하는 것이다. 이 주장은 이 후 가설적 보편주의(hypothetical universalism)로 불

다양한 경륜들을, 특별히 구약에 계시된 객관적 축복들을 차별화된 논리로 전개하였다. 코케이우스에 의하면 구약시대의 구원은 신약보다 객관적으로 협소하였다. 따라서 구약에 모든 것이 현존하였으나 그것은 다만 모형과 그림자였을 뿐이다. 그리하여 신학으로 묘사된 신적 활동에 대한 독단성 대신에 인간의 책임을 강조하였다. 하나님이 아담과 맺으신 행위 계약은 창조자에 대한 모든 인간의 의무를 개념화하고 신학자로 하여금 기독교 공동체 밖에 있는 사람들에게도 말할 수 있는 근거를 제공하였다.[50] 따라서 코케이우스는 자체 언약의 실재성을 전적으로 부정하지 않았으나 결과적으로 대부분 부정하였다. 이에 맞서 보에티우스는 실제적인 관점 즉 성경적, 언약신학적 예정론적 관점에서 접근하였다. 소무르 학파는 돌트 신조의 5대 교리 중에 제한 속죄를 제외한 것이다. 하지만 이 사상의 계승자인 프랑스 아카데미의 루이스 카펠(Louis Cappel, 1585-1658), 모이스 아미롯트(Moise Amyraut), 클라우드 파존(Claude Pajon, 1625-1685), 조수아 데 라 프라세(Joshua de la Place, 1606-1655) 등은 프랑스와 독일, 그리고 스위스 정통 개혁파 신학자들, 예를 들면 피레 두물린(Pierre DuMoulin, 1568-1658), 요한네스 북스토르프(1564-1629), 프레드릭 스판하임(Frederic Spanheim, 1600-1648), 프란시스 투레틴(Francis Turretin, 1623-1687), 하이데거(John Henry Heidegger, 1633-1698)와 논쟁하였다.[51] 그 결과 루이스 카펠은 종교개혁 신학의 유지를 위해 스콜라적 전통과 본문 비평과 해석, 과학과 철학의 혁명적 방법을 도입하였다. 한편 이 시기에 정통신학의 변화는 전통적인 아리스토텔레스의 신학과 철학, 과학의 상실에서 종합적으로 일어났다.[52]

려 졌으며 혹은 온건한 칼빈주의(moderate Calvinism), 수정 칼빈주의(modified Calvinism), 혹은 비제한적 제한속죄(unlimited limited Atonement-주장자: 마크 드리스콜)로 불렸다. 이것은 개혁교회의 전통적 교리의 수정이나 변형을 뜻하였다. 이 관점은 제임스 화이트의 지적 대로 알미니우스의 수정된 하나의 형태이며, 스프라울에 의하면 이것은 제한속죄 교리가 실제적으로 가르치고 있는 내용에 대한 혼동이다.

50) John H. Leith, *An Introduction to the Reformed Tradition: A Way of Being the Christian Community* (Edinburgh: The Saint Andrew Press, 1977), 116.

51) Gillian R. Evans/Alister E. McGrath/Allan D. Galloway, *The History of Christian Theology, Vol. 1: The Science of Theology*, eds. Paul Avis, (UK: Marshall Morgan & Scott Ltd., 1986), 165-166.

52) 그 중에 카펠은 원로 북스토르프에 맞서 구약 히브리어의 모음 표기는 주후 약

이 시기 스코틀랜드는 제2종교개혁 기간으로 1638년 2월 국민계약 운동이 전개되었다. 그리고 1643년부터 1649년까지 청교도 혁명과 웨스트민스터 총회가 소집되었다. 이 때 영국은 에드워드 리(Edward Leigh)와 존 오웬(John Owen, 1616-1683),[53] 스코틀랜드 교회는 많은 인물들, 대표적으로 알렉산더 헨더슨(Alexander Henderson), 사무엘 루터포드(Samuel Rutherford), 조지 길레스피(George Gillespie), 로버트 베일리(Robert Baillie), 데이비드 딕슨(David Dickson), 제임스 덜함(James Durham) 등을 배출하였다.[54] 1660년 왕정의 복고로 약 28년 동안 박해가 있었으나 1688년 명예혁명으로 마무리되었다.[55] 그밖에 스위스, 헝가리, 프랑스를 포함한 당시 유럽 교회를 주도한 교회는 개혁주의 교회였다. 독일과 폴란드에도 개혁교회가 있었다. 따라서 당시 개혁주의 교회는 유럽에서 가장 큰 단체중에 하나였다. 미국에는 개혁교회와 장로교회가 세 번째 큰 개신교 그룹이며, 아시아, 아프리카, 라틴 아메리카의 가장 큰 개신교 교단들 중 몇몇, 특별히 한국은 개혁주의 장로교회가 중심 교단이다. 현재 세계의 가장 큰 개혁교회와 장로교회의 중심지는 개혁 당시 제네바, 암스테르담, 에든버러, 피츠버그가 아니고 나이로비, 서울, 쌍파울로이다. 장로교 개혁교회 이 외에 기타 교회들, 예를 들면 미국과 영연방의 침례교회, 회중교회, 영국국교회에 소속되었으면서도 신학과 관련하여 자신을 개혁주의자(?)로 간주하는 많은 목회자와 신학자들이 있다.[56]

500-600년경의 맛소라 학자들의 발명이라고 하였다. 이러한 철학적 도전은 곧 원문 성경의 저자 문제와 직결되었다. 그것은 영국의 자연신론에서 일어난 자연신학과 기독교 합리주의로 대변되었다. 그 중심에 스피노자, 라이프니츠, 록크는 초기의 철학적 접근을 변화시켰다. 그리고 알미니안주의는 개혁주의에서 더욱 합리주의로 나갔다.

53) Robert S. Paul, *The Assembly of the Lord* (Edinburgh: T & T Clark, 1985), 1-581; Larry Jackson Holley, *The Divines of the Westminster Assembly: A Study of Puritanism and Parliament* (Yale University, Ph. D., 1979), 1-366.

54) Alexander Smellie, *Men of the Covenant* (London. Andrew Melrose, 1911), 1-515, W. M. Campbell, *The Triumph of Presbyterianism* (Edinburgh: The Saint Andrew Press, 1958), 1-152.

55) William S. Barker, *Puritan Profiles*, (Scotland; Mentor, 1996), 9-320; John Macleod, *Scottish Theology* (Edinburgh: The Banner of Truth Trust, 1974), 41-65; Ian B. Cowan, *The Scottish Covenanters 1660-1688* (London: Victor Gollancz Ltd., 1976), 17-163.

56) 대표적으로 로체스터신학교의 침례교 신학자 아우구스투스 스트롱(Augustus H. Strong)과 미국의 칼빈 연구가 고(故) 포드 배틀스(Ford L. Battles)는 회중교회 출신이며, 영어

(3) 1700-2000년 도전과 응전기: 이 시기 초기에 개혁파 신학은 스태퍼(Stapfer), 베네마(Benema), 무어(Moor)를 통해 정교히 다듬어졌다. 하지만 당시 유럽 대학들의 합리주의적 이성주의의 급진적 도전에 직면했으나 개혁파 신학자들은 개혁자들의 신학적 전통을 계승하였다. 그 중에 특별히 스코틀랜드의 토마스 보스톤(Thomas Boston)은 개혁주의 언약 신학을 교회에 정착시켰다.[57] 미국에서는 조나단 에드워드(Jonathan Edwards, 1703-1758), 사무엘 홉킨스(Samuel Hopkis, 1721-1803), 나다나엘 테일러(Nathaniel Taylor, 1786-1855), 1800년대 독일에서 제기된 문서설과 성서비평학의 도전에 미국의 프린스톤신학자들과 개혁교회 신학자들이 대응하였다. 그 선봉에 찰스 하지(Charles Hodge, 1797-1878), 알렉산더 하지(A. A. Hodge), 로버트 L 댑니(R. L. Dabney), 제임스 H. 톤웰(James Henley Thornwell, 1812-1862), 헨리 B. 스미스(Henry B. Smith), 윌리암 쉐드(William Shedd), 어거스트 H. 스트롱(Augustus Hopkins Strong), 비. 비. 워필드(Benjamin B. Warfield, 1851-1921), 헤르만 바빙크(Herman Bavinck), 게리트 C. 벌카워(Gerrit Cornelis Berkouwer), 독일 출신 하인리히 L. 헤페(Heinrich L. Heppe), 프랑스 출신 어거스트 레춰프(Auguste Lecerf), 게할더스 보스, 그레이샴 메이첸(Grasham Machen, 1881-1937), 코넬리우스 반틸, 루이스 벌코프(Louis Berkhof)가 개혁신학의 수호에 기여하였다. 특별히 찰스 하지의 조직신학은 프란시스 투레틴의 「변증신학개요」*(Institutio Theologiae Elenticae)*[58]를 의존하였다. 그리고 같은 시기 화란의 아브라함 카이퍼(Abraham Kuyper, 1837-1920)와 헤르만 도이베르트는 정치와 철학 분야에서 기여하였다.

권에서는 필립 휴즈(Philip Hughes), 제임스 팩커(James I. Parker), 파커(H. H. L, Parker), 존 스타트(John Start)가 광범위하게 활동하고 있다. 존 헤세링크, 「개혁주의 전통」 최덕성 역 (서울: 본문과 현장사이, 2003), 27.

57) Samuel M'Millan(ed.), *The Complete Works of the Late Rev. Thomas Boston*, (Illinois: Wheaton, 1980), 12 vols. Cf. Yohahn Su, *The Contribution of Scottish Covenant Thought to the Discussions of the Westminster Assembly(1643-1648) and its Continuing Significance to the Marrow Controversy(1717-1723)* (University of Glamorgan, Ph.D., thesis, 1993), 270-333.

58) Francis Turretin, *Institutes of Elenctic Theology*, trans. by George Musgrave Giger, ed. by James T. Dennison, Jr, New Jersey (Phillipsburg: P&R Publishing, 1992), 3 vols.

한편 이 시기에 스코틀랜드 장로교회에는 크고 작은 논쟁으로 어려움에 처하였다. 18세기의 학자들로는 토마스 보스톤, 에벤에셀과 랄프 어스킨 형제, 19세기 자유 장로교회(Free Church of Scotland)의 주역 토마스 찰머스(Thomas Chalmers, 1780-1847), 윌리암 커닝험(William Cunningham, 1805-1861), 로버트 캔들리쉬(R. S. Candlish), 로버트 머레이 멕체인(Robert Murray M'Cheyne, 1813-1843), 앤드류 보나(Andrew Bonar, 1810-1892), 패트릭 페어벤(Patrick Fairbairn), 존 던칸(John Duncan), 토마스 거스리(Thomas Guthrie), 노만 맥클라우드(Norman Macleod), 휴 마틴(Hugh Martin), 존 케네디(John Kennedy), 제임스 오르(James Orr, 1844-1913) 등이 활동하였다.[59)]

6. 개혁신학과 한국장로교 전통

고찰한 대로 종교개혁 이후 개혁신학은 칼빈의 주도 아래 빠르게 확산되있다. 이러한 전통은 17세기 영국의 청교도들과 스코틀랜드의 언약도들, 18세기의 부흥운동과 19세기 영미 선교사들에 의해 한국교회에 계승되었다. 당시 한국에 입국한 선교사들은 간하배 교수의 지적처럼 일본이나 인도와 달리 보수적인 선교사들의 영향을 받았다.[60)] 그러나 문제는 개혁장로교회 자체 안에서 진리를 교리화하여 고착시키는 것이다. 예를 들면 정통 교리나 신앙고백서의 각 조항들을 음미하며 실천하지 않고, 단순히 등을 기댈 수 있는 방어벽으로 혹은 반대자를 제압하기 위해 사용하는 것이다.

---

59) John Macleod, *Scottish Theology* (Edinburgh: The Banner of Truth Trust, 1974), 41-65; James Walker, *The Theology and Theologians of Scotland 1560-1750* (Edinburgh: Knox Press, 1982), 1-200; Agnes Mure Mackenzie, *Scotland in Modern Times 1720-1939* (Edinburgh: W. & R. Chambers, Ltd., 1941), 3-393; G. N. M. Collins, *Men of the Burning Heart* (Edinburgh: Knox Press, 1983), 3-159; Douglas Ansdell, *The People of the Great Faith: The Highland Church 1690-1900* (Scotland: Acair, 1998), 1-214; Andrew Monaghan, *God's People?* (Edinburgh: Saint Andrew Press, 1991), 1-262; Iain H. Murray, *A Scottish Christian Heritage* (Edinburgh: The Banner of Truth Trust, 2006), 3-392 참조.

60) 이어 간하배는 한국 교회가 보수적이라는 것은 개방 당시 미국의 부흥사 무디의 영향을 받은 선교사들 때문이었다. 간하배, "해방 후의 한국장로교 보수신학", 「신학지남」 42.3(1975), 46-48; 「한국장로교 신학사상」 (도서출판 실로암, 1988), 1-199.

(1) 해외 선교사들: 초기 한국 교회 선교사들의 신앙은 16세기 개혁주의적 전통 속에서 파생된 17세기 독일의 경건주의, 18세기 영국의 복음주의와 미국의 대각성운동의 영향을 받은 자들이었다. 이 운동은 19세기 더욱 위세를 떨치며 유럽이 여러 나라, 영국, 아일랜드, 프랑스, 스위스, 네덜란드에서 새생활 운동(New Life Movement)으로 발전하였다.[61] 이 시기 미국에서는 초기의 신앙 회복을 위한 종교적 각성 운동이 일어났다. 특히 1880년대 무디의 부흥 운동으로 신학교 학생들 사이에 선교열이 고조되었다. 그 결과 1883년 10월 24일 미국의 케넥티커트의 하트포드(Hartford)에서 학생들이 자치적으로 특별 금식기도회를 통해 전국 신학교연맹(The American Inter Seminary Alliance)을 창립하였다. 마침 이 연맹은 1882년 한미통상조약의 체결에 따라 1885년 4월 5일 북 장로교 소속의 언더우드를 한국 선교사로 파송하였다.[62] 당시 한국에 파송된 장로교 선교사들은 미국의 북 장로교 외에 남 장로교(1892), 호주 장로교(1889), 캐나다 장로교(1898)였다. 이 시기에 한국에 파송된 선교사 대부분은 미국의 시카고 소재 맥코믹(McCormick) 신학교, 뉴저지의 프린스톤(Princeton) 신학교, 버지니아의 리치몬드(Richimond) 소재 유니온(Union) 신학교 출신들이었다.

1909년 8월 27일, 이들 선교사들은 한국 개신교 선교 25주년 기념 대회를 평양에서 개최하였다. 당시 평양은 북 장로회 소속의 마포삼열(Samuel A. Mpffett)의 맥코믹 출신들이 주도하였다. 당시 긴급 소집된 선교대회에서 이들의 활략이 현저한바,[63] 한국에서 활동한 안수 받은 동 교단 소속 선교사는 모두 39명이었다.

---

61) 하지만 당시 조선은 1802년의 신유박해와 1866년의 병인박해를 통해 조선의 천주교회를 혹독하게 박해했으나 순교적 신앙으로 발전하였다. 그 후 조선 정부의 일본과 미국, 구미 여러 나라에 대한 문호 개방으로 1885년 4월 5일 부활절 마침내 개신교가 전래되었다. 당시 한국 개신교 선교는 주로 중국, 만주, 일본, 미국으로부터 수용되었다. 먼저 중국은 서구 계통의 선교사들, 귀츨라프와 윌리암슨, 토마스를 통해 진행되었다. 그리고 만주에서는 로스와 매킨타이어의 성경 번역, 권서인을 통한 성경 배포로 포교가 진행되었다. 만주 지역이 서북청년들과 연결된 반면 일본은 개화파 지식인인 이수정, 그리고 한미통상조약으로 미국의 북장로교 선교사들이 내한하여 전도에 주력하였다. 문호개방으로 한국에 입국한 해외 선교사들은 신학적으로 대부분 보수적인 배경을 가진 자들이었다. 한국기독교역사연구소, 「한국기독교의 역사 I」(기독교문사, 1990), 129-182.

62) L. H. 언더우드, 「언더우드: 한국에 온 첫 선교사」이만열 역 (기독교문사, 1990 참조); 김남식/간하배, 「한국장로교신학사상사」(도서출판 베다니, 1997), 63, 96-100.

당시 선교사였으나 아직 안수를 받지 않은 커티스를 포함하면 모두 40명이었다. 이들 선교사들은 프린스톤과 맥코믹을 포함한 5개의 각기 다른 신학교를 졸업하였다.[64] 선교의 진행 중에 특별히 1896년부터 1906년까지 선교사들의 보수적인 신앙과 신학은 향후 한국 교회에 결정적으로 영향을 끼쳤다.[65] 따라서 이들은 청교도적 신앙과 열정으로 선교하며, 1907년 평양 대부흥 운동을 주도하였다.[66] 당시 선교사들의 신앙적 특징은 보수주의적 경건주의를 표방하였으며 축자영감설을 신봉하였다. 이것은 1907년 독노회가 채택한 12신조에 잘 표현되었다.[67] 그리고 이 때 설립된 평양신학교는 웨스트민스터 표준문서를 따라 목회자를 양성하였다.[68] 당시 신학교 교수들은 프린스톤과 맥코믹 출신의 보수주의자들로[69], 그들 중에 대표적으로 1923년부터 1937년까지 봉직한 남 장로교 선교사 레이놀즈(W. D. Reynolds, 이눌서)는 "나는 종교와 경전의 관계는 절대적이라고 본다...성경의 문자나 절구를 고친다든지 그 정신을 덮어 놓는다든지 혹은 그 의미를 굽힌다든

---

63) 당시 대회에 참가한 선교사들 중에는 최초의 한국개신교 의료 선교사 알렌(Horace. N. Allen)과 아비슨(O. R. Avison), 이길함(Graham Lee), 마포삼열(Samuel. A. Moffett), 베어드(William M. Baird), 게일(James Gale), 언더우드(Horace G. Underwood), 아담스(Jas. E. Adams), 곽안련(Charles Allen Clark)으로 이들 중에 4명이 맥코믹 출신이었다. 보다 자세한 것은 박용규, 「한국장로교사상사」(총신대출판부, 1994), 65-66, 73-104 참조.

64) 당시 40명의 선교사들의 신학교 출신별 숫자는 프린스톤 16명, 맥코믹 11명, 샌 안셀모(St. Anselmo) 4명이었다. 외적으로 프린스톤이 맥코믹보다 5명이 많았으나 선교지에서 영향력은 맥코믹이 더 컸다. 1883년부터 1919년까지 초기 선교사들은 3세대로 구분되는 바, 제1세대는 1883년부터 1895년까지, 제2세대는 1896년부터 1906년까지, 제3세대는 1907년부터 1919년까지이다. 이 기간 한국 거주 40명의 선교사들 중에 16명이 프린스턴출신이었고 11명은 맥코믹 출신이었다. 홍치모, "장로교 신학의 역사적 계보", 「신학지남」(1976년 가을호), 43-44; 김남식/간하배, 「한국장로교 신학사상사(1)」(도서출판 베다니, 1997), 62-212.

65) 그 중에 대표적인 것이 네비우스의 3자, 즉 자치, 자전, 자급 정책이다. 이 정책은 주한 남/북 장로교와 남 감리교 선교부가 선교 정책과 방법으로 채택하여 적용하였다. 김남식, "네비어스 선교방법연구", 「신학지남」(1985, 가을호), 147; 또는 브라운, "마포삼열과 네비어스 선교방법", 「교회와 신학」 제6집(서울: 장로회신학대학교 출판부, 1991), 27; 김민영, 「한국초대교회사」(쿰란출판사, 1998), 39-40.

66) 박용규, 70-73; 김남식/간하배, 86-88.

67) 황재범, "12신조의 작성과 수용과정에 관한 연구", 「교회와 역사」(서울교회사연구소, 2009), 558-584.

68) 당시 선교사들과 특별히 평양신학교 교수들은 보수주의자 혹은 근본주의자로 불리었다. 김남식/간하배, 103, 10-113; 박용규, 71.

지 해서는 안 된다. 성경은 그 원형 그대로 보존하고 그 정신을 그대로 발휘하지 않으면 안 된다"[70]고 하였다. 따라서 한국 교회는 초기 선교사들의 칼빈주의적 신앙 전통과 가르침에 따라서 보수적인 성격을 띠게 되었다. 그리고 신학교의 교과 과정은 성경 중심의 보수적인 훈련에 맞추어 진행되었다.

이러한 성경에 대한 강조는 1920년 채택된 신학교의 신앙고백서에 잘 표현되었다. "성경은 하나님의 영감된 말씀이며 모든 행위의 기초로 신실하게 받아들이는 본 신학교의 목적은 성경을 진실하게 믿고, 적절히 이해하며, 진정으로 사랑하고 그리고 명쾌하게 주해하는 복음 사역자, 그리고 성경에서 가르치는 복음적인 구속을 철저히 그리고 단순히 전력을 다해 설파하는 복음 사역자를 훈련시키는데 있다. 상당히 많은 양의 시간을 성경을 집중적으로 연구하는데 투자하여 한국 교회에 진리의 말씀을 옳게 분별하는 능력있고 충성스러운, 자격 갖춘 사역자들을 충분히 공급하는데 있다. 학생들의 충분한 교육을 위해 충실히 준비하기 위해 이 목적에 더하여 성경 원어 실력을 갖추도록 할 것이다".[71] 이 성경관은 신학교 교리 강령 제1조에서 "우리는 신구약 원본의 초자연적 영감과 무오성을 믿으며 그것들을 신앙과 삶의 모든 문제에서 최종적 권위로 받아들인다"[72]고 명시되었다. 이러한 경향은 이후 한국의 보수적인 모든 장로교 신학교에 크게 영향을 끼쳤다.[73]

---

69) 김양선, 「한국기독교해방십년사」(서울: 한국장로교 종교교육부, 1956); 간하배, "해방후의 한국 보수주의", 「로고스」20(1968), 21.

70) 이러한 신학적 보수성은 당시 평양신학교의 신학저널 신학지남에 잘 묘사되었다. 선교사들은 서양의 경건한 보수적인 서적들을 소개하거나 번역하여 그들의 신앙을 대변하며 적극적으로 보수 신앙을 변호하였다. 대표적으로 1930년대에 출간된 그레샴 메이천의 변증서「기독교와 자유주의」가 신학지남에 게제되었다. 김양선, 173-174; 박용규, 70-73.

71) 박용규, 「한국장로교사상사」(총신대출판부, 1994), 132-133 재인용.

72) 정성구, 「총신과 박형룡」(서울: 총신대학출판부, 1989), 12 참조.

73) 이것은 감리교 신학자 홍현설이 지적한 대로 한국 초대 교회 신자 대부분이 성경무오사상을 믿었음을 알 수 있다. 무엇보다도 당시 보수적인 평양신학교가 한국 교회에 끼친 영향은 미국 선교사 소열도(T. Stanley Soltau)의 글에 잘 묘사되었다. 그에 의하면 "장로회 신학교 그리고 실제적으로 전국에 걸쳐있는 장로교 사역에서 성경은 항상 하나님의 무오하고 영감된 말씀으로 존경되어 왔고 그리고 인정되어 왔다. 그곳에서의 가르침은 매우 강력한 복음주의 그리고 보수주의로 특징지어 진다. 그것은 미국의 프린스톤 신학교의 역사적 입장과 비슷하였다". 박용규, 34.

(2) 초기 신앙공동체와 해외 유학파들: 내한 선교사들의 전도를 받은 초기의 신앙인 중에 서상륜과 백홍준은 신앙공동체를 결성하여 전도에 주력하였다.[74] 그리고 선교사들의 가르침을 통해 각 지방의 기독교인들이 개인 교수를 받으며 성장하였다. 그 과정에서 일부 수구파가 선교사들을 폭행하고 배척함으로 어려움을 맞기도 했으나[75] 교회와 학교 그리고 병원이 설립되었다. 시간이 흐르면서 선교의 자유를 획득한 한국교회는 초기 개척자들과 선교사들의 헌신적인 노력으로 안정적으로 발전하였다. 그 중에 1907년 1월 평양의 부흥운동이 기폭제였다. 하지만 부흥운동의 열기가 해를 넘기면서 급속히 냉각될 즈음 일단의 선교사들이 이를 되살리기 위해 힘을 쏟았다. 이를 기점으로 교회에 구령 운동이 전개되어 5만 명에서 20만 명, 그 후 100만 명 구령 운동으로 확대되었다.[76] 이와 함께 같은 해 9월 17일, 평양신학교 출신 7명이 목사 안수를 받았다. 이후 장로교 노회가 최초로 결성되었고 노회는 장로회 신경을 채택하였다.

한편 초기 해외 선교사들의 한국 포교에 보수신학의 전수와 함께 다른 한편 해외 유학파 출신 학자들의 귀국으로 개혁장로교신학이 폭넓게 전개되었다. 귀국 후 평양신학교에서 강의를 시작한 죽산 박형룡은 정통신학 즉 성경을 영감된 하나님의 말씀으로 믿고 그것을 신앙과 행위의 정확무오한 법칙으로 가르쳤다.[77] 박형룡은 사도들과 교부들이 물려준 초대 교회의 신앙에 종교개혁자들의 전통, 신앙고백적 규범, 즉 개혁파 정통의 기초아래 개혁주의 신학의 확립에 주력하였다.[78] 그는

---

74) 당시 일부 사람들은 출세를 위해 접근하기도 했으나 점차 종교적 관심으로 전향하였다. 그러던 중 1886년 7월 18일 노춘경이 첫 번째 개신교 세례를 받았다. 그는 처음에 기독교 배척문서를 통해 기독교를 접했으나 1885년 기독교의 실체를 안후 헤론의 한국인 어학선생에게 접근하였다. 그 후 성경을 읽고 신앙의 결단을 한 후 기독교인이 되었다. 한국기독교역사연구소, 「한국기독교의 역사 I」(기독교문사, 1990), 242-244

75) 대표적인 저항은 1866년의 제너럴 셔어먼호 사건이다. 그 후 평양의 주민들에게 반외세 성향이 강하게 나타나 기독교인들을 박해하였다. 한국기독교역사연구소, 250-251.

76) 한국기독교역사연구소, 276-277.

77) 박형룡, 「기독교신학난제선평」(서울: 한국기독교교육연구원, 1975), 24; 박아론, "박형룡 박사의 생애와 신학", 「그리스찬신문」(1979) 1, 27; "박형룡의 신학사상", 「신학사상」 25(1979), 25-26; 김길성, "박형룡 박사의 신학에 대한 이해와 평가", 「신학지남」(2004, vol, 71, Iss. 4), 100-117; 김영한, "죽산 박형룡과 한국개혁신앙", 「한국개혁신학」(2007, 통권 21), 10 47; 최덕성, 「정통신학과 경건」(서울: 본문과 현장사이, 2006), 127-158, 204-213; 서철원, "총신개교 104주년에 박형룡 박사의 신학적 공훈을 생각함", 「신학지남」(2005, vol. 72., no. 2), 4-8.

한국장로교회의 신학전통을 구주 대륙의 칼빈의 개혁주의에 영미의 청교도 사상을 가미하여 웨스트민스터 표준문서로 구현된 신학으로 규정하였다.[79] 그는 칼빈주의가 가장 명확한 신학적 표현이라고 믿었다. 따라서 그는 미국 북장로교회의 신학을 기초로 자유주의와 신정통주의에 맞서 개혁주의 신학의 정착에 헌신하였다. 정암 박윤선은 설교와 기도로 진리 운동을 전개하며 화란의 개혁주의 전통을 지속적으로 추구한 박형룡과 동일한 신학을 견지하였다.[80] 따라서 한국 개혁주의 전통은 최덕성 교수의 지적처럼 유럽의 개혁주의 혹은 정통신학의 전수에 기인하였다. 그것은 대표적으로 12신조, 1960-1980년대 대한예수교장로회 총회, 예를 들면 예장 합동, 통합(1960년대 W.C.C를 수용), 고신, 합신, 정통 교단 등이 웨스트민스터의 신앙고백서와 대소요리문답, 예배 모범과 정치문답서의 표준문서를 채택하였다.[81] 상기한 교단 중에 통합을 제외한 교단들은 이 시기에 신학적 자유주의와 신정통주의에 맞서 오직 성경만이 하나님의 말씀임을 선포하였다.[82] 그리고 장

78) 정일웅, "박형룡의 개혁신앙 재조명", 「한국개혁신학」(2007, 통권 21호), 1-9; 최덕성, 「정통신학과 경건」(서울: 본문과 현장사이, 2006), 140; "박형룡과 개혁파 정통신학", 「한국개혁신학」(2007, 통권 21호), 158-186; "박형룡과 웨스트민스터 신앙고백서", 「개혁논총」(2005, vol. 14), 51-86; 이상규, "박형룡 박사의 한국교회사적 의의", 「역사신학논총」(2005, Iss. 1) 참조.

79) 박형룡, "신학지남의 한국신학사적 의의", 「신학지남」제42권 4집, 1975, 13; "한국장로교회의 신학전통", 「신학지남」 (제43호, 1976, 9), 11.

80) 합동신학교출판부 편, 「박윤선의 생애와 사상」(합동신학교출판부, 1995); 서영일, 「박윤선의 개혁신학연구」(한국기독교역사연구소, 2000); 기독교학술원, 「박윤선 신학과 한국신학」(기독교학술원, 1993); 김영재, 「박윤선, 경건과 교회 쇄신을 추구한 개혁신학자」(살림, 2007); 이호우, "한국교회 부흥에 끼친 박윤선의 신학과 사상", 「신학정론」(2007, vol. 25, Iss. 2), 287-316; 김길성, "박윤선 박사의 신학과 사상", 「신학지남」(2010, vol 77., No. 3), 43-66.

81) 신원균, 「스코틀랜드 신앙고백서와 웨스트민스터 신앙고백서의 교회론적 구조와 언약신학적 특징에 관한 연구」(칼빈대학교 대학원, 2009), 17-18.

82) 예장 합동의 총회 직영 신학교인 총신대학교의 신학적 입장은 요람 앞부분에 명시된 신앙고백서 첫 항에 "우리는 신구약 성경이 영감된 오류없는 하나님의 말씀이며 신앙과 행위의 정확무오한 유일의 법칙임을 믿는다".「총신대학교 요람 2005-2006」(총신대학교출판부), 6-9 참조. 한편 예장 합동 소속의 광신대학교(2004-2006, 7)와 비록 교단은 달라도 동일한 신학 노선을 지향하는 합동신학대학원대학교(2005-2006, 13), 성경신학대학원대학교(2009-2010)는 성경을 정확 무오한 하나님의 말씀으로 고백하였다. 그러나 다른 교단 신학대학교(대학원대학교 포함)의 요람에는 이 부분에 대한 언급이 없다. 한편 한국복음주의 신학회도 신앙고백 첫 항목에 "우리는 신구약성경 66권이 영감된 정확무오한 하나님의 말씀이며 신앙과 행위의 유일한 법칙임을 믿

로교회의 전통적인 신앙문서들을 교단의 전통으로 수용하며 오늘에 이르렀다.

7. 결론: 정리 및 과제

7.1. 정리

16세기 종교개혁과 더불어 형성된 개혁신학 혹은 개혁주의 전통은 이후 근대 문화 형성에 지대하게 영향을 미쳤다. 유럽과 구미의 문화 심지어 전 세계는 존 칼빈 없이는 상상할 수 없다.[83] 이처럼 종교개혁은 성경적 진리 참된 기독교를 전 세계로 확산시키는데 결정적으로 기여하였다. 하지만 이러한 전통과 주장은 과거의 일회적인 사건으로 규정되어서는 안 될 것이다. 개혁주의는 하나의 역사적 성취 결과라기보다는 수행해야 할 과업이기 때문이다. 그러므로 하나님의 말씀에 기초한 개혁교회는 모토에 따라서 시대를 초월하여 항상 개혁되어야 한다(ecclesia reformata semper reformanda est!). 왜냐하면 본질상 하나님의 말씀에 따른 개혁은 항구적인 종교개혁을 의미하기 때문이다.[84] J. D. Douglas의 지적처럼 개혁된 교회는 아직 작업 중으로, 아직 끝나지 않았으며 장차 주님이 오실 때까지 그렇게 지속되어야 할 것이다.[85] 실제로 종교개혁은 각 개인과 인류의 전 생애와 깊이 연

는다"고 선언하였다. 이것은 한국 선교 125년 동안 보수적인 합동 총회가 이룩한 결정적 성장 요인이었으나 앞으로 더욱 질적 성장에 매진해야 할 것이다. 복음주의신학회, 「성경과 신학」의 매호 뒷부분에 명시되었다.

83) Robert D. Knudsen, "Calvinism as a Cultural Force", 그리고 W. Stanford Reid, "The Transmission of Calvinism in the Sixteenth Century", *John Calvin, His Influence in the Western World*, ed. W. Stanford Reid (Michigan: Zondervan, 1982), 13-29, 33-52; M. Weber, *The Protestant Ethics and the Spirit of Capitalism*, ed. T. Parsons and R. H. Tawney (New York: Scribner, 1958), 1-98; C. Gregg Singer, *John Calvin: His Roots and Fruits* (Greenville: Salisbury, 1989), 29-60; Alastair Duke, "Perspectives on international Calvinism", *Calvinism in Europe 1540-1620*, eds. Andrew Pettegree/Alastair Duke/Gillian Lewis (Cambridge University Press, 1996), 1-20; Donald K. McKim, *Readings in Calvins's Theology* (Michigan: Baker Book House, 1984), 9; G. R. Elton, *Reformation Europe 1517-1559* (Fontana Press, 1963), 231-238; K. S. 라토렛, 「기독교의 역사」 허호익 역 (대한기독교출판부, 1994), 38.

84) Jurgen Moltmann, "Theologia Reformata et Semper Reformanda", *Toward the Future of Reformed Theology*, eds. David Willis/Michael Welker (Michigan: William B. Eerdmans Publishing Company, 1999), 121.

관되었다. 개혁신학의 능력 혹은 매력은 하나님의 주권아래 역동적인 신앙의 실천이다. 화란 신학자 아브라함 카이퍼가 추구했던 이상 즉 이 땅에 하나님의 나라를 확장하고 건설하기 위하여 기독인의 모든 역량을 예를 들면 정치, 경제, 스포츠, 예술 분야에서 소명을 이루는 것이다.

성경적 교회, 참된 교회의 신학적 내용과 전통은 무엇인가? 그것은 교회의 태동 이후 지금까지 지속적으로 요청된 질문이다. 그리스도의 교회는 지난 2000년 동안 수많은 고난과 시련 속에 때로는 로마 제국의 박해와 중세 가톨릭 교회의 횡포와 억압, 종교개혁과 이후의 진보 내지 자유주의, 인본주의 신학의 도전에 직면하였다. 그러나 하나님은 옛적에 그루터기 소수의 남은 자들을 통해 당신의 경륜을 이루셨듯이 현재는 정통 기독교 신학, 개혁장로교회를 통해, 앞으로 이루어 가실 것이다. 개혁주의는 기독교회의 역사적 성취의 결과이기 보다는 앞으로 수행해야 할 신학적 방향이다.

이를 성취하여 위하여 우리에게 몇 가지 신학적 소명이 요청된다. (1) 성경의 영감과 무오성에 대한 전적인 신뢰이다. 개혁장로교회는 성경을 떠나서는 생각할 수 없다. 언제나 성경과 함께 성경과 더불어 시작하고 행동한다. 성경신학과 조직신학을 포함한 모든 학문은 철저히 성경에 복종해야 한다. 그리하여 성경을 통해서 직접 하나님의 음성을 들어야한다. 그것은 성경에서 경건의 능력이 나타나기 때문이다. (2) 하나님의 백성으로서 책임을 다하는 것이다. 교회가 교회다운 것은 구원받은 백성들의 성숙함에서 비롯된다. 수준 높은 윤리와 도덕의식이 요청된다. 신학자는 진지하게 말씀을 연구하고 성도들은 삶의 현장에서 빛과 소금으로 하나님의 뜻을 실현하는 것이다. 우리가 어디서 무엇을 하든지 늘 주님만을 생각하는 것이다. "Coram Deo" 하나님의 신전 의식이다. (3) 보수신학은 교회의 성장과 부흥의 유일한 대안이다. 그러므로 보수 신학은 그리스도의 주되심과 진실한 증인의 삶과 우리의 믿는바 신앙을 세상에 증거해야 한다.[86] 이제 교회는 초대교회로 돌아가 하나님의 은총을 직접 체험해야 할 것이다. 오직 말씀과 성령의 능력을 기대

---

85) Jane D. Douglass, "What is 'Reformed Theology'"?, *Princeton Seminary Bulletin*, n.s., no. 1 (1990), 8.

86) 존 헤세링크,「개혁주의 전통」최덕성 역 (서울: 본문과 현장사이, 2003), 15.

하는 것이다. 보수 신학은 심령이 불타는 때로는 생명을 제단에 바치는 순교 신앙이다. 이를 지속적으로 전개하기 위해 우리에는 소망의 하나님, 오직 그만 바라야 할 것이다. 여호와 하나님은 크고 위대하셔서 영원토록 영광과 찬양을 받으셔야 한다.

7.2. 과제

하루가 다르게 급변하는 시대 속에서 개혁/장로신학의 과제는 무엇인가? 관점에 따라 다양할 수 있겠지만 필자는 간략히 3가지로 정리하였다.

(1) 신학의 정체성 확립: 논문에서 보았듯이 오늘 날 정통교회는 안팎으로 현대신학과 사조의 무차별적인 도전에 직면해 있다. 이러한 상황에 한국 교회 또한 예외가 아니다. 어쩌면 보수장로교회는 가장 민감하게 반응하는 교회인지 모른다. 따라서 모든 교회 특별히 한국교회는 그 어느 때보다 신학의 정체성 확립이 요청된다. 이는 자유주의 신학과 혼합주의, 물질주의와 세속주의의 경향, 때로는 냉소주의와 무관심주의에서 벗어나 성경적 신학의 체계화와 정체성을 확립하는 계기로 삼아야 할 것이다. 지금까지 끝없는 역사의 발전 속에서 정통 신학이 보여준 바, 역동적으로 교회를 살리는 신학운동의 개혁주의 운동을 전개해야 할 것이다.[87] 이를 위해서는 통렬한 자기 성찰과 목회적 반성으로 개혁신학을 확립해야 할 것이다. 한국 교회의 내일의 희망은 오직 개혁 신학에 있다. 이를 사수하고 유지 계몽하는 길만이 한국 교회의 살 길이다.

(2) 성숙한 신앙 함양: 개혁자들과 청교도들은 올바른 신학이 올바른 생활을 낳는다고 믿었다. 그것은 성경적 윤리와 도덕의 함양을 실현하는 것이기 때문이다. 모든 나무는 그 열매로 안다. 보수적 신앙은 단지 히자 되는 구호가 아니라 생동하는 활력이며 증거이다. 이는 종교개혁자들과 영국의 청교도들이 추구한 신앙의 성숙화를 가리킨다. 행함이 없는 믿음은 죽은 것이다. 오늘 날 한국 교회를 둘러싸고 전개되는 여러 가지 비판적인 평가를 겸허히 수용하여 자정 기회로 삼는 지혜

---

87) 김영우, "개혁주의란 무엇인가?", 「기독신보」, 2011.2.25, 제352호 4면, 3.11. 353호 5면 참조.

가 필요하다.

(3) 교단 교류와 연합: 한국 교회는 초기 선교사들의 보수적 영향을 받고 125년 동안 부흥 성장해 왔다. 하지만 그 과정에서 교단 간의 신학적인 혹은 정치적인 이해관계로 갈등과 대립 속에 여러 차례 분열하였다. 그동안 교단 간의 연합으로 교단 합동이 성사되기도 했으나, 아직 이루지 못한 교단 간의 교류가 절실히 요청된다. 이를 위해서는 각 교단의 신학적 입장과 신앙 노선, 신앙고백과 정책에 따라서 교단간의 교류와 연합이 실제적으로 진행되어야 할 것이다. 그 동안의 갈등과 분열을 치유하여, 국내외적으로 성숙한 모습을 보여야 할 것이기 때문이다.

제7장

개혁주의 성경관[1]과 한국 장로교

1. 서론

주지하듯이 역사의 발전과 더불어 이 세상에는 다양한 형태의 종교가 존재해 왔다.[2] 그 종교들은 각각의 경전에 따라 자신들의 신앙을 계승하였다.[3] 각각의 경전에는 전부는 아니지만 인간의 과거, 현재, 미래의 사건들과 믿음을 공유하는 신

---

1) 필자는 본고에서 16세기 종교개혁을 성공으로 이끈 개혁자 존 칼빈의 신학적 전통을 계승한 자들의 성경관, 즉 성경의 신적 계시와 절대 권위, 영감과 무오를 믿는 신앙에 국한하여 사용하였다. John Calvin, *Institutes of the Christian Religion*, trans., by Henry Beveridge (London: James Clarke & Co., Ltd, 1953), vol. 1. 7. 4; Jack B. Rogers, "The Authority and Interpretation of the Bible", *Major Themes in the Reformed Tradition*, ed. Donald K. Mckim (Grand Rapid: Eerdmans, 1992), 55 참조.

2) 헤르만 바빙크, 「바빙크의 개혁교의학 개요」, 원광연 역 (크리스챤 다이제스트, 2004), 318-324. 현재 세계의 종교는 너무 많아 그 수를 정확히 알 수 없다. 하지만 그 중에 대표적으로 가톨릭(9억 명), 개신교(4억 명), 그리스정교(1억 6천 만 명)를 들 수 있으며, 수니파와 시아파를 포함한 이슬람교(9억 명), 힌두교(7억 명), 불교(3억 명) 등이다. 그밖에 토착 신앙의 샤머니즘(3억 명), 아프리카의 토착 종교(1억 명), 시크교(2300만 명), 주체사상(1900만 명, 조선민주주의인민공화국에서 가르치는 정치사상으로 일부는 종교로 간주 함), 정령 숭배(1500만 명), 유대교(1400만 명), 바하이 신앙(700만 명), 자이나교(420만 명), 신토(400만 명), 카오다이교(400만 명), 배화교(260만 명), 천리교(200만 명), 유니테리안 유니버셜리즘(80만 명), 라스타파리 운동(60만 명), 사이언톨로지교(50만 명)이다. 상기한 종교는 분류나 모시는 신에 따라, 혹은 모시

앙공동체의 체계가 기록되었다. 소속된 각각의 신도들은 주로 신을 비롯한 초월적 대상의 존재 또는 세계에 대한 궁극적 진실, 인간이 어떻게 도덕을 지키며 소원을 실현하는지 각자의 믿음을 요청한다. 종교 "religion"의 어원이 다양하지만[4] 일반적으로 학계에서는 키케로(Cicero)[5]의 표현대로, "다시 읽다", "반복하다", "조심스럽게 준수하다"의 "re-legere"를 채택해 왔다. 이 용어에 의하면 종교는 신들에 관한 지식과 관련된 모든 것을 계속적으로 성실하게 지키는 것이다. 전통적으로 개혁주의에서는 계시의 객관성과 주관성(성령의 내주)에 기초하여 기독교를 다른 종교와 구분하였다. 그러나 모든 종교는 필연적인 결과로 각각의 계시와 영적 개념의 목표에 다다른다. 비교종교학에서 모든 종교는 실제로 어떤 종류의 계시(啓示)에 근거하고 있다. 그러나 기독교는 종교적으로 계시의 역사성과 예언이 포함된 미래 역사를 명확히 규정한다.

지구상의 수많은 종교와 민족 중에 유대인들은 가장 종교성이 강한 백성 가운데 하나이다. 전통적으로 이들은 성경(聖經)의 구약만을, 기독교는 계시의 완성으로 신구약, 영원하신 창조주 하나님을 믿는 계시 종교로 간주되었다.[6] 성경을 어

는 신이 같아도 방법에 따라 다양하게 구분된다. 예를 들면 기독교는 정통과 함께 여러 이단과 비이단으로 정리된다. 이단은 여호와의 증인, 안식교, 통일교 등으로, 비이단은 성결교, 장로교, 감리교 등이다. 한편 기독교의 원류인 유대교는 아직도 예수 그리스도, 즉 메시야를 부정한다. 이들은 그가 아직 세상에 오지 않으셨다고 믿으므로 구약은 용인하나 신약은 부정한다. 이밖에 천도교, 남녀호랑계교, 마이교, 마수교 등이 있다.

3) 일반적으로 불교는 금강경과 화엄경, 법화경, 이슬람교의 코란, 힌두교의 베다, 한국의 대순진리회와 증산도는 자체의 경전으로 도전이 있다. 일부 기독교 계통의 이단 중에 여호와의 증인이나 안식교는 성경의 일부 내용을 극단적으로 왜곡하여 질서를 파괴하고 심지어 제7일 안식교와 문선명 이단들은 자신들의 경전을 갖고 있다.

4) 루이스 벌코프, 「조직신학」 (크리스챤 다이제스트, 2003), 108

5) 로마의 정치가, 법률가, 학자, 작가로 로마 공화국을 파괴한 마지막 내전 때 공화정의 원칙을 지키려 했으나 실패하였다. 저술로는 수사법 및 웅변에 관한 책, 철학과 정치에 관한 논문 및 편지 등이 있으며, 역사적으로 그는 지금까지 가장 위대한 로마의 웅변가요 수사학자로 알려져 있다.

6) 보통 계시종교로는 유대교와 기독교, 이슬람교를 들 수 있다. 이들은 인간의 어떤 경험과 판단보다 계시로 받아드린 경전을 신앙의 핵심 원리로 삼는다. 이 중에 기독교는 어떤 종교보다 계시종교의 성격이 강하며, 계시의 완성이신 예수 그리스도가 신앙의 중심으로 절대적 권위를 갖는다. 한편 상기한 종교 외에 여타 다른 종교들은 통칭 자연종교로 묶을 수 있다. 이 종교들은 만물과 인간이 일원적 관계에 있음을 전제하고 인간의 내적 경험과 실천으로 자아를 완성하려 하기 때문이다.

떤 관점에서 이해하고 적용하는가는 신앙과 종교생활에 매우 중요한 관건이다. 그런데 사람들은 고래(古來)로 성경의 통일된 관점을 제시하지 못하였다. 그것은 한편 성경을 하나님의 말씀으로 믿고 실천하는 가하면 다른 한편 불신 내지 부정하는 종교와 종파 때문이다. 그러나 역사적 기독교는 유대인의 전승, 즉 구약 39권을 포함한 신약 27권을 하나님의 말씀으로 믿었다.[7] 하지만 이 전통은 18세기 독일의 관념 철학자 임마누엘 칸트의 등장과 19세기 독일에서 형성된 성서비평학, 이후 자유주의 신학의 출현으로 심각한 위기에 직면하였다.[8] 그러던 중 1919년 칼 바르트의 위기 신학의 출현과 더불어 정통 신학은 큰 시련과 도전에 직면하였다. 칼 바르트는 한편 정통적 신앙을 거부한 자유주의에 맞서, 다른 한편 성경의 영감과 문자적 영감을 주장하는 보수주의에 맞서, 신앙의 도약을 통한 하나님과의 만남을 매개로 체험적 신앙을 강조하였다. 따라서 그는 성경의 영감을 거부하고 예수 그리스도의 육체적 부활의 객관적 역사성을 부인하였다. 그에게 성경은 역사, 즉 "history"가 아니라 이야기로서의 "geschichte", 신적 초월성과 체험적 진리였다.[9]

이처럼 혼란한 상황에서 20세기 중엽에 대두된 종교다원주의와 세속적 혼합주의, 포스트모더니즘으로[10] 전통적 신앙이 외면 내지 거부되었다. 성경의 절대적

---

7) 정규철, 「성경 무오의 역사적 증명」 (도서출판 그리심, 2002), 11; 「성경무오와 교회」 (도서출판 그리심, 2009); 노르만 L. 가이슬러, 「성경 무오」, 권성수 역 (도서출판 엠마오, 1988), 9-530 참조.

8) Allan D. Galloway, "Nineteenth and Twntieth Century Theology", *The Science of Theology* (Basingstoke: Marshall Pickering, 1986), 233-352; 조지 래드, 「신약과 비평」, 김만우 역 (한국개혁주의신행협회, 1978), 7-255; 스텐리 그렌츠, 「조직신학」, 신옥수 역 (크리스챤 다이제스트, 2003), 87-100; 간하배, 「현대신학해설」 (개혁주의신행협회, 1973), 1-199; 박아론, 「현대신학연구」 (기독교문서선교회, 1989), 9-414; 나용화, 「현대신학평가」 (기독교문서선교회, 1991), 9-493; 김영한, 「바르트에서 볼트만까지」 (대한기독교출판사, 1982), 5-401. 프리드리히 슐라이어마허는 교리와 신조를 거부하고 대신 종교적 감흥을 강조하였다. 게오르그 헤겔은 종교가 두 개의 상반되는 견해를 종합하는 계속적인 진화물로, 정반합의 과정이라고 하였다. 따라서 근대 신학은 철저히 인간의 이성, 초자연적인 역사에 대한 거부, 성경의 오류 인정에 기초하였다.

9) Paul Enns, *The Moody Handbook of Theology* (Chicago: Moody Publishers, 2008), 492-493.

10) 신국원, 「포스트모더니즘」 (IVP, 1999), 8-261; 「신국원의 문화이야기」 (IVP, 2010), 9-218; 「샬롬의 변혁과 대중문화론」 (IVP, 2009), 13-356; 「니고데모의 안경」 (IVP,

권위는 그 어느 때보다 강력한 도전에 직면한 것이다.[11] 현대 비판주의자들은 기독교의 타당성을 이성적 및 합리적 관점에서 평가하여 신앙과 신학적 독특성을 부인하였다.[12] 실제로 다원화된 사회에서 포스트모던의 기독교 절대 유일성의 공격은 기독교의 정체성을 무참히 파괴하였다. 그리고 기독교의 전통 보다는 현대의 다원적 및 문화적 경향에 더 많은 비중을 두고 종교의 상대성만을 주장하는 다원주의는 결코 용인될 수 없는 것이다. 한편 성경보다 신앙 전통을 중시하는 가톨릭의 포괄주의적 주장은 기독교적 전통에서 탈선한 것이다. 특별 계시만을 강조할 뿐 일반계시를 무시하는 배타주의적 대안도 수용할 수 없는 것이다. 이러한 급속한 변화 속에 필자는 본 논문에서 개혁주의의 성경관을 교회사적 관점에서 신학적으로 한국 교회와 연계하여 고찰할 것이다.

2. 성경과 계시

우리 말 성경(聖經)은 "bible"의 책 혹은 두루마리의 헬라어 "biblion"에서 유래하였다.[13] 그런데 비블리온은 나일강의 파리루스 풀(식물) 비블로스(byblos)에서 기원하였다. 파피루스는 늪지나 강둑에서 자라는 일종의 갈대로 고대는 종이로 사용되었다.[14] 이후 복수형 비블리아는 라틴 계통의 그리스도인들이 신구약 성경

2010), 18-199; 이정석, 「세속화시대의 기독교」(이레서원, 2000), 5-85; D. A. 카슨.존 D. 우드브리지, 「하나님과 문화」, 박희석 역 (크리스챤 다이제스트, 2001), 13-572; 김정기, 「현대사조의 기독교적 조명」(성광문화사, 1991), 11-427; 진 에드워드 비스, 「현대사상과 문화의 이해」, 오수미 역 (예영커뮤니케이션, 1998), 13-293; 켄 마이어스, 「대중문화는 기독교의 적인가 동지인가?」(도서출판 나침반사, 1997), 7-276.

11) 김의환, 「도전받는 보수신학」(서광문화사, 1971), 128-137.

12) R. A. Finlayson, *Reformed Theological Writings* (Christian Focus Publication, 1996), 185-222; Christopher Kaiser, *Creation & The History of Science* (London: Marshall Pickering, 1991), 188-308; David. L. Smith, *A Handbook of Contemporary Theology* (A Bridge Point Book, 1992) Cf. Friedrich Gogarten, Christ the Crisis (Briston: SCM Press Ltd., 1970) 참조.

13) Patrick Fairbairn, *The Imperial Bible-dictionary* (London, Edinburgh: Blackie & Son, 1888), 287-295; Alexander Stewart, *A Dictionary of the Bible* (Edinburgh: T & T. Clark, 1910), vol. 1., 286-299; 박형룡, 「교의신학 서론」(은성문화사, 1997), 189-302.

14) 그 과정은 갈대 줄기를 잘라 겉껍질을 벗긴 후 줄기 속을 1피트 정도 폭으로 얇게 펼친다. 이를 햇볕에 말린 후, 그 낱장들을 오늘 날 베니아판을 만들 듯이 수직.수평으로 서로 엇

을 지칭하는 용어로 사용하였다. 그런데 현대 성경 "Scripture"는 "글을 쓴다"의 헬라어 "graphe"에서 비롯되었다. 구약에서 이 기록은 권위있는[15] 율법서와 예언서, 성문서(시가서)였다. 구약과 달리 신약은 헬라어 동사 "grapho"로 전부와 일부로 표현되지만 전적으로 성경을 가리킨다.[16] 이 성경은 롬 1:2와 딤후 3:16처럼 거룩한 기록 혹은 신성한 글로 일반적인 기록이 아니라 하나님의 계시와 영감으로 기록된 구원의 책이다.

계시, "revelation"은 라틴어 레벨라티오(revelatio)에서 기원한 "열어서 보여 준다"의 뜻이다.[17] 성경에는 "나타내시다", "말씀하시다", "명령하시다", "일하시다", "알게하시다" 등[18]으로 묘사되었다. 본래 계시는 성경을 기초로 19세기 이전까지는 크게 자연계시와 초자연 계시로 구분되었다.[19] 이후 시간이 지나면서 사람들은 신학적으로 일반계시와 특별계시를 선호하였다. 이 계시들은 모두 자유로이 활동하시는 하나님 자신으로부터 온다. 이 계시는 절대적인 주권자 하나님의 자기계시로 당신 스스로 계시의 기원이며 내용이시다(요 17:6; 요 1:18) 이것은 하나님께서 자신의 완전을 위하여, 예수님의 말씀대로 아버지 외에는 아들을 아는 자가 없고 아들과 또 아들의 소원대로 계시를 받는 자 외에는 아버지를 아는 자가 없다(마 11:27) 이 계시는 전적으로 하나님 자기 자신을 목적으로 한다.[20] 그런데 그

갈리게 붙이고 그 사이에 풀을 칠한다. 이렇게 만들어진 각 낱장들을 풀로 붙여 연결하면 두루마리가 된다.

15) 왕하 14:6; 대하 23:18; 스 3:2; 느 10:34 참조.

16) Orville J. Nave, *The New Nave's Topical Bible* (Michigan: Regency Reference Library, 1969), 64. 그 차이는 성경을 기록들로 전체를(예를 들면 마 21:42; 22:29; 26:54; 눅 24:27, 32, 45; 요 5:39; 롬 15:4; 벧후 3:16), 혹은 각 부분을(막 12:10; 15:28; 요 13:18; 19:24, 36; 행 1:16; 8:35; 롬 11:2; 딤후 3:16) 지칭한다.

17) 루이스 벌코프, 「조직신학」 (크리스챤 다이제스트, 2003), 127.

18) 스텐리 그렌츠, 「조직신학」, 신옥수 역 (크리스챤 다이제스트, 2003), 209-218; 헤르만 바빙크, 「바빙크의 개혁교의학 개요」, 원광연 역 (크리스챤 다이제스트, 2004), 30-107.

19) 하나님의 창조 사역에서 보이는 자연계시와 초자연계시는 성경이 명확히 두 계시를 구분할 근거는 제공하지만 직접 구분하지는 않는다. 전자는 보통 1차적으로 가시적인 자연 현상들을 취급하며, 후자는 자연 생명과는 구별된 생명을 소유한 인간에 대한 하나님의 의도적인 개입과 계획을 포함한다. 이러한 구분은 단지 계시의 두 양태를 설명하기 위함이다. 하나님의 계시는 하나님으로부터 출현하여 기원과 내용에서 모두 초자연적이다. 루이스 벌코프, 「조직신학」 (크리스챤 다이제스트, 2003), 137-138.

20) 헤르만 바빙크, 30-35.

중에 일반계시는 시 19:1-4와 롬 1:18-2:16에서 보듯이 하나님이 창조하신 세계와 자연을 포함한 모든 피조물, 인간의 종교와 예술, 철학을 포함한다. 따라서 인간은 하나님의 피조물로서 그분 앞에서 호의적으로 행동할 수 있다.

본질상 이성적으로, 도덕적으로, 종교적으로 전적으로 하나님께 의존적이다. 하나님은 창조 시에 사람에게 온 땅을 정복하고 다스릴 사명을 주셨고 또한 그 사명을 이룰 수 있도록 능력을 부여하셨다. 인간은 하나님이 자신을 계시하지 않고는 연구하고 인식하며 사색할 능력이 전혀 없다. 오히려 죄로 오염되어 스스로 과학과 지식, 혹은 학문, 그리고 주변 환경을 통해 하나님을 찾으려 한다. 따라서 인간이 혹시 그 능력에 따라 하나님을 발견할 수 있다면, 그것은 자신의 능력이 아니라 값없이 주신 하나님의 은혜이다. 그러나 인간은 이 사실을 망각한 채 언제나 거짓된 관념을 형성시키며, 죄의 본질과 구원의 길에 대하여 결코 참된 통찰을 얻지 못한다. 따라서 바빙크의 지적처럼 특별계시가 없는 사람들의 종교와 사상가들의 철학, 즉 일반계시는 하나님에 대한 지식을 온전히 가질 수 없다.[21] 따라서 사람과 세상, 죄와 구원에 대해서도 바른 지식을 가질 수 없다. 모든 방법을 동원하여 하나님을 찾으려 해도 느끼고 발견할 수 없는 것이 일반계시의 한계이다.

한편 성경은 특별계시의 중심으로, 창조주 하나님이 언제나 사람을 찾으시며, 죄와 부정한 상태에 있는 인간의 모습을 드러내시며, 그의 특별한 은혜와 자비를 그들에게 보이신다. 그것은 비범한 수단들, 사건들, 꿈과 예언, 이적과 기사를 통해 나타난다. 하나님은 마지막 때 그의 아들 예수 그리스도를 십자가에 죽게 하심으로, 깨어지고 기형화된 죄인들을 그 죄와 죄의 결과들로부터 구원하기 위해 만세전에 아들 안에서 예정하신 경륜을 이루셨다.[22] 이 계시의 최종 총합(總合)이 성경이다. 그러므로 하나님을 아는 지식은 오직 하나님 편에서 베푸시는 특별계시, 즉 말씀을 믿음으로 얻게 된다.[23] 하나님께서 자유로이 자기 자신을 나타내실 때

---

21) 헤르만 바빙크, 7-29.

22) Benjamin B. Warfield, *Revelation and Inspiration*, reprint edition 1927 (Grand Rapids: Baker, 1991), 6; Leon Morris, *I Believe in Revelation* (Grand Rapids: Eerdmans, 1976), 42-43; Bruce Demarest, "Revelation, General", in the *Evangelical Dictionary of Theology*, ed. Walter A. Elwell (Grand Rapids, 1984), 944.

23) John Calvin, *Institutes of the Christian Religion*, trans., by Henry Beveridge (London: James Clarke & Co., Ltd, 1953), vol. I., I-X.

에만 또한 그런 한(限)에서만 하나님을 아는 지식이 사람에게 열려진다.[24] 그러므로 인간이 하나님을 아는 것은 신분, 학식, 경험이 아니라 하나님의 전적인 은혜이다. 결국 일반계시든 특별계시든 계시에 대한 모든 지식은 성경에 근거한다.[25] 그러므로 성경은 단순한 교훈이나 일반적인 히브리의 역사나 신화 또는 문학 작품이 아니다. 이는 그 어떤 책과 비교할 수 없는 독특한 하나님의 계시로 영감으로 기록된 정확무오 한 말씀이다.[26] 성경을 통해 하나님은 당신의 의지, 즉 당신의 백성을 구원코자 하시는 뜻을 구체적으로 천명하셨다. 그것이 바로 하나님과 그의 백성 간에 맺으신 언약이다.[27] 이 언약은 하나님이 세우신 구약.신약으로 주권적이며 불변적이고 유기적이다.

하나님은 이 언약의 성취를 위하여 여러 시대 선지자들에게 반복적으로 말씀하셨다.[28] 사도 바울은 고전 14:37처럼 자신의 글을 하나님의 계명으로 인식하였다. 당시 성도들도 별다른 이의 없이 승인하였다(살전 2:13) 베드로도 변치 않는 하나님의 말씀에 주의를 요청하였으며(벧후 1:16-21) 사도 요한도 자신의 가르침이 하나님으로부터 왔음을 강조하며 이를 저버리는 것은 하나님을 저버리는 것이라고 주장하였다(요일 4:6) 물론 모든 선지자와 사도들의 글들이 쉽게 용인된 것은 아니다. 예레미야는 하나님으로부터 직접 계시를 받았으나(렘 11:1-3) 죽을 위험에

24) 헤르만 바빙크, 「바빙크의 개혁교의학 개요」, 원광연 역 (크리스챤 다이제스트, 2004), 27-132.

25) 바빙크는 일반계시의 내용은 권능과 지혜, 선하심의 속성으로, 특별계시는 하나님의 거룩하심과 의로우심, 자비하심과 은혜로 규정하였다. 전자는 모든 사람을 향하여, 일반 은혜를 수단으로 죄의 분출을 억제하는 역할을 하며, 후자는 복음 안에 사는 모든 이들에게 주어지는 것으로, 특별 은혜의 수단으로 하여 죄 사함과 새로운 삶을 그 영과에 둔다고 지적하였다. 헤르만 바빙크, 34.

26) Loraine Boettner, *Studies in Theology* (Philadelphia: The Presbyterian and Reformed Publishing Company, 1970), 9-49; *Collected Writings of John Murray* (Edinburgh: The Banner of Truth Trust, 1976), vol. 1., 3-26; Ronald S. Wallace, *Calvin's Doctrine of the Word and Sacrament* (Edinburgh: Oliver and Boyd, 1953), 1-133;

27) 대표적으로 창 15장과 17장 참조. 역사적으로 정통신학에서는 보통 언약을 3부분 구속언약, 행위언약, 은혜언약으로 구분한다. 헤르만 바빙크, 「바빙크의 개혁교의학 개요」, 원광연 역 (크리스챤 다이제스트, 2004), 324-343.

28) 성경에 의하면 하나님이 이르시되 혹은 여호와께서 이르시되가 약 3,880여회 발견된다. 대표적으로 출 14.1, 20:1; 레 4:1; 민 4:1; 신 4:2, 32:48; 사 1:10, 24; 렘 1:11; 겔 1:3 등이다.

직면하였으며(렘 11:21) 가족들이 그를 배척하였다(렘 12:6) 그러나 하나님은 자신의 영광과 영원한 목적을 위하여 영감을 통해 성경 기록을 보존하셨다. 이 일에 구약의 모세, 여호수아, 다윗, 다니엘, 느헤미야, 신약의 요한, 바울, 그리고 베드로가 쓰임 받았다.

이렇듯 성경의 영감과 계시적 기록은 모세 이후 신약의 사도 요한까지 약 1500년 동안 서로 다른 배경과 직업을 가진 약 40여 명의[29] 저자가 기록하였다. 실제로 성경은 유럽, 아시아 그리고 아프리카 대륙에서 기록되었다.[30] 그럼에도 불구하고 성경은 놀라울 정도로 연속성과 통일성을 확보하고 그 안에 상호 모순이나 갈등이 전혀 없다. 오히려 모든 성경은 하나의 목적, 하나님의 영원하신 구속 경륜을 위해 밀접히 상호 협력한다.[31] 이 모든 일은 성령께서 당신의 선별된 종들에게 계시를[32] 통해 하나님의 영광과 삼위일체, 예수 그리스도의 신성, 성령의 인격적 사역, 인간의 타락과 은총의 구원, 그리고 심판과 재림 등을 질서있게 서술하셨다. 예수님 자신도 하나님 아버지의 뜻을 성취하기 위해 친히 계시하셨다(롬 16:25; 눅 2:32) 이 계시는 하나님이 피조물과 역사, 인간의 양심, 특별히 성경을 통해 자신을 드러내셨다.[33] 이 계시는 일반적인 사건과 자연 현상, 섭리와 양심으로,[34] 혹은 말씀으로 자신을 보이셨다. 하지만 전자는 구원을 얻게 할 수 없으나

---

29) Henry H. Halley, *Halley's Bible Handbook* (Michigan: Regency, 1965), 20-34. , 이들 중에는 이스라엘의 지도자 모세를 비롯하여 여호수아, 목동 다윗, 솔로몬, 과즙 짜던 아모스, 총리대신 다니엘, 이사야와 예레미아, 세리 마태, 의사 누가, 랍비 바울, 어부 베드로와 사도 요한 등이었다.

30) 대표적으로 사도 바울은 유럽의 중심인 로마 감옥과 고린도에서 서신을 기록하였으며, 예레미야는 아프리카의 이집트에서, 그 밖에 대부분의 책들은 아시아에서 기록되었다. 특별히 저자 중에 모세는 사막에서, 다윗은 들판에서, 솔로몬은 궁정에서, 요한은 밧모섬에서 성경을 기록하였다.

31) F. E. Marsh, *The Structural Principles of the Bible* (Michigan: Kregel Publications, 1973), 8-25.

32) 계시는 헬라어 아포칼륖시스(apokalupsis)로 "베일을 벗김", "드러내 보임"이다. 이는 하나님이 피조물과 역사, 인간의 양심, 성경을 통해 자신을 드러내신 것이다.

33) Werner Keller, The Bible as History (London: Hodder & Stoughton, 1956), 27-404.

34) 예를 들면 신 28:15-68, 30:1-10처럼 하나님은 이스라엘을 연단하시며 회복시키신다. 이집트를 심판하시고(출 7-11) 열국을 일으키신 후 멸망 시키셨으며(단 2:21, 31-43), 양심에

하나님의 특수 계시를 준비하는 준비 단계로 사용되었다.[35] 한편 후자는 예수 그리스도와 성경에 한정되며 타락한 인간은 이 방법 외에 하나님을 아버지로 알 거나 구원을 얻을 수 없다.[36] 그러므로 성경은 여타 종교의 경전이나 철학 서적과 확연히 구별되는 영감 된 즉 성령의 인도함을 받은 사람들이 기록한 책이다.[37]

3. 영감과 무오

이 주제는 성경의 내용과 가치를 평가하는 절대 원리로 구약 유대인의 신앙생활에서 수용된 유산으로 기독교가 계승하였다. 그러나 이 주제는 기독교 역사 특별히 20세기 이후 가장 강력히 도전 받는 분야 중에 하나이다. 영감 "inspiration"은 라틴어 성경 불가타(Vulgate)에서 기원한 바, 딤후 3:16과 벧후 1:20-21에서 발견된다. 그런데 영감은 헬라어 "theopnuestos"의 번역으로 신약에 단 1회, "하나님의 숨결을 통한의 뜻"으로 사용되었다. 영감은 그 안에 무엇인가 불려 들어갔다기보다는 하나님에 의해 호흡되어져 나온 것이다.[38] 그러므로 초자연적 요소를 부인하는 자연 영감이나 그리스도인의 영적 통찰을 강조하는 영적 조명[39], 축자나 완전 영감의 부정 혹은 역동적 영감[40] 이나 문자적 영감을 배제하는 개념 영감설 그리고 한마디 한 마디를 불러 주셨다는 신적 구술론은 모두 잘 못된 것이다. 특별히 구술론은 고대 힌두교의 베다나 마호메트의 코란과 달리 성경 각 권의 문체와 어휘가 저자에 따라 독특하게 기록되었다. 이것은 여러 시대 저자들의 저술이 보여 주는 것으로 이들이 단지 속기사가 아니라,[41] 성령의 특별한 간섭아래 오류

자신을 계시하셨다(롬 2:14-15) 햇빛과 비를 내리시는 선하신 섭리이다(마 5:45; 행 14:15-17)

35) 대표적으로 시 19:1-6; 롬 1:18-21; 욥 12:7-9; 시 8:1-3; 사 40:12-14, 26; 행 14:15-17 참조.

36) 특별 계시는 출 20:1; 신 29:1; 신 31:24, 렘 36:26-28, 요 1:18; 요 5:36; 6:63; 갈 1:11-12, 히 1:3 등이다.

37) 딤후 3:16; 벧후 1:21, 히 4:12 참조.

38) Robert L. Reymond, *A New Systematic Theology of the Christian Faith* (Nashville: Thomas Nelson Publishers, 1998), 37-53; 박형룡, 「교의신학 서론」(은성문화사, 1997), 303-367.

39) 슐라이어마허와 영국의 콜리지는 글이 영감받지 않고 저자가 영감받았을 뿐이라고 하였다. A. H. Strong, *Systematic Theology* (Valley Forge, Pa: Judson, 1907), 204-208.

40) A. H. Strong, 211-222.

없이 자신의 계시를 기록하게 하신 것을 보여준다.[42]

전통적으로 역사적 개혁주의는 영감과 관련하여 완전 영감설에서 축자와 유기적 영감설을 채택하였다.[43] 완전 영감설(plenary inspiration)은 영감의 범위가 성경 전체에 미쳤음을 보여준다. 이는 신구약 성경이 영감에서 예외 없이 모든 부분이 영감되었음을 천명한다. 축자 영감설(verbal inspiration)은 성경의 단어 하나하나도 영감되었다는 것이다. 예수님은 율법의 일점일획도 없어지지 않고 다 이룰 것(마5:17-19; 계22:18-19)이라고 말씀하셨다. 한편 유기적 영감설(organic inspiration)은 성경의 모든 저자들에게 유기적인 방법으로 기록하게 하셨음을 말한다. 하나님은 당신이 선택한 사람들, 예를 들면 선지자들과 사도들의 인격을 개인적 특성을 성경 기록에 활용하셨다. 이는 성경이 하나님으로부터 나온 계시임을 보여준다. 다시 말하면 성경은 신적 도움 없이는 인간이 알 수도 없으며 혹은 알려고 하지도 않았을 것이라는 말이다.[44]

그런데 1950년 대 이후 역사적 기독교 내부의 논쟁점이 된 신정통주의는 이러한 전통을 거부하고 성경을 하나님의 말씀으로부터 분리하였다. 그 이유는 전능하신 하나님은 단순히 기록된 성경의 진술을 통해 말씀하지 않기 때문이다. 이들에 의하면 하나님은 자신에 관한 객관적 사실을 계시하기 보다는 자기 자신을 실존적으로 나타내신다. 성경은 사실 하나님의 말씀의 실체가 아니라 그 말씀에 대한

---

41) 대표적으로 사도 요한은 자신의 복음서에서 한정된 어휘를 활용했지만 누가는 방대한 어휘를 통해 복잡한 구조로 기록하였다.

42) 정창욱, "성경의 영감과 무오성: 그 성경적 근거", 「신학지남」, 2003, 276호(가을호), 270-299; "성경의 자증성과 권위: 그 의미와 성경적 근거", 「신학지남」, 2004, vol. 71., No. 3, 245-266; 신복윤, "성경의 영감과 무오", 「신학정론」, 1집, 1983, 3, 49-71; 김상훈, "영감된 하나님의 책으로서의 성경과 개혁주의 해석학적 관계", 「신학지남」, 2002, 271호, 112-129; "영감해석의 방법론, 평면적 관점에서 입체적 관점으로의 전환", 「신학지남」, 2005, 284(가을)호, 183-200.

43) B. B. Warfield, *The Inspiration and Authority of the Bible*, ed. by Samuel G. Craig (London: 1959), 421. 그밖에 성경의 영감론에 대해서는 특별히 루이스 벌코프, 「조직신학」 (크리스챤 다이제스트, 2003), 155-181; 권성수, 「성경해석학」 (총신대학출판부, 1991), 77-79; 신성자, "성경의 무오성", 「신학지남」 (194호, 1982 여름), 117-132.

44) Robert L. Reymond, *A New Systematic Theology of the Christian Faith*, 37; William Adams Brown, *Christian Theology in Outline* (Edinburgh: T & T Clark, 1931), 42-56; Emery H. Bancroft, *Elemental Theology* (Michigan: Zondervan, 1977), 13-39.

증거일 뿐이다. 그러므로 성경은 독자가 자신의 주체적 이해와 경험 안에서 그리스도와 만날 때 비로소 하나님의 말씀이 된다.[45] 뿐만 아니라 성경은 신화의 옷을 입고 있기 때문에 실제로 무슨 일이 일어났는지 알려면 성경의 비신화화 작업이 반드시 요청된다. 따라서 이들에게 그리스도 사건, 동정녀 탄생과 십자가의 죽음, 부활과 장차 있을 재림의 역사성은 그렇게 중요하지 않다. 단지 그리스도와 만나는 체험이 중요할 뿐이다. 이 만남은 성경이 오류가 있고 심지어 성경이 아니더라도 개인의 주관적 체험에 의해 가능하다. 그러나 개혁주의는 개인의 체험과 상관없이 성경의 사건들이 신적 권위를 가지며 객관적 진리로 구원에 절대적으로 필요함을 선포하여 신정통주의를 배격한다.

여러 영감설의 이견에도 불구하고 예수님은 성경 전체의 영감과 부분 영감 때로는 문자적 영감을 주장하였다. 대표적으로 마 5:17-18에서 예수님은 축자 영감, 즉 율법이 다 이루기까지 일점일획도 없어지지 않을 것을 말씀하셨다. 17절에서 예수님은 율법과 선지자를 말씀하셨다. 이는 구약 전체를 지칭할 때 사용되는 용어로, 예수님은 구약의 어느 한 부분도 배제할 수 없는 전체 영감설을 강력히 주장하셨다. 그리고 눅 24:44에서 예수님은 제자들에게 모세의 율법, 선지서, 시편에 관한 예언들이 반드시 성취되어야 할 것을 말씀하셨다. 또한 자신이 하나님의 아들로 불리는 권리를 둘러싼 유대인과의 논쟁에서 시 82:6을 인용하여 성경은 결코 폐하지 못한다(요 10:35)고 하셨다. 그 밖에 예수님은 성경의 영감[46]을 문자적 영감[47]과 함께 통일성을 보여주셨다. 한편 살전 2:13과 딤전 5:18, 벧후 1:20-21과 3:16에서 사도 바울과 베드로도 성경의 축자 영감을 주장하였다. 하나님은 자신의 계시 보존을 위하여 신적 방식으로 그의 종들을 영감하셨다. 이는 계시의 정확성을 위하여 성령께서 친히 감독하셨으나, 비상한 방식으로 성경의 저자들이 자신의

45) Hugh Ross Mackintosh, *Types of Modern Theology* (London: Nisbet and Co. Ltd., 1937), 272-313; 김영한, 「기독교신앙개설」 (형설출판사, 1982), 127-136.

46) 대표적으로 예수님은 마 4:4, 7, 10에서 사탄의 시험 시에 신 8:3, 6:13, 16을 인용하여 사탄의 잘못을 지적하였다. 그리고 마 21:42에서 시 118:22을 인용하여 메시야의 배척을 가르치셨다. 그밖에 마 12:18-21에서는 사 42:1-4을 인용하셨다.

47) 이것은 예수님이 구약의 관습, 특별히 출 3:6을 따라서 "나는...이다"라는 용어를 사용하셨다. 유사한 예는 마 22:44에서 시 110:1을, 요 10:34는 시 82:6을 인용하셨다. 예수님은 또한 마 5:18에서 "천지가 없어지기 전에는 율법의 일점일획이라도 반드시 없어지지 아니하고 다 이루리라"고 하셨다.

문체나 개성을 활용하되 오류 없이 하나님의 뜻을 이루신 것을 가리킨다.[48] 성경의 영감은 저자의 단어 선택까지 영향을 끼쳤다. 벤자민 워필드의 지적처럼 영감은 성령 하나님께서 성경 기자들에게 가하시는 초자연적 영향력이다.[49] 에드워드 영은 영감을 성경 기자들에 대한 성령 하나님의 감독하심이다. 그 결과 전 성경은 신적 권위로 신뢰성을 소유하여 오류에 빠지지 않게 되었다[50]고 하였다.

하지만 세상의 급격한 변화 속에 성경의 영감은 무오와 관련하여 심각한 위기에 직면하였다. 따라서 교회는 무오를 지키기 위해 극단적으로 축자적, 완전적, 무오적 단어를 사용하였다. 그 이유는 성령의 무오류성을 부인하는 자들이 도처에서 일어났기 때문이다. E. J. Young의 지적처럼 무오류성은 성경이 오류에 빠지지 않는 특성을 갖고 있다. 심지어 실수의 가능성까지 배제되었다. 이는 성경의 모든 가르침이 진리와 온전히 부합된다[51]는 뜻이다. 그러므로 무오류성은 단순히 구약의 인용시에 문체와 단어를 엄격히 지키려는데 있지 않다. 오히려 성경의 진리를 온전히 사수하려는 의미이다. 여기에는 서로 모순되지 않는 한 공관복음처럼 동일한 사건을 다르게 기술하였다는 뜻이다. 결국 성경은 문자적으로 또한 전체적으로 영감된 계시의 말씀으로 모든 가르침에 전혀 오류나 과실이 없다. 이것은 곧 개인적 삶에 나타나는 하나님의 은총에 관한 증거만이 아니라 자연이나 세계 역사 가운데 활동하시는 하나님의 사역에 관한 증언과 하나님 자신이 성경 자체를 문자적으로 만드신 모든 것이 다 진실임을 선포한다.

그러므로 성경의 오류를 지적하는 것은 하나님의 신성을 모독하는 것이다. 만약 오류가 있다면 더 이상 하나님은 구원자요 완전한 절대자 일 수 없다. 살아있는 말씀으로 예수님은 인간 부모를 통해 성육신 하시되 성령께서 특별히 능력으로 덮어 보호하셨다. 살아있는 기록된 말씀 성경은 인간의 저자들을 사용하시되

---

48) 이와 관련하여 종교개혁자 불링거와 칼빈도 동일하게 주장하였다. Henry Bullinger, *The Decades*, vol. 1., 36-37; John Calvin, *Institutes of the Christian Religion*, trans., by Henry Beveridge (London: James Clarke & Co., Ltd, 1953), I. 6. 1.

49) B. B. Warfield, 131.

50) Edward J. Young, *The Word is Truth* (Grand Rapids: Eerdmans, 1957), 19, 27.

51) Edward J. Young, p. 113. 라이리는 삼단 논법에 기초하여 하나님은 참되시다(롬 3:4), 성경은 하나님의 감동으로 기록되었다(딤후 3:16), 그러므로 성경은 참되다고 하였다. Charles C. Ryrie, "Some Important Aspects of Biblical Inerrancy", *Bibliotheca Sacra*, 136 (Jan-Mar, 1979), 17.

성령의 감동하심으로 오류가 없게 하셨다.[52] 그러나 만약 무오성을 거부하면 하나님의 존재, 십자가의 소망, 영원한 구원과 생명 사상이 무너진다. 동시에 하나님의 완전한 성품을 모독하는 것이다. 오류는 곧 하나님의 전능하심에 대한 도전이다. 하나님은 자신을 다양한 증거, 꿈과 이적을 통해 마지막에는 아들을 통해 보여주셨다. 예수님은 친히 자신을 보는 자는 아버지를 본 것이라고 하시며 아버지가 친히 보내셨다고 하셨다. 아버지께서 말씀하신 뜻을 성취하기 위해 오셨음을 천명하였다. 결국 이 모든 것은 초대 교회의 여러 공의회가 성경의 영감과 관련된 기준들을 캐논으로 정경화[53]하였다. 당시 공의회의 정경 원리는 (i) 하나님의 권위, 영감을 받았는가? (ii) 중재자를 통한 하나님의 말씀이 담겨 있는가? (출 20:1; 수 1:1; 사 2:1), (iii) 인간 저자가 하나님의 대변인인가? (iv) 그가 예언자 혹은 예언적 은사를 가졌는가? (신 31:24-26; 삼상 10:25; 느 8:3) 그 책은 역사적으로 정확한가? 이는 실제적 사실들을 기록하고 있는가? 그 책은 유대인들에게 어떻게 받아들여졌는가?[54] 등이다. 결국 성경이 하나님의 숨결에서 나왔으므로 이를 해석할

52) 결국 무오성은 동일한 사건을 설명하는데 있어서 세부적인 사항의 차이를 용인하며, 사건을 문자 그대로 보고하도록 요청하지 않는다. 또한 표준 문법 형태에서 벗어나는 것과 문제 있는 구절의 용인, 그러나 오류나 모순을 가르치지 않는다.

53) 구약의 정경 39권은 마소라 사본(히브리어 사본)에 의하면 3부분으로 분류된다. 첫째 율법서로 창세기부터 신명기까지 오경이며, 둘째 예언서로 여호수아, 사사기, 삼상하, 왕상하, 대소 선지서를 포함한다. 셋째 성문서로 시가 및 지혜서(시편, 잠언, 욥기, 아가, 룻기, 전도서, 에스더, 예레미야 애가)와 예언서(다니엘, 에스라, 느헤미야, 대상하)가 포함된다. 본래 삼상하, 왕상하, 대상하, 소선지서, 에스라-느헤미야는 모두 한 권으로 구약은 39권이 아니라 24권이었다. 신약이 기록될 당시 눅 24:44와 요 10:35; 딤후 3:15에서 보듯이 이 구분은 대체로 인정되었다. 이 세 구분은 유대 역사가 요세푸스(37-95), 사데의 감독 멜리토(A.D. 170년경), 터툴리안(A.D. 160-250)이 인정하였다. Samuel G. Green, *A Handbook of Church History: From the Apostolic Era to the Dawn of the Reformation* (London: The Religious Tract Society, 1904), 23, 112-119.

54) Joseph H. Lynch, *The Medieval Church: A brief history* (London. Longman, 1992), 7-8; 베른하르트 로제, 「기독교 교리사」, 구영철 역 (컨콜디아사, 1992), 33; 메레니스 G. 클라인, 「성경의 권위의 구조」, 김의원 역 (크리스챤 다이제스트, 1994), 21. 당시 성경 채택에 사용된 구약 사본은 마소라 사본과 사해 두루마리, 70인역, 사마리아 오경, 아람어 탈굼, 신약은 파피루스 사본, 약 240여개의 대문자 사본, 대표적으로 시내와 바티칸, 알렉산드리아, 에브라임과 베자, 워싱턴 사본이 포함되었으며, 소문자 사본은 약 2800여개가 현존한다. 그 밖에 여러 역본들, 예를 들면 수리아 역본(타티안이 디아테사론과 고대 수리아본, 페시타, 팔레스타인 수리아본), 제롬의 불가타 역본, 콥트어 역본인 사이드어 역본과 보하이라어 역본이 참고되었다.

때도 여타 저서와 달리 하나님의 도우심 즉 조명을 받아야 한다(고전 2:11) 조명은 눅 24:44-45에서 보듯이 엠마오 도상의 제자들처럼 성령의 도우심을 받아야 뜻을 이해할 수 있다.[55] 그런데 성경 해석은 전통적으로 문자적, 문법적, 역사적, 상징적, 신학적 방법이 사용되었다.

4. 개혁파 교회의 성경관

이처럼 성경의 계시와 영감, 무오에 대한 개혁주의적 이해는 복음전파 과정에서 다양하게 발전하였다. 그것은 역사적, 신학적 전통을 확립하였다.

(1) 역사적 전통: 구약적 전통을 따라서 신약 교회를 설립하신 예수님은 구약의 정경을 인정하셨다. 대표적으로 예수님은 눅 24:44을 3부로 나누어 팔레스틴 유대교의 정경을 암시하셨다. 이것은 보통 히브리 정경 24권으로 개신교 39권과 일치한다. 따라서 1세기 원시 기독교는 차후에 채택될 신약 정경의 기반으로 구약 39권과 예수 그리스도의 구전을 계승하였다.[56] 하지만 당시 유대교의 일부 개종자들은 여전히 모세의 율법에 연연하였다. 이들 중에 유대 기독교인들은 구원을 얻으려면 반드시 율법을 준수해야 한다고 믿었다. 그들 중에 당시 나사렛파들은 모세의 율법을 엄격히 지키며, 비록 이방인들에게 강요는 하지 않았으나 안식일과 할례, 음식에 관한 율법을 강조하였다. 그들은 예수님의 동정녀 탄생과 신성을 인정하였으며, 그의 가르침이 모세나 예언자들의 가르침보다 탁월하다고 생각하였다. 나사렛파는 마태복음의 히브리어 본과 사도 바울의 서신만을 인정하였다.

이들과 함께 에비온(Ebionite)파와 엘카사이(Elkesaite)파는 그리스도의 동정녀 탄생과 신성을 부정하였다. 예수 그리스도는 마리아와 요셉의 육신적 아들로 지극히 뛰어난 예언자였으나 일개의 한 사람이라고 하였다. 뿐만 아니라 그들은 바울을 사도로 인정하지 않고 오히려 율법의 배교자로 간주하였다. 특히 엘카사이파는

---

55) 여기서 계시란 성경의 내용과 관련된 것이며, 영감은 그 내용의 기록 방법, 조명은 그 기록의 의미와 관련된 것이다. 예수님은 다락방 강화에서 성령이 저들을 가르치시고(요 14:26), 모든 진리 가운데로 인도하시며(요 16:13), 하나님의 진리를 드러내 주실 것(요 16:14-15)을 말씀하셨다. 성령은 우리의 생각을 움직이고(롬 12:2; 엡 4:23; 골 1:9-10), 마음, 곧 의지까지 감화하신다(행 16:14; 엡 1:18)

56) 정규철, 「성경 무오의 역사적 증명」 (도서출판 그리심, 2002), 12.

한 천사가 엘카사이라는 사람에게 한 권의 책을 주면서, 예수님은 인간 부모에게서 태어난 천사라고 가르쳤다. 따라서 이들은 그리스도의 동정녀 탄생을 부인하는 대신 가장 높은 대천사로 간주하였다. 또한 이들은 율법의 유효성을 강조하면서 안식일 준수와 할례의 필요성을 강조한다. 영지주의자들은 상기한 에비온파와 엘카사이파와 달리 물질을 죄악시하고 영을 신성시하는 헬라철학의 한 체계였다. 주로 속사도들은 자신들의 저술에 성경 인용으로 성경관을 표현하였다. 이들은 신구약 말씀을 광범위하게 자신들의 글에 인용하였다. 하지만 이들은 공통적으로 성경의 권위를 인정하는데, 대표적으로 클레멘트는 "성경에 일렀으되"를 자주 인용하였다. 그는 "성경은 진리요 성령에 의해 주어졌으며 그 안에 기록된 것 중에는 불의한 것과 거짓된 것이 전혀 없다"고 주장했다. 그는 "구약을 거룩한 성경 혹은 하나님의 신탁"으로 언급하였다. 하지만 교부들은 종종 알레고리칼한 해석을 하였다.

특별히 변증가들이 디오그네투스에게 보내는 서신은 하나님의 계시를 강조한다. "창조주 하나님이 인류에게 자신을 계시하셨다. 하늘에 계신 보이지 않는 하나님은 인간에게 인간의 이해력을 초월하는 진리와 거룩한 교훈을 허락하시고 이를 인간 마음에 확고히 심어 주셨다". 이러한 언급은 철학자들의 사변적 모색과 인간에 대한 하나님의 계시를 잘 대조시켜 준다. 그 서신에서는 하나님이 말씀을 통해 자신을 계시해 오셨다고 선포한다. 여기서 말씀은 철학적인 용어로 말 혹은 강론을 뜻한다. 그러므로 그리스도는 인류에 대한 하나님의 강론이시다. 이러한 의미에서 변증가들은 그리스도가 인류에게 하나님의 계시를 알려주는 선생임을 강조한다. 이들은 말씀 즉 하나님께서 종종 입으로 주시는 가르침을 깨달으라고 훈계하였다.

하지만 A.D. 170년까지는 사도적 교부들 중에 그 누구도 교회를 위한 표준적인 목록에 어떤 책들이 포함되어야 하는지에 대하여 명확히 질문하거나 응답하지 않았다. 그러나 마르키온 이단의 출현과 더불어 최초로 복음과 사도라는 정경이 결정되었다. 당시 이 정경에는 누가복음과 바울의 10서신이 포함되었다. 이것이 계기가 되어 이레네우스는 빌레몬, 요한 3서, 유다서 등을 제외한 모든 신약 성경을 정경으로 언급하였다. 그러나 신약 정경의 각 권들은 처음부터 모두 주의 말씀과 사도들의 글로 인정되었으나 부분적으로 사용되었다. 하지만 초대 교회는 성령의 역사 속에 신약을 그대로 정경으로 인정하였다. 당시 사도적 교부들, 예를 들면 로마의 클레멘트, 바나바의 편지, 이그나티우스, 폴리캅, 헤르마스, 12사도의 가르침 등에서 성경의 빈번한 인용은 정경 형성에 크게 영향을 끼쳤다. 실제로 이들은 생활 중에 성경의 저자나 제목의 언급 없이 자주 인용하였다.[57] 이와 함께 교회의 사상과 생활은 신약의 문서에 상당부분 도움을 입었다. 결국 정경 형성 과정에서 공관복음서와 요한의 저술들, 바울 서신과 공동 서신이 정경 탄생의 기본적인 단위였다. 초대 교회의 순교자 저스틴 마터(Justin Martyr)는 신약의 문서들이 구약성경과 교환 가능하게 교회의 예배에서 활용되었다고 하였다.[58] 이러한 과정에서 초대 교회는 밖으로 제국의 박해와 안으로 여러 이단과 분파주의[59]에 맞서 363년과 367년의 라오디게아 공의회와 아타나시우스, 393년의 히포 공의회, 397년 카르타고 종교회의를 통해 현재의 66권을 정경으로 채택하였다.[60] 그리하여 정통과 이단을 식별하여 징벌하고 보다 적극적으로 참된 교회를 건립하고 확장하는데 기여하였다.

(2) 신학적 전통: 그러나 중세 로마 가톨릭 교회는 성경에 대한 확고한 신념에도 불구하고 교황권을 확대하고, 여러 의식과 제도를 전통으로 확립하였다. 그리고 성경을 교회에서 점차 따돌리고 기록된 계시와 함께 구전을 채택하였다. 사람들은 이 전승이 성경의 권위를 확립하고 성경의 바른 의미를 제공한다고 믿었다. 만약 전승이 없다면 성경은 앞뒤가 맞지 않아 차후에는 권위를 상실할 것이라고 생각하였다. 중세 가톨릭 교회가 전승을 존중하면서 성경의 권위가 파괴되고 교회에 의존하였다. 이 후 교회는 성경의 절대적 필요성, 충족성, 명확성을 부정하였다.[61] 따라서 중세는 교회 및 신앙의 시대였음에도 불구하고 예수 없는 죽은 교회였다. 중세 가톨릭 교회는 오히려 성경을 배제하고 자신들이 제정한 법규와 전통

---

57) 서요한, “제7장 신약교회 형성과 제도의 발전”, “제8장 속사도 교부들의 신학사상”, “제9장 초기 변증가들의 역할과 공헌”, 「초대교회사」 (도서출판 그리심, 2010), 214-218, 230-248, 253-281.

58) Robert L. Reymond, 62; 루이스 벌코프, 「조직신학」 (크리스챤 다이제스트, 2003), 151.

59) 이단과 분파주의에 관해서는 서요한, “제10장 초기 이단들의 형태와 특징”, “제11장, 초기 기독교의 분파운동”, 「초대교회사」 (도서출판 그리심, 2010); “제12장 중세교회의 이단 유형과 특징”, 「중세교회사」 (도서출판 그리심, 2010)

60) Robert L. Reymond, *A New Systematic Theology of the Christian Faith* (Nashville: Thomas Nelson Publishers, 1998), 64-93.

에 반대하는 자들을 예외 없이 이단으로 규정하였다. 그들 중에는 특별히 성경을 번역한 자들이 장대에 묶이거나 장작 위에서 화형되었다. 대표적으로 영국의 개혁자 존 위클리프는 이미 죽어 매장되었으나 유골을 꺼내어 그의 저서들과 함께 불태워졌다. 그밖에 존 후스, 윌리암 틴데일, 종교개혁기의 토마스 크랜머, 존 후커, 리콜라스 리들리, 그리고 존 로저스 등이 화형되었다.[62)]

중세 가톨릭에 의하면 성경은 천국 열쇠와 함께 사제인 자신들에게 맡겨졌고 그것을 읽고 해석하는 권한이 자신들에게만 있다고 주장하였다. 엄격한 신분제[63)]에 따라서 당시 평신도들은 라틴어로 된 성경을 읽을 수 없었으며 물론 소유도 불가능하였다. 오직 교회가 가르치고 사제가 해석하는 것만이 진리요 복음이었다. 일반 신도는 단지 믿고 따라야 했다. 이 밖에 어떤 것도 용납되지 않았다. 이러한 상황에서 마틴 루터는 죄 문제와 관련하여 성경을 통해 자신의 참 모습을 발견하였다. 그리고 1517년 10월의 95개 항의문 발표 후, 1519년 6월 라이프찌히(Leipzig) 에크와의 논쟁에서 성경을 근거로 교황의 권위와 교회의 무오성을 배격하였다. 연옥과 면죄부, 고해성사, 아울러 공로사상을 거부하고 그리스도의 은혜와 믿음을 강조하였다. 1520년 6월 교황이 루터를 파면하자 3대 논문[64)]을 통해 만인 제사장론을 확립하고 교황의 성경 해석의 독점권을 어리석은 것으로 규정하고 7성례를 거부하였다. 1521년 소집된 보름스 의회가 파문 교서를 공표하고 그의 책을 불태우자 강력히 대응하였다.[65)]

---

61) 루이스 벌코프, 151.

62) William A. Clebsch, *England's Earliest Protestants 1520-1535* (New Haven & London, Yale University Press, 1964), 1-318; Marcus L. Loane, *Masters of the English Reformation* (London: The Church Book Room Press, 1954), 3-241; G. R. Elton, *Reform & Reformation England, 1509 1558* (Harvard University Press, 1977), 376-396. Philip Edgcumbe Hughes, *Theology of the English Reformers* (Hodder and Stoughton, 1965), 11-44; Gideon David Hagstotz.Hilda Boettcher Hagstotz, *Heroes of the Reformation* (USA: Hartland Publications, 1996), 1-131;

63) Joseph H. Lynch, *The Medieval Church: A brief history* (London: Longman, 1992), 14; 조르주 뒤비, 「세 위계: 봉건제의 상상 세계」, 성백용 역 (문학과지성사, 1997), 13-14, 33; 자크 르 고프, 「연옥의 탄생」, 최애리 역 (문학과지성사, 1995), 261; 장 카르팡티에.프랑소아 프브룅. 장마리 메이외르.엘리자베트 카르팡티에.알랭 트라노아, 「프랑스인의 역사」, 주명철 역(소나무, 1992), 129-140. 이러한 입장은 르 고프에게도 나타난다. J. Le Goff, *Medieval Civilization*, trans. J. Barrow (Oxford, 1989), 256 261.

64) 「독일 그리스도인 귀족에게 고함」, 「교회의 바빌론 유수」, 「그리스도인의 자유」이다.

교황의 명령으로 1521년 3월 보름스(Worms) 의회에 출두한 루터는 요한 에크(Trier의 주교 시기)의 질문에 책들이 자신의 것임을 인정했으나 성경의 증거와 명백한 이성의 증거로 오류가 밝혀지기 전에는 철회하지 않겠다고 주장했다. 그는 "자신이 인용한 성경에 매여 있다. 그리고 양심은 하나님의 말씀에 포로가 되었다. 어떤 것도 철회할 수 없으며 철회하지도 않겠다. 양심을 거역한다는 것은 안전하지도, 올바르지도 않기 때문이다. 그리고 흔들림이 없이 나는 달리 할 수 없다. 나는 여기에 서있다. 하나님 나를 도우소서"[66]라고 하였다. 그 후 바르트부르크 성(Waltburg) 성에 은신하여 직접 성경 원문을 독일어로 번역하였다. 루터는 "성경은 성령의 영감된 책으로 예수 그리스도를 말씀하기 때문에 하나님의 말씀이라"고 하였다. 이로써 그동안 사제들의 전유물이었던 성경을 누구나 쉽게 읽고 배우며 연구할 수 있게 되었다. 루터에 의하면 성경은 통일성과 다양성이 공존한다. 그에게 통일성은 그리스도 안에서 스스로를 계시하신 하나님께 있으며 다양성은 율법과 복음의 대조였다. 루터는 구약의 율법은 죄를 드러내는 것이나 신약은 그 율법을 성취한 은혜의 책으로 이해하였다.[67]

츠빙글리는 성경은 하나님이 말씀하셨기 때문에 그 말씀을 통해 말씀하시기 때문에 하나님의 말씀이다.[68] 성경의 저자이신 하나님 혹은 성령께는 어떤 증거도 필요치 않다. 성령께서 스스로 방패가 되어 성경의 저자들에게 강권적으로 받아쓰게 하셨다. 성경이 성령의 감동으로 기록되었기 때문에 결국 둘은 하나로 묶였다.[69] 그러므로 그는 비록 교회가 외경을 사용하지만 루터처럼 정경으로 인정하지

---

65) 루터는 많은 교수들과 학생들이 보는 앞에서 교황의 파문 교서, 교황의 선언문, 교회법, 그리고 에크와 엠저의 저작들을 불에 던지면서 아간의 죄를 나무라는 여호수아의 말, 수 7:25을 인용하여 "너가(교황이) 주님의 거룩한 자를 괴롭게 한 것처럼, 영원한 불이 너를 괴롭게 하기를 원하노라" 하였다.

66) A. G. Dickens, *Martin Luther and the Reformation* (London: Hodder and Stoughton, 1977), 58-59; Robert Backhouse(ed.), *The Life and Letters of Martin Luther* (London: Hodder & Stoughton, 1993), 120-121; James M. Kittelson, *Luther the Reformer: The Story of the Man and His Career* (Minneapolis: Augsburg Publishing House, 1989), 161.

67) *Luther's Works*, ed. E. Theodore Bachmann (Philadelphia: Fortress Press, 1989), vol. 35., 236-237.

68) W. P. Stephens, *The Theology of Huldrych Zwingli* (Oxford: Clarendon Press, 1988), 55.

69) W. P. Stephens, 56.

않았다. 츠빙글리에게 있어서 "말씀은 신적 형상으로, 인간을 하나님께 되돌린다". 그에 의하면 "형상 참된 형상은 단순히 육체적으로 모양이나 영혼의 기능이 아니라 하나님과 그분의 말씀을 바라는 것 즉 적어도 신적 관계, 즉 우리 안에 있는 형상과 유사성의 한 증표이다". 츠빙글리는 자신의 경험을 통해 성경이 지속적으로 인간의 거짓을 폭로하며 오직 하나님만 진리시라고 하였다(시 116: 11; 롬 3:4) 인간 자신의 사고와 지성은 자신을 거짓되게 한다. 하지만 하나님은 인간에게 빛을 제공하므로 인간에게 창조자의 말씀보다 영혼의 기쁨, 확신, 그리고 위안을 주는 것은 없다. 이러한 결과는 말씀의 확실성 혹은 무오류성이 성령의 역사로 자증(自證)한다.[70]

츠빙글리에게 "하나님의 말씀은 그분이 하신 대로 이루는 확신이다".[71] 그것은 이미 창조, 땅의 저주, 홍수, 그리고 이삭의 출생에서 보듯이 구약에 제시되었다. 이러한 예는 신약에도 나타나는 바, 예를 들면, 문둥이, 백부장의 하인의 치유, 그리고 오명이어의 배불림 등이다. 종종 말씀과 행함 간에 간격이 있지만 하나님께는 의미가 없다. 하나님은 어제나 오늘이나 영원토록 동일하시기 때문이다(히 13:8) 하나님이 말씀하시는 것은 그의 의지에 따라서 언제나 시작 될 것이다. 복음의 전 메시지는 하나님이 약속하셨고 약속하신 것이 오류 없이 수행되는 것을 확실히 역설한다.[72] 그러므로 츠빙글리는 개혁 초기 목회로부터 성경이 우리의 주인이요 교사요 안내자라고 믿었다. 그런데 우리가 만약 성경에서 우리 자신의 생각을 찾으려 한다면 성경은 우리의 교사이기 보다는 학생이 될 것이라고 경고하였다.[73] 성경에 말씀하시는 성령은 그 누구의 간섭 없이 스스로 판단하신다.

한편 개혁자 존 칼빈은 교회의 신앙을 체계적으로 정리하여 「기독교강요」[74]를 출간하였다. 강요에서 그는 성경의 저자는 하나님이시다. 성경은 타락한 인간에게

---

70) W. P. Stephens, 59.

71) W. P. Stephens, 51.

72) Geoffrey W. Bromiley, *Historical Theology* (Edinburgh: T & T Clark, 1978), 214-215.

73) W. P. Stephens, 58.

74) John Calvin, *Institutes of the Christian Religion*, trans., by Henry Beveridge (London: James Clarke & Co., Ltd, 1953), I-IV vols. 한국어 번역판은 「기독교강요」, 원광연 역 (크리스챤 다이제스트, 2003), 상중하 참조.

참된 지식을 마음에 모아주며, 우둔함을 몰아내고, 참되신 하나님을 분명히 보여준다. 하나님은 교회를 가르치기 위하여 우둔한 교사들만을 사용하시지 않고 친히 자신의 거룩한 입술을 여셔서 계시를 통해 말씀을 주셨다.[75] 이것은 예언자들이 성령의 구수에 따라 기록한 것이다. 그들은 하나님의 입에서 나오는 말로 백성에게 대답을 해야 했기 때문이다.[76] 우리는 그것을 사람의 봉사를 통하여 하나님 자신의 입에서 직접 받았다고 확신한다고 하였다.[77] 따라서 그는 하나님의 말씀과 성경을 동일시하였다. 그에 의하면 하나님은 성경을 통하여 택한 자들을 가르치사 단지 어느 한 신(神)을 어렴풋이 바라보게 하지 않고, 그들이 바라보아야 할 참 하나님이 바로 자기 자신임을 보여주셨다. 하나님은 태초부터 당신의 교회를 위하여 이를 계획하셨고 그리하여 갖가지 일상적인 증거들을 보여 주셨다. 그러므로 성경은 하나님을 깨닫는 데 필요한 가장 확실한 직접적인 수단이다.[78] 오직 성경만이 우주의 창조주이신 하나님을 다른 온갖 거짓 신들과 구별해 주는 확실한 증거를 보여준다. 그러므로 그 증거를 배우기 위해서는 반드시 성경으로 돌아가야 한다. 성경이 있는 한 또한 붙잡는 한 누구도 더 이상 미로에서 방황하지 않을 것이다.

성경은 결코 이성적인 논증을 통해 규명될 수 없다. 그러나 성령의 증언은 모든 이성의 증언 보다 우월하여 성경의 영감에 대한 확신을 제공한다[79]고 하였다. 하나님 말씀만이 그의 말씀을 통해서 자신에 대한 충분한 증언이 되시는 것 같이 그의 말씀도 성령의 내적 증언으로 확인될 수 있다. 예언자의 입을 통하여 말씀하신 성령과 동일한 성령이 우리의 마음에 들어와 하나님이 예언자들에게 분부하신 말씀을 그들이 충성스럽게 우리에게 전했다는 것을 명확히 보여준다고 하였다. 성경은 성령의 증언으로 마땅히 받아야 할 신앙을 가지고 있다. 전 성경은 율법과 예언자와 시편과 역사로 구성된 바, 초대교회는 이것을 하나님의 말씀으로 믿었다고 하였다. 성경은 그 자체 객관적인 하나님의 말씀으로 성령의 조명에 의하여 우

75) John Calvin, *Institutes of the Christian Religion*, trans., by Henry Beveridge (London: James Clarke & Co., Ltd, 1953), I. 6. 1.

76) John Calvin, *Institutes of the Christian Religion*, IV. 8. 6.

77) John Calvin, *Institutes of the Christian Religion*, I. 7. 5.

78) John Calvin, *Institutes of the Christian Religion*, I. 6. 1.

79) John Calvin, *Institutes of the Christian Religion*, I. 7. 4.

리에게 알려진다. 이것은 이성을 필요로 하지 않는 지식으로 최고의 이성의 지지를 받는 지식이다. 이 확신 속에서 다른 어떤 이성보다도 마음의 안정성과 영구성을 갖게 된다고 하였다.[80] 성경을 하나님의 말씀으로 믿는 전통은 중세 가톨릭 교회가 왜곡된 교리를 가르치는 일로 오랫동안 성경에 대한 권위가 상실되었다. 하지만 종교개혁과 더불어 이 권위는 성경 자체의 강력한 도전을 받았다. 따라서 더 이상 성경의 권위는 교회가 좌지우지 할 수 없게 되었다. 그러면 어떻게 무엇을 근거로 초대 교회는 성경을 하나님의 말씀으로 믿었는가?

이에 대해 칼빈은 세 원리를 제시하였다. (i) 성령의 증거이다.[81] 성령께서 내적으로 가르침을 주신 사람들은 진정으로 성경을 신뢰한다는 것과 또한 성경이 과연 스스로를 확증하므로 성경을 감히 증거와 이론에 예속시켜서는 안 된다. 우리가 마땅히 가져야 할 확신은 성령의 증거를 통해서 얻어진다는 것뿐이다. 성경은 그 자체의 위엄으로 사람들에게 높임을 받지만 오직 성령을 통하여 우리 마음에 인 쳐질 때 비로소 성경이 우리에게 영향을 미치게 된다. 인간의 어떤 이성이나 경험적 권위로도 교회를 대체할 수 없다. 그러나 그 교회는 선지자들의 예언의 말씀과 사도들의 가르침에 의하여 다스림을 받는다. 성령께서 내적으로 가르침을 주신 사람들은 진정으로 성경을 신뢰하며 또한 성경이 스스로를 확증하므로 성경을 감히 증거와 이론에 예속시켜서는 안 되며 우리가 마땅히 가져야할 확신은 성령의 증거를 통해서 얻는 것이다. 그러므로 우리는 하나님 자신에게도 귀의해야 한다. (ii) 성경의 자증이다. 성경은 하나님으로부터 나왔다. 따라서 그 자체가 진리이다. 어느 부분을 막론하고 하나님이 친히 말씀하신다. 우리는 그것을 사람의 봉사를 통하여 하나님 자신의 입에서 직접 받았다. 그러므로 성경은 전적으로 믿을 만하다. 칼빈은 성경을 영감된 완전 축자 영감으로 이해하였다. 소위 하나님의 권위와 신성의 신리는 영감된 하나님의 말씀과 함께 한다. 오직 하나님만이 그의 말씀에 대해서 적절히 증언하실 수 있으므로 그 말씀이 사람들의 마음에 받아들여지기 위해서는 반드시 성령의 내적인 증거에 의하여 확증되어야 한다. 선지자들의 입을 통하여 말씀하신 바로 그 성령께서 우리 마음을 꿰뚫고 들어오셔서 그 선지자들이 하나님께 명령받은 대로 신실하게 선포하였음을 믿어야 할 것이다. 성령

80) John Calvin, *Institutes of the Christian Religion*, I. 7. 5.

81) John Calvin, *Institutes of the Christian Religion*, I. 7. 1, 4.

의 증거가 종속적으로 혹은 미신적으로 될 수 없는 것은 하나님의 말씀으로서 그 권위에 기초한 성령의 직접적인 사역이기 때문이다.[82]

(iii) 인간 이성의 역할이다. 칼빈은 인간의 타락과 부패에도 불구하고 하나님의 은혜로 성경을 깨달을 수 있다고 믿었다. 사실 모든 피조물 중에 인간의 판단보다 더 높고 강력한 것은 없다. 그러므로 인간이 신앙적 논증을 통해 성경의 권위를 수호하며 교회의 동의로 그 권위를 세우고 다른 여러 도움을 받아 권위를 세우는 것은 매주 소중하다. 성경의 권위를 수용한 후에 면밀히 성경을 공부해 나가면 하나님의 지혜의 경륜이 성경 속에 그렇게 잘 정렬되고 배열된 것을 발견할 것이다. 그 가르침에 속된 것이 하나도 없고 완전히 하늘의 성격으로 충만한 것이나 각 부분이 다른 모든 부분들과 아름답게 조화를 이루는 것 혹은 그밖에 책들에 대해 위엄을 느끼는 갖가지 특성을 생각한다면, 성경에 대한 확신은 정말 놀라운 것이다. 성경의 탁월함은 그 언어의 아름다움보다는 그 주제의 장엄함이다. 하나님은 그 말씀 속에 때로는 비천하고 초라한 언어로 기록되었으나 이를 통해 나타내신 하나님의 섭리는 참으로 심오할 뿐이다.[83]

칼빈은 강요에서 성경을 언약으로 통일된 구원의 책으로 확신하였다. 비록 구약 시대는 신약 시대와 차이가 있지만 전적으로 다르지 않다고 보았다. 그는 율법과 복음의 관계를 구원론적 관점, 언약적 관점으로 이해하였다. 칼빈은 비록 율법 아래서 유대인들에게 알려지기는 했지만 그리스도는 오직 복음에서 보다 자세하고 명확히 계시되었다. 모든 족장들과 맺어진 언약은 그 실체와 실재에 있어서 우리들의 언약과 동일하다. 그러므로 이 둘은 실제로 하나이며 똑 같은 것이다.[84] 결국 종교개혁은 성경 본래의 권위를 찾자는 원상회복 운동이었다. 중세 가톨릭에 의해 그릇되게 덧칠해지고 왜곡된 가르침을 바로잡자는 것이었다. 그리하여 초대교회의 전통을 회복하였다.

(3) 근대적 전통: 하지만 근대는 합리주의와 더불어 성경의 무오 개념을 위기에 빠뜨렸다. 그것은 벌코프의 지적처럼 다양한 철학적 과학적 연구와 비평적 역사적 연구가 초자연적인 것에 대한 신념을 위태롭게 했기 때문이다. 그 결과 더

82) John Calvin, *Institutes of the Christian Religion*, I. 7. 2-4.
83) John Calvin, *Institutes of the Christian Religion*, I. 8. 1-13.
84) John Calvin, *Institutes of the Christian Religion*, II. 10. 2.

이상 교회는 성경의 무오와 영감 교리를 부정하고 구시대적 낡은 개념으로 치부하였다.[85] 그리고 대신 자유주의 신학에 기초한 대안을 제시했으나 신앙인들의 가슴과 마음을 사로잡지 못하였다. 어떤 경우에 성경은 부분적으로는 인간적이고 부분적으로는 신적으로 간주되었다. 하나님의 내재성 교리를 강조한 관념론 철학과 슐라이어마허의 주관주의는 계시 및 영감에 대한 새로운 도전을 시도하였다. 영감은 그리스도인 일반에 대한 영적인 조명과 전도의 차이만 있는 특별한 신적 조명으로, 또 계시는 그 결과로 생겨나는바 사물의 본성에 대한 고도의 통찰력으로 보게 되었다. 이것은 시간의 흐름과 함께 계시와 인간의 발견물을 동일한 것으로 보는 결과를 낳았다. 이들에게 결국 성경은 매우 예외적인 인간적 경험에 대한 기록일 뿐이었다. 이러한 상황에서 위기의 신학 신정통주의의 계시론은 초자연적 행동이 아니고 초월주의(Transcendentalism)으로 보고, 그 합당한 위치로 회복시키고자 하였다. 하지만 이 신학 또한 성경의 무오한 영감 교리를 포기하고 하나님의 계시가 성경과 동일하지 않다고 주장하였다. 성경은 신적 계시에 대한 인간의 증거일 뿐이며 단지 계시를 증거한다는 이유 때문에 제2차적인 의미에서 하나님의 말씀이라 불릴 수 있다고 하였다. 이런 와중에 일부 보수적인 사람들이 성경을 하나님의 신적 계시로 무오류한 영감 된 말씀으로 신앙을 확증하였다.[86]

5. 개혁주의 성경관과 한국교회

19세기 서구 제국주의 열강들의 경쟁적 대립 속에 해외 진출과 확장, 20세기 제1, 2차 대전의 충격 속에 세계 교회는 다양한 신학의 출현으로 혼란에 직면하였다. 특별히 우리나라는 한말(韓末)의 정치적 갈등과 경제적 피폐, 사회적 혼란, 일세의 강점과 수탈로 절망적 상황이었다. 하지만 이 시기 한국에 파송된 선교사들은 성경적 보수 신앙의 선교와 확장에 주력하였다. 그 결과 오늘 한국 교회는 기독교 역사 2,000년, 선교 128년 만에 경이적인 성장과 부흥을 이끌었다. 장로교회는 합동, 통합, 고신, 대신, 합신, 그리고 기장 등이며, 기타 교단은 감리교, 침례교, 기성, 예성 그리고 순복음 등이었다. 이 교단들은 대체로 성경을 하나님의 말씀으

85) 루이스 벌코프, 「조직신학」 (크리스찬 다이제스트, 2003), 152
86) 루이스 벌코프, 152.

로 믿지만 일부는 신학적 견해를 달리한다. 그것은 19세기 말과 20세기 초에 등장한 서구 자유주의와 신정통주의의 영향 때문이었다. 실제로 성경관을 둘러싸고 발생한 신학적 갈등과 대립으로 유럽과 미국 교회는 물론 한국 교회도 급기야 교단이 분열되었다. 그럼에도 불구하고 보수적 장로교 중심의 한국 교회는 하나님의 말씀인 성경을 중심으로 성장과 부흥을 이끌었다. 따라서 한국 교회는 성경과 어떤 관계인지를 역사적으로 살피는 것은 매우 중요한 문제이다.

(1) 만주와 일본 선교: 한국 선교를 위한 서방 국가들의 노력은 1832년 네덜란드 선교회 소속의 독일 출신 구츨라프 목사의 내한과 1866년 웨일즈 출신 토마스 목사의 순교로 나타났다. 이들은 가는 곳 마다 순교 직전까지 천주교와 달리 번역된 성경을 보급하는 일에 주력하였다.[87] 이후 초기 선교사들의 선교는 한국 정부의 요청에 따라 순수한 복음전파와 함께 학교와 병원을 통해 시작되었다. 그것은 영적 구원, 육적 치유, 그리고 교육이 선교의 중요한 부분으로 간주됐기 때문이다.88) 이러한 다양한 활동 저변에는 성경에 대한 확고한 이해와 적용에 기초하였다. 하지만 쇄국정책으로 위기에 봉착하자 한국 주변까지 왔던 선교사들은 성경 번역과 보급으로 한국 선교의 실현을 위해 노력하였다. 이들 중에 스코틀랜드 선교사로 처남 매부인 로스와 매킨타이어 목사는 서상륜 등의 한국 청년 신자들의 도움으로 성경을 번역 출간하였다. 1882년 누가복음, 1884년 대한성서공회는 로스 목사의 4복음서와 사도행전, 1887년 신약전서를 간행하였다. 같은 시기에 일본에서는 이수정이 성경 번역 작업을 진행하였다. 이수정은 유학차 도일하여 기독교를 접한 후 1883년 4월 세례를 받았다. 그리고 이듬해 한문 성경과 일본어 성경을 대본으로 「신약전서 마가복음 언해」라는 표제의 한글판 마가복음을 번역하였다.

공식적인 선교사 파송 이전에 진행된 이 같은 성경의 번역 출간과 권서인을 통한 보급은 이후 한국 선교에 매우 희망적이었다. 이후 내한한 선교사들은 사경회라는 성경 연구 활동을 전개하였다. 이들은 이 땅에 씨를 뿌리러 왔으나 추수하기에 바쁜 상황을 맞이하였다. 1876년 병자수호조약과 1882년의 한미통상조약으로 문호를 개방하였다. 이로써 이듬해 미국의 공사가 내한하였으며 공사관 공의(公

---

87) 민경배, 「한국 기독교회사」, 65; 서요한, "순교자 로버트 J. 토마스 목사의 역사적 의의", 「신학지남」, 2013, 가을호 참조.

醫) 자격으로 선교사 알렌이 1884년 9월에, 1885년 4월에는 언더우드와 아펜셀러가 입국하였다. 특별히 알렌이 갑신정변 때 보여준 탁월한 의술로 민비의 측근 민영익을 치료함으로 선교 활동에 도움을 입었다. 그리고 1885년 서울 제동에 광혜원(제중원)을 개원함으로 한국 학생들에게 서양의술을 교육하였다. 선교사들은 이 병원의 의사 혹은 선교사로서 복음전파에 주력하였다. 뿐만 아니라 선교사들은 교육에 관심을 갖고 신학교와 일반 학교를 설립하였다. 당시 교육은 기독교적 바탕 위에서 성경을 가르치는 것이었다.[89] 따라서 당시 개화와 교육의 관계는 곧 교회와 교육 신앙과 교육과의 관계였다. 이 관계는 기독교의 급속한 성장과 더불어 더욱 빠르게 신장되었다.[90] 결국 성경의 한글 번역과 보급은 그 가치를 재인식하는 계기가 되었으며 문맹 퇴치와 개화를 촉진하였다.

(2) 초기 한국 교회의 성경관. 성경 번역과 보급의 활발한 전개와 함께 1880년대 이후 내한한 초기 선교사들은 대부분 구 프린스톤의 영향을 받은 보수적 혹은 청교도적 선교사들로 대부분 정통 칼빈주의자들이었다[91] 이들은 청교도적 생활 이념에 따라 성경을 하나님의 영감된 말씀으로 믿고 열심히 전파하였다. 그것은

---

88) 이만열, 「한국기독교와 역사의식」 (지식산업사, 1981), 9-13.

89) 당시에 설립된 기독교 학교로는 대표적으로 이남에 배제와 이화, 경신, 정신, 배화, 이북에는 숭실, 숭의, 동도의 한영서원, 호수돈여학교 등을 들 수 있다. 그밖에 교회마다 학당을 설립하여 교육에 적극 동참하였다. 이만열, 12-16, 19-22. 선교사들은 병원과 학교 외에 고아원과 신문발간, 예를 들면 협성회회보와 독립신문, 특별히 기독교 신문으로는 1897년 2월 2일 감리교의 아펜젤러가 죠션 크리스도인의 회보, 1897년 4월 1일 장로교의 언더우드가 그리스도 신문을 창간하였다. 1898년 1월 1일 협성회회보가 발행되었다.

90) 1897년 교회 설립 학당 16개는 1901년 주일학당 229개, 주일학당 학생 9,090명, 교회 경영학당(교중학당) 32개 이상, 교중학당 학생 665명이었다. 이만열, 「한국기독교와 역사의식」 (지식산업사, 1981), 17-18 참조.

91) 박용규, 「한국장로교사상사」 (서울: 총신대출판부, 1992), 70; 한승홍, "초기 선교사의 신학과 사상", 「한국 기독교와 역사」, 제1호 (서울: 기독교문사, 1991), 60; 이만열, 「한국기독교와 역사의식」 (지식산업사, 1981), 26; 연규홍, 「한국장로교회와 칼빈신학사상」 (한빛, 1996), 22-38.

92) H.E.Blair, "Fifty Years Development of Korean Church", 121; C. A. Clark, *The Nevius Plan for Mission Work, Illustrate in Korea* (Seoul, CLS, 1937), 326. 마포삼열은 그의 표준성경 주석 서문에서 선교사들이 웨스트민스터 신앙고백서와 대소요리문답 등을 존중하고 있음을 보여준다. "본 주석의 집필자들은 성경 전부가 만서지중에 치대서요, 신의 참된 말씀임을 믿을 뿐 아니라, 또한 성경에 제시된 진리의 체계가 장로교회의 웨스트민스터 신앙고백서와 요리문답에 선히 개괄되어 있다고 믿는다. 웨스트민스터 교리적 표준은 한국 장로교회의 신조를

이들이 개혁주의 전통과 웨스트민스터 신앙고백에 충실한[92] 구학파 신학교 출신이었기 때문이다. 따라서 이들은 근본주의의 5대 교리, 즉 처녀탄생, 대속의 죽음, 육체적 부활, 그리스도의 역사적 재림, 성경의 무오를 믿는 보수주의자들이었다.[93] 이들은 "하나님이 성경의 저자이며 구원문제 뿐 아니라 역사적 또는 과학적으로 전혀 오류가 없다. 하나님은 성경을 통해 자신의 거룩한 뜻을 나타내셨다"고 믿었다. 이들 선교사들은 평양신학교 교수로서 「신학지남」을 통해 5대 교리에 관한 많은 변증적 글을 남겼다.[94] 그리고 서양의 보수주의 서적들을 소개하고 번역하여 이를 철저히 변호하였다.

이러한 상황에서 1907년 한국 장로교회는 12신조를 채택하였다. 이 신조 제1조는 "신구약 성경은 하나님의 말씀이니 신앙과 본분에 대하여 정확 무오한 유일의 법칙이니라"고 기록되었다. 비록 성령의 영감이 빠지기는 했으나 당시 감리교의 신조[95]와 비교하면 성경의 무오가 강조되었다.[96] 백락준은 이것을 칼빈주의적 색채가 농후한 것으로 평가하였다.[97] 당시 장로교 목사들은 고백서대로 신학교에서 보수적 관점에 따라 성경을 배웠다.[98] 이것은 이후 한국 보수 교회의 신앙 형

구성하는 바, 본 주석의 집필자들이 이 신조를 믿음은 이것이 신의 말씀에 기초했음을 믿기 때문이다. 집필자들은 성경이 이 신조의 제개조를 완전히 지지한다고 믿는다".

93) Chun Sung Chun, *Schism and unity in the Protestant Churches of Korea*, Ph.D. diss. (Yale University, 1955), 67, 82.

94) 대표적인 예는 이눌서의 처녀탄생이다. 「신학지남」, vol. 8., 1926, 6-19; 종교변호서, 「신학지남」, vol. 9, 1927, 413-417. 그리고 메이첸의 「기독교와 자유주의」 같은 기독교 변증서를 신학지남에 실었다.

95) 이장식, "기독교 대한 감리교회 교리적 선언", 「기독교신조사 II」 (1980), 227.

96) 김영재, 「한국교회사」 (개혁주의신행협회, 1992), 148-149.

97) Paik Lark-June George, *The History of Protestant Missions in Korea*, 1832-1910 (Yale University, 1927), 389.

98) 이에 대해 김양선은 "십자가의 도(道)만을 전함으로 한 민족을 죄와 사망에서 구원하려던 것 이외에 아무것도 없었던 순수하기 짝이 없는 저들의 이타적 신앙과 신학 사상은 지금에 와서 높이 평가되어야 하고 또한 선양되어야만 한다. 그것은 초대 선교사들이 헬라의 문화도시에 나타났던 바울과 같이 십자가의 도 이외에는 전하지 않으려는 단순한 신앙의 소유자가 아니고 중국의 천주교 선교사들과 마찬가지로 천문학과 역산(曆算) 등의 과학적인 지식으로 계몽함으로써 기독교를 이해시키려던 중국 천주교 선교사들과 같은 전도자였다면 한국 장로교회는 결코 오늘의 융성을 이루지 못하였을 것이다". 김양선, 「한국기독교해방십년사」 (1956), 175-176.

99) 김양선의 지적처럼 이러한 보수적 성경관은 한편 보다 극단적인 근본주의적 신앙으

성에 기초가 되었다.[99] 그리고 1907년 평양 장대현 교회 사경회를 통해 부흥운동과 교회연합운동이 일어났다. 그 후 장로교와 감리교는 각각 교직자를 배출하고, 교단을 조직하였다. 1910년 8월 29일 한일합방이 공포된 후 9월 18일 소집된 예장 총회 4개 노회는 100만 명 구령운동을 전개하였다.[100] 이때 평양에서 성도 1,000여명이 전도를 약속하고 수 백 만 권의 소책자와 마가복음 70만권을 판매하였다.[101] 이것은 국가가 외세에 해체되는 과정에서 형성된 교회가 민족사에 끼친 공헌이었다. 그 결과 기독교인들의 민족의식이 고조되어 항일운동이 본격적으로 전개되었다.[102]

1909년 8월 27일, 마포삼열(Dr.Samuel A. Moffett, 1864-1939) 선교사는 한국 개신교 신교 25년을 회고하는 자리에서 "선교부와 교회는 성경을 하나님의 말씀이라는 투철한 신념과 예수 그리스도를 통해 죄로부터 구원받는다는 복음의 메시지를 믿는 열정적인 복음정신으로 특징지워질 수 있다"[103]고 하였다. 당시 평양신학교 초대 교장이었던 그는 한국 초기 선교사들의 사상이 웨스트민스터 표준문서에 기초한 것임을 밝히고 저들의 열망은 보수주의 신학 보다 적극적으로는 장로교 신학을 전하는 것이라고 하였다. 그리고 자신이 직접 신학, 교회정치, 성례, 그리고 선교를 엄격히 교육하였다.[104] 그와 함께 맥코믹 출신 소아론은 15년 동안

로, 성경을 문자적으로 이해하는데서 오는 율법주의와 독선적인 분리주의를 낳았다. 다른 한편 성경을 멋대로 해석하는 다양한 이단적 위험성도 배태하였다.

100) 채기은, 「한국교회사」 (예수교문서선교회, 1977), 76-79.

101) 채기은, 「한국교회사」, 81.

102) 이만열, 「한국기독교와 역사의식」 (지식산업사, 1981), 51-61.

103) 이상규, "고신대학교 50년(1946-1996) 약사", 「기독교대학과 학문에 대한 성경적 소망」 (고신대학교 출판부, 1996), 6-7. 당시 이 모임에 참여한 마포삼열, 이길함, 소안론(W. L. Swallen) 등은 당시 평양신학교의 교수로 모두 맥코믹 출신이었다. 당시 북장로교 소속 선교사는 조금 늦게 참여한 커티스를 포함하여 40명이었다. 이들은 7개의 각각 다른 신학교 출신인데 그 중에서 16명이 프린스톤 출신이었다. 그리고 11명이 맥코믹이며 4명은 샌 안셀로 출신이었다. 당시 프린스톤 출신이 맥코믹 보다 5명이 더 많았으나 선교지에서 영향은 맥코믹 출신이었다. 주목해 볼 것은 처음 한국에 선교가 시작된 이래 평양은 복음전도와 부흥의 중심지였다. 그런데 이 일 중에도 신학교육과 전도를 주도한 사람들은 맥코믹 출신들이었다.

104) 당시 평양신학교 초대 교장 마포삼열은 한국 조기 선교사들의 사상이 웨스트민스터 표준문서에 기초한 것임을 밝히고, 저들의 열망은 보수주의 보다 적극적으로는 장로교 신학을 전하는 것이라고 하였다.

기독교 윤리와 구약 및 신약 주경학을 가르쳤으며 곽안련은 8년 동안 설교학을, 이길함(Graham Lee)은 9년 간 신학 교육에 헌신하였다.[105] 이들과 함께 프린스톤의 찰스 핫지(Charles Hodge, 1797-1878)와 아들 A. A. 핫지(1823-1886), 철저한 칼빈주의자 워필드(B. B. Warfield, 1851-1921)[106]의 교육을 받은 한위렴과 불레어도 평양신학교 설립에 참여하여 한국 보수주의의 신학 정착에 공헌하였다.[107] 이들의 가르침을 받은 한국의 목사들과 교회는 보수적인 신학 사상을 갖게 되었고 그것이 신학적 전통이 되었다.[108] 초대 선교사들은 찰스 클라크(Charles A. Clark)의 지적처럼 옛날 스코틀랜드의 계약 신학을 계승한 언약도(Covenanters of Scotland)의 후손으로 그들의 조상들처럼 성경을 하나님의 말씀으로 철저히 믿었다.[109]

뿐만 아니라 19세기 말엽 무디가 설립한 시카고 성경학교는 학생들을 위한 대집회를 개최하였다. 이들의 신학에 일부 세대주의적 종말론이 포함되었으나 성경의 문자적 해석을 강조하였다. 따라서 이 시기 미국의 보수주의 운동은 나이아가라 사경회, 국제 예언 사경회, 무디의 학생 부흥운동과 함께 세계 선교를 고취하였다. 당시 한국에 온 선교사들은 이러한 배경 아래 신학 훈련을 받고 한국에 들어와 신앙을 불태웠다. 이것은 이후 한국의 성경 중심적 선교정책과 조화를 이루었다. 그리고 김의환 박사의 지적처럼 1920년대 중엽까지 한국 교회가 보수적이며 복음적인 신학이 지배하는 동력이었다. 이러한 전통은 1930년대까지 성경관에 대한 담대한 변호, 문자적인 성경해석, 세대주의적 종말론을 통하여 전국으로 확대되었다.[110] 그리고 1890년 한국 장로교 선교회가 공식적인 선교정책으로 결정

---

105) 그밖에 맥코믹 출신으로 1-4년 동안 평양신학교에 몸담은 사람들은 블레어(W. N. Blair), 무어(S. F. Moor), 로스(Cyril Ross), 버히슬(C. F. Berheisel), 아담스(J. E. Adams)였다.

106) John T. McNeill, *The History and Character of Calvinism* (New York Oxford University Press, 1954), 427.

107) 간하배, "해방 후의 한국 보수주의", 「로고스 20」 (1968), 21; 김양선, 「해방십년사」 (서울, 한국 장로교 종교교육부, 1956); 이종성, "박형룡과 한국 장로교회", 199; 남영환, 「한국기독교 교단사」 (도서출판 영문, 1995), 146.

108) 박형룡, "한국장로교회의 신학적전통", 「신학지남」 (43권 3호, 1976), 11-22; 홍치모, "한국장로교회의 역사적 배경", 「신학지남」, 33 참조.

109) Harvie M. Conn, "Studies in the Theology of the Korean Presbyterian Church", Part I in: *The Westminster Theological Journal* (Vol. 29, No. 1., November 1966), 28; 한철하, 「보수주의 신학의 어제와 오늘」 (한국의 기독교 사상), 88-101.

110) 김의환, 「도전받는 보수신학」 (생명의 말씀사, 1970), 49.

하고 시행해 오던 네비우스 선교 정책도 교회와 신학교를 통해서 하나씩 열매를 맺었다.[111] 1901년 개교한 평양 신학교의 7명의 첫 졸업생들은 말씀의 확신을 가지고 일터로 나가 많은 열매를 맺었다. 이들은 1938년 일제의 신사참배 강요로 1학기를 마치고 폐교(閉校)할 때까지 근 40년 동안 초기 한국교회의 보수 신학을 주도하였다.[112]

(3) 일제하 한국 교회의 대립과 갈등: 1930년 이전까지 한국 교회의 신학은 서구 선교사의 신학으로 매우 보수적이었다. 그러나 일제의 약탈이 노골화되면서 대표적 언론기관인 독립협회가 정부의 탄압으로 해체되었다. 기독교 내부에서 선교사들에 의한 교회의 비정치화가 강력히 추진되었다. 이러한 형편에 한국 교회에 성경관을 둘러싸고 보수와 진보간에 논쟁이 발생하여 교회가 혼란에 빠졌다. 1918년 평양신학교는 신학지「신학지남」을 창간하였다. 그런데 곧 바로 신학지남을 통한 신학논쟁이 평양신학교 교수 박형룡과 김재준 간에 발생한 것이다.

한국교회에 최초의 자유주의 신학의 유입은 캐나다 교회와 선교부 소속의 윌리암 스코트(William Scott)의 영향이었다. 당시 미국에서 유학을 마친 김관식과 조희염은 귀국 후 스코트 선교사와 함께 일하였다. 1926년 가을 함경도의 선교 지역 내 교역자 연수회에서 이들은 새로운 신학을 소개하였다. 조희염은 "성경 전체를 하나님의 말씀으로 믿는 것은 큰 잘못이다. 성경에는 하나님의 말씀이 아닌 것도 포함되어 있다. 문학적 오류는 물론 다수의 역사적 오류와 과학적 오류가 포함되었다고 하였다".[113] 이에 참가자들의 항의로 연수회가 중단되었다. 그 후 캐나다 선교 지역의 장로들이 이 소식을 접하고 격분하여 회의를 통해 자유주의를 배격하고 보수적인 신앙 사수를 결의하였다. 이러한 상황에서 1934년 장로교 총회에서 성경의 역사적 비평 문제를 둘러싸고 신학논쟁이 발생하였다. 남대문 교회 김영수 목사는 창세기의 저자 모세에 의문을 제기하였고, 성진 중앙교회 김춘배 목

111) 당시 정책 중에는 자립전도, 자립 정치, 자립경영과 함께 모든 일을 성경 중심으로, 체계적인 성경공부를 통해 각 신자가 앞으로 성경 공부 반을 지도하거나 도울 수 있게 한다. 그리고 엄격한 성경 중심 생활을 한다가 포함되었다. 김영재,「한국교회사」, 개혁주의신행협회, 1992, p. 93.

112) 이때까지 총 675명의 졸업생을 배출했는데, 이들 중에 주기철, 손양원 목사가 포함되었다.

113) 채기은,「한국교회사」, 115.

사는 기독신보에 장로교 총회에 올리는 말씀이란 제목으로 교회 내의 여권을 언급하였다. 이에 1935년 총회는 조사 위원회의 보고를 통해 공적으로 사과케 한 후 종결하였다.[114] 하지만 당 총회는 감리교 한국 선교 희년을 기념하여 번역 출간한 아빙돈 단권 성경주석에 참여한 장로교 목사들이 문제가 되었다. 총회는 참여자들, 채필근, 한경직, 송창근, 김재준 등에게 기관지를 통해 사과할 것을 결의하고 박형룡의 주도아래 결의문을 채택하였다. 박형룡에 의하면 한국 장로교는 "이제 개혁주의를 새로이 개발하거나 수입할 필요가 없다. 그리고 우리 교회는 유럽 대륙의 개혁주의에 영미의 청교도주의를 가미하여 가진 장로교회이니 전자의 직접 수입을 수요하지 않는다. 우리는 이미 소유하고 있는 청교도적 개혁주의 장로교회의 신학적 전통을 확고히 보수하면서 그것의 해설에 필요한 보완을 행할 뿐이다"[115]고 하였다.

이로써 박형룡은 진보 진영에 맞서 전통적인 성경관을 견지하였다. 그러나 미국 유학을 마치고 귀국한 김재준은 신학지남에 기고한 글에서 칼 바르트의 신정통주의와 고등비평을 도입하였다. 김재준은 사 7:10-17의 임마누엘 해석에서, 선지자가 직접적으로 예수 그리스도를 예언한 것이 아니고 이상왕의 탄생을 믿는 신앙에서 한 것이다. 그것이 우리가 볼 때 그리스도에게서 성취되었음을 알 수 있다고 하였다. 그리고 동정녀로 번역된 히브리어 "알마"를 젊은 여자로 해석하였다. 1938년 일제의 신사참배 강요[116]를 둘러싸고 박형룡과 김재준의 대립은 보수와 진보의 균열을 더욱 심화시켰다. 전자는 원칙적으로 반대했으나 후자는 순응하고 이를 신학적으로 정당화하였다. 1945년 해방 후 김재준은 송창근과 함께 전투적으로 보수주의에 맞서 고등 비평 방법을 도입하였다. 그리고 김재준은 일제의 핍박으로 기력을 잃고 겨우 생기를 찾는 보수주의에 대항하여 신학적 보수주의 혹은 정통신학을 신신학보다 더 교묘하게 위장한 실제적 인본주의요 정통적 이단[117]이라고 비난하였다. 그러나 시간이 지나면서 김재준의 비판과 달리 성경의 무오와

---

114) 김양선, 「한국기독교해방십년사」, 178-179.

115) 박형룡, "한국장로교의 신학적 전통", 「신학지남」 (제43권, 1976, 제3호), 19.

116) 신사참배와 관련하여 김승태 엮음, 「한국기독교와 신사참배문제」 (한국기독교역사연구소, 1991); 최덕성, 「한국교회 친일파 전통」 (본문과현장사이, 2000); 김남식, 「신사참배와 한국교회」 (새순출판사, 1990); 강재언, 「일제하 40년사」 (풀빛, 1982) 참조.

117) 김양선, 「한국기독교해방십년사」, 201-202.

영감을 믿는 정통 보수 장로교회는 한국 교회의 중심(中心)으로 경이적인 부흥과 성장을 주도하였다.

(4) 해방 후 한국장로교와 합동교단: 1945년 민족 해방과 1950년 6.25 동란으로 혼란할 즈음 이승만 기독교 정부의 등장은 한국 역사 최초로 신앙의 자유를 제공하였다. 하지만 이 때 많은 기독교 지도자들과 기독교인들이 정부의 부정 부패에 동조하거나 침묵하였다.[118] 그들 중에 일부 보수주의자들은 복음화 운동에 적극 참여하여 교세 확장에 주력하였다. 그러나 교회 지도자들의 정치에 대한 지나친 관심은 교회 분열과 수습으로 많은 힘을 낭비하였다. 특별히 3.15 대통령 선거에 자유당 정부의 부정은 대대적인 시위를 촉발하였다. 마침내 4.19에 진압을 위해 경찰이 총을 발포하여 많은 학생들이 희생되었다. 정국의 혼미 중에 임시 과도정부 내각 책임 수반에 허정이 취임하였다. 이러한 상황에서 1959-1960년 대한예수교장로회 총회는 세계교회협의회의 에큐메니칼, WCC문제로 분열하였다. 하지만 1965년에 '삼천만을 그리스도에게로' 라는 슬로건으로 거교단적 운동을 전개하였다.

같은 시기에 한국신학대학의 전경연 교수는 토착화 신학을 주창하였다. 전 교수는 그리스도교 문화는 토착화할 수 있는가? 라는 글[119]에서 그리스도의 신앙과 문화를 논하면서 전자는 토착화할 수 없으나 후자는 토착화할 수 있다고 하였다.[120] 그에 의하면 복음과 문화는 동일하지 않으며 복음은 하나님의 말씀으로서 불변의 진리로 어떤 문화 속에서도 토착화는 없다고 하였다. 그러나 문화는 인간이 만드는 것으로 시대와 지역에 따라 다른 것이기에 기독교적 문화의 토착은 가능하다고 보았다. 그러나 이에 대해 감신대 유동식 교수가 반기를 들고 모든 사람은 각각 개성의 실존적 존재다. 서구인이 있듯이 한국인이 있다고 주장하며 서구인은 서구인대로 한국인은 한국인대로의 신앙과 교회가 요청된다고 하였다. 복음은 변할 수 없어도 그 복음이 문화 속에 옮겨실 때 그 문화의 틀 속에서 복음이 새로운 모습으로 표현되고 이해되어야 한다고 하였다. 토착화 문제는 같은 대학의

118) 이만열, 「한국기독교와 역사의식」 (지식산업사, 1981), 167.

119) 전경연, "한국교회와 선교", 「기독교 사상강좌」 (대한기독교서회, 1969), 제3권, 207-213.

120) 민경배, 「한국기독교회사」 (대한기독교출판사, 1993), 489-496; 김인수, 「한국기독교회사」 (한국장로교출판사, 1991), 362-363.

윤성범 교수의 참여로 더욱 고조되었다. 윤성범은 단군신화의 환인, 환웅, 그리고 환검을 기독교 신학의 삼위일체로 설명하였다. 그리하여 한국 교회는 충격을 받았다. 이를 둘러 싸고 한신대의 박봉랑, 전경연, 감신대의 홍현설 간의 논쟁이 발생하였다.[121)]

그 와중에 1967년 미국 연합 장로교회의 신앙고백이 한국교회에 소개되면서 논쟁에 휘말렸다. 이 고백서는 지나치게 그리스도의 인성을 강조하고 교회의 세속화를 부추겨 교회로 하여금 초월적 하나님의 섭리를 약화시키고 역사적 예수를 강조한다는 것이다. 따라서 예장 합동측은 총회장 명의의 수용 거부 성명서를 발표하였다.[122)] 그리고 1970년대 박정희 군사정권은 유신 독제를 단행하고 경제 성장을 목표로 외국의 자본과 기술을 도입하였다. 또한 일본과 국교 정상화로 적대 관계를 청산하고 근대화를 추진하였다. 그 과정에서 독제에 저항한 일부 진보적 신학자들이 한국적 민중신학을 주창하였다. 역사적으로 민중신학은 남미의 해방신학의 변형으로 몰트만의 정치신학의 영향으로 태동되었다. 서광선에 의하면 민중신학은 1970년대 한국의 특수 상황에서 기독교인들이 경험한 사회적 경험을 신앙으로 성찰한 결과였다.[123)] 박 정권 아래 도처에서 이농인구의 증가, 노동문제의 불균형, 부익부 빈익빈의 심화, 엄청난 외채 누적으로 해외 의존도가 심화되어 사회 경제적으로 어려웠다. 이에 유신독제에 맞서 항거한 성직자, 교수, 대학생, 신학자들의 감시와 연행은 물론, 해직, 재판, 그리고 투옥이 일어났다. 이들 중 몇몇 신학자들이 민중신학을 주창하였다.

그 결과 성경적 전통을 사수하는 보수 교회들의 개인 구원과 복음 전파, 진보파의 사회 복음주의, 즉 사회 참여에 대한 정부의 압박으로 우리 사회는 분열된 채 대립과 갈등이 고조되었다. 사회 참여와 초연, 비판과 침묵, 구조 개혁과 개인의 구원, 진보와 보수로 양분된 것이다. 이것은 성경관에 기초한 신학적 견해 차이로 일부 보수주의자들은 정교 분리의 원칙 아래 사회 참여파를 용공세력으로 노골화하였다. 한편 자유주의 교회와 달리 정통 보수장로교회와 일부 복음적인 학

121) 김인수, 「한국기독교회사」 (한국장로교출판사, 1991), 363-364.

122) 장희근, 「한국장로교회사」 (아성출판사, 1970), 440-473.

123) 서광선, "한국의 민중신학", 「1980년대의 한국 민중신학의 전개」 (한국신학연구소, 서울: 한국신학연구소, 1990), 39.

생 단체를 중심으로 성경 공부가 활발히 전개되었다. 1974년 여의도 5.16 광장에서 개최된 "엑스포 '74'"는 30만 명의 전도요원을 성경적 원리로 양육하여 민족복음화에 기여하였다. 이를 기점으로 교단의 연합, 전군신자화운동, 대형전도집회, 각 교단과 기관들의 해외선교사 파송 등이 활성화되었다.[124] 하지만 1980년대 산업화시기에 교회가 양적으로 팽창하였으나 1990년대 이후 지금까지 한국 교회는 정체상태에 빠져있다.

그러나 예장 합동과 개혁은 2005년 9월 총회에서 교단 분열 26년 만의 합동으로[125] 세계에서 가장 큰 교단 중에 하나가 되었다. 예장 합동의 총회 직영 신학교인 총신대학교의 신학적 입장은 요람 앞부분에 명시된 신앙고백서 첫 항에 "우리는 신구약 성경이 영감된 오류없는 하나님의 말씀이며 신앙과 행위의 정확무오한 유일의 법칙임을 믿는다"[126]고 기록되었다. 한편 한국복음주의 신학회도 신앙고백 첫 항목에 "우리는 신구약성경 66권이 영감된 정확무오한 하나님의 말씀이며 신앙과 행위의 유일한 법칙임을 믿는다"고 선언하였다.[127] 이것은 한국 선교 128년 동안 보수적인 합동 총회가 이룩한 결정적 성장 요인이었으나 앞으로 더욱 질적 성장에 매진해야 할 것이다.

---

124) 2008년 12월 10일(수) 국민일보 창간 20주년 특집 기사, 1-7면 미션과 특별히 2009년 1월 13일(화) 미션라이프(25면)에 소개된 한국세계선교협의회(KWMA)의 제19차 정기총회 보고문에 의하면 한국교회는 당년 3월로 1907년 한국 교회가 제주도에 이기풍 선교사를 파송한 이후, 일부 국가 편중에도 불구하고 102년 만에 해외 파송 국가 168개국, 선교사 2만 명 시대를 열 것으로 예상하였다. 현재까지 파송 교단별로는 예장 합동 총회세계선교회가 98개국 2005명, 통합 83개국 1102명, 기독교대한감리회본부선교국 69개국 907명, 기독교대한하나님의성회 71개국 834명, 기독교한국침례회 54개국 612명이며, 선교단체별로는 대학생성경읽기선교회(UBF) 79개국 1567명, 국제대학선교협의회(CMI) 38개국 628명, 순복음선교회 55개국 598명, 한국국제기아대책기구 58개국 508명, 전문인국제협력단 31개국 460명이었다. 국가별로는 총 232개국 중에 168개국에서 한국 선교사들이 활동하고 있으며, 그 중에 AX(선교사 안전을 위해 국명을 밝힐 수 없는 나라)가 3348명, 미국 1678명, 필리핀 1145명, 인도 631명이었다. 이후 한국 교회의 선교사 파송 상황에 대한 추가적인 정보는「국민일보」, 미션라이프 2010년 1월 12일(화) 29면 참조.

125) 서기행/홍정이 엮음,「한국장로교회의 합동운동」, (도서출판 새한, 2009), 1-353 참조.

126)「총신대학교 요람 2005-2006」(총신대학교출판부), 6-9 참조. 한편 예장 합동 소속의 광신대학교(2004-2006, 7)와 비록 교단은 달라도 동일한 신학 노선을 지향하는 합동신학대학원대학교(2005-2006, 13)와 성경신학대학원대학교(2009-2010)는 성경을 정확 무오한 하나님의 말씀으로 고백하였다. 그러나 다른 교단 신학대학교(대학원대학교 포함)의 요람에는 이 부분에 대한 언급을 찾지 못하였다.

6. 결론

지금까지 필자는 개혁주의 성경관과 한국 장로교를 고찰하였다. 간략히 정리하면 한국에 입국한 초기 선교사들은 대체로 보수적이었다. 이들은 성경을 오류 없는 하나님의 영감된 말씀으로 믿고 선교에 헌신한 교단과 신학교 출신이었다. 주로 북 장로교, 남 장로교, 캐나다 장로교, 호주 장로교 소속 선교사들이었다.[128)]상기한 선교회 중에서 북 장로교와 남 장로교 선교회가 맥코믹 신학교와 프린스턴 신학교를 졸업한 보수적인 선교사들을 한국에 파송하였다.[129)] 쟁점은 성경 즉 하나님의 말씀이 구원과 생활에 어떤 역할을 하는가였다. 이 말씀이 하나님의 말씀으로 정말 계시되고 영감되었는가? 구원 얻기에 오류없는 충분한 말씀인가? 였다. 이 말씀이 오늘 우리와 무슨 상관이 있는가? 이다. 이 질문들은 곧 인간의 구원과 직결된다 할 것이다. 한국 교회는 선교 128년 동안 실로 놀라운 성장과 발전을 이룩하였다. 그 이유 중에 하나는 성경을 하나님의 계시와 영감된 말씀으로 철저히 믿은 결과였다. 실제로 우리 믿음의 선배들은 민족의 수난기에 그리고 해방 후 정치적 혼란과 경제적 번영 세속적 도전에 신학교와 총회의 사수 정통신학의 사수를 위해 자유주의와 싸웠다. 그 과정에 교단이 분열하는 아픔도 있었으나 하나님은 말씀을 사랑하는 우리 교회와 교단을 축복하셨다. 그러면 이제 우리의 과제는 무엇인가?

(1) 신학적 체계 확립: 급속한 사회 변화와 도전으로 위기에 직면한 한국 교회는 무엇보다도 신학의 정체성 확립[130)]에 힘써야 할 것이다. 모든 것이 상대화되는 혼란한 시대에 오직 하나님의 말씀, 성경이 참 진리로 수용되게 해야 할 것이다.

---

127) 복음주의신학회, 「성경과 신학」의 매호 뒷부분에 명시되었다.

128) 대한 예수교 장로회 경향교회, "제1장 고려파 태동의 역사적 배경", 「경향교회 30년사」, 70.

129) 박용규, 「한국 장로교 사상사」 (총신대학교 출판부, 1994), 62. 박 교수는 해외 선교사들의 신학적 배경에 대한 평가에 대하여 한국의 여러 학자들의 견해를 소개한다. 64.

130) 역사적 개혁주의의 3대 개혁 원리는 (i) 교리적 개혁: 신앙고백 중심의 신학으로 돌아가는 것이며 (ii) 윤리적 개혁: 청교도 삶을 통해 본 이해이다. 이들은 성직자의 호화생활을 타락의 첩경으로 보았다. (iii) 제도적 개혁: 종교개혁적 교회 규범으로 돌아가는 것이다. 하지만 한국 교회의 고질적인 타락, 특별히 선거제도는 세계에서 그 유래를 찾아 볼 수 없다. 총회장이 되기 위해 수억을 쓰며 노회에서의 패당 정치는 타락의 부끄러운 현장이다.

이는 박형룡 박사의 지적처럼 성경을 하나님의 말씀으로 믿는 역사적 개혁주의적 청교도 전통을 견지하는 것이다. 그렇게 되면 과거 역사가 보여주듯이 성도의 생활 속에 다양한 변화를 촉진할 것이다. 그리하여 말씀이 말씀으로 역사하는 교회, 말씀 앞에 겸손한 교회와 성도가 될 것이며, 그 결과는 복음에 의한 사회적 변화로 나타날 것이다. 이는 초기 선교사들의 사역에서 발견된 낡은 습관, 세속적 기대와 욕망이 타파될 것이다. 이를 위해 초기 선교사들은 서구적 보수 신학과 기독교적 윤리관을 근거로 여러 지역에 복음을 전파하였다.[131] 오늘 한국 교회는 전례 없이 신학적 부재로 혼란을 겪고 있다. 이 시대에 우리는 개혁자들의 가르침과 교훈에 따라 말씀의 권위를 회복해야 할 것이다.

(2) 성경(말씀)의 생활화: 신학교육에서 나타났듯이 선교사들은 성경교육에 치중하였다. 이들은 세계의 여러 다른 나라에서 보듯이 성경 중심의 교회는 많은 사람이 모여들어 놀라운 변화를 경험한다. 즉 회개하고 새로 거듭나는 역사가 일어난다. 이를 증거하는 목사는 소명감이 투철하고 희생적이며 진실해야 할 것이다. 그러므로 아무나 성급하게 신학 교육을 받도록 해서는 안 될 것이다.[132] 고찰한바와 같이 성경의 생활화는 곧 말씀에 대한 순종, 신적 계시와 영감을 믿는 신앙에 기초한다. 이것은 과거에 민족 계몽과 사회 개혁, 예를 들면 난폭한 행실이 포함된 구습의 타파와 술, 담배, 아편 금지, 관혼상제를 포함한 미신타파와 여권신장 등으로 표출되었다. 특별히 여성의 지위 향상은 유교적 전통 남존여비 사상을 개혁하여 남녀의 평등한 권리와 의무를 향유케 하였다.[133]

이제는 말씀으로 무장된 지도자를 양성하는 일에 매진해야 할 것이다. 이것을

---

131) 이만열, 「한국기독교와 역사의식」 (지식산업사, 1981), 27. 이들에 의하면 당시 한국인은 구습, 즉 선조의 행적을 중시하였다. 이들은 무엇이 유익하고 해로운지를 상관하지 않고 고래로 계승된 풍습, 공리공담과 일을 게을리하는 것들이었다. 특별히 이때는 제국주의의 침략으로 나라가 어려웠다. 따라서 선교사들은 이러한 구습의 개혁에 앞장서서 민족운동을 고취하여 애국정신을 함양하였다.

132) 김영재, 177.

133) 대표적으로 1897년 12월 31일 갑신정변으로 개화당원으로, 잠시 미국에 망명했던 서재필은 을미사변 이후 귀국하여 독립신문을 창간하였다. 그는 정동교회 청년부 주관 토론회에서 남녀를 같은 학문적 동반자로 교육하며 동등권을 주는 것이 가하다고 하였다. 자세한 것은 이만열, 「한국기독교와 역사의식」 (지식산업사, 1981), 39-40을 참고하라.

이루기 위해서는 말씀을 통한 경건 생활과 자발적인 헌신이 요청된다. 무엇보다도 목회자, 사명자는 성령으로 충만한 자로 하나님의 말씀과 기독교 진리의 중요한 사실에 근거한 신앙을 확립한 자여야 한다. 또한 예수 그리스도를 위해 어떤 고난도 이겨 낼 수 있는 사람이어야 한다. 뿐만 아니라 다른 일반 지식도 갖추어 교회의 지도자로서 사람들의 존경을 받을 수 있어야 한다. 적어도 목회자는 사회의 지도자로, 현대 문화와 문명을 선도하는 일을 위해 자정 능력을 높여야 한다. 목회자의 교육은 회중의 일반 수준보다 질적으로 앞서도록 해야 한다. 그래야 존경과 채임, 특권을 누리게 될 것이며 이를 교회의 전통과 준칙으로 삼아야 할 것이다.

초대 교회는 제국의 박해아래 극적인 생존 전략을 수립하였다. 지상 명령을 따라 복음이 저변으로 확대되어 믿는 자들이 증가하였다. 마침내 313년 콘스탄티누스 황제에 의해 기독교가 합법적인 종교로 공인되었다. 그러나 기쁨을 나눌 여유도 없이 제국 교회는 1세기 이상 신학적인 논쟁에 휘말렸다. 당시 핵심 논제는 325년 니케아 공의회-아리우스 이단문제, 381년 콘스탄티노플 공의회-아폴리나리우스 이단 문제, 430년 에베소 공의회-네스토리우스 이단 문제, 451년 칼케돈 공의회-유티케스 이단 문제 등이었다. 그리고 553년 제2 콘스탄티노플공의회-단성론 문제, 680년 제3 콘스탄티노플 공의회-일의론 이단, 787년 제2 니케아 공의회-성상파괴논쟁이었다.[134] 이처럼 여러 공의회를 통한 논쟁의 핵심은 성경의 해석 문제였다. 이는 다른 말로하면 곧 성경관이었다. 성경이 부분적으로 사용되어 오던 중에 아직 정경화 되지 않은 상태에서 논쟁은 불가피한 현상이었다. 그럼에도 불구하고 사도적 전통과 교회의 일치를 중시한 속사도들과 변증가들, 후기 교부들은 성경에 절대적인 신뢰를 보였다. 이들은 삼위일체 하나님, 그리스도의 양성론 문제 등을 성경을 근거로 체계화하고 그릇된 사상을 철저히 배격하였다. 이는 무엇보다도 신학적인 논쟁과 대립이 심화된 기기에 더욱 빛을 발하였다.

---

134) Charles Elliott, *Delineation of Roman Catholicism, Drawn from the Authentic and Acknowledged Standards of the Church of Rome*, (London: Wesleyan Conference Office, 1877), 549-595.

제8장

한국교회의 청교도적 전통

1. 서론

1882년 스코틀랜드의 주중 선교사 존 로스는 서상륜과 함께 만주에서 복음서를 한글로 번역하였다. 당시 대한성서공회에 보낸 편지에서 그는, “이 권서인 서상륜은 개혁교회 신앙에 입교한 최초의 한국인 개종자”라고 하였다.[1] 1885년[2] 4월 구미 선교사들의 복음 전래 이후, 1893년 조직된 연합공의회는 “조선 땅에 개신교 신앙과 장로회 정치를 사용하는 연합교회의 설립”을 목적으로 조직되었다.[3] 이후 한국교회는 개혁주의 혹은 청교도적 전통을 기초로 급속히 발전하였고, 1945년 해방 이후 한국 교회의 급속한 발전과 교단적 상황에서 청교도 명칭이 널리 사

---

1) 민경배, 「한국기독교회사」, (서울: 기독교출판사, 1982), 169.

2) 한국 교회는 1984년 9월 선교 100주년 기념행사를 거 교단적으로 실시하였다. 이 행사의 공식적인 출발은 1884년 6월 24일에서 7월 8일까지 미국 감리회 소속의 일본 주재선교사 매클레이(R.S.Maclay)가 일본으로부터 한국을 방문, 미국 감리교회가 한국에서 의료사업과 교육사업을 할 수 있다는 허가를 한국 정부로부터 받아 냈으며, 그해 9월 20일 미국 북장로교 소속이 의료선교사 알렌(H.N.Allen)이 입국하였기 때문이다. 그리고 그 이듬해 1885년 4월 5일 부활주일에는 복음 선교사 언더우드와 아펜셀러가 내한하였다. 따라서 이 년대는 복음선교가 시작된 해를 기점으로 상징된 것이다.

3) 곽안련, 「장로교회사전휘집」, (경성: 조선야소교서회, 1918), 15. 여기서 언급하는 갱정교 신앙은 개혁파 신앙을 지칭하는 번역이다.

용되었다.[4] 사실 지금까지 본 주제를 둘러싸고 몇 편의 논문이 발표되었으나[5] 이에 대한 명확한 학문적 확인과 규명 없이 연구는 극히 미진하였다. 그러나 분명한 것은 한국교회가 미국의 보수주의적인 신학사상과 청교도 운동과 깊은 관계를 갖고 있다는 점이다.[6]

역사적으로 유럽의 개혁주의나 청교도적 전통은 많은 공헌에도 불구하고 한국교회에서 지울 수 없는 흔적도 남겼다. 예를 들면, 교파주의로 인한 교단 분열, 선교지 분할로 인한 지역감정 등이다. 정용섭은 그의 책에서 만약 한국교회가 교파 형태적인 미국 교회가 아닌 유럽의 개신교의 전통을 따랐다면 지금과는 전혀 다른 모습이었을 것이라[7]고 하였다. 그에 의하면 유럽의 개신교는 국가적인 범위로 확대되었으므로 교회의 유기적 결속이 강조되었다. 따라서 공동체의 신학과 교회론적인 신앙의식이 훨씬 강했다.[8] 처음 해외 선교부의 정책에 따라 효과적인 결실을 위함이었다. 하지만 여러 문제 중에 교단의 분열은 한국교회가 버려야 할 망국병이라 할 것이다. 그리스도의 사랑과 용서를 말하기 전에 다른 교단이나 교파, 지역이나 지방 출신 차별의식을 버려야 한다. 물론 몇 가지 부정적인 요인 때문에 하나님이 베푸신 축복들을 날려 버릴 수는 없다. 모두 소중한 보화처럼 간직해야 할 것이다. 본 장에서는 제목이 시사하듯이 한국교회의 청교도적 전통을 규명해

---

4) 「개혁신학과 교회」, (고려신학대학원, 2003), 제 15호, 170-171. 유해무 교수에 의하면 1946년 고려신학교 설립취지서에 개혁주의가 최초로 등장하며, 이후 조선신학교 김재준 교수의 자유주의 신학사상에 맞선 51명의 학생이 1947년 4월 대한예수교장로회 제33회 대구 총회에 "개혁교회는 성경에 절대 권위를 두고 그 위에, 건설된 교회입니다"라는 진정서를 제출하였다.

5) 이 부분의 최초의 논문은 박형룡, "한국 장로교회의 신학적 전통", 「신학지남」, 제4권 3집, (총신대학교, 1976, 가을), 11이다. 박형룡에 의하면 한국장로교 신학은 구주대륙의 칼빈 개혁주의에 영미의 청교도 사상을 가미하여 웨스트민스터 표준에 구현된 신학이다. 그러므로 한국 장로교회의 신학적 전통은 이 웨스트민스터 표준에 구현된 영미장로교회의 청교도 개혁주의 신학이 한국에 전래되고 성장한 과정을 가르쳤다. 그 밖에 기고된 논문을 선별하면, 신복윤, 한국 개혁주의 신학의 어제와 오늘, 신학정론, 제10권 1호, (1992.3), 115-116; 오덕교, "개혁주의신학 전통과 한국교회", 「신학정론」, 제13권 2호(합동신학교, 1995, 11), 443.

6) 이만열, 「한국기독교와 역사의식」, (지식산업사, 1981), 26.

7) 정용섭, 「우리는 어디에 있는가?」, (대한기독교서회, 1996), 13.

8) 정용섭에 의하면 이민교회나 한국교회의 혼란은 전통 없는 미국교회의 이식에 기인한다. 그는 만약 유럽에 뿌리를 둔 선교사들에 의해 복음이 전해졌다면 한국교회는 전혀 다른 모습으로 성장했을 것이라 지적했다. *Ibid*., 13. 이 같은 지적은 민경배 교수의 글에서도 발견된다. 「한국기독교회사」, (대한기독교출판사, 1981), 134-135, 144, 146-147.

보는 것이다. 이를 위해 영미 청교도 운동, 청교도 신학의 특징들, 그리고 한국 교회의 전파와 신학적 특징들, 그리고 결론으로 정리 할 것이다.

2. 청교도 운동의 역사

(1) 초대와 중세: 역사적으로 청교도(Puritan) 사상은 초기의 분파주의자 노바티안에서 발견된다. 당시 노바티안과 추종자들은 박해아래 배교한 자들이 회개하면 용납해야 한다는 코넬리우스의 주장에 대하여 이들의 회개와 교회 재입교를 용납하지 않았다.[9] 그리고 몬타누스주의자들과 합세하여 교회의 질서를 파괴하며 로마 교회의 감독에 올랐다. 그 후 중세 서유럽, 특히 남프랑스에서 활발히 활동한 이원론 사상의 카타리파(Cathari)에 의해 구체화되었다. 여러 교리를 혼합하여 결성된 이 무리는 불가리아에서는 보고밀파로 프랑스에서는 알비파로 알려졌다.[10] 이들은 시간이 흐르면서 점차 서유럽으로 확장되어 1017년에는 프랑스의 오를레앙대학에까지 확장되었다. 이 과정에서 많은 고난과 박해를 당했으나 마니교나 영지주의자들처럼 가현설과 윤회설을 믿고 엄격한 금욕주의를 실천하였다. 이 사상은 이후 버나드와 토마스 아 켐피스를 통해 전승되었다.

(2) 종교개혁과 청교도: 그 후 "청결", "정화", "순결"을 의미하는 청교도 명칭은 개혁자들의 사상을 토대로 16-17세기 영국의 정치와 종교적 혼란기에 이곳 청교도에 의해 완전히 변형된 다른 형태의 의미로 사용되었다.[11] 이들은 제네바 칼

---

9) 서요한, 「초대교회사」, (크리스챤 다이제스트, 1999), 306.

10) 3세기 페르시아인 마니의 교훈에서 유래한 종교 신봉자들로 프랑스의 알비라는 도시에서 크게 성행하였다. 이들은 이원론적인 주장에 따라 세상에는 진리의 빛의 신(신약의 신)과 오류의 어둠의 신(구약의 신)이 있다고 믿었다. 땅에서 이루어지는 삶은 이 두 신들이 주요 세력들을 이끌고 벌이는 싸움이라 믿었다. 그리고 이들은 사람이 도달할 수 있는 선한 삶은 불실로부터 점차 순결해지는 것이라 믿었다. 그러므로 이들은 혼인, 출산, 식사, 전쟁, 그리고 예배시에 일체의 물질 사용을 정죄하였다. 이들은 서약을 거부했기 때문에 평민들이 봉건영주에게 하는 봉신 서약 위에 이룩한 당시 사회에 파괴적인 존재들이었다. 그들은 또한 인간 성부가 악하고 해롭다고 믿었다. 이 종파는 소수의 완전자와 다수의 신앙인들로 구분되는데, 전자는 자신들의 신앙규율에 따라 엄격한 금욕생활을 하였고 후자는 완전자가 되기위해 노력하였다. *Ibid.*, 78-79, 323-324;「교회사대사전」, (기독지혜사, 1994), vol. II. 501-502; III., 288.

11) *Ibid.*, 79. 이와 관련한 상세한 내용은 필자의 "청교도의 역사적 개관" 강의 주 1번을 참고하라.

빈의 신학을 수용하되 형식화된 가톨릭적 전통과 제도화된 종교 의식들을 말씀으로 바르게 개혁, 정화하며 경건한 삶의 실천을 목적으로 이 용어를 사용하였다. 따라서 그들에게 이 운동은 이론뿐 아니라 실천적으로 삶의 모든 영역을 포함하였다.

3. 청교도의 기원

1558년 엘리자베스 여왕의 등극과 함께 영국교회의 개혁자들은 큰 기대에 차 있었다. 따라서 이들은 1562년 켄터베리 교구의 성직자 회의에서 교회 개혁을 위해 가톨릭적 잔재의 철폐를 강력히 요구하였다. 이들은 (1) 예배의식은 초대교회적 전통에 따라 간결하게 시행해야 한다. 따라서 성직자의 독특한 의상 착용과 오르간 연주, 세례 시 성호 사용과 성찬식 때 무릎을 꿇는 일 등은 제거해야 한다. (2) 동시에 지나치게 많은 종교적 성일들과 축일들을 줄이며, 성화, 성상, 성유물 숭배와 결혼식 때 반지 사용을 금하여 초대교회적 단순함을 되찾아야 한다. (3) 주일성수 문제로 일요일에는 음주와 승마, 카트놀이 같은 오락 등을 금지하는 것이었다. 청교도들에 따르면 이것들은 모두 미신적인 것으로 전혀 성경의 지지를 받지 못하는 것이었다.

이에 대해 당시 국교회 신봉 자인 켄터베리 대주교 조지 파커(George Parker)는 1564년 여왕에 올린 글에서 청교도들을 비웃고 조롱할 의도로 이들을 까다로운 사람(precisian), 지옥불의 사람(gehennian), 청교도들(puritans)로 호칭하였다. 이로써 청교도라는 명칭이 공식적으로 역사에 등장하였다. 대주교 파커는 자신을 포함한 국교 신봉자들을 청교도와 구분하여 경멸하고 계속적으로 욕설과 비난을 서슴치 않았다. 그러나 청교도들은 좌절하지 않고 오히려 엘리자베스의 중용 정책과 획일화된 기도서를 공격하였다. 이는 1640년대의 시민혁명 때까지 이어져 당시 혁명을 주도한 장로교인들에게 동일하게 사용되었다. 때문에 당시의 청교도들은 장로교인이요 장로교인들은 청교도로 이해되었다. 이 후 청교도 운동은 첫 용어의 출현 이후 1640년대 혁명기를 거쳐 1688년 명예혁명까지 약 120년 동안 영국 교회의 개혁과 갱신을 주도하였다. 이 후 청교도는 모두가 열망하는 명예로운 명칭이 되었다.

4. 청교도의 구분과 발전

4.1. 구분

청교도들은 이들의 신앙 사상과 정신, 혹은 생활방식에 따라 5가지로 구분할 수 있다. (1) 당시 영국의 감독 제도는 수용하되 영국국교 안에서 사용하고 있던 사제나 기도서에 만족하지 않았던, 예를 들면 성찬식 때 무릎 꿇는 것을 싫어했던 성직자들, (2) 1572년에 토마스 카트라이트의 장로교 정치 개혁안을 옹호한 사람들에게 붙여진 이름으로 주교들이 교회를 통치하는 것을 반대한 사람들. 이들은 영국교회 안에서 가톨릭적 감독교회 보다 장로교 체제를 철저히 선호했다. (3) 경건하게 살고자 열망하며 칼빈주의적 경건을 실습했던 성직자와 평신도들로, 이들은 중앙 집권적 교회체제를 부정하고 개 교회의 업무를 위해 자율권을 주장했던 분리주의자들과 독립파 청교도들을 말한다. (4) 17세기 초 등장한 교리 중심의 청교도들로 돌트 총회를 지지한 엄격한 칼빈주의자들, (5) 하나님의 일과 영국의 법률, 백성의 권리에 대해 공적으로 존중을 표시한 하원의원, 치안판사, 그리고 그 밖의 귀족들이다.[12] 이들 대부분은 항상 왕실의 지나친 정치 권력에 반대하고 시민전쟁을 주도하였다.

한편 이와 달리 청교도들을 구분할 때 장로교도들과, 회중주의자들, 그리고 침례교도들을, 종교적인 의미로는 칼빈주의적 전통을 대표하는 사람들을 지칭한다.[13] 그 밖에 중립적 입장을 취한 유파의 중심인 아르마(Armagh)의 대감독이자 성경연대학자인 제임스 어서(James Usser, 1581-1655)와,[14] 퀘이커 교도들, 제 5 왕국파, 개간파가 있는데, 이들은 1640년대 이후 자체 용어로 더욱 빈번하게 사용된다.[15] 이처럼 청교도는 매우 다양했는데, 이들의 공통적 관심사는 모두 영국 교

---

12) *Ibid.*, 41-42; James Heron, *A Short History of Puritanism*, (T. & T. Clark: Edinburgh, 1908), 154.

13) John Dillenberger and Claude Welch, *Protestant Christianity*, (New York: Charles Scribner's Sons, 1954), 99.

14) J. I. Packer, "The Practical Writings of the English Puritans", *Among God's Giants*, (Eastbourne: Kingsway Publications, 1991), 79.

15) D. M. Lloyd-Jones, "Henry Jacob and the First Congregational Church", *The*

회의 개혁을 이루는 것이었다. 그러므로 지나치게 어느 한 부분에 매여 청교도주의의 본 정신과 의의를 곡해하지 않도록 주의해야 할 것이다.

4.2. 발전

역사적으로 초기의 청교도 운동은 16세기 개혁운동이 활발히 전개된 영국에서 시작되어 이후 미국으로 확산되었다. 미국의 청교도 운동은 17세기 초엽에 시작되어 18세기까지 향후 약 100여 년 동안 전성시대를 구가하였다. 한편 영국의 청교도 운동은 1560년부터 1688년 명예혁명까지 약 130년 동안 튜더 왕조와 스튜어트 왕조하에 발전하였다. 이를 세분하면, (1) 튜더(Tudor) 왕조는 헨리 8세(1509-1547) 이후 개혁에서 시작하여 에드워드 6세, 메리여왕, 엘리자베스 1세의 4왕, (2) 스튜어트(Stuart) 왕조는 엘리자베스의 사후 스코틀랜드의 제임스 6세의 영국왕실의 계승과 그의 사후 아들 찰스 1세와 2세, 제임스 2세로 이어지는 역시 4왕의 통치기간, (3) 그리고 이 시기 중 크롬웰의 공화정과 왕정 복고 이후의 청교도 운동의 세 시기로 나눌 수 있다. 약 150년의 긴 기간 동안 영국의 튜더 왕조는 청교도 운동의 기초를 제공하고 스튜어트왕조 시에는 말할 수 없는 시련과 함께 최대의 전성기를 맞이하였다. 이 같은 청교도 운동은 다시 5시기로 정리해 볼 수 있다.

(a) 1550-1603년: 에드워드 6세의 통치 말기로부터 엘리자베스 여왕이 서거한 해까지로 이때 청교도 운동이 형성 발전하였다. 이때 영국은 제네바의 칼빈 사상을 처음으로 받아들이고(1550), 이를 기초로 개혁운동이 급속히 확산되었다. 하지만 엘리자베스의 강력한 견제와 핍박으로 많은 고난과 시련을 피할 수 없었다. 후에 토마스 카트라이트나 월터 트래버스 같은 개혁자들이 구라파에서 망명을 마치고 귀국하여 영국교회 갱신을 위해 헌신하였다.

(b) 1603-1640년: 엘리자베스의 사망으로 스코틀랜드의 제임스 6세가 영국의 1세가 되어 이곳을 통치한 제임스로부터 그의 아들 찰스 1세의 기간을 말한다. 제임스와 찰스는 자신들의 명예와 정치적 안정을 위해 감독정치 체제를 정착시키고자 라우드 주교를 통해 청교도들을 박해하였다. 이때 청교도들의 권리청원이 있었

Puritans: Their Orogins and Successors, (Edinburgh: The Banner of Truth Trust, 1987), 153.

으나 종교와 정치문제에 혼란이 가중되어 마침내 왕과 의회사이에 전쟁이 발발하였다. 청교도운동에 대한 왕권의 강력한 견제와 도전으로 많은 시련과 고난을 겪었으나 이를 통해 오히려 청교도 전통이 더욱 깊이 뿌리를 내리며 성장하고 증식되었다.

(c) 1640-1661년: 찰스 1세 치하에서 발생한 내란으로 혼란을 틈따 급부상한 크롬웰의 등극 및 찰스 1세의 처형을 포함한다. 먼저 크롬웰은 의회를 해산하고 1645년 국교를 폐지하였다. 그러나 그의 갑작스런 사망으로 1649년 2월 당시 해외(프랑스)에 망명 중이던 찰스 2세가 영국 국왕에 취임하였다. 찰스는 국왕 취임시 맹세했던[16] 약속을 폐기하고 마침내 1660년 왕정을 복고하였다.[17] 이로써 청교도들의 교회 개혁의 오랜 꿈이 사라지고 기약없는 혼돈과 절망, 타협과 패배로 이어졌다. 하지만 한때 청교도들은 제네바의 모범을 따라 이상적인 국가 건설을 위한 절호의 정지석 득권을 행사하였다. 그러나 몇몇 교리와 교회 정치체제를 둘러싼 청교도들의 내분으로 개혁은 실패하였다.

(d) 1661-1689년: 크롬웰의 공화국 몰락과 더불어 다시 찰스 2세의 스튜어트 왕조가 복권되면서 영국국교가 재건되자 1662년 약 2,000명의 청교도 목회자들은 국가 교회를 인정치 않고 그들의 교구를 떠났다. 그 후 국왕은 여러 법령과 박해를 통해 청교도들과의 제휴를 모색하고, 또한 비국교파들에게 화해 법령을 발포하여 예배의 자유를 허용하였다. 그러나 향후 26년 동안 집요한 핍박이 자행되어 많은 사람들이 어려움을 당하거나 사망하였다. 그 결과 청교도들의 영적 영향력은 현저히 약화되었으나, 존 오웬, 리차드 백스터, 토마스 구두윈, 존 하우, 스티븐 차녹, 존 번연, 토마스 왓슨, 토마스 브룩스, 메튜 푸울, 그리고 토마스 만톤 같은 작가들의 작품이 저술되었다. 마침내 1689년 네덜란드의 오랜지의 윌리암이 왕으로 등극하면서 명예혁명으로 청교도들이 다시 승리하여 개혁주의가 정착 되었다.

(e) 1689년 이후 1800년, 그리고 현재: 윌리엄의 종교 관용 정책으로 청교도운동이 복권되었으나 앤 여왕(Queen Anne) 이후 여러 기독교 종파들의 부상(浮

16) James Kerr, *The Covenants and the Covenanters*, (R.W.Hunter: Edinburgh, 1895), 386-398.

17) Dewi Morgan, *1662 and All that*, (A.R.Mowbray & Co Ltd: London, 1961), 62-68.

上)과 함께 이에 편승한 성공회가 확고하게 정착되었다. 산업혁명과 같은 급속한 사회적 변화 속에서도 개혁은 이룩되어야 하는바, 교회 내부적으로 무엇을 어떻게 개혁해야 하는지 그 한계를 두고 논쟁이 계속되었다. 이런 와중에 청교도적 비국교파 교회와 다양한 신흥 독립교회들은 합리주의의 등장과 독일 자유주의 신학의 무차별적 도전에 엄청난 타격을 입었다. 그 결과 교회는 무기력하게 신앙적 전통성을 상실하고 점차 형식화되었으며, 설상가상 사회적 도덕성의 급속한 하락은 오늘날 영국 종교와 사회적 현실을 그대로 반영해 준다.

5. 미국의 청교도 운동

영국의 청교도들은 칼빈의 정신을 따라 자국 교회를 개혁하고자 하였다. 하지만 엘리자베스의 중도정책은 오히려 많은 어려움을 낳았다. 그 과정에서 운동 초기 신대륙 이주자들은 1607년 제임스타운의 버지니아 식민지와 1620년 필그림의 플리머스 식민지에 도시를 건설하여 정착하였다. 1619년 이들 식민지는 이미 버지니아 의회를 구성하였다. 이는 메이플라워 협약보다 앞선 미국 최초의 민주적인 의회였다. 1628년 매사추세츠 만 식민지회사의 칙령으로 이주민들이 대거 입국하였으며, 1629년 메릴랜드, 1634년에는 뉴잉글랜드에 10,000여명의 청교도들이 거주하였다. 1610년대 말에서 미국 혁명에 이르기까지 약 50,000명의 죄수들이 영국령 아메리카 식민지로 이송되었다. 1614년부터 네덜란드 정착민들이 맨해튼 섬의 뉴 암스테르담 등 허드슨 강 하구를 따라 정착하였다. 이주해온 대다수 사람들은 잉글랜드의 청교도, 프랑스와 스위스의 위그노, 아프리카에서 노예로 이주하거나 중남미 식민지에서 들어온 아프리카계 미국인들이었다. 이들은 뉴잉글랜드와 버지니아를 중심으로 미드 애틀랜틱 지역, 캐롤라이나 중심의 남부 곳곳에 이주하여 미국의 역사를 새롭게 기술하였다.

특별히 1620년 9월 102명의 청교도들은 신앙의 자유를 찾아 메이플라워호를 타고 영국 플리머스 항구를 떠나 신대륙으로 건너갔다. 66일 간의 항해 끝에 12월 26일 무사히 항구에 도착하였다. 이후 이들은 대서양 해안을 따라 미국의 13개 식민지에 도시를 건설하였다. 이 때 청교도 지도자 윌리암 브래드포드는 “우리를 이곳에 오게 하시고 아름다운 항구와 평화로운 곳에 정착하도록 인도하신 하나님의 축복에 무릎 꿇고 기도하였다." 그 후 청교도들은 1621년 32명이 포춘호를 타고 이주했고, 1623년 앤&리틀 제임스호를 타고 100여명의 이주민이 새로 정착하였다. 1630년에는 천여 명의 청교도 이민자들이 메사츄세츠 베이 회사의 지원으로 미국에 도착하였다. 그들은 현재의 보스턴을 건설하고, 후에 하버드 대학을 세웠다. 그 후 영국에서 10년 동안 1만 8천명이 이주하는 대 이민의 역사가 진행되었다. 당시 청교도 지도자들은 경건한 새 사회를 이룩하기 위해 시민권과 이민은 기독교 신자들에게만 제한되어야 한다고 주장하였다. 이 헌장에서 보이는 청교도 이주의 목적은 바로 "하나님의 영광과 교회의 선을 위함"이었다. 이후 계속해서 믿음의 사람들이 신대륙에 들어왔다. 오늘날 미국의 정신적 바탕은 청교도 신앙이었다.

그 후 13개 주를 중심으로 1775년 5월 식민 본국인 영국과 독립 전쟁을 벌였다. 1776년 7월 4일에는 독립선언서를 발표하면서 민족 자결의 권리를 바탕으로 한 연맹체 국가 성립을 선포하였다. 하지만 1783년까지 전쟁을 벌인 미국은, 파리 조약을 통해 영국의 식민지 중에서 최초로 독립을 쟁취하였다. 1787년 9월 17일, 필라델피아 헌법회의에서 오늘날의 미합중국 헌법이 채택되었으며, 이듬해 비준되어 이 주들은 강력한 중앙 정부를 둔 단일 공화국이 되었다. 1791년에 비준된 미국 권리장전은 10개의 수정 헌법으로 구성되었으며, 여러 기본적인 민권과 자유를 보장하였다.

6. 청교도 신학의 한국 전래와 수용과정

고찰한대로 청교도 운동은 처음 영국에서 발생하여 미국에서 새롭게 정착된 것이다. 한국교회와의 관계는 영국보다 미국이 더 긴밀하다. 그런데 초기 한국교회에 파송된 미국 선교사 중에 미국 뉴잉글랜드 지방 출신 청교도가 대부분이었다. 본래 뉴잉글랜드는 메사추세츠, 케롤라이나와 함께 영국에서 건너간 청교도들이 거주한 지역이다. 이곳에서 꽃피운 청교도 신학은 이후 선교사들을 통해 우리에게 전달되었다.[18] 한국교회는 이들의 전통을 따라 교회 개척과 부흥, 신학교육과 제

18) 예를 들면, 감리교 출신 아펜셀러는 부친의 모습을 상기하며, "아버지를 생각할 때 가장 먼저 떠오르는 것은, 주일 아침마다 서재나 나무 밑에 있는, 당신께서 가장 좋아하는 벤치

자양성 분야에서 크게 공헌하였다. 그 중 대표적인 것은 선교사를 파송한 미국의 선교 단체와 선교사들이다.[19]

(1) 복음전래 이전: 17세기 청교도 혁명 이후 서구, 특히 미국교회는 큰 혼란에 빠져있었다. 그런데 18세기 요나단 에드워드를 중심으로 일어난 대각성 운동은 엄청난 파장을 일으켰다. 그는 좌경화된 미국교회를 알미니안주의로 간주하고 열렬히 복음을 전파하였다. 그의 영향을 받은 영국의 목회자 찰스 스펄전(Charles H. Spurgeon, 1834-1892)과 존 라일(John Ryle, 1816-1900), 미국의 프린스톤 신학교 교수인 월필드(Benjamin Breckinridge Warfield, 1851-1912)는 청교도의 후예로 유감없이 능력을 발휘하였다. 특히 월필드의 영향아래 미국 남장로교 선교사들은 바다건너 한국 땅에 복음을 전파하였다. 이로써 한국교회는 청교도적 전통을 전수받게 되었다.[20]

(2) 복음전래 이후: 1880년대 초기 한국 교회의 형편은 조선의 정치적, 경제, 문화, 종교적 상황과 관련이 깊다. 구체적으로 말하면 정치적으로 매우 혼란하였다. 경제적으로 몇몇 특정 관리나 귀족들에 의해 지배되었다. 그 결과 문화는 철저히 차단되었다. 종교적으로는 유교의 오랜 전통이 국가의 기강과 국민 생활을 편협적으로 이끌었다. 이는 한마디로 매우 패쇄적이었다. 이런 상황에서 프랑스나, 영국, 미국, 독일과 같은 서구 제국주의 열강들은 다양한 방법을 통해 조선 선교에 힘을 쏟았다. 이들은 중국이나 만주, 일본을 통해 다양한 선교 전략을 개진해 나갔다. 이 과정에서 선교사들이 순교를 당하였고 또한 초기 회심한 개신교도들이 여러 불이익을 당하거나 죽임을 당하였다. 하지만 서구 개신교가 한국에 전래되면서 사회는 급속한 변화를 피할 수 없게 되었다. 물론 정치적으로 더욱 혼란에 빠졌으며, 종교적으로도 서구 양인들에 대한 멸시가 이어지며 포교 활동은 극도로 어려웠다.

미국 북장로교 선교부의 파송을 받아 최초의 한국 선교사로 입국한 사람은 목

에 앉으셔서 거의 하루 종일 당신의 성경을 읽는 모습이라오"라고 기록하였다. 「아펜셀러: 한국에 온 첫 선교사」, (연세대학교 출판부, 1985), 434-444. 이 편지는 1901년 12월 18일 아내 엘라에게 보낸 편지. Cf. 김인수, "한국교회와 청교도 운동", 「장신논단」, 118.

19) 이덕주, "초기 내한 선교사들의 신앙과 신학", 「한국기독교와 역사」, (한국기독교역사연구소, 1997), 30-59.

20) 이완재, 「영성신학탐구」(성광문화사, 2000), 102-103.

사가 아니라 의사 알렌이었다. 그는 1884년 9월 2일 서울에 들어와 영국과 미국 공사관의 부속 의사 일을 시작하였다. 그는 자신이 선교사라는 신분을 밝히지 않고 들어와 황실의사로 활동하였다. 특별히 1884년 12월 4일 발생한 갑신정변, 즉 우정국 사건으로 당시 실세였던 민영익이 개화 세력에 의해 칼에 맞았다. 그러나 민영익은 의사 알렌의 도움으로 위기를 모면하였다. 그 후 알렌은 고종황제와 명성황후를 위시한 궁정의 총애를 받으며 마침내 왕실부 시의관으로 임명되었다. 그리하여 미국인에 대한 인상은 매우 우호적이었다. 그러나 합법적인 선교사는 1885년 4월 5일 부활절에 미국의 북장로교 파송을 받고 입국한 언더우스(Horace G. Underwood) 목사였다. 그는 감리교 선교사 아펜셀러(H. G. Appenzeller)와 함께 입국하였다. 이들은 일본 요코하마에있는 미국 성서공회에서 만나 당시 이수정이 번역한 마가복음을 들고 인천항에 도착한 것이다. 이들 선교사들이 가져 온 복음은 유럽 교회의 공동체적 신학도 아니면 교회론적 신앙 형태도 아니었다. 다만 순수한 복음의 삶만을 강조하는 경건주의와 복음주의였다.[21] 이 경건주의와 복음주의는 개인주의적인 신앙이었다. 여기서 우리는 한국에 뿌리내린 미국의 개신교는 경건주의적 청교도였음을 알 수 있다. 따라서 1885년 4월 이후 선교 초기 한국교회는 서구 선교사들의 헌신적인 노력으로 급속한 부흥을 이루었다.[22]

그러나 1910년 일제의 강제 합병 이후 1930년대를 거치면서 중대한 변화를 겪었다. 그동안 한국 교회의 신학을 말할 때 1930년대 이전까지는 서구 선교사의 신학을 의미했는데, 1880년대 이후 내한한 선교사들은 구 프린스톤의 영향을 받은 보수주의적 혹은 복음주의적 성향의 선교사들이 대부분이었다. 따라서 이들은 선교 초기부터 성경을 하나님의 영감된 말씀으로 믿고 열심히 가르쳤다. 이는 1890년 내한한 마포삼열(Dr. Samuel A. Moffett, 1864-1939)의 기록에서 나타난다. 그는 1909년 자신의 한국 선교 25년을 회고하면서 "신교부와 교회는 성경은 하나님의 말씀이라는 투철한 신념과 예수 그리스도를 통해 죄로부터 구원받는다는 복음의 메시지를 믿는 열정적인 복음정신으로 특징지어 질 수 있다. 하지만 이 같은 조류는 1930년대 이후 자유주의 신학의 등장으로 혼란에 빠졌다.[23]

---

21) 정용섭, 14.
22) 조경현, 「초기 한국장로교 신학사상」(노서출판 그리심, 2011) 참고.
23) 이상규, "고신대학교 50년(1946-1996) 약사", 「기독교대학과 학문에 대한 성경적

(3) 신학교의 설립과 목회자 양성: 1885년 4월 5일 부활절 이후 우리나라에 서구 선교사가 속속 입국하여 활발히 선교 활동을 전개하였다. 그러나 신학교는 이후 15년 혹은 20년 후였다. 장로교의 경우 1901년 평양에 신학교를 설립하였다. 이때는 조선 왕조의 쇄국정책으로 문호가 활짝 열리지 못하였다. 정부나 국민이 의구심을 갖고 기독교를 경계하며 주시하였다. 이때 선교사들은 병원사업과 교육사업에 착수하여 정부의 환심과 국민의 이해를 샀다. 예를 들면, 사경을 헤메던 민영익의 신병을 알렌이 치료하여 보다 적극적으로 왕궁을 오가며 선교하였다. 그러나 1887년 가을까지만 해도 세례와 성찬식 등 종교적인 의식을 행할 때는 비밀리에 행해졌다. 1888년만 하더라도 기독교에 대한 정부의 태도에 신경을 써야했다.

이 같은 상황에서 선교사들은 여러 지역을 순회하며 한국의 역사, 지리, 풍습을 익히는 등 선교의 기초 작업에 힘을 기울였다. 그 이듬해 1889년 호주 장로교의 선교사가 입국하고, 이어서 1890년 미국 북장로교와 남장로교의 선교사들이 네비우스의 방법을 채택하였다. 1892년 남장로교 선교사들이 입국하였다. 그리고 1893년 세 장로교 선교사들이 함께 장로교 공의회를 구성하고 네비우스 방법에 근거한 선교 정책을 정하였다. 1898년 캐나다 장로교에서 공식적으로 선교사를 파송하여 합세하였다. 1885년 선교가 시작된 이후 첫 10년간은 교세의 증가가 미미하였다. 예를 들면, 1890년 세례교인이 155명, 1895년에는 582명이었다. 그러나 다른 교파의 선교사들이 입국하여 활발히 전도사업을 편 결과 교인의 수가 급증하였다. 이들 교단들은 선교 사업을 위해 신학교를 세워 후진 양성에 힘을 기울였다.[24] 이들은 대체로 근본주의적인 배경을 가진 사람들이었다.[25]

그런데 장로교 선교사들도 일찍부터 목회자 양성을 위한 예비 교육을 실시하였다. 이는 북장로교에 보내는 선교 보고서에 나타나는 바, "여덟 명의 젊은이들이 금년에 단기 신학 교육을 받았다".[26] 장로교 선교사들은 네비우스 선교 방법을 통

조망」, (고신대학교 출판부, 1996), 6-7.

24) 김영재, 「한국기독교의 재인식」, (도서출판 엠마오, 1994), 173.

25) 조경현, 「초기 한국장로교 신학사상」, (도서출판 그리심, 2011), 46, 60-74, 244-261, 298.

26) *Korea Mission, Presbyterian Church*, (USA., Annual Report, 1889), 170; Harvie Conn, "Studies in the Theology of the Korean Presbyterian Church" , *The Westminster Theological Journal*, vol. 29, Nov., (Westminster Theological Seminary, 1966), 34.

해 4개의 성경공부 반으로 나누어 후진 양성에 힘썼다. 이것은 1901년 평양신학교가 설립되기까지 겨울에 1개월씩 실시하였다. 선교사들은 평소에는 순회전도를 하며 교회를 돌보다가 쉬는 시간에 교육하였다. 전체 기간은 5년으로 1년에 3개월반 수업토록 하였다. 1907년 제 1회 평양신학교 출신은 모두 7명으로 서경조, 한석진, 송인서, 방기창, 이기풍, 길선주, 양전백 등이었다. 한국의 독노회는 이들을 목사로 안수하였다. 신학교는 이후 점차 학생이 증가 함에 따라 1916년에는 학교연구 프로그램도 늘어나게 되자 6명의 전임교수를 두었다. 1918년에는 학생들의 신학적인 지식 습득을 위해 신학지남을 창간하였다.

(4) 신학 교육과정과 목사안수: 한국 교회의 해외 선교사들이 다른 군소 교단보다 신학교를 먼저 설립한 것은 교회의 정치형태와 목사 장립에 관한 규례의 차이 때문이었다.[27] 당시 미국에는 부흥운동으로 장로교나 감리교, 침례교에서 교회를 돌보는 목회자를 위해 적임자로 인정되는 자들을 우선 목사로 안수하였다. 감리교 선교사들은 이러한 관례를 한국 선교 초기에 적용하였다. 그러나 이의 적용을 두고 미국의 장로교는 18세기 중엽 올드 사이드(Old Side)와 뉴 사이드(New Side)로 분열하였다. 부흥운동에 적극적인 뉴 사이드는 교회의 급속한 증가로 목회자의 수급이 시급한 현실을 감안하여 다른 교단처럼 단기 신학 교육을 받은 사람도 목사 안수를 해야 한다고 주장하였다. 한편 부흥운동에 소극적인 올드 사이드는 어떠한 상황에서도 목사의 질적 저하를 초래해서는 안 되었다. 이들은 철저한 교육을 주장하였다. 이후 장로교는 정규 신학교 교육을 중시하여 그 과정을 마친 사람들에게 목사 장립을 승인하였다. 그런데 한국의 장로교 신학교는 제도적으로는 올드 사이드 전통을 따랐으나 교육 내용은 뉴 사이드가 맞는 것이었다.[28]

정리하면 한국교회에 미친 청교도적 영향은 크게 역사적, 신학적으로 정리된다. (i) 역사적으로는 조기 선교사들의 보수적인 성향이다. 이들은 대개 북장로교 출신으로 1837년 분열당시 구학파(프린스톤)에 소속되었다. 물론 이후에 신학파(유니

27) 김경재, 「한국기독교의 재인식」, 174.

28) 김영재, *Ibid.*, 176. 당시 평양신학교의 교과과정은 성경신학, 역사신학, 조직신학 및 설교학, 도덕학, 교회정치 및 헌법등 실천신학에 약 94.8%의 시간을 배정하였다. 그러나 감리교에서는 이러한 신학과정에 겨우 53.3%의 시간을 배정하고 나머지 47.7%의 시간을 일본어, 한문작문, 문학, 논리학, 비교종교학, 음악 등 교양과목과 신학연구를 위하여 기본이 되는 영어, 헬라어, 히브리어 등 어학 교육에 배정하였다.

온 출신) 출신이 3명 포함되었으나 구학파에는 미치지 못했다. 이들의 한국 선교에 대한 열정은 그들의 보수적 신학과 함께 불타올랐다.[29] (ii) 신학적으로 이들은 청교도주의, 즉 정통 칼빈주의였다. 이들은 역사적 개혁교회와 연계를 위하여 웨스트민스터 신앙고백에 충실하였다. 이에 따라 이들은 성경의 초자연적 특성과 권위를 인정하였다.[30] 특별히 근본주의의 근간인, 처녀탄생, 대속의 죽음, 육체적 부활, 그리스도의 역사적 재림, 그리고 성경의 무오를 믿었다. 철저히 보수적 정통주의 신앙에 봉쇄될 정도였다.[31] 그레샴 메첸 박사의 영향을 받은 박형룡은 청교도 신앙을 바탕으로 근본주의 신앙전통을 평양신학교에 이식하였다.[32] 그밖에 선교사들은 한국에 독노회의 결성, 네비우스의 선교정책, 의료 및 교육사업의 확장에 기여하였다.

7. 한국교회 청교도 신학의 특징

청교도들의 신학적 특징은 세 가지로 정리할 수 있다.

(1) 바른신학(Theology): 이들은 전통적인 칼빈주의 성경관에[33] 따라 성경이 구원을 주시는 하나님의 영감된 말씀으로 믿고 그 말씀 위에 신학을 체계화하였다. 오직 성경만이 신앙생활의 유일한 규범이며 타락한 인간은 이를 통해 하나님에 관한 지식을 얻게 된다. 모든 문제에서 성경의 권위를 인정한 그들은 단지 성경이 교회 생활을 규제할 원칙적인 지침만을 제시한다는 국교도적 믿음을 거부하

---

29) 박용규, 69.

30) 박용규, 70-71.

31) 유동식, 「한국신학의 광맥」, (전망사, 1982), 69-70.

32) 유동식, "박형룡과 근본주의 신학", 186-199.

33) 메리여왕의 박해로 유럽에 피신하고 있었던 많은 영국의 개혁자들은 메리가 사망하자 영국에 귀국하게 되었다. 당시 유럽에 개혁운동이 고조되고 있었을 때 독일에는 루터파들이 다수를 차지하고 있었고, 화란에는 재침례파들이 극성을 부렸었다. 그런데 영국의 청교도들을 어떤 연유로해서 개혁주의적인 신학입장을 견지할 수 있었던가? 그것은 영국에 돌아온 개혁자들 가운데 다수가 칼빈의 제네바나 하인리히 불링거, 그리고 헐드리히 쥬윙글리의 쥬리히에서 개혁주의 신학 교육을 받은 자들이었기 때문이다. 당시 유럽에 피신했던 약 800명의 개혁자들 중에 233명이 칼빈의 제네바에서 훈련을 받았고, 그외 다수의 사람들이 취리히와 하이델베르그와 같은 개혁주의 신앙을 채택하여 도시에서 신앙적인 수업을 받았다. 그러므로 영국의 개혁자(청교도)들을 우리는 칼빈의 신학 사상을 전승한 후예들이라고 한다.

고 대신 칼빈주의적 기독교 신앙과 그리스도인의 삶, 교회에 깊은 관심을 가졌다. 뿐만 아니라 믿음을 통한 은혜의 칭의와 만인 제사장론을 믿었으며, 예정론, 하나님의 영광을 위한 경건한 삶, 인간의 죄와 하나님의 은총, 중생과 성화, 믿음과 확신, 기도와 하나님과의 교제, 신앙과 행위, 그리스도인의 삶에 있어 성령의 사역, 인간의 영혼 속에서의 하나님의 생명에 관심을 집중하였다. 비록 청교도들은 장로교, 독립교회, 침례교로 분리되어 유아세례를 포함한 교회론과 교회정치 등에 차이를 보였으나 모두 성경이 교회생활을 위한 구체적인 가르침임을 확신하였다.

여기에 근거하여 이들은 하나님께서 주권적으로 그리스도 안에서 구원받도록 죄인을 택정하시며 동시에 오직 예수 그리스도에 대한 개인적 신앙을 가진 자만이 언약 백성에 포함될 수 있다고 보았다. 그리하여 은혜 언약을 통해 신자는 하나님의 백성이 되고 하나님은 그들의 하나님이 되시는 것이다. 따라서 이 언약에 참여하는 그의 백성은 하나님의 말씀에 나타난 그분의 뜻에 전적으로 순종해야 한다. 특별히 스코틀랜드에서는 이 계약 원리를 기초로 개혁을 이루어 마침내 제네바 식 장로교 국가를 이룩하였다. 당시 청교도들의 신학사상은 1643-1648년 영국 런던의 웨스트민스터 총회에서 채택된 여러 신앙문서들에 잘 집약되었다.[34)]

(2) 바른교회: 청교도들은 초대 교회의 모델을 따라 영국 교회를 새롭게 하고 그 교회를 신약교회로 환원시키는데 온 힘을 쏟았다. 이들은 유럽의 개혁자들처럼 교회의 표식은 말씀의 바른 선포와 성례의 바른 집행이라 믿었다. 그리고 교회를 가시적인 교회와 불가시적인 교회로 분리하고 그 회원을 그리스도 중심의 믿음을 통한 은총에 의지하였다. 따라서 청교도들은 예배에서의 가톨릭적 전통과 의식적 잔재를 모두 철패하고 교회에서 성직자와 평신도로 구별된 감독 제도를 없애려 하였다. 뿐만 아니라 교회 안에서 행해지고 있는 비종교적인 것들, 대표적으로 성경적 근거가 없는 7성례와 그밖에 비신직인 전통들을 청산하고, 그렇게 하여 교회

---

34) *The Confession of Faith: the Larger and Shorter Catechism, with the Scripture proofs at Large: together with the Sum of Saving Knowledge, contained in the Holy Scriptures, and held forth in the said confession and catechism, and Practical use thereof*, (Edinburgh: 1836) Cf. Yohahn Su, *A Study of the Scottish Covenanters on Church Government from 1638 to 1648*, (Aberdeen University, Th.M. Thesis, 1990); *The Contribution of Scottish Covenant Thought to the Discussions of the Westminster Assembly 1643-1648 and its Continuing Significance to the Marrow Controversy 1717-1723*, (Glamorgan University, Ph.D. Thesis, 1993)

의 회원(Member)들도 바르게 정화되기를 바랬다.

여기에 청교도들은 교회 내부의 신앙적 질서를 위해 권징(규율)을 추가하였다. 그들은 세상과 참된 교회의 구별을 위해 권징의 신실한 준행을 주장하였다. 특별히 권징은 하나님의 백성으로 본을 보이지 않고 용납할 수 없는 부도덕한 행동을 하며 회개하지 않는 사람들을 교회로부터 추방하는 것을 말한다. 권징의 목적은 하나님의 교회를 모든 악으로부터 순수하게 보존하기 위함이었다. 그러나 이의 실시를 두고 영국 교회 내에서 많은 논쟁이 있었다. 그중에 영국의 대주교 위트기프트는 권징이 교회의 본질적 특징이 아니라고 주장했다.[35] 이에 대해 청교도들은 바른 교회의 개혁을 위해 이 규칙이 반듯이 실행되어야 한다고 믿었다. 그런데 당시 영국 교회는 개혁 교회도 그렇다고 가톨릭도 아닌 중도적 감독 교회였다. 교회는 교리적으로 개혁적이었으나 아직도 여러 분야에서 실제적인 변화가 요구되었다.

(3) 바른생활: 이는 영적 경건을 기초로 하나님 중심(God-centred)과 그를 높이(God-honouring)는 성경적 세계관에 기초한 삶을 말한다. 그 기초는 만물을 창조하신 그분께 영광을 돌리는 것이다. 이런 기대 속에 청교도주의는 보다 생명력 있는 설교와 가르침에 힘쓰며, 경건의 훈련과 헌신을 강조하였다. 그러므로 이들은 당시 일상적이었던 승마를 포함한 운동경기나 카드놀이, 음주 행위를 금지하였다.[36] 청교도들은 그들의 모든 삶의 영역이 인간의 향락을 위해서가 아니라 하나님의 말씀에 따라 인도되기를 소원하였다. 따라서 이들은 신앙생활에 유익한 문학책이나 고전들, 혹 그것이 종교적인 것이든 세속적인 것이든 건전하다고 생각하는 것들을 권장하였다. 경제적으로는 돈이나 물품들을 지나치게 낭비하지 않게 하고 검소한 생활에 힘썼으며 혹 그것들을 너무 의지하지 않도록 했다. 그리고 자신들의 헌신, 복음전도나 교훈 같은 신앙적 체험들을 형제들과 함께 나누며 서로 격려하였다. 당시 폭넓게 알려진 저자들로는 존 폭스(John Fox), 윌리암 퍼킨스(William Perkins), 윌리암 에임스(William Ames)였다. 이들 중 존 폭스는 그의 "순교사"를 통하여 당시 고난받던 청교도들에게 소망을 제공하였고 퍼킨스는 그의 신학 체계를[37] 통해 교인들을 격려하였다.

---

35) *Ibid.*, 66.

36) John Dillenberger and Claude Welch, *op. cit.*, 105.

37) 국교 준봉자 윌리암 퍼킨스의 신학을 참고하라.

8. 청교도적 전통과 신앙

복음전파 과정에서 청교도적 전통은 3가지 방향으로 나타났다. (1) 성경(말씀)의 생활화였다. 이는 신학교육에서 나타났듯이 선교사들은 성경교육에 치중하였다. 이들은 세계의 여러 나라에서 보듯이 성경 중심 교회는 많은 사람들이 말씀의 능력에 따라 변화를 얻었다. 즉 회개하고 새로 거듭나는 역사를 경험하였다. 이를 증거하는 목사는 소명감이 투철하고 희생적이며, 진실하였다. 그러므로 아무나 성급하게 신학 교육을 받도록 해서는 안 될 것이다.[38] (2) 교회 성장이다. 이는 말씀을 통한 경건 생활과 자발적인 활동에 달려있다. 목사가 될 사람은 성령으로 충만해야 하며, 하나님의 말씀과 기독교 진리의 중요한 사실에 근거한 신앙을 가진 자여야 한다. 또한 예수 그리스도를 위해 어떤 고난도 이겨 낼 수 있는 사람이어야 한다. 뿐만 아니라 다른 일반 시식도 갖추어 교회의 지도자로서 사람들의 존경을 받을 수 있어야 한다. 특별히 한국은 최근의 정보와 문화에서 앞장 서 있기 때문에 목사의 교육 수준, 특별히 윤리의식을 높여야 한다. 목사의 교육은 그 회중의 일반 수준보다 훨씬 앞서도록 해야 하는 것이다. 그래야 지도자로서 존경과 그가 가진 특권을 누리게 된다. 이는 역사적 기독교의 전통적인 가르침이요 준칙이었다. (3) 교회정치와 예배의식의 실천이다. 한국 기독교, 특별히 장로교는 역사적 개혁주의적 청교도 전통에 따라 1901년 독노회를 결성하였다. 1922년에는 총회의 협의를 거쳐 노회가 구성되었다. 선교사들은 이 같은 체제에 산파 역할을 하였다.[39]

9. 결론

지금까지 고찰을 정리해 볼 때 청교도와 한국교회는 선교 이후 지금까지 불가분리의 관세였음을 알 수 있다. 하지만 안타깝세도 한국교회는 유럽 개신교, 예를 들면 스코틀랜드 장로교나 영국 청교도들의 영향을 직접 받지 못하였다. 유럽의 청교도적 신학 전통은 오히려 미국 교회의 선교보다 53년(예를 들면, 1832년 화란의 구출라프 신교시, Karl F.A Gutzlaff)이나[40] 빨리 시도되었음에도 시기적인 불

38) 김영재, 177.
39) 김영재, 184.

일치로 정착하지 못하였다. 그러나 이유야 어떻든 복음전래 이후 지금까지 한국교회의 역사적, 신학적 뿌리를 규명하는 데에는 상당히 미흡하였다. 특별히 한국 교회(장로교)가 칼빈과 낙스의 장로교와 화란의 개혁주의, 혹은 영국의 청교도와 어떻게 연관되어 있는지에 대한 연구도 미진하였다. 하지만 종종 몇몇 학자들은 한국 장로교회가 청교도적 전통에 기초하여 근면과 절제를 강조하였다고 주장하였다.[41] 그리하여 이 용어를 사용하는 것에 어떤 오해나 거부감은 없었다. 하지만 이를 둘러싸고 지금까지 보다 학문적인 연구나 규명은 태 부족하였다. 이에 대한 관심과 연구는 한국 교회의 역사적 뿌리를 찾는 일뿐 아니라 향후 위상을 세계에 알리고 다음 세대에 신학 전통을 계승할 수 있는 소중한 작업이다.

한국 교회는 해외 선교사들의 헌신과 자발적인 노력으로 놀랍게 부흥하였다. 주된 요인으로는 대부분 공감하듯이 칼빈주의적 전통과 청교도적 보수 신학 때문이었다. 때로 보수와 진보 간에 갈등과 대립으로 분열하기도 했으나, 2,000년 기독교 역사에 미증유의 성장을 이룩하였다. 그것은 철저히 성경 중심의 생활과 성도 개인의 헌신, 해외 선교에 대한 열망 때문이었다. 21세기는 이전 세기에 비해 변화의 속도가 100배 1,000배 이상 빠르게 진행되고 있다. 보수 신학 혹은 정통 신학은 변화에 맞서 오히려 세월 속에 더욱 굳게 설 것이다. 따라서 일부 침체의 우려 속에서 말씀으로 돌아가는 운동을 전개해야 할 것이다. 한국교회의 미래는 청교도들의 가르침, 신앙적 전통을 확고히 붙잡고 실천할 때 확립될 것이다.

---

40) 그는 한국에 오기 전에 중국에서 사역을 하였는데, 한문 성경을 들고 와서 한국 사람들에게 전해주었다. 그러나 아직 한국에는 선교의 문이 굳게 닫혀 되돌아갔다. 그 후 34년이 지난 1886년 10월 영국 웨일즈 출신 로버트 토마스(Robert J.Thomas)선교사가 미국 상선을 타고 평양 대동강에서 하선하였다. 이렇게 하여 유럽 선교사들의 노력은 여기서 중단되었다.

41) 이만열, 「한국기독교와 민족의식」, (지식사업사) 385-387, 485; 박용규, 「한국장로교 사상사」, (총신대학 출판부, 1992), 70. 초기 한국에 파견된 선교사들은 당시 미국의 제2차 대각성운동의 영향을 받은 사람들이었다. 이들은 청교도적 생활신조와 신앙을 갖고 음주와 끽연, 포커놀이를 비도덕시하여 금하였고 근면과 절제를 강조하였다. 또한 간음과 우상숭배를 동일하게 취급하였다. 그 영향으로 한국 교회는 음주와 끽연, 아편복용을 죄악시하였다.

제9장

예장 합동 교단의 역사와 신앙 전통

-역사적 전개와 현황, 신앙적 특징을 중심으로-

1. 서론

1885년 해외 선교사들의 국내 선교 이후 2014년 2월, 지금까지 한국 교회는 놀라운 부흥과 성장을 이룩하였다. 최근 들어 급변하는 사회적 경향으로 일부 성장에 정체성(停滯性)이 발견되지만, 그럼에도 불구하고 아직까지 한국 교회는 세계 교회의 이목을 받고 있다. 한국 교회는 선교의 시작과 더불어 지금까지 129년 동안 해외의 여러 교단과 단체, 특별히 장로교의[1] 신앙과 신학, 대표적으로 미국

---

1) 장로교(회)는 조직교회의 효과적인 운영, 특별히 복음전파와 구영사역을 위해 성경의 원리에 따라 마련된 정치제도이다. 장로교는 대개 연로한 장로를 각 지교회의 몇몇 기준에 따라 임직으로 세워 양떼를 먹이는 일과 더불어 교회의 제반 일들을 감독케 하였다. 장로로 피택 된 사람은 기도로 안수 받은 후에 책임을 따라 봉사하였다(행 20:25-31) 장로교는 16세기 종교개혁자 존 칼빈과 존 낙스를 통해 각각 제네바와 에든버러에서 정착되어, 이후 전 세계로 확장되었다. 칼빈은 초대 교회의 전통에 따라 교회의 직분을 목사, 장로, 교사, 집사로 정하였고, 특별 기구를 위해 당회, 노회, 대화, 총회를 갖추어 연합과 개 교회의 독립적 자유를 부여하였다. 당회는 지 교회의 목사와 그 교회의 필요에 따라 선출된 장로로 구성되었고, 이들 중에 대표가 노회에, 또 노회의 대표가 총회 총대로 참석하였다. 당회는 월례로, 노회는 1년 2차례, 총회는 1차례 회집되었다. 그리고 총회는 신앙 교육과 치리를 위해 신앙고백서와 예배 모범, 정치 규례를 작성, 실행하였다. Charles Hodge, *The Church and Its Polity*, (London: Thomas Nelson and Sons, 1879), 118-133; David W. Hall(ed.), *The Divine Right of Church-Government*, (Naphtali Press,

과 호주, 캐나다의 영향을 받았다.[2] 오늘날 한국 장로교회는 이들의 지원과 도움으로 성장과 부흥을 이룩하였으나[3] 서구교회의 장구한 역사에 비하면 실로 미미한 것이다. 그러나 한국 교회는 짧은 역사에도 불구하고 세계 어느 나라, 교회가 이루지 못한 놀라운 성과를 이루었다. 그러므로 한국교회는 서구교회의 다양하게 축적된 경험의 연장선에서 모든 현상을 조명해야 할 것이다. 따라서 필자는 본고에서 복음 전래 이후 지금까지 한국 교회의 성장과 부흥에 영향을 끼친, 대한예수교장로회(예장) 합동 측의 역사와 신앙 전통을 간략히 상고할 것이다.

2. 한국 교회의 복음 전래

한국 교회의 복음 전래는 크게 가톨릭을 포함한 초기 복음전파와 개신교의 전파 시기로 구분된다. 7세기 이후 1884년까지 초기 복음의 동양전파 시기의 가톨릭의 선교이며, 다른 하나는 1884년 이후 지금까지 개신교의 전파 시기이다. 이때 구주와 구미의 여러 선교 단체에서 파송 받은 선교사들이 입국, 활동하였다. 이중 개신교 전파는 다시 2시기로 구분된다.

(1) 제 1기는 1884년에서 1945년까지이다. 이 시기 중 **(a) 1884-1910년**: 주로 한말(韓末) 개항과 개신교의 전래와 수용기이다. 대원군의 쇄국정책에도 불구하고 여러 외국 선교 기관에 의해 파송된 선교사들이 입국하여 활발하게 전도사역을 수행하였다. 대체로 이 시기의 복음 증거와 정착은 해외 선교사들에 많이 의존하였다. 따라서 이 시기는 한국 교회의 유아기적 상태가 확연히 들어 나는 시기이다. 그러나 영적 부흥을 위해 시도되는 다각적 전략이 교단별로 다양하게 나타난다. 당시 중국과 만주, 조선에 혹독한 박해가 있었다. **(b) 1910-1945년**: 일제하 한국교회의 박해와 수난 및 교회의 대응이 전개된 시기이다. 이때 일본의 한국 민에 대한 박해는 계속 가중되었고 이에 일단의 기독교인들이 중심이 되어 독립운동이 확산되고 동시에 민족의식이 고취되었다. 시기적으로 불과 얼마 안 된 복음과의 접촉이었으나 끝없는 고난과 박해에서도 결연한 신앙을 보여주며 신앙으로 승리한 많은 증거들을 남겼다.

(2) 제 2기는 1945년부터 2014년 2월 현재, 해방 후 한국교회의 부흥과 발전 및 정착과 연합에 관한 시기이다. 이 시기 중 1945년부터 1960년까지는 한국교회

의 복구와 정착이 현저하게 나타났다. 하지만 그 과정에서 교회는 점차 신학 논쟁과 분열의 소용돌이에 휘말리며 교파와 교회의 난립현상이 대두되었다.[4] 그중 대표적인 것은 1960년부터 한편에서 일어난 에큐메니칼 운동과 다른 한편에서의 보수주의 운동의 대립과 분열을 잉태하여, 마침내 대한 예수교 장로회 총회는 합동과 통합으로 분열하였다. 그 결과 한국 교회에 깊은 상처를 남겼으나 교단간의 지속적인 정책 개발과 실천적 노력은 오늘날 큰 부흥과 성장을 가져오는데 크게 기여하였다.[5] 하지만 그 이면에 여러 잡다한 이단과 신흥종교의 등장으로 혼란을 겪는 중 1980년대 후반에 들어오면서 급속히 둔화되기 시작하였다. 이는 전 세계적인 추세이지만, 동시에 이를 극복하기 위한 다양한 목회 전략과 방법, 목회자 양성을 위한 전문화 및 다양한 교육 제도들이 시도되고 있다.

3. 예장 합동 교단의 역사적 발전

한국의 장로교는 19세기 말, 우리나라의 개신교 역사와 더불어 시작되었다. 최

1995), 177; James Moir Porteous, *The Government of the Kingdom of Christ: An Inquiry as to the Scriptural, Invincible, and Historical Position of Presbytery*, (Edinburgh: Johnstone, Christian Doctrine, Mentor, 2002), 263-269; James Bannerman, *The Church of Christ*, (Edinburgh: The Banner of Truth Trust, 1960), vol. 2., 201-213; James Moffatt, *The Presbyterian Churches*, (London: Methuen & Co. Ltd., 1928). 보다 자세한 역사적 전개는 서요한, "장로교의 전통과 교회의 일치", 「한국장로교회의 합동운동」, 도서출판 새한, 2009, 209-263을 참고하라.

2) 백락준, 「한국개신교사」, (연세대학교 출판부, 1993); 민경배, 「한국기독교회사」, (대한기독교출판사, 1993); 김영재, 「한국교회사」, 개혁주의신행협회, 1998); 「한국기독교의 재인식」, (도서출판 엠마오, 1994); 「되돌아보는 한국기독교」, (합동신학대학원대학교, 2009; 김인수, 「한국기독교회사」, (한국장로교출판사, 1994); 박용규, 「한국장로교사상사」, (총신대학교 출판부, 1994); 김덕환, 「한국교회교단형성사(상중하)」, 임마누엘, 1991 참조.

3) 심남식, "한국교회분열에 관한 연구", 「한국장로교회의 합동운동」, (도서출판 새한, 2009), 35; 이정숙, "칼빈과 한국교회", 「한국교회사학연구원/한국기독교회사학회」, (2008), 89.

4) 서정민, "한국사회의 기독교 인식에 대한 역사적 고찰", 「영성과 신학」, (도서출판 강남, 2009), 401-405.

5) 이민열, "계 3:17", 「한국 교회, 과연 소망이 있는가?」 2009년 1월 31일, 두레교회, 교회개혁실천연대 정기 총회에서 행한 설교. 이 교수는 설교에서 1960년, 70년 한국 교회의 성장과 교회 난립 현상을 실상 교회 분열과 무관하지 않다고 보았다. 그리고 그는 영적 각성은 작은 교회 운동으로 연결되어야 할 것을 역설하였다. 자세한 것은 News Power 인터넷 판을 참조하라.

초의 한국인 접촉 해외 선교사들은 존 로스와 존 메킨타이어였다. 이들은 스코틀랜드 연합장로교회 파송 선교사들로, 1872년 만주에서 중국인을 상대로 활동하였다. 그러던 중에 조선인, 이응찬, 백홍준, 김진기 등을 만나 성경을 번역하였다. 이들은 3년 후 세례를 받고 장로교인으로 국내에 입국하여 권서 인으로 활동하였다. 그 후 황해도 장연 소래와 의주에 최초의 장로교회를 설립하였다. 1884년 미국의 의료 선교사 알렌이 공적 자격으로 한국에 입국하였다. 1885년 4월 5일, 미국의 장로교 선교사 H. G. 언더우드가 인천 재물포항에 도착하였다. 이후 한국 장로교회는 125년 동안 긍정적으로 수난기에 정통 신학의 사수와 민족 독립의 적극적인 참여, 교회의 부흥과 성장뿐만 아니라 부정적으로 신사참배의 굴욕과 신비주의적 이단의 등장, 신학적.정치적 논쟁과 명분 없는 분열, 이합집산에 휘말렸다. 예장 교단의 발전은 크게 4시기로 정리될 수 있다.

(1) 태동기: 한국에 입국한 미국 북 장로교 선교부의 알렌(Allen)과 언더우드(Underwood), 헤론(Heron) 선교사 부부는 1885년 6월 21일 미 북 장로회 선교회를 조직하였다. 그리고 몇 몇 지방에 선교부를 설치하여 복음 선교와 의료, 교육 사업을 대대적으로 펼쳤다. 이들은 1889년 입국한 호주 장로교(빅토리아 성 장로교회의 후원)의 데이비스 선교사와 함께 미국 북 장로회의 병합 공의회를 조직하였다. 그런데 데이비스의 갑작스런 사망으로 연합공의회가 폐지되었다. 1892년 입국한 미국 남 장로교 선교사들, 대표적으로 태이트(Tate)와 데이비스(G. T. B. Davis), 레이놀즈(W. D. Reynolds)와 전킨(Junkin)은 북 장로교, 호주 장로교 선교부와 연합하여, 1893년 장로회 정치를 실행하는 연합공의회를 조직하였다. 이 공의회는 조선 땅에 새로운 신경과 장로교 정치를 사용하는 연합교회의 설립을 목표로 출범하였다. 그러나 이 공의회는 상회 기능으로 한국의 전 교회에 전권치리를 행할 수 있게 했으나 한국인 총대는 1900년 이후에 참가하였다.[6] 1898년 캐나다 선교부가 조직되었고, 1901년 한국인 총대가 참여하는 조선 예수교 장로회 공의회가 조직되었다. 이는 한국 장로회 공의회, 즉 노회가 조직되기 전의 선교사 중심의 과도체제였다. 당시 한국 선교는 연합 선교부의 정책에 따라서 대체로 지역별 분할 선교 형태로 전개되었다. 같은 해 5월 15일, 평양신학교가 마포삼열의

6) 「조선예수교장로회사기」, 상권, (경성: 조선예수교장로회총회, 1928), 17-18.

자택에서, 그를 초대 교장으로 설립되었다. 이 시기에 중국 산동성 지푸에서 선교하던 존 네비우스의 선교 원리, 소위 3자 정책-자급, 자전, 자치가 실효를 거두었다. 이 밖에 선교사들은 노방전도, 사랑방 전도, 순회전도, 교육 전도-배제학당, 이화학당, 경신학교 등, 의료 선교, 문서 선교-성경 번역과 신문 창간-를 실시하였다.

1905년 구한말 일제의 강점으로 을사보호조약이 체결되자, 뜻있는 사람들이 국권회복을 위해 헌신하였다. 당시 기독교가 주목을 받으면서 여러 지방에 교회가 설립되었다. 이러한 상황에서 1907년 1월 평양 장대현 교회의 사경회를 중심으로 대부흥운동이 전개되었다. 9월 17일, 평양 장대현 교회에서 4개국 선교사들이 장로회 공의회의 결의에 의하여 한국장로교회의 공식 조직 기관인 대한예수교장로회 독노회를 조직하였다.[7] 당시 출석회원은 선교사 38인, 한국인 장로 40인 총 78명이었다. 선출된 임원은 회장에 마포삼열, 부회장에 방기창, 서기에 한석진, 부서기에 송인서, 회계에 이길함이었다. 1908년 제2회 노회는 여자 선교사의 파송을 결의하고, 1909년 평양 여전도회가 이관선을 파송하였으며,[8] 이후 여러 지역, 예를 들면 러시아령 해삼위에 있는 교포들과 북간도 지역, 일본 유학생을 위하여 선교사를 파송하였다. 도처에 설립된 교회가 성장, 부흥하면서, 독노회의 효율적 사역을 위하여 전국을 7기구로 재편하였다.[9] 이것은 향후 총회의 결성을 염두에 둔 조치였다. 따라서 1911년 독노회는 전국 각 지역 노회로 하여금 총회 창립을 준비케 하여, 1912년 9월 1일, 평양에서 예수교장로회 총회가 조직되었다.[10] 총회 조

---

7) 당시 초대 노회장에 사무엘 마펫(Samuel A. Maffett, 마포삼열(馬布三悅) 선교사가 피선되었다. 그리고 당시 독노회는 1901년 설립된 신학교 졸업생 (1) 7명에게 목사(서경조, 한석진, 방기창, 길선주, 이기풍, 양전백)를 장립하였다. (2) 당 노회는 장로회의 신경과 정치를 우선 1년간 채용키로 하고 인도 자유장로교회의 12신조를 채택하였다. (3) 자치적으로 선교 교회로 성장하였다. 이를 위해 1회 졸업생 이기풍 목사를 제주도 선교사로 파송하였다. 「대한국야소교장로회회록」, 제1회, 1907, 3; 황재범, '"대한예수교장로회신경" 혹은 "12신조"의 작성 및 수용 과정에 대한 연구', 「교회와 역사」, (서울교회사연구소, 2009), 558-584; Chi Mo Hong, "The Influence of the Westminster Confession on the Korean Presbyterian Church", *The Westminster Confession into the 21st Century*, ed. by Ligon Dungan, Scotland: Mentor, 2005, 399-402.

8) 「독노회 제3회 회록」, (1909), 12-13.

9) 민경배, 「대한예수교장로회 백년사」, 서울: 대한예수교장로회 총회교육부, 1984, 251-252.

10) 당시 창립총회 총대는 목사 96인(선교사 44명, 한국인 목사 52명), 장로 125인 모두 221 명이었다. 그밖에 당시 안수 받은 목사와 장로, 교회의 전체 교인숫자, 대학교, 중학교, 소학

직과 더불어 선교부의 활동을 위하여 지역을 분할하였다. 한편 총회의 조직과 더불어 선교사 파송이 가속화 되었다. 따라서 총회는 중국 산동성 내양에 파송하고 전국 교회가 매년 감사주일에 특별 기도와 특별 헌금을 실시하였다.

(2) 수난기: 1910-1945년: 일본 제국주의는 강압적으로 대한제국을 병합하였다. 그리하여 일제는 기존의 통감부를 총독부로 바꾸고 무단 정치로 한민족 말살 정책을 펼쳐 나갔다. 치안유지를 위하여 경찰과 헌병을 곳곳에 배치하고, 재판 없이 즉결처분할 수 있도록 범죄 즉결 법을 제정하였으며, 민족 언론의 말살을 위하여 모든 방법을 동원하였다. 이처럼 일제의 강점과 극심한 탄압에도 불구하고 한국 장로교회는 급속히 성장하면서, 학교를 설립하여 성경교육으로 민족주의를 고취시켰다.[11] 당시 민족 지도자들은 신민회를 창설(1907. 4. 20)하여 국민에게 민족의식과 독립사상을 고취시켰다. 그리고 동지를 찾아 단합하여 국민운동의 역량을 축적하고, 교육기관을 각처에 설립하여 청소년 교육에 주력하였으며, 상공업을 장려하여 국민의 재산을 증식시켰다.[12] 이러한 가운데 1908년 평양에 대성학교가 설립되었으며, 이승훈은 정주 오산에 오산중학교를 세웠다. 이 두 학교는 모범적인 학교로 독립정신을 함양하며 훈육한 대표적인 교육기관이었다. 그밖에 기독교계 학교로는 평양에 숭실학교와 선천에 신성중학교가 있었다.

교육 기관의 활기 속에 민족 운동이 전개되고 있던 때, 1909년 10월 26일, 오전 9시경, 일본의 이토오 히로부미는 조선 합병에 대한 러시아의 양해를 얻은 후, 귀국길에 하얼빈 역에 내리는 중 안중근에 의해 저격되었다. 1911년 일제총독부(데라우치)는 기독교계 민족 세력의 탄압을 위해 105인 사건을 조작, 발표하였다. 데라우치는 신민회를 비롯한 기독교 세력의 배후에 선교사들이 있다고 보고, 이들을 추방하기 위해 흉계를 꾸몄다. 당시 체포 인사들은 심한 고문으로 어려움을 당했으며, 그 중에 선우훈과 홍성린이 후유증으로 사망하였다.[13] 1919년 3.1운동은 일제의 한국 지배의 부당성에 대한 한민족의 통일된 행동 표현으로 민족주체성을

교 및 예배당과 예배 처소, 헌금 현황은 「총회 제1회 회록」, (1912), 60 참조.

11) 예를 들면, 1907년 장로교가 405개 교, 1908년 561 개교, 1909년 719개 교 등이 증설되었으며, 교육 지도자들은 교육 총회를 조직하여 1개 면 당 학교 하나를 세울 것을 전개하였다.

12) 「한국기독교의 역사 I」, (기독교문사, 1994), 289-302.

13) *Ibid*., 308-323.

다지는 계기를 마련하였다. 이 운동에 국내외 독립 인사들을 포함하여 범 종교 단체와 전국의 학생들이 참여하였다. 일제는 무단정치를 문화정책으로 전환한 후, 한국에 일본의 조합교회를 침투시켰다. 이 교회는 일본 개신교의 하나로 회중교회였으나 당시 팽배한 진화론의 영향을 받은 자유주의적 고등비평 사상을 수용하였다. 1918년 황해 노회는 저들을 이단으로 정죄하였다. 그러나 이들은 1921년 서울에서 총회를 열고 조선회중교회를 창설하였다. 이 시기에 막스와 레닌의 사회주의 사상이 유입되어, 1925년 4월 공산당이 조직되었다. 한편 한국 장로교 목사들은 젊은이들의 올바른 신앙교육을 위해 YMCA, YWCA를 적극 전개하였다. 당시 민족적 혼란기에 황해도 선천의 감리교 이용도 목사의 신비주의가 등장하였다. 그의 방식을 놓고 갑론을박하던 중, 1932년 4월, 장로회 평양노회는 그의 기도 집회를 중단하고 성도들에게 금족령을 내렸다.

1931년부터 군국주의는 만주를 병탐하고 1935년 중국과 전쟁을 선포하였다. 마침내 1937년 중일전쟁이 발발할 즈음, 일제는 일본의 신사참배를 강요하였다. 알려진 대로 신도는 문헌상 8세기에 등장한 일본의 토착적 종교의 신앙과 관습으로, 밖에서 유입된 불교에 맞서 자생한 일종의 신앙의 의례였다. 일제는 1925년 남산에 조선신궁을 건립하고, 1930년대부터 신사참배를 강요하였다. 그리고 이를 종교의식이 아닌 단순히 국민의례로 치부하여 압박을 가하였다. 장로교 총회는 일제에 부당성을 호소하며 학교 폐지를 감수하며 이에 맞섰다. 특히 미국의 남 장로회는 북 장로회보다 더욱 강경하게 투쟁하였다. 이런 와중에 1935년 소집된 제25회 광주 총회에서 교단 분열의 조짐이 발견되었다. 당시 김재준은 신학지남에서 이사야 임마누엘 예언 연구에서 성경축자영감설을 반박하고 한국장로교회의 주체의식을 방해한 선교사들을 공격하였다. 이에 대해 박형룡은 성경축자영감설은 사도적 전통의 바른 신앙을 그대로 보수하는 것으로 성경무오설과 축자영감설에 대한 비판적 해설을 정죄하였다.

설상가상으로 당시 남대문교회 김영주 목사가 창세기의 모세 저작설을 부인하였으며, 김춘배 목사는 여권에 대한 자유주의적 해석으로 총회에 기소되었다. 그리고 감리교 선교 50주년 기념의 아빙돈 단권주석의 역자인 장로교의 송창근, 채필근, 한경직에게 공개 사과가 요구되었다.[14] 그러나 신사참배문제로 교단 분열의 위기를 극적으로 모면하였다. 1938년 일제는 강압적으로 평양신학교를 폐교하였다. 강압에 굴복한 예장 총회는 당년 9월 9일, 평양 서문교회에 소집된 제27차 총회에서 총회장 홍택기는 박응률 목사의 제청으로 신사참배를 가결하였다. 총회는 신사참배 반대자들을 해 노회에서 제적시켰으며, 목양지를 탈취하였다. 이때 주기철, 손양원, 주남선, 한상동, 이기선, 최봉석, 박관준 장로, 박의흥 전도사가 투옥되었다. 이 과정에서 1939년 총회는 평양신학교의 재건을 결의하고, 이듬해 평양신학교를 인가하였다. 1941년 12월 8일, 일제가 대미 선전포고를 하자 1942년 한국 장로교의 거물급 지도자들이 미국과 영국을 타도하는 좌담회를 개최하고 일본 천황에 충성을 다짐하였다. 1943년 전쟁 막바지에 성결교와 안식교가 해체되었다. 당시 신사 참배에 평양신학교 교수들과 학생들이 강력히 반대하였으며, 주기철 목사가 49세로 순교하였다.

(3) 재건과 분열기: 1945년 8월 해방에 이어 50년 6.25 전쟁으로 한국 장로교회는 심각한 갈등에 휘말렸다. 첫째는 일제하에서 신사참배 문제,[15] 둘째는 교단 내부의 신학적 정체성 문제였다. 전자는 1938년 제27차 총회에서 신사참배를 둘러싸고 발생하였다. 8.15해방으로 석방된 성도들은 귀가하지 않고 주기철 목사가 시무한 평양 산정현 교회에서 2개월간 기도하며 한국 교회의 재건을 구상하였다. 후자는 예장 내부의 신학적 정체성 문제로, 1920년부터 시작된 자유주의 신학과 아빙돈 성경 주석 출간에서 연유된 기장 측의 분열, 고신 측의 분열, 1959년 예장 통합 측의 분열, 고신 측의 황원[16]이다. 여기에는 각각의 신학적.정치적 명분론이 제기되었다.

해방 후, 교회 재건에 압장선 평북 노회 약 200여명의 교역자들이 퇴수회에서 출옥한 이기선 목사의 신앙 간증, 신사참배에 반대하며 만주로 도피했던 박형룡 박사(봉천신학원장)가 재건의 기본원칙을 발표하였다. 당시 홍택기의 맹렬한 반대가 있었으나 안건이 통과되었다. 이어서 평북의 6개 노회 대표들은 평양노회와 상의하여 북한 5도, 16개 노회의 연합노회를 조직하였다. 같은 시기에 남한에서는

---

14) 김양선, 「한국기독교해방10년사」, (서울: 대한예수교장로회 총회 종교교육부, 1956), 177.

15) 김승태, 「한국기독교와 신사참배문제」, (한국기독교역사연구소, 1992) 참조.

16) 김남식, "한국장로교회 분열에 관한 연구", 「한국장로교회의 합동운동」, (도서출판 새한, 2009), 43-47.

남부대회가 장로교.감리교 주도로 새문안 교회에서 개최되었다. 해방 후 소련군이 진주한 북한에서는 유하영.한경직 주도로 기독교사회민주당이 결성되었다. 그 후 이 당은 사회민주당, 기독교자유당으로 개칭되었다. 1938년 9월 20일, 신사참배로 평양신학교가 폐교되자, 교역자 양성을 위한 대책이 서울과 평양에서 제기되었다. 1939년 3월 제28회 총회에서 서울 김대현 장로의 출현으로 조선신학교 설립을 발족하고 채필근을 중심으로 교수진을 구성하여 승동교회에서 개강하였다. 한편 평양에서는 단독 신학교 재건을 위해 1940년 평양신학교를 설립하였다.

이후 남한에서는 신사참배 반대로 감옥에 갇혀 순교했거나 8.15 해방으로 석방된 주기철 목사와 손양원, 한상동 목사가 경남노회를 중심으로 교회 재건 운동을 전개하였다. 이들은 1945년 9월 18일 재건 노회를 결성하고, 하나의 의안을 채택하였다. 내용은 일제 때 신사참배를 마지못해 찬성한 목사와 장로라 할지라도 반늣이 자숙해야 한다는 것이다. 신시참배를 두고 일부 목사들은 양심선언으로 종결되었다고 보고 노회의 결의를 무효화 하였다. 1945년 10월 1일, 평양신학교가 재개교하였다. 이 때 남한의 남부 대회는 조선신학교를 교단 직영 신학교로 인준하였다. 이로써 김재준은 노골적으로 성경고등비평을 역설하였다. 이에 한상동 목사는 1946년 6월부터 3개월간 경남 진해에서 박윤선 목사를 강사로 하계 신학강좌를 개최하였다. 그리고 권위 있는 신학교 개교를 위하여 박 박사를 교장 서리로 하여 1946년 9월 20일 고려신학교를 개교하였다.[17] 그러나 1946년 12월 부산에서 회집한 제48회 경남노회는 고신의 인준을 반대하고 학생 추천을 취소, 결의하였다. 당시 봉천 동북신학교에서 후진을 양성하던 박형룡 박사가 내한하여 1947년 10월 14일 고려신학교 교장에 취임했으나 갈등으로 7개월 만에 서울로 상경하였다.

1947년 4월, 18일, 예장 제33회 총회는 대구 제일교회에서 남부 대신 총회의 전통 계승을 가결하였다. 당시 총회는 조선신학교 개혁안을 상정했으나 조신 측의 반대로 뜻을 이루지 못하였다. 당시 조선신학교의 정규오 중심의 학생 51인은 총회에 진정서를 제출하였다.[18] 이듬해 5월 20일, 신학교 대책위원회는 창동교회에

17) 허순길, 「한국장로교회사」, 서울: 대한예수교장로회 총회출판국, 2002, 321.

18) 정규오, *Ibid.*, 41-44. Cf. 김남식, 「해원 정규오 목사」, 서울: 새한기획출판부, 2007 참조.

모여 박형룡 박사를 교장으로, 남산공원 조선 신궁 터의 성도교회당을 임시 교사로 51명을 중심으로 역사적인 장로회신학교를 설립하였다.[19] 그리고 1948년 4월 20일, 서울 새문안 교회의 제34회 총회에서 이자익 목사가 총회장에 피선되었다. 제35회 총회에서 장로교신학교의 직영과 두 신학교의 통합을 가결하였다. 그러나 합동이 실패하자 1950년 4월 21일 제36회 총회가 대구제일교회에서 개최되었다. 대구 총회는 고신 측 대신에 경남노회 총대만을 인정하였다. 이에 고신측은 기존 노회와 별도로 법통노회를 조직하고 이듬해 1951년 9월 분열하였다. 한편 총회는 양 신학교의 직영을 취소하고 대구에 총회 직영 신학교를 세울 것을 총회에 상정하였다. 장로회신학교는 총회에 순응했으나 조선신학교는 불응하였다. 그리하여 1951년 9월 18일 대구에 총회신학교가 개교하여 박형룡 박사가 교장으로 취임하였다.

1952년 4월 29일, 대구 서문교회의 제37회 총회를 앞두고, 조선신학교 측은 독자적인 총회 대책을 수립하였다. 그리고 5월 13일 경기노회를 소집하여 총회의 부당성에 대해 성명서를 발표하였다. 총회의 분열이 임박하자, 1952년 9월 17일, 대구 남산교회에서 목사 35명, 장로 12명이 장로회총회 호헌대회를 개최하였다. 이러한 상황에서 1953년 4월 25일, 대구서문교회에서 제38회 총회가 열려, 제36, 37회 총회 결의의 정당성을 확인한 후 김재준 목사를 파면했으며 조선신학교의 직영을 취소하였다. 1953년 5월 12일, 타협이 불가능하자 경기노회는 총회의 과오를 시정할 때까지 총대 파송을 중지시켰다. 1953년 6월 10일, 서울 동자동 한국신학대학에서 전북 군산 등 9개 노회 대표 47명이 법통 제38회 총회를 열고, 명칭을 한국기독교장로회로 개칭하였다. 여기에 캐나다 선교부가 가담하였다. 그리고 같은 해 5월 19일, 고신 측 경북노회를 필두로 1956년까지 6개 노회가 조직되어 9월 20일, 예장 고신 총회가 발족하였다.[20]

이러한 상황에서 1942년 미국의 보수주의 교회협의체인 복음동지협회(NAE, National Association of Evangelicals)가 결성되었다.[21] 이 단체는 WCC에 맞선

---

19) 정규오, 「한국장로교 교회사(상)」, (정규오박사저작전집 VI, 한국복음문서협회, 1994), 106.

20) 남영환, 「한국교회와 교단, 고신교단사를 중심으로」, (서울: 소망사, 1988), 350

21) 정규오, 「한국장로교 교회사(상)」, 103-104.

보수적 장로교인들이 소속된 단체로 1948년부터 국내에서 활동하였다. 당시 이 단체는 조선신학교 자유주의 신학에 반기를 든 51명의 학생들과 이에 동조하는 10여 명의 동지들이 구성한 단체이다. 당시 예장 내부에 보수파(합동)들은 NAE를, 진보파(통합)들은 WCC를 지지하였다. WCC 지지자들은 결코 세계의 단일 교회 형성을 꿈꾸지 않으며 용공도 부정하였다.[22] 따라서 한국의 장로교는 1948년 제1회 암스테르담 대회에 WCC에 참가하였다. NAE 단체는 당시 총회신학교의 교지 문제로 3,000만환 사건이 발생했을 때, 박형룡 박사의 구명운동에 적극 나섰다. 1956년 9월 제41회 총회는 에큐메니칼에 대한 찬반양론을 벌인 끝에 연구위원회를 발족시켰다. 1957년 제42회 총회에서 연구위원회는 에큐메니칼 모임에 참가해도 좋다고 밝혔으며, 1958년 총회에서 논쟁이 격화되자 동 연구위원회는 보고할 수 없다고 하였다.[23] 1959년 9월 14일, 대전중앙교회에서 제44회 총회가 소집되었다. 그러나 경기노회 총대문제와 WCC 문제로 합동과 통합이 분열하였다.[24] 당시 총회에서 축출된 149명의 총대들과 선교사들이 28일, 오후 1시 대전 시내, 미락식당에서 증경 총회장 전필수를 회장으로, 김광현 목사를 서기로 정한 후 총회속개를 준비하여, 29일 오전 10시, 서울 연동교회에서 총회를 속개하였다. 한편 11월 24일 승동교회에서 속회한 총회는 노진현 목사를 총회장으로 WCC 영구 탈퇴와 더불어, 계일승, 김윤국, 박창환 교수를 해임하고, 박형룡, 김치선, 김홍전을 교수로 채용하였다. 그리고 찬송가는 경우에 따라 별도로 출판하되 기독공보를 금지하였다.[25]

---

22) 정규오, *Ibid*., 126-261. 2013년 11월 WCC 제10차 부산총회는 예장 합동, 합신, 고신 등 보수 교단의 예상대로 예수 그리스도를 전 피조물의 생명 지킴이, 환경운동 전도사, 인민해방운동가로 출현시켰다. 더불어 다원주의, 포용주의, 신앙무차별주의와 함께 교회로 하여금 진리에 대한 민감성을 상실하였다. 최덕성, "세계인 영적 스피어, 성경진리 흔들었다." 기독신문, 2013년 11월 13(수)일, 8면 참조.

23) 당시 반대자로는 이대영, 박형룡, 명신홍, 이승노, 권연호, 이환수, 김윤찬, 황은균, 박찬오, 조동진, 양화서, 고성모, 정순모, 박종삼, 문재구, 정규오, 박병훈, 노진현 목사 등이었다. 김덕환, 「한국교회 형성사(상)」, (임마누엘, 1991), 16-17.

24) 합동과 통합의 분열에 대해 통합의 이영헌은 삼천만원 사건을, 합동의 박용규는 WCC가 지접적인 원인이라고 보았다. 이영헌, 「한국교회사」, (서울: 컨콜디아사, 1978); 박용규, 「한국기독교회사 2권, (서울: 생명의 말씀사, 2004), 1013 참조. Cf. 이상규, "한국장로교회의 연합", 「한국장로교회의 합동운동」, (도서출판 새안, 2009), 124-126.

25) 김덕환, 「한국교회 형성사(상)」, (임마누엘, 1991), 21-42.

분열 후 한남노회와 제주노회가 총회 합동의 중재를 위해 영락교회와 장충(승동측) 교회의 화해를 시도했으나 성사되지 못하였다. 1959년 12월 18일 선교부와 합동, 통합 대표들이 성명서를 발표하고, 29일 양 측에서 각각 통합 안을 내놓았다. 그러나 양 측은 합동을 이루지 못하고 분열하였다. 1960년 2월 17일, 통합 총회의 분리로 합동 총회 내부에서 고신 측과의 합동운동이 제기되었다. 1960년 9월 승동교회 당에서 개최된 제45회 총회는 고신 측과의 합동을 위해 양화석 목사를 위원장으로 9인 위원을 선출하였다. 고신 측의 우려에도 불구하고 동년 10월 25-26일, 대전중앙교회 당에서 회합이 이루어져 마침내 12월 13일 두 교단이 합동하였다. 그러나 합동 측의 합의 불이행으로 고신측이 다시 환원하였다.[26] 이처럼 예장 교단의 갈등과 분열의 시기에 1947년 나운몽 장로의 용문산 기도원과 1954년 문선명의 통일교, 1955년 4월 박태선의 전도관이 출현하여 교회는 더욱 혼란에 빠졌다.

(4) 갈등과 대립, 재통합: 1960-70년대를 거치며, 특별히 1967년 9월, 서울 평안교회에 소집된 제52회 총회에서 합동과 통합의 재 합동 추진이 만장일치로 결의되었다. 따라서 양 교단은 각각 3인 소위원회를 구성하여 합동 방안을 모색하였다.[27] 1968년 3월 1일, 양 교단의 합동안과 합의서를 따라 회집된 대전 속회 총회는 이 안을 만장일치로 통과시켰으나, 같은 날 통합 측이 서울에서 속회 총회를 열지 않음으로 합동이 무산되었다.[28] 이러한 상황에서 한국 교회는 급속한 변화 속에 여러 분야에 토착화 신학이 확산되었다. 유동식과 윤성범, 이장식은「기독교사상」을 배경으로 크게 활략하였다. 동시에 한국신학대학의 김재준과 안병무, 연세대의 서남동, 이화여대의 서광선을 중심으로 민중신학이 대두되었다. 이에 맞서 복음주의에서는 김준곤 박사를 중심으로 "EXPO 74"를 통해 민족 복음화 대회를 여의도에 개최하였다. 당시 제3공화국 군사 독재의 탄압 속에 1979년 10.26 사태

---

26) 김덕환, 47-60; 허순길,「고려신학대학원 50년사: 1946-1996」, (부산: 고려신학대학원출판부, 1996), 138-144; 남영환,「한국교회와 교단: 고신교단사를 중심으로」, (서울: 소망사, 1988), 391-397.

27) 당시 합동측 위원은 이환수, 노진현, 정규오, 통합은 이태준, 나덕환, 이상근이었다. 김덕환,「한국교회 형성사(상)」, (임마누엘, 1991), 60-66.

28) 정규오,「한국장로교 교회사(상)」, 정규오박사저작전집 VI, (한국복음문서협회, 1994), 307-321.

를 맞았으나 교회는 놀랍게 성장하였다.

국가적 혼란기에 당시 예장 합동 측은 1975년 이후 계속된 총신대의 학사운영과 신학적 좌경화 및 총회의 주도권을 둘러싸고 심각한 갈등에 빠져 있었다.[29] 최초의 분열은 1979년 9월 주류(총신대)와 비주류(방배동)로 나타났으며, 같은 해 통합을 명분으로 박윤선 박사와 5분(신복윤, 김명혁, 윤영탁, 박형용, 최낙재)의 교수가 연합하여 11월 11일 신반포 남서울 교회에서 합동신학교를 개교하였다.[30] 1984년 교단 통합이 고조되면서 합동 개혁(합신-박윤선 박사)과 청담동 보수(개혁신학연구원-정규오 박사) 측이 부분 통합되었다. 그러나 이 시기에 합동 측 비주류 측 홍은동이 4분5열(실제로는 7분8열)되면서, 이후 합동 비주류는 청담동(개혁신학연구원-이진태 박사)과 홍은동(총회신학연구원-최선재 박사)으로 재편되었다. 그런 가운데 1998년 새 천년을 앞두고 한국 교회 100년 사에 중대한 사건이 발생하였다. 1998년 12월 15일, 전주 동부교회에서 1979년 합동 측의 분열 이후 비주류 측 개혁(청담)과 서울 개혁을 포함한 9개 교단의 대 연합이 성사되었다.[31] 그러나 2,000년 9월 총회에서 정치적 이해관계로 성내동-광주, 노량진, 홍은동으로 다시 3분되었다. 그 중 개혁 노량진과 성내동은 합동 추진 끝에 2002년 5월 28일 광주총회(신일장로)에서 부분 통합되었다.[32] 이러한 상황에서 2005년 6월 21일 대한예수교장로회 합동 측과 개혁 측이 분열 26년 만에 합동을 선언하고,[33] 동년 9월 28일 제90회 총회(대전중앙교회)에서 합동하였다.[34]

---

29) 당시 좌경 신학의 대두는 학장 김희보의 "족장시대의 문화적 사회적 배경에 대한 연구"에서 표면화되었다. 김희보, 「신학지남」, (1976년 겨울호), 9-22; 정규오, 「한국장로교 교회사(하)」, 정규오박사저작전집 VII, (한국복음문서협회, 1994), 87-130.

30) 「합동신학대학원20년사」, (수원: 합동신학대학원대학교 출판부, 2000) 참조.

31) 성순기, "대한예수교장로회(합동/개혁) 교단 합동의 역사적 의의", 「한국장로교회의 합동운동」, (도서출판 새힘, 2009), 162-164.

32) 그밖에 군소 교단의 명분 없는 합동과 분열, 재합동은 2009년 4월21일, 소위 예장 합동 복귀총회(합동보수A-안효상, 김영회, 안길선과 합동 보수-김기형, 송병섭, 정진성)의 합동으로 이어졌다.

33) 2005년 9월, 대한예수교장로회 제90회(대전중앙교회) 총회 보고서, 555-557과 2006년 제91회 대한예수교장로회 제91회 (온천제일교회) 총회 보고서 571-581 참조.

34) 1979년 9월, 양 교단의 분열은 신학적 좌경화로 촉발되었으나, 2005년 9월 28일의 합동은 본래 두 교단이 한 교단으로 신앙적/신학적 전통이 동일함을 재확인하였다. 그리고 양 교단은 각각 지역적 결함, 예를 들면 합동 측은 호남지역, 개혁 측은 호남을 제외한 여타 지역의

4. 합동 교단의 구성과 신앙 성격

주지하듯이 종교마다 다양한 종파나 학파가 존재하는 바, 개신교 안에도 다양한 형태의 교단이 존재해 왔다. 대한예수교장로회 총회는 본래 하나였으나, 신학적.정치적, 때로는 지역적 이해관계에 따라 여러 교단을 형성하였다. 현재 한국의 예장 총회는 모두 약 130여 개의 교파로,[35] 그 중에 예장 합동 측은 한국뿐만 아니라 세계 장로교회에서 가장 보수적인 중심 교단이다. 그러면 복음 전래 이후 격동의 한국 개신교 역사와 함께한 합동 교단의 구성, 신앙 성격은 무엇인가?

4.1. 구성

예장 합동은 이미 보았듯이 한말 해외 선교사들에 의해 복음을 전수받아 설립된 교회와 독노회, 이후 독자적인 총회의 구성을 통해 점차 장로교의 면모를 갖추었다. 각주 1에서 언급했듯이 장로교(회)는 조직교회의 효과적인 운영, 특별히 복음전파와 구령사역을 위해 성경의 원리에 따라 마련된 정치제도이다. 장로교는 대개 연로한 장로를 각 지교회 혹은 교단의 법적 기준인 헌법에 따라 훈련된 일꾼으로 세워 양떼를 먹이는 일과 더불어 교회의 제반 일들을 감독케 하였다. 장로의 자격을 갖춘 후, 절차에 의해 피택 된 사람은 기도로 안수 받은 후에 책임을 따라 봉사하였다(행 20:25-31). 장로교는 16세기 종교개혁자 존 칼빈과 존 낙스를 통해 각각 제네바와 에든버러에서 정착되어, 이후 전 세계로 확장되었다. 칼빈은 초대교회의 전통에 따라 교회의 직분을 목사, 장로, 교사, 집사로 정하였고, 특별 기구

한계 극복에 필요를 공감하였기 때문이다. 따라서 양 교단의 지도자들은 더 이상의 대립과 반목, 분열을 중단하고 교회 연합에 대한 시대적 요청을 적극 수용하였다. 합동과 개혁의 합동에 관한 전개는 정준기, "대한예수교장로회(합동/개혁) 교단 합동의 역사적 의의", 「한국장로교회의 합동운동」, (도서출판 새한, 2009), 164-175; 서요한, "장로교의 전통과 교회의 일치", 「한국장로교회의 합동운동」, 211-213을 참고하라.

35) 김의환, "새로운 역사를 이루기 위해", 「한국장로교회의 합동운동」, 서기행/홍정이 엮음, 도서출판 새한, 2009, 283; 신수일, 「한국교회 에큐메니칼 운동사 1884-1945」, 쿰란출판사, 2008, 4; 양낙홍, 「한국장로교회사」, (생명의말씀사, 2008), 18. 한편 한국기독교총연합회에 등록된 장로교단은 예장 합동과 통합을 포함하여 현재 약 53개 이다. 「국민일보」, 2009년 6월 3일 수요일, 34면 참조.

를 위해 당회, 노회, 대화, 총회를 갖추어 연합과 개 교회의 독립적 자유를 부여하였다.[36] 당회는 지 교회의 목사와 각 교회의 필요에 따라 선출된 장로로 구성되었고, 이들 중에 선임된 목사와 장로를 노회에, 또 노회에서 선출된 목사와 장로를 총회 총대로 파견하였다. 당회는 대부분 정규 월례회로, 노회와 총회는 특별한 경우를 제외하고 대개 1년에 2회, 내지 1회 회집되고 있다. 그리고 총회는 신앙 교육과 치리를 위해 신앙고백서와 예배 모범, 정치 규례를 작성, 실행하고 있다.[37]

현재 합동 총회 산하에는[38] 총회장과 임원회, 특별위원회, 선거관리위원회, 총회실행위원회가 있으며, 총무와 상비부, 그리고 크게 사무국, 교육국, 국내 전도국, 출판국, 은급부와 유지재단, 기독신문사, 총회사회복지재단, 총회세계선교회로 구성되었다. 사무국은 주로 총회 전반, 예를 들면 전국목사.장로기도회를 포함한 연중계획과 총회 정보화사업을 진행하고 있다. 그리고 2008년 7월(제1회) 시작된 "기도한국"은 총회의 지원 아래 국가적 위기, 교회의 부흥과 갱신, 차세대를 위해 올림픽 공원에서 말씀과 기도, 헌신과 전도 및 실천에 진력하고 있다. 교육국은 총회 교육 정책을 개발하며 성도들의 신앙에 도움을 줄 수 있는 교제의 개발, 예를 들면 어린이-노년 교제 개발, 그 밖에 여름.겨울 성경학교 교제 개발, 2009년 현재 통신대학(21회)과 주교 교사 통신대학(26회), 평신도 성경교육대학(13), 신학 총서 발간, 전국 교역자 및 평신도 수련회와 청소년, SCE(학생), CE(청장년) 중앙 회를 지도, 관장한다. 전도국은 군선교를 포함하여 국내외 선교 사업의 지원과 각종 재난 시 구제 사업, 통일대비 북한 교회 재건 운동을 추진하며, 은급 복지국은 은퇴 교역자 노후 복지 사업과 더불어 사회복지재단과 후원 자원봉사, 노회 전산화 및 장애인, 아동과 노인 복지시설을 지원한다. 출판국 아래 사회부는 총회 제반 사회복지 사업을 추진하고, 행정 개혁을 위해 총회 종합 전산망 확충과 총회 각 기관, 노회, 지교회의 인터넷 망 연결을 기획하고 있다.

총회 산하 목회자 양성 교육 기관인 총신대학교는 자체 내 여러 부설 기관으로 일반대학원, 신학대학원, 목회대학원, 상담대학원, 선교대학원, 사회교육원을 두고

---

36) Cf. 서요한, "교회의 정치제도 소고", 「신학과 경건」, (광신대학교출판부, 2002), 315-345.

37) 「헌법」, 대한예수교장로회총회, (2000), 147-238.

38) 「평양대부흥 100주년 기념 2007 총회주소록」, (대한예수교장로회총회, 2007), 37.

있으며, 3개의 인준신학교(칼빈대학교, 광신대학교, 대신대학교)를 포함하여 8개의 지방신학교(수원, 서울, 부산, 대전, 인천, 청주, 전북, 광주 등)를 두고 있다. 2007년 현재 총회 산하 교세는 목사 18,264(은퇴 포함 25,902), 장로 17,819, 전국 성도 약 291만에 11,112 교회, 134 노회와 5개의 지역 노회 협의회, 서북, 서울, 중부, 영남, 호남, 그리고 총회로 구성되었다.

4.2. 신앙 성격

(1) 보수 신학의 계승: 1901년 시작된 조선예수교장로회 공의회를 모체로 1912년 창립된 본 교단은 칼빈주의에 입각한 개혁파 신학의 역사적 전통에 따라 일관되게 기독교의 본질, 즉 성경의 영감과 그리스도의 구원, 역사적 신앙과 교리를 철저히 옹호 하고 사수해 온 교단이다. 특별히 17세기 영국의 청교도들이 작성한 웨스트민스터 신앙고백서와 대소요리문답을 교리적 표준으로 삼고, 장로교 헌법의 정치원리를 가지며, 교회의 전통과 권위 및 질서를 따르고 있다. 이러한 전통은 복음 전래 이후 지금까지, 먼저는 일제의 강점 속에 강요된 신사참배 강요, 김재준의 자유신학 거부, 나운몽을 포함한 신흥종교 혹은 신비주의에 대한 대응, 그리고 해방 후 신사참배를 둘러싼 고신 측과의 신앙적 부조화와 갈등 확산, 세계교회협의회(WCC)에 맞서 개혁주의 신학을 사수하며 적 보수성을 명확히 하였다. 특별히 1959년 WCC 문제로 합동과 통합의 분리 당시, 통합 측은 기존의 학교, 병원, 선교부를 소유하였다.[39] 교단 분열로 3 선교부가 이탈하자 재정상 총회 운영과 미자립 교회의 지원이 어려웠다. 1966년 9월 제51회 총회(박찬목) 이후 지금까지(2013년 5월, 51회) 목사 · 장로 기도회를[40] 실행해 왔으며, 1967년 1월부터 11일조 상납제와 세례교인 헌금 제도를 실시하였다.

---

39) 한편 2007년 현재 예장 통합 측은 64노회, 7671 교회, 목사 13,887, 장로 24,050, 전체 성도 2,686,812명이다. 그리고 총회 산하 신학 대학은 장로회신학대학을 비롯하여 서울장신, 부산장신, 영남신학, 호남신학, 한일장신, 대전신학대학원대학교가 있다, 유관 대학으로는 숭실대학교, 서울여자대학교, 한남대학교, 계명대학교, 연세대학교, 계명전문대학, 광주보건대학, 기전여자전문대학, 서해대학, 예수간호대학, 선린대학 등이며, 유관병원으로는 동산의료원, 안동성신병원, 전주예수병원, 광주기독병원, 일신기독병원, 포항서린 병원, 실로암 안과병원 등이다.

40) 「기독신보」, 2009년 5월 26일(화), 제314호, 4면 참조.

이후 약 반세기 만에 합동 교단의 교세는 통합 측 보다 우위를 점하였다.[41] 특별히 신학적.정치적 문제로 1979년 9월 분리된 합동 측과 개혁 측이 2005년 9월 21일 제90회 총회(대전중앙교회)에서 26년 만에 합동함으로 교세는 더욱 증가하였다. 이로써 취약했던 호남지역 교세가 확장되어 교단 발전에 크게 기여하였다.[42] 선교 125년의 역사 속에 오늘 날 예장 합동 교단이 신학의 보수성을[43] 유지할 수 있었던 것은 주님의 크신 은혜요 확고한 신학 사상을 올바로 정립해준 존 칼빈과 그의 후계자들의 전통 때문이다. 여기에는 개혁주의 신학에 훈련되고 영혼을 사랑하는 초기의 해외 선교사들의 역할과 공헌이 지대하였다. 한국 교회는 이들의 가르침을 적극 수용하여, 일관되게 개혁주의신학을 옹호하며 믿어온 바, 그 특징은 (a) 하나님의 주권사상, (b) 성경의 영감과 무오, (c) 구원의 전적인 은혜-칼빈의 5대 교리,[44] (d) 그리스도의 왕권와 통치-교회와 성찬, 치리, (e) 성경적 문화관의 추구와 실현 등이다.

(2) 교회 중심의 목회 사역: 예장 합동 교단은 지금까지 청교도적 보수 신학에 기초하여 총회적으로 목회와 복음전파에 집중하였다. 이러한 전통은 일제의 강압

---

41) 정규오, 「한국장로교 교회사(상)」, 정규오박사저작전집 VI, (한국복음문서협회, 1994), 312-313.

42) 「기독신문」, 2005, 12, 28.

43) 이러한 현상은 한국기독교총연합회(한기총)의 한국 교회 이단/사이비 단체에 대한 활동 상황에서 발견된다. 한기총 발간 이단/사이비 자료집에 의하면 현재 국내에서 활동 중인 이단/사이비/문제성 있는 단체는 약 400여개로 200만-300만이 소속되어 있다. 이중 교단 차원의 대응이 활발한 곳은 예장 통합으로 31건을 이단/사이비/문제단체로 규정했으며, 예장 합동은 25건, 고신은 22건, 합신은 21건이었다. 여기에는 보수적인 교단 합동과 고신, 합신이 중심을 이루었다. 이밖에 진보교단으로 분류된 한국기독교장로회(기장)은 여호와의 증인과 통일교, 모르몬교 등 주요 이단/사이비에 대해 활발한 연구 활동을 하였으며, 기독교대한감리회(기감)는 98년 23회 총회에서 다락방운동(류광수)을 유일한 이단으로 규정하였다. 「이단사이비 연구, 종합자료 II」, (한국기독교총연합회, 이단사이비문제상담소, 2007), 12-74; 「미주크리스천신문」, 2008년 10월 18일, 한국교계 11면 참조.

44) Tulip은 Total depravity(전적 부패), Unconditional election(무조건적 선택), Limited atonement(제한 속죄), Irresistable grace(불가항력적 은혜), and Perseverance of the saints(성도의 견인)의 첫 자를 딴 것인데 공교롭게도 이것은 화란의 국화(國花)이다. 이에 관한 보다 자세한 자료는 Edwin H. Palmer, *The Five Points of Calvinism*, (Grand Rapids: Baker, 1972), Duane Edward Spencer, *TULIP: The Five Points of Calvinism in the Light of Scripture*, (Grand Rapids: Baker, 1979)을 참고하라.

과 6.25 전쟁을 거치며 경험한 고난과 박해를 통해 축적되었다. 그리고 최근의 급속한 변화를 맞기까지 계승되어, 세계교회협의회(WCC)를 포함한 해외 선교부의 도움 없이 자급, 자전, 자치의 원리를 생활 속에 실천하였다. 여기에는 두 가지 면, 하나는 한국의 초기 선교사들을 통해 전수된 보수적 신앙과 철저한 도덕적 훈련, 다른 하나는 교회의 권징 실시와 적극적인 복음전파였다.[45] 이를 통해 교회의 신성성과 성도들의 생활의 순결성이 강조되었다. 총회는 특별히 1979년 개혁과의 분열 이후 장로교의 교단적 위상과 도약을 위해 총회회관 건립으로 행정의 능률적인 향상을 도모하고 부흥을 위해 일만 교회 운동을 적극 펼쳐나갔다.[46] 뿐만 아니라 1998년부터 이단 방어를 위해 이단조사연구위원회를 교단 내에 상설화 하였다.

동시에 총회는 지교회 혹은 노회의 방식에 따라 새벽기도회, 다양한 기도회와 금식기도회, 그리고 대대적인 부흥사경회를 통하여 하나님의 은총을 경험하였다. 특별히 70-80년대 도처에 설립된 기도원 중심의 산상집회와 지역별.기관별 집회를 통해 성령의 역사가 충만하였다. 동시에 다양한 복음주의학생운동들이 성경공부와 제자훈련을 통해 대학가의 젊은이들을 독려하였다. 따라서 1990년대까지는 교회가 안정적으로 성장하였다. 최근 들어 한국 교회, 특별히 예장 총회 전반에 교회의 성장과 신앙생활의 실천이 급속히 약화되었다. 이를 속히 회복하는 것이 총회적 과제라 할 것이다.

(3) 복음전파와 해외 선교: 교단 내 소속 교회는 먼저 지역 주민의 구원 사역에 온 힘을 기울이며, 교회를 설립한 목사나 장로, 교인들이 특별한 목적을 따라 해외 선교사를 공개 모집하여 파송하기도 한다. 때로는 몇몇 교회들이 연합하여, 예를 들면 노회나 총회에서 특정 지역에 선교사를 파송하기도 한다. 선교사 파송은 교회나 노회, 총회가 아닌 교회 밖의 선교 단체,[47] 예를 들면, CCC나 UBF, CMI가 파송하였다. 파송지역은 국내와 유럽, 아프리카, 아시아, 심지어 이스라엘과 중동의 이슬람 국가들을 포함한다. 그리고 총회 세계선교회(GMS)를 조직하여 선교

45) 「조선예수교장로회 총회」, (제1회 회록), 50.

46) 대한예수교장로회총회 편, 「대한예수교장로회 총회 100년사」, (서울: 대한예수교장로회 총회, 2006), 285-290.

47) 조병호, 「한국기독청년 학생운동100년사 산책」, (땅에 쓴 글씨, 2005) 참조.

의 새로운 모델을 제시하였다. 1982년부터 총회적으로 총회신학교에서 실시한 여름과 겨울 두 차례의 선교훈련원(MTI)의 특별 훈련은, 1998년 11월 18일 설립된 GMS(총회 세계선교회)를 통해 체계적인 선교 기관으로 발전하여 비전과 전문성을 확대하였다. 2005년 9월 21일 예장 합동 측과 개혁 측의 합동 이후, 해외 파송 선교사는 현재까지 98개국 2005명이다.[48] 하나님의 말씀과 명령에 따라 합동 교단은 복음을 접했거나 선교가 필요한 나라와 민족, 아직 복음을 접하지 못한 해외의 여러 지역에 많은 선교사를 파송하였다.

5. 결론: 전망

급변하는 21세기의 중심에서 향후 한국 장로교회를 전망해 볼 때, 장자교단으로서 예장 합동 측의 역할은 무엇인가?

(1) 인재양성: 2005년 9월 28일 합동과 개혁의 합동 이후, 교단 내 축적된 많은 인재들을 발굴하여 양성하는 일이다. 그리하여 총회 산하 여러 기관에, 준비된 고급 일력을 투입하여, 한 단계 성숙한 교단의 선진화와 내실화에 기여해야 할 것이다. 어느 때보다 이 시대는 그리스도인들의 전문화된 역할이 요청되기 때문이다. 이를 위해서는 주님의 명령을 따라 각자 직무와 소명에 충실하며, 적극적인 사고로 복음에 기초한 실천적 삶을 실현해야 할 것이다. 그리고 지 교회는 지 교회대로, 노회 혹은 총회대로, 특별히 인재를 양성하되 목회자 후보생들과 선교사들을 집중 지원하며 도와야 할 것이다. 주님의 모범대로 겸손으로 섬기며 서로 세워주

48) 2008년 12월 10일(수) 국민일보 창간 20주년 특집 기사, 1-7면 미션 참고. 특별히 2009년 1월 13일(화) 미션라이프(25면)는 한국세계선교협의회(KWMA)의 제19차 정기총회 보고문을 인용하여, 한국교회는 당년 3월로 1907년 한국 교회가 제주도에 이기풍 선교사를 파송한 이후, 일부 국가 편중에도 불구하고 102년 만에 해외 파송 국가 168개국, 선교사 2만 명 시대를 열 것으로 예상하였다. 현재까지 파송 교단별로는 예장 합동 총회세계선교회가 98개국 2005명, 통합 83개국 1102명, 기독교대한감리회본부선교국 69개국 907명, 기독교대한하나님의 성회 71개국 834명, 기독교한국침례회 54개국 612명이며, 선교단체별로는 대학생성경읽기선교회(UBF) 79개국 1567명, 국제대학선교협의회(CMI) 38개국 628명, 순복음선교회 55개국 598명, 한국국제기아대책기구 58개국 508명, 전문인국제협력단 31개국 460명이었다. 국가별로는 총 232개국 중에 168개국에서 한국 선교사들이 활동하고 있으며, 그 중에 AX(선교사 안전을 위해 국명을 밝힐 수 없는 나라)가 3348명, 미국 1678명, 필리핀 1145명, 인도 631명이었다.

는 공동체를 이룩해야 할 것이다.

(2) 보수 신학의 계승: 총회는 역사적 정통.보수 신학을 올바로 계승하여 후대에 전승하는 일이다. 1885년 첫 해외 선교사의 방한 이후, 지난 129년 동안 예장 합동 교단은 내외의 위기와 강력한 도전에도 불구하고 지금까지 보수 신학 사수에 총력을 기울였다. 이는 2005년 9월 27일, 합동과 개혁 양 교단이 총회 시에 선언한 것처럼, 개혁주의 보수신학을 우리의 신학적 바탕으로 하나님 중심, 성경중심, 교회중심의 신앙적 토대를 굳건히 하고, 웨스트민스터 신앙고백서의 원리에 의한 장로교회의 정치 체제와 역사를 계승하며, 민족복음화와 세계선교 사역을 극대화함으로 이 땅에 하나님의 나라를 건설하는 데 최선을 다해야 할 것이다.[49)]

(3) 경건한 삶의 실현: 진술한 대로 바른 신학과 신앙으로 이 세상에서 빛과 소금의 사명을 잘 감당해야 할 것이다. 점증하는 이단들의 도전과 횡포, 사회적 비난과 무차별적인 대응에 맞서, 기독교의 진리를 적극적으로 변호하며, 오직 소망이 그리스도께 있음을 온 세상에 천명해야 할 것이다. 더 이상 신학 문제로 갈등과 분열 없이, 교단의 정체성을 확립하여 향후 21세기를 주도해야 할 것이다. 그리하여 이 시대에 주님의 뜻을 실현하는 장자교단이 되어야 할 것이다.

---

49) Cf. 김남식, 「해원 정규오 목사」, (서울: 해원 기념사업회, 2007), 322-323.

제10장

최근 한국 대형교회의 사태와 해결방안

-목동 제자교회의 성장과 갈등, 의미와 회생 방안을 중심으로-

1. 서론

1885년 4월 5일, 미국 북 장로교 파송 선교사 언더우드와 아펜젤러의 입국과 함께 한국 교회는 본격적인 선교시대를 맞았다.[1] 이 후 1901년 평양신학교의 개교, 1907년 첫 졸업생의 배출과[2] 독노회의 설립, 1912년 대한예수교장로회 총회의 설립과 함께 자생적 활동이 확대되었다.[3] 하지만 기억하는 대로 이 시기는 우리나라 5,000년 역사에서 가장 혼란했던 때로, 내적으로 지도자들의 정치부재와

---

1) 민경배, 「한국기독교회사」, (대한기독교출판사, 1993), 135-163; 한국기독교역사연구소, 「한국기독교의 역사 I」, (기독교문사, 1994), 123-356; 김영재, 「한국교회사」, (개혁주의신행협회), 59-229; 이만열, 「한국기독교회 100년사」, (성경읽기사, 1985), 34-190. 이전에는 주로 중국이나 만주 지역에서, 우리가 아는 대로 스코틀랜드 출신 존 로스나 메킨타이어가 활약하였다. 이들 중에 존 로스는 최초로 한글 성경 번역을 시작하여 한글 계몽에 기여하였다.

2) 당시 평양신학교 재학생은 1, 2, 3, 5학년 모두 75명이었다. 이들 중에 첫 졸업생은 7명으로, 한석진(41세), 서경조(58세), 양전백(39세), 길선주(40세), 방기창(58세), 이기풍(40세), 송인서(40세)였다. 조경현, 「초기 한국장로교 신학사상」, (도서출판 그리심, 2012), 204.

3) 조경현, 51-57. 2012년은 대한예수교장로회 총회설립 100주년으로, 우리 교단에서는 총회 설립 100주년 기념사업위원회가 구성되어 지난 100년을 평가하고 향후 교단 발전을 위한 다양한 프로그램을 진행하고 있다. 총회설립100주년 신학정체성포럼준비위원회, 「총회설립 100주년기념 신학정체성 포럼」, (대한예수교장로회총회, 2012), 5, 3일 참조.

대립, 갈등과 민심 동요, 갑오개혁과 동학 혁명의 발발, 외적으로 청일전쟁과 일제의 강점, 수탈이 자행된 격동기였다. 이후 한국교회는 일제의 내신일체와 신사참배 강요, 민족상잔의 동란을 겪으며 일부 불신과 배교, 대립과 분단 심지어 몇 몇 교단의 분열에도 불구하고 세계 선교 역사상 유래 없는 성장을 이룩하였다.[4] 그 성장은 급속한 교세 증가와 해외 선교 활동으로 나타났다. 하지만 1990년대 이후 한국교회는 교세확장의 둔화와 침체 속에 수평 이동이 가중되면서 정체성 혼란에 직면하였다. 현재 한국교회는 통계 약 5만 교회에 10만 목회자를 갖고 있으며, 2015년 5월 전 세계 169개국에 23,331명의 선교사를 파송하였다.[5]

이러한 상황에서 최근 4-5년 어간에 한국을 대표하는 교단의 몇몇 교회가 목사의 전횡과 부도덕한 일로 여론의 질타와 함께 사회 문제가 되었다.[6] 문제의 교회가 속한 교단과 노회는 법과 원칙에 따라 문제를 해결하기 보다는 정치적으로 접근하면서 혼란을 가중시켰다. 당시 문제 해결을 위해 사용한 방법들은 주로 지연과 학연, 그리고 다양한 인맥을 기초로, 장로파 내지 목사 반대파의 모함에 따른 것으로 목사를 보호해야 한다는 명분을 내세웠다. 이 같은 명분에 목사의 온갖 타락과 재정 획령, 부정과 패역, 비윤리적 내지 부도덕성은 은폐되었다. 2013년 새해가 되어 다행히 대부분 문제의 교회들이 안정을 찾아가는 즈음에 목동제자교회는 여전히 심각한 내부 갈등과 대립으로 혼란을 겪고 있다. 사실 한때 양천구 목동의 제자교회는 설립 이후 도심 교회의 성장 모델로 한국 교회의 주목을 받았다. 하지만 2010년 검찰의 고발과 기소로 재판이 진행되는 과정에서, 2015년 3월 현

---

4) 참고로 대한예수교장로교 총회는 1951년, 1953년 고려파와 기장파, 총회파 셋으로 분열하였다. 그 후 1959년 총회파는 WCC 문제를 둘러싸고 합동과 통합으로 분열하였고, 1979년 9월 합동은 다시 8분 9열로 분열했으나 2005년 분열 26년 만에 재합동되었다. 서기행/홍정이 편, "한국장로교회 분열에 관한 연구", 「한국장로교회의 합동운동」, (도서출판 새한, 2009), 35-263.

5) 사) 한국세계선교협의회(대표회장 강승삼 목사; 사무총장 한정국 목사, 이하 KWMA)가 1월 9일 열린 제22회 정기총회에서 발표한 현황이다. 조사는 KWMA 회원교단 및 선교/산하단체를 중심으로 한 통계이며, 여기에 23개 비회원교단과 70개의 비회원단체가 추가되었다.

6) 여기에 대표적으로 서울 소재 강북제일교회를 포함하여 삼일교회, 분당중앙교회, 그리고 목동제자교회가 포함되었다. 이들 교회는 단 기일에 급성장한 교회들로 대체로 담임목사의 제왕적 교회 운영, 교회 재정의 임의 사용과 낭비, 여성도와의 부적절한 관계 등이 문제가 되었다.

재 목동제자교회는 과거의 영광을 단지 회상할 뿐 여전히 혼란 중에 극도의 수치감에 휩싸여 있다.

따라서 필자는 대형교회가 갖는 여러 문제들 중에, 특별히 모든 문제의 종합판인 목동제자교회를 통해 문제를 진단할 것이다. 그리고 실제적으로 오늘 제자교회가 어떻게 산적한 내적 갈등을 수습하고 속히 교회의 옛 명예를 회복할지, 회복 이후 어떻게 주님의 소명을 이루어야 할지를 나누고자 한다. 이를 위해 필자는 먼저 교회란 무엇인지, 정의와 사명, 명칭과 본질을 살펴보고, 보다 구체적으로 제자교회를 둘러싸고 전개되는 문제들, 향후 대책과 비전을 순서에 따라 서술할 것이다.[7]

2. 교회의 정의와 사명

2.1. 교회의 정의

(1) 구약적 정의: 구약에 사용되는 "교회" 용어의 배경은 B.C. 3세기 히브리 성경의 헬라어 번역, 70인 역 Septuagint에 기초한다. 헬라어의 교회, 즉 에클레시아는 70인 역에 약 100회 등장하는데, 이는 히브리어 카할(qahal)과 같은 어근을 번역한 것이다. 카할은 번역 상 수나고게(sunagoge)를 포함하여 일곱 개의 다른 헬라어로 번역되었으나 중심 번역은 에클레시아(ἐκκλησία)이다. 그런데 카할은 문자 그대로 집합체, 집회(convocation) 혹은 회중을 의미한다. 그 밖에 지명하다는 의미의 에다(edhah)가[8] 있는데, 주로 부르다의 뜻을 가진 카할과 함께 모든 사

7) 필자는 1994년 귀국 후 1998년부터 2015년 3월 현재까지 약 17년 동안 가족과 함께 제자교회를 출석하고 있다. 이 기간 동안 제자교회 사태의 발생과 진행 과정, 특별히 쟁점 사항들을 익히 들어 아는바, 당회의 요청에 따라 길거리 예배를 돕게 되었다. 이번 일로 제자교회뿐 아니라 한국교회가 새롭게 태어나는 계기가 되기를 바라면서 본 논문을 준비하였다.

8) 70인 역에서 에다는 한 결 같이 함께 모으다의 쉬나고게로 번역되었다. 그러나 카할은 창세기, 출애굽기, 레위기, 민수기, 예언서에서는 쉬나고게로 번역되었으나 신명기, 사사기에서 느헤미야에 이르는 역사서들, 그리고 시편에서는 에클레시아로 번역되었다. 여기서 우리는 70인 역에서 카할을 쉬나고게와 에클레시아로 나누어 번역한 방법을 구태여 알 필요는 없다. 그 이유는 이것이 다양했던 당시 번역가들에 의해 형성되었기 때문이다. 70인 역의 헬라어 두 단어는 비전문적임에도 불구하고 전문적으로 혹은 비전문적으로 모두 사용되었다. E. G. 제이, 「교회론의 역사」, 주재용 역, (대한기독교출판사, 1997), 14-15.

람들의 모임에 사용된다.[9] 처음에 구약의 카할이나 70인 역의 헬라어 번역인 에클레시아는 전문적인 의미를 갖지 않았다. 그러나 카할은 이스라엘과 신약 교회의 연속성을 증명하기 위해 구약에서 이스라엘을 가리키는 일종의 전문 용어로 하나님의 백성, 즉 하나님에 의해 지명 받은 혹은 부름 받은 민족으로 간주되었다. 이 같은 단어의 사용은 전문적이고 신학적인 의미로 하나님에 의해 소집된 사람들을 지칭한다.[10]

역사적으로 이 용어는 고대의 용법상 전령(傳令)에 의해 소집된 시민의 총회, 즉 입법 총회를 의미했다. 그리스 아테네에서는 이렇게 소집된 에클레시아(ἐκκλεσία)가 군주를 선출하고 정치적 결정들을 추인하였다. 이는 현대 국가의 입법부로서 사법적인 결정에서 발생하는 다양한 탄원을 듣기 위해 모인 회합이었다. 따라서 에클레시아는 정당하게 소환된 혹은 소집된 사람들의 모임을 가리킨다.[11] 당시 그리스의 다른 도시들도 자신들의 에클레시아를 갖고 있었는데 그 영향으로 가견적 교회와 불가견적 교회로 혹은 유대, 갈릴리, 사마리아처럼 지역교회의 통제 속에서 다양화되었다.[12] 이처럼 다양하고 폭넓은 신약의 용법은[13] 사

---

9) 예를 들면, 이것은 악한 모의를 꾸미려고 모인 모임(창 49:6; 시 26:5)과 백성의 문제(왕상 12:3; 잠 5:14)를 해결하기 위해, 전쟁이나 침공을 위해(민 22:4; 삿 20:2), 포로에서 귀환하는 동행에 끼기 위해(렘 31:8), 혹은 어떤 방식으로 하나님을 경배하려고(대하 20:5; 느 5:13) 모인 모임을 가리킨다. 이 낱말은 이스라엘 회중을 가리키는 데 사용되지만(민 16:3; 미 2:5) 천사를 가리킬 때도 사용되며(시 89:5) 단순히 모인 대중을 가리키기도 한다(창 28:3, 35:11) Francis Brown, S. R. Driver and Charles A. Briggs, *A Hebrew and English Lexicon of the Old Testament*, 874.

10) Albert Henry Newman, *A Manual of Church History*, (American Baptist Publication Society, 1904), 125-126.

11) Donald Macleod, *A Faith To Life By: Understanding Christian Doctrine*, (Mentor, 2002), 255.

12) A. T. Robertson, *A Grammar of the Greek New Testament in the Light of Historical Research*, p. 174; Alexander F. Mitchell, "The Primitive or Apostolic and Sub-Apostolic Church", *The Churches of Christendom*, (Edinburgh: Macniven and Wallace, 1884), 5-6.

13) 예를 들면, 에베소 연극장으로 달려 나갔던 폭도들을 에클레시아라 불렀고(행 19:32, 41), 같은 문맥에서 이 말은 합법적인 총회(행 19:39)와 민회(民會)를 의미하였다. 즉 세속 헬라어 에클레시아는 오직 외형적인 총회나 모임을 가리킬 뿐 총회를 구성하는 사람들을 가리키지 않았다. 때문에 사람들이 모이지 않았을 때에는 에클레시아를 구성하지 않았다.

람들이 모일 때마다 새로운 에클레시아가 존재한 것을 말해준다. 이것이 바로 신자의 공동체로 하나의 뜻을 가진 교회이다. 이 교회의 모형은 구약 신명기 23:2에서는 "여호와의 총회"로, 신약 히브리서 12:23에서는 "하늘에 기록한 장자들의 총회"로 묘사되었다. 예수님은 이 교회를 세우기 위해 오셔서(마 16:8) 친히 값 주고 사셨으며 모퉁이 돌이 되셨다(엡 2:20). 우리는 사도들과 선지자들의 터 위에 세우심을 입은 거룩한 무리요, 성도요, 공동체이다.

(2) 신약적 정의: 교회는 헬라어로 퀴리아콘(κυριακον), 영어의 처치(Church), 스코틀랜드어 커크(kirk), 독일어 키르케(kirche)이다. 그런데 퀴리아콘은 마태복음 16:18과 18:17(2회) 고린도전서 11:20(주의 만찬) 그리고 계시록 1:10(주의 날)에 5회 등장한다. 초기 그리스도인들은 자신들이 주님께 속한, 주님께 연관된 또는 주님의 집(행 5:11)이라는 뜻으로 이 말을 사용하였다.[14] 하지만 신약에서 약 80회가 일반적 의미의 교회로, 예를 들면, 모임 장소 신사들의 지역 조직 신자들의 보편적인 몸 루터교회 같은 특수한 교파, 영국 국교 같은 특수한 지역이나 나라에 관련된 신자들의 조직 등을 가리키는 데 사용되었다.

그러나 어원상 신약에서 사용된 교회, 즉 영어의 처치에 해당하는 헬라어는 에클레시아(ἐκκλεσία)이다. 이 말은 에크(ἐκ, 밖으로)와 칼레오(κάλεω, 부르다 혹은 소환하다)의 복합어인 동사 에칼레오(ἐκκαλεω)에서 파생되었다. 이 에칼레오는 두 단어가 함께 쓰여 하나님께서 그의 사람들을 세상에서 분리하여 "밖으로 불러내신 백성"을 지칭하는 데 사용된다.[15] 이렇게 형성된 교회는 모여(행 2장), 경배하며(행 4장), 기도하고(행 4장), 상부상조하며(행 11장), 성경을 가르치며 설교를 하고(행 13장), 실천한다(행 16장). 때문에 교회는 종교의식과 이를 통한 권익 차원에서의 성전 중심 종교나 혹은 이런 것의 어떤 보충이나 연장이 아닌, 즉 외형상의 그것과 구별되는 영적 연합체를 의미한다.[16] 이런 뜻에서 주님은 당시 종교 지도자인 제사장들과 논쟁을 통해 그들이 유대주의으로 성전 종교를 주도하

14) Edmund P. Clowney, *The Church*, (IVP, 1995), 30-32.

15) 존 맥아더는 엡 1:4-12 강해에서 교회란 무엇인가를 탁월하게 지적하였다. 그에 의하면 교회는 선택: 앞선 부르심, 구속: 불러주심, 성화: 불러 옮기심, 동일화: 불러오심, 계시: 불러 내리심, 연합: 불러 함께하심, 영하: 불러들이심, 선포: 불러 보내심으로 정의했다. Ibid., pp. 166-179.

16) 예를 들면, 요 2:19과 마 26:1, 막 12:6 처럼 예수께서 "이 성전을 헐라 내가 사흘

는 데 대해 어떤 타협도 없이 전적 변화와 개혁을 요구하였다.[17] 이 때문에 예수님은 유대 종교 지도자들로부터 미움과 증오를 받게 되었다. 하지만 예수님은 하나님 나라의 건설을 위해 복음을 증거하고 그의 제자들과 동역자들을 부르셔서 그 뜻을 이루셨다. 그리고 친히 대제사장과 대속 제물로서 구약의 예언을 성취하시고 성전이나 제사가 아닌 신령과 진리로 예배할 수 있는 에클레시아를 세워 주셨다.[18] 그러므로 신약적 의미의 에클레시아는 단순한 비전문적인 의미로부터 하나님의 백성 된 그리스도인을 가리키는 완전한 전문 용어로 발전되었음을 볼 수 있다.[19]

2.2. 교회의 명칭과 본질

(1) 명칭: 신약적 의미의 교회는 구약적 전통에 따라 외형상의 어떤 건물이나 또는 모세의 율법을 중심으로 그 안에서 행해지는 어떤 의식에 근거하지 않고 모든 예언을 성취하신 예수님의 십자가와 그의 구속에 기초한다. 이렇게 예수님의 피로 값 주고 사서 세움을 입은 교회는 성경에 다양하게, 예를 들면 하나님의 교회(고후 1:1), 그리스도의 배우자(아 4:8-12), 그리스도의 신부(계 21:9)요 몸(골 1:18), 그 아들의 왕국(골 1:13), 양떼(요 10:16), 하나님의 집(히 10:21; 벧전 4:17), 거룩한 예루살렘(계 21:10), 선택된 신부(요이 1) 등으로 묘사된다. 이 명칭들은 그리스도의 몸으로(고전 12장) 이 세상의 어떤 단체와 확연히 구별되는 신비한 공동체를 의미한다. 그러므로 신약에서는 구원받은 성도들 자신이 바로 하나님

동안에 일으키리라", "가로되 이 사람의 말이 내가 하나님의 성전을 헐고 사흘에 지을 수 있다고 하더라", "내가 너희에게 이르노니 더 큰 이가 여기 있느니라"라고 하신 말씀에서 볼 수 있듯이 그는 성전 종교의 변화와 개혁 이상의 심판적 차원을 말씀하였다. 그밖에 골 1:18; 엡 1:22; 딤전 3:15을 참고하라.

17) 요 2:13-25; 마 21:12-13; 막 11:15-18; 눅 19:5-48.

18) 여기서 교회적인 것 "ecclesiastica"와 교회론 "ecclesiology"이 파생되었는데, 이는 초기 헬라어 사용자들에 의해 폭넓게 사용되었다.

19) 에클레시아는 신약에 모두 114회 나온다. 이 중 5회는 신약 교회를 전혀 언급하지 않으며 109회는 신약 교회와 관계가 깊은데 크게 두 가지다. (1) 그리스도께 믿음과 충성을 고백하는 자들이 모인 어떤 특정 지역교회(살전 1:1)나 총회(고전 4:17; 갈 1:22)에 주로 사용되며 (2) 보편 교회에 적용된다(행 8:1-3; 9:31) Albert Henry Newman, *A Manual of Church History*, (American Baptist Publication Society, 1904), 126-131.

의 성전이며(고전 3:16) 그 성도들 모두가 예수 그리스도 안에서 그의 신부인 교회(엡 2:21-22; 5:25)로 함께 지어져 간다.[20]

이 같은 예는 예수님의 가르침과 복음적 실천을 통해 일관되게 발견된다. 즉 예수님은 그의 사역 초기의 산상수훈을 통해 구약적 유전의 문제점을 복음의 빛 아래서 해석하셨고 보다 적극적으로 모든 곳, 특별히 안식일에는 회당에 가셔서 복음을 전파하였다. 그러나 이 일로 예수님은 많은 종교 지도자들에게 원성을 사기도 했다. 복음서는 바로 이런 갈등과 음모와 송사를 자세히 설명해 준다.[21] 그러나 주님은 조금도 흔들리지 않고 이들의 교훈에 주의할 것과, 특별히 전통과 유전, 율법에 대하여 분명하게 가르치셨다. 그러므로 예수님은 당시 유대 종교 지도자들에 의해 유대주의 율법에 의해 규범과 질서를 파괴하는 선동자로 몰리게 되었다.

(2) 본질: 역사적으로 교회는 아담의 타락 직후 시작되었으나 예수님은 실제 그 교회의 머리셨다. 그러나 계시된 옛 언약을 십자가의 죽음으로 이루시고 친히 새로운 공동체, 교회를 이 땅에 세우셨다. 그러므로 그리스도는 친히 교회의 머리시며 모든 정사와 권세를 가지신 만주의 주요 만왕의 왕이시다. 교회의 본질은 그를 예배하는 데 있으므로 항상 계시된 말씀을 선포하여 모든 지체들의 신앙을 굳게 세워야 한다. 따라서 지구상의 어느 누구도 심지어 가톨릭의 교황이나 러시아 정교회의 총대주교 그밖에 일본의 천황이나 영국의 세속 군주 엘리자베스 2세도 이를 대신할 수 없다. 하물며 일개의 목사가 무엇을 하겠는가? 역사적으로 이단의 교주들은 자신들이 신분과 위치를 망각하고 교만하여 자칭 재림주로 혹은 이와 유사한 행세를 하다가 비참한 종말을 맞았다.[22]

마 10:1; 막 6:7; 눅 10:1에서 보듯이 더럽고 부정한 상태에서 구원받은 우리는

---

20) 엡 2:21-22, "그의 안에서 선물마다 서로 연결하여 주안에서 성전이 되어 가고 너희도 성령 안에서 하나님의 거하실 처소가 되기 위하여 예수 안에서 함께 지어져 가느니라"

21) 마 16:21-28; 17:22; 20:17-19 참조.

22) 사도행전 12:19-25, 야고보 사도의 처형 이후 헤롯은 베드로를 잡아 옥에 가두었다. 그런데 홀연히 주의 천사가 그의 옆구리를 쳐서 깨워 이끌고 옥문을 빠져 나왔다. 날이 새어 헤롯이 찾아도 그를 보지 못하자 파숫군들을 심문하고 죽이라 명하였다. 헤롯이 유대를 떠나 가이사랴로 내려가 그곳에 거하는 중에 두로와 시돈 사람들을 대단히 노여워하였다. 그러자 그곳 시방 사람들이 왕국에서 나는 양식을 쓰는 고로 한 마음으로 그에게 나아와 왕의 침소 맡은 신하

주의 이름으로 귀신을 쫓아내며 모든 질병과 약한 것들을 고치며 하나님의 나라를 이 땅에 건설해야 한다. 오히려 능력을 받으면 더욱 겸손하게 주님을 섬겨야 하는 것이다. 하이델베르크 신조는 이 교회를 성령과 하나님의 말씀으로 영원한 생명을 위해 선택된 무리라고 표현했다. 벨직 신앙고백서는 참 신앙의 거룩한 무리로 그리스도 안에서 구원을 소망하며 그의 피로 씻김 받아 성령으로 인친 바 된 하나의 우주적이며 보편적인 단체라 했다(히 12:23; 엡 5:25).[23] 이 영적인 신령한 교회는 내적으로 사람들의 눈에는 감추어져 있으나 이 세상과 구별된 삶을 추구한다. 거듭난 모든 성도들은 성령 안에서 한 몸을 이룬 지체요 가족이요 하나님 나라의 시민이 된다. 이 교회(총회)는 참 신앙과 거룩으로 영적인 면을 가지나 모든 성도들이 피차 신앙을 고백하고 대화하며 맡은 바 직무와 사역에 힘을 기울여야 한다. 그리스도의 분부에 따라 교회는 성찬과 교회 훈련을 실시하여 하나님의 말씀을 이루고 다양한 제도와 직제, 고백과 교제를 통해 외적 성장을 도모한다. 딤전 3:15, "이 집은 살아 계신 하나님의 교회요 진리의 기둥과 터이" 다.

3. 기독교의 전통과 제자교회

(1) 기독교의 전통: 앞에서 고찰했듯이 기독교의 전통은 구약과 신약의 성경적 배경에 기초하여 다시 구약적 전통, 신약적 전통, 역사적 전통으로 구분된다. 이 세 전통은 각각 시간과 배경, 장소를 달리하지만 하나님의 전적인 은혜로 선택받은 무리들의 보존과 이들을 통한 구원의 성취와 긴밀히 연관되었다. 이 기관들은 공히 이 땅에 하나님 나라의 실현과 복음전파, 교회 공동체의 건설을 목표로 지금까지 역사 속에 발전해 왔다. 하나님은 이 목표를 이루기 위해 이 땅에 많은 기관을, 특별히 3기관 가정과 교회, 국가를 세웠다. 그 가운데 교회는, 앞서 고찰한대로, 불러냄을 받은 자들의 공동체 혹은 집합체이다. 여기에는 최소 단위의 개인과

블라스도를 친하여 화목하기를 청하였다. 헤롯이 날을 택하여 왕복을 입고 위에 앉아 백성을 효유한대, 백성들이 크게 부르되 이것은 신의 소리요 사람의 소리는 아니라 하거늘 헤롯이 영광을 하나님께로 돌리지 아니하는 고로 주의 사자가 치니 충이 먹어 죽었다. 하지만 25절, 하나님의 말씀은 흥왕하였다.

23) G. H. Kersten, *Reformed Dogmatics*, (Michigan: Grand Rapids, Eerdmans Publishing Co., 1983), vol. II., 457-459.

크고 작은 단체, 민족 공동체와 전 우주적인 집단이 포함된다.[24] 이 교회는 구약적 전통에 기초하여, 수 천 년 전 모세와 선지자들이 예언한 계시가 나사렛 예수 그리스도의 골고다 사건, 즉 십자가에서 죄인들을 위해 죽으심으로 구체화되었다. 이 후 제자들은 예수님의 지상명령(마 28:19-20; 행 1:8) "땅 끝까지 복음을 전파"하는 과정에서 교회 공동체를 보다 체계화하였다. 소위 사도행전에서 발견되는 교회의 원형으로서 초대 교회는 대체로 말씀과 기도, 구제와 선교 등으로 정리되는 바, 지난 2,000년 기독교 역사 속에 부동 불변의 모델이었다. 이 교회는 공히 지도자 혹은 직분 자들과 성도들에게 요청되는 자질과 인품, 복음을 향한 열정과 헌신이 무엇이며, 특별히 말씀 선포자로 세움 받은 지도자의 역할, 영적 능력과 교회 사랑의 열정, 특별히 재정의 투명성과 교회 운용을 어떻게 지혜롭게 성취해야 하는지를 명확히 제시하였다(행 5-6장 참조).

(2) 제자교회의 태동과 부흥: 지난 2,000년 동안 예수님의 지상 명령을 준행하기 위해 헌신한 수많은 성도들의 피 땀 어린 노력과 수고를 잊어서는 안 될 것이다. 그 중에 130년 전 한 반도 복음 전파를 위해 내한 한 구미 선교사들의 역할이 매우 중요하다. 이들은 순교자 로버트 J. 토마스 목사[25]에서 보듯이 젊은 나이에 선교를 위해 조국을 떠나 말할 수 없는 고난과 시련 속에서 순교의 제물이 되었다.[26] 1910년 일제의 강점과 1938년 신사참배의 강요, 이에 맞선 교회 지도자들과 성도들의 저항, 옥중 수감과 순교자들의 배출, 1950년 6.25 이후, 이를 근거로 분단된 한반도 전역에 복음화 운동이 고조되었다. 1960년 대 이후 1970-1980년 경제 개발 조성과 함께 교회 개척과 복음 전도가 전성기를 맞았다. 그 중에 1973년 복음 전도자 빌리 그레함(Billy Graham, 1918, 11. 7, 2012년 5월 현재 93세) 전도대회, 74' 엑스포 민족 복음화 집회, 1980년 세계 복음화대성회(여의도)는 교회 부흥과 성장의 분수령이었다. 당시 박정희 대통령 비서실장 김재규의 10.26 사태, 전두환의 12.12의 군사 쿠데타이 발생으로 시국이 매우 불안정한 중에 광주민

---

24) G. H. Kersten, *Reformed Dogmatics*, (Michigan: Eerdmans Publishing Co., 1983), vol. II, 457-487. Cf. 서요한, "제7장 신약교회 형성과 제도의 발전", 「초대교회사」, (도서출판 그리심, 2010), 193-222.

25) 서요한, 「개혁신학의 전통」, (도서출판 그리심, 2014) 참조.

26) 대표적으로 영국 웨일스 출신의 로버트 토마스가 있다. 고무송, 「토마스와 함께 떠나는 순례여행」, (쿰란출판사, 2001) 참조.

주화 운동의 확산, 이 때 오순절-성령운동과 함께 개 교회 별 혹은 교단과 기독교 단체 간에 해외 선교사 파송이 활발히 전개되었다.

서울시 양천구 목동에 제자교회가 설립된 시기는 1988년 올림픽의 성공적인 개최를 위해 정부가 이 지역에 대단위 아파트 단지를 조성하던 때였다. 아이러니하게도 몇 몇 교회를 제외하고 이때를 기점으로 한국 교회는 침체 내지 성장 둔화에 직면하였다. 하지만 하나님의 은혜로 양천구 목동에 새로운 꿈과 비전을 갖고 설립된 제자교회는 사랑과 섬김의 공동체라는 슬로건과 함께 일취월장 부흥하였다.[27] 수도권, 특별히 서울 지역의 대형 교회들, 예를 들면, 소망교회, 온누리교회, 사랑의 교회, 광림교회, 새문안 교회, 영락교회, 100주년기념교회 등이 포진하였으나, 서남 지역 양천에 자리한 제자교회는 이후 신흥 교회로 급속한 성장을 이루었다. 성장 요인으로는 제자 훈련과 관련된 다양한 프로그램의 개발과 교회 내 준비된 유능한 인력들의 활략 덕분이었다. 여기에 도시 계획에 따른 환경의 변화, 예를 들면, 교회 주변에 초고층 대형 아파트의 건축과 아울러 교인들의 전도와 헌신적인 활동이 주효하였다. 초기 개척에 동참했던 성도들은 지난 25년 동안 사도행전 적 열망에 일사각오 정신으로 목동지역 복음화에 땀 흘리며 수고하였다. 그 결과 실로 제자교회는 서울 양천구 목동을 대표하는 중심 교회로 부상하며 노회와 총회 목회자들과 신학생들에게 선망의 대상이었다.

4. 제자교회 갈등과 추락 원인

이처럼 한때 제자교회는 전설처럼 한국 교회 목회자들의 부러움의 대상이었으나 2010년 교회 설립 20주년을 기점으로 대 혼란에 휘말리며 지탄 속에 급속히 추락하였다. 그 중심에는 추문으로 얼룩진 패역한 한 목회자의 극심한 이기심과 탐욕, 사치와 낭비, 교만과 온갖 거짓과 술수, 가정 파괴의 비도덕적, 반윤리적 행태와 교회 재정의 남용, 교회 당 소유권을 포함한 사유화의 음모, 무엇보다도 예장 합동 정통 보수 교단의 21세기 혹은 차세대 지도자로 행세하며 신사도와 의로

27) 2012년 5월 현재 제자교회는 설립 23년 째, 2011년도 출석 성도는 장년 약 9000명이었다. 서울남부지방법원 제12형사부 판결문, 사건번호 2010고합 547, 특정경제범죄가중처벌등에 관한 법률위반(횡령), 2011.12.12, 11 참조.

운 해, 이단의 앞잡이로 활략한 비상식적인 행적이 자리한다. 그는 누구보다 경건하고 모범적이며 영적이고 포용적이어야 했으나 자칭 사도와 선지자로(의로운 해의 재단이사장) 군림하며, 혹 자신의 뜻과 비위에 거슬리면 그 누구라도 즉각 파면, 재명, 출교하는 등 무자비하게 영적 살인을 자행하였다. 목회자의 비리와 패악은 특별히 2010년 검찰이 제시한 약 8개월 동안의 324회에 걸친 횡령 범죄 일람표가 잘 대변해 준다.[28] 당시 검찰은 목회자의 믿음과 신분 보장에 따라 불구속 수사를 한바, 범죄자는 재판 중에 거액의 교회 재정을 추가 횡령하였다. 뿐만 아니라 자신의 교회 재정 지출은 한국 교회 100년의 관행으로 치부하며 자신의 범죄 합리화를 위해 한국 교회 전체를 매도하였다.[29] 이는 한국 기독교 선교 130년 역사뿐 아니라 중세 1,000년의 가톨릭의 부패 타락한 역사, 나가서 2,000년 기독교 역시에 그 유례를 찾을 수 없는 중대 범죄요 파렴치한 사건으로 경악을 금치 못할 일이다. 지금까지 주목받던 제자 교회의 급속한 추락과 몰락 요인을 다음과 같이 6가지로 정리하였다.

(1) 황금만능주의: 이를 극복하기 위해 성직자는 물질의 맹종, 황금만능주의, 맘몬이즘의 유혹으로부터 벗어나야 한다. 지금까지 역사적 전통 속에서 한국 기독교와 복음 선교, 특별히 1990년대 제자 교회의 개척과 부흥, 추락과 몰락에서 보듯이, 오늘 제자교회의 사태의 중심에는 황금만능주의가 자리한다. 교회의 여건상, 풍족한 재정으로 금기(禁忌)해야 할 물질의 유혹, 에덴동산의 금단의 열매를 거부하지 못하였다. 교인들은 매일 생존을 위해 땀 흘리며 수고하고, 무엇보다 교회의 부채가 기 백 억 임에도 불구하고 자기도취에 빠져 막무가내 행동하였다. 2012년 5월 16일 당시 사회 문제가 된 김찬경 미래저축은행장은 불법대출 5,000억을 받고 중국으로 도피하기 위해 경기도 화성시 궁평항에서 밀항을 시도하다 체포되었다.[30] 그와 함께 윤현수 한국저축은행 회장도 골프장을 차명으로 갖고 있

28) 서울남부지방법원 제12형사부 판결문 참조.

29) 제자교회 전 담임목회자는 지역 목회자들뿐 아니라 노회와 총회, 동향(同鄕)을 연고로 한 크고 작은/혹은 대내외적 모임/혹은 언론사 기자들을 매수하여 자신의 범죄를 은폐하거나 축소하고 회유와 회해을 일삼았다. 무지(?) 주장에도 그는 자신의 범죄를 정당화하하기 위해 변호사를 17명 고용하였다. 지난 2년 동안 제1심 재판에서 그 목회자는 인면수심 그 자체였으며, 항고심 최후 진술에서 보았듯이 재판부의 32억 6천 만 원에 대한 변제 질의에 거부의사를 천명하였다.

30) "조폭이 밀항 주선", 「중앙일보」, 5월 12(토)일, 6면 참조.

다는 의혹이 제기되었다.

설상가상, 당년 5월 28일 석가 탄신일을 앞두고 일전 승녀의 도박 사건이 보도된 후, 비난 여론을 조기 수습하기 위해 조계종 총무원장이 즉각 참회의 글을 올렸다.31) 참회가 얼마나 영향을 끼쳤는지 알 수 없지만, 이는 우리 개신교 목사와 지도자들에게 경종이 아닐 수 없다. 차제에 필자가 당시에 만났던 한 원로 음악인은 이 같은 비리 척결을 위해 시범적으로 한 사람을 단호히 처단해야 할 것이라고 하였다. 한 때 제자교회를 섬겼던 목회자는 재벌 총수도 감히 하거나 할 수 없는 일들을 백주 대낮에, 그것도 하나님께 드린 거룩한 헌금을 영수증 없이 막무가내 사용하였다. 조계종 총무원장을 비롯한 승려들이 국민께 겸손히 참회하는 판에 검찰의 324회 범죄 일람표 증거에도 불구하고 오히려 적반하장, 무죄를 주장하며 구차히 변명을 일삼았다. 실로 교회 헌금과 재정을 당회의 절차나 승인 없이 그 자신, 교회의 법인 카드를 결제하여 사치와 낭비를 일삼은 것은 도무지 용납될 수 없는 일이다. 누구보다도 근검절약하며 성도들에게 모범을 보여야 할 성직자의 가식과 거짓, 위선적인 행태는 엄히 책임을 물어야 할 것이다. 특별히 2011년 8월 7

31) "부처님은 시주쌀 한 톨이라도 함부로 다루면 지옥에 떨어진다고 했습니다. 그런데 시줏돈으로 고급 승용차를 몰며 사치스럽게 생활하는 스님들도 있습니다. 적은 것에 만족할 줄 아는 소욕지족(少欲知足)의 삶을 살지 않는다면 어떻게 신도들이 따를 수 있습니까." 이는 지난 2012년 2월 부산 범어사 주지 선거의 금권선서 시비에 대한 대한불교 조계종 자성과 쇄신결사 본부장 도법 스님의 편지의 일부이다. 한편 4월 23-24일 석가 탄신일을 앞두고 조계종 소속 승려 8명이 전남 장성군 백양사 관광호텔 스위트룸에서 담배를 피고 술을 마시며 거액의 도박판을 벌인 사건이 발생하였다. 당시 도박에 참여했던 성호 스님은 5월 9일 서울중앙지검에 고발장과 함께 도박 장면이 담긴 동영상을 검찰에 제출하였다. 도박 파문으로 조계종은 물론 한국 사회의 비난 여론이 비등한 가운데, 11일 조계종 총무원장 자승 스님이 국민과 불자들께 참회 성명서를 발표하였다. 총무원장은 지난날의 과오와 안일함에 대해 자성하며 종단 전체가 참회하고 자숙하는 모습으로 정진하겠으며, 자신부터 5월 15일부터 100일간 108배 참회 정진을 하겠다고 하였다. 조계종 총무원장 명의의 '참회문' 은 1994년 종단 정화개혁운동 이후 처음이다. 스님은 참회문에서 "세간의 욕망에 초연하여 중생의 스승이 되어야 할 수행자들이 입에 올리기도 부끄러운 행위를 한 것에 대해, 국민과 불자들에게 심려와 허탈감을 드린 것에 대해 깊이 참회한다"고 하였다. 고발자 성호 스님은 15일 아침 MBC 라디오 손석희의 시선집중에 출연하여 과거 자승 원장과 명진 승려(전 봉은사 주지)가 강남 룸살롱에서 성 매수 한 사실을 추가 폭로하면서 진흙탕 싸움이 가중되었다. 참고로 2012년 5월 현재 불교 사찰은 전국에 3,000개이며 소속 승려는 13,000명이다. 참고로 2012년 5월 현재 불교 사찰은 전국에 3,000개이며 소속 승려는 13,000명이다. 「국민일보」, 2012년 5월 16(수), 8면 참조.

일, 불법 공동의회 시 정관을 개정하여 교회 돈을 마음대로 사용하고 재산은 필요한 경우 당회장의 개인 이름으로 할 수 있다고 한 것은 실로 그 죄가 적다 할 수 없다. 이것이 곧 제자교회의 실체적 진실이었다.

(2) 지나친 명예욕과 영웅주의: 제자교회의 사태는 또한 한 성직자의 지나친 명예욕과 극단적 영웅주의의 추구를 보여준다. 주지하듯이 전 제자교회의 목회자는 교내외에 크고 작은 40여개의 직함을 갖고, 대부분 이 단체 저 단체의 이사장으로 활동하였다. 물론 올바른 정신과 깨달음으로 교회의 유익과 복음전도 차원에서 봉사한다면 좋았을 것이나 대부분은 그 자신의 명예를 병적으로 추구하며 대내외에 과시할 목적으로 이를 활용하였다. 교회는 빚더미로 기백 억 원의 원금 상환을 뒤로한 채, 매 월간 고액의 이자 지불의 신음에도 불구하고 자신은 마치 외인부대 총수로 활략하였다. 그러나 우리의 참 목자 장 되신 예수님은 이적과 기사를 행한 후에 따르던 무리들이 그를 영웅 삼으려 했을 때 그곳을 피하시고 은밀한 곳에서 조용히 기도하셨다. 심지어 그는 십자가상에서 하나님의 아들로 하늘에서 불을 내릴 수 있었으나 의인으로 죄인 되어 죽기까지 섬김의 도를 실현하셨다(빌 2장 참조). 이런 아들을 아버지께서 지극히 높여 하늘 보좌 우편에 앉게 하시고 장차 심판주로 모든 권한을 위임하셨다. 한 목회자의 지나친 명예욕과 영웅주의는 곧바로 개인 뿐 아니라 교회를 혼란에 빠뜨렸다.

(3) 도덕성의 추락: 상기한 황금만능주의와 지나친 명예욕의 추구는 곧바로 도덕적 추락으로 이어졌다. 그것은 그간 널리 화자 되어 언론과 시중에 떠돌던 모 아파트 엘리베이터에서 함께 한 약 10여 편의 동영상이 이를 입증한다. 가정을 지켜야 할 교회의 담임 목사와 여성도가 한 여름 이른 새벽에 따로 건물을 얻어 놓고 닛시 축구단 선교 사역을 위해 합숙을 했다는 것은 이해할 수 없는 것이다. 이는 곧 목회자의 비윤리적 및 부도덕성의 사례를 보여주는 것이다. 여기에 돈(물질)과 명예, 여성(여자)의 삼각관계가 연루되었다. 이것은 성경의 두 교훈, 요셉과 사시 삼손을 통해 삶의 지혜와 교훈을 얻어야 할 것이다. 신앙인으로 무릇 지킬 만한 것보다 더욱 마음을 지켜야 할 것이다. 생명의 근원이 이에서 나기 때문이다(잠 4:23).

(4) 사이비, 이단사상의 연루: 기존의 문제 있는 여러 교회들과 달리 제자교회는 단순히 물질문제나 명예, 혹은 여성문제 만이 아닌, 이단사상과 깊이 연계 되었

다. 제자교회 전임 목회자는 그간에 보수 교단의 지도자로, 21세기 한국을 대표하는 지도자로 추앙받았으나 그 중심에는 보이지 않는 마각의, 사탄의 영이 자리하였다. 소위 신사도와 의로운 해의 이사장으로[32], 킹덤 비즈니스를 통해 이 세상의 모든 물권이 제자교회로, 위로부터 직접 계시를 받은바, 앞으로 한국의 정치 지도자로 군림할 것이라는 등의 거짓을 일삼았다. 뿐만 아니라 자칭 사도요 선지자로 활동하며 교회 내 제자들을 양성하여 사도와 선지자로 임명하고,[33] 교회의 대표 기구인 당회를 무시하고 임으로 불법 단체 비대위를 만들어 활동하였다. 이들 이단들은 평소 알 수 없는 자신들만의 주문을 외우거나 기도 시에 혹 손가락을 이상하게 움직이고 또한 한 밤중에 저주 문을 외우며 교회 터를 밟고 내부 결속을 다졌다. 이 또한 특이한 현상으로 결코 묵과할 수 없는 일이다. 무엇보다도 이들 이단들은 당회나 노회, 총회 나가서 국가의 사법 기관이 판시한 법률을 무시하고 파렴치하게 행동하였다. 그토록 무죄를 주장하고 실제로 무죄하다면 왜 감옥에 수감되었는지, 사법부에 맞서 저항하며 출옥해야 했지 않겠는가? 무죄를 주장하거나 사법적 판단을 불신하면서 그렇게 많은 17명의 변호인단을 구성할 이유가 있었는지 의심스럽다.

(5) 교권주의의 횡포와 음모: 제자교회 사태는 교권주의의 패악과 부정, 정치적 야합이 얼마나 파렴치하고 흉악한지를 여실히 보여주었다. 소위 세상에도 흔치 않는, 일말의 양심도 없이 무차별적으로 권모술수를 일삼는 개 교회를 포함하여 노회와 총회 이런저런 혹은 크고 작은 모임에까지 전 방위적으로 확산되었다. 여기에는 성경적 기준이나 어떤 원칙과 철학도 없이 같은 모임, 예를 들면, 노회 회원 혹은 선배이거나 동향 출신이기 때문에 무조건 동정하고 도와야 한다는 것이다. 이것은 한국을 대표하는 보수 교단의 일부 목사들의 구조와 권력 행태이다. 특별

---

32) 장경찬, 「신랑이신 주님의 재림을 기다리는 신부로서의 교회」, (의로운 해), 2009; 교회와 이단, "목동제자교회 정삼지 목사의 이단/돈/이성문제", 「교회와 이단」, 2011.10, 20-45 참조. 특별히 교회와 이단은 특집으로 목동제자교회 정삼지 목사와 관련된 기사로, "의로운 해 선교회(이사장 정삼지 목사), 목동제자교회 7층에 본부, 의로운 해 선교회, 성경 외 직접 계시 주장! 꿈 해몽 사역까지! 목동 제자교회 성도들, 신사도 영향으로 땅 밟기 실시! 정삼지 목사, 32억 횡령 기소! 충언한 성도 수십 명 출교, 제명! 여 성도에게 교회 비밀카드 건네 헌금 20억 여 원 인출 발각!"을 게제 하였다.

33) 「교회와 이단」, 26 참조.

히 여기에는 몇 몇 원로 목사들의 아들과 사위의 세습에 대한 야망이 숨어 있다. 따라서 이 세상 권력이 영원한 듯이 온갖 부정과 타락을 일삼으며 자신들의 아성을 견고히 쌓기 위해 마치 종교개혁자 마틴 루터가 개혁 당시「독일 귀족에게 보내는 편지」(To the Christian Nobles of the German Nation concerning the Reform of the Christian Estate, 1520년 8월)[34]에서 역설 했듯이 교회 내에 바벨탑을 높이 쌓아 놓고 천년만년 군림하려고 모든 권력을 동원하여 술수로 압박을 가하였다. 이렇게 속고 속아 상처를 받은 것이 수 십 번이었다. 쌍방 간의 대화 후 서면에 사인(sign)을 하고 은혜롭게 기도한 후 굳게 믿고 돌아서면 다음날 모든 것이 휴지가 되는 일들이 비일비재하였다. 그 과정에서 제자교회 사태는 끝을 알 수 없는 여전히 현재 진행형이다. 실로 성직자라고 누구를 믿고 신뢰해야 할지 성직자의 한 사람으로 머리를 들 수 없다. 그지 송구하고 부끄러울 뿐이다. 하나님께서 당신의 정의와 공의를 온 천하에 숨김없이 들어내시기를 기도할 뿐이다. 사람은 속여도 불꽃같은 눈으로 살피시는 하늘의 하나님은 속일 수 없을 것이다.

(6) 영적 분별력의 상실: 이번 제자 교회 사태로 배울 수 있는 것은 모범적인 처신과 지혜로운 분별력을 요청한다는 것이다. 사실 인간으로서 내적 욕망은 누구에게나 존재한다. 하지만 성직자에게는 보통 사람의 평균 그 이상의 도덕성과 성숙한 삶, 신앙적 열망과 헌신이 요청된다. 물론 성직자와 함께 평신도들도 너나 할 것 없이 우리 모두에게 거듭난 하나님의 백성으로서의 분별력이 요구된다. 물질을 탐하지 않으며, 있는 것을 족한 줄로 아는 것, 높은 곳보다는 낮을 곳에 처할 줄 아는 지혜로운 행동, 교만하지 않고 항상 겸손하게, 남을 나보다 낫게 여기되 주님을 주인으로 섬기는 것, 항상 기도하며 경건에 힘쓰는 일이 무엇보다 중요한 것이다. 16-17세기 영국의 청교도들처럼 가진 것에 감사하며 검소하고 청빈하게 사는 것이 요청된다.[35] 실제로 그렇지 못할 경우에는 가진 것을 하나님이 차라리 빼앗

---

34) James Atkinson(ed.), *Luther' Works: The Christian In Society I*, (Philadelphia: Fortress Press, 1973), vol. 44., 117-121. 여기서 루터는 로마의 뒤에 숨어 있는 벽이 무너지지 않고는 개혁은 불가능하다고 보았다. 그리고 그는 당시 성직자들이 교회의 개혁을 책임져야 함에도 불구하고 의무를 다하지 않았다. 그러므로 독일의 황제와 영주들은 각각 그리스도의 사람으로 교회를 개혁해야 한다고 했다. 그는 여기서 교황이 자기 둘레에 세 개의 벽을 쳐 놓고 교황직을 보호하려 한다고 주장하였다. 그 세 개의 벽은 (i) 영적 권세가 세속 권세보다 우월하다는 것과 (ii) 교황만이 성경을 해석할 수 있다는 것과 (iii) 교황만이 교회 회의를 소집할 수 있다는 것이었다.

아 가시도록 기도해야 할 것이다. 솔직히 우리는 너무나 부유해서 문제이다. 많은 것을 가졌으나 감사하지 않으며 항상 새로운 것, 결코 채울 수 없는 욕망을 위해 좀 더 크고 좋은 것을 지속적으로 추구한다. 성숙한 신앙을 원하면서도 역설적으로 항상 어린아이이다. 그러나 말씀 따라 이 세상의 영화는 잠시 잠간일 뿐이다. 사도 바울의 고백처럼 자족하는 마음(빌 4:11-13)이 요청된다.

5. 제자교회 사태의 교회사적 의미

필자는 초기 로마제국의 황실과 중세 교황청의 부패처럼 제자교회의 교회사적 의미를 탐욕과 탐심의 종말, 뿌리 깊은 교권주의의 폐해, 목회철학의 부재와 영웅. 보상 심리의 극단적 집착, 범죄는 또 다른 범죄 잉태, 즉 악의 꼬리를 절단하지 못하는 문제 등, 간략히 4가지로 정리하였다.

(1) 탐욕과 탐심의 종말: 이는 주로 교회 재정과 재물, 이성(여성)과 관련된 표현으로, 성도들이 금기시 할 것에 대한 교훈이다. 1988년 설립된 제자교회는 근 25년 동안 주목 받는 교회였다. 소속된 전 교인들은 맡은 바 부서에서 헌신적으로 주님을 섬겼다. 그러나 교세 확장으로 증가한 재정 수입은 중세 교회에서 보듯이 목회자에게는 독(毒)이요 화(禍)가 되었다. 그는 자신의 이익과 명예, 출세와 성공을 위해 다양한 훈련을 목회에 적용했으나 내적으로 소명에 대한 절제의식이 결여되었다. 그는 집요하게 루터가 말한바 십자가의 신학 대신 중세 가톨릭의 영광의 신학을 추구하였다.[36] 모든 것은 자기중심적이었다. 교인들의 헌금을 자신의 사치와 낭비에 쏟아 부었으며, 심지어 교회 재산의 사유화를 꾀하였다. 소명과 절제 의식의 결여는 곧 이단과의 연계를 촉발시켰다. 말씀 대신 세속적인 방식으로[37] 인사와 재정을 관리하였다. 따라서 제자교회 사태를 통해 배우는 것은 누구도 인

---

35) Leland Ryken, *Worldly Saints: The Puritans As They Really Were*, (Michigan: Academie Books, 1986), 1-222; Joel R. Beeke, *Puritan Reformed Spirituality*, (Michigan: Reformation Heritage Books, 2004), 1-443; Joel R. Beeke & Randall J. Pederson, *Meet the Puritans*, (Michigan: Reformation Heritage Books, 2006), 1-859 참조.

36) "DNA 연구로 유명한 목회연구살을 가다", 「기독신보」, 2015년 2월 28(토), 제 425호, 8면 참조.

37) 대한예수교장로회 제자교회 정관(안), 2011, 8.7, 1-9 참조.

간을 신뢰해서는 안 된다는 사실이다.

(2) 뿌리 깊은 교권주의의 폐해: 주지하듯이 중세 가톨릭은 막강한 교권을 이용, 모든 방법과 수단을 이용하여 자신들의 이익과 명예를 수호하며, 노회를 분리하는 등 목적을 위해 온갖 횡포를 부렸다. 교황들은 권세를 강화하되 모든 관행을 교회의 전통으로 수립하고, 그들의 위세와 위용은 성경 위에, 성경보다 더 큰 힘을 발휘하였다. 이러한 전례에 따라 교황은 어떤 사람을 천국에 또 다른 사람을 지옥에 보냈다. 교황청은 수많은 사람들을 마녀사냥으로 처형하고 전쟁을 일으켰다.[38] 이와 같이 제자교회 전임 목회자는 교권을 이용하여 자신의 범죄를 철저히 은폐하고, 진실과 정의를 외친 장로들과 권사들, 집사들을 불법으로 파면, 출교하였다. 주님의 종이요 대리자라는 구실로 강단에서 온갖 저주와 폭언을 일삼았다. 그리고 자신의 안전과 안위를 위해 불법 공동의회를 개최하여 교회의 사유화를 꾀하였으며, 자신을 지지하는 성도들을 반대파와 대립시키며 빈목케 하였다. 그는 가식방 이후 지금도 비대위를 통해 정치하고 있다.

(3) 목회철학의 부재와 영웅.보상 심리의 집착: 지금까지 여러 정황을 볼 때 전임 제자교회 목회자는 목회 철학이 부재하였다. 그 이유는 오직 자신의 성공신화를 위해서 세속주의, 혼합주의, 종교다원주의, 심지어 초교파적으로, 이단인 신사도와 의로운 해를 수용, 목회에 적용했기 때문이다. 이는 본연의 사명을 망각한 그릇된 행실로 중대한 죄악임을 입증해 준다. 그 결과 목회자는 교회 재정을 자신의 사유 재산인 듯이 사치와 낭비를 일삼았다. 누군가의 지적처럼 그는 자신의 몸과 육체에 모두 고가의 외제품, 심지어 마시는 물까지 수입하였다. 그가 사용한 모든 비용은 교회 재정이었다. 사실 목사는 성도 중에 하루하루 끼니를 걱정하는 이들이 있음을 기억해야 한다. 어떤 연로한 성도는 폐지를 팔아 모은 돈을 주님의 구원과 은혜에 감사하여, 땀과 눈물이 묻은 물질을 제단에 바쳤다. 하지만 목회자는 돈을 물 쓰듯 하고서도 전혀 뉘우치거나 회개하지 않았다.

(4) 범죄의 악순환: 단적으로 전임 제자교회 목회자는 검찰의 범죄 일람표에서 보듯이 324회나 교회 재정을 횡령하였다. 그리고 그는 이 모든 재정을 이름도 없

---

38) 시요한, "제13장 중세 마녀사냥과 종교재판의 상관성", 「중세교회사」, (도서출판 그리심, 2010), 391-426.

는 닛시 축구단 선교를 위해 사용했다고 진술했다. 죄가 장성하여 사망을 낳듯이 그 목회자는 일말의 양심도 없이, 화인 맞은 양심이란 바로 이런 것인지를 보여준다. 하지만 신앙 양심이 정상적이라면 회개하고, 자신이 저지른 죄와 실수에 대하여 미안하고 손 내밀면 해결 될 것이다. 그러나 그는 지금까지 한 번도 사죄하며 미안하다거나 용서하라고 하지 않았다. 그는 한 결 같이, 검찰의 명백한 증거를 무력화하며, 오히려 자신의 무죄를 주장하였다. 범죄는 또 다른 범죄를 잉태하는 악순환, 절망에서 사망에 이르는 길이 어떤 것인지를 잘 보여주고 있다. 결국 제자교회의 교회사적 의미는 범죄하여 타락한 인간의 죄성과 죄악성을, 종국에는 파멸임을 보여준다.

6. 제자교회의 수습방안: 회복과 절차

제자교회의 회복과[39] 절차는 내적으로 화해와 용서, 안정과 질서 회복, 무엇보다 영적 각성과 변화로 성취될 것이다. 이를 위해 2012년 5월 17일 서울고등법원 항고심 재판부의 판결(오후 2시)과 이를 토대로 대법원이 확정 판결하였다. 그러면 향후 제자교회의 수습방안은 무엇인가?

(1) 당회의 정상화: 제자교회의 회복을 위해서는 우선적으로 장로교 총회가 규정한 당회가 정상화 되어야 할 것이다. 그 후 당회는 교회 발전을 위한 청사진으로 우선 교회의 부채를 비롯하여 내부의 각 기관들, 내외적으로 노회와 총회와의 관계를 회복하고 개선해야 할 것이다. 특별히 예장 합동 한서노회 소속의 제자교회는 장로교 정치와 헌법, 예배 모범, 신학적 전통과 질서를 따라야 할 것이다. 따

39) 목동제자들은 교회 회복과 갱신을 위해 2011년 1월 17일부터 2012년 2월 12일까지, 몇 몇 특별한 행사, 예를 들면 노회와 총회 행사, 연합 모임과 특강을 제외하고 총 44회에 걸쳐 기독교 역사 2,000년 동안 세계 최초의 길거리 예배를 드렸다. 엄동설한 시작된 예배는 춘풍추우, 화창한 날씨에 봄비를 맞으며, 여름철 폭염과 장마, 소나기와 태풍 속에서 우산을 들고, 낙엽 진 가을의 낭만, 열린 공간에서 하늘을 응시하며, 그리고 다시 혹한의 겨울로, 처음 약 60-70명에서 최대 350명이 회집되었다. 당시 예배에는 어린 유아와 주일학교, 대학 청년들, 심지어 몇 몇 유학생들과 군 복무중인 아들들, 해외 선교사들, 80된 노모가 참여하였다. 당시 예배와 몇 몇 행사 때 낭송되거나 상제된 시들은 총 88편「내 가슴에 타는 불은」제목으로, 도서출판 그리심, 2013년 출간되었고 선포된 설교는 부록 4편을 포함 총 48편 2권으로 24편씩「빈들에 임한 계시」와「광야에서 맺은 사랑」으로, 2015년 5월 30일, 도서출판 그리심에서 출간되었다.

라서 현재 교회 내 비대위는 노회나 총회 법에 없는 불법 단체이므로 즉시 해체해야 할 것이다. 장기화할 경우 이단들의 거처와 안식처, 소굴이 될 것이다.

(2) 각 기관의 민주화: 한 마디로 소통[40]이라 할 것이다. 당회의 정상화와 함께 각 기관은 당회의 지도아래 자치회를 구성하고 각각 안정을 꾀해야 할 것이다. 교회 내 여러 기관이 있지만 각 기관들, 예를 들면, 당회를 중심으로 각부 주일학교, 남여전도회, 권사회, 성가대, 그밖에 여러 사회단체와의 연대와 참여를 적극적으로 모색해야 할 것이다. 또한, 구청이나 경찰서와의 유대를 통해 양천 지역의 복음화를 꾀하고, 나아가 기독교 문화의 증진과 창달에 기여해야 할 것이다. 그리하여 제자교회의 모든 인력이 유기적으로 지역 주민을 섬기는 일에 동참해야 할 것이다.

(3) 회개와 화합 운동의 전개: 지난 약 5년간의 제자교회 사태는 한국 교회 선반에 교회와 교단을 넘어 씻을 수 없는 상치의 후유증을 남겼다. 항간에 떠도는 말처럼 그리스도인의 감소가 급강하는 것이 추풍낙엽과 같다. 그렇지 않아도 전도와 구령 운동이 어려운 차에 제자 교회 사태는 불에 기름을 붙는 격이 되었다. 이제 제자 교회는 회복을 위해 말씀 사경회를 비롯 회개운동, 영적 각성운동을 전개해야야 할 것이다. 이를 위해 우리 모두 가슴 치며 회개하고 마음을 열고 갈보리 십자가의 정신으로, 사랑과 용서로 형제들을 맞아야 할 것이다. 하늘로부터 치유의 은총이 제자교회 모든 성도들에게 임 할 것이다.

(4) 교회의 본질 회복: (i) 이후 제자교회는 목사나 장로, 권사나 집사, 모든 직분 자들이 한 마음 한 지체를 이루어 죄와 사망에서 부활하신 주 님 만을 주인으로 섬기며 영광 돌려야 할 것이다. 이를 위해 초대교회처럼 말씀과 기도, 구제와 전도에 전혀 힘써야 할 것이다. 따라서 구원의 감격 속에 영적 각성과 회복운동을 지속적으로 추구하며, (ii) 성도간의 격려와 연합 운동을 전개해야 할 것이다. 그리하여 내부의 균열을 치유하며 결속을 다지고, 상처로 얼룩진 과거 25년에서 희망 찬 미래 25년으로, 우리 시대에 교회의 본질을 회복하여, 안으로 각각 신앙생활의 참맛을 느끼며, 밖으로 그리스도의 산 증인으로 증거를 보여야 할 것이다. 모든 성도가 세상의 빛과 소금이 되는 것은 주님의 명령이기 때문이다.

---

40) 여기 소통은 3통, 영통-대신, 육통-대인, 물통-대재(代財)이다.

7. 결론: 향후 대책과 비전

고찰한대로 오늘 날 제자교회 사태는 부정과 부패, 타락이 만연한 한국 교회의 총체적 모습과 실상을 보여준다. 그것은 여러 측면에서, 예를 들면, 한 성직자의 종합적인 범죄 행위, 횡령과 배임, 도덕적 문란과 윤리의식 상실, 지나친 명예욕의 추구, 온갖 사치와 낭비, 교권의 횡포와 음해 등 그 유래를 찾아 볼 수 없다. 중세 1,000년 동안 로마 가톨릭은 교황을 중심으로 막강한 부와 권력을 이용하여, 때로 마녀사냥을 일삼았으나, 당시는 모든 것이 일원화된 닫힌 사회로 교황권이 절대적이었던 관계로, 성경의 원리를 크게 벗어났다. 하지만 제자교회 사태는 21세기 최첨단 정보화 시대, 역사상 가장 개방된, 민주화 시대에, 마치 1989-95년 사이 007 첩보영화의 주역 Mr. James Bond의 작전처럼, 백주 대낮, 서울의 중심지에서, 그것도 가장 성스럽고 경건해야 할 성직자가 교회를 볼모로 온갖 죄악을 자행한 사건이었다. 현재 전임 제자교회 목회자는 엄청난 패악과 범죄에도 불구하고 여전히 회개치 않고 오히려 억울함으로 무죄를 주장하며 자신의 몇 몇 측근을 통해 교회의 사유화를 위해 음해와 음모를 획책하며, 혼란을 가중 시키고 있다. 하나님의 공의와 살아 역사하심이 절실히 요청되고 있다. 향후 대책과 비전은 향후 수정 보완이 필요할 것인 바, 크게 4가지로 정리하였다.

(1) 바른 교회의 이상 실현: 그리스도의 몸인 교회는 성경의 가르침을 따라 주님의 주님 되심, 즉 주님의 주권을 인정하고, 그 만을 높이며 그에게 영광을 돌려야 한다. 교회는 거룩한 공동체로 비록 헌금으로 물질 바쳐 개척했다 해도 교회는 특정 개인의 것이 아니다. 주님께서 값 주고 사신 교회요 구원받은 모두의 공회요 교회이다. 주님은 내 집은 만민이 기도하는 집이라 하셨다. 주님이 이 교회를 세우기 위해 값을 지불하고 친히 모퉁이 돌이 되셨다. 따라서 그 누구도 교회의 소유주이거나 주인일 수 없다. 그러므로 어떤 상황에서도 물질주의, 세속주의, 인본주의를 배격하고 성경적 원리와 가르침, 본질에 충실해야 한다. 제자 교회 사태가 주는 의미는 한 마디로 오늘 날 한국 교회를 향한 경고이다. 이를 부인하며 망각하고 시간을 지체하여 새롭게 거듭나지 아니하면 진노 중에 패망(목사 면직과 수감)할 것을 보여준다. 그러므로 오늘 한국의 목회자들은 여기저기 아픔과 상처를 호소하며 신음하는 성도들의 목소리에 귀를 기울여야 할 것이다.

(2) 목회와 행정의 이원화: 당회의 정상화와 더불어 제자 교회는 이원체제로, 목회와 행정으로 분리해야 할 것이다. 그리하여 목사는 목양 설교와 심방에, 당회는 교회의 재정을 포함한 모든 행정을 투명하게 민주적으로, 지금까지 길거리에서 외치며 지속적으로 추구한 이상적인 교회 재건을 위해 에너지를 쏟아야 할 것이다. 그리하여 모든 성도가 주인이 되는 교회, 주님이 영광 받으시는 교회가 되어야 할 것이다.

(3) 교회 재정의 투명화: 무엇보다 누적된 교회 부채 탕감에 총력을 기울이되, 교회 재정과 각 기관별 예산의 운용에 투명성을 확보해야 한다. 특히 교회 재산 중에 인재 양성을 위해 장학재단을 설립하여 지원해야 할 것이다. 특히 네팔의 강원희 선교사님처럼 헌신적으로 사역하는 선교사나 단체를 발굴하여 교육하고 지원하며 협력하고, 필요할 경우 문화선교 차원에서 영화 촬영 포함 해외 단기 선교, 학교 설립과 운영을 적극적으로 검토하여 도와야 할 것이다.

(4) 향후 발전 계획: 이번 사태로 제자교회는 환골 탈퇴하여 초대교회, 사도행전적 신앙 전통을 회복하여 말씀과 기도, 구제와 전도 적극적인 사회봉사와 구령활동에 매진해야 할 것이다. 단순히 교회 생활에 만족하지 않고, 교회에 사회적 관심을, 사회 속에 복음의 능력을 전달하는 사명을 감당해야 할 것이다. 이를 위해 앞에서 언급했듯이, 다양한 은사를 가진 성도들을 활용하여 차세대 젊은 인재들의 발굴과 양성에 주력하되 내적으로는 영적인 일, 즉 말씀사역을, 외적으로는 구령사역으로 전도와 선교를 포함하여 이 땅에 기독교 문화의 창달에 힘써야 할 것이다. 또한 다양한 프로그램을 기획하되 주민과 함께 하는 열린 모임들, 예를 들면, 작게는 교회 내 식당과 제빵 사역 운영, 다양한 취미활동, 음악, 그림, 조각, 의료, 법조인 모임 등의 활성화, 크게는 춘추 혹은 절기별 정기 음악회 개최, 기존 성경공부의 부활과 성경 대학-신학강좌 개설, 양천 구민을 위한 공개 포럼, 주제별 성시 세미나 실시, 사회 복지 단체 교회 내 유치원과 노인 복지 기관의 실치와 방과후 학교 운영 및 교회 밖의 기관들과의 유대 기관 별 해외 선교 후원과 교회 설립 등이다. 지난 5년여 기간 동안 말할 수 없는 고난과 시련을 통해 배우고 깨달은 것들을 우리 시대에 반듯이 성취해야 할 것이다. 주님께서는 우리고 하여금 소원을 두고 행하게 하실 것이다. 주님의 크신 은총을 기원한다.

Church of Scotland and
Presbyterian Church of Korea

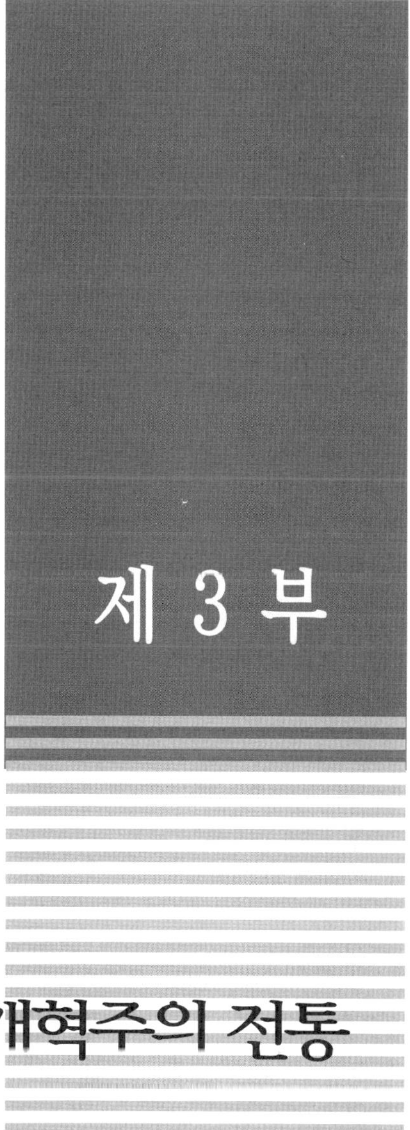

제 3 부

장로교 원리와 개혁주의 전통

제11장

장로교의 전통과 교회의 일치

1. 서론

역사적으로 장로교회 내지 개혁교회[1]는 태동과 더불어 현재까지 기독교 공동체 내의 가장 보수적인 정통 교단 중에 하나로 인식되어 왔다. 16세기 종교개혁과 더불어 재탄생한 개혁교회는 중세 가톨릭에 맞서 성경의 권위와 전통을 회복함으로 주목을 받으며 역사의 흐름을 바꾸었다. 실로 헐드리히 츠빙글리와 존 칼빈, 존 낙스의 영향 아래 개혁교회가 서구와 인류 사회, 교회에 끼친 영향은 가히 혁명적이었다.[2] 이는 기독교 문화가 지배하는 유럽과 구미에서는 절대적으로, 심지어 오

---

1) 이 명칭은 전통적으로 16세기 종교개혁에서 유래한 영어권 세계의 칼빈주의 교회와 그 교회에서 파생된 교회를 가리킨다. 따라서 필자는 본 논문에서 장로교를 개혁교회, 개혁장로교회 내부는 청교도, 스코틀랜드 교회의 언약도를 포함하는 용어로 포괄적으로 사용하였다. 종교개혁은 취리히의 헐드리히 츠빙글리와 제네바의 존 칼빈, 영국의 토마스 크랜머와 니콜라스 리들리, 스코틀랜드의 존 낙스와 앤드류 멜빌, 그 후 언약도들에 의해 여러 지역과 국가로 확산되었다.

2) Robert D. Knudsen, "Calvinism as a Cultural Force", 그리고 W. Stanford Reid, "The Transmission of Calvinism in the Sixteenth Century", *John Calvin, His Influence in the Western World*, ed. W. Stanford Reid (Michigan: Zondervan, 1982), 13-29, 33-52; M. Weber, *The Protestant Ethics and the Spirit of Capitalism*, ed. T. Parsons and R. H. Tawney (New York: Scribner, 1958), 1-98; C. Gregg Singer, *John Calvin: His Roots and Fruits* (Greenville: Salisbury,

늘날까지 크게 영향을 끼치고 있다. 따라서 그 공적(功績)을 결코 과소평가 할 수 없다. 그러나 개혁교회는 종교개혁과 동시에 곧바로 크고 작은 교회와 교단으로 각각 신학적, 정치적 이해관계를 따라 분열하였다.[3] 이로써 개혁교회는 긍지와 큰 기대에도 불구하고 사회적, 국민적 비난과 지탄에 직면하였다. 당시 분열이 바른 교회를 세우는 불가피한 현상이었음에도 불구하고, 가장 성경적 내지 보수적이라는 개혁교회가 주님의 뜻을 저버린 것은 어떤 논리와 변명으로도 정당화 될 수 없는 죄를 범한 것이다.

하지만 구원받은 공동체로서 교회의 갈등과 분열을 폄하하거나 그렇게 부정적으로 볼 이유는 없다. 왜냐하면 참된 교회는 하나님의 계시된 말씀에 기초하며, 이를 믿고 따르는 교단대로 혹은 교회나 성도대로 신학적 내지 신앙적 입장이 다를 수 있기 때문이다.[4] 사실 부정적인 평가에도 불구하고, 분열이 오늘날 교회의 성장과 부흥에 일부 기여하였음을 부정할 수 없다.[5] 종교 개혁 이후 독립된 개 교회와 교단들이 앞 다투어 교세 확장에 힘썼으며, 주님의 명령(마 28:18-20)을 준행하는 과정에서, 특별히 19세기의 위대한 선교 시대를 개화하였다. 하나님은 당신의 뜻을 따라 전 세계 인류를 획일화하지 않고 유기적인 존재로 창조하셨다. 그러므로 인간은 하나님의 창조 섭리, 즉 신율(神律)과 각자의 의지에 따라 행동할 수 있다. 이렇게 형성된 조직과 기관을 통해 교회는 긍정적 필요를 더욱 풍성히 창출하였다. 만약 교회와 교단이 말씀에 의지하여 소명에 충실할 수 있다면 그 위

1989), 29-60; Alastair Duke, "Perspectives on international Calvinism", *Calvinism in Europe 1540-1620*, eds. Andrew Pettegree/Alastair Duke/Gillian Lewis (Cambridge University Press, 1996), 1-20; Donald K. McKim, *Readings in Calvins's Theology* (Michigan: Baker Book House, 1984), 9; G. R. Elton, *Reformation Europe 1517-1559* (Fontana Press, 1963), 231-238; K. S. 라토렛, 「기독교의 역사」, 허호익 역 (대한기독교출판부, 1994), 38.

3) G. D. Henderson, *Why We Are Presbyterians* (Church of Scotland Publications, n. y.), 7-16; 리처드 코치/크리스 스미스, 「서구의 자멸」, 채은진 역 (말글 빛냄, 2009), 75-78.

4) J. Stafford Carson, "The Reformation", *The Bulwark* (Edinburgh: the Scottish Reformation Society, 1985), July/August, 10-13.

5) 이형기, 「세계교회의 분열과 일치추구의 역사」 (장로회신학대학교 출판부, 1994), 16; 이만열, "계 3:17", 「한국 교회, 과연 소망이 있는가?」 2009년 1월 31일, 두레교회, 교회개혁실천연대 정기 총회에서 행한 설교. 이 교수는 설교에서 1960년, 70년 한국 교회의 성장과 교회 난립 현상을 실상 교회 분열과 무관하지 않다고 보았다. 그리고 그는 영적 각성은 작은 교회 운동으로 연결되어야 할 것을 역설하였다. 자세한 것은 News Power 인터넷 판을 참조하라.

상은 한 층 증대될 것이다. 따라서 교회의 존재, 그 최고의 가치는 다양성 속의 통일로 "하나 되게 하신 주님의 뜻(요 17:11)"을 이루는 것이다.

2. 한국 장로교회의 현주소

1884년 서구 선교사들의 복음 전래 이후 2009년 2월, 현재까지 125년 동안 한국 교회는 2000년 기독교 역사상 유래가 없는 부흥과 성장을 이룩하였다. 한국 교회는 안으로 급속한 발전, 밖으로 해외 선교의 중심국으로[6], 받는 교회에서 주는 교회로 우뚝 서게 되었다. 하지만 여기에는 긍정적이자 부정적 요소로, 전자는 한국인 특유의 종교성과 사회.문화, 정치.경제적 환경과 특별히 현실 극복과 내세 지향적 순교 신앙, 후자는 성장 과정에서 발생한 도덕적 해이와 세속화, 신학 논쟁 내지 정지적 이해관계로 인한 갈등과 대립, 투쟁과 분열로 얼룩진 역사인 것이다. 해방 전후로 몇 몇 교단이 분열되었는바[7], 특별히 1979년 9월, 대한예수교 장로회 제64회 총회(대구)의 분열(주류, 비주류)은 교계와 사회에 큰 충격을 주었다.

---

6) 2008년 12월 10일(수) 국민일보 창간 20주년 특집 기사, 1-7면 미션과 특별히 2009년 1월 13일(화) 미션라이프(25면)에 소개된 한국세계선교협의회(KWMA)의 제19차 정기총회 보고문에 의하면 한국교회는 당년 3월로 1907년 한국 교회가 제주도에 이기풍 선교사를 파송한 이후, 일부 국가 편중에도 불구하고 102년 만에 해외 파송 국가 168개국, 선교사 2만 명 시대를 열 것으로 예상하였다. 현재까지 파송 교단별로는 예장 합동 총회세계선교회가 98개국 2005명, 통합 83개국 1102명, 기독교대한감리회본부선교국 69개국 907명, 기독교대한하나님의 성회 71개국 834명, 기독교한국침례회 54개국 612명이며, 선교단체별로는 대학생성경읽기선교회(UBF) 79개국 1567명, 국제대학선교협의회(CMI) 38개국 628명, 순복음선교회 55개국 598명, 한국국제기아대책기구 58개국 508명, 전문인국제협력단 31개국 460명이었다. 국가별로는 총 232개국 중에 168개국에서 한국 선교사들이 활동하고 있으며, 그 중에 AX(선교사 안전을 위해 국명을 밝힐 수 없는 나라)가 3348명, 미국 1678명, 필리핀 1145명, 인노 631명이었다. 이후 한국 교회의 선교사 파송 상황에 대한 추가적인 정보는 국민일보, 미션라이프 2010년 1월 12일(화) 29면 참조.

7) 예를 들면 1950년 대한예수교장로회 총회와 기장 측의 분열, 1952년 총회 측과 고신 측의 분열, 1959년 합동과 통합 측의 분열, 1979년 9월, 대한예수교장로회 합동과 합동 보수(개혁) 측의 분열, 이후 계속된 합동 보수(개혁) 측의 4분5열 인 것이다. 1984년 이후 합동 보수는 당시 합신 개혁(인천송월교회)과 일부 통합되면서 교단 명칭을 개혁으로 하였다. 정규오, 「신학적 입장에서 본 한국 장로교 교회사(상,하)」 (한국복음문서선교회, 1994); 김덕환, 「한국교회교단 형성사(상중하)」 (주 임마누엘, 1991 참조).

이후 계속된 분열로 교회는 만신창이가 되었으며 내실없는 이합집산과 합종연횡이 자행되었다. 교회의 존재와 사명이 창조의 목적, 즉 영혼 구원과 하나님 나라의 실현이라고 볼 때, 주님의 뜻을 성취하는 기관으로 얼마나 그 역할에 충실했는지 숙고하지 않을 수 없다. 이 땅에 완전한 교회가 없지만, 한국 교회가 지금까지 보여준 족적은 일부 긍지와 더불어 앞으로 풀어야 할 과제라 할 것이다.

그러던 중 2005년 6월 21일, 대한예수교 장로회 합동 측 총회장 서기행 목사와 개혁 측 총회장 홍정이 목사는 양 교단의 분열 26년을 청산하는 합동선언문을 발표하고, 동년 9월 28일 제 90회(대전중앙교회) 총회에서 역사적인 통합을 이루었다.[8] 이로써 오랜 반목과 갈등, 상처를 치유하고 화합하는 계기를 마련하였다. 이는 기독교 역사상 그 유래를 찾아 볼 수 없는 획기적인 사건이었다.[9] 이후 대한예수교 장로회 총회(합동)는 세계에서 가장 큰 교단 중에 하나가 되었다. 합동 절차가 마무리되는 과정에서 당시의 주역 서기행 목사와 홍정이 목사가 "장로교의 전통과 하나 되는 교회"라는 주제아래 대 교단의 통합을 역사적으로 평가하는 작업을 진행한 것은 매우 의미 있는 일이라 사료된다. 본고에서 필자는 "장로교의 전통과 교회의 일치"라는 주제 아래 역사적으로 어떻게 장로교회가 발전했는지를, 종교개혁과 더불어 특별히 장로교가 국가 교회로 정착된 스코틀랜드 교회를 중심으로 취급할 것이다.

이를 위해 필자는 서론에 이어 장로제의 역사적 배경, 장로교의 정치 형태와 정당성, 장로교회의 역사적 발전과 상징, 장로교회의 신학적 전통 및 칼빈과 개혁자들의 분열과 일치 이해, 그리고 논문을 마무리할 것이다.

3. 장로제의 역사적 배경

(1) 일반(세속)적 배경: 역사적으로 최초의 장로제도는 고대 메소포타미아의 수

---

8) 2005년 9월, 대한예수교장로회 제90회(대전중앙교회) 총회 보고서, 555-557과 2006년 제91회 대한예수교장로회 제91회 (온천제일교회) 총회 보고서, 571-581 참조.

9) 대표적으로 스코틀랜드 장로교회, 1900년과 1929년의 연합과 통합이다. 당시 통합은 규모 상 대단하였으나 2005년 대한예수교장로회 합동과 개혁, 양 교단 통합과는 비교할 수 없을 것이다. 합동 후 교세는 현재 세계에서 제일 큰 단일 교단으로 해외 파송 선교사 약 3000명에 약 11,000 교회가 소속되었다.

메르 문명에서 발견된다. 당시 수메르인들은 산악지대의 아라타 왕국과 문화적으로 교류하였다. 당시 두 왕국의 정치 구조는 매우 유사했는데, 엔메르카르 서사시에 따르면 아라타의 통치자는 주인 뜻의 수메르어의 엔(en)이라는 칭호를 가진 종교적 군사적 지도자였다. 수메르 학자인 사무엘 노아 크레이머(Samuel Noah Kramer)에 의하면 아라타 왕국의 관리들의 칭호는, 예를 들면 엔시(ensi, 태수), 수칼(sukkal, 재상), 이샤쿠(ishakku, 군수), 샤탐무(shatammu, 행정관), 문시브(munshib, 대신), 라가바(ragaba, 기사), 우굴라(ugula, 관리)는 수메르어에서 차용되었다. 이와 함께 아라타 왕국에는 민회와 함께 수메르의 도시국가들처럼 통치자의 자문기관인 장로회의가 있었다.[10] 그리고 마리(Mary)나 고대 문서에서도 장로라는 단어가 발견된다. 모압과 암몬에도 장로제도가 있었으며(민 2:7) 왕소의 서한과 심지이 인디언 공동체에서도 발견된다.[11] 이것은 장로들이 고대 민족 공동체의 마음과 도시 행정의 중심에서 큰 역할을 했음을 보여준다.[12]

이 후 이 제도는 로마 제국의 원로회의를 통해 전승되었다. 로마 제국의 원로회의는 통치자인 왕(황제)과 평민을 대표하는 호민관과 함께 제국의 정치적 중심이었다. 특히 300명으로 구성된 원로원은 제국의 모든 행정을 깊이 관여하였다.[13] 그리고 중세 칭기스칸의 몽골제국의 기본 조직은 유목민 식 회의체인 코릴타가 중심이었다. 코릴타는[14] 원래 각 씨족이나 부족의 장로가 모여 최고의 지도자를

---

10) 데이비드 롤, 「문명의 창세기」, 김석희 역 (해냄, 2003), 200; 권삼윤, 「슬픈 바그다드」 (꿈엔들, 2003), 124-125. Cf. S. N. Kranmer, *Enmerkar and the Lord of Aratta* (Philadelphia, 1952 참고)

11) 손영호, 「다시 읽는 미국사」 (교보문고, 2010), 183. 당시 인디언들은 추장과 장로 협의체를 통해 자신들의 일을 수행케 하였다. 추장이라고 하여 다른 사람들보다 우위에 있다고 생각하지 않았다. 서로 형제자매로 부르며 끈끈한 유대 관계를 형성하였다. 인디언 사회는 몇 몇 부족을 제외하고는 계급 제도가 없었다.

12) Werner Keller, *The Bible as History* (London: Hodder & Stoughton, 1957), 60-69; Paul Johnson, *A History of the Jews* (Harper Perennial, 1988), 11-22.

13) Theodor Mommsen, *The History of Rome* (London: Richard Bentley & Son, New Burligton Street, 1881), vol. I., 253-328; M. Cary, *A History of Rome: down to the Reign of Constantine* (London: Macmillan and Co. Ltd., 1945), 41-136; 프리츠 하이켈하임, 「로마사」, 김덕수 역 (현대지성사, 1999), 67-75, 107-137; 도널드 R. 더들리, 「로마문명사」, 김덕수 역 (현대지성사, 1997), 28-57.

14) 1203년 칭기스칸은 케레이트족을 멸망 시킨 후 고원의 패권을 장악하였다. 그 후

뽑거나 중요한 국사를 의논하는 부족 회의체였다. 이 제도는 몽골뿐만 아니라 모든 북방 유목 민족 사회에서 흔히 나타나는 일종의 종친 회의였다.[15] 약탈과 전쟁이 빈번한 유목 사회에서 제일 중요한 것은 생존이었다. 만약 그렇지 못하면 죽음을 당하거나 노예로 전락하였다. 전쟁은 유목민들에게는 일상사였다. 당시 코릴타는 위급한 국사의 논의를 위해 소집되었고 필요한 지도자를 선출하였다. 이들은 전쟁 수행 능력이 있는 검증된 사람을 씨족장이나 부족장으로 선출하였다. 그러므로 장로제는 고대 사회에서 원로를 존중하는 의미로 여러 시기와 장소, 민족 공동체를 따라 보편적으로 사용되었음을 알 수 있다.

이러한 관행은 중세의 봉건제도 내의 전사 귀족 제도에서 발견된다. 당시 전사 귀족들은 외적과의 전투를 위해 수렵이나 싸움에 능한 사람들을 선발하였다. 처음에 작은 집단은 점차 세력을 확대하여 보다 큰 집단을 이루었다. 그 중에 혈연관계가 깊은 자들은 하나의 파벌, 즉 일족을 집단 내에 두었다. 그리고 일족 안에 가장 강한 지도력을 가진 자가 수장이 되었다. 이 우두머리들은 집단의 장로가 되었고, 장로 중에 집단 즉 부족의 족장이 선출되었다. 뽑는 것은 부족원들이었으나 그들 모두가 각각의 일족에 속했으므로 장로는 결국 자신들의 지도자였다. 이렇게 선출된 족장이나 장로는 실력에 의해 결정되었다. 부족이든 일족이든 라이벌이 많았기에 통솔력 있는 자가 다스렸다. 그러나 라이벌들은 시간이 가면서 정리되어 종국에는 대 귀족과 귀족들만이 남았다. 그 중에 대 귀족만이 족장과 장로직을 겸하였다.[16] 이들이 후에 귀족이 되어 중세의 오랜 혈통을 이었다.

첫 번째 개혁 조치로 천호제를 도입하였다. 이는 쿠리엔식과 아일식으로 구성되었는데, 전자는 부족 전체가 집단으로 이동하는 유목 형태이다. 하지만 집단적 이동으로 한정된 초지는 쉽게 황폐화 되었다. 이것은 씨족 중심 사회에서 두세 가구가 결합하여 광활한 초지를 소유한 채 유목하는 아일식으로 생산성을 극대화 할 수 있게 되었다. 그 후 칭기스칸은 천호제를 폐기하고 다시 케식텐 제도를 도입하였다. 이 제도는 유능하고 충성스런 통치 계층을 길러내는 조직으로 십호장, 백호장, 천호장, 그리고 정복지 유력자의 아들들로 구성되었다. 조직 내에서는 구성원마다 최고 지휘관에서 의사나 취사병에 이르기까지 다양한 역할을 담당하였다. 그러나 전시에는 모두 지휘관이 되었다. 김종래,「밀레니엄맨 칭기스칸」(꿈엔들, 2005), 96-99, 228, 281.

15) 7세기 고대 신라의 화백제도나 고구려의 조의(?衣)들과 합좌제, 백제의 정사암도 이와 유사하였다. 삼국유사에 의하면 신라에 4곳의 신성한 곳이 있데, 왕위 계승이나 전쟁 등 국가 대사를 의논할 때는 귀족들이 모여 의논을 하였다.

16) 제임스 와서만,「성전기사단과 아사신단」, 서미석 역 (정신세계사, 2006), 42-43; 스다 부로,「중세 기사 이야기」, 이완진 역 (나이츠 나이츠, 2000), 35-36.

동시에 장로제는 게르만족 사회와 구조의 핵심이었다. 게르만 사회에서는 17세에 성인식을 실행했는데, 이 때 부족회의 석상에서 청년은 장로나 귀족의 아버지, 친권자로부터 성인 증명 물품으로 방패와 주 무기인 창을 받았다. 성인식에서 무기가 주어지면 청년은 전사로서 부족의 구성원이 되었다.[17] 그리고 그는 전투나 부족회의에 출석하여 장로들을 도왔다. 종사는 장로에게 충성과 자신의 무용을 바칠 것을 맹세하였다. 수장이나 장로들은 종사들이 전쟁에서 승리하면 전리품을 분배하고 연회를 열러 노고를 치하했다. 그 이유는 장로들의 힘과 명예를 나타내는 좋은 본보기였기 때문이다. 대부분 혈연으로 연계된 전사들은 같은 장로의 종사가 되는 것이 통례였다. 그러므로 가족적 단결을 요구하는 전투부대가 부족 내에 수없이 결성되었다. 장로들은 자기 수하 병사들의 결혼을 위해 배후자를 선택하여 가정을 이루게 하였다. 여기에는 애정 보다는 주군 혹은 일족의 번영이 전제되었기 때문이다.[18]

(2) 성경적 배경: 장로의 히브리어는 자펜(zapen)이며, 영어로는 늙은(old) 또는 나이 많은(aged)의 뜻이다. 이들은 주로 나이와 경험으로 세운바 된 장로(長老) 혹은 좀 더 성숙한 제자들이었다.[19] 「구약 신학 용어 사전」(*Theological Wordbook of the Old Testament*)과 스트롱(Strong)에 의하면 이 용어는 여러 형태로 구약에 약 200회, 그중 오경에 약 60회 사용되었다.[20] 역사적으로 최초의 사례는 아브라함이 막벨라 동굴을 매입했을 당시, 그 지역의 고위 인사였던 에브론과 흥정하는 과정에서 그 지역 장로들과의 거래에서 발견된다. 성경은 이례적으로 당시의 상황을 구체적으로, 예를 들면 인사와 위선, 가식적인 정중함, 완고함 그리고 끈질긴

---

17) 스다 부로, *Ibid.*, 59.

18) 스다 부로, *Ibid.*, 251.

19) Leighton Pullan, *The Christian Tradition* (London: Longmans, Green, and Co., 1904), 90.

20) George V. Wigram, *The Englishman's Hebrew Concordance of the Old Testament* (Hendrickson Publishers, 2003), 392-394; R. Laird Harris(ed.), *Theological Wordbook of the Old Testament* (Chicago: Moody Press, 1986), vol. I., 249-250; 윌리암 L. 할러데이, 「구약성경의 간추린 히브리어, 아람어 사전」, 손석대/이병덕 공역 (도서출판 참말, 1994), 120. Cf. 이성구 교수는 이 용어를 공동체의 대표로서의 장로, 지혜의 전달자로서의 장로, 영적 지도자로서의 장로로 구분하였다. 보다 상세한 것은 이성구, "장로정치 제도의 구약적 조명", 「개혁신학과 교회」 (고려신학대학원, 2003, 제15호, 54-62 참조)

흥정을 상세히 기술하였다. 재미있는 것은 아브라함이 땅을 구입하기 위해 먼저 그 지역 사회 곧 헷 자손들과 그 땅의 거민들의 동의를 확보하고, 그 대가로 은 4백 세겔을 제시하였다. 그리고 거래의 성사 뒤에 그 지역 사람들은 그 땅을 아브라함의 소유(창 23:1-20)로 인정하였다.[21] 이후 이스라엘 민족의 출애굽을 주도한 모세 시대로 소급된다. 하나님은 모세로 하여금 그의 명령에 따라 광야 교회를 지도할 장로들을 세워 다스리도록 하였다(출 3:16-18, 19:7, 24:9, 민 11:16-17). 장로들은 모세처럼 성령을 받아 백성을 지도하며 짐을 담당(민 11:16-17; 출 18:12, 21, 25)하였고 때로는 재판장과 함께 살인자를 심판하였으며(신 16:18, 19:12), 검시를 집행하였고(신 21:2), 가족 문제(신 21:18)와 결혼 문제를 해결하며(신 22:15, 25:7), 성문에서 논쟁사건을 해결하였다(룻 2:2). 그러므로 이들은 많은 경험으로 세상의 문제들을 현명하게 대처하였다.[22]

한편 고대 이스라엘 장로들은[23] 바벨론 느브갓네살에 의하여 전 세계의 민족들 가운데 흩어졌다(신 28:25). 이들은 가는 곳마다 회당을 세워 그 곳에서 율법을 낭독하며 선조들의 신앙적 가르침을 받았다. 이스라엘 백성의 생활은 회당 중심으로 형태가 바뀌었다. 곳곳에 흩어진 이스라엘 백성들은 자신들의 종교적 관습에 따라 하나님께 예배를 드리며 처한 환경에 적응하며 생활하였다.[24] 이 과정에서 장로들의 역할이 중시(重視)되면서 이들에 의한 지도 체제가 확고해 지게 되었다. 그런데 B.C. 400년경 바벨론의 유배 생활 이후 장로직은 구약의 유대적 전통을 기초로 발전하였다.[25] 이 전통에 따라 신약 교회는 이스라엘 백성들이 수립한 회당의 정치체제를 그대로 수용하여 장로 중심 체제를 확립하였다. 이 같은 예는 공회원을 뽑아서 모든 일을 처리했던 예루살렘의 산헤드린 공의회에서 발견된

---

21) Paul Johnson, *A History of the Jews* (Harper Perennial, 1988), 3-11.

22) James Hastings, *A Dictionary of the Bible* (Edinburgh: C. & T. Clark, 1910), vol. I., 676-677; 레온 우드, 「이스라엘의 역사」, 김의원 역 (기독교문서선교회, 1993), 213.

23) Stuart G. Hall, "God and Gods", *Doctrine and Practice in the Early Church* (Michigan: Grand Rapids: William B. Eerdmans Publishing Company, 1992), 31-32.

24) Mark A. Noll, *Turning Points: Decisive moments in the History of Christianity* (Michigan, Grand Rapids, Baker Academic, 2000), 31.

25) Mark A. Noll, *Ibid.*, 28-29; Alexander Strauch, *Biblical Eldership: An Urgent Call to Restore Biblical Church Leadership* (Colorado: Lewis and Roth Publishers, 1988), 7-25.

다.[26] 이들 장로들(*presbuteroi*)은 감독(*episkopein*)으로(눅 22:66; 딛 1:5, 7; 벧전 5:2), 동일한 사람을 교차적으로 불렀다(행 20:17, 28). 이들은 때로 특정 사역과 훈련을 담당하였다(행 14:23). 이것은 군주제도 혹은 민주적인 통치 유형이 아닌 어떤 일에 가장 적합한 자로 하여금 일하게 하는 정치형태였다. 이러한 장로들의 복수성(plurality)은 장로들의 위원회로, 후에 교회가 채택한 통치 규범과 직접적으로 연결되었다.[27] 이는 신약에서 폭넓게 사용된 직분과 제도로 백성의 재판자들과 사사 등이 장로들 중에서 선출되었다.[28]

바울은 갈 3:29에서 "너희가 그리스도께 속한 자면 곧 아브라함의 자손이요" 라고 하였다. 또한 엡 2:20에서 그는 교회가 사도들과 선지자들의 터 위에 세우심을 입은 사실을 말했다. 이로써 그는 구약 교회와 신약 교회가 원리적으로 동일함을 강조하였다. 하지만 신약 교회는 유대인 중심의 구약 교회와 달리 점차 이방인 중심으로 확장되었다. 사도들은 예수님의 지상 명령을 실천하기 위해 온 힘을 기울였다. 당시 신약 교회는 어떤 특별한 조직이 없이 주로 가정에서 모여 기도에 힘쓰며 구제와 성례를 실시하였다(행 2장). 그러다가 사도들의 설교로 개종한 많은 사람들이 교회에 들어오면서 점차 조직적인 체제를 갖추게 되었다.[29] 따라서 신약의 교회는 집사와 장로들을 세워 교회의 일을 관장하며 동시에 복음 전파에 주력하였다(행 4:23; 11:30; 14:23; 20:17, 28; 23:14; 딤전 5:17). A.D. 95년 고린도 교회에 보내는 서신에서 로마의 클레멘트는 이 직분을 가진 사람에게 동일하게 사용하였다. 100년경 기록된 디다케와 유대 기독교 개론에 의하면 당시 지방 목사는 감독이자 집사였다.[30] 그 위의 목사는 여러 지역을 순회하며 실천하는 사도요 선지자였다. 이들은 예수님의 12사도가 아니었으나 직무상 동일한 명칭을 사용하

---

26) Charles Hodge, *The Church and Its Polity* (London: Thomas Nelson and Sons, 1879), 118-133.

27) J. B. Lightfoot, *St. Paul's Epistle to the Philippians* (London & Cambridge: Macmillan & Co., 1869), 94.

28) Joseph H. Thayer, *A Greek-English Lexicon of the New Testament* (New York: American Book Company, 1886), 535.

29) David W. Hall(ed.), *The Divine Right of Church-Government* (Naphtali Press, 1995), 177.

30) Leighton Pullan, *The Christian Tradition* (London: Longmans, Green, and Co., 1904), 301-306.

였다. 이들은 성도들을 보살피면서 오늘날 감독처럼 교회의 특별한 통치자로 행동하지 않았다.

(3) 장로교 정치 형태와 정당성: 주지하듯이 오늘 날 교회는 각자의 신앙적 혹은 신학적 특성에 따라 다양 한 형태의 정치체제를 가지고 있다. 대표적으로 교황제, 감독제, 독립교회와 장로교회이다.[31] 이 중에 장로교는 보통 한 회중 또는 한 무리의 회중들이 선출한 장로들이 다스리는 교회이다. 장로교도들은 교회 정치의 개념을 구약의 회당에서 찾는바, 당시 회당은 장로들이 다스렸기 때문이다.[32] 칼빈은 신약시대의 교회가 장로교와 동일한 형태의 조직이었으므로 현대 교회가 이 모범을 따라야 할 유형이지만 다른 형태를 채택할 수도 있다고 하였다.[33] 사실 성경은 극히 일부 일뿐 특정 정치 체제에 대해 구체적으로 언급하지 않는다. 이는 어느 특정 교회나 교파의 정치 원리가 옳다고 절대화 할 수 없음을 보여준다. 오히려 복음 전파 과정에서 발생할 특수한 환경에 따라 적용되어야 하기 때문이다. 그럼에도 불구하고 성경에 기초한 어휘나 역사적 정황 또는 신학적 명료성에서 볼 때[34] 장로교 정치 체계가 가장 민주적. 성경적임을 알 수 있다.

---

31) James Moir Porteous, *The Government of the Kingdom of Christ: An Inquiry as to the Scriptural, Invincible, and Historical Position of Presbytery* (Edinburgh: Johnstone, Hunter, & Co., 1873), 17-122; Donald Macleod, *A Faith to Live by Understanding Christian Doctrine* (Mentor, 2002), 263-269; 서요한, "교회와 정치제도 소고", 「신학과 경건」 (광신대학교출판부, 2002), 315-345를 참고하라.

32) 보다 자세한 것은 Charles Hodge, *The Church and Its Polity* (London: Thomas Nelson and Sons, 1879), 242-507을 참조하라.

33) W. Stanford Reid, "Presbyterianism", *Dictionary of the Christian Church* (Michigan: Zondervan, 1981), 800-801.

34) David W. Hall/Joseph H. Hall, *Paradigms in Polity* (Michigan: William B. Eerdmans Publishing Company, 1994); John Macpherson, *Presbyterianism* (Edinburgh: T. & T. Clark, n. y.), 1-151; James Bannerman, *The Church of Christ* (Edinburgh: The Banner of Truth Trust, 1960), vol. 2., 201-213; Murdo A. Macleod, "Presbyterianism", *Hold Fast Your Confession*, ed. Donald Macleod (Edinburgh: Knox Press), 75-90; William M. Campbell, *The Triumph of Presbyterianism* (Edinburgh: The Saint Andrew Press, 1958), 1-152; Walter L. Lingle, *Presbyterians: Their History and Beliefs* (John Knox, 1960), 22; Rowland S. Ward, *The Westminster Confession for the Church Today* (Australia, 1992), iii-vii, 226-240; James Moffatt, *The Presbyterian Churches* (London: Methuen & Co. Ltd., 1928)

4. 장로교회의 역사적 발전과 상징

역사적으로 고대 로마와 헬라에서는 자신들의 지역 공동체 내의 효과적인 활동을 위하여 장로를 임명하였다. 이러한 전통은 유대인 공동체와 초대 교회 사도들이 지상 명령을 준행하는 과정에서 복음 사역을 위해 안수하고 행정적으로 지역 교회 회중을 다스리기 위해 장로를 임명하였다. 특별히 성 패트릭(St. Patrick)에 의해 시작된 아일랜드 교회는 교회 제도를 확립하는 과정에서 주교 대신 많은 장로들을 세웠다. 이들은 예수 그리스도를 유일한 머리로 간주하였다.35) 이후 장로교회의 전통은 중세의 여러 단체를 통해 발전했으나 16세기 종교개혁과 더불어 확립되었다.[36]

(1) 중세의 발전: 초대 교회의 목사, 장로, 교사, 집사 4직분은 중세 가톨릭에 의해 사제, 주교, 교황으로 구성된 교계제도로 변모하였다. 그리하여 가톨릭은 초대교회의 일반적인 직분 개념을 특수 계층으로 축소하여 절대화하였다. 이러한 상황에서 여러 단체 중에 중세 가톨릭의 부패와 더불어 태동한 발도파를 들 수 있다. 이들은 신교주의 이전의 신교도"[37]로 청결운동을 주창하였다. 이 파에 대하여 개혁자 베자는 이들을 순수하고 때 묻지 않은 초기 기독교회의 유품이라고 하였다.[38] 피터 발도(Peter Waldo)는 1175-1176년 사이에 회심 후 자신의 재산을 포기하고 그리스도의 말씀을 따라 복음을 선포하며 가난한 이웃과 함께 생활하였다. 그는 교황 알렉산더 III세의 승인을 얻어 지역을 순회하며, 리용의 빈자로 부한 삶을 비판하며 기성교회의 방종을 정죄하였다. 1181년 리용 대감독의 설교 금지와

---

35) Venerable Bede, *The Ecclesiastical History of the English Nation* (London: Aldine House, 1903), vol. III., chap. 5; John Cunningham, *The Church History of Scotland: From the Commencement of the Christian Era to the Present Time* (Edinburgh: James Thin, 1882), vol. 1., 48-49, Robert Herbert Story(ed.), *The Church of Scotland, Past and Present* (London: William MacKenzie, 1890), vol. I, 121 146; John A. Duke, *History of the Church of Scotland to the Reformation* (Edinburgh: Oliver and Boyd, 1937), 19-20.

36) Lefferts A. Loetscher, *A Brief History of the Presbyterians* (Philadelphia: The Westminster Press, 1983), 11-203.

37) F. Holderness Gale, *The Story of Protestantism* (London: Cassell and Company, Ltd.), 12.

38) 피터 S. 럭크만, 「신약교회사」 (말씀보존학회, 1997), 290.

1184년의 설교 금지 파문을 당하자 교권에 불복하여 리용을 떠나 알프스 지역으로 피신하였다. 그리고 그곳에서 감독과 성직자들, 집사들을 세워 조직적으로 운동을 펼쳐 나갔다. 당시 교황 이노센트 III세는 바벨론의 매춘부처럼 이들을 분노하였다. 발도파는 영국을 제외한 유럽의 곳곳에 전파되었다. 이노센트는 1214년 이들을 이단자로 규정하였다.

이들의 신조는 단순했으나 점차 다양하게 발전하였다. 특별히 가톨릭 교회의 독점적 권위를 부정하고 교황과 그의 파문에 불복하였다. 그들은 고해성사와 성만찬 교리를 제외한 대부분의 가톨릭 성례전을 재해석하였다. 세례도 자신들의 예법에 따라 시행하였다. 이들은 당시 가톨릭적 축제일인 성일들과 기도 일들은 인간의 고안품이며, 성경에 근거한 것이 아니라고 지적하였다. 또한 맹세를 거부하고 연옥교리를 부정하였다. 교회 조직에서 발도파는 초기 기독교 신경에 기초하여 가톨릭의 교황권, 교회당 건물이나 묘지, 제단과 성수, 교회예식 또는 성자숭배, 성지순례와 면죄부를 거부하였다.[39] 이것은 당시 종교지도자들에게는 매우 과격한 일이었다. 그리고 발도파는 세 가지 교회 직분으로 집사, 장로, 감독을 세웠으며,[40] 소속 성직자들은 매우 헌신적으로 생활하였다. 이후 급속히 유럽 전 지역으로 폭넓게 전파되었다. 결국 종교개혁은 이들이 흩어져 생활한 지역을 중심으로 일어났다. 숫한 박해에도 불구하고 발도파는 급속히 증가하였다. 이곳에 살던 보헤미야의 후스 교도와 영국의 위클리프 교도 간에 합동을 시도했으나 교리적 차이를 극복하지 못했으나, 16세기 종교개혁, 특히 칼빈 신학의 주류를 형성하였다.[41)]

---

39) G. R. Evans(ed.), *The Medieval Theologians: An Introduction to Theology in the Medieval Period* (Oxford: Blackwell Publishers Ltd., 2001), 269; Giorgio Tourn, *The Waldensians: The First 800 Years(1174-1974)*, ed. Charles W. Arbuthnot (Torino: Claudiana, 1980), 3-231.

40) 최덕성, 「종교개혁전야」 (서울: 본문과 현장사이, 2003), 75-79.

41) 당시 스위스 남서부 알프스에 있던 발덴시안들은 그곳에 근거를 둔 한 프랑스의 선교사에 의해 종교개혁을 했다. 1530년 윌리암 파렐(William Farel)과 협력한 안토이네 사우니에르(Antoine Saunier)와 피에르-로버트 올리베탄(Pierre-Robert Olivetan)은 이들을 방문했다. 발덴시안들은 1535년 올리베탄의 값비싼 프랑스 성경 지불을 도왔다. 1555년 이후 이 이단 공동체들은 그들의 목사들을 초빙할 때 칼빈에게 요청하여 정식 교회가 되었다. 1558년과 1564년 사이에 개정된 프랑스 개혁교회의 신앙고백과 제네바 교회의 안수식을 채택하였다. 1560-1561년 사보이

프랑스 남부에서 시작된 카타리파는 교회의 위계질서를 거부하고 매우 열정적으로 금욕 생활을 하며 자신들을 유일한 사도적 청빈주의자로 규정하였다.[42] 또한 성직계급의 화려한 생활을 반대하였다. 프랑스와 이탈리아의 도시 상공업자 사이에 추종자가 많았으며 당시의 서민 감정을 반영하였다.[43] 1140년 이후 카타리파는 서부 유럽에 전파되었고 북부 이탈리아와 남부 프랑스에서 성행하였다. 그런데 이곳에서는 보다 진보된 형태의 조직체를 가졌다. 이들은 로마 가톨릭 교회와 대조되는 순결과 검소한 생활을 강조했다. 1200년 남부 프랑스는 툴루제(Toulouse)의 보호아래 완전히 카타리파가 되었다. 영국에 복음을 전파한 컬디스(Culdees)는 이후 그곳의 여러 섬으로 급속히 확산되었다. 당시 9-10여 개 국가들은 십자가 교리와 근본적으로 장로교 정책을 지속하거나 확장시키는 것을 매우 영광으로 생각하였다.[44] 유프라테스의 바울 추종자들(Paulicians)은 7세기 중엽 유프라테스의 지방에 바울 추종자들로 아르메니아(Armenia)와 소아시아(Asia Minor), 트레이스(Thrace)지역으로 확산 되었다.[45] 10세기 이들의 관심은 불가리아와 보스니아에

공작에 대항한 성공적인 반란 이후에 그들의 구역 안에서 제한적인 타협이 이루어졌다. 1655년과 1686-89년 그들의 박해는 유럽 개혁교회들의 동정과 연대감을 촉발하였다. 그들은 1848년 피에드몬트에서 시민권을 얻었다. 현재 발덴시안 교회는 알프스와 투린(Turin), 플로렌스(Florence) 그리고 로마와 남미의 이민 공동체들 사이에 약 2-3만 명의 회원을 갖고 있다. 이들의 연례 정규 대회(Tavola)는 테레 펠리세(Terre Pellice)에서 개최된다. Alexis Muston, *The Israel of the Alps: A History of the Persecutions of the Waldenses*, trans by William Hazlitt (London: Ingram, Cooke, and Co., 1852), 1-296; Donald K. McKim(ed.), *Encyclopedia of the Reformed Faith* (Edinburgh: Saint Andrew Press, 1992), 388-389; 권현익, "성경 번역이 종교개혁에 미친 영향", 「프랑스 종교개혁 발자취」 (크리스천투데이, 2009년 11월 18일, 24면 참조)

42) E. Holmes, *The Albigensian or Catharist Heresy* (London, Williams Norgate, 1925), 138

43) 그러나 이들이 교황 인노센트 3세를 격노케하여 제2차 십자군을 창설케 하였고, 1231-1233년 사이에 박해와 종교재판으로 어려움을 겪었다. 본래 카타리파는 헬라이 기디코이(Cadalol, Puritans)로 청결한 자들의 뜻이다. 이들은 성인의 침수를 주장하고 지역교회에서의 순수성 유시를 위해 징계를 강조했다. 또한 부도덕한 감독의 침례를 거부했으며 박해시 주 예수 그리스도를 부인하고 믿음에서 이탈한 자의 침례도 거부하였다. 이 운동은 12-13세기 서부 유럽에서 번성하였다.

44) Adam Loughridge, "Culdees", *Dictionary of the Christian Church* (Michigan: Zondervan, 1981), 275.

45) F. Holderness Gale, *The Story of Protestantism* (London: Cassell and Company, Ltd), 18.

있는 하나님의 친우(Bogomils or Friends of God)들 이었다. 12세기 말엽 기도의 사람들인 베가드(Beghards)들은 네덜란드와 라인 강을 따라 번영했다.

중세 장로교 형태는 도미니쿠스회와 프란체스코회의 전통에서 찾을 수 있다. 먼저 도미니쿠스회는 소속된 탁발승을 교육하기 위해 여러 등급의 학교를 설립하였다. 그 중 신학부 몇 곳은 교단 전체에서 학생들을 뽑아 대학과 연계하였다. 무엇보다도 도미니쿠수회는 1220년과 1221년 볼로냐에서 총회를 개최하여 교회 직제를 혁신적으로 발전시켰다. 이들은 교단을 치밀한 대의제적 구조로 조직하였다.46) 즉 교단을 여러 교구로 나누어 교구장이 관할하였고 교단 전체는 총교구장이 관할하였다. 당시 행정관은 기존 교단과 같이 교단 구성원이 선출하였다. 그러나 도미니쿠스회는 주요 교구마다 별도의 탁발승 회의를 두어, 이를 통해 모든 것을 입법화하였다. 이 교구회의는 교구의 모든 도미니쿠스회 수도원장과 각 수도원에서 선출된 대표로 구성되었다.[47] 전 교단의 총회는 3년을 주기로 볼로냐와 파리에서 교차 개최되었다. 첫해에는 모든 교구장이, 다음 두 해에는 각 교구에서 선출된 대표들이 교구장 없이 모이는 것으로 구성되었다. 교단의 입법은 연이은 세 번의 총의에서 이루어졌다. 총교구장을 제외한 모든 관직은 선출직으로 임기제였다. 총교구장이 종신직이었으나 부당 행위 시에는 총회의 의결로 축출되었다. 따라서 전체적인 체제는 교묘히 중앙의 권위와 대의제적 통치를 결합하였다. 이 체제가 당시에는 가장 발달된 조직체였다.[48]

프란체스코회의 체제는 도미니쿠스회와 유사하였다. 수도회의 우두머리는 총장이었고 형제들은 그에게 복종해야 했다. 총장은 전체 총회에서 선출되었으며, 지도력이 미흡하면 총회에서 경질하였다. 1223년 규율에 의하면 전체 총회를 삼년마다 개최하거나 혹은 총장의 소집에 의해 개최되었다. 1239년 이후 삼 년마다 전체 총회를 개최하는 것이 의무화되었다. 각 지역의 감독은 원래 총장이 임명했으나, 1239년 이후 지역 총회가 선출하였다. 처음에는 수사들이 집이나 수도원을

---

46) John T. McNeill, *The History and Character of Calvinism* (New York/Oxford University Press, 1954), 246-247.

47) 브라이언 타이어니/시드니 페인터, 「서양 중세사」, 이연규 역 (집문당, 1993), 376.

48) Williston Walker, *A History of the Christian Church* (New York: Scribner, 1985), 353; 서요한, "제20장 중세 수도원의 형성과 역사적 발전", 「중세교회사」 (도서출판 그리심, 2003), 641-676.

갖지 않고 암자나 나무로 된 오두막 혹은 버려진 교회당에서 살았다. 수도원이 세워진 지역들은 감독구로 세분되었으며, 관리자가 그곳을 책임졌다. 다시 각 수도원들은 보호자의 지도를 받았다. 본래 관리자나 보호자는 총장에 의해 임명되었으나 1239년 이후에는 지방 감독이 지방 총회의 자문을 따라 임명하였다. 그러므로 프란체스코회는 감독들에게 많은 입법권을 부여하며 도미니쿠스회를 닮아갔다.[49)]

(2) 장로교회의 역사적 발전: 16세기 종교 개혁과 함께 장로(개혁) 교회는 언어적, 지역적, 신학적, 역사적 특성을 따라 유럽의 여러 국가, 예를 들면 프랑스, 화란, 독일, 스코틀랜드와 영국, 특별히 19세기 이후 영연방인 카나다와 호주, 뉴질랜드로 급속히 확산되었다.[50)] 1530년 스크라스부르그에서 마틴 부처(Martin Bucer, 1491-1551)는 개 교회와 시 당국, 그리고 국민 중에서 한 사람을 대표로 선발하여 장로로 임명하였다. 그는 이들을 신적 권위에 기초한 신약의 장로와 동일시하였다.[51)] 그러므로 이들은 이중적으로 먼저 시 의회를 대표하며 동시에 그리스도와 그의 모든 영적 능력 안에 묶이었다.[52)] 당시 부처는 특히 교회의 치리와 관련하여 오이콜람파디우스(Oecolampadius)와 일부 재침례파의 영향을 받았다. 이 원리는 1535년 볼프강 F. 카피토(Wolfgang Fabricius Capito, 1478-1541)에 의해 교회의 법률로 프랑크프르트에서 실행되었다.[53)] 그 후 프랑스 장로교회는

---

49) Williston Walker, *Ibid.*, 358.

50) Emile G. Leonard, *A History of Protestantism* (Nelson, 1965), vol. I., 292-351, vol. II., 1-448; G. D. Henderson, *The Scottish Ruling Elder* (London: James Clarke & Co., Ltd., 1935), 11-38; James Moffatt, *The Presbyterian Churches* (London: Methuen & Co. Ltd., 1928), 1-93; R. Gordon Balfour, *Presbyterianism in the Colonies, with Special Reference to the Principles and Influence of the Free Church of Scotland* (Edinburgh: Macniven & Wallace, 1900); C. B. Eavey, *History of Christian Education* (Chicago: Moody Press, 1965), 151.

51) D. W. Wright, "Martine Bucer", *Dictionary of the Christian Church*, ed. J. D. Douglas (Michigan: Zondervan, 1981), 162-163; E. C. Whitaker, *Martin Bucer and the Book of Common Prayer* (England: The Alcuin Club, 1974), 12-183.

52) Roy Kearsley, "Calvin and the Power of the Elder: A Case of the Rogue Hermeneutic?", *Interpreting the Bible: Historical and Theological Studies in honour of David F. Wright* (Apollos, 1997), 113-129; Lorna Jane Abray, *The People's Reformation* (Basil Blackwell, 1985), 9-227.

53) G. D. Henderson, *op. cit.*, 11-38; D. W. Wright, "Wolfgang Fabricius Capito", *Dictionary of the Christian Church*, ed. J. D. Douglas (Michigan: Zondervan, 1981), 191.

1540년 경, 칼빈의 제네바를 중심으로 전개되었다.[54] 1546년 스트라스부르그 교회를 따르는 교회가 모우(Meaux)에 설립되었다. 1559년 제네바를 모델로 파리에 교회가 세워졌으며, 같은 해 소집된 15개의 프랑스 개혁 총회는,[55] 갈릭 신앙고백서를 채택하였다. 그 후 위그노(Huguenots)로 명명된 프랑스 개혁교회는 국왕과 로마 가톨릭에 맞서 투쟁하였다.[56] 1572년 성 바돌로메의 축제의 날 새벽, 기습적인 공격으로 어린이를 포함한 약 4만 명의 남녀와 그들의 지도자 꼴리니(Admiral Coligny)[57]가 학살되었다.

---

54) J. N. Ogilvie, *The Presbyterian Churches: Their Place and Power in Modern Christendom* (Edinburgh: R. & R. Clark, Ltd., 1896), 3-4; G. D. Henderson, *Why We Are Presbyterians, Church of Scotland Publications*, n. y., 17-27; . G. R. Elton, *Reformation Europe 1517-1559* (Fontana Press, 1963), 222-226.

55) James MacKinnon, *The Constitutional History of Scotland: From Early Times to the Reformation* (London: Longmans, Green, and Co., 1924), 332-334; Pierre Courthial, "The Golden Age of Calvinism in France: 1533-1633", J*ohn Calvin, His Influence in the Western World*, ed. W. Stanford Reid (Michigan: Zondervan, 1982), 75-92; Keith Randell, *John Calvin and the Later Reformation* (London: Hodder & Stoughton, 1990), 83-92.

56) Robert M. Healey, "Huguenots", *Encyclopedia of the Reformed Faith*, ed. Donald K. McKim (Edinburgh: Saint Andrew Press, 1992), 181-182; Allan Cameron, *Great Men & Movement of the Christian Church* (Paisley: Alexander Gardner, 1914), 340-355; Andrew Pettegree(ed.), *The Early Reformation in Europe* (Cambridge University Press, 1992), 120-141.

57) 1517년 루터의 95개 항의문이 출간된 해에 프랑스 최고의 권문세가 자손으로 태어나 프랑스 제1세대 개혁자로 활동하였다. 30세에 군인으로 선발되어 공직 생활 중에 프랑스 제독으로 임명되었다. 그는 플랜더스와 이탈리아 전투에서 승리하였다. 1557년 스페인 군에 체포되었을 때, 감옥에서 성경과 종교 서적으로 개혁 신학을 섭렵하고 신교로 회심하였다. 그의 아내 제인 달브렛(Jeanne d'Albret)도 개혁 신앙을 지지하였다. 가톨릭 신봉자인 프란시스 2세 통치기에 무수한 사람들이 수감되었다. 1562년 2월 위그노를 대표하여 오를래앙 전투에서 기즈 백작을 암살하였다. 그 후 1567년과 1569년 전투에 참전하였고, 1570년 프랑스 위그노들과 가톨릭 교도를 위한 평화조약 체결을 계획했으나 1572년 8월 24일 7명의 무장 괴한에 살해되었다. 당시 로마 교황은 자신의 음모 성공에 환호하였다. 한 때 칼빈은 꼴리니에게 보낸 서한에서 "신민은 일반적으로 자기들의 지배자에게 절대 저항해서는 안 된다. 그러나 만약 의회의 지지를 받은 황족이 앞장선다면, 지방 행정관들은 그들의 권위에 근거하여 합법적 권리를 지키기 위하여 정통적 주권자에게 저항할 수 있다고 하였다. J. 플라므나츠,「정치사상사」, 김홍명 역 (풀빛, 1986), 111; Gideon David Hagstotz/Hilda Boettcher Hagstotz, *Heroes of the Reformation* (Birginia: Hartland Publications, 1996), 138-145; F. Holderness Gale, *The Story of Protestantism* (London: Cassell and Company, Ltd., 304-319); Penny Roberts, "Calvinists in Troyes 1562-1572: the legacy of Vassy and the background to Saint Bartholomew", *Calvinism in Europe 1540-1620*,

1594년 왕위에 오른 나바르(Navarre)의 앙리 4세는 1598년 낭트 칙령을 선포하여 종교의 자유를 승인하였다. 1685년 10월 18일, 루이 14세는 낭트 칙령을 취소하고 위그노들을 박해하였다. 이로써 당시 약 100만 여명이 죽거나 수감되었으며, 박해를 견디지 못하여 영국과 독일, 러시아와 덴마크, 미국과 캐나다, 심지어 아프리카로 이주하였다.[58] 당시 프랑스에 잔류한 일부 위그노들이 가톨릭으로 개종했으나, 일부는 끝까지 신앙을 사수하였다. 특히 잔류 자들은 1787년 프랑스 혁명 직전, 자유 칙령의 선포 때까지 아무런 법적 보호를 받지 못하였다. 그러나 법령의 선포 후 국왕은 개신교들에게 로마 가톨릭교회부터 세례식과 결혼식, 장례식을 받지 않고 생활할 수 있게 하였다. 1802년 나폴레옹은 제도적으로 가톨릭과 개신교를 포함한 모든 종파가 공존할 수 있게 하였다. 그러나 개혁파 교회들은 국가로부터 봉급을 받는 교역자들을 허락받았으나 국가가 노회와 총회를 관여하는 일은 거부하였다. 이로써 프랑스 교회는 영적인 삶의 갱신과 더불어 복음전도와 학교, 병원 및 각종 구제시설, 그리고 선교운동에 활기를 되찾았다. 그러나 급속한 세속화와 자유주의 신학의 대두로 옛 명성을 회복하지 못하고 급속히 쇠락하였다.[59]

네덜란드는 1523년 7월 두 명의 어거스틴 수도사, 헨리 보에(Henry Voes)와 존 에쉬(John Esch)의 순교를 통해 개혁 주의 전통이 정착되었다. 당시 네덜란드는 프랑스와 달리 가톨릭과 찰스 5세의 스페인으로부터의 독립이 문제였다. 이러한 상황에서 급속히 확장된 개신교는 1561년 벨직 신앙고백서를 작성하고, 1571년 프랑스 장로교 체제를 수용하였다. 1618-19년 알미니안 논쟁에 맞서 돌트 신조를 통해 칼빈주의 신학 전통을 수립했으며,[60] 1651년 개혁교회는 국교적 특권을

---

eds. Andrew Pettegree/Alastair Duke/Gillian Lewis (Cambridge University Press, 1996), 100-118; John T. McNeill, *The History and Character of Calvinism* (New York/Oxford University Press, 1954), 247-249.

58) Samuel Smiles, *The Huguenots in France* (London: Daldy, Isbister, & Co., 1875), v-xii, 1-426; George A. Rothrock, *The Huguenots: A Biography of a Minority* (Chicago: Nelson Hall, 1979), 3-190; H. E. Bell/ R. L. Ollard(eds.), *Historical Essays 1600-1750 Presented to David Ogg* (London: Adam & Charles Black, 1963), 195-202.

59) A. Dakin, *Calvinism*, London: Duckworth, 1941, 157.

60) W. Robert Godfrey, "Calvin and Calvinism in the Netherlands", *John Calvin, His*

확보하였다. 그러나 1789년 프랑스 혁명으로 촉발된 1795년 바타비아 혁명으로 네덜란드 교회를 국교 분립 교회로 만들었다. 그 결과 여타 개신교회와 로마 가톨릭, 유대교가 종교적 자유를 얻었으며, 1848년 헌법을 통해 모든 교파가 종교의 자유를 획득하였다.[61] 이 후 개혁교회는 1939-45년 제2차 세계대전까지 네덜란드 교회에 크게 영향을 끼쳤다.

16세기 루터의 비텐베르크와 함께 태동한 독일 개혁교회는 츠빙글리와 칼빈, 부처의 영향아래 취리히와 제네바, 스트라스부르크에서 성공하였다. 하지만 독일 내 루터파의 견제로 쌍방 간의 갈등이 고조되었으며, 결국 이곳에 정착하지 못하고 소수로 전락하였다. 그러나 독일 내 개혁 주의 전통은 팔레티네이트(Paletinate) 주의 하이델베르크와 나사우, 베젤에 확고히 정착되었다. 그 중에 하이델베르크는 당시 이곳 영주 프레데릭 3세의 요청으로 1530년 루터교의 아우구스부르크 신앙고백을 받아들였다. 그리고 1563년 우르시누스와 올레비아누스로 하여금 하이델베르크 신앙고백서를 작성하게 하였다.[62] 1648년 개혁교회는 웨스트팔리아 조약으로 하나의 교파로 인정받았다. 1555년 아우구스부르크 종교협약에 힘입어 독일 내 각 지역의 종교가 자유를 획득했으며, 1817년 마침내 독일 내 개혁교회와 루터교회가 연합하였다. 제2차 세계 대전 이후 24개의 지역별 루터교회는 각각의 자율을 유지하며 독일 복음교회(the Evangelical Church in Germany)를 구성하였다. 현재 독일 내 개혁교회는 일부 독립교회 형태를 취하는 소수이나, 유럽의 개혁교회와 장로교회의 정치 원리, 그리고 하이델베르크 신앙고백서를 채택하였다.

폴란드에서는 존 후스의 영향으로 칼빈주의가 가장 왕성하였다. 당시 칼빈은 이곳의 지기스문트(Sigismund) 왕과 편지를 주고받았다. 1556년 런던과 엠덴에서 이민 목회를 한 존 아 라스코(John a Lasko)가 폴란드로 귀환하여 개혁교회를 조직하려 했으나 실패하였다. 그러나 1570년 개혁교회, 루터교 및 체코 형제단이 산도미르 신앙고백서(the Consensus of Sandormir)를 채택하였다. 하지만 교회 내적

Influence in the Western World, ed. W. Stanford Reid (Michigan: Zondervan, 1982), 95-120.

61) J. N. Ogilvie, *The Presbyterian Churches: Their Place and Power in Modern Christendom* (Edinburgh: R. & R. Clark, Ltd., 1896), 40-53.

62) C. Gregg Singer, *John Calvin: His Roots and Fruits* (Greenville: Salisbury, 1989), 20-28.

으로 개혁의 진행이 교황청 특사에 의해 지연되는 동안 긴장이 고조되었으나, 1573년 바르샤바 협약으로 양측의 싸움이 중단되었다. 당시 의회는 칼빈주의자들의 노력으로 종교의 자유를 헌법에 삽입하였다. 그럼에도 불구하고 가톨릭의 강세로 개혁교회가 약화되었다. 특별히 예수회의 반동종교 개혁으로 가톨릭이 우세하였다. 이들은 1573년 협약을 무효화하고 가톨릭을 국교화 하였다. 이러한 상황에서 폴란드 개혁교회는 1767년 라돔 협약의 제정 시까지 억압을 받았다. 1768년 비국교도들의 권리가 인정되면서, 개혁교회는 1795-1918년 국가적 어려움, 빈번한 전쟁에도 불구하고 활력을 발휘하였다. 1919년 폴란드의 독립과 더불어 로마 가톨릭과 동방정교회가 다시 부흥하였다. 제2차 세계대전 당시 독일과 러시아의 침략, 1945년 공산주의 정부 수립으로 가톨릭과 동방정교회가 어려움을 겪었다. 이후 폴란드 정부와 로마 가톨릭 간에 긴장이 계속되었으나, 1978년 폴란드 출신 요한 바오로 2세가 교황에 오르면서 다시 활기를 찾았다.

헝가리는 1520년대 루터교가 들어와 1538년 이곳에 개신교 대학을 설립하였다. 따라서 많은 학생들이 바젤과 비텐베르크, 기타 개신교 국가에서 공부를 마친 후 귀국하여 영향을 미쳤다. 특별히 데브레첸은 헝가리의 학문과 종교의 중심지가 되었다. 1560년 이곳에 노회가 결성되었고,[63] 가톨릭의 반동 종교개혁과 1618년-1648년, 30년 종교 전쟁을 거치면서 개혁신학의 요람이 되었다.[64] 사실 헝가리의 개혁교회는 처음부터 민족교회를 꿈꾸며 발전하였다. 이러한 열망은 수많은 역경 속에 생존을 향한 오랜 투쟁으로 더욱 강렬해졌다. 마침내 1881년 데브레첸 노회가 그것을 위한 헌장을 기초하였다. 따라서 헝가리 개혁교회는 해당 지역 대관구들의 자율권을 인정하면서 동시에 전체의 통일성을 지향하는 민족교회로 정착하였다. 이후 18-19세기를 거치면서 종교의 자유 아래 더욱 성장하였다. 1930-1940년 독일의 히틀러에 점령된 후, 헝가리 개혁교회가 독일의 반셈족주의와 유대인의

63) Kalman D. Toth, "The Helvetic Reformation in Hungary", *John Calvin, His Influence in the Western World*, ed. W. Stanford Reid (Michigan: Zondervan, 1982), 141-169; David Daniel, "Calvinsm in Hungary: the theological and ecclesiastical transition to the Reformation", *Calvinism in Europe 1540-1620*, eds. Andrew Pettegree/Alastair Duke/Gillian Lewis (Cambridge University Press, 1996), 205-230.

64) 이곳은 헝가리의 제네바(Hungarian Geneva) 혹은 칼빈주의적 로마(Calvinist Rome)로 불렸다.

학살에 항거했으나 역부족이었다. 대전(大戰) 종식 후, 헝가리 개혁교회는 1948년 투쟁 과정에서 공산당이 소비에트 연방의 유일한 정당이 되었다. 1956년 헝가리의 반 공산 혁명 때까지 공산당의 이념을 수용하지 않은 시민과 교인들은, 그 누구도 박해를 피할 수 없어, 많은 목사와 신학자들이 순교하였다. 따라서 교회나 정부를 상대로 예언자적 사명을 잘 감당할 수 없었다. 더욱이 공산당의 감시아래 있는 감독과 기타 교회의 지도자들 때문에 개혁교회는 개교회의 연합체 구성이나 국권 회복을 위해 일할 수 없었다. 따라서 공산 국가의 정책과 감시, 세속화의 영향으로 침체할 수밖에 없었다. 1989년 헝가리는 공산 소련의 연방과 동구권의 와해, 베를린 장벽의 붕괴와 더불어 서방을 향해 제일 먼저 문호를 개방하였다. 1990년 헌법 제4조[65]를 개정하여 교회가 공산 정부의 억압으로부터 해방되어 오늘에 이르렀다.

1534년 영국의 헨리 8세는 수장령을 통해 로마 교황청과 결별하였다. 그의 사후 에드워드 6세는 켄터베리의 대주교 토마스 크렌머, 존 낙스, 그리고 섭정자 섬머세트(Somerset)와 함께 1549년 예식서를 작성하였다.[66] 이 후 메리 여왕의 등극으로 영국 내 개혁교회 목사들과 기독교 지도자들이 해외로 도피하였다. 엘리자베스 1세의 즉위와 더불어 망명자들이 귀국하여 개혁운동을 전개하였다. 이들 중 토마스 카트라이트는 케임브리지 대학에서 행한 사도행전 강의를 통해 장로교 원리를 가르쳤다.[67] 당시 이들은 의식과 전통 중심의 가톨릭적 예배 대신 칼빈의 제네바 전통을 따른 청교도들로 국가와 손을 잡고 개혁에 동참하였다. 1571년 엘리자베스 치하의 성공회는 로마 가톨릭으로부터 완전히 독립하고, 의회가 39개 신조를 채택하였다.[68] 찰스 1세의 통치 아래 청교도주의는 혹독한 시련에 직면하였다.

---

65) 제4조는 다음과 같다. "양심과 종교의 자유는 모든 사람들에게 돌려져야 할 기본적인 인권이다. 헝가리 공화국은 누구나 양심대로 살고 종교의 실천을 펼치도록 보장한다".

66) Charles Hodge, *The Church and Its Polity* (London: Thomas Nelson and Sons, 1879), 157-167.

67) Albert Peel/Leland H. Carlson(eds.), *Cartwrightiana (*London: George Allen and Unwin Ltd., 1951); G. D. Henderson, *Presbyterianism* (Aberdeen University Press, 1955), 92-111.

68) Philip Edgcumbe Hughes, "Calvin and the Church of England", *John Calvin, His Influence in the Western World*, ed. W. Stanford Reid (Michigan: Zondervan, 1982), 173-196. Cf. W. H. Griffith Thomas, *The Principes of Theology: An Introduction to the Thirsty-Nine Articles* (London: Longmans, Green and Co., 1930); Edward Harold Browne, *An Exposition of*

1688년 명예혁명과 1690년 권리 장전(The Bill of Rights)으로 장로교가 정착되었으나, 1712년 앤 여왕의 관용법(Toleration Act)으로 영국 내 비국교도들, 특별히 장로교가 쇠락한 채 오늘에 이르렀다.[69] 웨일스는 1536년 영국과 공식적인 합병 이후, 영어가 웨일스의 공식어가 되었다. 1593년 존 펜리는 엘리자베스 여왕의 통일령을 어기고, 모국어 설교를 탄원한 이유로 순교하였다. 이처럼 급박한 상황에서 학자들과 교회 지도자들이 성경과 예식서를 웨일스 말로 번역하였다. 1588년 마침내 첫 번역이 완료되어 출간되었다.

한편 개혁 신학, 장로교회의 정착 과정에서 특별히 스코틀랜드와 교회는 여타 국가나 교회와 달리 더욱 혹독한 고난과 시련에 직면하였다. 1528년 페트릭 헤밀톤과 1546년 조지 위사르트의 순교, 1543년 스코틀랜드 의회의 성경 읽기와 성경 번역의 공식적인 허용으로 개혁운동이 점차 확산되었다. 그 후 제네바 망명 시절 칼빈의 영향을 받은 존 낙스는 다른 5명의 동료와 함께 작성한 신앙고백서를 1560년 의회에 제출하였다. 마침내 의회가 이를 채택하여 스코틀랜드는 개혁신학의 전통을 잇게 되었다.[70] 하지만 제1치리서는 원리를 제시했으나[71] 감독제를 묵인하였다. 낙스의 사후 스코틀랜드 교회가 감독 체제를 지속하자, 앤드류 멜빌과

---

the Thirty-Nine Articles (London: Longmans, Green, and Co., 1865); B. J. Kidd, *The Thirty-nine Articles: Their History and Explanation* (London: Liveingtons, 1919), 2vols; E. J. Bicknell, *A Theological Introduction to the Thirty-Nine Articles of the Church of England* (London: Longmans, Green and Co., 1947).

69) Hywel R. Jones, "The Death of Presbyterianism", By Schisma Rent Asunder, *Puritan and Reformed Studies Conference Papers*, 1969, 31-42. Cf. A. H. Drysdale, *History of the Presbyterians in England: Their Rise, Decline, and Revival* (London, 1889); C. G. Bolam(eds.), *The English Presbyterians from Elizabethan Puritianism to Modern Unitarianism* (London: George Allen & Unwin Ltd., 1968).

70) George Malcolm Thomson, *A Short History of Scotland: From the Earliest Times to the Outbreak of the Great War* (London: Kegan Paul, Trench, Trubner & Co., Ltd., 1930), 121-228; Alexander Taylor Innes, *The Law of Creeds in Scotland: A Treatise on the Legal Relation of Churches in Scotland Established and not Established, to their Doctrinal Confessions* (Edinburgh and London: William Blackwood and Sons, 1867), 1-57; John Knox, *The History of the Reformation of Religion in Scotland*, ed. Cuthbert Lennox, 20th Century edition (London: Andrew Melrose, 1905), 341-421.

71) James K. Cameron(ed.), *The First Book of Discipline* (Edinburgh: The Saint Andrew Press, 1972).

그의 동료들이 장로교 체제의 정착을 주장하여, 1592년 의회가 마침내 황금 법령, 장로교 헌장[72]을 승인하였다. 그러나 제임스 6세는 이를 적극적으로 반대하였다. 앤드류 멜빌을 해외로 추방한 후, 1618년 5개의 퍼스 조항을 발표하였다.[73] 이후 켄터베리의 대 감독 윌리엄 라우드는 1637년 7월, 자신이 작성한 예전을 에든버러의 성 자일스 교회에 강압적으로 부과하였다. 이에 에든버러 시민들이 강력히 항거하였다. 1638년 2월, 이 항쟁은 국민계약 운동으로 장로교 체제의 회복을 다짐하며 스코틀랜드 전역으로 급속히 확산되었다.[74] 그리고 온갖 역경을 극복하고 1643-1649년 사이 영국의 웨스트민스터 총회가 채택한 신앙고백서와 대소요리문답, 예배 모범, 그리고 장로교 정치 원리를 스코틀랜드 교회의 신앙원리로 승인하였다.[75]

이후 신앙 전통은, 또 다시 28년의 살육(殺戮)의 시대를 맞으며 위기에 봉착했으나 언약도들의 적극적인 참여를 통해 발전되었다.[76] 이들은 국왕의 강압과 성공회 감독 교회에 맞서 성경의 권위와 하나님의 주권을 신봉하며 초지일관 장로제

---

72) Alexander Peterkin, *The Booke of the Universall Kirk of Scotland* (Edinburgh, 1889), 357-360; James Kerr(ed.), *The Second Book of Discipline* (Edinburgh: the Saint Andrew Press, 1980); J. H. S. Burleigh, *A Church History of Scotland* (Edinburgh: Hope Trust, 1983, 204-205), 242.

73) W. Stephen, *History of the Scottish Church* (Edinburgh: David Douglas, 1896), vol. II., 205-229.

74) David Stevenson, *The Scottish Revolution 1637-44: The Triumph of the Covenanters* (David & Charles: Newton Abbot), 1973, 15-326; *Revolution and Counter-Revolution In Scotland 1644-1651* (London: Royal Historical Society, 1977), 1-244.

75) Alexander Johnston, *Presbyterians Awake* (Edinburgh: The Saint Andrew Press, 1988), 11-19; R. Stuart Louden, *The True Face of the Kirk: An Examination of the Ethos and Traditions of the Church of Scotland* (London: Oxford University Press, 1963), 37-51; W. G. T. Shedd, *Calvinism: Pure & Mixed* (Edinburgh: The Banner of Truth Trust, 1986). vii-xix, 1-161.

76) Andrew Lang, *A History of Scotland from the Roman Occupation* (Edinburgh: William Blackwood and Sons, 1906), vol. III., 283-423,, vol. IV., 1-77; John MacKintosh, *The History of Civilization in Scotland* (Aberdeen: A. Brown & Co., 1884), vol. III., 106-219; Williston Walker, *A History of the Christian Church* (New York: Scribner, 557-560); John Lee, *Lectures on the History of the Church of Scotland* (Edinburgh and London: William Blackwood and Sons, 1860), vol. II., 319-343; Edward Langton, *The Fruits of Controversy* (London: Lutterworth Press, 1952), 191-217.

를 주장하였다. 오직 그리스도께서 통치하신다는 확고한 신념아래, 이들에게 국가는 단지 제한된 충성만을 명령할 수 있었다. 그러므로 나라의 총수인 국왕이 언약을 파기할 경우 그를 옹립한 백성들의 의사에 의해 왕권을 박탈당할 수 있었다. 언약도들은 국왕의 권한이 제한되었으나 오직 하나님의 절대 권력은 무제한적이라고 주장하였다.[77] 이러한 사상은 종교 개혁 이전의 조지 버카난(George Buchanan)[78]에 의해 다듬어져 사무엘 루터포드에 의해 완숙되었다.[79] 언약도들은 칼빈과 낙스처럼 양심의 자유보다는 진리(眞理)의 토대 위에서 신앙을 체계화하였다.[80] 이들은 철저히 성경에 기초하여 근거가 없는 전통과 전승을 거부하였다.

미국의 장로교회는 다른 어떤 곳 보다 가장 주목해야 할 곳이다. 그 이유는 미국의 초기 정착민들 대부분이 종교의 자유를 위해 찾아간 17세기 스코틀랜드의 언약도들과 화란의 개혁파 장로교도들, 프랑스의 위기노들과 영국의 청교도들이었기 때문이다. 1706년 스코틀랜드 언약도들은 필라델피아에 최초로 장로교 총회를 설립하였다. 초대 총회장은 프란시스 매케미(Francis Makemie)였다. 그는 뉴욕과 캐롤라이나 등 여러 곳을 순회하며 설교하였다.[81] 1710년 아일랜드계의 장로교인들이 이주하면서 장로교회가 크게 부흥하였다. 1717년 첫 노회가 소집되었고, 1729년 웨스트민스터 신앙 고백서와 대소요리문답을 채택하였다.[82] 교회가 부흥

77) William Law Mathieson, *Politics and Religion: A Study in Scottish History from the Reformation to the Revolution* (Glasgow: James Maclehose and Sons, 1902), 164-374; Thomas Brown, *Church and State in Scotland: A Narrative of the Struggle for Independence from 1560 to 1843* (Edinburgh: Macniven & Wallace, 1891), 1-244; Walter Roland Foster, *Bishop and Presbytery: The Church of Scotland 1661-1688* (London: S. C. K., 1958), 1-173. Cf. Yohahn Su, *The Contribution of Scottish Covenant Thought to the Discussions of the Westminster Assembly(1643-1648) and its Continuing Significance to the Marrow Controversy (1717-1723)* (University of Glamorgan, Ph.D thesis, 1993), 68-123, 354-363.

78) Robert Wallace, *George Buchanan* (Edinburgh and London: Oliphant, Anderson & Ferrier, 1906), 9-146.

79) Samuel Rutherford, "Lex Rex", or "The Law and the Prince", *The Presbyterian's Armoury* (Edinburgh: Robert Ogle, Oliber and Boyd, vol. III., 1846).

80) J. D. Douglas, "Calvinism's Contribution to Scotland", *John Calvin, His Influence in the Western World*, ed. W. Stanford Reid (Michigan: Zondervan, 1982), 228.

81) A. Dakin, *Calvinism* (London: Duckworth, 1941), 180; J. N. Ogilvie, *The Presbyterian Churches: Their Place and Power in Modern Chrisiendom* (Edinburgh: R. & R. Clark, Ltd., 1896), 100-103.

하면서 목회자 양성 기관의 필요에 따라 1727년 윌리암 테넨트가 미 동부 펜실베니아에 최초의 대학을 설립하였다. 1746년에는 뉴저지에 프린스턴 신학교를 세웠다. 그 후 곳곳에 독일과 화란, 프랑스 인을 위한 장로교회가 세워졌다. 19세기 미국과 캐나다 및 호주 선교사들의 영향으로 아시아의 여러 나라, 중국, 일본, 인도, 아프리카, 특별히 한국에 장로교가 전파되었다.

(3) 장로교회의 분열: 18-19세기 동안 개혁교회는 스코틀랜드를 포함한 유럽과 미국에서 교회와 국가, 자유주의 신학 문제로 분열하였다.[83] 그 중에 스코틀랜드의 장로교회가 최초로 분열하였다. 1661년 왕정복고와 더불어 쇠락한 장로교회는 1689-90년 윌리엄 카스테어스(William Carstares)의[84] 중재로 완전히 복구되었다. 따라서 의회는 감독제 법률을 폐지하고 웨스트민스터 신앙 고백서를 채택하여 장로교 체제를 승인하였다. 그 결과 성공회 목사들이 교회에서 쫓겨났고 스코틀랜드 남서부 언약 지역(Covenanting area)에서는 고위 성직자들이 추방되었다. 1697년 총회는 장애 법령(Barrier Act)을 성안하였다.[85] 그러나 당시 언약도들, 대표적으로 카메로니안들은 1638년 국민계약을 배제한 협상을 거부하고 스코틀랜드 교회와 단절하였다. 1707년 앤(Anne) 여왕은 영국과 스코틀랜드를 연합하여 양국 간의 협약, 특별히 종교적 법안을 승인하였다.[86] 그러나 1712년 여왕은 화해법령(Toleration Act)으로 성직수여권법(Patronage Act)을 통과시켰다. 이로써 양국 간에 맺어진 기존의 법령이 폐기되어, 기존 스코틀랜드 교회의 목사들의 권한이 평신도 성직 수여권자들에게 돌아갔다.[87] 이에 윌리암 카스테어스와 스코틀랜드 총

82) C. Gregg Singer, *John Calvin: His Roots and Fruits* (Greenville: Salisbury, 1989), 22-23.

83) John T. McNeill, *The History and Character of Calvinism* (New York/Oxford University Press, 1954), 353.

84) A. Ian Dunlop, *William Carstares and the Kirk by Law Established* (Edinburgh: The Saint Andrew Press, 1964), 15-147; Andrew L. Drummond/ James Bulloch, *The Scottish Church 1688-1843* (Edinburgh: The Saint Andrew Press, 1973), 1-265; Ian B. Cowan, *The Scottish Covenanters 1660-1688* (London: Victor Gollancz Ltd., 1976), 11-163.

85) 이것은 교회 헌법에 관련된 조치들을 총회가 최종 입법화하기 전에 노회의 승인을 받아야 할 것을 포함하였다.

86) Andrew J. Campbell, *Two Centuries of the Church of Scotland 1707-1929* (Paisley: Alexander Gardner, Ltd., 1930), 9-312.

87) 중세적인 성직 수여권 제도는 1649년 폐기되었다가 1661년 복구되었으며 1690년

회가 탄원했으나 허사였다. 1732년 총회가 그 법령을 수정하려 했으나 원칙적으로 수용되었다. 이로써 1733년 분열한 스코틀랜드 목사들이 자신들의 노회를 구성하였다.[88)]

1752년 성직수여권법에 대한 갈등으로 총회가 다시 둘로 나뉘었다. 이들은 이후 아일랜드, 캐나다, 미국으로 건너갔다. 1761년 토마스 길레스피(Thomas Gillespie, 1708-1774)를 중심으로 구조 노회(Presbytery of Relief)를[89)] 구성하였다. 이들은 웨스트민스터 문서와 자유로운 성찬을 실행하였다. 구조 교회는 칼빈주의 가운데 가장 진보적인 분파였다. 상기한 분열의 주된 원인은 주로 정치적인 문제였다. 이후 계속해서 1799년에 버그파, 1806년 반 버그파가 분열하였다. 그런데 당시 분열된 교회들이 1820년 연합분리 교회(United Secession Church)를 구성하고 자발주의(voluntaryism) 원리를 가르쳤다. 19세기 스코틀랜드 교회는 다시 성직수여권법을 둘러싸고 복음주의자들의 거부로 분열하었다. 당시 온건파의 최고 지성(知性) 토마스 찰머스(Thomas Chalmers)는 열렬한 복음주의자로 성직수여권법을 거부한 핵심이었다.[90)] 1834년 총회의 거부법령(Veto Act)은 성찬에 참여하는 각 가족의 가장들에게 성직 수여권자(patron)가 지명한 후보를 거부할 수 있는 권한을 부여하였다. 그러나 법안이 상원에 상정되어 성직 수여권자에게 유리하게 되자 복음주의자들은 국가의 통제를 수용할 수 없었다. 1841년 거부 법안이 제출되자 의회는 그 법안을 부결하고 해산하였다. 1842년 총회는 "권리의 요청"(Claim of Right)을 채택하여 신앙고백에 기초한 교회의 고유 사법권과 자치권을 확인하였다. 그리고 1843년 1월, 총회의 채플 법안(Chapel Act)이 교회 조직이 없는 지역 교회에 개척 교구로서의 완전한 지위 부여 승인을 무효화하였다.[91)] 1843

다시 폐지되었다. 그런데 이 제도가 다시 부활한 것이다.

88) Hugh Watt, *Recalling the Scottish Covenants* (Edinburgh: Thomas Nelson and Sons Ltd., 1946), 67-94, John M'Kerrow, *History of the Secession Church* (Glasgow: A. Fullarton and Co., 1841), 1-930.

89) Kenneth B. E. Roxburgh, *Thomas Gillespie and the Origins of the Relief Church in 18th Century Scotland* (Berne: Peter Lang, 1999), 31-251.

90) John Roxborogh, *Thomas Chalmers: Enthusiast for Mission* (Edinburgh: Rutherford House, 1999), xi-xiii, 2-242; W. M. Mackay, *Thomas Chalmers: A Short Appreciation* (Edinburgh: Knox Press, 1980, 3-46; Mrs. Oliphant, *Thomas Chalmers: Preacher, Philosopher and Stateman* (London: Methuen & Co., 1893), 1-255.

년 여론이 고조되면서 에든버러 성 앤드류스 교회에 모인 총회 의장 데이비드 웰쉬(David Welsh) 교수는 정부가 교회에 부가한 조건들에 공식적으로 항의문을 낭독하였다. 탁자 위에 원고를 놓고 퇴장하자 총대 절반이 그를 따랐다. 이로서 스코틀랜드 교회는 대붕괴를 맞이하였다.[92)]

미국에서도 복음주의적 부흥의 시기에 갈등 속에 분열이 발생하였다. 따라서 19세기 중엽의 학자들은 교회가 분열 귀신(demon-ridden)에 들린 것 같다고 경멸하였다.[93)] 1740년 3월 8일, 길버트 테넌트는 펜실베니아주 노팅함에서 장로교 역사상 가장 영향력 있는 설교를 했으나[94)] 1741년 총회에서 문제가 되었다. 그 결과 구파(Old side)와 신파(New side)로 분열되었다. 여기에 쟁점은 1729년의 교리 수락령(Subscription Act)[95)]이 이었다. 이 수락령은 전적으로 웨스트민스터 신앙고백을 내포하였다. 따라서 당시 스코틀랜드 출신들은 본 법령을 지지했으나 테넌트 파는 부흥운동식 기법을 추구하였다. 1741년 총회를 장악했던 구파는 뉴 브런

---

91) Hugh Watt, *Thomas Chalmers and the Disruption* (Edinburgh: Thomas Nelson and Sons Ltd, 1943), 1-359; Alexander Taylor Innes, *The Law of Creeds in Scotland: A Treatise on the Legal Relation of Churches in Scotland Established and not Established, to their Doctrinal Confessions* (Edinburgh and London: William Blackwood and Sons, 1867, 115-186.

92) Hume Brown, *History of Scotland: From the Accession of Mary Stewart to the Revolution of 1689* (Cambridge: University Press, 1902), vol. III., 1-434; Thomas Brown, *Annals of the Disruption with Extracts from the Narratives of Ministers who left the Scottish Establishment in 1843* (Edinburgh: Macniven & Wallace, 1884), 1-796; William Law Mathieson, *Church and Reform in Scotland: A History from 1797 to 1843* (Glasgow: James Maclehose and Sons, 1916), 197-229.

93) John T. McNeill, *op. cit.*, 372.

94) 당시 그의 설교는 「회개 없는 목회의 위험성에 관하여」(*On the Dangers of an Unconverted Ministry*)였다.

95) 법령에 의하면, "본 회의에 소속된 혹은 이후로 받아들여질 모든 목사들은 웨스트민스터 신학자 회의의 신앙고백과 대소요리문답을 필수적으로 근본 조항들과 건전한 말씀, 기독교 교리체계의 적절한 형식을 갖춘 것으로 동의와 찬동의 뜻을 표방해야 하며, 또한 이 신앙고백과 요리문답을 우리 신앙의 고백으로 채택해야 한다. 본 채택 령(Adopting Act)에서는 또한 본 신앙고백과 요리문답에 복종하지 않는 목사후보자들을 일체 용인하지 않도록 감시할 것을 노회에 요청하였다. 나가서 총회의 소속 목사가 노회가 필요하고 근본적이라고 생각하는 조항들을 무엇이든 받아들이지 않으면 노회는 그가 본 총회의 일원으로서 계속 존속할 수 없음을 선언해야 한다"는 것이었다.

스위크 노회를 축출하였다. 그러나 1758년 구파의 조나단 딕슨(Jonathan Dickson)의 사망으로 좀 더 온건한 구파 측과 테넌트 측이 협상으로 재통합하였다.[96] 이 통합에서 양 그룹은 웨스트민스터 신앙고백에 서명하였다. 이들은 곧 구파 교회들에게 엄청난 선교적 도전이 되었다. 그러나 구파의 필라델피아 총회는 그 같은 모험에 필요한 목사들의 훈련을 위한 신학교를 설립하지 않았다. 따라서 신파의 로그 대학이 그 사명을 완수하였다. 18세기 말경 펜실베니아주는 장로교의 거점이 되었다. 하지만 변경 지역의 장로교는 침례교나 감리교에 비해 영향력을 상실하였다. 이들에게 장로교는 비민주적으로 인식되었고, 그 결과는 19세기 말경에 미국 개신교 역사의 전환점이 되었다. 1869년 북부에서의 보수파와 혁신파의 재통합은 미합중국 장로교회(Presbyterian Church in the United States of America)의 북장로교회를 형성하였다. 따라서 스코틀랜드 계 아일랜드 영향력은 남 장로교회(Presbyterian Church in the United State)에 영향을 미쳤다. 그러나 1880년 이후 장로교는 개신교 내에서 영향력을 상실하고 알미니우스와 반 펠라기우스주의의 흥기에 급속히 쇠락하였다. 그것은 향후 1967년까지 약 250년 동안의 미국 장로교의 장래를 결정지었다.[97]

(4) 장로교회의 일치: 대표적으로 스코틀랜드 장로교회의 분열은 교회 연합의 새로운 이정표가 되었다. 당시 스코틀랜드 자유교회 소속의 제임스 베너만(James Bannerman)은 「그리스도의 교회」(*The Church of Christ,* 1848)을 저술하였다. 여기서 그는 연합의 원리를 서슴치 않고 강조하였다. 그에 의하면 가견적 보편 교회는 모든 특수한 선언들과 독립된 부분을 포함하였다. 지역적이고 부수적인 차이들을 그들에게 속하는 보다 높고 본질적인 단일성을 통해 통합된다고 하였다.[98] 이러한 현상은 스코틀랜드 분리파들의 통합으로 성취되었다. 먼저 1820년 새 빛 버

---

96) J. N. Ogilvie, *The Presbyterian Churches: Their Place and Power in Modern Christendom* (Finburgh: R. & R. Clark, Ltd., 1896), 103-107.

97) C. Gregg Singer, "The Scotch-Irish in America", *John Calvin, His Influence in the Western World*, ed. W. Stanford Reid (Michigan: Zondervan, 1982), 272. 284. 그러나 앤드류 잭슨(Andrew Jackson)과 제임스 포크(James K. Polk), 20세기의 미국 정치사상 가장 탁월한 대통령 중에 한 사람인 우드로우 윌슨(Woodrew Wilson)을 배출하였다. 프린스톤 대학교를 비롯하여 여러 대학을 설립하였다.

98) John T. McNeill, *op. cit.*, 372.

그파(New Light Burghers)가 새 빛 반 버그파와 재결합하여 연합 분리 교회를 형성하였다. 이 그룹 중에 대부분의 옛 빛 잔류자들은 1827년 본래 분리파들의 대회(Synod of Original Seceders)로 연합되었다. 그때까지 분리된 채 남아있던 버그파 일부는 1839년 세워진 교회로 복귀하였다. 1843년 형성된 자유교회(The Free Church)에 1852년 본래의 분리파들이 합류하였고, 1876년 스코틀랜드 개혁장로교회(The Reformed Presbyterian Church)에 언약파들이 합류하였다.

1874년 디즈레일리(Disraeli, 1804-1881)[99] 정부가 성직 수여권법을 폐지함에 따라 모든 분열의 원인이 제거되었다. 그러나 국가로부터 분리 된 채 오랫동안 자유와 성장을 경험한 분리파들은 그러한 상태에 애착을 갖고 자원주의(voluntaryism) 원리를 주장하였다. 자유 교회의 창설자들은 그러한 견해에 완강히 반대하였다. 특별히 찰머스는 "우리는 오염된 집단을 떠났다. 그러나 우리는 순수한 집단으로 되돌아가는 것을 환영한다. 우리는 자원자들(voluntaries)이 아니다" 라고[100] 하였다. 그 후 자유 교회 목사들은 자원주의를 채택하고, 스코틀랜드 교회의 해체를 강하게 요구하였다. 이것은 맹렬한 논쟁을 불러 일으켰으나 자유교회는 국가 교회와의 재결합을 거부하였다. 1900년 대신 연합 장로교와의 결합을 시도하여 연합 자유 교회를 이루었다.[101] 하지만 위 프리즈(Wee Frees)라는 소수파가 자원주의의 불경건성에 항의하여 연합에서 이탈하였다. 1905년, 연합 장로교회는 자신의 법 및 부수적인 표준들을 개정하여 다른 교회들과 연합할 수 있는 법인권(corporate right)의 설명을 채택하였다.[102] 교회의 자율권에 대한 승인은 사실상

---

99) 영국의 소설가요 정치가로 1875년 수에즈 운하 주식을 매입하여 이집트 진출의 발판을 구축하였다. 당시 이집트는 방만한 정책으로 엄청난 외채에 시달렸다. 이에 이집트 정부는 빚을 갚기 위해 수에즈운하회사의 소유 주식 전체를 내놓았다. 이 소식을 들은 디즈레일리는 의회의 휴정으로 400만 파운드를 지출할 수 없게 되자, 곧바로 자신의 비서관을 로스차일드에게 보내 나라를 위해 즉시 융자를 요청하였다. 그러나 그가 비서관에게 "당신은 무엇을 저당 잡힐 것이요" 라고 묻자, 비서관은 "영국 정부를 저당 잡히겠소" 하였다. 이렇게 하여 영국은 총 주식의 44%를 소유하여 거대 주주가 되었다. 그 날 밤 디즈레일리는 빅토리아 여왕 앞으로 간결한 보고서를 보내면서, It is just settled; you have it, Madam(문제 해결, 그것은 이제 폐하의 것입니다) 1877년 수상은 여왕 빅토리아를 도와 대영 제국 건설에 기여하였다.

100) John T. McNeill, 375.

101) Alexander Stewart/J. Kennedy Cameron, *The Free Church of Scotland, The Crisis of 1900* (Edinburgh: The Knox Press, 1989), 1-405; John Highet, *The Churches in Scotland To-Day* (Glasgow: Jackson Son & Company, 1950), 4-30.

국가와 스코틀랜드 교회에 대한 도전이었으나, 1921년 성명서에서 교회와 국가의 머리는 그리스도이심을 인정하였다. 이는 찰머스의 표현대로 어느 특정 분파라기보다는 스코틀랜드의 기독교적 선에 기초한 승리였다.[103] 1925년 또 다른 의회 법령은 교회의 재산을 교구의 이익을 위해, 특별히 십일조를 자유롭게 사용할 수 있게 하였다. 그리고 1929년 10월 2일, 에든버러 성 자일즈 교회에서 재통합되었다.[104]

미국의 개혁교회와 장로교회의 재결합은, 1861년 남북 전쟁으로 야기된 남부의 신학파(New School)와 남부 연방의 장로교가 연합하여 1863년 합중국 장로교를 태동시켰다. 북부 주들의 신구 학파들은 1869년 연합하였고, 1882년에 미합중국 장로교와 합중국 장로교가 교류하였다.[105] 한편 캐나다의 분열된 두 교단은 1817년과 1818년 연합하였다.[106] 다른 장로교 분파들은 1860년과 1868년에 큰 규모로 연합하였다. 캐나다 자치령은 1867년 네 개의 주가 연합함으로 이루어졌다. 1873년 세 개의 다른 주가 여기에 첨가되었다. 1875년 4개의 장로 교단이 연합하여 캐나다 장로교회를 이루었다. 이후 연합운동은 범 교회적 운동으로 발전하여 미국과 영국, 유럽, 최근 한국에서 성취되었다.

102) Robert Logan, *The United Free Church* (Edinburgh: Macniven & Wallce, 1906), 1-203.

103) John T. McNeill, *op. cit.*, 375.

104) J. M. Reid, *Kirk and Nation: The Story of the Reformed Church of Scotland* (London: Skeffington, 1960), 124-173; 존 A. 매카이, 「에큐메닉스」, 민경배 역 (대한기독교서회, 1966), 240.

105) James H. Smylie, *A Brief History of the Presbyterians* (Kentucky: Geneva Press, 1996), 57-108.

106) J. N. Ogilvie, *The Presbyterian Churches: Their Place and Power in Modern Christendom* (Einburgh: R. & R. Clark, Ltd., 1896), 106-110.

(5) 상징(emblem): 이처럼 급박한 상황 속에서 역사적 장로교회는 초대 교회 교부들의 신앙과 신학적 전통에 기초하여, 특별히 종교 개혁자들의 가르침에 힘입어 오늘에 이르렀다. 비록 오늘 날 장로.개혁교회가 여러 민족의 신앙과 신학적 특성을 따라 각기 다양한 교단 명칭을 갖고 있지만, 성경의 영감과 권위, 하나님의 절대 주권과 영원한 통치에 하나로 통합되었다. 이것은 여타 교단과 달리 출 3:1-5에 기초한 "불타는 떨기나무"(Burning Bush), 불꽃 가운데 함께 하신 살아계신 하나님을 경외하는 신앙을 모토로 삼아왔기 때문이다.[107] 말씀에서 보듯이 한 때 모세는 미디안 광야에서 제사장 이드로의 양 치는 목동이었다. 어느 날 하나님의 산 호렙에 이르렀을 때 여호와의 사자가 떨기나무 가운데서 나오는 불꽃 안에서 모세에게 나타나셨다. 그가 자세히 살펴보니 떨기나무에 불이 붙었으나 그 떨기나무가 사라지지 아니하였다. 이에 모세가 이 광경을 보기 위해 떨기나무에 이르렀다. 여호와께서 그가 가까이 오는 것을 보시고 떨기나무 가운데서 그를 부르시고, 애굽에서 고난 받는 이스라엘 백성을 구원하여 가나안으로 인도할 것을 말씀하셨다. 약속대로 하나님은 당신의 백성을 구원하여 지키시며 보호하시는 것을 역사를 통해 보여 주셨다.

그리고 죄인의 구원을 위하여 예수 그리스도께서 세상에 오신 이후, 행 7:3 스데반의 순교에서 보듯이 기독교회는 고난과 혹독한 박해를 받았다. 수많은 성도들이 채찍과 고문, 돌과 불에 던지움을 당하였다. 사탄과 그의 추종자들은 교회의 박멸에 모든 방법을 동원하였다. 그럼에도 불구하고 초대 교회는 313년 합법적인 종교로 공인 된 후 로마 제국의 국교가 되었다. 이후 중세 교회는 급속히 속화된 채 부패하였다. 16세기 개혁자들은 종교 개혁을 통해 어떤 시련과 고난, 박해에도 불구하고 타협을 거부한 채 초대 교회의 사도적 전통, 즉 말씀의 권위와 교회의 질서를 회복하였다. 이렇게 회복된 교회는 "불타는 떨기나무"를 장로(개혁) 교회의 상징으로 채택하였다. 당시 프랑스의 위그노들은 신앙 때문에 온갖 고난과 박

---

107) 이 용어의 라틴어는 "Nec Tamen Consumebatur"이며 영어로는 "Nor yet was it being consummed"이다. 교회가 이 명칭을 상용한 것은 가톨릭에 맞서 개혁적 의미를 강조하기 위함이었다. 역사적으로 1579년 Tremellius와 그의 사위인 Junius(프랑크프르트, Frankfort)가 "Videbat quod rubus arderet et non comburеretur"을 번역하여 최초로 사용하였다. 이 명칭을 스코틀랜드 장로교회는 "yet it was not consumed", 아일랜드 장로교회에서는 "Ardens sed Virens" 즉 "burning but flourishing"으로 사용하고 있다.

해로 순교하였다.[108] 1583년 제12차 총회에서 위그노들은 "나는 불타고 있지만 그러나 꺼지지 않는다"는 표제의 "불타는 떨기나무"를 자신들의 신앙으로 상징화 였다. 한편 1560년 스코틀랜드 의회가 낙스의 신앙고백서 채택 후, 혹독한 고난과 시련에 직면하였다. 이후 장로교에서 감독교회로, 감독교회에서 다시 장로교회로 바뀌는 과정에서 1638년 2월, 국민 계약 운동의 확산과 1643년부터 1649년까지 웨스트민스터 총회에서의 개혁신학의 전개는 왕실과 감독주의자들의 분노를 피할 수 없었다. 1661년 왕정복고 후 1688년 명예혁명까지 전개된 살육의 시기에 언약도들은 온갖 박해에 맞서,[109] "그리스도의 왕권과 언약을 위하여"(For Christ's Crown and Covenant)의 깃발과[110] 함께 이 문장(紋章)을 사용하였다.[111] 현재도

108) John McNab, *Our Priceless Heritage, the Essence of Our Faith, The Presbyterian Church in Canada, 1950*, 40; F. Holderness Gale, *The Story of Protestantism* (London: Cassell and Company, Ltd.), 12; Neil G. Smith/Allan L. Farris/H. Keith Markell, *A Short History of the Presbyterian Church in Canada* (Toronto: Presbyterian Publications), n. y., 7-48.

109) Hume Brown, *History of Scotland: From the Accession of Mary Stewart to the Revolution of 1689* (Cambridge: University Press, 1902), vol. II., 380-454; Hector Macpherson, *The Wigtown Martyrs* (Edinburgh: Scottish Reformation Society, n. y.), 1-19; John Howie, *The Scots Worthies* (Edinburgh and London: Oliphant, Anderson, & Ferrier, 1775), 1-627; Robert Wodrow, *The History of the Sufferings of the Church of Scotland from the Restoration to the Revolution*, Glasgow: Blackie, Fullarton, & Co., 1828-1831, 4 vols; George Gilfillan, *The Martyrs, Heroes, and Bards of the Scottish Covenant* (London: Albert Cockshaw, 1852), 1-246; John H. Thomson, *A Cloud of Witnesses for the Royal Prerogatives of Jesus Christ* (Edinburgh: Johnstone, Hunter, and Company, 1871), ix-xli, 518-612; *The Martyr Graves of Scotland* (Edinburgh: Oliphant, Anderson & Ferrier, 1903), xvii-xxxviii, 1-507; *First International Convention of Reformed Presbyterian Churches* (Glasgow: Alex, Malcolm & Co., June 27-July 3, 1896, 15-447; Robert Simpson, *Martyland: a Historical Tales of the Covenanters* (Glasgow: Thomas D. Morison, n. y.), 3-304; Robert Pollok, *Tales of the Covenanters* (Edinburgh & London: Oliphant, Anderson & Ferrier, n. y.), 35-317; Alexander Smellie, *Men of the Covenant* (London: Andrew Melrose, 1911, 491-507; Thorbjorn Campbell, *Standing Witnesses: An Illustrated Guide to the Scottish Covenanters* (Edinburgh: Saltire Society, 1996); J. Meldrum Dryerre, *Heroes and Heroines of the Scottish Covenanters* (Scotland: Kilmarnock, n. y.), 9-160; Bi-Centennial Edition, *Tales and Sketches of the Covenanters* (Glasgow: John M'Gready, n. y.), 1- 372.

110) 이는 언약도들이 신앙의 사수를 위해 대적에 맞서 "그리스도의 영광과 그분의 말씀을 위하여"(For the Glory of Christ and His Word)를 깃발에 새겨 사용한 투쟁 문구이다. 이후 설립된 개혁 장로교회(Reformed Presbyterian Church)와 그 정신을 계승한 스코틀랜드 자유교회(Free Church of Scotland)에서는 주일학교 학생들에게 이 원리를 신앙 교육의 중심으로 가르쳤다. John McNab, *op. cit.*, 5-9, 33; Edwin Nisbet Moore, *Our Covenant Heritage* (Scotland:

몇 몇 세계 장로교 및 개혁 교회가 교단의 상징으로 이 문장을 사용하고 있다.[112)]

5. 장로교회의 신학적 전통

이렇듯 장로교회는 개혁주의 신학의 발전과 대의민주주의 정착에 큰 역할을 하였다. 그 과정에서 장로교인들은 영적 투쟁을 통해 세속 문화를 변혁하며 자신들의 신앙을 다양한 관점에서 체계화하였다.[113)]

(1) 역사적 전통: 개혁.장로교회는 초대 교회의 복음적 전통, 즉 십계명, 주기도문, 사도신경, 그리고 고대 교회의 공의회, 예를 들면 니케아와 에베소, 콘스탄티노플 공의회, 교부들의 신앙, 특별히 어거스틴의 신학전통에 기초하였다. 이러한 전통은 이후 중세 로마 가톨릭 교회의 왜곡된 가르침을 개혁하여, 성경적.사도적 전통을 개신교 전통으로 계승, 확립하였다. 이는 전 기독교를 하나로 묶어 통합하

Christian Focus Publication Ltd., 2000), 34.

111) J. C. Carrick, *The Story of the Burning Bush* (Edinburgh: James G. Hitt, 1890), 74-83; J. R. Fleming, *The Burning Bush* (Edinburgh: T. & T. Clark, 1925), 1-5; G. D. Henderson, *The Burning Bush: Studies in Sottish Church Histor*y (Edinburgh: The Saint Andrew Press, 1957), 1-22; Edwin Nisbet Moore, *Our Covenant Heritage* (Scotland: Christian Focus Publication Ltd., 2000), 53-55, 60-61.

112) 현재 이 문장을 사용하는 교단은 프랑스 개혁교회(Reformed Church of France), 스코틀랜드 장로교회(Church of Scotland), 스코틀랜드 자유 장로교회(Free Presbyterian Church of Scotland)와 스코틀랜드 자유교회(Free Church of Scotland), 스코틀랜드 연합 장로교회(Associated Presbyterian Church of Scotland), 아일랜드 장로교회(Presbyterian Church in Ireland), 여기서 분리된 얼스터 자유장로교회(Free Presbyterian Church of Ulster), 캐나다 장로교회(Presbyterian Church in Canada), 뉴질랜드 장로교회(Presbyterian Church in New Zealand), 타일랜드 장로교회(the Presbyterian Church in Taiwan) 그리고 극동성경신학대학(Far Eastern Bible College's & Theological Journal)과 미국유대인신학대학원(Jewish Theological Seminary of America) 등이다. 한편 최근 대한예수교 장로회(예장) 통합과 합동은 각각 녹색 한반도에 붉은 십자가와 신구약 말씀에 하얀 십자가 문양을 교단의 상징으로 채택하였다. 전자는 1986년 제71회 총회의 승인과 더불어(1993년 법인 등록), 후자는 2007년 노회의 수의를 거쳐 2008년 9월, 제93회 총회(대전중앙교회)의 승인 후 사용해 오고 있다.

113) John T. McNeill, *The History and Character of Calvinism* (New York/Oxford University Press, 1954); Keith Randell, *John Calvin and the Later Reformation* (London: Hodder & Stoughton, 1990), 79-108.

는 끈이요 근간이다. 십계명과 주기도문은 기독교 신앙의 요체로 교회의 태동과 더불어 세례 후보자를 위한 교리문답과 성찬식에 활용되었다. 사도신경은 본래 사도 바울이 로마 교회 성도들의 신앙 교육, 특별히 세례자들을 위해 사용된 것이다. 이 사도 신경의 모체인 로마 신경은 문답식으로 삼위일체 하나님, 즉 전능하신 창조주 하나님 아버지, 구원자 예수 그리스도, 성령 하나님으로 구성되었다.[114] 이후 사도신경은 390년 암브로스에 의해 최초로 사용되었다. 어거스틴은 기독교 신앙의 초보자들을 위하여 사도신경, 주기도문, 십계명을 해설하였다. 그리고 샤를마뉴 대제(742-814)는 이를 범국가적으로 정착시켰다. 이처럼 사도 신경은 서방교회, 로마 가톨릭 교회를 통해 계승되어, 16세기 루터교와 존 칼빈을 따르는 개혁교회 대부분이 공식적인 신앙고백으로 사용하고 있다. 루터는 1529년 저술한 소요리 문답과 대요리 문답에서 이를 기독교 신앙의 뼈대로 소개하였다.[115] 칼빈도 주기도문과 십계명을 매우 귀하게 취급하였다. 칼빈의 제네바 교회 교리문답(1541-1542)에 십계명과 주기도문, 사도신경이 포함되었다.[116] 낙스는 제네바의 영국인 회중들을 위해 사도신경에 기초하여 신앙고백서를 작성하였다.[117]

무엇보다도 325년 니케아와 381년 콘스탄티노플, 431년 에베소, 451년 칼케돈 신조는 역사적 기독교 신학의 형성에 중심이다. 그 중에 니케아와 콘스탄티노플 공의회의 신조는 보통 니케아 신조로 불리는 바, 전자는 그리스도께서 온전하신 하나님의 아들로 아버지와 동일 본질이심을, 후자는 성령께서 생명의 주님이시며 창조자이신 창조주로부터 나오셨음을 믿고, 아버지와 아들과 더불어 우리의 예배와 영광을 받으시는 분이심을 보여준다. 고대의 사도적 교회는 이 두 공의회의 결의를 통해, 이후 지금까지 정통 삼위일체 교리를 발전시켰다. 동방 교회도 이 교리를 공식적으로 사용하였으나, 586년 서방교회, 즉 로마 가톨릭은 일방적으로 스페

114) Henry Bettenson(ed.), *Documents of the Christian Church* (London: Oxford University Press, 1963), 23.

115) Martin Luther, *A Short Exposition of Dr.Martin Luther's Small Catechism* (United Evangelical Lutheran Church in Australia, 1938), 5-127.

116) George W. Sprott(ed.), *Book of Common Order of the Church of Scotland* (Edinburgh: William Blackwood and Sons, 1901), 175-177; Francois Wendel, *Calvin: The Origins and development of his religious thought* (London: Collins, 1963), 53-54.

117) George W. Sprott(ed.), *Ibid.*, 7-12.

인 톨레도에서 개최한 공의회에서 "성령(*filioque*)이 아들에게서도 나왔다"를 첨가하였다. 특히 샤를마뉴 대제는 이를 널리 알려, 사용하지 않는 동방교회에 압력을 가하였다. 결국 이를 기화로 1054년 동서방 교회는 분열하였다. 그러나 1530년 루터교의 아우구스부르크 신앙고백서 초두에 381년 니케아-콘스탄티노플 신조가 제시되었다. 세계의 여러 개혁교단과 스코틀랜드의 장로교단들, 미국의 연합장로교단과 호주 장로교회, 화란의 개혁교회, 현재 한국의 몇몇 장로교단은 사도신경과 초대 교회의 신조들, 그리고 벨직 신조, 하이델베르크 신조, 돌트 신조 및 웨스트민스터 신앙고백서와 대소요리문답, 예배모범과 정치규례를 사용하고 있다.[118] 장로교회는 철저히 성경에 기초한 신학을 역사적 전통으로 수용하였다.

(2) 신학적 전통: 장로교는 초대교회의 사도적 전통, 즉 성경적 원리, 영감 된 계시에 기초한 하나님의 절대 주권, 예정론에 기초한 언약 신학의 구현과 실천으로 압축된다. 하나님의 주권과 관련하여 언약사상은 1643-1649년 사이 영국 웨스트민스터 총회에서 채택된 신앙고백서에 잘 진술되었다.[119] 비록 영국 교회가 거부했지만 이것은 당시 스코틀랜드 장로교 총회의 핵심 사상으로 청교도 신학자들과 이 후 전 세계 장로교 및 개혁파 교회들, 심지어 한국의 보수적 장로교회에 크게 영향을 끼쳤다. 웨스트민스터 신앙고백서는 성경에 기초한 교리를 전개하되, 특별히 두 언약에 초점을 맞춘다. 첫째는 아담에게 주어진 행위언약이다. 아담에게 주어진 이 법은 주로 창조 시에 그의 마음에 새겨졌고, 부분적으로는 그가 에덴동산에 있을 때 주어졌다. 행위언약은 인간의 본성과 하나님의 언약 사이에 완

---

118) Arthur C. Cochrane, *Reformed Confessions of the 16th Century* (London: SCM Press Ltd., 1966), 11-331; 이형기, "천주교와 개신교의 신학 비교", 「기독교 학술원 포럼」, 한국기독교학술원 출판부, 2005, 제6호, 6-29. Cf. 대표적으로「헌법」(대한예수교장로회총회[합동]출판부, 2006)을 참고하라.

119) Alex F. Mitchell(ed.), *Minutes of the Sessions on the Westminster Assembly of Divines* (Edinburgh: William Blackwood and Sons, 1874); James Reid, *Memoirs of the Westminster Divines* (The Banner of Truth Trust, Paisley, 1982); Gordon H. Clark, *What do Presbyterians Believe? The Westminster Confession: Yesterday and Today* (Philadelphia, Pa: The Presbyterian and Reformed Publishing Co., 1965); Rowland S. Ward, *The Westminster Confession for the Church Today*, Australia, 1992, iii-vii, 226-240. Cf. Yohahn Su, *The Contribution of Scottish Covenant Thought to the Discussions of the Westminster Assembly(1643-1648) and its Continuing Significance to the Marrow Controversy(1717-1723)* (University of Glamorgan, Ph.D thesis, 1993), 136-187.

벽한 친화력이 있었음을 의미한다. 이것은 하나님의 계명에 대한 인간의 순종에 따라 조건적인 영원한 생명의 약속이 피조 된 인간의 상황과 완벽히 조화를 이룬다는 것을 뜻한다. 행위언약은 인간이 하나님의 형상과 모양대로 창조되었으므로, 그분과의 교제와 축복 속에 생명을 소유하고 있음을 보여준다.

이 언약을 통해 하나님은 자연적 의무인 완벽한 순종을 조건으로 인간에게 구원을 약속하셨으며[120], 인간이 그 법을 성취할 수 있는 능력을 부여하셨다. 이 언약은 모든 시대, 모든 장소의 모든 사람들을 타락 전과 후 모두, 그들이 아담의 후손이라는 이유로 얽어 맸다. 만일 아담이 죄를 범하지 않았다면 그의 자녀들은 이 에덴 언약을 지켜야 했을 것이다. 아담은 타락하였다. 그러나 그의 자녀들은 여전히 이 타락 전 언약을 지켜야 했다. 하지만 행위 언약이 인간이 불순종에 의해 깨어진 후에, 인간은 죄 가운데 죽게 되었으며, 영혼과 육체가 완전히 더럽혀졌다. 그 후 죄가 그들의 모든 후손에게 전가되었다. 타락의 결과는 인간 본성의 오염뿐만 아니라 그의 실제적 범죄들과 그 징벌에서도 상당한 유사점을 보여준다. 원죄는 죄 가운데 죽은 인간 속에 있으며, 그 인간 속에 모든 죄의 씨들을 가지고 있다. 하지만 이것은 인간에게 있는 하나님의 형상이 완전히 파괴되었음을 뜻하지 않는다. 인간은 여전히 이성적인 피조물이며 그의 재능들은 여전히 남아있다. 그리고 그의 오성, 양심 그리고 의지는 선한 것을 추구하는 데 어느 정도까지는 여전히 사용될 수 있다. 다른 한편, 타락한 인간은 타락 전 상태를 회복할 힘도 없고 하나님을 기쁘시게 할 능력도 가지고 있지 못했다. 인간은 더 이상 약속된 보상을 받을 자격이 없다. 그 언약 아래서 인간의 행위는 일치에 의해서만 가치를 가질 뿐이다. 그것들은 그 자체로는 어떤 고유하거나 유익한 가치를 가지지 못하였다.

하나님이 그리스도 안에서 인간과 맺으신 은혜 언약은 인간의 타락에서부터 새 장소에까지 미쳤다. 그리고 그 상태는 인간의 운명이 본래 수직적인 상태에 있다는 사상으로 결국은 결정된다. 여기서 언약은 구약과 신약의 두 시행으로 나누어지는 바, 그 실체에 있어서는 서로 다른 두 은혜 언약이 아니라 다른 두 세대들

120) *The Confession of Faith of the Assembly of Divines at Westminster*, London, 1946, VII장 19장; *The Confession of Faith: The Larger and Shorter Catechisms, with the Scripture proofs at Large: Together with the Sum of Saving Knowledge* (Edinburgh, 1836), 57-61, 110-116; *Larger Cat.*, Q. 20, 22; *Shorter Cat.*, 12.

아래서 주어진 하나요 동일한 것이라는 사실이 강조되었다. 중요한 것은 이 두 언약의 시행이 모두 기독론적으로 이해되어야 한다는 것이다. 비록 그리스도께서 복음 아래 드러나셨지만, 그리스도가 그 실체이셨던 오직 한 언약만 있었기 때문이다. 그러므로 하나님은 인간과 두 번째 언약을 맺으셨다.[121] 이 두 시행들 사이의 차이점들은 계시의 명확성과 구원의 범위와 관계된 것이며 구원의 방법과는 상관이 없는 것이다. 옛 언약, 즉 은혜 언약 구약적 시행에서 여호와께서는 약속들과 모형들과 규례들 속에서 이스라엘에게 스스로를 계시하셨다. 이스라엘의 구원 경험과 하나님의 계시는 그들에게 있어서 선민들이 완전한 용서와 영원한 구원을 얻는 약속된 메시야를 믿는 믿음 안에서, 성령의 역사를 통해, 그들을 양육하기에 충분하고 또 효과적이었다. 그리스도께서 오신 이후로, 구원은 유대인들만이 아니라 이방인들에게까지 확대되었다. 이 구원은 비록 외관상 덜 영광스럽기는 하지만 더욱 완전하고 효과적으로 누려지고 있다.

그럼에도 불구하고 두 세대들은 하나요 동일한 은혜 언약의 세대들이다. 웨스트민스터 신앙고백서에서 언약의 교리는 하나님에 대한 교리와 그리스도의 중재적 역할의 교리[122] 사이에 중요하게 자리 잡고 있다. 인간의 타락한 상태 때문에 하나님께서는 기꺼이 자기를 낮추시고 인간의 요구를 충족시키사 인간과 언약을 맺으셨다. 이것이 바로 은혜 언약이다. 그리고 하나님은 이 언약을 통하여 죄인들에게 예수 그리스도로 말미암은 생명과 구원을 거저 주시면서, 구원을 받기 위해 그리스도를 믿으라고 요구하셨다. 영원한 생명이 약속된 모든 사람들에게 당신의 성령을 부어 주시어 그들로 기꺼이 믿고 또 믿을 수 있게 하시겠다고 약속하셨다. 고찰한 대로 웨스트민스터 신앙고백서를 형성한데는 스코틀랜드 언약도들의 공헌이 절대적이었다.[123] 그런데 웨스트민스터 신앙고백뿐만 아니라 요리문답도 하나

121) *The Confession of Faith: The Larger and Shorter Catechisms, with the Scripture proofs at Large: Together with the Sum of Saving Knowledge* (Edinburgh, 1836), 57-61.

122) Andrew A. Woolsey, *Unity and Continuity in Covenantal Thought: A Study in the Reformed Tradition to the Westminster Assembly* (Glasgow University, Ph.D. Thesis, 1988), 57.

123) Sinclair B. Ferguson, "The Teaching of the Confession", *Westminster Confession in the Church Today: Papers Prepared for the Church of Scotland Panel in Doctrine*, ed., Alasdair I. C. Heron (Edinburgh: The Saint Andrew Press, 1982), 36-39.

님과 인간 사이의 언약 사상을 강하게 드러내 준다. 사회학자 막스 베버(Max Weber)는 칼빈주의 자들이 언약에 기초하여 특별히 소명 교리를 핵심 신앙으로 가르쳤다고 주장하였다.[124] 기실 이를 기초로 오직 하나님의 영광, 오직 그리스도, 오직 성경, 오직 믿음, 4가지 개혁 명제가 설정되었다.[125] 이는 그 어떤 권세도 성경 위에 존재할 수 없고, 오직 성경만이 최종 권위라 보았기 때문이다. 이상에서 보았듯이 개혁자들에게 성경의 권위 혹은 전통, 예정론에 대한 태도는 신앙적으로 그렇게 큰 문제가 아니었다. 이들은 오히려 이 교리를 적극적으로 변호하며 그 가치를 바로 드러내는데 총력을 기울였다.[126] 성경이 하나님의 뜻을 드러내어, 이 땅에 그의 나라를 실현하는 지침이었기 때문이다.

이것은 곧 장로교의 전통과 정체성을 함축하는 중심으로 성경주의적 특징, 즉 계시된 하나님의 말씀과 그 권위에 근거하였다. 종교 개혁자들은 말씀을 경건한 독자나 청중의 마음에 성령께서 허락하시는 깨달음으로 연결 지었다. 따라서 개혁자들은 성경을 교회의 모체요 지침으로 간주하고, 또한 성경을 적극적으로 일상생활과 개인 신앙의 지침으로 수용하였다. 개혁자들은 중세 가톨릭 교회와 교황청에 맞서 일관되게 바른 예배의 회복, 신학과 훈련, 통치를 강조하였다.[127] 따라서 이들은 삼부회의나 의회의 구성원들이 국왕을 제거할 수도 있다고 하였다.[128] 그리고 적극적으로 유럽 대륙을 떠나 신대륙을 발견하고 그곳에 새로운 이상 국가를 건설하려 하였다. 특별히 개혁자 칼빈은 철저히 성경에 기초하여 자신의 신학을 개진하되, 제네바에 예수 그리스도의 왕권을 모든 활동 분야에서 인정하는 문화

---

124) Max Weber, *The Protestant Ethic and the Spirit of Capitalism*, ed. T. Parsons and R. H. Tawney (New York, Scribner, 1958), 1, 98.

125) 스코틀랜드의 낙스는 자신의 조국 스코틀랜드에 칼빈의 신학 사상을 동일하게 접목하였다. 그것은 그와 동료가 작성한 신앙고백으로 1560년 의회로가 승인하였다. 이 고백서의 핵심은 미사제도와 교황의 사법권의 부정이다. 특별히 사제직과 희생, 편협 된 교회의 직제였다. 낙스의 신앙고백은 하나님의 절대 주권을 강조한다. G. D. Henderson, *Presbyterianism* (Aberdeen University Press, 1955), 32-33.

126) G. D. Henderson, *Ibid.,* 51.

127) John McNab, *Our Priceless Heritage, the Essence of Our Faith* (The Presbyterian Church in Canada, 1950), 31, 33-34.

128) J. T. McNeill(ed.), *John Calvin on God and Political Duty* (New York: Liberal Arts, 1950), vii.

도시를 건설하려 하였다. 이것은 당시 제네바 거주 해외 망명자들의 사상적 기초가 되었다.[129] 그 결과 영국, 스코틀랜드, 스위스, 네덜란드, 프랑스, 헝가리, 미국의 칼빈주의자들이 끊임없이 급진적 자유 민주주의 정착에 매진하였다.[130] 이 후 이 전통은 마지막 땅 끝 한국까지 정통 신학으로 계승되었다.

(3) 목회적.영적 전통: 하나님의 은혜를 받는 유일한 길은 믿음으로 그분을 영접하는 것이다. 우리의 믿음이 구원에 필요한 행위라면 하나님의 영광을 드높일 것이다. 여기에 머물지 않고 장로교회는 성경적 전통을 교회 생활을 통해 구체적으로 발전시켰다. 그것은 한편 교회의 정치 체제, 조직과 훈련 다른 한편 예전과 영성운동으로 구체화 되었다. 전자는 보편 교회의 통일성과 질서 확립으로 후자는 주님의 지상 명령을 성취하기 위한 방편으로 발전되었다. 이를 위해 장로교는 당회와 노회, 대회 및 총회를 구성하였다. 이것은 중세 가톨릭의 보편적인 전통에 맞서 형성된 것이다. 중세 가톨릭이 강조한 것은 교황 중심의 획일적 연합과 강압에 기초하였다.[131] 스코틀랜드의 앤드류 멜빌은 제2치리서에서 주교직을 성경에 없는 인간의 발명품으로 규정하였다. 그리고 오직 그리스도만이 진정한 교회의 머리시며, 이 직무를 담당할 사람들은 독재의 기회를 금지하고, 목사와 장로, 집사가 직무상 동일한 권한을 갖는 것으로 규정하였다.[132] 교회 규칙에 의하면 목사와 장로로 구성되는 당회의 임무는 각 교회를 영적으로 통치하며 감독하는 것이다. 그

---

129) W. Stanford Reid, "The Impact of Calvinism on Sixteenth Century Culture", *Bulletin of the International Association for Reformed Faith and Action 10* (1967), 33; John T. McNeill, *The History and Character of Calvinism* (New York/Oxford University Press, 1954), 226.

130) G. D. Henderson, *Presbyterianism* (Aberdeen University Press, 1955), 27.

131) 그러나 그들의 연합은 외형과 달리 그 자체 안에 질서와 조화가 없었다.이는 곧 중세 말엽, 신적(神的) 권위를 주장한 교황청의 분열로 2-3명의 교황이 통치한 것이 그 예이다. 이들은 각각 서로 정죄하며 정통성을 주장하였다. 당시 교황들은 권위 유지를 위해 온갖 세속적인 방법을 사용하였다. 특별히 마녀사냥이 그 전형적인 예(例)라 할 것이다. 자신들의 권위 유지를 위해 무자비하게 학대하고 마지막에 수많은 사람들을 처형하였다. 교황청의 타락은 세상과의 구별을 열망한 모든 교회 성도들을 짓밟았다. 진정한 권위는 올바른 신앙 위에 각자의 인격을 존중하는 공정성에 기초함을 망각한 것이다.

132) 그러나 스코틀랜드에서는 에버딘 박사들이 감독교회를 회복하기 위해 노력하였다. G. D. Henderson, *Ibid.*, 49; D. MacMillan, *The Aberdeen Doctors* (London: Hodder & Stoughton, 1909) 참조.

리고 노회는 일정한 지역에 속한 지 교회나 기관의 모든 목사와 각 교회의 장로들의 비율에 따라 파송된 회원으로 구성된다. 이 원리에 따라 각 노회는 개 교회에서 파송된 대표들을 통해 목사들과 장로들을 준비시키고 임명하며, 치리하고 지역 회중을 설립하며 통합하고 분리하며, 자치권을 갖지 못하는 지역 교회들을 다스리고 회중의 모든 구성원들을 대신하여 재산을 관리하며 대회 및 총회와 같은 상회의 대표들을 선출할 수 있는 법적 권한을 갖는다. 대회는 대체로 3개 이상의 노회로 구성되는데 모든 목사와 한 교회 한 명의 장로로 구성된다.

총회는 전 노회가 각각 선출하여 파송한 대의원(총대)으로 구성되는데 교회의 최고 기관이며 전 교회를 대표한다. 교회 생활과 관계된 모든 영역들에서, 상소 제도는 노회로부터 대회를 거쳐 최종 결정들이 내려지는 총회에 이르게 된다. 이는 한편으로 회중제의 개 교회주의와 교회 연합의 실패를 피하고 다른 한편으로는 교회에 속한 권위를 행사하는 성직자 개인이나 성직 회의에 모든 업무를 이관하는 잘못을 피하려는 의도에서 출발한다.[133] 따라서 이 제도는 모든 교회 성도들의 만인 제사장직에 근거하여 전 성도가 하나님 앞에서 평등하다고 믿는다. 이처럼 장로교회는 회중 교회처럼 교회 정치의 자율과 평등사상을 믿지만 모든 교회가 그리스도의 몸이므로 함께 연합해야 한다고 확신한다. 뿐만 아니라 장로교회는 회중 교회처럼 교회와 국가의 영역을 구분하지만 두 기관이 적대적이 아니라 상호 협력적이라 믿는다. 이 두 기관은 하나님이 세우신 기관으로 그의 뜻을 이루기 위해 서로 도와야 한다. 어느 기관이 다른 기관을 지배하거나 종속될 수 없으며 모두 동등하다. 사실 교회 정치는 주님의 명령을 효과적으로 성취하기 위해 교회에 필요한 것이다.

그런데 장로 정치는 교황 정치와 감독 정치, 혹은 독립 정치처럼 어떤 특정인이나 교회에 속한 모든 회원이 다스리는 것이 아니다. 장로 제도는 양자의 문제점을 잘 보완한 가장 바람직한 제도로, 일반 성도들이 자신들의 대표를 뽑아, 예를 들면 목사 청빙이나 장로 선출, 그들로 하여금 교회를 통치하게 하는 대의 체제이다. 이것은 의회 제도처럼 가장 바람직한 민주 제도로 비록 목사와 장로가 교회를 돌보나 모두 목자장이며 대감독이신 그리스도의 종으로 그를 섬긴다.

133) John Macpherson, *Presbyterianism* (Edinburgh: T. & T. Clark), 7.

한편 개혁주의 전통은 영성 운동, 참된 예배의 회복으로 지속적으로 추구되어야 할 과제였다. 그러므로 개혁자들은 이를 회복하기 위해 정화를 위해 끊임없이 몸부림쳤다. 그들의 목적은 단지 새로운 교회가 아니라 초대 기독교인들의 옛 전통을 회복하는 것이었기 때문이다. 이를 위해 영국의 존 위클리프와 보헤미아의 존 후스, 이탈리아 플로렌스의 사보나롤라가 회개와 갱신을 외쳤으나[134] 하나님께 예배의 자유를 요구한 소망은 무참히 짓밟혔다. 그러나 이 모든 것들은 허무하게 끝나지 않았다. 오히려 가톨릭의 형식화된 예배에 맞서 유럽 도처에서 영성 운동이 전개되었다. 이 영성 운동은 선교 운동으로 전 세계로 급속히 확산되었다. 츠빙글리는 교회를 본래 모든 믿는 자들로 이루어진 영적, 불가시적 기관으로 성령의 지배를 받고 새로워진 예수 그리스도의 흠 없는 신부로 간주하였다.[135] 그러므로 기독교인들은 불완전한 지체와 달리 티나 주름 잡힌 것이 없는, 그리스도의 신부로 영광스럽고 고귀한 교회(엡 5:27)를 이루어야 한다. 이 교회는 지역적 한계를 벗어나 그리스도를 머리로 전 세계에 퍼져 있다. 이들은 그리스도를 십자가에 달리신 하나님으로 또한 모든 지체를 받아들인다.

6. 칼빈과 개혁자들의 분열 이해

칼빈은 하나님의 주권과 말씀의 권위, 초대 교회의 사도적 전통에 기초하여 교회의 규범과 질서를 확립하였다. 그에 의하면 중세 가톨릭은 오랫동안 교회 정치와 미사에서 평신도들의 역할을 평가절하 하였다. 따라서 그는 장로들의 본래 역할을 회복하고 교회 정책에 직접 참여할 수 있게 하였다.[136] 제네바의 개혁으로

134) 위클리프와 후스는 교회의 참된 머리는 교황이 아니라 예수 그리스도이며, 죄를 위해 돈을 지불하는 것은 진정한 용서가 아니라고 하였다. 사보나롤라는 교회에게 진정한 회개를 촉구하였다. 그러나 이러한 주장에 안타깝게도 교황을 필두로 많은 대적자들이 등장하였다. 존 후스는 1415년 콘스탄스 공의회에서 정죄되어 화형되었다. 1498년 사보나롤라는 장대에 메달린 채 불태워졌다. 평화롭게 사망한 위클리프의 뼈들은 파헤쳐 콘스탄스 공의회의 명령에 다시 불태워졌다.

135) John T. McNeill, *The History and Character of Calvinism* (New York/Oxford University Press, 1954), 77.

136) John McNab, *Our Priceless Heritage, the Essence of Our Faith* (The Presbyterian Church in Canada, 1950), 26-27.

이를 실현한 칼빈은 공교회의 전통과 일치, 교회 연합을 중시하고 대신 분열을 혐오하였다.[137] 그리고 할 수 있는 모든 역량을 동원하여 연합을 통한 개혁을 추구하였다.[138] 대표적으로 개혁 당시 성만찬으로 루터파와 츠빙글리파가 대립했을 때, 칼빈은 이들의 화합에 주력하였다. 칼빈은 자신의 「성만찬에 대한 소논문」(*Little Treatise on the Holy Supper*)에서 교리 논쟁을 종식할 일반적인 동의를 촉구하였다. 이를 통해 그는 자신의 독자들이 루터와 츠빙글리를 존경하도록 하기 위해 루터를 아버지로 호칭하며 츠빙글리파의 분노를 완화하려 하였다.[139] 비록 두 지도자가 오해로 상대편에 귀를 기울이지 않았지만, 1540년 멜란히톤의 아우구스부르크 신앙고백에 찬성하였다.[140] 1537년 2월, 베른의 목사들에게 보낸 편지에서 칼빈은 논쟁의 해결을 위해 형제들의 모임을 요청하였다. 1년 뒤, 불링거에게 보낸 편지에서 그들 사이에 일치를 모색하는 대회를 제안하였다. 1540년 3월 그는 불링거를 스트라스부르그 지도자들과 보다 형제적인 관계로 인도할 수 있는 길을 모색하였다. 그리고 교회의 일치를 위해 그리스도의 모든 종들과 우정을 개발할 필요성을 역설하였다. 그는 언제나 이 목적을 위해 일할 것을 맹세하였다.[141]

---

137) John Calvin, *Institutes of the Christian Religion*, trans., by Henry Beveridge (London: James Clarke & Co., Ltd, 1953), vol. IV, I. 9. 27-89.

138) 예를 들면, 당시 영국의 개혁자 크렌머는 개혁교회 신학자들의 에큐메니칼 협의회를 구성할 원대한 계획을 진행하면서 칼빈의 도움을 요청하였다. 1552년 크렌머는 트렌트 공의회에 맞서 이 회의를 제안하였다. 바실 홀(Basil Hall) 교수는 영국 지도자들과 주고받은 칼빈의 서신을 검토하는 중에, "칼빈은 제네바식 개혁을 강요하지 않았다. 오히려 신앙고백의 정비, 교리 교육, 더 많고 훌륭한 설교, 도덕 교육의 실행을 제안하는 등 일반적 개혁 원리를 제안하였다"고 평가하였다. Quoted from Philip Edgcumbe Hughes, "Calvin and the Church of England", *John Calvin, His Influence in the Western World*, ed. W. Stanford Reid (Michigan: Zondervan, 1982), 185; Basil Hall, "Calvin against the Calvinist", in J*ohn Calvin*, ed. G. E. Duffield, Eerdmans: Grand Rapids, 1966, 33; 이상규, "한국장로교회의 연합", 「한국장로교회의 합동운동」, 도서출판 새한, 2009, 130-135.

139) F. Bente, *Historical Introductions to the Book of Concord* (St. Louis: Concordis, 1965), 173-174; John T. McNeill, *The History and Character of Calvinism* (New York/Oxford University Press, 1954), 153, 198-199.

140) 당시 칼빈은 멜란히톤의 화해 노력을 높이 평가하고 그를 통해 개신교의 통일을 소망하였다. 스위스 교회들의 연합은 그의 직접적인 관심사로 보다 광범위한 교제의 필요성을 추구하였다. 하지만 칼빈의 기대와 달리 멜란히톤은 결국 반대자인 강경주의자들에게 패배하였다. 설상가상 1560년 4월 멜란히톤의 갑작스런 사망으로 모든 기대를 빼앗겼다. 그러나 칼빈은 과거 교제에 대해 감회어린 글을 남겼다.

그렇게 되면 제네바와 취리히가 성만찬에 관한 차이점들을 제쳐둘 수 있다고 보았기 때문이다. 칼빈은 1544년 11월, 만일 우리가 함께 만나 이야기 할 수 있다면 우리는 어렵지 않게 동의할 수 있을 것이라고 하였다. 따라서 칼빈은 협상할 수 있다면 언제든지 그것을 실현하려고 하였다.[142] 그리하여 1549년 마침내 취리히 합의문(the Zurich Consensus, Consensus Tigurinus)에 서명하였다.[143]

이것은 칼빈이 정열적으로 옹호한 예정론에 집약되었다. 그는 선택과 유기에 관한 가르침에 대해 왈가왈부하는 자들에게 격렬히 투쟁하였다.[144] 하지만 칼빈은 자신의 체제에 위험하지 않은 이단 혐의자들에게 관용을 베풀었다.[145] 그에 의하면 비록 건물이 붕괴되었으나 분별력을 갖고 잔해를 살피면 그 속에서 여전히 권위 있는 초석을 발견할 수 있기 때문이었다.[146] 따라서 그는 칼 홀의 지적처럼 마틴 부처와 함께 교파간의 관용을 발전시켰다.[147] 그는 로마 교회 내의 일부 교인들도 하나님의 택한 백성임을 인정하였다. 교회의 연합과 통일성에 대한 그의 열정은 당시 보기 드문 사례였고, 현재도 그리스도인이라 자처하는 사람들에게 관용

---

141) John T. McNeill, *op. cit.*, 196-197.

142) *Ibid.*, 198.

143) John H. Leith, *An Introduction to the Reformed Tradition: A Way of Being the Christian Community* (Edinburgh: The Saint Anndrew Press, 1977), 178.

144) 이것은 1555년 볼섹(Bolsec)의 지지자들과의 논쟁 중에 베른 공회에 보내 편지에 명확히 서술되었다. "이 심오한 신비를 취급함에 있어 우리가 지극히 겸손해야 함을 나는 잘 알고 있습니다...(나의) 유일한 목적은 인간의 교만을 꺾는 것이며 모든 두려움과 겸손으로 하나님의 위엄을 경외하도록 가르치는 것입니다". *Ibid.*, 211 재인용.

145) 예를 들면, 1545년 박해 받던 발도파(Waldensians)를 옹호하였다. 그리고 여행 중에 스위스 국가들이 그들을 포용하도록 중재 편지를 썼다. 뿐만 아니라 대학살을 피해 온 난민들이 무더기로 제네바에 입국할 수 있도록 그들을 위한 기금을 모았다. 그는 비본질적인 문제로 인하여 의견의 다양성을 거부하는 교리적 용어들을 협의적 정의를 반대하였다. 그는 교리, 권징, 그리고 예배에 있어 조그마한 차이가 있는 교회들과 교제하는 것을 허용하였다. 1554년 그는 베셀(Wesel)에 있는 영국 피난민들에게 그곳 루터파 교회의 예배가 마음에 들지 않아도, 그 교회의 성찬을 존중하라고 부탁하였다. 스위스 개혁교회 지파들은 물론 루터파와 성공회 측, 발도파와 보헤미안 형제들과의 교제를 아주 소중하게 취급하였다.

146) Owen Chadwick, *The Reformation, The Pelican History of the Church* (Penguin Books, 1988), 369-370, 400-401. 그런데 그의 제자 베자는 살인이 육체를 멸하는 것이라면 이단은 사람의 영혼을 멸하는 것으로, 더욱이 하나님의 권위에 도전하는 중차대한 범죄로 간주하였다.

147) John T. McNeill, *op. cit.*, 228-229.

적 태도를 보였다. 1555년 그들이 다시 시련에 직면했을 때, 1557년 베자와 파렐이 스위스 주들과 라인(Rhine)으로 파견되어 그들을 위해 프랑스 사람들에게 압력을 넣기도 하였다. 무엇보다 칼빈을 자극한 것은 정통교회의 질서를 교란하는 분파주의로 재세례파들이 자리하였다. 1534년과 1542년에 출간된 칼빈의 「사이코판니키아」(*Psychopannichis*)는 예수님의 죽음과 부활 사이에 그의 영혼이 무의식 상태에 있었다는 재세례파와 싸우기 위해 저술되었다. 1544년 저술된 「재세례파 이단에 반대함」에서 그는 시민 정부로부터 격리하고 그들의 전형적인 가르침을(7가지) 반박하였다.[148] 1544년 「자신들을 영적인 자들이라 부르는 방종파들의 광신적이고 광분하는 분파에 반대함」(*Against Fanatical and Furious Sect of the Libertines Who Call Themselves Spirituals*)을 출간하였다. 이 격렬한 팜플렛에 묘사된 방종파들(Libertines)은 제네바의 정치적 대적들과는 다른 사람들이었다. 그들은 널리 퍼져 있는 반율법주의적 영적 집단들로 칼빈은 그들을 벧후 2:12-15149)에 나오는 자들과 유사한 것으로 묘사하였다. 그는 그들을 거짓된 황홀 상태와 도덕적 제약의 포기라는 오류를 범하고 있다고 비난하였다.[150]

---

148) John T. McNeill, 224.

149) "그러나 이 사람들은 본래 잡혀 죽기 위하여 난 이성 없는 짐승 같아서 그 알지 못한 것을 훼방하고 저희 멸망 가운데서 멸망을 당하며 불의의 값으로 불의를 당하며 낮에 연락을 기쁘게 여기는 자들이니 점과 흠이라 너희와 함께 연회할 때에 저희 간사한 가운데 연락하며 음심이 가득한 눈을 가지고 범 죄 하기를 쉬지 아니하고 굳세지 못한 영혼들을 유혹하며 탐욕에 연단된 마음을 가진 자들이니 저주의 자식이라 저희가 바른 길을 떠나 미혹하여 브올의 아들 발람의 길을 좇는 도다 그는 불의의 삯을 사랑하다가 자기의 불법을 인하여 책망을 받되 말 못하는 나귀가 사람의 소리로 말하여 이 선지자의 미친 것을 금지하였느니라"

150) 츠빙글리는 우상제거와 예배 개혁에 승복하지 않는 우상파괴론자, 특별히 근본적인 변혁을 선동한 재세례파에 격분하였다. 당시 재세례파들은 유아세례를 금하고 교회에서 간섭하는 일체의 국가 법령을 거부하였다. 아울러 십일조세 징수에 반대했으며 교회가 그 사회의 구성원을 신자로 할 수 있다는 것을 부정하였다. 그리고 시의회를 거듭난 사람들로 구성하여 완전한 자율성과 불신교인을 파문할 권한을 가질 것을 요청하였다. 이에 대해 츠빙글리는 그들이 교회의 신자로 자격이 있는지 묻고, 현재 교회는 필연적으로 밀과 가라지지 섞여있을 수밖에 없다고 주장하였다. 재세례파에 의한 상처에도 불구하고 츠빙글리는 그들과의 친분 유지에 노력하며, 때로는 재세례파와 취리히 농민들의 요구의 조정자로서 인내심을 갖고 대처하였다. 그 결과 1525년 1월 17일, 행정관리 앞에서 재세례파와의 협의회가 개최되었다. 그 결과 모든 부모들이 자식의 행후 8일만에 세례를 베풀 것과, 분리주의 종교 집회를 금지하는 행정조치를 단행하였다. 이것이 강제적이었으나 그럼에도 불구하고 그들의 요구와 주장을 굳게 하는 계기를 마련하였다. John T. McNeill, *op. cit.*, 42, 207.

칼빈에게 가장 큰 기대와 열망은 교리에 기초한 분파나 이단 문제가 아니었다. 한 때 칼빈은 자기와 다른 신학적 견해의 소유자들, 대표적으로 세르베투스에게 관용하지 못하였다.[151] 그러나 칼빈의 궁극적인 이상은 기독교 전체의 연합과 통일이었다. 따라서 그는 개혁적 예배와 신학, 정치와 기독교인의 삶을 다른 공동체와 폭넓게 교류하였다.[152] 그는 루터와 함께 사도신경에 있는 "공회"(Catholic Church)와 "성도의 교통"은 모든 시대와 장소의 구속받은 자들의 전체를 가리킨다고 하였다. 이 진정한 보편 교회는 눈에 보이지 않는다. 그러나 그 구성원들, 즉 하나님의 택하신 백성들은 하나님만이 아신다. 사랑의 판단으로 우리는 신앙 고백, 모범, 성례의 참석으로 하나님과 그리스도를 고백하는 자들을 멤버로 간주한다. 보이는 교회는 신앙을 고백하는 자들로 구성된다. 왜냐하면 그것이 온 땅에 전파되고 역사를 통해 존속해 왔기 때문이다. 여기에는 물론 일부 위선적인 신앙 고백자들도 포함되었다. 그러나 그것이 진정한 교회의 표지들을 보유하고 있는 한 그것에서 이탈해서는 안 된다고 주장하였다. 예를 들면 진정한 설교와 복음을 경외하는 마음으로 귀를 기울이는 것, 그리고 그리스도께서 세우신 대로 성례를 집행하는 것이다. 동시에 구성원들의 행실을 교정하고 추문을 퍼뜨린 죄인들을 성찬에서 제외하는 징계, 권징을 바로 실천하는 것이다.

칼빈은 성도의 교제가 교회의 실재성을 잘 드러낸다고 믿었다. 왜냐하면 멤버들은 그 안에서 하나님이 그들에게 주시는 모든 유익을 서로 나누기 때문이다. 따라서 칼빈은 교제와 교통을 강조하고, 이 공동체로부터 태동하는 영적 가치들을 상호 교환하는 것으로부터 자신을 격리시키는 어떤 개인적 경건도 용납하지 않았다. 교회는 하나님의 구원 계획에 있어 절대 불가결한 기관이기 때문이다. 키프리안(Cyprian)에 의하면 교회는 하나님을 아버지로 모신 모든 자들의 어머니이다. 그리고 교회는 자기 자녀들 가운데서 기독교인의 삶을 가르치는 보모이다.[153] 따

151) John T. McNeill, 274. 1572년 12월 세르베투스는 반 삼위일체를 주창함으로 칼빈주의 목사들에게 붙잡혀 하이델베르그에서 참수되었다. 당시 유니테리언주의는 아직 칼빈주의자들에 있어서 관용 밖의 사안이었으므로 사향은 불가피하였다. 이로써 당시 독일 제국 내에서 프레데릭의 입지가 강화되었다.

152) James H. Smylie, *A Brief History of the Presbyterians* (Kentucky, Louisville: Geneva Press, 1996), 19-20.

153) Cyprian, *De Unitate Ecclesiae*, V. ANF. 5: 422.

라서 칼빈은 "교회가 그 태에서 우리를 잉태하여 출산하지 않으면, 나가서 교회가 우리를 그 보호와 지도 아래 지켜 주지 않으면 영생으로 들어갈 길이 없다. 왜냐하면 우리는 연약하기 때문에 교회의 학생으로 우리의 인생길을 다 달려가기까지 교회라는 학교를 떠나지 않아야 하는 것이다".[154] 칼빈은 엡 4:13 주석에서 "교회는 모든 경건한 자들의 공통된 어머니이다. 교회는 왕들이나 농부들 할 것 없이 자녀들을 낳고 양육하고 하나님께 인도한다. 이 일은 목회 사역에 의해 이루어진다"고 하였다. 비록 교회가 비본질적인 면에서 결함이 있다 하여도 유형 교회의 교제로부터 떠나는 것은 심각한 죄이다. 따라서 칼빈은 본질적인 것과 비본질적인 것을 구분하고, 후자의 경우에 우리는 오류를 시정하려 노력하여 그것들을 주장하는 자들과 연합을 유지함으로 몸의 평화를 교란시켜서는 안 될 것이라고 하였다. 왜냐하면 각 지체는 전체의 공통된 통일을 위해 노력해야 하기 때문이다. 더욱이 우리는 행실의 결함을 참아야하며 완전에 대한, 형제보다 좀 더 낫다는 그릇된 인식으로 인한 분열을 피해야 한다. 칼빈은 계속적으로 맹렬히 분열주의적 기질을 비난했으나 한편 형제로서의 충고를 분열과 조심스레 구별하였다. 예를 들면 칼빈은 고린도 교회가 윤리와 교리 면에서 많이 부족했지만 바울은 그들과의 교제를 파괴하지 않았다고 하였다. 그리스도의 교통으로부터 자신을 소외시키는 것은 종교를 버리는 것이요 하나님을 부인하는 것이기 때문이다.[155] 그러나 칼빈은 예외적으로 오직 진정한 신앙이 사라지고 진정한 성례가 없는 곳에서는 분리가 가능하다고 하였다.

교회는 하나요 보편적이며 거룩하다. 그것은 그리스도께서 성화시키시고 정결케 하셔서 아직 획득하지 못한 완전을 향해 매일 전진한다는 의미에서 거룩하다 (엡 5:25-27). 그 구성원들은 그들의 온 마음을 다해 그것을 갈망한다. 혼자가 아니라 거룩해지고 있는 교회의 교제 속에서 인간들은 완전을 추구하도록 요청받는다. 그러나 그들이 그것을 획득했다고 하는 생각은 마귀의 고안물일 뿐이다.[156] 성도는 아직 완전한 자들이 아니다. 그리고 교회는 하나님의 선하심과 그리스도의

154) John Calvin, *Institutes of the Christian Religion*, trans., by Henry Beveridge (London: James Clarke & Co., Ltd., 1953), IV, 1, 4.

155) John Calvin, *Institutes of the Christian Religion*, IV., 1, 10-14.

156) John Calvin, *Institutes of the Christian Religion*, IV, 1, 20.

공로, 성령의 능력에 의해 죄가 계속 정화되며 사해지는 곳이다. 사도들이 사죄의 능력을 받았을 때, 그것은 그들이 단지 새로운 회심자들을 용서해야 하는 것만이 아니라 그들이 신자들 사이에서 끊임없이 용서를 실천해야 할 것을 가르친다. 그러므로 성도들의 교제에서 죄들은 교회의 사역에 의해 계속적으로 용서를 받는다. 이것은 직분에 위임된 목사와 장로의 경건한 양심을 통해 확인하는 것이다. 이 용서는 설교와 성례를 통한 교회의 교제에서 주어진다. 그러므로 칼빈은 엡 4:4에서, 그리스도인의 연합은 한 몸과 한 영을 이루는 것이어야 하며, 한 신앙을 고백하고 서로에게 모든 종류의 도움을 제공하는 것이어야 한다고 하였다. 우리는 모든 적의, 혹은 적대감을 경계해야 한다. 왜냐하면 그것은 형제 사이를 분리시키고 우리를 하나님의 나라에서 소외시키기 때문이다.

칼빈은 종교개혁을 진정한 보편 교회의 회복으로 보았다. 그는 이전 시대에 진정한 교회를 발견하지 못했다. 그에게 중세 가톨릭교회는 오히려 자율을 상실한 채 억압하였다. 따라서 칼빈은 루터처럼 그것을 바벨론에서 예루살렘으로의 귀환으로 간주하였다. 칼빈은 기독교 강요 최종판 서문에서 "나는 교회의 발전 외의 어떠한 목적도 결코 가져본 적이 없다"고[157] 하였다. 그는 결국 연합과 일치를 추구한 그리스도와 교회의 사람이었다. 따라서 그는 초대 교회 사도신경이 명시한 숭고한 목적, 즉 교제와 성도의 교통을 위해 모든 방법을 동원하여 끝까지 연합을 추진하였다. 만일 자기가 찢어진 그리스도의 몸을 연합시키는데 도움이 될 수 있다면 열 개의 대양이라도 건너겠다고 하였다.[158] 따라서 그는 영국의 성공회 대주교 크랜머(Cranmer)에게 통합적 개혁을 제안하였다. 그러므로 당시 칼빈은 크랜머의 대주교직 폐지를 반대하였다. 그에게 교회 제도는 형편에 따르는 자율성을 인정했기 때문이다.[159] 이것은 17세기 위그노 학자 장 다이에(Jean Daille)의 지적처럼 칼빈이 교황에게 복종하지 않고 사도들의 순수하고 신실한 교리들을 가르치

157) John Calvin, *Institutes of the Christian Religion*, vol. I., 25.

158) John T. McNeill, *The History and Character of Calvinism* (New York/Oxford University Press, 1954), 388; Philip Edgcumbe Hughes, "Calvin and the Church of England", John Calvin, *His Influence in the Western World*, ed. W. Stanford Reid (Michigan: Zondervan, 1982), 186.

159) Philip Edgcumbe Hughes, "Calvin and the Church of England", *John Calvin, His Influence in the Western World*, ed. W. Stanford Reid (Michigan: Zondervan, 1982), 175.

는 모든 감독들을 존중했기 때문이다. 만약 감독제가 지배, 주관, 혹은 폭정을 하지 않을 수 있다면 얼마든지 허용 할 수 있다고 간주한 것이다. 단지 칼빈이 염려한 것은 한 목사가 다른 목사 위에 군림하는 것인바, 사도 바울에게 목사들 사이에는 군주제가 존재하지 않는다고 보았기 때문이다. 그러므로 1560년 경 그는 분열을 종식하고 모든 기독교를 재통합할 수 만 있다면 모든 것을 희생할 수 있다는 자세로, 전 세계에 흩어져 있는 신교 목사들의 모임을 대주교 파커(Parker)에게 제안하였다. 이것은 개혁교회의 통합에 대한 그의 계속적인 열망을 표현한 것이다.[160] 심지어 그는 교황이 그 회의의 결정에 승복하기만 한다면 그 회의를 주재해도 좋다고까지 하였다.

칼빈은 개인적으로 소원한 자에게 화해를 소원하였다. 따라서 칼빈은 피렐에게 보낸 마지막 편지에서 "우리의 연합을 의식하며 살아가라고 하였다. 그리고 종교적인 이유로 헤어진 옛 친구 다니엘을 다정히 대하였다. 칼빈은 모든 교제, 특별히 우정을 소중히 간주하였다.[161] 한때 그가 제네바에서 추방되었을 때, 프랑스와 로마 교회로 돌아오라는 뒤 띨레(Du Tillet)의 초청을 거부했으나, 그의 환대와 초청 못지않게 친절히 거절하였다. 칼빈은 대의적으로 인종적 우월주의를 반대하였다. 그는 "우리는 거울을 보는 것처럼 가난하고 멸시받는 자들 속에서 우리 자신의 얼굴을 본다. 비록 그들이 완전한 이방인이라 할지라도 말이다"(갈 6:9-11). 그러므로 무어(Moor)인이나 바바리아인도 "우리의 형제요 우리의 이웃이다" 라고 하였다.[162] 칼빈에게 교회의 분리와 연합은 이처럼 폭 넓게 그의 교회론을 통해 정립되었다.

8. 결론

그리스도께서 친히 피로 값 주고 사신 바 된 교회는 그 명령을 준행하는 과정에 수많은 교회와 교파(단)를 형성한 채, 현재까지 각자의 위치에서 사명을 다해왔다. 그 공동체 중에 장로교는 성경에 기초하여 하나의 거룩한 보편적.사도적 교

160) John T. McNeill, 200.
161) John T. McNeill, 231.
162) John T. McNeill, 234.

회로 전 세계로 확장되었다.[163] 종교개혁이 다양한 형태로[164] 전개되었는바, 칼빈은 제네바를 요새(要塞)로 개신교의 확장에 기여하였다. 칼빈은 박해받고 상처 입은 사람들에게 용기를 북돋아 주며 개혁주의 신학을 체계화하였다. 그는 어떤 대가를 치르고라도 하나님의 절대주권과 그의 뜻을 실현하는 것을 우선시 하였다.[165] 낙스는 망명 시절 칼빈을 통해 크게 영향을 받았다. 1560년 귀국 후 낙스는 스코틀랜드를 민족 교회로서 장로교 정치 체제를 확립하였다. 이 후 장로교회는 역사의 발전 속에 지역에 따라 독특하고 다양하게, 예를 들면, 16-17세기 스코틀랜드의 언약도들, 프랑스의 위그노들, 영국의 청교도 일부, 그리고 네덜란드의 개혁자로 불렸다.[166] 이들은 각각 자신들이 직면한 위기에 권력과 맞서, 명확한 신앙과 신학적 전통을 확립하여 후대에 전수하였다. 오늘날 자유 민주주의의 정착과 발전은 여기에 기초하였다.

지금까지 장로.개혁교회가 보여준 것처럼 이제 우리는 역사적 전통 위에서 말씀 중심의 삶을 실천하며, 지상 명령을 준행하여 이 땅에 하나님 나라를 건설하는데 더욱 힘써야 할 것이다. 실로 장로교회는 긍정적인 평가에도 불구하고 그동안 많은 갈등과 반목, 분열을 야기하였다. 그러나 제네바의 칼빈처럼 개혁.장로교회는 이제 일치와 연합에 힘써야 한다. 하나님은 당신의 영원한 목적을 위하여 이 땅에 교회를 세우셨기 때문이다. 지상 교회는 하나의 거룩하고 보편적이며 사도적인 교회로 그분의 뜻을 성취해야 할 사명이 있다. 여기에 장로교회의 신앙적 목표와 이상이 존재한다. 그러므로 개혁.장로교회는 기존의 교회 관행, 특별히 과감히 교권의 벽을 뛰어 넘어 진리 안에서 연합과 일치를 지속적으로 추구해야 하며, 이를

---

163) Andrew Pettegree/Alastair Duke/Gillian Lewis, *Calvinism in Europe 1540-1620* (Cambridge University Press, 1996); Emile G. Leonard, *A History of Protestantism* (Nelson, 1965), vol. I., 292-351, vol. II., 1-448; James H. Smylie, *A Brief History of the Presbyterians* (Kentucky, Louisville: Geneva Press, 1996), 1.

164) 예를 들면 독일에서는 루터의 종교개혁, 스위스에서는 헐드리히 츠빙글리, 오이콜람파디우스, 칼빈이 일으킨 종교개혁, 스코틀랜드와 영국의 종교개혁, 스위스 취리히에서 일어난 재세례파 운동과 독일의 토마스 뮌쳐가 일으킨 진보적 종교개혁, 그리고 로마 가톨릭의 반동 종교개혁이다.

165) Elton E. Eeningenburg, *A Brief History of the Reformed Church in America* (Grand Rapids: Douma, n. d.), 19.

166) Keith L. Sprunger, *Dutch Puritanism* (Leiden: E. J. Brill, 1982), ix, 3-40.

계기로 동일한 신앙과 신학을 고백하는 교회와의 연대에 귀를 기울여야 할 것이다. 바야흐로 세계는 급속히 변모하는 통합의 시대이다. 이러한 시대에 장로교회가 현존하시는 하나님에 대한 인식, 그리고 그분의 뜻에 대한 철저한 헌신으로 세속화 시대를 극복하여 사명을 완수 할 수 있을 것이다.[167] 칼빈의 영향력은 그 시대만 국한하지 않고 이후 수세기에 걸쳐 유럽의 교역과 정복을 통해 세계 도처로 급속히 확산되었다. 19세기 후반과 20세기 초엽에 무신론적 인본주의와 유물주의, 그리고 자유주의 신학의 등장으로 위기를 맞았으나,[168] 최근에 세계 도처에서 현저히 부흥하고 있다. 이 일에 한국의 장로교회가 진리의 깃발을 굳게 잡고 새 시대를 선도하는 역할을 잘 감당해야 할 것이다.

---

167) John T. McNeill, *The History and Character of Calvinism* (New York/Oxford University Press, 1954), 438-439.

168) W. Stanford Reid, "The Transmission of Calvinism in the Sixteenth Century", *John Calvin, His Influence in the Western World* (Michigan: Zondervan, 1982), 52.

제12장

역사적 기독교의 정치형태 소고

1. 서론

말씀으로 하늘과 땅을 창조하신 하나님은 그의 영광과 인간의 행복을 위해 이 땅에 가정과 교회와 국가를 세우셨다. 따라서 이 3기관들은 크고 작은 각자의 소명과 특성, 은사를 따라 그의 뜻을 실현해야 한다. 위의 3 기관 중 특별히 교회는 하나님께서 그가 부르신 자들을 통해 이루신 영적 기관이다. 이 교회는 비록 인종과 국가, 배경과 역사는 달라도 그리스도를 머리로 신비한 몸을 이룬다. 그러나 오늘 세계 교회와 한국 교회, 교단의 현실은 어떤가? 왜 우리 교회는 서로 돕고 협력하기보다는 분열과 분리, 반목과 갈등으로 말할 수 없는 상처로 얼룩져 있는가?[1] 한때 고난 중에 참 신앙의 모범을 보여 준 교회는 죄악의 세찬 격랑에 능력과 독특성을 상실하고 형식주의적 신앙 행태로 지탄받아 온지 오래다.[2] 이런 때 우리 그리스도인들은 심기 일전하여 새로운 모습으로 거듭나야겠다.

지금 세계는 최첨단 정보 과학의 발달로 하루가 다르게 변모해 가고 있다.

---

1) 1982년에 나온 세계 기독교 대사전에 따르면 20세기초에 1900개의 교단이 있었다. 그러나 1986년 현재 22,000개의 교단으로 늘어났다고 한다. 실로 엄청난 교단의 증가를 본다. 그러면 한국 교회는 어떤가? 한국 교회는 분열로 얼룩진 교회가 아닌가? 단적으로 한국 장로 교회만 해도 1996년 현재 약 170여 개의 교단이 있다. 실로 부끄러운 일이 아닐 수 없다. 그리스도를 주라 믿고 고백하는 이 세상의 모든 교회는 모두 하나다. 주님이 하나 되게 하신 말씀을 기억하며 힘써 지키도록 노력해야겠다. Walter A.Elwell(ed.), *Evangelical Dictionary of Theology* (Michigan: Grand Rapids, Baker Book House, 1984), p. 231.

2) 존 맥아더, 「주님의 교회계획」, 최치남역, 생명의 말씀사, 1993, p. 167.

1969년의 인간 달 착륙은 이제 1997년 7월 5일 미국의 무인 패스파인더호의 화성 탐사로 이어져 21세기 신(新) 우주 과학 시대가 놀랍게 펼쳐지고 있다.[3] 그럼에도 불구하고 이 땅에는 불신과 반목, 가난과 질병은 끝이 없고, 삶과 죽음에 대한 공포와 이교 사상의 난무, 그리고 급속한 세속화로 사망 길을 벗어나지 못하고 있다. 이러다가 결국 이 세상은 하나님의 심판을 피할 수 없는 절망적 파국에 이르게 될 것이다. 그러나 하나님의 부름받은 교회는 끝까지 세상과 타협하지 않고 말씀에 따라 믿음으로 승리해야 한다. 하나님은 이 교회를 지배하거나 간섭할 어떤 권위와 힘을 그 누구에게도 허락하지 않았다. 왜냐하면 하나님이 친히 교회의 주인이시기 때문이다. 하나님은 그의 신부인 교회를 통해 영광을 받으실 것이다. 그러므로 우리는 교회를 교회되게 하여 하나님의 창조 목적을 이루어야겠다. 우리가 싸워 이겨야 할 대적은 형제와 이웃이 아니라 혈과 육이며 하늘의 공중 권세 잡은 자이다.

따라서 모든 교회는 개 교회나 교단의 이익을 위해 주님의 명령과 약속을 망각치 않고 피차 지체 의식을 증진시켜 나가야겠다. 서로 이해하고 양보하며 화해하는 관용적 자세가 요구된다. 본 강의에서는 하나님이 세우신 교회란 무엇인가? 즉 교회의 본질과 왜 하나님은 이 교회에 정치를 허락하셨으며, 그 허락하신 정치제도는 무엇인가? 과연 어떤 제도가 가장 성경적인가? 를 역사적 근거를 통해 살펴보고 결론으로 요약과 평가를 하고자 한다.

2. 교회의 정의

(1) 구약적 정의: 구약에서 사용되는 교회의 역사적 배경은 BC 3세기의 히브

---

3) 우리가 TV를 통해 보았듯이 패스파인더는 정확하게 14.2도로 화성 대기권에 진입한 후 낙하산을 펴서 화성 표면에 착륙했다. 워낙 빠른 속도로 대기권에 진입했기 때문에 신속히 낙하산을 폈는데 시속 230Km로 착륙하였다. 이처럼 엄청난 속도로 화성 표면에 충돌했는데도 우주선은 에어 백의 도움으로 부서지지 않고 잘 작동되었다. 화성에 착륙한 후 패스파인더에서 분리되어 나온 소저너호는 초속 1Cm의 느린 속도로 화성 표면을 거닐면서 각종 사진을 지구로 전송했다. 소저너호가 보내 온 사진은 마치 미국 남서부 사막 지대를 연상케 하듯 바위 투성이의 황량한 벌판과 같았다. 이것은 1976년 바이킹호가 화성에 착륙해 보내 온 사진들과 크게 다르지 않았다. 하지만 온 세계는 새로운 우주 과학 시대의 도래로 큰 흥분에 빠지게 되었다.

리 성경의 헬라어 번역에 기초한다. 교회, 즉 에클레시아라는 말은 70인 역에 약 100회 등장하는데 항상 히브리어 카할(qahal)과 그와 같은 어근을 가진 단어를 번역한 것이다. 카할이 쉬나고게(sunagoge)를 포함하여 일곱 개의 각기 다른 헬라어로 번역되어 그 의미가 광범위함을 보여 주지만 그중 에클레시아가 가장 주된 번역이다. 그런데 카할은 단순히 문자 그대로 총회, 집회(convocation), 혹은 회중을 의미한다. 그리고 이 낱말은 거의 모든 사람들의 모임을 가리켜 사용할 수 있는데[4] 이 낱말이 이렇게 다양하게 사용된 것을 보아 구약의 카할이나 70인 역의 헬라어 번역은 에클레시아에 전문적인 의미를 부여한 것은 아니었음을 알 수 있다. 그러나 이스라엘과 신약 교회의 연속성을 증명하기 위하여 카할이 구약에서 이스라엘을 가리키는 일종의 전문 용어가 되었으며, 그 뜻은 하나님의 백성이라고 종종 주장되고 있다.

역사적으로 이 용어는 고대적인 용법에서 전령에 의해 소집된 시민의 총회, 즉 입법 총회를 가리키는 말이었다. 하지만 소환한다는 개념은 이내 그 용례에서 사라졌다.[5] 그리스 아테네에서는 에클레시아가 미리 정한 날짜에 모여 특별히 소환할 필요가 없는 입법 총회로 현대 국가의 입법부와 유사했다.[6] 하지만 긴급한 문제를 처리하기 위해 소환된 총회는 순크레토이(sunkletoi)라고 불러서 일반적인 에클레시아와 구분했다. 이 말은 그 구성원이나 모임 방식에 상관없이 모임을 뜻하게 되었다. 이 폭넓은 용법은 신약에서도 다양하게 나타난다.[7] 그러나 성경은 사

---

4) 예를 들면 이것은 악한 모의를 꾸미려고 모인 모임(창 49:6; 시 26:5)과 백성의 문제(왕상 12:3; 잠 5:14), 전쟁이나 침공을 위해(민 22:4; 삿 20:2), 포로에서 귀환하는 동행에 끼기 위해(렘 31:8), 혹은 어떤 방식으로 하나님을 경배하려고(대하 20:5; 느 5:13) 모인 모임을 가리킨다. 이 낱말은 이스라엘 회중을 가리키는데 사용되지만(민 16:3; 미 2:5) 천사를 가리킬 때도 사용되며(시 89:5) 단순히 모인 대중을 가리키기도 한다(창 28:3, 35:11) Francis Brown, S.R.Driver and Charles A Briggs, *A Hebrew and English Lexicon of the Ole Testament*, 874.

5) A.T.Robertson, *A Grammar of the Greek New Testament in the Light of Historical Research*, 174.

6) Donald Macleod, *A Faith To Life By: Understanding Christian Doctrine*, Mentor, 2002, 255.

7) 예를 들면, 에베소 연극장으로 달려 나갔던 폭도들을 에클레시아라 부르며(행 19:32, 41), 그리고 같은 문맥에서 이 말은 합법적인 총회(행 19:39), 민회(民會)를 가리키기도 한다. 즉 세속 헬라어 에클레시아는 오직 외형적인 총회나 모임을 가리키지 총회를 구성하는 사람들을 가리키는 것은 아니다. 때문에 사람들이 모이지 않았을 때에는 그들이 에클레시아를 구성하고 있

람들이 모일 때마다 새로운 에클레시아가 존재한 것으로 이해한다. 이것이 바로 신자의 공동체로 하나의 뜻, 교회를 의미한다. 이 교회의 모형은 구약 신 23:2에서는 "여호와의 총회"로 기록되었는데 신약에서는 히 12:23에 "하늘에 기록한 장자들의 총회"로 묘사되어 있다. 예수님은 이 교회를 세우기 위해 오셨으며(마 16:8) 우리는 사도들과 선지자들의 터 위에 세우심을 입은 자들이다. 그리스도 예수께서 친히 모퉁이 돌이 되셨다(엡 2:20).

(2) 신약적 정의: 교회는 본래 헬라어로 쿠리아콘(kuriakon)이며 영어로는 쳐취(Church), 스코틀랜드어는 커크(Kirk)이며 독일어는 키르헤(Kirche)이다. 이 말은 쿠리오스(kurions, 주)의 중성 형용사로 주께 속한 이라는 뜻이다. 퀴리아콘은 신약 마 16:18, 18:17(2회), 고전 11:20(주의 만찬)과 계 1:10(주의 날)에서 5회 등장한다. 그런데 에클레시아가 현재의 교회로는 복음서에 단 한 번 언급된다. 이것은 초기 그리스도인들 사이에서 자신들이 주님께 속한, 주님께 연관된 또는 주님의 집이라는 뜻으로 사용하였다. 또 그 장소는 오직 그곳에 모인 하나님의 사람들 때문이라는 사실을 깨닫고 이 말을 모임 자체에도 적용하였다.[8] 이로써 오늘날 교회라 말 할 때는 사도행전에 기록된 대로 예수님의 승천 이후에 시작되었음을 본다. 모임 장소, 신자들의 지역 조직, 신자들의 보편적인 몸, 루터교회 같은 특수한 교파, 영국 국교 같은 특수한 지역이나 나라에 관련된 신자들의 조직으로 표현되었다.

어원적으로 신약에서 사용된 교회, 즉 영어의 처취에 해당하는 헬라어는 에클레시아 (ekklesia)이다. 이 말은 에크(ek, 밖으로)와 칼레오(kaleo, 부르다 혹은 소환하다)의 복합어인 동사 에칼레오(ekkaleo)에서 파생된 말이다. 이 에칼레오는 두 단어가 함께 쓰여서 밖으로 불러내다라는 뜻을 가진다.[9] 이 의미는 하나님께서 그의 사람들을 세상에서 분리시켜 "밖으로 불러내신 백성"을 지지하는데 종종 사용된다. 때문에 이 교회는 종교의식과 이를 통한 권익 차원에서의 성전 중심 종교

는 것으로 보이지 않는다.

8) Edmund Clowney, *The Church*, (IVP, 1995), 30-32.

9) 존 맥아더는 엡 1:4-12 강해에서 교회란 무엇인가를 매우 탁월하게 지적하였다. 그에 의하면 교회는 선택: 앞선 부르심, 구속: 불러주심, 성화: 불러 옮기심, 동일화: 불러오심, 계시: 불러 내리심, 연합: 불러 함께하심, 영화: 불러들이심, 선포: 불러 보내심으로 정의했다. *Ibid.*, 166-179.

나 혹은 이의 어떤 보충이나 연장이 아닌 외형상의 그것과 구별되는 영적인 연합체였다.[10] 이런 의미로 주님은 분명히 당시 종교 지도자인 제사장들과 논쟁을 통해 율법적으로 성전 종교를 주도하는데 대해 어떤 타협도 없이 전적인 변화와 개혁을 요구하였다.[11] 그러나 이것은 예\수님이 종교 지도자들로부터 미움과 증오를 받게 된 원인이기도 했다. 하지만 예수님은 하나님 나라의 건설을 위해 복음을 증거하고 이를 위해 그의 제자들과 동역자들을 부르셔서 그의 뜻을 이루셨다. 그리고 그는 친히 대제사장과 대속제물로서 구약의 예언을 성취하시고 성전이나 제사가 아닌 신령과 진리로 예배할 수 있는 에클레시아를 세워 주셨다. 여기서 ecclesiastical 즉 교회적인 것과 ecclesiology, 교회론이 파생되었는데 초기 헬라어 사용자들에 의해 폭넓게 사용되었다. 그러므로 신약적 의미의 에클레시아는 단순한 비전문적 의미에서 하나님의 백성 된 그리스도인을 가리키는 완전한 전문용어로 발진한 것을 보여준다.[12]

3. 교회의 명칭과 본질

(1) 명칭: 상기한 바와 같이 신약적 의미의 교회는 구약적 전통에 따라 외형상의 어떤 건물이나 또는 모세의 율법을 중심으로 그 안에서 행해지는 어떤 의식에 근거하지 않고 모든 예언을 성취하신 예수님의 십자가와 그의 구속에 기초한다. 이렇게 예수님의 피로 값주고 사서 세움을 입은 교회는 성경에 다양하게, 예를 들면 하나님의 교회(고후 1:1), 그리스도의 배후자(아 4:8-12), 그리스도의 신부(계 21:9)요 몸(골 1:18), 그 아들의 왕국(골 1:13), 양떼(요 10:16), 하나님의 집(히

10) 예를 들면 요 2.19과 미 26:1, 마 12:6처럼 예수께서 "이 성전을 헐라 내가 사흘 동안에 일으키리라". "가로되 이 사람의 말이 내가 하나님의 성전을 헐고 사흘에 지을 수 있다고 하더라". "내가 너희에게 이르노니 더 큰 이가 여기 있느니라"에서 보듯이 그는 성전 종교의 변화와 개혁 이상의 심판적 차원을 말씀하였다.

11) 요 2:13-25; 마 21:12-13; 막 11:15-18; 눅 19:5-48 참조.

12) 에클레시아는 신약에 114회가 나온다. 이들 가운데 5회는 신약 교회를 전혀 언급하지 않으며 109회는 신약 교회와 관계가 깊은데 크게 두 가지다. (1) 그리스도께 믿음과 충성을 고백하는 자들이 모인 어떤 특정 지역 교회(살전 1.1)나 총회(고전 4:17, 갈 1:22)에 주로 사용. (2) 보편 교회에 적용된다(행 8:1-3, 9:31).

10:21; 벧전 4:17), 거룩한 예루살렘(계 21:10), 선택된 신부(요이 1)등으로 묘사된다. 이 명칭들은 그리스도의 몸으로(고전 12장) 이 세상의 어떤 단체와 확연히 구별되는 신비한 공동체이다. 그러므로 신약에서는 구원받은 성도들 자신이 바로 하나님의 성전이며(고전 3:16) 그 성도들 모두가 예수 그리스도 안에서 그의 신부인 교회(엡 2:21-22; 5:25)로 함께 지어져 간다.[13] 이 같은 예는 예수님의 가르침과 복음적 실천을 통해 일관되게 보여진다. 즉 예수님은 그의 사역 초기의 산상수훈을 통해 구약적 유전의 문제점을 복음의 빛 아래서 해석하시고 보다 적극적으로 모든 곳, 특별히 안식일에는 회당에 가셔서 복음을 전파하셨다. 그러나 이 일로 예수님은 많은 종교 지도자들에 의해 원성을 사기도 했다. 복음서는 바로 이런 갈등과 음모와 송사를 자세히 설명해 준다.[14] 그러나 주님은 조금도 흔들리지 않고 이들의 교훈에 주의할 것과, 특별히 전통과 유전, 율법에 대하여 분명하게 가르치셨다. 그러므로 예수님은 당시 종교 지도자들에 의해 도덕과 윤리, 규범과 질서를 파괴한다는 선동자로 몰리게 되었다.

(2) 본질: 하지만 예수님은 그의 죽음을 통해 새로운 공동체, 즉 교회를 만들어 주셨다. 그리스도는 교회의 머리시며 그의 지체인 교회는 마 10:1과 막 6:7, 눅 10:1에 있는 것처럼 더러운 귀신을 쫓아내며 모든 병과 약한 것을 고치며 하나님의 나라를 온 세상에 선포해야 한다. 하이델베르크 신조는 이 교회를 성령과 하나님의 말씀으로 영원한 생명을 위해 선택된 무리라 표현했고 벨직 신앙고백서는 참 신앙의 거룩한 무리로 그리스도 안에서 구원을 소망하며 그의 피로 씻김 받아 성령으로 인침바된 하나의 우주적이며 보편적인 단체라 했다(히 12:23; 엡 5:25).[15] 이 영적인 신령한 교회는 내적으로 사람들의 눈에는 감추어져 있으나 이 세상과 구별된 삶을 추구한다. 거듭난 모든 성도들은 성령 안에서 한 몸을 이룬 가족이요 하나님의 자녀가 된다. 이 교회(총회)는 참 신앙과 거룩으로 영적인 면을 가지나 모든 성도들이 피차 신앙을 고백하고 대화하며 맡은바 직무와 사역에

---

13) 엡 2:21-22, "그의 안에서 건물마다 서로 연결하여 주안에서 성전이 되어 가고 너희도 성령 안에서 하나님의 거하실 처소가 되기 위하여 예수 안에서 함께 지어져 가느니라".

14) 마 16:21-28; 17:22; 20:17-19 참조.

15) G. H. Kersten, *Reformed Dogmatics*, vol II., (Michigan: Grand Rapids, Eerdmans Publishing Co., 1983), 457-459.

힘을 기울인다. 그리스도의 분부에 따라 교회는 성찬과 교회 훈련을 집행 실시하여 하나님의 말씀을 이루고 제도와 고백과 교제를 통해 외적 성장에 도모한다.

4. 교회의 생활과 발전

(1) 생활: 구약에서 교회는 아브라함과 함께 시작된 영적인 이스라엘 공동체의 발전을 말한다. 그러나 신약에서 교회는 예수의 부활 승천 이후 지상에서 사역하는 동안 관계를 맺은 제자들과 무리에 의해 시작되었다.[16] 이들은 오순절에 성령을 받고 예수가 죽음에서 부활한 그리스도라고 증거하는 권능을 받았다(행 1:8). 이 새 무리들은(엡 2:15)은 여러 장소에서 예배를 드리기 위해 정기적으로 모이고 (행 20:7; 히 10:25), 회당의 방식을 따라 구성원들 가운데서 선출된 장로들에게 다스림을 받는(행 14:23) 신자 공동체라는 외적인 형태를 취하였다. 이 교회는 종교에 관한 어떤 문제들에 동의하는 자들의 모임이 아니라 세상에 기초가 놓이기 이전에 선택된 신령한 그리스도의 몸(엡 1:4)이다. 이 집합체는 왕이신 그리스도의 지혜와 능력으로 보호를 받으며 통치를 받는다. 때문에 교회는 완전하고 철저한 영적 자유를 주장한다.[17] 그러면 교회 밖의 타락한 불순종의 세상은 어떤가? 우리는 이들도 하나님의 경영하시는 손안에 있다고 믿는다. 아마도 이 세상은 그의 통제와 보호가 없었다면 이미 파멸했을 것이다. 비록 이 세상 나라가 패역하며 거슬려도 때가 찬 후 아들이 오시면 장차 그의 나라가 될 것이다.

초기 신앙인들의 생활은 말씀 중심으로 성도간에 서로 교제하며 지냈다. 이들은 서로의 필요를 위해 서로 돕고 영적 복리를 위해 기도하며 살았다. 특별히 주님의 말씀을 기다리며 그의 오심을 간절히 사모하였다. 이들은 모이면 기도하고 흩어지면 전도하는 생활 모습으로 일관했다. 성령에 충만하여 항상 능력있는 삶을 살았다. 이들의 이 같은 경건한 생활은 복음 전도에 큰 힘과 무기가 되었다. 고난과 박해 시에도 타협치 않고 그리스도의 복음을 만방에 증거하였다. 그 결과 믿는 자의 수가 급증하게 되었고 마침내 그리스도인이라는 칭호를 얻게 되었다.[18] 초대

---

16) Walter A.Elwell, *op. cit.*, 231; G. H. Kersten, *Reformed Dogmatics*, vol II., 1983, 459; 도날드 거쓰리, 「신약신학」, 정원태.김근수역, 기독교문서선교회, 1993, 890.

17) D.M.Lloyd-Jones, *Knowing the Times*, (The Banner of Truth Trust, 1989), 36.

교인들의 이 같은 삶은 어떤 힘과 권력, 무력으로도 제어(制御)할 수 없는 강력한 단체를 형성했다. 이들은 아직 소수에 불과했으나 많은 사람들의 두려움의 대상이 되었다. 이들은 세상 끝날 까지 너희와 함께 하리라는(마 28:19-20) 주의 약속을 붙잡고 증인의 사명을 잘 감당하였다.

(2) 발전: 초기 교회는 로마의 박해에도 한 가지 원인은 있겠으나 아직은 어떤 제도화된 구체적 조직을 갖지는 않았다. 한 지역의 주교가 다른 지역의 기독교인들에게 아무런 권위를 내세움이 없이 서로 각자의 지역 교회에서 충성을 다했다. 당시 기독교인들은 박해로 옥외나 카타콤에서, 회당과 개인 집에서 예배를 드렸다. 그러나 교회는 또한 이단과 분파의 등장으로 매우 혼란하게 되었고 그 결과 정치 및 종교적 안정이 요구되었다. 이런 상황에서 2세기 말경 교회를 단합할 교구 제도가 발달하면서 군주의 성격을 띤 주교직이 등장하였다. 이제 교회는 교회의 통일성을 위해 주교의 힘을 빌리게 되었으며 점차 로마에 있는 주교와 교회에게 특별한 영예와 권위의 자리가 부여되었다. 교회의 제도 형태가 이렇게 발전하게 되면서 통치를 위한 조직과 정치가 필요하게 되었다.[19] 로마의 교회는 모든 교회 문제에 있어서 하나의 중재자로 최고의 존경을 얻게 되었다. 로마제국의 광범위한 제국적 조직망에 따라 교회들도 같은 방식으로 자신들을 조직하기 시작하였다. 따라서 자연스럽게 교회는 교회적 체제와 조직을 갖게 되었다.

이 조직은 교회의 다양한 직책들 가운데서의 서열(序列)이나 중요성에 기초하였다. 본래 주교와 장로의 직책은 동의어로 통용되었으나 시간이 지나면서 그 사

---

18) 하지만 주님이 재림하셔서 이 땅에 새 예루살렘 성을 건설하실 때까지 완전한 교회는 없다. 그러나 이들은 하나님의 계시와 그리스도 안에서 그 무엇도 끊을 수 없는 결속과 연합을 이룬다(롬 8:) 교회의 설립자 그리스도는 이 세상 끝날까지 그의 교회를 모으고 도우시며 밤낮없이 대적자 사탄과 세상과 죄를 대항하여 싸운다. 주님은 사탄과 세상과 죄악이 더 이상 성도들을 공격할 수 없도록 믿는자들의 대변자가 되신다. 그러므로 우리 성도들은 세상에서 환란을 당하나 항상 담대해야 한다. 성도들은 그 아들과 함께 승리하여 모든 영광과 존귀를 하나님께 드리며 영원토록 그와 더불어 왕노릇 하게 될 것이다.

19) 교회 정치란 개 교회나 연합한 교회들이 각자 세운 지도자들에 따라 실시하는 정치 조직이나 체제를 말한다. 이것은 성경에 실례들이 나타남으로 교회와 교인들의 영적 유익을 위해 실천해야 할 것이다. 물론 이것을 잘하면 구원을 받고 받지 못하는 것은 아니다. 그러나 교회의 질서를 위해 필수적이다. 가령 하나님의 계시를 효과적으로 이루기 위해서 필요한 제도이다. 여기에 조직과 행정, 교육과 예배 모범이 요구된다.

이가 구별되었다. 그리고 또한 위엄과 중요성에 있어서 주교 다음인 수석 부제의 직책이 등장한다. 3세기가 시작되면서 교회의 참된 본질에 대해 정의를 내리고자 하는 논쟁이 발전하였다. 그 당시 교회들은 우두머리로서의 주교(감독) 그리고 그의 휘하에서 치리하는 장로들의 지역을 중심한 집단, 그리고 장로들 휘하의 부제들로 조직되었다. 따라서 구원을 받기 위해서는 이 기구의 일원이 되어야 했다. 3세기 중엽 북아프리카 카르타고의 주교 키프리안은 교회의 단일성이라는 소책자에서 교회들을 하나의 커다란 세계적 교회의 일부라 주장하고 로마는 베드로의 보좌요 사제적 단일성의 기초가 되는 주된 교회라 말했다.

교회의 개념은 콘스탄티누스 황제(306-337 AD)의 기독교 공인 이후 변화를 가져왔다. 즉 기독교 공인으로 기독교인들은 공개적이며 자유롭게 하나님께 예배할 수 있었다. 그러나 이때부터 교회는 소명받은 무리로서보다는 특정한 건물 또는 구조물로 이해되기 시작하였다. 그리하여 당시 기독교인들은 법정(法庭)등으로 사용된 장방형의 회당인 바실리카를 교회 건물을 위한 모델로 사용하였다. 그리고 그와 더불어 교회라는 용어를 건물을 가리키는 말로 사용하였다. 이들 교회 건물들은 신약의 의미와 달리 다만 기독교인들이 공공 집회로 만나고 모이는 자유가 부여된 것으로 바뀌게 되었다. 이제 교회는 점차 형식적 신앙 생활을 위한 질서와 규범을 중시하며 회의를 소집하는 거대한 교회를 조직하였다. 이로써 교회는 비록 세상적 권위를 얻었으나 성경적 의미를 상실하게 되고[20] 점차 세속적인 제도로 전락하며 계급화되기 시작하였다. 결국 이것은 교회를 타락으로 몰아 마침내 세인의 지탄을 받게하는 계기를 제공하였다. 그러나 16세기 종교 개혁자들은 이 같은 교회의 폐습과 전통에서 벗어나 말씀 중심의 교회를 회복하였다. 이들은 한결같이 교회를 교회되게 하고자 온 힘을 기울였다.

5 교회 정치의 필요성과 정치형태

5.1. 필요성

20) 사실 신약의 기독교인들은 다락방이나(행 1:12-15, 2:1-2), 성전 지역(행 2:46; 5:20-21, 42), 회당에서(약 2:2), 그리고 다른 장소와 가정에서(행 5:42; 롬 16:5; 고전 16:19) 서로 만나 예배를 드렸다.

(1) 교회의 존재 목적상: 그리스도의 교회는 그를 머리로 한 하나의 제도이다. 그는 교회가 그의 명령을 잘 이행할 수 있도록 말씀을 통해 범위를 정해주셨다. 그런데 교회가 자신의 영역을 넘어서 자신에게 속하지 않은 특권을 사취(詐取)한다면 이는 하나님의 정하신 질서를 파괴하는 것이다. 교회는 세상과 달리 그 존재 목적이 뚜렷하다. 무엇보다도 (i) 하나님께 예배드리는 것이다. 인간의 제일되는 목적은 그를 영화롭게 하는 것이다. 이것은 삶의 모든 것을 지배하며 이로써 생명을 공급받는다. 이 예배를 위해 하나님은 자신의 원칙, 즉 영적 희생과 성령에 의해 인도되는 것을 말씀하셨다. 하나님은 영이시므로 그의 계시를 따라 영적으로 드려야 한다. 예배는 두 가지 측면이 있는데 하나는 우리를 향한 하나님의 말씀과 이 말씀에 대한 우리의 응답이다. 하나님은 예배를 통해 우리에게 말씀하신다. 우리는 이 말씀을 듣고 감사하며 기도하고 그분께 찬양드려야 한다. (ii) 선포: 이는 세계 복음화를 위해 교회가 이루어야 할 사명을 말한다. 이를 통해 모든 사람들이 예수를 믿어 죄사함을 얻고 구원을 받아 주의 제자가 되게하려는(마 28:19-20)는 것이다. 이는 하나님이 세우신 기관으로 국가가 할 수 없는 독특한 사명이다.

(2) 약속의 수행 과정상: 지상의 공동체 교회는 성경에서 하나님의 나라(the kingdom of God), 하늘나라(the kingdom of heaven), 즉 거대한 왕국으로 묘사된다(요 18:36). 교회가 하나의 나라, 즉 국가라는 사실은 곧 최고의 통치자 왕(그리스도)과 다스림을 받는 백성(신자들), 그리고 다스리는 법률(성경)이 존재함을 보여준다. 이 왕국을 바로 통치하여 그 목적을 이루기 위해서는 여러 지도자들과 다양한 법률, 직무와 조직 같은 제도가 요구된다.[21] 질서의 하나님은 그의 구원 계획 성취를 위해 그의 거룩한 산 시온에 그의 왕을 두셨다(시 2:6; 미 4:7; 사 9:6-7). 그리고 그는 교회의 조직과 제도를 통해 그의 원하시는 실제 목적을 이루어 가신다.[22] 그리스도는 이 교회의 주인으로 중심에 계시며 그의 나라의 궁극적 승리를 위해 정치 제도를 사용하신다. 바울은 디모데에게 "내가 속히 네게 가기를 바라나 이것을 네게 쓰는 것은 만일 내가 지체하면 너로 하나님의 집에서 어떻게 행하여야 할

---

21) James Moir Porteous, *The Government of the Kingdom of Christ*, (Edinburgh: Johnston, Hunter, & Co., 1873), 20.

22) Sinclair B. Ferguson & David F. Wright(eds.), *New Dictionary of Theology*, (IVP., 1988), 140-143; 윌리암 플래처, 「신학의 역사」, 이은선역, 기독교문서선교회, 1996, 13.

것을 알게 하려 함이니 이 집은 살에 계신 하나님의 교회요 진리의 기둥과 터이니라"(딘전 3:14-15)고 말했다.

교회는 이를 합리적으로 수행하기 위해서 조직을 정비하는 일종의 정치적 기능을 잘 수행해야 한다.[23] 그러므로 교회 정치는 나쁜 것이 아니다. 이것을 성경적 원리에 따라 바로 실천하고 실행하는 지혜가 필요하다. 한 성경과 한 하나님, 한 성령과 주님을 믿고 따르는 이 세상의 많은 교회들은 성경 해석과 신학적 입장은 달라도 하나님의 뜻을 이루어 가야 한다. 그러나 혹 우리가 정치를 방해하면 이는 직접적으로 기독교 신앙의 진리를 침해하는 것이 된다. 이 정치는 성직 계급 제나 시민 정부가 아니라 장로들에 의한 통치를 남겨 주었다. 그러므로 교회의 조직이나 정치 질서를 파괴하는 것을 경계해야 할 것이다. 하지만 우리는 때로 왜 이렇게 교회가 많을까? 혹은 이렇게 많은 교회 중에 참된 교회(교단)는 어디에 있는가? 나는 어느 교회(교단)에 속해야 할 것인가로 고민하게 된다.

5.2. 정치형태

이제 하나님의 피조물로서 우리의 관심은 어떻게 이것들을 효과적으로 이룰 수 있는가에 있다. 역사적으로 교회는 사회적으로 다양한 정치제도나 형태를 갖고 있다. 성경은 어느 곳에서도 교회 정치의 형태를 분명하게 하나로 제시하지 않고 있으며 실제가 아닌 원리를 제공하고 있다.[24] 그런데 이 원리가 모든 시대에 표준으로 적용될 수 있는가는 학자들 사이에서 아직도 논쟁의 대상이다. 그 이유는 오순절 이후 신약의 서신서들을 보면 교회 정치가 상당히 발전했으며 수정 완화되었음을 발견하기 때문이다.[25] 이 땅에는 한 하나님과 성경을 믿으면서도 장로교, 감

---

23) John Lawrence Mosheim, *An Ecclesiastical History*, (Glasgow: Blackie, Fullarton, & Co., 1827), 27-29; John H. Leith, *An Introduction to the Reformed Tradition: A Way of Being the Christian Community*, (Edinburgh: The Saint Anndrew Press, 1977), 137-142.

24) 이성희 목사에 따르면 교회 정치의 성경적 근거는 구약에서 출 18:13 27이며 신약에서는 행 6:1 7을 들 수 있는데 양자는 유사성에도 불구하고 차이점 또한 현저하다. 그는 문제의 발단은 구약과 신약 공통적으로 사람이 많다는 것과 업무의 과중이다. "21세기 미래 사회 속에서 바람직한 교회 정치 제도는 무엇인가?", 「오늘의 한국 장로교 정치제도 이대로 좋은가?」 교회갱신을 위한 목회자 협의회, 1997년 4월 28일, 12-13.

리교, 침례교, 루터교, 성공회 같은 다양한 교회와 교단이 있다. 그 이유는 각자의 성경 해석과 신학적 입장 차이 때문이다. 예를 들면 어떤 교단은 성경 말씀의 권위와 하나님의 주권을 강조하며 다른 교단은 교회의 전통과 의식, 혹은 인간의 이성과 합리성을 주장한다. 구원에 있어서도 또한 오직 믿음만을 강조하는 하거나 다른 한편 선한 행위를 강조하는 교단도 있다. 정치가 비록 추상적이나 그것이 권력을 갖게 되면 그 즉시 실재가 된다. 그것은 이 세상에 가시적인 것으로 나타나며 구체적인 형태를 지니게 된다. 그 형태들은 대략 교황 정치, 감독 정치, 회중(독립)청치, 장로 정치와 같은 체제를 중심으로 정리할 수 있다.[26] 이 용어들은 공격적 의미로 사용하는 것은 아니며 단지 교회의 어떤 특징을 말해 주는 것의 한 표현이다.

5.2.1. 교황정치(Prelacy)

(1) 역사적 개관: 교황 정치의 수장인 교황(pappa)은 본래 고대 헬라어의 아버지(father)라는 말에서 유래하였다. 여기에 근거하여 로마 가톨릭은 초기 교부 시대 이래 지금까지 절대적인 일인 통치의 이 체제를 유지해 왔다. 이들은 마 16:16-18, 눅 22:31-32과 요 21:15-17을 근거로 초대 교황 베드로가 그의 후계자인 로마의 감독과 주교들에게 사도 계승권을 이양했다. 이들에 따르면 베드로는 예수님의 수제자로[27] 다른 동료 사도들보다 우월하며 특별한 지위를 받았다. 심지어 이들은

---

25) 예를 들면 처음 행 6:1-7에서는 7명의 집사가 임명되었으나 행 14:23과 20:17, 딤전 3:1과 딛 1:5-9, 히 13:7, 벧전 5:1에서는 장로가 임명되었다. 이 직분들은 전도자와 여집사처럼 사도와 선지자로서 막연한 기능을 했다(행 21:8; 엡 4:11; 딤후 4:5) 이 외에도 어떤 경우 사도가 장로로 묘사되며(벧전 5:1) 혹은 7집사 중에 하나는 복음 전도자로 기록된다(행 21:8) 그리고 모든 장로와 달리 몇몇 장로들은 설교하고(딤전 5:17), 전혀 사도가 아닌 아볼로가 설교를 했다(행 18:24-26) 그러나 신약 성경은 3 형태의 확실한 사역을 보여준다. (1) 사도와 집사와 몇몇 여인들에 의해 수행되는 애찬사역(ministry of tables), (2) 사도들과 장로들, 주교와 목사들에 의해 수행되는 감독(oversight)과 목양(pastoral care) 사역, (3) 사도들과 선지자, 복음 전도자, 장로들과 집사들, 그 외에 전혀 언급되지 않은 몇몇 사람들에 의한 말씀 사역이다. 사도 시대 이후 이 같은 정책은 각 교회의 전통에 따라 발전하였다.

26) Donald Macloud, "Church Government", *New Dictionary of Theology*, 143-146.

27) 그 이유는 베드로가 예수님에 의해 제일 먼저 소명을 받았으며(마 4:18-19), 사도들의 명단에서 제일 먼저 나타나고(마 10:2), 최초로 예수를 주라 고백했으며(마 16:16) 부활하신 주님을 제일 먼저 보았기(고전 15:5) 때문이다. 그는 부활후 제일 먼저 복음을 선포했다(행 2:14)

베드로를 예수님의 특별 대리인이라고 간주하며 점차 예수와 동등시했다.[28] 그리고 초대 교회의 지도자인 바나바와 야고보, 디모데와 디도가 사도적 감독(베드로)과 후대 감독들을 연결해 준다고 보았다.[29] 따라서 사도적 승계는 합법적이므로 모든 기독교인들은 신앙과 의무로서 교황에게 순복해야 한다. 한편 교황은 주교 선출시에 최종 결정권을 갖고 그를 실제로 임명하며, 주교들은 교황에게 책임을 진다. 이 같은 맥락에서 사도 베드로의 계승자 교황은 절대적인 권위를 가지고 약 9억의 전 세계 가톨릭 교회를 다스렸다.

특별히 클레멘트를 포함한 초대 교부들은[30] 당시의 로마가 다른 교구 대표들보다도 더 많은 사도적 전승과 연결되었기 때문에 다른 감독보다도 로마 감독은 더 많은 특권을 갖게 되었다고 주장했다.[31] 이러한 우월성은 교회의 일치를 진작

이 같은 이유로 가톨릭은 베드로를 수제사로 간주하였다. 그러나 갈 2:11에서 보듯 베드로는 여러번의 실수를 했다. 로마 교황들은 아직도 사도 베드로의 계승자라고 생각하는데 이들의 주장은 사도 베드로의 역할과 큰 차이가 있음을 발견한다. 특별히 성경 어디서도 베드로는 그의 후계자를 임명했다는 기록이 없다. 자세한 것은 비판을 참고하라.

28) Charles Sydney Carter, *The Protestant Dictionary: Containing articles of the History, Doctrines, and Practices of the Christian Church*, (London: The Harrison Trust, 1933), 488-490, 625-627.

29) Walter M.Abbott(ed.), *The Documents of Vatican II*, (London: Geoffrey Chapman, 391-392; J.B.Lightfoot, "The Christian Ministry", in *Saint Paul's Epistle to the Philippians*, 181; E.M.B.Green, Called to Serve: *Ministry and Ministers in the Church*, 43.

30) 예를 들면 초대 교부 클레멘트와 이그나티우스, 이레네우스와 키프리안과 히에로니무스(제롬)는 로마 교구가 다른 교구들보다 탁월한 지위를 갖는다고 주장했다. 특별히 이레네우스는 사도들로부터 이어져 내려오는 비밀스런 전승은 이 감독들을 통하여 공개적이며 공식적으로 승계되었다고 믿었다. 이들은 교회의 분열을 방지하고 대신 일치를 진작시키기 위한 보증으로서 성직자 계급 제도 내에서의 사도적 계승을 발달시켰다. 이그나티우스와 이레네우스에 따르면 성직자 계급 제도는 이단을 대적하기 위한 가장 훌륭한 방어책이며 참된 교리를 진작시킬 제도였다. 그리고 키프리안은 로마 감독직의 중요성을 강조했다. 다른 사람들은 감독은 사도적 기능을 이어 받은 승계자로 보았는데 이는 감독들이 지도권과 교리 순결을 지키는 책임을 포함하여 사도들이 어떤 일들을 수행하기 때문이다. Charles N Cochrane, *Christianity and Classical Culture*, New York: Oxford University Press, 1944.

31) 예를 들면 베드로와 바울은 로마에서 순교했는데 이들 두 사람은 초대 교회의 탁월한 지도자였으므로 교회와 로마의 감독이 특권을 추가하려 한 것은 전혀 이상한 것이 아니다. 뿐만 아니라 AD 64년 로마 황제 네로의 대 박해 시에도 로마 교회는 그 중심지였다. 바울 서신들 중에서 가장 길면서도 가장 중요한 서신은 로마 교회에 보낸 것이다. 로마 교회는 100년에 이르기까지 모든 기독교 교회 중에서 가장 규모가 크고 부유한 교회 중 하나였다. 로마 시가 제국의

하는 결속체로 나타나 신조의[32] 발달로 더욱 강화되었다. 이 같은 로마 교회의 사도 계승권의 강조는 군주적 감독 제도로 발전하여 3세기에 와서 임명에 의한 승계 교리로 나타났다. 이것은, 토마스 린지(Thomas Lindsey)에 따르면, 커져가는 교회의 권위와 사도적 권위를 연결하려고 했던 라틴 교회의 법률가들이 그 교리를 나타나게 했다.[33] 이는 아우구스투스부터 디오클레티아누스까지 황제 정치를 옛 공화정 헌법의 연장이라 한 것과 같다. 따라서 사람들은 군주적 감독이 화합의 구심점이요 진리의 저장고요 성례를 통해서 하나님의 은혜의 방편들을 나누어주는 자라고 생각하였다. 결국 교회는 이런 승계를 거친 자들을 합법적인 사역자로 간주하고, 교회에 필요한 의식과 성례를 집행할 수 있게 했다.[34]

수도로서 지닌 역사적 특권 때문에 이 도시에 있는 교회의 지위도 자연히 높아졌다. 이 교회는 이단과 분파주의에 맞서 확고한 정통주의를 유지하였다. 따라서 이들은 로마의 감독에게 많은 특권을 부여하는 것을 주저하지 않았다. 그리하여 이들은 (i) 모든 감독들은 사도들을 통해서 그리스도와 연결된다는 사도적 계승 교리를 받아들였다. 이에 로마 교황은 베드로의 가시적 계승자로 절대적인 권위를 보유하게 되었다. (ii) 각 교회 안에서는 한 사람의 감독이 군주적 감독으로서 동료 장로들 보다 우월한 지위를 차지하게 되었다. (iii) 로마 감독은 그 교구와 연관된 전승들이 지닌 중요성 때문에 다른 감독들 중에서 으뜸으로 인정되었다.

32) 신조란 성서 안에 있는 관습과 거룩하고 절대적인 신앙의 규칙을 상대적이고 제한적으로 표현한 것으로 대중이 사용할 수 있는 신앙의 진술로서 여기에는 구원과 교회의 신학적 안녕에 필요한 조항들이 포함된다. 최초의 신조로는 마 16:16의 베드로의 고백에 기초한 사도신경이 있는데 초기부터 세례 때의 신앙고백으로 사용되었다. 340년경에 가장 오래된 신조가 로마에서 등장했는데 그것은 400년경에 푸피누스가 사용한 것과 비슷한 것이었다. 이 신조는 삼위일체론 적이며 삼위의 위격과 사역에 관심을 둔다. 그것은 집단으로서의 교회의 우주적 본질을 강조하며 구원을 그리스도와 관련지으며, 신자의 부활과 내세의 목표에 초점을 두는 분명한 종말론을 포함한다. 그 외 많은 신조들이 있는데 이 신조들은 대체로 (1) 신앙의 정통성을 시험하기 위해서, (2) 이단과 구별하여 동료 신자들을 알아보기 위해서, (3) 그리고 본질적인 신앙의 교리들을 편리하게 요약하여 가르치기 위한 목적으로 사용되어 왔다. 이 모든 신조들은 생동감 있는 신앙을 전제로 하여 그것을 지적으로 표현하였다. 초대 교회에는 전체 교회의 대표들이 작성한 종교회의의 신조, 혹은 보편적 신조들이 신학적 논쟁 기간에 대거 출현하였다. 그런데 종교개혁 시대에는 교파에 따라 여러 가지 신조가 등장했고 그 이후에 더욱 가속화되었다. 성경에서 신조적 진술들은 롬 10: 9-10, 고전 15: 4, 딤전 3: 16 등이 있다.

33) Thomas M. Lindsay, *The Church and the Ministry in the Early Churchies*, (James Family Publishing, 1977), 279.

34) 그러나 교회의 사역자들을 통하여 계속되어야 할 사도의 가르침이 무엇이어야 하는 문제는 계속 남는다. 바울은 디모데에게 그가 받은 가리침을 다른 사람들에게 맡기라고 분명히 가르쳤고 이 사람들은 그와 비슷하게 그 가르침을 전달할 것이다. 그래서 사도적 가르침의 승계가 있어야 한다. 교회 지도권의 기능도 그와 꼭 마찬가지이다. 이 지도권은 사도들이 넘겨 준 것

이것은 6세기 그레고리 6세에 의해 로마의 주교로 간주되었다가 11세기 그레고리 7세(1073-1085)에 의해 공식화되었는데 그 이유는 로마의 교황권을 다른 주교들과 구별하기 위함이었다. 그 후 교황은 부여된 절대 권력을 바탕으로 교회와 세속 정부를 관할하는 막강한 권세를 누리게 되었다. 이들은 성경을 하나님의 말씀으로 인정하나 또한 그밖에 여러 교회의 전통과 의식을 존중한다. 구원은 믿음과 함께 수양과 선한 행실, 업적을 통해서도 얻을 수 있으며 특별히 7성례를 통해 신앙을 증진할 수 있다. 1962-1965년 발표된 로마 교황청의 바티칸 II 정강에 따르면 "베드로의 계승자 로마 교황(Roman Pontif)은 영구하며 가견적 근원이며 주교 연합과 모든 믿는 자들의 기초"라고 선언한다. 이 선언에 따라 교황권은 사도적 메시지와 사역, 그의 보편성과 우주적 일체감을 유지하기 위해 교회 내의 연합 사역을 위해 주력한다.

(2) 성경적 근거: 로마 교회의 사도적 계승은 마태복음 16:16-18과 함께 눅 22:31-32; 요 21:15-17 등에 기초한다. 이 이론에 따르면 베드로는 예수님의 수제자로 다른 동료 사도들보다 우월한 지위를 부여받았다. 그의 탁월한 지위는 이후 그의 후계자인 로마의 주교들에게 이양되었다. 따라서 사도직의 승계는 합법적이므로 모든 기독교인들은 신앙과 의무로써 교황에게 순복해야 한다. 이 이론은 590년 그레고리 1세가 교황에 오르면서 교회의 전통으로 굳게 정착되었다. 그러나 우리는 마 16:16-18의 정확한 분석을 통해 성경의 원리를 바로 확립해야 할 것이다. 마 16:16에서 예수님이 반석을 지칭하는 두 단어 페트로스(petros, stone)와 페트라(petra, living rock)를 사용하셨다. 그런데 여기서 베드로에게 적용된 페트로스는 남성 명사이지만 그리스도 교회의 기초가 될 반석에 사용된 것은 여성 명사 페트라이다. 이 반석 페트라는 교회의 기초를 놓기에 적합한 큰 바위(rock)이나 페트로스는 하나의 작은 돌맹이(stone)일 뿐이다. 따라서 예수님은 페트라가 시몬(베드로)의 이름으로 적합치 않으므로 페트로스를 사용하셨다. 학자들은 이를 해석할 때 교회의 기초적 개념으로서 이 반석을 그리스도, 모든 사도들, 혹은 베드로의 고백 등으로 다양하게 해석해 왔다.[35] 그러나 본문에서 이 반석은 그리스도시오 살

이었으며, 사도들은 장로로도 활동하며(벧전 5:1-2; 요이 1-2), 지역 장로들을 임명했다(행 14:23, 20:17 이하)

35) Edmund P.Clowney, *The Church*, (IVP., 1995), 39-41.

아 계신 하나님의 아들이라고 고백한 사도들의 대표 베드로를 말한다. 예수님은 그 베드로를 지지하여 그에게 천국의 열쇠를 주신다(마 16:19)고 하셨다. 이 말은 다윗의 집의 열쇠를 다윗의 종 엘리아김의 어깨 위에 두어 그가 열면 닫을 자가 없겠고 닫으면 열 자가 없으리라(사 22:22)고 하신 것처럼 그가 그리스도의 집의 문을 다스리는 도구(陶具)로서의 권위를 가지게 될 것을 말한다. 마침내 이 예언이 성취되어 베드로는 오순절에 유대인에게(행 2:14), 사마리아인에게(8:14), 그리고 마지막으로 이방인에게(10:34) 문을 열었다.

하지만 궁극적으로 본문에서 보여주는 반석(living rock)은 베드로의 신앙고백이 나타내듯이 십자가에서 죽으시고 죽음에서 부활하셔서 하나님의 우편에 앉으실 살아계신 하나님의 아들 그리스도이시다. 이를 증명하듯이 베드로는 벧전 2:6-8에서 교회의 기초(반석)는 자신이 아니라 그리스도라고 진술했다. 베드로의 이 진술은 반석이신 그리스도를 머리로 모든 사람들이 동일하게 영적인 걸물의 기둥이 될 것과 또한 그 열쇠는 베드로가 아닌 죽으시고 부활하신 그리스도가 낳은 구원의 효과를 선포함으로서 작동됨을 말한다. 따라서 베드로의 권위는 전적으로 그만이 갖고 누릴 수 있는 독점적 성경의 것이 아니다. 사실 예수님은 이미 겟세마네 동산에서 베드로가 그리스도를 저버릴 것을 말씀하셨고(눅 22:31-32), 부활하신 후에 그리스도를 배반했던 일을 용서하신 후에 베드로에게 양떼를 먹이라고 강력히 요청하셨다. 이는 그가 교회의 기초로서 반석이 될 수 없음을 보여주는 것이다. 또한 예수님께서 마 16:19에서 베드로에게 하늘의 권세를 허락하셨으나 그와 비슷한 권세가 다른 사도들에게도 동등하게 수여되었음을 기억해야 한다(요 20:19-32). 베드로는 다른 사도들과 전혀 다를 바 없는 사도 중에 하나일 뿐이다. 사도 바울은 베드로가 다른 제자들 보다 높은 지위를 가지고 있다고 생각하지 않았다. 바울은 베드로가 갈라디아 지방에서 유대인 신자들과 영합했을 때 그를 질책하였다(갈 2:11-14). 이를 종합해 볼 때 결국 교회의 기초는 베드로가 아니라 그리스도이심을 알 수 있다. 그리스도는 그의 몸된 교회의 유일한 머리이다. 만약 가톨릭의 주장대로 교황이 가견적 교회의 머리라면 교회는 이로써 두 개의 머리를 갖게 된 괴물일 것이다.[36] 성경은 예수 그리스도 외에 다른 교회의 머리는 없

36) James Moir Porteous, *The Government of the Kingdom of Christ*, (Edinburgh: Johnstone, Hunter, & Co., 1873), 298-299.

다고 가르친다.

5.2.2. 감독 정치(Episcopacy)

(1) 어의적 의미: 이 정치 체제의 명칭 감독(목사)은 헬라어 에피스코프스(episkopos)에서 파생했는데 실제적으로 감독자(overseer)라는 뜻을 갖는다. 이 말은 신약에서 장로라는 단어와 교대(交代)로 사용되었는데(행 20:17; 빌 1:1; 딤전 3:), 벧전 2:25은 예수 자신이 감독이라 묘사된다. 그런데 이들은 장로와 감독을 구별하고 초기 사도들이 주교들에게 행한 안수를 목회의 표준이요 교회의 근본적 규례로 제정했다. 그리고 이들은 안수 받은 감독들은 동시에 장로로서 은혜의 수단인 성례 의식을 집행할 수 있도록 했다.[37] 따라서 이들은 감독 중심의 제도를 강조하였다. 그러나 감독 정치는 교황 한 사람이 모든 교회와 나라를 통치하려는 것과 달리 독립된 한 국가의 영역에서 한 감독을 중심으로 하는 교회 통치를 주장한다. 즉 전자가 로마의 교황을 중심으로 전 우주적이요 보편적인 단일 교회(universial church)를 추구한다면 후자는 한 나라를 중심으로 하는 국가 교회(national church)를 말한다. 이는 주로 헬라 정교와 감리교회, 영국의 성공회 같은 교회에서 실시하는 것으로 가톨릭과 같이 성직자의 계급 구조를 따르는 체제이다.

(2) 역사적 발전: 이들에 따르면 바나바나 야고보, 디모데와 디도는 예루살렘 교회에서 사도적 대리로서 장로적 권위 이상의 특별한 지위를 가졌다.[38] 이들은

---

37) G. D. Henderson, *Why we are Presbyterians*, (Church of Scotland Publications), 42.

38) 이들에 따르면 이 직분의 선례는 예루살렘 교회에서 야고보가 갖었던 지위이다. 바울은 그를 사도(갈 1:19)라 부르며 교회의 기둥(2:9) 가운데 하나라고 언급한다. 그는 사도와 장로가 포함되어 있던 중요한 예루살렘 공의회에서 회상을 맡아 토론을 정리하고 문제를 판단한다(행 15:13 이하) 이 사건에서 그가 두드러진 지위를 차지하고 있었다는 점은 다른 구절들의 지지를 받는데 이 구절들은 그를 교회의 지도자로 분명하게 가르치고 있다(12:17, 21:18) 하지만 그가 다른 교회 지도자들과 맺은 관계를 조사해 보면 그는 다른 지도자들을 다스린 다기보다는 집단 가운데서 사회를 맡은 직분 자임이 드러난다. 바울과 바나바는 예루살렘 공의회에 가면서 교회와 사도와 장로들에게(15:4) 영접을 받았지만 야고보에 대한 언급은 없다. 야고보가 자신의 판단을 표현한 것에 이어서 바울과 바나바와 함께 안디옥에 보내는 편지를 전할 대표단을 파송한 것은 다름 아닌 사도와 장로와 온 교회(22절)의 결정이었으며, 이 편지는 그들이 작성한 규례(16:4)라고 표현되었다. 확실한 것은 야고보의 현저한 지위이나. 그러나 이것은 후대의 일인 감독제와는 거리가 멀다. 그가 탁월했던 점은 오히려 특별히 그가 거룩하다고 소문이 난 데서 두드

그들의 사역지에서 교회와 장로회 위에 상위 권위를 가졌다.

그 후 이 제도는 2세기 중엽 감독(목사)과 장로, 집사의 삼중 사역으로 나타나 폭넓고 확고하게 정착되었다. 그런데 어떻게 군주적 성격의 감독이 등장했는지는 알 길이 없다. 사도 교부들 가운데 이그나티우스와 폴리갑은 그들의 작품에서 군

러지는데 이 거룩함으로 그는 의인(the Just)이라는 별명을 얻었고 또 전승이 그것을 설명해 준다. 이 전승에 의하면 그는 기도를 많이하여 그의 무릎은 마치 낙타의 무릎처럼 못이 박혔다고 한다. 그의 거룩한 품성보다 더 중요한 것은 그가 그리스도와 가장 가까운 친척이었다는 사실이며, 유대인 사회에서 가족 연대는 특별히 중요하다는 점이다. 바울이 그를 주의 형제(갈 1:19)라고 부른 것은 의미있는 일이다. 몇몇 교회를 포함하여 권위있는 인물인 디모데와 디도의 사역을 감독 제도의 선례라 보기도 한다. 하지만 그들이 상당히 널리 교회를 섬긴 것을 생각하면 그들의 지위가 감독이라고 볼 수 없게 된다. 왜냐하면 감독은 초대 교회에서 특히 소아시아에 나타나는 것으로 어떤 지역에 국한되어 있었던 것으로 보이기 때문이다. 나아가 그들에게는 아무런 칭호도 없고 그들의 특별한 지위를 계속 이어가는 데 필요한 아무런 규정도 없기 때문이다. 만일 그들이 감독 직분을 시작하고 있다면 이런 규정이 마땅히 있을 것이다. 감독 임명에 대한 언급은 확실히 장로를 가리키고 있는 것이지 그들의 승계자를 가리키는 것이 아니다. 그들의 직무는 전도 여행에서 세운 사도 바울의 일시적인 대표자의 역할로 보는 것이 더 낫다(고전 4:17; 고후 8:23; 살전 3:2; 빌 2:19-23) 그들은 몇몇 교회들에 할 사역을 마치고 나서 사도들에게 돌아간다(딤후 4:9, 21; 딛 3:12) 이러한 사상은 1세기 말 즈음에 먼저 소아시아에서 한 세대가 지난 후에는 서방에서 점차 나타났다. 이 직분은 크고 작은 동료들 사이에 지도권으로 부각되면서 2세기와 3세기 동안에는 독립적으로 우월한 지위로 발전한다. 예를 들면 2세기 초에 교회마다 혹은 조직된 그리스도인의 공동체마다 감독(목사), 장로, 집사의 세 계급 사역자가 있었다. 이그나티우스는 감독을 예로 들며 독자들에게 하나님의 자리에 앉아 있는 감독과 사도, 공의회의 자리에 앉아 있는 장로와 그리스도의 봉사(diakonia)를 위임받은 집사들의 다스림을 받으며 하나가 되어 모든 일을 행하라고 했다. 이중 집사는 감독과 장로의 삼중 사역 안에서 구체적인 직분으로 발전하였다. 감독주의자들은 성직으로서 집사 직분은 그 자체 신약에는 없어도, 신약 교회에 이미 분명하게 나타난 어떤 특색이 발전한 것이라 한다. 이것은 이후 점차 행정 기능과 목회 기능과 전례 기능이 결합됨으로써 집사직의 중요성이 커졌다. 3세기경 히폴리투스의 사도적 전통은 집사를 감독과 교회의 연결 고리로 간주한다. 구제 물품을 모으고 분배하는 것이 집사들의 주된 책임이었으며 장로의 직분에 종속되었다. 이것은 중세를 지나면서 그 중요성이 쇠퇴하고 단지 사제가 되기 위해 거쳐가는 것으로 인식되었다. 그러나 종교 개혁자들은 성직으로서의 집사의 전례적 기능을 제거하였다. 이 직분이 생길 때 교회의 필요는 본질적인 것이 아니라 도구적인 것이었다. 이때 감독은 다양한 성격의 교회들을 하나로 묶는 요인이 되었는데, 그것은 많은 교회가 핍박으로 고통 당하고 있었기 때문이다. 따라서 감독은 권위를 가지고 교리적인 발언자로서 박해에 대항하며 이단의 침입을 막는 보호막이 되었다. 그리고 어떤 사람이 일정한 지역의 교회들을 연합하여 실제적으로 대표할 필요를 느꼈다. 감독제주의자들에 따르면, 이 필요들은 성령의 인도를 통하여 이런 감독제를 통해 해소되었다. J. B. Lightfoot, *op. cit.*, 181; E. M .B. Green, *op. cit.,* 43.

주의 성격을 띤 감독을 말하며 위기 시에는 성직 체계가 아닌 감독을 중심으로 뭉쳐야 할 것을 말했다. 4세기 기독교 공인 이후에는 주교 한 사람이 하나의 교구, 즉 일군의 교회들을 관할하는 관습이 등장하였다. 당시 주교는 일반적으로 도시 또는 읍 단위 교회의 수장이었다. 더 나아가 교회가 제국 내의 행정구역 체제를 받아들이면서 주교들 중의 주교들로 교황과 총대주교와 수도 대주교와 대주교가 등장하였다. 이 같은 제도는 동서방 교회의 분열과 교회와 국가의 긴밀한 관계의 정립, 특별히 서방에서 로마 교구의 권력이 부상하면서 확대되었다. 중세와 그 이후 시대에 주교들은 가톨릭처럼 신앙과 세속 분야 모두를 망라하여 다스리는 실질적인 지배자였다.[39] 때문에 이 정치는 상회와 하회의 구분이 분명하고 성직자간의 계급적 차이가 눈에 띤다. 또한 지역 교회의 평등권과 자율권이 인정되지 않는다.[40] 그러나 이들은 가톨릭처럼 사도권 계승은 주장하지 않는다.[41]

영국의 헨리 8세는 1534년 수장령을 통해 이 제도를 확고히 정착시켰다.[42] 가톨릭에서 신교 신앙으로 바뀌는 개혁의 과정에서 영국 교회는 교황 대신 국왕을 중심으로 한 감독 교회를 발전시켰다. 이들은 감독제는 곧 교회의 본질로 이것이 없이 참된 교회는 있을 수 없으며 또한 신성하게 임명된 주교는 구원의 한 수단인 성례를 통해 인간에게 특별 은혜를 베푸는 유일한 통로라 했다.[43] 그러나 개혁자들은 주교의 이 같은 중세 가톨릭적 권력 확대를 우려하여 그 직위를 개혁하거나 폐지하고 목사나 교구 목사의 직위와 동등하게 취급했다.

5.2.3. 독립정치(Independency) 혹은 회중정치(Congregationalism)

(1) 사상의 발전: 역사적으로 이 사상은 16세기 영국 엘리자베스 통치 기간 중 발생한 박해로부터 형성된 기독교회의 한 당파로 대개 브라운주의자들로 불린다.[44] 이들은 극단적인 개혁을 주장하며 영국 교회를 참된 교회로 인정하지 않고,

39) 영국에서는 지금도 이 전통이 남아 있어 많은 수의 주교들이 상원의원직을 갖고 있다.

40) 오덕교, 「장로교회사」, 합동신학교, 1995, 15-16.

41) 「교회사대사전」 vol. I., 기독지혜사, 1994, 35.

42) G. D. Henderson, *op. cit.*, 28-29.

43) *Ibid.*, 29, 59. 초대 교회에서 집사는 감독을 돕는 자였으나 오늘 성공회에서는 사제를 준비하는 자에게 붙여진다. 칼빈은 본래 집사의 기능은 행 6:에 있는 것처럼 가난한자와 병자들을 돌보는 것이며 장로를 돕는 자이다.

동시에 여기에 속한 목회자와 성례전과 서품들을 모두 거부하였다. 이로써 이들은 국교에서 완전히 분리되었고 당시 계속 국교와 관계를 갖고 있는 장로파 청교도들과 신학적인 극한 대립을 벌였다. 이들은 교회 내에서 평등주의적이며 민주적인 과정을 따르는 교회정치 제도로 역사적 계속성이나 전통, 계승보다는 항상 새로운 성령의 사*건적 활동에 관심을 기울였다.[45] 따라서 이 교회들은 제도화된 교회나 주교들 혹은 관리들에게 종속되지 않고 각 교회는 그 자체 자율적이며 독립적이다. 이는 곧 머리되신 그리스도 외에는 교회 위에 어떤 사람이나 조직을 인정치 않음을 말한다. 이들에 따르면 진정한 교회란 오직 그리스도의 부르심에 따라 그 분과 다른 형제들과 함께 그리스도의 제자로 살기로 언약한 사람들로만 구성된다. 이 교회의 독립적인 모든 회중(gathered church)은 그 어떤 외부의 치리권이나 계층과 무관하며, 오직 그 자체 교회 회원이 모든 정치권을 갖는다. 따라서 이들은 임의로 목사를 선택하며 예산의 자율적 집행과, 권징의 자율적인 실시를 강조한다.[46] 또한 이들은 교회의 복잡한 계층 구조와 권위를 부정하고 지역 교회에 모든 자치권을 두며 세속 정부와의 분리를 주장한다.

이 제도는 하나님으로부터 은사를 받았다고 인정되어 선출된 사역자를 배제하지 않지만 그들의 권위는 회중과 맺은 관계에 있으나, 일반적으로 감독제나 장로교의 지도자들보다 실제적으로 크지 않다. 궁극적으로 직분자들은 다른 지체들보다 교회 권위를 더 가지지 않는다. 지체마다 사안의 결정에 대해 오직 한 표를 가질 뿐이다. 이들은 다른 교회나 교단과의 연합을 부정 분리하고 개교회주의를 추구한다. 이 형태는 장로교와 같이 교구 감독제를 거부하나 장로교의 당회나 노회, 대회와 총회 같은[47] 제도를 부인한다. 주로 회중교회(congregatianalism)와 침례교

---

44) 회중교회 혹은 독립 교회는 이 교회의 설립자인 로버트 브라운의 이름에서 비롯되었다. 그는 과격하고 고집이 셌으나 훌륭한 재능을 가진 사람이었다. 그는 교회와 여왕의 의식들, 그리고 그녀와 관계를 계속하는 모든 사람들을 매서운 말로 탄핵했다. 그를 추종하던자들은 영국에서 추방되어 화란으로 건너갔다. 그러나 곧 그들 사이 의견 대립으로 브라운은 다시 영국으로 돌아와 국교회와 연합하였다.

45) *Ibid*., 43; James Heron, *A Short History of Puritanism*, (T. & T. Clark: Edinburgh, 1908), 136.

46) James Moir Porteous, *The Government of the Kingdom of Christ*, (Edinburgh: Johnston, Hunter, & Co., 1873), 190-205.

47) John Macpherson, *Presbyterianism*, (Edinburgh: T. & T. Clark), 1.

회(baptists), 혹은 분리주의자(separatists)들이 이 체제를 취한다.

(2) 교회직분: 이 교회의 직분은 대개 목사(장로)와 집사 두 종류의 사역자로 구성이 된다. 그러나 실제로 회중 교회에는 정해진 직분의 유형이 없다. 때때로 이 직분들은 교회를 전반적으로 감독하는 장로와 봉사의 사역을 맡은 집사가 여럿 있는 것으로 표시되기는 한다. 좀더 일반적으로는 목사와 집사가 있는데 어떤 경우든지 집사는 회중을 감독하는 일에도 관계한다. 일반적으로 성직 임명은 평신도가 해서는 안 되는 일을 할 수 있도록 특별한 지위를 사람에게 주는 것이라고 보지 않는다. 오히려 사람이 성직 임명을 받아 필요하다면 평신도도 실제로 할 수 있는 일을 하도록 따로 세움을 받았지만 이 사람은 하나님으로부터 그 일을 하라고 친히 부르심을 받았고, 자신의 사역이 하나님의 소명과 은사와 훈련 때문에 좀 더 효과가 있을 것이라는 확신으로 기대하므로 모든 시간과 힘을 쏟아 하나님의 일을 하도록 따로 세움을 받는 것이다.

(3) 지역교회의 권위: 이들에 따르면 신약은 지역 교회 위에 있는 교회 조직을 전혀 보여 주지 않는다.[48] 사도와 사도가 보낸 자들은 여러 교회에서 어떤 권위를 행하는 것으로 보이지만, 감독이나 장로 그리고 집사의 영속적인 직분이 어떤 지역 회중 밖에서 사법권을 가지고 있다는 증거는 전혀 없다. 오히려 회중 교회마다 자기 지역에서 하나님의 모든 교회를 대표했다. 그 직분들은 임명을 받을 때에 충분한 사명 위임을 받았다. 감독이나 장로들은 지역 사역자이며 교회들은 회당처럼 성격상 민주적이며 분명히 자율적이다. 서로 몸의 한 부분을 실제로 도와주어서 하나된 것을 표현한다. 이와 같은 각 회중 교회의 자율성은 신약 교회에 명백히 나타난다. 에를 들면 이들에게 권징을 할 수 있는 궁극적인 권위는 교회 자체에 있다. 화해를 이루기 위해 사용한 다른 수단이 실패로 돌아가면, 그 결과 최종 법정인 지역 교회 앞에 그 문제를 가져오는데, 이 법정을 넘어서서는 더 이상 호소하지 못한다(마 18:15-17). 바울도 한 지체의 출교를 명령했지만, 자신이 그 일을 하기보다는 교회에게 권징을 시행하라고 한다(고전 5:5; 살후 3:6, 14-15).

5.2.4. 장로정치(Presbytery)

48) Louis Berkhof, *Systematic Theology*, 590.

(1) 특징적 사상: 이 제도의 기본적 특징은 그리스도의 몸된 지상교회의 여러 교파 가운데 한 지교회로서 칼빈에 의해 주어졌으나[49] 17세기 스코틀랜드와 영국에서 감독주의적 성공회 체제 안에서 오랜 논쟁과 투쟁을 통해 크게 발전되었다.[50] 이 제도는 신학적으로 칼빈의 개혁주의 신앙 체계를 따르며, 정치적으로 장로 중심의 민주적 정치체제를 따른다. 이는 곧 각 지역 회중에 의해 피택된 장로들로 구성된 당회와 노회, 대회, 총회를 중심으로 교회를 돌보는 정치 형태이다.[51] 여기서 당회는 목사 또는 복수의 목사와 치리 장로로 구성된다. 그러므로 장로교회란 명칭은 교리 체계를 말하기 보다는 교회 정치의 체제를 나타내는 이름이다.

그런데 하나님의 교회에서 수행되는 치리와 관련하여 장로들은 모두 그리스도 안에서 하나 되어 피차 동등한 위치에서 책임을 수행한다. 장로들에 의하여 수행되는 치리는 그리스도로부터의 파송에 의한 것이며 장로들은 그리스도에게 책임을 진다는 것은 회원 전체와 장로들의 의무다. 그러므로 이 치리에 대하여 교회는 어떤 특정인의 주도권을 허용치 않는다. 하지만 장로교 내에서 이 원칙이 손상되고 종종 거의 배제되어 온 이유는 목사가 교회의 치리에 일종의 우선권 또는 우월권을 가져야 한다는 관념을 받아들이거나 실제로 그렇게 실시해 왔기 때문이다. 그러나 성경은 목사가 치리 장로보다 더 높은 권위나 치리권을 갖는다거나 책임

---

49) John Calvin, *Institutes of Christian Religion*, vol. IV., iii-iv.

50) 서요한, 「언약사상사」, 기독교문서선교회, 1994 참조. 하지만 이 명칭 외에도 이와 동일한 전통과 의미를 갖는 교회가 있다. 예를 들면 개혁교회는 주로 유럽을 근거지로한 칼빈주의 노선을 따르는 단체로 주로 교회의 정치체제를 나타내기보다는 그 교리적 특색, 즉 개혁주의를 더욱 강조한다. 이는 알미니안 교리를 따르는 교회들중 정치적으로 감독의 치리제를 주장하는 감리교회와 이보다는 성결교리를 앞세운 교리 중심의 성결교회의 차이와 같다. 따라서 장로교회와 개혁교회는 명칭이 달라도 모두 다 같은 칼빈주의 교회이다. 이 교회들은 신학적으로 개혁주의 원리를 따르며 역사적으로 칼빈이 종교개혁을 이룩한 스위스의 제네바를 모체로 한다. 김의환, "장로제도의 역사적 기원을 본다", 「목회와 신학」, 두란노서원, 1994 11월(통권 65호), 40-41.

51) 지역 교회를 다스리는 대표 단체를 지지하는 성경적 근거는 예루살렘 공의회 사건에 나타나 있다(행 15:1-35, 16:1-4) 여기서는 할례가 구원에서 차지하는 위치에 대하여 안디옥 교회 안에 의견 대립과 논쟁이 있은 후, 바울과 바나바를 어떤 사람들과 함께 예루살렘의 사도와 장로들에게 보내어 그 문제를 논의하라고 했다(행 15:1-2) 한 결정이 나자 야고보는 이를 선포하고 그 집단이 그것을 받아들였다. 다시 안디옥에 그 결과에 대하여 편지를 보냈다(19-30) 따라서 바울은 이 규례를 다른 교회들에게 지키게 했다(16:4) 이와 같은 대표와 중앙 권위의 원리는 행정적인 필요와 사법적인 필요가 생길 때 여러 가지 구별되는 조직으로 발전했다.

도 장로보다 더진다는 것에 대하여 말하지 않는다. 하지만 가르치는 장로로서 목사는 설교와 가르치는 자신의 구별되는 기능을 통해 교회에서 그만의 고유한 특권을 행사한다.[52] 그러나 치리에서는 치리 장로들과 동등하다.

교회 규칙에 의하면 목사와 장로로 구성되는 당회의 임무는 각 교회를 영적으로 통치하며 감독하는 것이다. 그리고 노회는 일정한 지역에 속한 지교회나 기관의 모든 목사와 각 교회의 장로들의 비율에 따라 파송된 회원으로 구성된다. 이 원리에 따라 각 노회는 개 교회에서 파송된 대표들을 통해 목사들과 장로들을 준비시키고 임명하며, 치리하고 지역 회중을 설립하며 통합하고 분리하며, 자치권을 갖지 못하는 지역 교회들을 다스리고 회중의 모든 구성원들을 대신하여 재산을 관리하며 대회 및 총회와 같은 상회이 대표들을 선출할 수 있는 법적 권한을 갖는다. 대회는 대체로 3개 이상의 노회로 구성되는데 모든 목사와 한 교회 한 명의 장로로 구성된다. 한편 총회는 전 노회가 각각 선출하여 파송한 대의원(총대)으로 구성되는데 교회의 최고 기관이며 전 교회를 대표한다. 교회 생활과 관계된 모든 영역들에서, 상소 제도는 노회로부터 대회를 거쳐 최종 결정들이 내려지는 총회에 이르게 된다.

이는 한편으로 회중제의 개교회주의와 교회 연합의 실패를 피하고 다른 한편으로는 교회에 속한 권위를 행사하는 성직자 개인이나 성직 회의에 모든 업무를 이관하는 잘못을 피하려는 의도에서 출발한다.[53] 따라서 이 제도는 모든 교회 성도들의 만인 제사장직에 근거하여 전 성도가 하나님 앞에서 평등하다고 믿는다. 이처럼 장로교회는 회중 교회처럼 교회 정치의 자율과 평등 사상을 믿지만 모든 교회가 그리스도의 몸이므로 함께 연합해야 한다고 확신한다. 뿐만 아니라 장로교회는 회중 교회처럼 교회와 국가의 영역을 구분하지만 두 기관이 적대적이 아니라 상호 협력적이라 믿는다. 이 두 기관은 하나님이 세우신 기관으로 그의 뜻을 이루기 위해 서로 도와야 한다. 어느 기관이 다른 기관을 지배하거나 종속될 수 없으며 모두 동등하다.

결국 위의 4 기관들은 개 교회의 독립성을 존중하며, 비록 기능과 규모는 달라도 모든 교회의 연합과 일치 및 유기적인 통일체를 형성한다.[54] 이런 초대 교회의

---

52) 존 머레이, 「소식신학 1」, 크리스챤 다이제스트, 박문재역, 1991, 264.

53) John Macpherson, *Presbyterianism*, Edinburgh: T. & T. Clark, 7.

전통은 중세를 거치면서 잘못 이해되고 정착되었다. 특별히 교회의 연합과 일치는 오직 교황 한 사람에 의해서 주도되었다. 그러나 종교개혁을 통해 영국과 독일, 프랑스, 스코틀랜드 같은 신교 국가들은 이 제도를 거부했다. 이들 개혁자들은 그리스도를 머리로 모든 교회의 영적 독립과 자치권을 인정하고 동시에 이 권위가 국왕과 시민 통치자에게 이양되었음을 주장했다. 그러나 이들은 왕이며 교회의 머리되신 그리스도는 교회의 직분자들에게 시 관헌들과 구별되는 특별한 통치 권한을 부여하였다. 그러나 이에 대한 잘못된 이해로 말미암아 교회와 국가의 갈등은 끝없이 전개되었다.

(2) 실제적 정치 구조: 이는 주로 스코틀랜드, 영국, 미국, 캐나다, 한국 같은 개혁주의적 장로교 전통을 중시하는 교회에서 시행된다. 장로교에 있어서 장로의 직무는 목사와 교사의 직무와 더불어 지역 교회의 네 가지 사역들 중의 하나이다. 그런데 장로제에 있어서 가르치는 장로(목사)와 치리 장로는 모두 같은 권위를 가지고 있지만 보통 이들의 사역은 구별되며, 가르치는 장로를 보다 높은 서열에 둔다. 가르치는 장로들은 노회의 다른 사역자들이 임명하지만, 치리 장로들은 지역 회중들이 선택 임명한다. 더 나아가 치리 장로는 교회 정치를 돕는 반면에, 말씀과 성례를 맡은 사역은 가르치는 장로가 한다. 하지만 장로교는 이들 사역자들의 동등성을 유지하는 것이 가장 중요한 일이다. 그들은 동등한 사역자이며, 그들 위에 제 3의 어떤 서열도 존재하지 않는다. 예를 들면 신약은 교회를 돌보는 일이 장로에게 맡겨진 일이었음을 보여준다.[55)]

5.2.5. 이상적인 정치제도

(1) 특정인에 의해 다스려지기 보다 다수로 통치되는 민주정치제도: 교회 정치

---

54) G.D.Henderson, *op. cit.*, 83.

55) 그들은 사도들과 함께 예루살렘 교회의 일을 주도하던 사람이었다(행 15:4, 22-23) 그들의 자격은 다스릴 능력과 관계가 있으며(딤전 3:4-5) 교회 안에 다스리는 자가 있다는 것은 의심할 여지없이 장로들을 말한다(살전 5:12-13; 히 13:17) 대표자로서 다스리는 자인 장로들에게 주어진 권위의 범위는 명시적으로 나타나 있지 않다. 그러나 궁극적으로는 모든 교회가 결정할 사안이 있는 것으로 보인다(마 18:15-17) 장로들 사이에 사역이 구분됨을 가리키는 내용은 가르치는 일에 힘쓰는 사람들은 다른 치리 장로들 가운데서 뽑는다(딤전 5:17) 모든 감독 혹은 장로들은 가르칠 자격이 있다(딤전 3:2; 딛 1:9)

교회정치 형태의 비교표

형 태	해당 교파	권 위	성경적 근거
감독 정치	로마 가톨릭, 동방정교회, 영국 성공회, 루터교회, 감리교회	감독	마 16:18-19; 행 6:6; 14:23; 갈 1:19; 2:9
장로 정치	장로 교회, 개혁 교회	장로	행 11:30; 15:2; 20:17; 딤전5:17; 딛 1:5; 벧전 5:1-2; 딤전 5:17
회중 정치	회중 교회, 침례 교회, 메노파 교회, 복음자유교회	회중	행 6:3-5; 11:22; 14:23, 27; 15:12, 22-25; 고전 5:12; 고후 2:6-7; 골 1:5; 벧전 2:9, 살후 3:14

(1) 특정인에 의해 다스려지기 보다 다수로 통치되는 민주정치제도: 교회 정치는 교회에서 필요한 것이다. 이 교회는 교황 정치와 감독 정치, 혹은 독립 정치처럼 어떤 특정인이나 교회에 속한 모든 회원이 다스리는 것이 아니다. 장로 제도는 양자의 문제점을 잘 보완한 가장 바람직한 제도로, 일반 성도들이 자신들의 대표를 뽑아, 예를 들면 목사 청빙이나 장로 선출, 그들로 하여금 교회를 통치하게 하는 대의 체제이다. 이것은 의회제도처럼 가장 바람직한 민주 제도로 비록 목사와 장로가 교회를 돌보나 모두 목자장이며 대감독이신 그리스도의 종으로 그를 섬긴다. 주님은 그 누구에게도 교회를 통치할 권한을 부여하시 않고 친히 그가 피흘려 값주고 산 교회를 통치하신다. 그러므로 모든 신앙인들은 그를 머리로 차별없이 한 지체를 이룬다.

(2) 대표자의 모범적 삶: 이는 장로 자신이 교회의 대표성을 가지나 한편 그는 양무리 가운데 하나라는 사실을 잊어서는 안 될 것이다. 대의 정치에 참여하는 장로 자신도 다른 사람에게 하는 치리에 스스로 복속된다. 그러므로 장로가 이 일을 바로 수행하기 위해서는 양무리의 본이 되어야 한다. 항상 성령의 인도를 따라 살

종만을 강조하는 것이 장로교회의 특징이다. 우리는 이 제도의 실천을 통해 마음에 평안을 얻는다.

6. 결론: 요약 및 평가

6.1. 요약

지금까지 살펴본 바와 같이 교회는 하나님이 그의 아들의 부활과 승천 이후에 성령 강림과 함께 시작된 특별한 영적 기관이다. 하나님은 그의 교회를 통해 그의 영원하신 구원 계획을 실현코자 하신다. 이 교회를 이루기 위해 하나님은 때때로 우리같이 연약한 사람들을 부르셔서 그의 지체가 되게 하신다. 하나님은 그 목적을 위해 정치 원리와 체제를 가르쳐 주시고 우리가 그의 종으로 힘써 일하도록 하셨다. 정치는 하나님이 인간에게 주신 축복 중에 하나로 이것이 바로 실시되지 않으면 혼란이 평화를 잠식하여 하나님의 이름은 비난을 받게 될 것이다.[56] 때문에 교회 정치는 성경적 원리에 따라 실습되어야 한다. 그러나 오늘 이 땅의 많은 교회들은 동일한 성경적 정치 원리를 따르지 않고 각자 다른 형태를 따른다. 재미있는 것은 각 교단들은 각자 자신들의 정치제도가 가장 성경적이라고 주장한다는 것이다. 이것은 각 교단마다 매우 상반된 입장을 보여주는 실례이다. 예를 들면 감독교회와 장로교회, 독립교회는 원리와 실천면에서 매우 독특한 면을 갖는다. 감독교회와 장로교회는 서로 상반되며 독립교회는 이 둘과 또한 상반된다. 이 세 개의 이론 체계가 서로 차이가 있으나 서로 정죄하고 비판할 것은 아니다.

그럼에도 불구하고 우리는 보다 성경적인 원리를 찾아내어 그것의 합법적인 실천에 귀를 기울여야 할 것이다. 그런데 문제는 우리가 교회 생활을 하면서 이중 어떤 정치 원리를 택해야 하는 가이다. 대부분은 자신의 선택과 달리 전통적으로 실행된 원리를 따라 살아간다. 그러다 보니 어떤 경우에는 형식적이 될 때가 있다. 특별히 한국 강단에서 교회 정치에 대하여 강론되는 예는 거의 없다. 그러나 보니 장로교의 전통과 특징에 대하여 전무하다. 이들은 교회는 모두 다 동일한 것으로

---

56) James Moir Porteous, *op. cit.*, 92-93.

취급한다. 생각하기를 싫어한다. 어떤 성도의 경우 정치는 아무런 유익이 되지 않는다고 한다. 결국 교인들은 자신들이 바로 배우지 않기 때문에 이쪽 일에 대하여 무관심할 수밖에 없다. 따라서 어떤 경우에는 한 마을 한 건물에 여러 교회가 존립하기도 한다. 같은 예수를 믿으면서도 다른 얼굴을 한 교회가 동시에 존재한다. 오히려 각자의 독특성을 견지하며 피차 이해하는 자세가 요구된다. 때로 우리가 어떤 특정 교단과 제도를 선호하는 경우가 있으나 그것은 결코 절대적이 되어서는 안 된다. 그 이유는 하나님께서 다양성을 인정하고 계시므로 신앙과 실천의 일치를 꾀할 수 없기 때문이다. 그렇다고 교리적 원리에서 모든 것을 수요하자는 것은 아니다. 구원에 필수적인 것은 우리가 생사를 걸고 심지어 피 흘리기까지 하며 싸워야 하나 그렇지 않은 것은 피차 하나되게 하심을 이루기 위해 화목해야겠다. 모든 기독교인들의 주된 관심은 진리를 사랑하는 것이다. 상기한 정치 제도는 오늘날 세계 기독교회에서 널리 실시하고 있는 제도이다. 물론 이 외에도 다른 제도들이 있으나 크게 작게는 대게 이 원리를 혼합하거나 변형된 것들이다. 예를 들면 감리교회는 영국 성공회의 제도를 변형한 것이며 순복음교회는 그 시작은 감리교이나 그 제도는 장로교를 혼합하였다.

6.2. 평가

주님은 당신의 교회가 이 땅에서 가장 아름답고 거룩하게 서기를 원하신다. 이것을 위해 주님은 세상의 어떤 기관과 달리 매우 독특한 교회 정치 제도를 허락해 주셨다. 이것을 통해 하나님의 말씀을 온 세계에 전파하며 하나님이 교회를 사랑하시는 뜻을 발견케 하기 위함이었다. 그러나 오늘 교회의 현실을 보면 교회의 여러 직제는 권력과 명예, 혹은 출세의 한 도구로 전락하였다. 소위 성직을 통해 하나님께 영광돌리기 보다는 욕을 보이는 경우가 종종있다. 그런 면에서 교회정치는 어쩌면 필요악인지도 모른다. 분명히 성경이 이것을 가르쳐 주고 있으나 그것을 실시함으로 많은 문제점들이 야기되기 때문이다.

(1) 무엇보다도 먼저 우리는 하나님이 주신 정치원리를 바로 이해해야겠다. 그리하여 과연 성경의 원리, 즉 섬김의 원리가 우리 교회와 교단에서 그대로 실현되고 있는가를 확인해야 한다. 만약 말씀을 떠나 교회와 교단이 무질서하다면 이에

대한 조처를 취해야 할 것이다. 하나님의 정치 원리는 이 제도를 통해 복음을 효과적으로 전파하며, 성도간의 사랑과 화해, 질서를 도모하여 세상을 새롭게 하는 것이다. 그러나 이에서 떠나 정치나 권력욕에 맛을 들이게 되면 주님에 대한 관심에서 멀어지고 자신의 영광만 구하게 된다. 그러므로 우리는 성경의 바른 정치 원리, 즉 사도들의 가르침을 바로 이해하고 교회의 유기적 질서를 실현하는데 힘써야겠다.[57] 하나님의 말씀은 상호 모순되지 않으므로 이 제도들을 깊이 연구하여 바른 신앙 생활하는 것이 필요하다. 아무리 좋은 원리라도 그것을 바르게 실천하지 않으면 소용이 없는 것이다. 우리 가운데 혹 교회 정치에 관심이 있는 자는 원리대로 할 수 있도록 성령의 지혜를 구하기 바란다.

(2) 그 다음 교회 정치제도가 곧 우리의 구원이나 신앙의 성숙도를 좌우하지는 않는다는 점이다. 말하자면 정치를 잘하면 구원받고 그렇지 못하면 구원받지 못하고, 혹은 어떤 능력과 사명으로 치부해서는 안 된다는 것이다. 한 걸음 더 나아가 장로교를 믿으면 천국가고 감리교, 순복음 교회를 나가면 지옥에 간다는 식이 되어서는 안되겠다. 혹시나 무지한 언어로 상처받는 영혼이 일어나지 않도록 힘써야겠다. 한 번 생각해 보자. 우리가 어떤 특정한 교회나 교리, 교단을 선택하는 것이 의무일 수 있겠는가? 반듯이 그렇지는 않다. 그러나 이에 대한 이해가 부족하기 때문에 내 교회나 교단이 아니면 진노를 산다거나 구원이 없다고 넌두리를 하는 경우를 본다. 이렇게 하여 스스로 신학적 자질과 신앙의 인격을 짓밟고 유린하지 않도록 하자. 우리의 전통처럼 중후함을 보여주자. 주님께서 돌보지 않으면 살아갈 수 없다는 신앙, 항상 하나님 앞에서 자신을 살피는 신앙으로 일관해야 할 것이다.

(3) 혼합주의적 교파주의자가 되지 않도록 힘써야겠다. 말하자면 편리를 따라 교단과 신학을 바꾸는 얄팍한 행동을 삼가자는 말이다. 요즘 같은 경우 특별히 교회가 정체 내지 침체되는 상황에서 현실에 편승하는 일이 없도록 해야겠다. 주님의 소명에 감사하여 헌신키로 했으면 일사각오 정신으로 정통 신학을 위해 죽을 각오로 임해야겠다. 상황이 불리하고 힘드니까 교단을 바꾸고 신학을 변형하는 작태를 중지해야겠다. 이렇게 지조가 없어서야 어떻게 영원한 진리를 위해 헌신할

---

57) 토마스 위드로우, 「장로교회의 성경적 근거」, 이국진 역, 아가페문화사, 1991, 29.

수 있겠는가? 꿀을 찾기 위해서 동분서주하는 벌처럼 성경의 오묘한 말씀, 개혁자들이 발견한 신학의 진수를 찾아 열심히 노력하기 바란다. 목회 성공은 오늘의 땀과 수고에서 시작된다. 게으르지 말고 열심을 품고 더욱 주를 사랑할 수 있기를 바란다. 내가 장로교 보수 정통신학의 후예로서 이것을 위해 일하게 된 것에 항상 감사하며 살기를 바란다.

(4) 우리는 이처럼 많은 교회와 교단의 다양한 제도와 조직을 통해 하나님의 은혜와 사랑을 발견할 수 있어야겠다. 하나님은 심히 크시고 광대하셔서 우리처럼 좁은 분이 아니시기 때문이다. 참된 교회는 개혁자들의 지적처럼 말씀의 바른 선포와 성례의 바른 집행, 권징의 시행을 통해 결정된다. 이를 위해 보다 합당한 체계와 조직, 제도가 요구된다. 여기 교회의 제도나 조직은 구원에 필수적이지는 않다. 그렇다고 이것이 전혀 불필요한 것도 아니다. 성경에 기록된 말씀 중에 소홀히 할 것이 무엇인가? 이는 말씀을 실천하는 과정에서 우리의 영적 생활에 유익하기 때문에 주신 것이다. 천지는 없어져도 주의 말씀은 영영토록 있을 것이다. 성경 말씀의 효과적인 결실을 위해 이것이 요구되는 것이다. 이것은 마치 우리 신체의 구조처럼 어떤 것은 결정적으로 중요한 것이 혹은 별로 중요하지 않은 것도 있다. 그러나 전체적으로 이것의 조화는 필수적이다. 서로의 필요를 통한 유기적 통일성이 중요하다.

제13장

교회 성직과 직분의 역할

- 감독과 목사, 장로와 집사의 성격적 의미 -

1. 서론

교회는 예수 그리스도의 구속사역을 기초로 세움을 입은 성별된 공동체이다. 그러나 우리는 종종 교회는 조직화된 종교 단체라거나 혹은 이를 위한 건물이라 주장하는 사람들을 보게된다. 그리고 종교적 색채를 띤 사교클럽으로 이해되기도 한다. 혹은 우리가 교회에 간다고 할 때의 의미는 때로 특정한 건물을 염두에 둘 때가 많다. 그러나 상기한 입장들은 엄밀한 의미에서 교회라고 할 수 없다. 영적 생활을 하는 사람들에게 교회는 바로 하나님을 예배하며 그리스도를 중심으로 구원받은 성도가 서로 교제하는 곳이다.[1] 그러므로 교회의 목적은 하나님의 영광과 그의 백성들의 영적 복지에 있다. 따라서 외적으로는 세상에 복음을 전파해야하며 안으로는 말씀을 가르치고 배우며 은혜 안에서 굳게 자라가야 한다.

교회가 주님의 은혜로 구원받았으나 인간들이 모인 곳이다. 이 단체가 예수님의 지상명령을 효과적으로 성취하기 위해 전략과 조직이 필요하고 이것을 이루기 위해 일꾼들이 필요하게 되었다. 이에 하나님은 교회의 일꾼으로 여러 직분자들을 세우셨다. 이들을 통해 하나님은 교회를 세우신 목적을 이루도록 하셨다. 그러나

---

1) 필자의 강의안 "교회와 교회정치 소고"를 참고하라.

어떤 사람들은 형식적인 교회의 조직을 반대하며 교회는 오직 영적인 몸으로, 그 지체들은 그리스도와 서로 관계를 맺음으로서만 하나가 된다고 주장한다. 하지만 신약은 명확하게 조직된 교회를 분명하게 증거해 준다. 사람들의 보이지 않는 영혼이 몸을 통하여 나타나는 것과 마찬가지로, 하나님께서는 영적인 생명이 조직적 형식을 통하여 활동하도록 했다. 이미 초대 예루살렘 교회에 간단한 조직이 있었다는 증거를 발견한다.[2] 그리고 신약 교회에는 실제로 평신도를 포함하여 목사와 장로, 집사와 교사 등의 직분자들이 있다. 이들은 모두 그리스도를 머리로 한 지체들이다. 이제 이들은 서로 짐을 지고 그의 약속을 이루어야 한다. 그러면 본 강의에서는 교회 성직의 의미와 역할에 대하여 살펴보고자 한다.

2. 교회직분의 기원과 정의

(1) 기원: 모세와 여호수아를 포함한 여러 지도자들을 통해 이스라엘 백성을 약속의 땅으로 인도하신 하나님께서는 신약교회의 확장을 위해 12제자와 그 밖에 많은 종들을 허락해 주셨다. 사도들은 성령의 인도하심을 받아 교회 내의 여러 직임의 발달에서 주도권을 발휘했다.[3] 이들은 모두 그리스도의 주되심을 인정하며 그리스도 안에서 동등하게 구원 사역에 참여하였다(마 23:8-10). 모든 성도는 왕 같은 제사장(벧전 2:9)이며 하나님을 위하여 제사장으로(계 1:6, 5:10) 삼으신 자들이다. 이것은 결코 로마 가톨릭 교회에서 발전시켜온 피라미드식의 성직 계급제도가 아니다. 왜냐하면 새로운 직분자들은 사도들이 임명한 사람들에 의해 선발되었으며, 성령의 지도력에 포함된 특별한 영적 자격들을 소유해야 했기 때문이다. 따라서 교회 사역을 위해 성경은 성직자와 평신도를 구별하지 않는다. 오히려 양자는 거룩한 믿음으로(롬 12:1-2) 하나님의 뜻을 이행하고 일치 단결하여 강력하게 주님의 몸된 교회를 이끈다. 그러므로 직분에 대한 성령의 내적 소명과 교회의 민주적 투표에 의한 표면적 소명 후에 사도들에 의한 직분이 은사를 따라 임명되

2) 이 조직에 따라 공적인 예배와 기도 모임의 연합과(행 2:41, 47) 세례와 주의 만찬 규례를 시행했다(2:41-42, 46) 그리고 그들은 공동으로 재산을 관리했으며(2:45, 4:32-37) 징계를 시행했고(행 5:), 집사들을 세워 가난한 자들을 돌보게 했다(행 6:)

3) 세계교회사, 116.

었다.[4)]

(2) 정의: 직분은 헬라어의 "몫"의 의미를 가진 클레로스(kleros)와 백성이라는 라오스(laos)에서 왔다. 그러나 성경에서는 하나님의 클레로스(몫), 즉 하나님의 소유로 하나님께 속한 백성은 모든 신자이지(벧전 2:9) 결코 작은 분파가 아니다. 그래서 하나님의 라오스(백성)는 모든 신자를 포함한다. 그러므로 성경적인 의미에서 볼 때 모든 성직자는 평신도이며 모든 평신도는 성직자(왕 같은 제사장)이다. 때문에 모든 그리스도인은 상호 협력하며 가르치고 공적인 봉사로 교회를 세우는데 이바지 할 수 있다(고전 14:24-29). 모든 사람이 예언하는 일은 불신자들에게 하나님의 계심을 알리는 것이었다. 빌립과 내시의 사건(행 8:38)에서는 세례를 어떤 직분에 제한하지 않는 것으로 보인다. 그럼에도 불구하고 성경은 또한 교회에 임명된 직분자들을 가지게 되었다.

성경은 교회에 지도력과 질서를 위해 은사에 따라 직분자를 세우셨다. 이들은 교회 전체의 이름으로 어떤 임무를 행하도록 위임받아 섬긴다. 그러다 보니 때로 교회에 지도자로 세움 받은 지도자(목사)는 그리스도의 목자로서 무리위에 군림하는 실수를 범하기도 한다. 혹은 이와 반대로 그들의 지도자가 자기들 가운데서 봉사하는 것을 인정치 않으려는 태도가 보이기도 한다. 그러나 교회가 말씀을 따라 온전히 다스려지면 교회는 강력해진다. 하나님은 교회의 질서와 평화를 위해 목사와 장로, 집사를 세우셨다. 특별히 성경은 하나님에 의해 지명된 여러 장로들이 교회를 다스리도록 규정한다. 이것이 바로 신약 성경이 허락한 통치 방식이다. 성경은 어디서나 회중의 다수결에 의해 혹은 목사 한 사람에 의해 관리되는 것을 말하지 않는다. 실제로 그런 교회는 하나도 찾아볼 수 없다. 성경은 교회의 모든 지도력을 장로중심으로 하도록 가르친다. 교회를 가르치고 먹이고 보호하는 책임을 맡은 자는 장로이고 또한 하나님께로부터 상벌을 받을 자도 장로이다.

3. 직분의 모범적 사역

모든 교회의 직분자는 자신이 받은 사명을 따라 주님이 세우신 교회를 충성으

4) *Ibid.*,

로 봉사한다. 직분자들의 일차적인 책임은 복음의 진리를 수호하며 온 세상에 전파하는 것이다. 그러므로 맡은 자의 구할 것은 충성이다. 직분을 맡기신 예수님은 친히 말씀하시고 가르치시며 고난과 희생을 통해 삶으로 나타내 보이셨다(막 10:45). 그런데 교회의 성직과 직분은 구약에서 하나님의 계시를 선포하여 이스라엘 백성을 약속의 땅에 인도하는 것과 신약에서는 예수님의 지상 명령을 실천하기 위해 특별히 임명된 사도들과 선지자들, 그리고 복음전하는 자들을 말한다. 이 직분에는 비상적 직분과 임시적 직분 혹은 은사적 직분과 관리적 직분으로 나뉜다. 전자는 그리스도께서 선발하신 특별한 영적 은사를 부여받은(고전 12-14; 엡 4:11-12) 자들이며 후자는 단지 관리적인 기능을 수행하는 자들이다. 하지만 사도시대 이후 장로들의 영적 역할이 증대되었다. 그 후 성령의 인도를 따라 교회에 필요한 일꾼이 회중에 의해 선발되어 절차를 따라 직분에 임명되었다.

3.1. 구약의 사례

구약에서 대표적인 직분은 시기적으로 족장시대와 출애굽, 포로시대 등으로 나누어 살펴 볼 수 있는데 이 시기에 선지자와 제사장과 왕직이 있었다.

(1) 선지자: 구약적 선지자의 용어는 나비와 로에, 호제가 있다. 출 7:1과 신 18:18절에 비추어 볼 때 선지자는 주로 나비가 사용되었는데 이는 주로 하나님으로부터 메시지를 받아 백성들에게 전하도록 파송 받은 사람을 말한다. 그런데 이 용어들은 하나님의 사람, 주의 사자, 혹은 파수꾼처럼 상호 교환적으로 사용된다. 이 명칭들은 선지자가 주님의 특별한 일에 종사하고 있고 동족의 영적 안위를 보살피는 것을 함축한다. 신약에서는 프로(앞에)와 페미(말하다)의 복합어인 프로페테스가 있다. 그러나 전치사 프로는 반드시 시간적인 의미가 아니며 단순히 말을 하다(speak forth)는 의미이다. 따라서 선지자들은 사물을 직시하거나 하나님의 계시를 받고 하나님의 일에 종사하며 그의 입으로 말한다. 말하자면 이들 선지자들은 가르침, 권면, 훈계, 영광스러운 약속, 엄한 책망의 형태로 하나님의 계시를 선포한다.

선지자들의 사역 방식은 주로 꿈과 환상, 또는 언어적 전달 형태로 하나님의 계시를 받아 이를 백성에게 구전이나 예언적 행위로써 가시적으로 전달한다(민

12:6-8; 사 6:; 렘 1:4-10; 겔 3:1-4, 17). 하나님의 계시를 받은 선지자는 능동적이며 수동적인 면이 있으나 대체로 수동적인 면이 강하다. 그러나 아비멜렉이나 바로, 느브갓네살처럼 혹 능동적으로 하나님의 계시를 받았다 해도 그것이 모두 선지자인 것은 아니다. 참 선지자는 신적 계시를 타인에게 전달하기 위한 하나님의 소명과 지시가 있어야 하기 때문이다. 이들은 백성들의 목양적 측면에서 훈계자이며, 윤리적 영적 측면에서 율법을 해석하기도 한다. 무의미한 형식주의에 항거하고 도덕적 의무를 강조하며 영적 봉사의 필요성을 역설하고 진리와 정의를 증진시킨다. 이들은 백성들이 범죄하면 심판과 진노를 선포하나 또한 미래의 하나님의 은총과 자비를 선포한다. 따라서 이들은 백성 앞에서 하나님의 대리자로서 그의 뜻을 해석 전달하도록 임명된 종교적 교사들이다. 구약에 선지자들은 모세를 포함하여 포로기에 다니엘, 이사야, 에레미야등 무수히 많이 등장한다.

(ii) 제사장: 구약의 제사장은 코헨으로 초기에 교직자뿐 아니라 세속 관리를 의미했다(왕상 4:5; 삼하 8:18, 20:26). 이 용어는 항상 명예롭고 책임있는 지위에 있고 타인에게 권위를 행사하며, 예외 없이 교직자를 지칭하는데 사용되었다. 신약에서는 히에류스로 강한 자를 의미했으나 후에 거룩한 자, 하나님께 드려진 사람을 말한다. 그런데 선지자와 달리 구약의 제사장은 하나님에 의해 임명되어 인간을 대표한다. 그는 하나님께 속한 일, 곧 종교적인 일을 인간을 위해 수행하기 위해 하나님께 가까이 나아가 말하고 행동할 권리를 갖는다. 선지자가 윤리적, 영적인 의무, 책임, 특권을 강조한다면 제사장은 하나님께 올바로 나아가기 위한 요건인 의식의 준행을 강조한다. 특별히 죄를 속하기 위해서 헌물과 희생 제물을 드리는 것이다. 그 외에도 백성들을 위한 중보기도(히 7:25)와 축복을 시행했다(레 9:22). 구약 시 110:4와 슥 6:13은 장차 오실 구속주의 제사장직을 말한다. 특히 구약의 제사장직은 멜기세댁의 반차를 좇아 그의 직무를 행했는데 이는 예수 그리스도를 예표한다. 구약에는 속죄, 화목제물, 속선세 같은 다양한 제사제도가 있었다.

(iii) 왕: 왕직은 신정시대 이스라엘에서 시행된 하나님의 백성과 신약시대 교회에 대한 왕적 통치를 말한다. 왕이신 하나님은 친히 입법자와 재판관이 되시며 지상적 군주는 단지 크신 왕을 대신하여 그의 뜻을 준행하고 심판을 집행하기 위해 임명된 자일뿐이다. 이 왕은 폭력이나 외부적 수단에 의하지 않고 진리, 지혜, 공

의, 거룩, 은혜, 자비의 영이신 성령에 의해 통치된다. 특별히 구약 왕직의 대표인 다윗 왕의 통치는 장차 그의 교회를 다스릴 그리스도를 말한다(엡 1:22; 4:15; 5:23; 골 1:18; 2:19). 그리스도의 통치로 그의 몸 된 교회는 신비적 연합을 이룬다. 그리스도는 자신이 친히 값 주고 사서 세운 모든 교회의 머리이며 통치자이다.

3.2. 신약의 사례

(1) 예수님의 모범: 예수님은 자기의 피로 값 주고 산 교회를 전파하며 보호하는 사역을 행한다. 따라서 교회는 그리스도의 사역의 연장으로 사역을 준행한다. 그래서 바울은 그리스도께서 자기를 통하여 하신 일을 말하며(롬 15:18), 베드로는 장로들에게 그리스도께서 목자장 혹은 우두머리 목자(벧전 5:4)이시며 하나님 백성의 목자와 감독(벧전 2:25)을 생각하라고 한다. 그리스도는 제사장의 사역을 이루셨는데 그것은 봉사였다. 예수님은 사 42:1-4, 49:1-6, 50:4-7, 52:13-53:12에 담긴 예언을 성취하기 위해 주의 종으로 오셨다. 그의 오심은 세상 지도자들과 달리 섬기는 자가 되어 우리의 종이 되고자 오셨다(마 20:26-27). 종으로 오신 예수님은 요 13:14-16에서 친히 수건을 허리에 두르시고 제자들의 발을 씻기심으로 보여 주신다.

예수님은 그의 생애를 통해 온전히 하나님의 뜻을 이루었다. 그런데 그의 몸에 속한 지체들이 가지는 사역들은 무한히 다양하다.[5] 예를 들면, 롬 12:6-10, 28과

---

5) 예수님의 이런 모범을 따라 신약 교회는 봉사를 강조한다. (i) 둘로스(doulos): 섬기는 자라는 의미로 다른 사람의 의지에 복종해야 한다. 이 표현은 주로 신자와 주님의 관계를 지칭할 때 사용된다. 신자들은 예수 그리스도의 종이다(롬 1:1; 약 1:1; 벧전 2:16; 유 1; 계 1:1) 값으로 산 것이 되었으니 우리 몸으로 하나님께 영광을 돌려야 겠다(고전 6:20) 그런데 이 말은 신자들 간의 봉사를 말하기도 한다. 바울은 고후 4:5에서 우리가 우리를 전파하는 것이 아니라 오직 그리스도 예수의 주 되신 것과 또 예수를 위하여 우리가 너희의 종 된 것을 전파함이라. 또한 고전 9:19에서 내가 모든 사람에게 자유하였으나 스스로 모든 사람에게 종이 된 것은 더 많은 사람을 얻고자 함이라 했다. 그러므로 교회의 지체들이 하는 사역은 그리스도와 성도간에 피차 종되는데 있다. (ii) 레이투르고스(leitourgos): 여기서 예배의식(liturgy)이라는 말이 나왔는데 그 뜻은 공적인 봉사를 수행하는 것을 가리킨다. 이것이 구약에서는 하나님께 대한 제사장의 봉사를 가리키는 전문용어였다. 그리스도께서 단번에 이루셨기 때문에(히 8:2, 6, 9:21, 10:11) 신약 신자들은 구약의 의미로 행할 예배의식은 없지만 그리스도의 사역은 일반적인 의미로 하나님과 교회에 대한 봉사라는 뜻으로 표현된다. 이방인 교회가 예루살렘의 궁핍한 성도들을 위해 모

엡 4:11 등이다. 이처럼 교회는 모든 은사를 따라 여러 직임을 갖는다. 때문에 교회의 질서를 위해 어떤 개인이 특정한 규칙적인 사역에 합당한 능력을 받은 자를 직분에 임명할 필요를 느꼈다. 교회는 성령께서 통제하시는 몸으로서 그런 사역을 인정할 때 그 머리가 주시는 지도력의 사역을 인정하였다.[6]

(2) 사도들의 모범: 12 사도들은 예수님에 의해 직접 임명된 자로 신약 교회에서 특별한 사역을 담당했다. 이들의 이름은 새 예루살렘의 벽에 세워진 열두 기초석 위에 기록되어 있다(계 21:14). 그런데 사도(apostle)라는 말은 기본적으로 보냄을 받은 자, 혹은 사자라는 뜻이다. 이 말은 일반적인 사자를 가리킬 수도 있으나 특수한 목적 때문에 보냄을 받은 자를 말한다. 예수님은 그의 권위를 따라 이들을 보내셨다. 12 사도 외에 바울에게도 사도라는 이름이 사용되었다. 사도 바울은 자신을 지극히 큰 사도보다 부족한 것이 조금도 없는 자(고후 11:5)로 생각했다. 또한 이 말은 초기 선교사 바나바(행 14:4, 14)와 주의 형제인 야고보(고전 15:7), 그 외 안드로니고와 유니아(롬 16:7)와 이름이 알려져 있지 않은 다른 사람들에게도 (고전 15:7) 사용되었다.

그런데 이들 사도는 말씀을 받은 12사도와 바울과 달리 단순히 교회의 파송을 받은 자들고 구분된다. 바울은 예수 우리 주를 보았으며(고전 9:1) 복음을 전파하라고 임명을 받았다(갈 1:16)고 주장한다. 본래 계시를 받은 자인 사도의 기능은 반드시 교회의 기초를 놓는 것에만 적용된다(엡 2:20, 3:5; 벧후 3:2; 유 17). 이들은 교회생활에서 단지 남겨 놓은 증거를 대표하며 그 증거는 성경에 나타나 있다.

(3) 선지자들: 사도와 함께 초대교회에 자주 나타나는 선지자가 있다(고전 12:28; 엡 2:20, 3:5, 4:11). 이 선지자들은 성령께서 하나님께로부터 온 메시기를 선포하라고 직접 능력을 주신 사람들이다. 그들의 계시에는 선포와 예언(행 11:28과 21:10-11)이 있지만 특별히 선포가 강조된다. 선지자의 일차적 기능은 교회를 세우기 위해 하나님의 메시지를 초대 교회에 주는 것이었다(고전 14:3-4). 이 일은

은 개인적 헌금으로 섬기는 것(빌 2:30)과 바울이 이방인에게 복음을 전하는 것((롬 15:16, 27; 고후 9:12)이 모두 같은 의미로 사용되었다. (iii) 디아코니아(diakonia): 이 말은 집사라는 말에서 유래했는데 식당 웨이디가 하는 천한 봉사이나 일반적으로 봉사를 가리킨다. 이 말은 시자의 사역에 적합한 말로 사랑의 봉사에 근접한다.

6) Powel Mills Dawley, *Chapters in Church History*, Greenwich/Connecticut, 1955, 38-42.

새로운 진리를 주어서 행하거나 이미 알고 있는 진리에 통찰력을 주어 행했다. 유다와 실라는 예루살렘 공의회의 결정을 안디옥에 전달하는 사건에서 여러 말로 형제를 권면하는 선지자로 나타난다. 그러나 이들은 사도들처럼 영구한 계시 전달보다는 오히려 교회의 시급한 상황이 요구하는 필요를 채워 주기 위하여 하나님께로부터 온 메시지를 전해 주는 일에 쓰임 받았다. 그러므로 이들은 교회에서 중요한 위치를 차지하여 사도와 함께 기초가 되었다(엡 2:20).

(4) 복음전하는 자들: 신약은 3번 사용된 이 용어는 먼저 행 21:8은 빌립을 전도자라고 말한다. 그는 사마리아에 두루 전하고(행 8:4-8) 에디오피아 내시를 가르쳤던 자이다(26-40). 바울은 딤후 4:5에서 디모데에게 권하여 전도인의 일을 하라고 한다. 이 전도인의 직분은 부활하신 주께서 교회에 주신 것으로 선지자 직분 다음에 있는 것이다(엡 4:11). 그런데 이들은 선교 여행을 통해 예수 그리스도의 즐거운 소식을 선포했다. 이들은 단순히 구원 얻지 못한 자에게 구원의 메시지를 전하는 것만이 아니라 복음 안에 서 있으며(고전 15:1), 바로 복음이 교회가 살아가는데 따르는 기준이다(빌 1:27; 고후 9:13). 그러므로 전도인의 일에는 하나님의 전 경륜 속에서 교회를 세우는 일이 포함되어 있다.

(5) 교사들: 에베소 교회는 교사들을 목사와 나란히 표시하였다. 이는 목사가 무리를 먹이는 책임이 있으므로 가르치는 일이 그가 하는 직무의 일부일 것이라는 사실을 의미한다. 가르치는 일은 목사만이 아니라 나누어서 할 수 있도록 한 조치였다(딤전 3:2). 교사들은 성령으로부터 직접 영감을 받은 선지자들과 달리 자신이 친히 좀 더 분명하게 깨달은 것으로 회중 교회를 세운다. 그러나 야고보는 선생 된 우리가 더 큰 심판받을 줄을 알아 주의해야 할 것을 말한다(약 3:1).

4. 지교회의 성직과 직분

한편 복음 전파로 세워진 지 교회를 위해 주님은 사도를 포함한 선택된 직분자를 두셨다. 그들은 주님으로부터 직접 임명을 받아 특별한 섬김을 맡았다. 그러나 가롯유다의 죽음 이후 공석이 된 사도직 보선은 성령께서 직접 간섭하셔서 선출하였다(행 1:13-26). 그 후 교회의 직분은 사도들에 의해 목사(감독)와 장로, 집사를 통해 교회를 다스리게 하셨는데 전자는 모두 동일한 의미로 다스리며 감독하는 일로, 후자(집사)는 교회가 명한 봉사를 위해 세웠다.[7] 교회마다 직분자가 있으나 이 두 직분은 바울이 교회 직분자에게 필요한 자격을 다룰 때 오직 이 둘만 언급함으로 규정되었다(딤전 3:1-13; 딛 1:5).

4.1. 감독과 목사, 장로의 관계

성경적으로 위의 직분들은 동일한 의미를 가지나 교회에서는 상황에 따라 각각 다른 식으로 장로와 감독, 목사라 부른다.[8] 이는 딤전 3:1-7과 딛 1:6-9에서 보듯 감독의 자격과 장로의 자격이 모두 일치한다. 실제로 디도서에서 바울은 한 사람에 대하여 그 두 용어를 다 사용하고 있다(딛 1:5, 7). 특별히 벧전 5:1-2은 "너희 중 장로들(presbuteros)에게 권하노니 나는 함께 장로된 자요 그리스도의 고난의 증인이요 나타날 영광에 참예할 자로라 너희 중에 있는 하나님의 양 무리를 치되(poimaino) 부득이함으로 하지 말고 오직 하나님의 뜻을 좇아 자원함으로 하며" (episkopeo)라고하여 세 용어를 동시에 사용한다. 행 20장에서도 세 용어가 서로 번갈아 사용되고 있다. 17에서 바울은 교회의 모든 장로들(presbuteros)을 모아 고별 메시지를 전한다. 그리고 28에서 그는 "너희는 자기를 위하여 또는 온 양떼를 위하여 삼가라 성령이 저들 가운데 너희로 감독자(episkopos)를 삼고 하나님이 자기 피로 사신 교회를 치게(poimaino)하셨느니라" 고 말씀한다. 그러나 표현상 당시 상황을 볼 때 일반적으로 교회에서는 감독이나 목사보다는 장로라는 명칭을 더 좋아했다. 대체로 장로는 사회적 지위로 감독과 목사는 그들의 의무에 보다 깊이 관련 되었는데[9] 이것은 당시 문화와 사회적 선입견이 포함되었기 때문이다.

4.2. 목사와 감독의 의미와 발전[10]

---

7) 레온하르트 고펠트, 「사도시대」, 박문재역, 크리스챤 다이제스트, 1998, 247.

8) 헬라어의 감독인 에피스코포스(episkopos)인데 여기서 감독교회인 Episcopalian Church 이 파생되었다. 한편 목사를 가리키는 헬라어는 포이멘(poimen)이다.

9) James Moir Porteous, *The Government of the Kingdom of Christ*, Edinburgh: Johnston, Hunter, & Co., 1873, 74.

10) Powel Mills Dawley, *Chapters in Church History*, Greenwich/Connecticut, 1955, 38-39; Samuel G.Green, *A Handbook of Church History: From the Apostolic Era to the*

(1) 목사의 의미: 목사 혹은 목자로 번역되는 포이멘(poimen)은 신약에서 매우 많이 사용된다. 그러나 우리말 흠정 역에서 목사(pastor)로 번역된 곳은 엡 4:11 뿐이다. 그러나 다른 곳에서 이 말은 항상 목자(shepherd)로 번역되었다.[11] 이 말이 서신서에서 사용될 때 삼분의 이 가량은 모두 그리스도를 가리키는 것이다. 히 13:20-21은 일종의 축도이다. "양의 큰 목자이신 우리 주 예수를 영원한 언약의 피로 죽은 자 가운데서 이끌어 내신 평강의 하나님이 모든 선한 일에 너희를 온전케 하사 자기 뜻을 행하게 하시고 그 앞에 즐거운 것을 예수 그리스도로 말미암아 우리 속에 이루시기를 원하노라". 벧전 2:25은 "너희가 전에는 양과 같이 길을 잃었더니 이제는 너희 영혼의 목자(poimen)와 감독(episkopos)도신 이에게 돌아왔느니라"고 한다. 한편 엡 4:11에서는 목사가 교사라는 말과 함께 사용된다. 헬라어 문구상으로 볼 때 이 두 단어는 동격처럼 사용된다. 영어로 하자면 목사-교사(pastor-teacher)이다. 여기서는 목사의 가르치는 일을 강조한다.[12] 그러나 목자의 본래 모습에서 나타나고 있듯이 포이멘은 돌보고 먹이는 목회적 역할을 강조하는 명칭이며 지도자의 태도를 강조한다.[13] 목사가 되려면, 양을 돌보는 목자의 심정이 있어야 한다. 이와 같이 장로는 지도자의 사람됨을 강조하고 감독은 지도자의 하는 일을 강조하며 목자 혹은 목사는 그의 사역 방식을 강조한다. 이 용어는 교회를 인도하고 먹이는 동일한 교회 지도자들을 가리키는 말로서 각각 강조점이 다를 뿐이다.[14]

(2) 감독의 의미와 임무: 감독을 의미하는 에피스코포스(episkopos)는 감시자, 감독자, 후견인 등을 말한다. 신약에는 이 단어가 5회 나오는데 벧전 2:25에서 예수 그리스도는 우리 영혼의 감독이라고 불리신다. 그는 우리를 가장 명확하게 살피시고 가장 잘 이해하시는 분이다. 그는 우리 영혼의 목자요 후견인이다. 그밖에

Dawn of the Reformation, London: The Religious Tract Society, 1904, 27-28; John McManners(ed.), *The Oxford Illustrated History of Christianity*, Oxford University Press, 1990, 33-35.

11) 벧전 5:2-3.

12) 갈 6:6.

13) 고전 3:5; 4:1.

14) 이 외에도 대사(고후 5:20), 조직가(고전 4:1; 눅 12:42), 장로(딤전 5:17), 수고하는 사람(마 9:38)로 묘사된다. 그리고 그리스도의 사역자, 건축자, 말타는 사람, 별, 교회의 천사들로 묘사된다. James Moir Porteous, *op. cit.*, 66.

에피스코포스는 4회 모두 교회의 지도자들을 가리키는 데 사용된다. 그런데 감독은 히브리의 역사적 장로 개념에 상응하는 헬라의 세속적 개념이다. 감독은 새로이 건설되거나 포로가 된 성읍들을 관장하도록 황제가 임명하는 사람이다. 감독은 황제의 신하이지만 감독권을 위임받아 새로운 식민지의 업무를 통괄한다. 그러므로 감독은 1세기 헬라 세계에서 두 가지 개념을 담게 되었다. 즉 상급자에 대한 충성의 책임과 새로운 질서의 도입과 시행이었다. 헬라인 기독교인들은 그런 개념들을 쉽게 이해했다. 감독의 임무는 사람들을 가르치고(딤전 3:2), 먹이고 보호하고 일반적으로 양떼를 치는(행 20:28) 책임을 갖고 있었다. 성경적으로 볼 때 장로의 역할과 감독의 역할 사이에는 아무 차이도 없다. 두 호칭은 동일한 지도자 그룹을 가리킨다. 감독은 기능을 강조한 호칭이요 장로는 품위를 강조한 호칭이다.

(3) 감독 개념의 발전: 사도행전에서 감독은 20:28 거의 끝 부분에 한 번 나타난다. 여기서 장로들이 교회를 치라는 교훈을 받는다. 이 말(poimaino)은 목자로서 행동한다는 뜻이며 목사를 가리킨다. 그러므로 장로들은 교회에 대하여 목자로서 행하거나 교회를 목양해야 한다. 그러나 당시에는 교회 내에 이방인 개종자들이 비교적 적어 그 용어가 널리 사용되지 않았다. 그러나 이방인들 가운데 구원받는 자가 늘어가고 일부 유대인들이 교회에 등을 돌리게 되자, 헬라적 배경을 지닌 에프시코포스가 장로의 역할을 감당하는 자들을 가리키는데 사용되었다(딤전 3:1).

4.3. 장로직의 의미

(1) 구약: 구약에서 처음 사용된 장로의 히브리어는 자켄(zaqen)과 사브(sab)로 약 100회가 사용된다. 그중 46회가 모세의 5경에 나온다. 이것은 요셉이 그의 부친을 가나안에 장사할 때 바로의 모든 종들과 그 집의 보는 상보들에게 최초로 사용되었으나[15] 출애굽 이후 이스라엘 장로들에게 성착되었다. (i) 자겐(zaqen)은 민수기 11:16과 신 27:1에 모세를 돕는 70인의 족장들을 가리키는 데 사용된다. 여기서 장로란 이스라엘 민족 가운데 따로 지도자로 뽑아낸 마치 원로원과 같은 특

---

15) 창 50:7. James Moir Porteous, *The Government of the Kingdom of Christ*, Edinburgh: Johnston, Hunter, & Co., 1873, 58.

수한 부류의 사람들을 가리킨다. 그러나 일반적으로 장로는 손위의 어른이나 형, 나이든 장로, 장자, 수염있는 연로한 사람이나 사절을 말한다.[16] 모세는 출 12:21에서 이스라엘의 모든 장로들이 각각 양 한 마리를 가져 올 것을 명했는데 신 1:9-18에 의하면 이들 장로들에게는 백성을 재판하는 책임이 부여되어 있었음을 발견한다.[17] 모세는 그들을 통하여 백성들에게 각종 지시를 전달하였다(출 19:7; 신 31:9). 그들은 유월절 예식의 집례(출 12:21)와 다른 예배도 인도하였다. 후에 이스라엘 장로들은 특별히 도시의 지도권을 장악하였다(삼상 11:3, 16:4, 신 30:26). 여전히 그들의 하는 일은 재판으로서 사람들의 생활 속에 지혜를 베풀어 분쟁을 해소하고 방향을 제시하며 일반적으로 사회의 질서를 감독하는 일을 했다.

구약은 이들을 가리켜 이스라엘 장로(삼상 4:3), 나라의 장로(왕상 20:7), 유다의 장로(왕하23:1), 본성 장로(스 10:14), 회중 장로(삿 21:16) 등으로 부른다. 그들은 지역 사회를 다스리고 부족들을 가르치는 일을 하였다(신 16:18, 19:12, 31:28). (ii) 사브(sab): 구약에서 5회 사용되며 모두 에스라서에만 나온다. 이 말은 바벨론 포로 생활 이후 성전을 재건하는 책임을 맡은 유대 지도자들을 가리킨다. 때문에 학자들은 장로제가 유대 회당 조직에서 왔다고 한다. 그 이유는 회당마다 유대인 공동체 생활에 책임을 지는 장로단이 있었기 때문이다. 유대교 장로들과 함께 회당 조직은 회당 통치자가 있어서 그가 공중 예배를 책임지고 예배를 관장하는 임무를 맡았다(눅 8:41).

(2) 신약: 신약의 장로는 프레스부테로스(presbuteros)로 약 70회 나타난다. 이 용어는 구약의 나이 많은 혹은 수염이 난을 의미하는 자켄(zaqen)이나 흰 머리의를 뜻하는 사브(sab) 또는 영어 elder와 같이 나이가 성숙한 의미를 갖고 있다. 그런데 신약에서는 이것이 크게 2가지로 나타난다. 예를 들면 (i) 행 2:17에서 베드로는 요엘 2:28의 "너희의 늙은이들은 꿈을 꾸리라"를 인용한다. 요엘서에서 늙은이를 가리키는 말은 자켄인데, 사도행전에서는 이 말이 헬라어 프레스뷔테로스로 번역되었다. 그러한 의미로 사용될 때는 장로가 공식적인 명칭이 아니라 단순히 노인을 가리킨다. (ii) 딤전 5:2에서 나이 든 여자를 가리킬 때 프레스뷔테로스의 여성형이 사용되고 있다. 거기서는 늙은 여자가 젊은 여자와 대조되고 있다. 늙은

---

16) 손병호, 장로교의 역사, 도서출판 그리인 1993, 21-22.
17) 출 18:13-26과 대하 19:5-11 참조.

여자를 어미에게 하듯 하며 젊은 여자는 일절 깨끗함으로 자매에게 하듯하라. 벧전 5:5에도 유사한 방법이 나온다. "젊은 자들아 이와 같이 장로들에게 순복하고" 여기서 그 말은 디모데전서 5:2에서와 같은 의미로 장로들에게 순복함으로 젊은이와 노인을 대조하는 데 사용된다.

그리스도 당시에 프레스뷔테로스는 매우 익숙한 용어였다. 신약에서 이 단어는 이스라엘의 영적 지도자로서 공직을 가진 자들을 가리키는데 28회 사용된다. 대제사장들과 장로들(마 27:3), 백성의 관원과 장로들(행 4:8)이다. 그 외에 신약 시대 유대교의 최고 통치 기구였던 산헤드린 공회원을 가리킨다. 그 외 마 15:2과 막 7:3, 5에는 장로들의 유전이란 말씀이 나온다. 이 경우에 장로란 종교적 규례에 관한 원칙들을 전해준 영적 조상들을 가리킨다. 그들은 유대교 전통을 결정한 교사들이다. 그러한 의미에서 장로가 랍비와 동등하며 공직을 지칭할 수도 있고 그렇지 않을 수도 있다.

4.4. 장로의 역할과 자질

사도시대 후 교회는 로마의 박해아래 어려움을 겪고 있었다. 이러한 때 장로의 직위는 교회에서 가장 높은 지도자의 위치로 발전하였다. 따라서 장로는 가장 많은 책임을 지게 되었다. 딤전 3:1절에서 감독은 선한 일을 사모하며 5에서는 하나님의 교회를 다르시는 것이다. 여기에는 많은 일들이 포함된다. 딤전 5:17은 잘 다스리는 장로들을 배나 존경할 자로 알 되라고 한다. 여기의 다스리다는 헬라어 프로이스테미(proistemi)로서 장로의 책임과 관련하여 딤전에서 4회 사용된다(3:4-5; 5:14, 17) 살전 5:12에서 1회, 롬 12:8에서 1회 사용된다. 포로이스테미는 문자적으로는 맨 앞에 서다를 의미한다.

(1) 장로의 역할: (i) 이는 모든 장로들에게 공동적으로 부여되어 있는 일반적 감찰과 행정, 교육의 의무를 지고 있다. 이것의 위치는 감독자(overseer)라는 칭호에 분명히 나타난다. 그리스도께서 감독자로서(벧전 2:25) 자기 백성의 영혼을 보살피셨듯이 장로들도 그리스도의 다스리심을 받는 사람으로 자기들에게 맡기신 자들을 지킨다. (ii) 교회의 지도자로서 장로는 교회 밖의 어떤 세상적 권위에도 종속되지 않는다. 교회에 대한 장로의 권위는 강압이나 율법적 권세에 기인하는

것이 아니라 가르침과 본을 통하여 나온다(히 13:7). (iii) 장로들은 성령의 인도를 받아 행동한다. 특별히 교회 일을 할 때는 만장일치로 해야 한다(고전 1:10; 엡 4:3; 빌 1:27, 2:2). (iv) 말씀을 전파하고 가르칠 책임이 있다(딤전 5:17, 딤전 3:2; 엡 4:11). 그리고 말씀으로 무리를 먹이는 일에 힘써야 한다(요 21:15, 17). 이들은 교회의 교리적 문제들을 판가름하고 회중들에게 진리를 선포할 책임을 갖고 있다. 딤전 3:2은 감독의 영적 자질들을 열거한다. 그것이 바로 가르치기를 잘하는 것이다(딛 1:7-9). (v) 장로는 양들을 잘 돌봐야 한다. 행 20:28-30에서 장로는 양떼를 먹이고 보호하며 거짓 교사들의 위협을 막는 것이다. 양떼들의 영적 감독자로서 장로는 청지기적 역할을 감당해야 한다. 이 일은 교회의 정책을 결정하며(행 15:22), 감독하고(행 20:28), 다른 사람들을 임명하고(딤전 4:4), 다스리며 가르치고 전파하며(딤전 5:17), 사랑하는 자녀같이 권면하고 경책 징계하며(살전 5:14; 딛 1:9, 고전 4:14), 목자로서 모든 사람들에게 본을 보여야 한다(벧전 5:1-3). 바울은 이 일은 수고와 고생이 따르는 것이라고 한다(행 20:35; 살전 5:12; 딤전 5:17).

(2) 장로의 자질: 딤전 3:1-7과 딛 1:5-9, 행 20:28-30과 벧전 5:1-2에 따르면, (i) 책망할 것이 없어야 한다. 가정과 사회에서 책망 받을 일이 없어야 한다. 먼저 한 아내의 남편으로 순결한 혼인 관계를 유지해야 한다. 또한 (ii) 절제는 규형있고 검소한 생활을 말하며 근신은 지혜롭다는 의미이다. 존경할만하다는 사람들의 존경을 받는다는 말이다. 나그네를 대접 하며는 낯선 사람을 사랑하는 것으로 배타심이 없는 것을 말한다. 가르치기를 잘 하며는 가르치는 데 기술이 있다는 의미이다. 또한 장로는 술에 인 박이지 않아야 한다. 그리고 구타하면 안 되고 관용하며 다투지 안니하며 돈을 사랑치 않아야 한다. 장로는 이 같은 자질을 가정에서 보여야 한다. 여기 말은 완전을 말하지 않는다. 그것은 모든 생활가운데서 다른 사람들이 지적할 만한 잘못이 없어야 한다. 이는 곧 도덕적 인품을 포함한다. 새로 입교한 자는 장로가 될 수 없다. 신앙생활은 영적으로 성숙해야 하기 때문이다.

신약에서 행 14:21-23과 딛 1:5에 초대 교회에서의 장로 임명에 관해 언급된다.[18] 장로는 전 총회가 선출하여 세웠다. 그런데 이들은 여러 지역에 복음을 증

---

18) 이 외에도 행 20:17과 빌 1:1; 약 5:14; 행 21:18; 벧전 5:1에도 나타난다.

거하고 각 교회들을 위해 장로들을 세웠다. 그런데 장로는 몇이나 세워야 하는가? 특수한 경우 집사 선출과 같이 정해진 사람을 세우기도 했다. 교인들은 장로들을 존경하며 다스림에 순종해야 한다(살전 5:12-13, 히 13:17, 딤전 5:17).

한편 여자도 장로가 될 수 있는가? 이에 대해 성경은 될 수 없다고 말한다. 딤전 2:11-12에 여자는 일절 순종함으로 종용히 배우라. 여자의 가르치는 것과 남자를 주관하는 것을 허락지 아니하노니 오직 종용할지니라. 교회에서 여자들은 장로의 권위에 복종해야 하며 남자를 가르치거나 지휘하는 위치에 설 수 없다. 이것은 문화적인 것도 아니며 혹은 바울의 편견 때문도 아니다. 이것은 하나님의 창조질서 때문이다. 2:13-14 말씀에 이는 아담이 먼저 지음을 받고 이와가 그 후며, 아담이 꾀임을 보지 아니하고 여자가 꾀임을 보아 죄에 빠졌음이다. 그러나 교회와 가정에서 영향력의 균형은 여자가 아이를 낳아 양육함을 통해 이루어진다(15절).

(3) 장로제의 발전: 앞에서 보았듯이 구약에 기원을 둔 장로제는 신약에서 보다 구체적으로 발전되었다. 초기 기독교는 처음 유대인들로 이루어져 있었기 때문에 장로 통치 제도가 초대 교회 내에서 자연스럽게 채택되었다. 장로는 왕이나 제사장과 무관한 지도력을 가리킬 때 유일하게 공공적으로 사용되던 유대 용어였다. 그 용어가 교회 내에서 의미 있었던 것은 모든 신자들이 다 그리스도와 함께 세상을 다스리는 자들이므로 그들에게 세상적 왕이 있을 수 없기 때문이다. 그리고 이스라엘 국가와는 달리, 교회에는 특별히 제정된 현세적 제사장 제도가 필요 없었다. 각 신자가 제사장이었기 때문이다. 그러므로 유대의 지도자 개념들 가운데서 교회의 지도자로 가장 알맞는 것이 장로였다.[19]

---

19) 이스라엘 장로들은 나이 든 사람들이었다(딤전 5:1-3) 이 말은 교회 직분과 관계해서는 성숙한 영적 체험, 분별력과 관련 있는 권위와 위엄을 지칭했다. 그러므로 장로들은 개인의 위엄을 뜻하지만 감독은 장로의 직무를 가리킨다. 그들은 가족의 우두머리요(출 12:21) 강력한 도덕성을 지닌 자로서 진실과 인격을 겸비했고 하나님을 경외하는 자요(출 18:20-21), 성령이 충만한 자요(민 11:16-17), 지혜와 분별력과 경험이 많은 유능한 자요 사람들을 훈련하고 가르치고 공명 정대하게 판단할 수 있는 공평하고 용기 있는 사람들이었다(신 1:13-17) 결국 우리는 유대인들이 생각하고 있던 그러한 모든 특성들이 프레스뷔테로스라는 용어에 다 포함되어 있음을 알게된다. 교회 지도자들에 관해 이 용어가 사용될 때, 이는 강력하고 일관되게 도덕적 인품을 보여줄 수 있을 정도의 성숙된 영적 경험을 강조한다. 사도행전과 여러 서신서에서 교회의 특정 지도자 그룹을 나타내는 장로는 약 20회 가량 사용된다. 교회는 분명 처음부터 성숙한 영적 지도자 그룹에 의해 지도되었다. 예를 들면 행 11:30과 13:1을 보면 안디옥 교회는 유대의 궁핍한 형

5. 집사직의 기원과 의미

(1) 기원: 신약에서 집사는 장로와 같이 분명하게 묘사되지 않는다. 그렇다고 유대 공동체에 있던 교회에 있었던 것 같지도 않다. 회당을 차잔(Chazan)으로 부른 선례가 있으나 그 기능은 예배 사역에 국한되었다.[20] 행 6:1-6에서 일곱 사람을 임명한 것이 이 직분의 기원인지에 대해서는 논쟁거리다.[21] 그러나 초대 교회 이레네우스 이후 교회 전통은 이것이 집사의 기원이라 믿었다. 여기에 근거하여 몇 세기 후에 집사의 수를 일곱으로 제한하는 일이 관행이 되어 보충적인 도움이 필요했을 때 부집사(subdeacon)제도가 도입되었다. 이들은 교회의 일시적인 필요와 관련된 영역에서 섬길 책임을 지고 선택되었다. 그런데 그 일곱 사람에 대한 엄격한 영적 자격(행 6:3)은 집사가 갖추어야 하는 자격 목록과 일치한다(딤전 3:8-13).

(2) 의미: 집사는 교단과 교회에 따라 매우 다양한 의미를 가지고 있다. 어떤 교회에서는 집사들이 공식적인 교회 임원으로서 합법적으로 인정된 행정 체계에 속하는 사람이다. 반면에 어떤 교회에서는 교회에 정규적으로 출석하는 거의 모든

제들에게 보내는 선물과 함께 바나바와 사울을 예루살렘의 장로들에게 보냈다. 안디옥 교회는 예루살렘 교회 사역자들을 통해 생겨났음으로 거기에 분명 장로들이 존재하였음을 알게된다. 바울도 여기서 교사중 하나 였던 것을 보며 장노중 한 사람이었을 것이다. 행 15:을 보면 예루살렘 교회 회의에서 장로들이 중요한 역할을 담당했다(15:2, 4, 6, 22-23과 16:4) 이들은 초대 교회 생활에서 큰 영향력을 가졌음을 본다. 교회가 계속 전도 확장되어 가는 과정에서 지도자를 세웠는데 이들을 장로라 부른 것이다. 행 14:23, "각 교회에서 장로들을 택하여 금식 기도하며 저희를 그 믿은 바 주께 부탁하고"을 보면 교회 개혁을 할 때 장로를 지도자로 뽑아 임명하였다. 신약에 나타나는 거의 모든 교회에는 장로가 있었다고 언급된다. 행 20:17을 보면, "바울이 밀레도에서 사람을 에베소로 보내어 교회 장로들을 청하니"라고 했다. 에베소 교회에 장로들이 있었다는 사실이다. 계 1:11에 열거되어 있는 교회들과 같은 소아시아의 교회들은 에베소 사역이 확장됨으로써 생겨났기 때문이다. 베드로는 본도와 갈라디아, 갑바도기아, 아시아, 비두니아 등지에 흩어져 잇는 성도들에게 편지하면서 "너희 중 장로들에게 권하노니...너희 중에 있는 하나님의 양 무리를 치되"(벧전 5:1-2)라고 한다. 베드로는 모든 소아시아 지방에 흩어져 있는 수많은 교회에 편지하고 있는데, 그들은 모두 장로가 있었다.

20) 이런 수종자들은 신약에서 언급할 때 사용한 헬라어는 디아코노스가 아니라 전혀 다른 휘페레테스(huperetes, 눅 4:20)이다.

21) James Moir Porteous, op. cit., 80-81; 로버트 소시, 하나님이 계획하신 교회, 김기찬역, 생명의 말씀사, 1994, 204-206.

사람들을 집사로 임명한다. 또 어떤 교회에서는 집사들에게 비록 평신도지만 성직자와 동일한 특별 존칭(reverend)을 부여하기도 한다. 집사가 하는 일도 교회마다 다르다. 성경을 보면 집사의 자격에 대해서는 말씀하지만 그가 무슨 일을 하는지에 대해서는 구체적으로 말하지 않는다. 그러므로 우리는 종종 교회에서 이 문제로 혼란할 때가 있다.

신약성경은 집사를 세 단어로 묘사되는데 (i) 디아코노스(diakonos)-종, (ii) 디아코니아diakonia)-봉사(명사), (iii) 디아코네오(diakoneo)-섬긴다(동사) 이다. 이 용어들은 신약에 100회 이상 나타나는데, 대개 영어로는 serve와 ministry등으로 번역된다. 이 용어는 헬라 산문 문학에 나타날 때는 일반적으로 어느 가족의 종이나 노예를 지칭하는데, 이 사람의 의무는 식탁에서 주인을 시중들고 사람들에게 음식을 대접하는 일, 때때로 그를 위하여 시장을 보는 일이다. 그러나 후에 뜻이 점차 확대되면서 모든 종류의 봉사에 다 사용되기에 이르렀다.[22] 이것은 테니스 시합에서 처음 상대에게 볼을 쳐 넘겨주는 행위에서부터 시작하여 실형을 선고받은 죄수가 감옥에서 일정 기간 복역하는 것까지 다양한 경우에 사용된다. 또 종이 그 주인을 섬긴다고 할 때뿐 아니라 왕이 그 국민을 섬긴다 할 때도 사용된다. 그런데 행 6장에서 보면 집사는 교회 안에 있는 가난한 사람들의 구제 사역을 위해 임명되었다. 이들은 사도들이 말씀과 기도의 사역을 잘 할 수 있도록 실제적인 봉사를 하였다.

(3) 성경적 용례: 봉사는 그리스도(막 10:45; 롬 15:8), 바울과 다른 사도들의 사역에도 사용되며(고후 3:6, 6:4; 엡 3:7) 아볼로(고전 3:5)와 디모데(딤전 4:6)와 교회에서 봉사의 일을 했던 다른 사람들(행 19:22; 골 4:7)에게도 사용된다. 그런데 이것은 크게 3가지로 언급된다. (i) 음식 대접: 요 2:5, 9의 가나 혼인 잔치에 보면 그 어머니가 하인들(디아코노이, diakonoi)에게 말씀한 것을 보면 나타난다. 여기서 보면 디아코노이는 식탁에서 봉사하는 자들을 가리킨다. 이것이 집사(deacon)란 단어가 지니는 전통적이며 본래적인 의미이다. 눅 4:39에 보면 베드로의 장모가 고침받은 후 일어나 저희에게 수종들었다. 여기서 디아코네오가 사용되었다. 베드로의 장모는 그리스도와 베드로를 수종들었는데 그들에게 식사를 대접

22) Samuel G. Green, *A Handbook of Church History: From the Apostolic Era to the Dawn of the Reformation*, London: The Religious Tract Society, 1904, 29.

한 것이다. 그 외에 요 12:2; 눅 10:40, 17:8에 다시 나타난다. (ii) 일반적 봉사: 디아코네오가 때때로 봉사를 나타내기도 한다. 요 12:26을 보면 섬긴다가 나온다. 이 말은 여러 가지 의미의 봉사를 말한다. 롬 13:3-4을 보면 사자(diakonos)는 경찰 혹은 군인을 나타내는데 2회 사용된다. 눅 22:27에서도 2회 나타나나 첫 번것은 식사 수발이며 나중 것은 일반적인 봉사이다. (iii) 영적 봉사: 이것은 종으로서의 신자의 역할을 나타내는 것이다. 롬 15:25에서 바울은 자신을 종이라 한다. 행 20:19을 보면 모든 시험을 참고 겸손히 주를 섬긴 것을 알 수 있다. 고후 8:3-4에서는 성도를 섬기는 일(diakonia)라 한다. 고전 12:5은 직임을 말한다. 고후 4:1, 9:1; 계 2:19이다.

(4) 집사의 자격과 실례: 집사의 자격은 목사나 장로와 같이 그의 인품과 가정생활, 그리고 그리스도를 믿는 신앙에 근거한다. 특별히 행 6:1-3; 딤전 3:8-16에서 보듯이 이들은 먼저 (i). 인격적으로 단정해야 한다. 이 말은 마음과 성품이 진지한 것을 의미한다. 이들은 일구이언 해서는 안 되며 그 다음 물질적, 재정적 문제와 봉사하는 일에 신뢰할 수 있어야 한다. 또한 이들은 탐욕과 험담과 무절제와 악덕을 피해야 한다. (ii) 가족 생활은 한 아내의 남편이 되어 자녀와 자기 집을 잘 다스리는 자여야(딤전 3:12) 한다. (iii) 마지막으로 신앙과 관련해서는 깨끗한 양심에 믿음의 비밀, 즉 영적 능력을 지녀야한다. 또한 성품이 곱고 도덕적으로 순결해야 한다. 집사는 장로처럼 새로 입교한 사람이어서는 안 된다. 이 집사는 대표적으로 스데반 집사가 있다. 혹 어떤 자는 스데반 외에 바울과 두기고 에바브라도 집사였다고 하는데 이는 근거 없는 이야기이다(행 20:24; 롬 11:13; 딤전 1:13; 고전 3:5; 고후 3:6, 6:4; 엡 3:7; 6:21; 고후 10-12: 골 1:7, 23-25; 빌 1:1 참조).

(5) 집사의 수와 명예: 신약과 초대 교회의 증거는 지역 교회마다 집사가 여럿 있었음을 본다(행 6:1-6; 빌 1:1; 딤전 3:8). 그러나 일정한 숫적 제한은 지교회의 필요에 따라 다를 수 있다. 카토릭과 영국 교회는 집사가 좀더 직분으로 증진하여 사제직으로 가는 디딤돌을 의미한다.

(6) 여 집사 문제: 신약 교회에 여 집사 직분이 있었는지에 대하여는 의견이 많다. 문제의 성경은 롬 16:1와 딤전 3:11이다. 여기서 바울은 뵈뵈를 겐그레아 교회의 일군으로 있는 우리 자매라 말했는데 이는 즉 여 집사로 번역된다. 딤전 3:11

의 여자의 헬라어 번역은 귀나이카스인데 이는 여성 형이 없으므로 바울은 여 집사로 사용한다. AD 112년경 비두니아의 통치자인 플리니의 편지에 따르면, 초대교회에는 여 집사 제도가 있었다. 그는 황제 트라얀에게 올린 보고서에서 자기가 여 집사라고 하는 두 명의 그리스도인 하녀를 고문했다는 점을 알린다.

여 집사의 의무는 여인으로서 잘 섬길 수 있는 그런 영역의 봉사에 관계했다. 이들은 여인의 세례식에 특별히 그름 붓는 일에 함께 앉아 있었고, 믿는 여인이 있는 이교도의 집에 들어가며 병든 자를 방문하며, 어려움이 생긴 자들을 섬기고, 병에서 회복하기 시작한 사람들을 목욕시키는 일을 해야 했다. 또한 여 집사들은 가난한 자와 고아를 섬겼고 나그네에게 호의를 베풀었다. 여집사의 자격은 남 집사처럼 반드시 단정하여 진지한 성품과 마음으로 섬겨야 한다. 여 집사는 특히 참소하지 말아야 한다. 이 말은 다른 사람의 품행이나 행동을 가지고 흠잡는 일에 빠져 비꼬고 비난하며...널리 알리는 것을 말한디.[23] 명사 형태는 마귀를 지칭하는 이름으로 쓰이는데 그 이유는 마귀는 하나님을 비방하고 하나님께 고소한다. 그러므로 켄트가 지적하듯이 여집사는 자기 임무를 행하면서 회중 사이를 돌아다니며 여마귀처럼 행해서는 안 된다.[24] 여집사에게 이런 일을 금지하고 일구이언하지(딤전 3:8) 않토록 했다. 더욱이 여 집사는 절제하며 포도주를 마시지 않고(8) 모든 일에 충성된 자여야(11) 한다. 이렇게 여 집사가 자격을 갖추고 교회를 섬기게 될 때 말할 수 없는 사랑과 존경을 받게 되었다.

6. 장로와 집사의 차이

이들은 모두 성품과 영적 생활면에서 동일하다. 피차 집을 잘 다스리고 회중을 잘 인도해야 한다. 그리고 그리스도의 종으로서 스스로를 입증해 보여야 한다. 장로는 말씀을 가르치고 집사는 보소하는 것이 되어야 한다. 그러나 이들의 조건 중 한 가지 차이점은 장로는 가르치기를 잘해야 한다. 오늘 우리 교회는 이면이 잘 안되고 오히려 집사가 더 잘 가르치기도 한다. 우리는 좋은 목회자가 되기 위해 항상 겸손하게 열심히 배우고 확신한 일에 거하도록 해야겠다(마 20:26-28).

---

23) W.E.Vine, *An Expository Dictioinary of New Testament Words*, vol. 1., 39.
24) Homer A. Kent, Jr., *The Pastoral Epistles*, 142.

7. 성직의 안수와 장립(將立)

이것은 고대 족장시대부터 내려온 관습으로 믿음에 의해 야곱은 침상에서 손을 얹고 요셉의 아들들에게 축복하였다.[25] 축복시 이스라엘은 오른손을 에브라임의 머리에, 왼 손은 므낫세의 머리에 놓았다. 이의 상징적 의미는 한 시대의 교체와 인간의 본향으로의 귀환에 있다.[26] 놀라운 것은 야곱의 안수가 그의 의지와 달리 신적 지시에 기초했다는 것이다. 이 같은 예로 볼 때 안수로 교회 직분을 갖게하는 의식적 절차는 그가 감독이건 장로건 혹은 집사이건, 교회의 모든 직분자는 그 어떤 것보다도 가장 축복된 것이다. 이 안수는 행 1장에 나타난 맛디아처럼 혹은 바나바나 사울처럼 특별한 사명을 받은 자들에게 비상하게 실시되었다(행 8:1-3). 안수를 행할 때는 성령의 은사가 주어질 때나 혹은 병자를 기적적으로 고칠 때 손을 얹고 기도함으로 엄숙하게 실시되었다(막 16:18; 행 8:17, 9:17; 19:6; 28:8). 이것은 내적 축복의 외적 표시로 특별한 은사와의 교제하는 한 증표이다. 안수가 외적으로 사람에 의해 행해지나 내적으로 그리스도에 의해 성령으로 주도되는 것이다. 그러나 안수 때 항상 어떤 비범하고 기적적인 은사가 주어진 것은 아니다(행 6:13; 13:1-3; 딤전 4:14; 5:22). 하지만 혹 기적적인 능력이 나타나지 않는다 하여 장립식 때 안수하는 방식이 거부되어야 할 이유는 없다. 대부분의 안수의 경우 손을 얹는 것은 성령을 주는 수단이었던 것이 아니라 교회 직분을 주는 절차와 형식일 때가 허다하기 때문이다.

장립에 있어서 중요한 문제는 장립 행위로 누구에 의해 집행되는가 이다. 사도들은 보통 지 교회의 장로들과 혹은 그 자신들이 장로로서 직접 집행하였다. 여기에는 개인이 하는지 혹은 여럿이 하던지 그만큼 영적 권위와 신뢰가 뒤따라야 한다. 만약, 주께서 직분으로 부르셔서 포도원으로 보내시는 소명이라면 안수와 장립은 논란의 여지가 없다. 또는 영감된 사도께서 여전히 이 땅에 살아 계셔서 홀로 어떤 사람을 장립한다면 그럴 수 있다고 인정할 수 있다. 디도처럼 사도께서 자신을 특별히 장립하도록 하는 임무를 주었다고 증명할 수 있다면(딛 1:5) 그도

---

25) 히 11:12; 창 48:14-16.

26) James Moir Porteous, *op. cit.*, 90.

역시 장립할 특권이 있다. 그러므로 장립할 권리가 있다고 주장하려는 사람은 자신이 사도가 아닐지라도 디도처럼 사도에 의하여 그러한 권위가 주어졌음을 증명해야 한다.[27] 그런데 여기서 모든 교회의 통치자들이 종종 실패한다. 안수(按手)는 단순한 요식행위가 아니다. 이는 하나님의 은혜에 감사하여 교회를 보다 헌신적으로 섬기기 위해 신앙에 모범이 되는 자에게 실시되는 것이므로 이것을 집행하는 직분자들이 전적으로 책임을 져야 한다. 한 사람의 성숙한 신앙인을 선택하여 직분자로 세우는 일은 그만큼 중요하기 때문이다. 그런데 한국 교회는 오늘 이 점에 있어서 많은 문제를 갖고 있다.[28]

8. 결론

지금까지 교회 성직과 직분의 역할에 대하여 살펴보았다. 한마디로 성직과 직분은 하나님께서 그의 교회의 보존과 영적 성숙을 위해 그의 사람들에게 허락하신 특별한 직분이라는 사실을 알아야겠다. 하나님은 우리가 범죄하여 죽게 되었으나 그의 아들 안에서 구원하시고 우리에게 측량할 수 없는 은사를 베풀어 주셨다. 그렇게 하심은 하나님의 구원 계획의 성취와 궁극적으로는 구원받은 백성들을 축복하기 위함이다. 그런데 하나님은 우리를 그의 축복을 위해 은사를 따라 다양하

---

27) *Ibid.*, 89.

28) 이에 대해 우리는 딤전 4:14과 행 13:3, 행 6:6을 면밀히 연구해야 한다. 먼저 딤전 4:14은 디모데의 임직을 보여준다. 사도는 디모데에게 그가 받은 직분의 은사를 선한 목적으로 사용하라고 훈계한다. 이 사도는 이 은사가 직분으로 예언을 의미한다고 가르친다. 이 은사는 장로들이 집합체로서 손을 얹음으로써 주어졌다고 한다. 사도는 말하기를 네 속에 있는 은사 곧 장로의회에서 안수받을 때에 예언으로 말미암아 받은 것을 조심없이 말라했다. 이 말씀은 장립의 권한이 어디에 속해 있는지를 결정적으로 보여준다. 행 13:1-3 말씀은 안디옥 교회의 선지자들과 교사들이 금식하던 중 성령께서 바나바와 사울을 이방인을 위한 선교 사역자로 구별할 것을 말씀하셨다. 이 두 사람은 전에도 복음전파자였으나 이제 새로운 사명을 받아 선교지로 가게 되었다. 이때 이들은 새로운 사역을 담당하게 되자 이 교회의 선지자들과 교사들이 이 두 형제를 장립함으로써 선교사로 파송하였다. 3절에는 그들이 금식하며 기도하고 두 사람에게 안수하여 보냈다. 장립은 분명히 한 교사가 하는 것이 아니라 여러 사람이 하는 것이다. 행 6:6은 집사의 장립이다. 예루살렘 교회는 가난한 자들의 필요를 위하여 일곱 사람을 뽑아서 사도들 앞에 세우자 사도들이 기도하고 그들에게 안수하였다. 이것은 교회 발전에 있어서 매우 실제적 전통이 되었다. 사도들이 없을 경우에는 바나바와 사울의 경우처럼 선지자들과 교사들이 장립하였다. 디모데의 경우는 장로회에서 여럿이 장립하였다.

게 불러 주셨다. 따라서 우리가 무슨 직책을 받고 일을 하든 하나님의 소명에 감사하는 마음으로 각자의 위치에서 그분을 섬겨야 한다. 혹 성경이 말하는 직분들을, 그것이 어떤 것이든 경히 여기거나 소홀히 하는 죄를 범치 않도록 힘써야겠다. 그의 부름에 따라 우리가 직분을 수행할 수 있는 것은 놀라운 특권이다. 우리는 모두 왕 같은 제사장이다. 따라서 우리는 항상 하나님께 감사함을 잊어서는 안 되겠다. 모든 성직과 직분은 하나님의 은혜에 기초한다. 이 하나님이 부족한 우리를 부르셔서 사명을 감당케 하신다. 그러므로 항상 그분께 감사할 수 있어야겠다. 이 원리를 잘 실천함으로서 장차 가게 될 축복을 누릴 수 있어야겠다.

제14장

성경통독과 개혁원리

-부제: 우리시대 개혁을 위한 정신과 상상력-

1. 서론

오늘날 급속한 변화 속에 세계 도처에서 민주화의 불길이 급속히 확산되고 있다.[1] 한국 사회는 남북의 대치 속에 보수와 개혁, 수구와 진보로 나뉜 채 갈등하고 있다. 그것은 양자 모두 이대로는 안 되겠다는 자각과 함께 요구된 강력한 변화 때문이다. 사실 지난 100년 동안 인류는 급속히 전개된 자연과학의 발달로 문화적 혜택을 누렸으나 다른 한편 과도한 자원의 개발과 사용, 환경의 파괴와 오염으로 새로운 위기와 공포에 직면하였다. 이러한 전방위적 상황은 포스트모더니즘으로 특징되는 21세기 해체의 시대에 접어들면서 더욱 가중되고 있다.[2] 그 중심에 급속한 개혁과 변화가 자리하는데, 어쩌면 그것은 현재 지구촌의 최대 화두라 할 것이다. 만약 이를 거부한다면 개인이든 단체든 그 누구라도 이웃이나 주변 국가로부터 소외될 수밖에 없을 것이다. 이 같은 시대적 요구는 해외 선교 125년을

---

1) 한현우, "베로루시 몽골까지 민주화 불길" (조선일보, 2005.3.28), A14면에 따르면 총선 부정에 대한 항의 시위로 대통령이 해외로 망명한 키르기스스탄의 레몬혁명에 이어 콘돌리자 라이스 미 국무장관이 폭정의 전초기지로 지목한 벨로루시, 러시아의 자치공화국 바슈코르토스탄, 그리고 몽골에서 대통령의 집권세력들이 퇴진을 요구하는 시위로 혼란에 빠져있다.

2) 김영한, "21세기와 신학의 새 패러다임", 「한국개혁신학회」 (도서출판 이레서원, 2000), 11-29.

맞은 한국 교회도 예외일 수 없다. 교회가 본질적으로 국가나 일반 기업 구조와는 판이하게 다른 것을 감안할 때 더욱 긴급히 해결해야 할 과제이다.

그런데 도처에서 역사적 기독교의 독특성을[3] 배격한 채 무차별적인 변화를 끝없이 요청하고 있다. 역사적으로 이것은 단순히 어제 오늘의 문제는 아니다.[4] 하지만 교회는 역사가 증거 하듯이 어떤 상황에서든 양보할 것과 양보할 수 없는 것, 수용할 것과 수용할 수 없는 것이 있음을 명확히 인식해야 한다. 그것은 바로 영원한 불변의 원칙으로 성경이 영감된 하나님의 말씀이요 우리의 구원을 위한 유일한 책(冊)임을 믿느냐 안 믿느냐와 관련된다. 이것은 모든 사람이 각자의 신앙에 따라서 선택할 수 있는 문제이지만, 혹 교회가 이를 포기 한다면 더 이상의 기독교 신앙과 전통은 무의미할 것이다. 그러므로 이것은 어떤 요구와 도전에도 불구하고 교회가 타협하거나 양보할 수 없는 존재의 규범이요 생존의 법칙이다.[5] 그런데 오늘 교회는 이 문제를 둘러싸고 여러 그룹으로 나누인 채 대립하며 갈등하고 있다.

이런 상황에서 우리는 역사 속에 개혁을 위한 시대 정신과 상상력은 무엇인가? 어떻게 그것을 생활 속에 실현할 수 있는가?를 진지하게 생각해야 할 것이다. 본 강의는 성경의 권위와 계시를 믿고 따르는 필자의 신앙과 신학에 기초하였다.[6] 이를 바탕으로 기독교의 개혁원리-성경의 형성, 교회 개혁의 이상적 모델-칼빈의 기독교 강요와 개혁사상을 중심으로, 개혁을 위한 정신과 상상력-실천방향은 실제적인 측면에서 초대교회를 첨가하였고, 종합적 평가를 덧붙여 마무리하였다.

---

3) 이승구, "21세기와 개혁신학의 새로운 패러다임", 「한국개혁신학회」 (도서출판 이레서원, 2000), 82-109.

4) 찰스 하지, 「조직신학 I」, 김귀탁 역 (크리스챤 다이제스트, 2002), 40-243.

5) 고든 J. 스파이크만, 「개혁주의 신학」, 유호준/심재승 역 (기독교문서선교회, 2002), 326-357.

6) 전통은 미래로 가는 전주곡이라는 말이 있다. 그런데 기독교 "전통은 바로 신학의 생명이 살아 흐르는 통로이다. 전통에서 단절된 신학은 잘려진 꽃과 같다. 그것은 마치 뿌리와 흙으로부터 분리된 꽃이 사람의 손 안에서 곧 시들어 버리는 것과 같다. 건강한 신학은 전통과 분리되어 전혀 새롭게 태어나지 않는다". *Ibid.*, 26-31, 98-99 참조. 이 전통은 개혁신학이나 정통신학으로 표현될 수 있는데, 오늘처럼 다변화된 시대에 종교학자들이 볼 때 무미건조하고 관념적일 수도 있다. 혹은 시대착오적인 것으로 비난 받고 매도될 수도 있다. 그러나 필자는 오귀스트 르세르가「개혁교의학 서론」, "제7장 왜 교의학은 기독교적이고 정통적이어야 하는가?", "제8장 기독교 교의학은 개신교적이어야 한다"에서 지적했듯이 성경의 권위와 그리스도의 주권

2. 성경의 권위와 계시의 증거

지난 2,000년 동안 기독교는 긴장과 대립, 갈등과 분열의 역사로 점철되었다. 그 과정에 수많은 이슈들이, 예를 들면 하나님(삼위일체), 예수 그리스도(양성문제), 교회와 구원, 회심과 중생, 성화와 영화, 성령과 종말론 등이 도마 위에 올랐다. 각 시대마다 중점 주제가 있었지만 모든 문제의 중심에는 항상 성경이 자리하였다. 이는 성경을 어떻게 보고 이해하고 해석하느냐에 따라서 기독교가 좌우되기 때문이다. 역사는 우리에게 교회가 성경을 하나님의 말씀으로 믿을 때 개인의 구원뿐만 아니라 교회적, 사회적, 민족적, 그리고 국가적 개혁을 성취했음을 역동적으로 보여준다. 하지만 성경을 둘러싼 문제들은 지금까지 그래 왔듯이 시간이 좀 더 흐른다고 해결되기 보다는 오히려 궁금증이 심화될 것이다. 그 이유 중에 하나는 인간의 지적 욕망이 브레이크가 파열된 것처럼 끝없이 질주할 것이기 때문이며, 다른 하나는 계시된 하나님의 말씀의 오묘함과 심오함 때문이다.[7] 이것은 엡 3:19 말씀처럼 너무 높고 깊고 넓고 길어서 감히 그 누구도 정상에 오를 수 없는 것이다.[8] 그러나 만에 하나 우리 중에 누가 주님의 은혜를 힘입어 정상에 오른다고 해도, 그것을 깨닫는 순간 자신의 연약함과 무지를 통감하게 될 것이다. 그럼에도 불구하고 우리는 이사야처럼 말씀에 굶주린 마음으로 학자의 혀(사 50:4)를 달라고 기도하며[9], 사슴이 시냇물을 찾기에 갈급함 같이 우리의 영혼이 주를 찾기에 갈급한(시 42:1) 심정으로 말씀에 몰두해야 할 것이다.

(1) 성경의 영감과 무오성[10]: 말씀드렸듯이 지난 2,000년 기독교 역사에서 가

을 확립한 16세기 종교개혁자들의 가르침이 가장 이상적인 신앙과 신학을 형성하는 근거라고 믿고, 이 신념에 기초하였다 (크리스챤 다이제스트, 2001), 93-419; 존 머레이, 「조직신학 I., 박문제 역 (크리스챤 다이제스트, 1991), 17-38.

7) 고든 J. 스파이크만」, *Ibid.*, 35-91, 326-357.

8) 잠 21:30 참조. "지혜로도 명철로도 모략으로도 여화와를 당치못하느니라".

9) "만군의 하나님 여호와시여 나는 주의 이름으로 일컬음을 받는 자라 내가 주의 말씀을 얻어 먹었사오니 주의 말씀은 내게 기쁨과 내 마음의 즐거움이오나, 내가 기뻐하는 자의 회에 앉지 아니하며 즐거워하지도 아니하고 주의 손을 인하여 홀로 앉았사오니 이는 주께서 분노로 내게 채우셨음이니이다". 렘 15:16 참조.

10) Donald Macleod, *A Faith to Live By* (Christian Focus Publications; Mentor, 2002), 10-14.

장 핵심적인 문제는 대부분 성경이나 성경과 관련된 것이었다. 과연 이 책이 어떤 책인가? 정말 하나님의 말씀인가? 아닌가? 혹 믿어도 각자의 입장에 따라 다양한 해석과 적용을 두고 설왕설래하였다. 결국 교회는 하나님이 주신 자율적 이성을 통해 논쟁을 거듭하며 오늘에 이르렀다. 그런데 놀라운 것은 예수 그리스도를 구원자로 믿는 교회(성도)는 성경이 우리의 구원을 위해 절대적인 권위를 갖는 유일한 하나님의 말씀이라는 사실에 합의하였다. 여기에는 성경의 영감과 계시에 대한 전적인 신뢰가 있었기 때문이다.[11] 초대교회 이후 지금까지 역사적 기독교는 성경의 영감교리를 믿어왔다. 구약의 율법, 예를 들면 출 4:10-16: 7:1-4; 민 12:6-8; 신 18:14-21과[12] 예언서, 예를 들면, 렘 1:4-10; 36; 합 2:2-3, 그리고 신약 눅 24:27에서 예수님이 직접 지적하신 것처럼 성령의 감동으로 기록되었다. 물론 신약의 다른 곳에서 바울은, 예를 들면 고전 2:6-13; 갈 1:11-2:21; 살전 2:13; 딤후 3:16, 베드로는 벧후 1:21과 벧후 3:15-16에서 성경이 성령의 영감으로 기록되었다고 증거한다.[13]

초대교회의 교부 중에 한 사람인 알렉산드리아의 클레멘트는 성경은 일점일획도 오류가 없이 기록되었다고 하였다. 그 결정적인 증거는 하나님께서 성령의 감동으로 기록하셨기 때문이다.[14] 폴리갑의 제자 이레네우스와[15] 그레고리 나지안주스도 성경이 지극히 높으신 자의 음성이므로 누구든지 그것을 폐하면 사탄의 맏아들이라고 하였다.[16] 성 어거스틴도 성경의 저자들이 성경을 기록함에 있어서 어느 부분에 있어서나 과오가 없음을 확신한다고 하였다.[17] 개혁자 루터도 어거스틴의 고백을 자신의 고백으로 수용하였다. 그리고 모든 성경은 성령의 감동으로 기록된 하나님의 말씀이라고 하였다. 칼빈도[18] 성경은 예외 없이 하나님의 말씀으

11) Francis Turretin, *Institutes of Elenctic Theology*, ed., James T. Dennison (P & R Publishing, 1992), 62-69.

12) Robert L. Reymond, 「최신 조직신학」, 나용화 역 (기독교문서선교회, 2004), 69.

13) 헤르만 바빙크, 「바빙크의 개혁교의학 개요」, 원광연 역 (크리스챤 다이제스트, 2004), 80-132.

14) Geoffrey. W. Bromiley, *Historical Theology* (T & T. Clark, 1978), 40.

15) *Ibid.*, 19-20.

16) W. H. C. Frend, *The Early Church* (Minneapolis: Fortress Press, 1982), 160-163, 171-177. 서요한, 『초대교회사』 (도서출판 그리심, 2010), 430-431, 474-476 참조.

17) Geoffrey. W. Bromiley, *op. cit.*, 117-122.

로 받아야 한다. 그 이유는 하나님께로부터 나왔기 때문이며 인간적인 혼합이 없기 때문이라고 하였다. 그는 딤후 3:16을 설교하는 중에 성경의 저자는 하나님이라는 것을 강조했고, 롬 15:4을 주해하는 가운데 하나님께서 성경의 저자들에게 받아쓰도록 하셨다고 하였다. 이 말은 하나님이 저자들을 기계적으로 사용하셨다는 뜻이 아니다. 하나님께서는 성경 저자들을 기계적으로 취급하지 않으셨다. 우리가 성경을 보면, 구약의 모세나, 다윗, 이사야, 신약의 요한과 바울, 베드로를 보면 다 같이 영감으로 기록되었음을 알 수 있다. 그러나 하나님은 각자의 환경과 성품, 모든 기질과 지성을 오류 없이 사용하셨다. 이것은 하나님이 성경의 저자들을 기계적으로 사용하지 않고 인격적으로 취급했음을 증거한다.

그런데 성경의 영감과 무오에 대한 의문이 학자들 사이에 제기되면서 교회는 서로 갈등하고 대립하였다. 그 결과 최근에는 많은 복음주의자들까지도 성경의 무오성을 의심하는 경향을 나타내게 되었다.[19] 그것은 성경의 영감과 계시, 그 범위와 한계 때문이었다. 그러므로 가장 중요한 문제는 성경의 영감과 계시의 무오류였다. 그러면 영감은 무엇이며, 그 한계는 무엇인가?

먼저 영감(inspiration)이란 무엇인가? 딤후 3:16에서는 "모든 성경은 하나님의 감동으로 된 것으로 교훈과 책망과 바르게 함과 의로 교육하기에 유익하니라"고 하였다. 여기 모든 성경은 성경 전체, 특히 구약의 각 부분을 말한다.[20] 그런데 본문에 나타나는 감동의 헬라어는 데오프뉴스토스(Theopneustos)이다. 이 말은 "하나님의 창조적 기운 부으심의 산물"(The product of the creative breath of God)을 가르친다. 그 의미는 신적 영감성을 일컫는다.[21] 하나님이 첫 사람 아담에게 생기를 불어 넣은 것과 같이 하나님의 말씀을 기록할 때도 동일한 방법으로 역사하셨다.[22] 그러므로 영감은 하나님이 당신의 계시를 당신이 원하는 대로 기록하기 위하여 선택하신 사람들의 마음과 성신에 역사하시는 성령의 내적 사역이다. 따라

---

18) *Ibid.*, 222-228.

19) 이승구, "21세기와 개혁신학의 새로운 패러다임", 「한국개혁신학회」 (도서출판 이레서원, 2000), 82-109.

20) Robert L. Reymond, *op. cit.*, 75.

21) Donald Macleod, *A Faith to Live By* (Christian Focus Publications: Mentor, 2002), 11.

22) Robert L. Reymond, *op. cit.*, 78.

서 성령의 영감으로 기록된 성경에는 처음부터 끝까지 오류가 없다. 성령 하나님은 본성적으로 거짓말을 하실 수 없으시며 비진리를 옹호하시지 않으시는 영이시기 때문이다. 히 4:12처럼 "하나님의 말씀은 살았고 운동력이 있어서 좌우에 날선 어떤 검보다도 예리하여 혼과 영과 및 관절과 골수를 찔러 쪼개기까지" 한다. 만약 성경이 완전히 영감 되었다면 확실히 성경은 무오하며 독자적인 능력을 갖는다. 하나님께서는 성경의 저자들이 자신의 연약함 때문에 실수 할 수도 있었기 때문에 그들의 실수를 막기 위해서 성령으로 영감을 불어 넣으셨다. 성경의 저자들은 자신들을 사용하여 인류에게 주신 말씀을 무오하다고 여러 곳에서 주장하였다 (시 19:7-9, 119:86, 138, 142, 144, 151, 160; 요 17:17; 딤후 3:16; 벧후 1:20-21).

그러므로 자유주의자나 신정통주의자들처럼 성경에 하나님의 말씀이 있거나 포함한다고 하는 것은 받아들이기 어렵다.[23] 이들은 성경의 완전 영감대신 부분영감을 주장한다. 그리고 성경의 기자들이 성령께서 그들에게 부르시는 말씀을 그대로 받아쓴 단순한 하나님의 대서자일 뿐이라고 강조한다. 그 과정에서 저자들이 영감을 꾸미거나 오도 한 채 기록할 수도 있다는 것이다. 그런데 필자는 완전하신 하나님의 성령이 당신의 계시를 인류에게 나타내 실 때 이렇게 하실 이유가 없다고 생각한다. 무슨 이유로 하나님이 그렇게 불안전한 방식으로 당신의 계시를 부분적으로 나타내시겠는가? 혹시 우리가 말씀을 읽을 때, 그 내용을 다 깨닫지 못하는 아쉬움이 있어도, 그 자체로 감사해야 할 것이다. 왜냐하면 진노아래 있는 우리를 사랑하여 자신의 독생자 예수 그리스도를 십자가에 달려 죽게 하심으로 영생을 주셨기(요 3:16) 때문이다. 성경은 그렇게 단순하게 기록된 것이 아니라 성령께서 기자들의 정신과 마음을 통치하셔서 그들의 사상과 생활전체를 진리에서 이탈하지 않도록 하셨다. 하나님은 철저히 간섭하고 보호하고 인도하셨다.

혹 이들 중에 어떤 이들은 기록된 성경이 그 언어나 문자가 영감을 받지 아니하고 기자들의 사상이 영감을 받은 것이라고 주장한다.[24] 그러나 그 언어가 영감을 받지 않았다면 사상을 적절하게 전할 수 없고, 사상을 정확하게 전달하려면 그 사상에 못지않게 그 언어들도 영감을 받았음이 분명해야 한다. 때문에 영감을 사

23) Donald Macleod, *op. cit.*, 15.

24) 루이스 벌코프, 「벌코프 조직신학」, 권수경 · 이상원 역 (크리스챤 다이제스트, 2001), 155-181.

상에만 국한할 수 없다. 성경의 영감은 언어와 사상 모두를 포함하는 것이다. 마 4:4에서 예수님은 성경을 하나님의 입이라 하셨다. 그러므로 성경이 말하는 바는 모두가 다 하나님의 말씀이다. 이는 곧 완전영감교리로 성경이 신적권위의 절대적 표준이자 표현임을 의미하는 것이다. 성경이 신자의 삶에서 권위를 갖는 것은 바로 그 사실을 믿고 따르기 때문이다.[25] 그러므로 우리는 칼빈의 주장처럼 성경의 안경을 통해서 모든 것을 해석하고 조명해야 한다.

(2) 계시의 한계와 범위: 영감이 무오류와 관련하여 중요한 것은 하나님의 계시의 방식과 한계이다. 그 방식은 대개 두 가지로 집약되는 데, 하나는 목적 영감설이며 다른 하나는 축자 영감설이다. 전자는 성경을 기록하신 하나님의 목적만이 영감 되었다는 것이며, 후자는 목적뿐만이 아니라 글자 한자 한자 다 영감 되었다는 것이다. 칼빈주의에서는 후자를 믿는다.[26] 그 이유는 마 5:18에서 예수님의 말씀처럼 "진실로 너희에게 이르노니 천지가 없어지기 전에는 율법의 일점 일획이라도 반드시 없어지지 아니하고 다 이루리라" 하셨기 때문이다. 여기서 일점 일획은 구약의 히브리어를 염두에 두고 하신 말씀이다. 히브리어는 점을 하나 잘못 사용하거나 획을 잘못 사용하면 완전히 뜻이 달라지기 때문이다.[27]

교회는 성경과 관련하여 완전영감과 축자영감이 왜 그렇게 중요한가? 그것은 (i) 예수님이 축자영감을 가르쳤기 때문이다. (ii) 바른 글자를 사용하지 않고는 의도한 목적을 표현할 수 없기 때문이다. (iii) 신앙은 불완전보다는 완전을, 불확실

---

25) 간하배, 「성경무오와 해석학」, 정광옥 역 (도서출판 엠마오, 1992), 82.

26) 헤르만 바빙크, 「개혁주의 교의학」, 김영규 역 (크리스챤 다이제스트, 1996), 362-644.

27) 예를 들면, 구약 히브리어는 전통적으로 요드의 점을 찌고 안 찍고에 따라서 뜻이 완전히 달라진다. 그러므로 점하나라도 매우 중요하게 생각해야 할 것을 가르친다. 대표적으로 암 9:12에 나오는 '에돔' (edom)에 어떻게 모음을 붙이느냐에 따라서 뜻이 달라진다. 모음을 빼면 사람(adam)이 되고 붙이면 에돔이 된다. 이것은 행 15:17에서 사람으로 번역되었다. 습 1:10에 나오는 '어문' 은 획을 하나 잘못 그으므로 '살해자의 문' 이 된다. 지난 해 히트 친 태진아의 트로트 가요 중에 "사랑은 아무나 하나"가 있다. 그 노래에 의하면 사랑을 위해 점하나를 찍기가 그렇게 쉽지 않다고 하였다. 그런데 히브리어처럼 우리말에도 하나의 점으로 뜻이 확연히 달라지는 것이 많이 있다. 그 중에 하나가 님과 남이다. 아무리 사랑하는 사람일지라도 점하나를 잘못 찍으면 남이 된다. 점을 사이에 두고 님과 남이 대립한다. 강과 갱도 유사한데, 서로 비슷한 것 같지만 그 의미는 하늘과 땅사이나.

보다는 확실을 추구하기 때문이다. 이를 거부하는 사람들은 묻기를, 그렇다면 히브리어 원본이 어디 있느냐고 주장한다. 물론 원본은 없고 교회가 여러 사본을 종합하여 현재의 성경을 구성하였다. 그러면 왜 하나님께서 히브리 원본을 보존하지 않으셨을까? 그것은 제 생각에, 성배를 찾아 나서는 일부 열광주의자들에서 보듯이, 인간으로 하여금 시험에 들지 않도록 하기 위함이었다. 만약 원본이 있었다면 그것은 제대로 보존될 수 없을 것이다. 만약 중세의 어떤 수도원이나 박물관이 이것을 보관하고 있다면, 터널을 뚫거나 폭파를 해서라도 가져갈 것이다. 어디 이 책을 노린 사람이 한 둘 이겠는가? 결국 하나님은 우리의 신앙적 유익을 위하여 어딘가에 그것을 숨기신 것이다.

어떤 사람들은 그 원본이 있으면 확인한 후 믿겠다고 말한다. 그런데 믿기는 누가 믿는가? 지금도 도처에서 각 교회의 전도인들이 주보와 전도지, 교단 신문을 포함하여 여러 기독교 신문과 기독교 TV에서 매일 매순간 복음을 쏟아내고 있는데도 믿지 않는 사람이 믿겠는가? 누가 그것을 믿겠는가? 만약 그렇다면 옆집 개가 아연실색(啞然失色)하며 파안대소(破顔大笑)할 것이다. 눅 16:19-31에 보면 한 부자가 지옥에서 하나님께 나사로를 보내어 자기 형제들에게 전도하여 고통스러운 지옥에 오지 않도록 해 달라고 부탁하였다. 이때 하나님께서는 “모세와 선지자들에게 듣지 아니하면 비록 죽은 자 가운데서 살아나는 자가 있을 찌라도 권함을 받지 아니하리라” 하셨다.

우리가 전도 중에 지옥의 존재를 설명할 때, 기록된 성경보다도 죽은 자가 살아서 증거하면 불신자들이 잘 믿을 것이라 생각하는데 그것은 오해이다. 전혀 그렇지 않다. 예수님 당시에 하나님이 친히 사람의 몸을 입고 이 세상에 오셔서 천국 복음을 증거 했을 때, 그가 예정한 자들 외에는 믿지 않았다. 오히려 그의 백성들이 그를 영접치 않고 배반하였다(요 1:12). 요 6:68, 시몬 베드로가 대답하되 주여 영생의 말씀이 계시매 우리가 뉘게로 가오리까? 하지만 그들은 모두, 심지어 예수님의 제자들과 장담했던 베드로도 예수를 버리고 달아났다. 이런 저런 행동을 볼 때 사람들은 믿을 수 없다. 그들은 지금 당장 하늘에서 불을 내려도 믿지 않는다. 단지 그들이 예수를 따르는 것은 갈한 목과 허기진 배를 채우기 위함일 뿐이다. 그러므로 예수를 믿어 영생을 얻으려면, 더 이상 구차히 변명을 하지 말고 지금 확실히 행동해야 할 것이다. 이것 때문에 우리가 불만을 토하고, 또한 어디에 숨기셨을까 고민하는 대신, 현재의 상황에 감사하는 것이 필요하다. 우리는 의심의 안개 걷히고 근심의 구름 없는 곳으로 나가야 한다. 험하고 높은 이 길을 싸우며 나아가야 한다. 내주를 따라 올라가 저 높은 곳에 우뚝서야 한다.(찬송가 543).

이것 때문에 우리가 신앙에 정진 못할 이유가 없다. 숨기신 것으로 하면, 신 34:5-6에서 보듯이 모세가 느보산에서 죽었는데 지금까지 그의 시체를 찾을 수가 없다. 왜 그랬을가? 지금도 이스라엘 사람들에게 모세와 다윗은 민족의 영웅인데, 만약 그들이 묻힌 곳을 안 다면 그 무덤은 제대로 보전되기가 어려울 것이며 날이면 날마다 문전성시를 이룰 것이다. 하나님은 당신의 종이 이것을 통해 우상시 되는 것을 원치 않으셨다. 이것은 전적으로 자신의 뜻에 위배되었다. 그럼으로 하나님이 그의 시체를 아무도 모르게 감추신 것이다. 예수님도 죽으셨다가 3일 만에 부활하시고 승천하셨다. 언젠가 주님은 당신의 때에 구름을 타고 천사장의 나팔소리와 함께 만유의 수(主)로 영광 중에 다시 이곳에 오실 것이다. 그런데 이 큰 비밀을 모른 채, 어리석게 어디서 그분의 시체를 찾겠는가? 저는 성경 원본이 사라짐은 하나님의 크신 비밀이요 우리를 향하신 놀라운 축복이라고 긍정적으로 믿고 있다. 우리가 그분의 뜻을 어찌 다 알 수 있겠는가? 겸손히 그 분의 말씀을 따르는 것 밖에 다른 방법이 있겠는가? 이로써 하나님은 우리에게 전적인 순종을 요구하시는 것이다.

(3) 성경의 권위: 그렇다면 성경의 권위는 어디에 근거하는가? 가톨릭 교회는 교회가 갖는다고 주장한다. 왜냐하면 교회가 그것을 인정해야 하기 때문이다. 따라서 그들은 말씀을 교회의 권위 아래 두었다. 예수님께서는 요 5:33에서 권위 문제를 다음과 같이 말씀하셨다. “너희가 요한에게 사람을 보내매 요한이 진리에 대하여 증거 하였느니라. 나는 사람에게서 증거를 취하지 아니하노라. 내게는 요한의 증거보다 더 큰 증거가 있느니라” 하였다. 이는 참 권위는 사람이 아니라 하나님께로부터 온다는 것이다. 그러므로 가톨릭의 주장처럼 성경이 교회로부터 권위를 얻는다는 것은 수용할 수 없다. 왜나하면 하나님의 말씀이 교회의 역시보다 더 오래기 때문이다.[28] 이 말씀과 관련하여 로버트 테니는 그리스도가 세상의 빛이기 때문에 다른 증거가 필요 없다. 그는 자신이 광채로 본질을 나타내신다고 하였다.[29] 칼빈주의는 성경의 권위는 말씀 자체가 증거 한다고 믿고 가르친다. 이것을 신학적으로 성경의 독자적인 권위라고 표현한다.[30] 히 3:7에는 “그러므로 성령이

이르신 바와 같이 오늘날 너희가 그의 음성을 듣거든" 이라고 했다. 행 4:25에는 "또 주의 종 우리 조상 다윗의 입을 의탁하사 성령으로 말씀하시기를" 이라고 하였다. 이것은 성령께서 말씀하신 것을 보여준다.

우리가 성경을 하나님의 말씀으로 믿고 따르는 것은 사람의 의지대로 할 수 없는 것이다. 성령께서 성경을 기록한 저자들에게 주신 은혜를 덧입어야 한다. 그렇지 않고는 성경을 믿을 수도 순종할 수도 없다. 요 10:35에서 예수님은 누구도 성경을 폐할 수 없다고 하셨다. 이는 마치 성령께서 이끌지 않으면 예수 그리스도를 주라 시인할 수 없는 것과 같다. 칼빈은 하나님이 개개인에게 직접 증거 하시기 때문에, 성령께서 내적 증거를 주시기까지는 인간의 마음속에 확신 있게 말씀을 받아들일 수 없다고 하였다. 그리고 하나님께서 선지자들에게 의탁한 메시지를 우리 마음속에 확신 있게 받아 드리도록 하기 위하여 선지자들에게 말씀하신 성령이 우리 마음속에 역사해야 된다고 주장하였다.[31)]

그러므로 우리는 성경의 원문이 없는 상황에서는 우리가 이미 알고 있는 것들이나 혹은 우리가 신앙으로 받아들이는 것들에 근거하여 무오성을 변호해야 한다. 우리가 이렇게 변호할 수 있는 증거는 기존 본문들의 일관성과 정확성에 대한 증거가 충분하기 때문이다. 뿐만 아니라 원본이 무오하다는 주장이 옳은 것은, 현재 존재하는 그 어떤 사본도 실제로 어떤 오류나 모순이 있음을 성공적으로 보여준 것이 없기 때문이다. 이와 같이 성경이 무오하다고 하는 진술은 본질적으로 하나님의 본질과 성격을 믿는 신앙고백이 된다.[32)] 이것이 바로 지난 2,000년의 기독교 역사이다.

---

28) Philip Schaff, *History of the Christian Church* (Michigan: Grand Rapids, 1910), vol. VII, 37-39.

29) 김성환, 「평신도를 위한 칼빈주의 해설」 (영음사, 1976), 27

30) 헤르만 바빙크, *op. cit.*, 362-644; Wilhelmus a Brakel, *The Christian's Reasonable Service* (Michigan: Reformation Heritage Books, 1999), vol. I., 23-62.

31) John Calvin, *Institutes of the Christian Religion*, tran. Henry Beveridge (Edinburgh: The Calvin Translation Society, 1845), I., viii, 4., 432-433.

32) 노르만 L. 가이슬러, 「성경무오 도전과 응전」, 권성수 역 (도서출판 엠마오, 1988), 512-514.

3. 기독교의 개혁원리-성경의 형성[33)]

오늘 기독교는 성경과 관련하여 소위 해체주의나 탈권위주의라 부르는 포스트모던 시대에 다양한 그룹들, 예를 들면 자유주의나 종교다원주의자들로부터 맹렬히 도전을 받고 있다. 그러나 우리는 오직 성경만이 이 시대의 개혁을 위한 유일한 정신과 상상력의 대안이라고 확신한다. 성경통독은 그 사역의 중심에 서있다고 믿는다. 그러므로 우리는 Back to the Bible, 즉 말씀으로 돌아가야 한다. 그러면 성경은 어떻게 형성되었는가?

(1) 구약 성경: 이는 유대교 정경, 헬라 정교를 포함한 가톨릭 정경, 그리고 개신교 정경 셋으로 나누인다. 이 중에 로마 가톨릭은 외경을 포함한 46권의 책들을, 개신교는 39권을 정경으로 받아들인다. 유대교 정경은 모두 24권으로 목록과 배열은 달라도 개신교와 동일하다. 모두 3부분으로 오경(토라), 즉 창세기, 출애굽기, 레위기, 민수기, 신명기와 예언서(느비임)로 전기-여호수아, 사사기, 사무엘, 열왕기와 후기-이사야, 예레미아, 에스겔, 12 소선지, 그리고 성문서(크투빔) - 시편, 욥기, 잠언, 룻기, 아가, 전도서, 애가, 에스더, 다니엘, 에스라, 느헤미아, 역대기 등이다.

유대교와 개신교에 없는 가톨릭의 경전들은 에스드라 상하, 토비트, 유딧, 솔로몬의 지혜, 집회서(또는 벤 시락의 지혜), 바룩(소위 예레미야의 서한), 다니엘서의 첨부서인 아자리야의 기도와 세 청년의 노래, 수잔나와 벨과 용, 그리고 마카베오

---

33) 정경이라는 용어는 본래 (i) 갈대와 그것의 전의(轉意)인 막대기, 규칙, 규범을 뜻하는 셈어에서 유래하였다. 이것은 4세기에 교부들의 작품에서 처음 나타났다. 그 이전에는 성경의 자료들이 경전, 신성한 경전들 또는 손을 더럽히는 책들로 불려졌다. 이 외에도 정경은 기록들이 너무 거룩하여 만진 후에는 손에서 거룩함을 씻어 내야 한다는 뜻을 갖는다. (ii) 정경의 개념은 권위 있고 불변하며 종교적인 신앙과 행위를 위한 규범적인 것으로 받아들여진 기록들의 모음을 의미한다. 적극적인 의미로 정경은 신성하고 권위 있는 범주에 포함되는 작품들을 지칭한다. 소극적으로 정경은 권위 있는 것으로 받아들여지지 않은 어떤 작품들을 배제하는 것을 의미한다. 정경은 배타적이고 포괄적인 요소들 모두가 종교적인 공동체의 관심사에 의식적으로 작용하고 있을 때만 가능하다. (iii) 유대교와 기독교에서 성경의 정경 결정은 오랜 과정을 거쳐 이루어졌다. 성경은 고대 이스라엘에서 생긴 모든 문학을 내포하지는 않는다. 존 H. 헤이즈, 「구약학 입문」, 이영근 역 (크리스챤 다이제스트, 1994), 15-16.

상하권 등이다.[34] 그밖에 가톨릭은 어떤 종류에도 속하지 않은 유대 문학들을 위경에 포함시켰다. 그것들은 지혜서(4권의 마카베오), 히브리 성경의 교훈적 확대(주빌리, 이사야의 순교), 고유의 묵시(에녹 1, 2서, 바룩 2서, 모세의 승천), 증언(열두 족장의 증언, 욥의 증언, 아브라함의 증언), 그리고 기도와 시(솔로몬의 시편, 요셉의 시), 아리스테아스의 편지 등을 포함한다.

구약 성경이 신성하고 권위있는 책이라는 사실은 B.C. 2세기 벤 시락의「찬양하는 영웅들의 집회서」에서 처음 나타난다. 그는 이 책에서 율법서(에녹, 노아, 아브라함, 이삭, 야곱, 모세, 아론, 비느하스)와 예언서(여호수아, 갈렙, 사무엘, 나단, 다윗, 솔로몬, 르호보암, 여로보암, 엘리야, 엘리사, 히스기야, 이사야, 요시야, 예레미야, 에스겔, 12예언자들), 그리고 성문서(스룹바벨, 여호수아, 대제사장 느헤미야)에서 발췌한 것을 기록하였다. 집회서는 B.C. 180년경 히브리어로 기록되었다. 저자인 벤 시락은 경전의 주요 인물들을 잘 알고 있었다. 그 후 정경 형성에 관한 글이 마카베오에서 나타나며, 더욱 신빙성 있게 1세기의 유대 역사가 요세푸스의 글에서 발견된다. 요세푸스는 당시 유대인들과 헬라인들의 경전을 비교하면서 정경은 22권이라고 규정하였다.[35] 요세푸스의 분류는 유대교의 24권과 동일하지만[36] 룻기를 사사기의 일부로, 애가를 예레미야의 일부로 간주하였다. 이같은 사실은 탈무드가 사사기와 룻기를 사무엘의 작품으로 보고 예레미야는 애가의 저자로 간주한 데서 보여 진다. 결국 A.D. 100년경 유대인들은 야브네(Jabneh, 혹 얌니아로도 불림) 종교회의에서 구약을 정경으로 확정하였다.[37]

초기 기독교는 유대적 전통을 수용하여 적용했으나 그에 대한 이해는 처음부터 차이가 있었다. 예수 자신도 구약을 승인하고 따르셨으나 산상수훈에서 보듯이 많

---

34) Everett Ferguson, *Backgrounds of Early Christianity* (Michigan, Grand Rapid: Eerdmans Publishing Company, 1987), 349-357.

35) 여기서 5권은 율법과 모세의 책으로 말하고 13권은 모세의 죽음 이후 페르시아 왕인 아하수에로를 계승한 아닥사스다까지의 예언들을 포함한다. 나머지 4권의 책은 하나님께 대한 찬양과 인간 생활의 행위에 대한 교훈을 담고 있다. *Ibid.*, 25-26.

36) *Ibid.*, 27.

37) Joseph H. Lynch, *The Medieval Church: A brief history* (London: Longman, 1992), 7-8; 베른하르트 로제,「기독교 교리사」, 구영철 역 (컨콜디아사, 1992), 3; 메레디스 G.클라인,「성경의 권위의 구조」, 김의원 역 (크리스챤 다이제스트, 1994), 21.

은 부분에서 다른 의미와 해석을 가하셨다. 그는 말씀하기를 "그러나 나는 너희에게 말한다"는 투로 주체적으로 하나님의 뜻을 선포하였다.[38] 초대 교회는 유대교의 정경 외에 더 많은 기록들을 경전으로 활용하고 인용했다.[39] 이 문서들은 예배 시에 낭독되었고, 질서를 위한 공동체의 규범으로 간주되었으며, 교리문답의 보조물로 사용되었다. 3세기 초 오리겐은 유대교와 기독교의 경전에는 분명한 차이가 있다고 주장했다. 예를 들면 그는 당시 교회가 토비트와 유딧, 집회서와 지혜서, 그리고 다른 작품들을 사용했으나 유대인들은 사용하지 않았다고 하였다. 그런 가운데 초대 교회는 성경의 정경 확립을 잘 이루었다.[40]

(2) 신약 성경: 구약의 정경이 확립되고 있을 때 신약(Novum Testamentum)의 정경도 활발히 논의되었다. 초기 기독교인들은 구약의 약속은 전체적으로 예수 그리스도 안에서 성취되었음을 증거하였다. 그리고 그 증거를 믿는 자신들을 새 이스라엘로 이해하였다. 따라서 이들은 유대인들이 구약 정경을 자기 것이라 고집하는 데 반대하고 복음의 주체이신 그리스도와 관련지었다. 그런데 사도 바울의 순교 이후 교회는 약 100년 동안 어두움에 빠졌다. 이때 교회는 외적으로 이교도와 로마의 박해, 내적으로는 이단과 분파들의 등장으로 전통적 신앙이 위협을 받았다. 따라서 교회는 신앙의 안정적 정립을 위해 정경 형성에 박차를 가하였다.[41]

---

38) 사도 베드로와 바울도 신약의 여러 서신에서 그와 같은 방식을 취했다. 특별히 사도행전을 보면 구약에 대한 해석을 그리스도 관점에서 재해석한 것을 발견한다. 그 예가 행 10:34-43; 11:1-18; 13:14-52; 15:1-35; 21:27-23:35; 롬 2:1-4:25; 10:1-11:36에 나타나 있다.

39) 존 H. 헤이즈, *op. cit.*, 30-31.

40) 성경 신학자들은 정경 속의 정경을 특별한 성경의 한 책, 예를 들면 구약의 출애굽기, 혹은 신명기, 신약의 로마서로 규정하였다. 그런데 웨스트만(Westermann)은 그의 "구약과 예수 그리스도"라는 글에서 이를 성경의 핵심적인 주제로 정의하였다. 즉 믿음으로 말미암은 칭의 또는 이스라엘의 역사 속에서 행하시는 하나님, 언약, 여호와만이 이스라엘의 하나님, 자기 백성에게 공의의 삶을 살도록 도전하시는 거룩하신 하나님, 고난 받는 종과 같은 주제이다. 이것들은 로마서, 출애굽기, 신명기, 사 40-55장 등에 담겨있는 몇몇 중심적인 사상의 중요성에 근거한다. 오스카 쿨만은 역사 안에서의 구원(Salvation in History)을 핵심적으로 취급했다. 그러나 확실한 것은 성경 속의 정경은 마지막 계시이신 예수 그리스도 자신이시다. 그는 구원의 주체로서 모든 정경의 계시 내용을 지시하신 주인이시다. Claus Westermann, *The Old Testamant and Jesus Christ* (Minneapolis: Augsburg, 1970), 16-19; Oscar Cullmann, *Salvation in History* (London: SCM, 1967), 297-298. CF. 존 골딩게이, 「구약의 권위와 신학적 다양성」, 김의원/박문재 역 (크리스챤 다이제스트, 1994), 155-160; 메레디스 G.클라인, *op. cit.*, 19-40.

41) 당시 신약 성경의 정경 확립의 원칙은 사도성, 고대성, 정통성, 보편성, 통용성(성도

27권의 신약 성경은 예수님의 제자들을 포함한 여러 저자들이 기록했는데 어떤 것은 무명으로 저술되었다. 그러나 초기 기독교 지도자들은 이 외에 자신들의 복음서와 편지, 설교와 작은 책자들을 계속 발표하였다. 이것들은 대부분 예수님의 가르침에 기초하여 자신들의 주장을 펼친 것들이다. 특징은 예수 그리스도는 누구였으며 그가 한 일은 무엇이었는지를 집중적으로 묘사하였다. 교회는 이 중 4권의 복음서와 사도행전, 그리고 바울의 편지들을 영감된 책으로 규정하였다. 이러한 정경의 규정은 적어도 몇 세기를 넘기며 논의되었다. 마지막 채택 과정에서 에베소 교회의 지도자들은 바울의 서신을 제일 먼저 수집했다. 그 다음 2세기 초에 복음서가 수집되었다. 이탈리아의 서지학자 로도비코 무라토리(Lodovico A. Muratori, 1672-1750)가 밀라노에 있는 암브로시우스의 도서관에서 180년경 것으로 추정되는[42] 사본의 일부를 발견하였다. 그것은 헬라어에 기초한 라틴어 번역으로 조잡하게 복제되었으나 발견자의 이름을 따라 무라토리 단편이라 불린다. 여기에는 마태복음부터 요한계시록까지 신약 27권이 포함되었다. 그 후 신약 성경은 구약 성경과 함께 신적 권위를 갖는 것으로 받아들여졌다.

324년경 유세비우스는 신약 성경 중에서 최소한 20권의 책은 구약 성경과 동일한 수준에서 정경으로 채택될 수 있다고 생각했다. 그 중에 저자가 확실한 사도 바울의 서신들은 조건 없이 받아들여졌으나 불확실해 보이는 야고보서, 베드로후서, 요한 2서, 3서, 유다서, 히브리서, 요한 계시록은 계속 논의되었다. 367년 부활절, 알렉산드리아의 감독 아타나시우스는 자신의 관할 교회에 보내는 편지에서 현재의 27권을 정경으로 열거하였다. 그 후에 신약의 정경 편찬 검토가 계속되었다. 마침내 397년 제3차 카르타고 공의회에서 최종 27권을 정경으로 공인하였다.[43]

들 사이에서 사용), 영감성에 기초했다. Robert L. Reymond, 「최신 조직신학」, 113; Samuel G. Green, *A Handbook of Church History: From the Apostolic Era to the Dawn of the Reformation* (London: The Religious Tract Society, 1904), 23.

42) Robert M. Grant, *A Historical Introduction to the New Testament* (New York, 1972), 25-40; 리차드 게핀, "정경으로서의 신약", 「성경무오와 해석학」, 정광욱 역 (도서출판 엠마오, 1994), 246; 한스 콘첼만, 「초대 기독교 역사」, 박창건 역 (성광문화사, 1994), 273-275.

43) 개혁자 루터는 1534년에 그가 처음으로 완성한 독일어 성경 번역본에서 유딧, 지혜서, 토비트, 집회서, 바룩, 예레미야의 서한, 마카베오 상하, 다니엘과 에스더에 추가된 본문들, 므낫세의 기도를 머리말에 기록하면서 이와 같은 외경은 거룩한 경전과 동등한 것으로 받아들여지지는 않지만 읽기에 유익하고 훌륭한 책이라 했다. 개신교는 일반적으로 루터의 견해를 따랐

그리고 북구 유럽에 종교개혁이 급속히 확산되던 때에 이를 저지하기 위해 소집된 1546년 트렌트 공의회에서 로마 가톨릭은 현행 27권을 정경으로 인정하였다. 그 후 종교개혁자들의 영향으로 많은 개신교 내의 교단과 교회, 민족과 국가들이 성경에 기초하여 신앙에 진력하며 신학적 발전에 혼신을 다하였다. 그 결과 수를 헤아릴 수 없이 많은 성경 해설서들이 도처에서 출간되었다. 그럼에도 불구하고 기독교의 경전인 성경은 초대교회 이후 지금까지 끝없이 도전을 받아왔다.

4. 교회 개혁의 이상적 모델

그리스도인들에게 개혁과 변화의 기본 방향은 대체로 두 가지로 나타난다. 하나는 타협없이 하나님의 계시를 사수하고 따르려는 그리스도인들이 있다. 이들은 대체로 현대적 도전을 무시하고 항상 말씀에 기초하여 과거에 사는, 원리에 충실한 수구적-보수적인 사람들이다. 다른 하나는 말씀보다는 자신들이 살고 있는 세상의 관습에 따라 살려는 그리스도인들이다. 이들은 하나님의 계시를 필요에 따라 상황에 맞추어 주관화 하거나 왜곡한다. 위의 두 입장은 서로의 장단점에도 불구하고 극단에 치우치는 경향이 없지 않다. 그러므로 이상적인 원리는 양자를 통합하는 제3의 지혜와 기술이 요구된다.[44] 왜냐하면 오랫동안 구조적인 전통과 체제에 젖어 있는 것들을 개혁하기 위해서는 많은 어려움이 예상되기 때문이다. 그런 면에서 우리 시대의 개혁 정신과 상상력을 이룩하기 위해서는 몇 가지 필수적인 기본 전제가 요구된다 할 것이다. 그 전제는 다양한 시각에서 접근할 수 있겠으나 필자는 아래와 같이 세분하였다.

(1) 성경적-신학적 원리: 기독교 정경의 형성과정에서 보았듯이 신구약 성경은 기독교의 경전으로 신학과 신앙의 중심이다. 이는 성경이 신앙인들의 삶에 절대적인 가치요 표준이라는 말이다. 성경에는 전능하신 창조주 하나님의 뜻이 담겨있는

다. 그리고 성경을 간행할 때 히브리 정경에서 발견되지 않는 책들을 분리된 부록에 귀속시키거나 또는 그 책들을 전부 누락시켰다. Powel Mills Dawley, *Chapters in Church History* (Greenwich/Connecticut, 1955), 29-30; 존 H.헤이즈, 「구약학입문」, 이영근 역 (크리스챤 다이제스트, 1994), 37-38.

44) John Stott, *Issues Facing Christians Today* (Marshalls, 1984), xii.

데, 그 핵심이 곧 타락한 인간의 구원을 위한 기록이다. 성경이 비록 인간의 언어로, 인간에 의해 기록되었으나, 그 목적과 내용, 방식과 적용은 전적으로 위로 하나님을 지향한다. 왜냐하면 하나님이 당신의 사역을 주권적으로 시작에서 종말까지 모든 일을 이루셨고, 이루고 있으며, 이루실 것이기 때문이다. 그리고 아래로는 인간의 행복과 세상의 평화를 추구한다. 절대자 앞에서 인간은 단지 청지기일 뿐이다.

성경은 하나님의 뜻으로 그 핵심은 궁극적인 생명의 회복과 만물의 갱신이다(롬 8:19-21). 그러므로 성경은 하나님과 인간의 가교, 유일한 생명줄, 생명선이다(딤후 3:15-17). 하나님의 기록된 말씀이 아니고는 우리가 이 사실을 알 수가 없다. 조직 신학적으로 이것을 특별 계시라고 부른다. 성경은 우리에게 의와 불의, 순종과 불순종, 성공과 실패, 전쟁과 평화, 천국과 지옥의 원리를 구체적으로 보여주는 영적 지침서이다. 이것은 누구도 부인할 수 없는 명약관화한 하늘의 진리요 구원과 생명의 메시지이다. 우리는 성경을 통해서 하나님이 보여주고 가르쳐 주는 만큼의 모든 비밀을 알 수 있다. 그 이상은 알 수 없다. 그래서 우리는 때때로 한없이 절망하는 것이다. 주님의 은혜를 덧입지 않으면 그 세계에 다다를 수도, 맛볼 수도 없기 때문이다. 그러므로 사람이 하나님을 믿고 이해하고, 그를 섬기며 실천하기 위해서는 성경을 바로 알아야 한다.

이것은 2,000년 동안 교회가 일관되게 추구해온 신앙의 원리였다. 역사 속에서 기독교인들이 어떤 위협과 박해에도 불구하고 승리할 수 있었던 것은 바로 이 말씀의 신뢰와 능력 때문이었다. 성경은 적극적으로 죄악 된 인간을 변혁하고 이 세상에 하나님의 왕국을 실현하는 것을 가르친다. 기독교인은 모든 것을 성경에 의해 사고하고 행동하는 자이다. 예쁘게 포장된 또 하나의 책이 아니라, 그 가운데 기록된 말씀으로 영혼이 잘되고 범사가 잘되며, 강건하게 될 것을 가르치는 책이다(요삼 2).

역사적 기독교는 성경에 기초하여 초대교회 이후 지금까지 다양한 고백 형태로 신앙을 체계화하였다. 예를 들면, 사도신경, 니케아나 칼케돈 신조, 아타나시우스 신경, 칼빈의 제네바 신조나 하이델베르크 신조, 웨스트민스터 신조 등이다.[45] 건

---

45) Philip Schaff, *The Creeds of Christendom,* vol. I. (Michigan: Baker Book House, 1990), 3-935.

전한 신조들은 대부분 성경이 하나님의 계시된 말씀으로, 그 가운데 기록된 하나님의 주권과 섭리, 지혜와 능력, 그리스도의 주님 되심, 그리스도의 재림과 심판, 교회의 독특성과 보편성, 인간의 책임과 의무, 즉 회심과 성결, 성화와 영화를 일관되게 추구한다. 그럼에도 불구하고 이러한 신앙고백들은 급변하는 상황에서 우리의 모든 신앙을 구체적으로 담아낼 수는 없었다. 왜냐하면 누구도 혹시 앞으로 있을지도 모르는 신종 신학을 예상할 수 없기 때문에, 시대적 한계를 극복한 전천후 신앙고백은 불가능한 것이다. 하지만 우리는 현재적 상황에서 성경에 기초한 신앙고백을 오류없이 형성할 수 있다.[46] 문제는 고백하는 사람의 신앙적 입장 혹은 신학적 입장에 전적으로 의존한다는 것이다.

새로운 신앙고백을 형성할 때, 가장 중요한 것은 기독교만의 독특성과 유일성을 포기하지 않고, 모든 것을 하나님의 계시된 말씀에 비추어 해석하고 적용하는 것이다.[47] 그렇다면 별다른 신종신앙고백이 출현한다 할지라도 전혀 위축 될 이유가 없다. 오히려 그것을 비판하고 교정하고 적극적으로 도전할 수 있다. 예를 들면 기독교의 독특성이나 유일성을 부정하고 해체하는 최근의 종교 다원주의에 대해서도 우리의 입장을 변호할 수 있을 것이다. 뿐만 아니라 로마 가톨릭처럼 성경보다 교회의 전통과 권세를 강조하는 데 맞서서 비판할 수 있다. 그 어떤 조직이나 전통도 성경과 그리스도보다 앞설 수 없기 때문이다. 솔로몬은 "네 선조의 세운 옛 지계석을 옮기지 말라"(잠 22:28; 23:10)고 하였다.

(2) 역사적-영적: 역사적으로 여러 증거가 있지만, 그 중에 칼빈의 기독교 강요는 하나님의 은혜와 진리로 가득 채운, 어쩌면 주님오실 때까지 영원할지도 모르는 기독교 고전이다. 이 책은 1536년 출판된 이후 1559년까지 23년 동안 꾸준히 보완되었다. 이후 신학자들에 의해 성경적 경건과 이론적 근거를 제공한 명작으로 평가되었다. 그는 본서의 집필을 필생의 사명으로 알고 여기에 몰두하였다. 칼빈은 최종판 서문에서, "나는 하나님의 교회에 완성된 형태로 이 저작을 제출하기 위해 모든 노력을 기울였다. 지난 겨울 열병이 들어 나의 삶이 마지막이라는 생각이 들었을 때, 병이 악화될수록 나는 경건한 자들이 나의 노고에 대하여 보여준

46) 스탠리 그렌즈, 「조직신학」, 신옥수 역 (크리스챤 다이제스트, 2003), 31-63.

47) 헤르만 바빙크, 「바빙크의 개혁교의학 개요」, 원광연 역 (크리스챤 다이제스트, 2004), 133-166.

친절한 환대에 보답하기 위해 죽을 각오로 내 자신을 아끼지 않았다"고 하였다. 그에게는 엘리야의 화염에도 불타지 않은 열정으로 만유의 주이신 그리스도를 요소요소에 강조하였다.[48)]

사실 칼빈은 이 책을 저술하는 동안 온갖 질병으로 망가졌다. 그는 움직이는 종합병원이었다. 그러나 그는 여기에 모든 것을 걸었다. 첫 페이지에서 마지막까지 매우 과감하고 용기 있게, 자신이 믿고 확신한 사상을 일관되게 역설하였다. 그가 추론한 사상은 지극히 이성적이었으므로 합리적으로 이해할 수 있으며, 얼마든지 통제할 수 있는 힘을 제공하였다. 그러므로 우리가 그의 사상을 겸손히 붙잡으면 영혼에 평안을 얻으며, 절대 진리에 대한 갈망과 욕구를 저버릴 수 없다. 그 결과 지난 500년 동안 가장 강력하고 실제적인 영향을 미친 책으로 영광을 누려왔다.

칼빈이 당시 프란시스 1세에게 드리는 헌사에서 고백했듯이, 처음에는 기독교 강요를 쓸 생각을 전혀 하지 못했다. 단지 경건에 관심있는 사람들로 경건에 힘쓰며 덕을 세우도록 하기 위해서 기초적인 책을 쓸 계획이었다. 이로써 자신의 동포인 프랑스인들에게 유익을 주려 하였다. 그러나 그가 일부 악한 사람들의 횡포를 보았을 때 자신의 저술이 그들과 얼마나 다른지를 보여주고 싶었다. 이런 목적 때문에 칼빈은 실제적으로 교리를 취급하였다. 칼빈은 이 땅 위에서 하나님의 영광의 고결성, 하나님의 진리의 존엄성의 유지, 그리고 우리 가운데 있는 그리스도의 안정성을 일관되게 추구하였다. 그리고 그는 자신의 교리가 세상의 모든 영광 위에 우뚝 설 것이며 세상의 어떤 권세에도 정복되지 않을 것이라고 단언하였다.[49)] 이처럼 그의 책은 강력하고 포괄적인 신앙을, 모든 시험과 유혹을 이길 수 있는 굳센 믿음을 제공하였다. 그의 영향으로 프랑스에서는 위그노들을, 네델란드의 습지에서는 스페인의 잔인한 권력에 맞서 싸워 승리한 군인들과 시민들을, 영국의 절대 통치에 맞서 싸우며 개혁을 주창하던 청교도들을, 스코틀랜드에서 숫한 박해 동안에 끝까지 자신들의 권리를 포기하지 않고 말씀에 순종하기를 다짐했던 언약

---

48) John Calvin, *Institutes of the Christian Religion*, tran. Henry Beveridge (Edinburgh: The Calvin Translation Society, 1845), vi.

49) John Calvin, 2-28; 조셉 피츠 와일즈, 「존 칼빈 기독교 강요 다이제스트」, 박문제 역 (크리스챤 다이제스트, 1995), 19-20.

도들을 배출하였다.[50] 이것은 우리가 역사를 통해 자주 경험할 수 있는 것으로, 전혀 새로운 것이 아니다. 이것은 불의에 맞서 진리를 수호하려는 교회 공동체만의 저력이었다.

이같은 개혁 운동은 16세기의 다른 개혁자들의 저술 속에서 매우 능력있게 표현되었다. 예를 들면 개혁자 마틴 루터와 헐드리히 츠빙글리, 존 낙스, 토마스 카트라이트 등이다. 이들은 비록 국가와 민족, 언어와 신앙적 배경과 환경은 달라도 하나님의 말씀에 기초하여 개혁을 실현하였다. 이들은 적어도 말씀만이 개혁의 기초요 목표요 중심이어야 한다는 열망에 사로잡혔다. 그리하여 이들은 말씀을 가르치는 설교자요 저술가로서, 그리고 목회자요 신학자로 활동하였다. 이들이 활동하던 시절은 고난과 압박이 가중되던 때였다. 이들은 각각 자신들이 태어나 성장한 조국 교회의 개혁을 위해 훈련받고, 개혁을 성취하려다가 고향을 떠나 오랫동안 타국에서 방황하였다. 그런데 이들은 방랑의 시기에 영적으로 더욱 성숙하였다. 서로 격려하며 위로하였다. 그러면서 한 순간도 개혁의 꿈을 포기하지 않았다. 이들에게 주어진 고난 때문에 그들의 작품은 오늘 우리에게 영적인 감화를 주는 것이다. 한 가지 공통적인 것은 어떻게 이들이 위기 중에도 하나님의 말씀을 사랑하고, 자기가 세운 교회에서 진리를 강론했는가 이다. 이것은 그들이 영적으로 깨어 있었기 때문이다. 이들은 고난이 없이 기독교 영성은 개발되지 않는다는 것을 역동적으로 보여주었다. 건전한 신앙생활의 바탕에는 하나님과의 만남에 대한 희미해져 가는 기억이 아니라 끊임없이 새로워지는 밀접함이 존재한다.[51] 좀더 깊은 영성 개발을 위하여 영적 기쁨과 승리의 보고인 말씀에 착념해야 할 것이다.

(3) 목회적-실천적: 개혁자들의 성경에 기초한 교리적 개혁은 이론에 머물지 않고 현장 목회를 통해 실현되었다. 이것은 죽느냐 사느냐의 오랜 투쟁의 과정에서 꽃을 피웠다. 적어도 16세기 교회 개혁을 주도했던 5명의 개혁자들은 모두 성경의 사람, 말씀의 사람이었다. 이들은 당시 조국의 개혁을 위해 헌신하다고 타국으로 쫓겨났으나 그곳에 교회를 개척하고 말씀을 가르쳤다. 대표적으로 루터는 비텐베

50) *Ibid.*, 13; 헤르만 바빙크, 「개혁주의 교의학」, 김영규 역 (크리스챤 다이제스트, 1996), 207-259; 노명식, 「자유주의의 원리와 역사」 (민음사, 1991), 115-152.

51) 리처드 포스터/세빔스 브라이언 스미스, 「신앙고전 52선」, 송준인 역, (두란노, 1998), 348.

르크 대학에서, 칼빈은 프랑크프르트와 제네바에, 츠빙글리는 취리히에, 존 낙스도 프랑크프르트와 제네바에 교회를 개척하여 말씀을 증거하였다.

당시에 같은 개혁자요 목회자였던 존 낙스는 칼빈의 제네바 아카데미에서 공부하였다. 그 후 낙스는 자신의 저서에서 당시 칼빈의 제네바 아카데미를 "사도시대 이후 주님께서 이 땅에 세우신 가장 아름다운 학교"라고[52] 회상하였다. 이것은 개혁 때문에 힘들었던 그가 평생 동안 자신의 마음을 다 잡을 수 있었던 힘이었다. 칼빈의 영향을 받은 낙스는 귀국하여 에딘버러의 성 자일스 교회에서 초대 당회장으로, 총회장으로 헌신하였다. 그 영향으로 스코틀랜드는 개혁의 태풍에 휘말리게 되었다. 개혁이 한참 고조되고 있던 어느 날, 만 명의 프랑스 침략군보다 한 번의 로마식 미사가 더 두렵다던 그는, 조국의 개혁을 위해 12명의 제자를 달라고 기도하였다.[53] 16세기 유럽의 종교개혁이 처음과 달리 신학적 정통성 없이 곁길로 눈을 돌렸으나, 스코틀랜드는 유일하게 역사적 정통성을 사수한 장로교회로 오늘에 이르렀다. 같은 시기에 영국에서는 청교도 운동이 확산되었고, 이를 기초로 독일에서는 경건주의 운동, 그리고 미국에서는 대각성 운동이 전개되었다.

이것은 해외 선교사들에 의해 복음을 전수받은 초기 한국 교회의 역사 속에 다양하게 나타났다. 특별히 1907년 평양 장대현 교회에서 개최된 사경회는 그 전환점이었다. 당시 사경회는 철저히 말씀을 선포하였고 그 후에 다양한 기도운동, 예를 들면 새벽기도와 통성기도, 개인기도와 단체기도, 산기도와 금식기도 등이 폭넓게 전개되었다. 한편에서는 신비주의적 신앙과 그릇된 종말론이 고개를 들었으나 다른 한편 회개운동과 성령체험, 사회 개혁과 구제, 그리고 해외 선교를 포함한 다양한 복음전파로 발전하였다. 이후에 교회 연합과 백만인 구령운동, 일제하 민족 독립을 위한 3.1 운동으로 전개되었다. 그 중에 주목할 만한 것은 사회개혁으로, 서양 선교사들과 한국인들 사이의 갈등 해소 및 양반 상놈의 신분 철폐, 즉 계층간의 통합과 배타성이 극복되었다.[54]

---

52) 당시에 영국의 대사였던 란돌프 (Randolph)는 당시의 영국의 재 2인자였던 세실 (Cecil) 경에게 "500명의 나팔수가 계속해서 우리 귀에 나팔을 부는 것보다도 한 여인의 목소리는 더 큰 힘이 있었다"라고 편지하였다. Robert Kemp, *Master John Knox* (The Saint Andrew Press, 1960), 30.

53) Philip Schaff, *History of the Christian Church* (Michigan: Grand Rapids, 1910), vol. VII, 50-51.

그러나 아무리 성경적-신학적, 영적-역사적 기초가 견고해도 신학의 꽃인 목회와 실천을 통해 적용되지 않는다면 모두 공중누각일 뿐이다. 이러한 탁상공론은 오히려 개혁에 방해가 될 것이다. 기독교 신앙의 개혁은 구호가 아니고 행동이요 실천이다. 결국 성경-신학적, 역사적-영적, 목회적-실천적인 관계가 조화를 이룰 때 이상적 개혁이 실현된다고 할 것이다. 개혁과 변화의 제방식(The various ways of Reform)에는 정체성(identity)과 방향성(direction), 다양성(diversity), 그리고 통합성(unity)이 요청된다. 그 중에 특히 통합성은 십자가의 그리스도가 자신을 희생함으로 이루신 화평으로 가능하다. 이것은 진리 안에서 하나 되게 하신 주님의 말씀을 완성하는 것이다. 복음은 우리의 다양성에도 불구하고 머리되신 그리스도를 중심으로 일치와 통합을 이룬다.

5. 개혁을 위한 정신과 상상력- 실천방향

오늘처럼 격동하는 시대에 긴박하게 요청되는 것은 상기한 세 원리를 기초로 개혁을 위한 정신과 상상력을 실천하는 것이다. 특별히 오늘처럼 교회간, 교단간, 계층간, 지역간, 국가간의 화해가 긴급히 요청되는 시점에서 성경 통독을 통한 연합적 실천은 매우 중요하다. 이것은 책임 있는 기독 지성인으로서 사회 속에 기독교 신앙을 증거하기 위해 요구되는 것이다. 이것을 어떻게 주어진 상황에서 적용하며 실천할 수 있겠는가?

(1) 살아계신 하나님의 실존적 추구: 앞에서 보았듯이, 성경은 절대자 하나님이 그가 택하신 사람을 어떻게 사랑하시고 구원하시는가를 기록한 책이다. 그가 왜, 어떻게, 누구를, 언제까지 사랑하는지를 보여주셨다. 그의 사랑은 이론이 아닌 실천임을 보여주셨다. 그 사랑이 시대를 초월하여 사람들을 감동시켰고, 이 시대 우리를 이처럼 감동시키는 것이다. 성경은 인간의 사랑이 아닌 하나님의 사랑의 편지이요 로맨스이다. 성경은 하나님이 만세 전에 예정하여 부른 자들을 선택하지 않으면 견딜 수 없는 변함없으신 분이심을 역설해 주는 세상의 유일한 책이다.

---

54) 김영재, 「한국교회사」 (개혁주의신행협회, 1998), 59-229; 김인수, 「한국기독교회사」 (한국장로교출판사, 1994), 67-300; 민경배, 「한국기독교회사」 (대한기독교출판부, 1993), 119-475; 한국기독교역사연구소, 「한국기독교의 역사 I.II.」 (기독교문사, 1994) 등을 참조하라.

그런데 성경 통독은 개혁을 위한 정신과 상상력의 중심에 서있다. 이것은 살아계신 하나님의 실존을 온 몸으로 경험하는 신앙적 표현 중에 적극적인 방법이다. 성경 통독은 마음과 뜻과 정성을 모아야 이해할 수 있는 실제적인 방법이다.

중세에 성경은 성직자 같은 몇몇 특권층에 제한되었다. 개혁자들은 모든 장벽을 무너뜨렸다. 그리하여 모든 이가 자유롭게 성경을 소유하며 읽고 해석할 수 있게 하였다. 그런데 성경 통독은 신앙의 성숙을 열망하는 사람들이 신앙의 실천을 위해 나타내는 구원의 한 행위이다. 성경 통독은 누구나 소유하고 공적으로 고백할 수 있는 계시의 공유를 천명한다. 그러므로 지역적으로 인종적으로 제한을 벗어나 모든 이가 공유할 수 있다. 통독은 기도처럼 하나님의 구원에 대한 감사의 표현이다. 이것을 다른 말로 생활 속의 개혁 원리, 내적 갈망을 외적으로 표출하는 실천행위라 할 수 있다. 함석헌 선생은 생각하는 민족이라야 산다고 하였다. 매우 중요한 말이다. 그런데 오늘 이 시간 필자는 생각에 멈추지 않고 행동하는 양심, 즉 신앙인이 나라와 민족을 살린다고 믿는다. 이것을 이루려면 살아계신 하나님을 실존적으로 끝없이 추구해야 한다. 그래야 황무지에서 봄 꽃 향기를 발하며 많은 열매를 맺을 수 있다. 시편 139편의 말씀처럼 사나 죽으나 주님을 생각하며, 영원하신 하나님을 경험하는 것이다.

잘 아는 바와 같이 16세기 종교 개혁은 오직 성경을 모토로 이루어낸 역사적 대 사건이다. 당시 개혁자들은 중세 1,000년의 가톨릭적 전통, 즉 교황적 권위와 교권에 맞서 개혁을 쟁취하였다. 이것은 확률적으로 10만분의 1, 혹은 100만분의 1도 안되는 것이다. 마치 계란으로 바위를 때리는 것과 같다. 그런데 개혁자들은 누구도 예상하지 못한 기적을 연출하였다. 유럽은 삽시간에 개혁의 소용돌이에 빠지게 되었고, 누구도 그 대세를 거역할 수 없었다. 그 중심에 하나님의 영감된 말씀이 자리한다. 개혁자들은 교권에 빼앗긴 성경의 권위를 되찾고, 그 가운데 역사하는 성령의 능력을 힘입어 개혁을 성취하였다. 소위 개혁의 3대 좌표인 오직 성경, 오직 믿음, 오직 은혜로 혼란했던 시대를 종식하고 새로운 시대를 열었다. 이들에게 성경은 단순히 기록된 문자와 편집된 책이 아닌 살아 역사하고 영혼을 변화시키는 하나님의 말씀이었다.

(2) 구원론적 적용 원리: 성경이 기록된 것은 예정된 모든 자들을 구원하기 위함이었다. 그리고 이들을 온전히 말씀 위해 굳게 세우는 것이었다(딤후 3:15-17).

사람이 마음으로 믿어 의에 이르고 입으로 시인하여 구원에 이른다(롬 10:9-10). 누구든지 저를 믿는 자는 부끄러움을 당하지 않는다. 그러므로 개인이든 집단이든 누구든지, 교회의 공동체로서 주신 말씀을 굳게 믿고, 그의 능력 안에서 살려는 신앙이 요구된다. 이 모든 것을 구원론적으로 적용해야 할 것이다.

개혁 당시 존 칼빈과 존 낙스, 그리고 영국의 청교도들은 성경 말씀에 곡조를 붙여 구원의 감격을 노래하였다. 신약 시대 바리새인들은 구약의 전통을 따라서 소리 내어 거리에서 기도하였다. 십일조를 드려도 야단 법석을 떨었다. 물론 성경의 의미를 왜곡하여 잘못 적용했기 때문이다. 그들은 문자적으로 충실했으나 능력을 상실하였다. 이런 점들은 우리가 배격하고, 성경 통독을 통해 도우시는 성령의 임재를 통감해야 할 것이다. 그래야 말씀을 통해 놀라운 영감과 신령한 은혜를 받고 체험할 수 있다. 그러므로 성경통독을 통해서 우리는 외적 형태를 진정한 경건의 모습, 즉 내적 성숙으로 승화시켜야 할 것이다. 참된 경건은 믿는바 신앙을 삶을 통해 실천하는 것이기 때문이다. 성경 통독은 자신의 신앙을 성경에 고정시키는 지팡이 역할을 한다. 요즘처럼 물질화 세속화 된 시대에 성경 통독의 실천은 급변하는 문화로부터 자신을 지킬 수 있는 무엇과도 비교할 수 없는 영적 도구이다. 참 능력은 말씀을 통해서, 참된 영적 성숙은 통독을 생활화함으로 실현될 수 있을 것이다.[55)]

(3) 역사적 실례: 이것은 주님의 명령을 준행하기 위해 이 땅을 사는 모든 그리스도인에게 일관되게 요구되는 것이다. 이를 위해서는 통시적인 역사이해가 필요하다. 과거, 현재, 미래를 동시에 보는 것이다. 하나님의 구원계획, 진행, 그리고 장차 완성될 세계, 즉 그리스도의 재림과 함께 성취될 것을 믿음으로 바라보아야 한다. 이것은 오늘 우리가 이곳에서 바른 교회관의 정립, 즉 교회의 본질과 사명을 인식하는 것이다. 우리는 역사를 향해 마음의 창을 열어야 한다. 여기에서 교회(나)는 왜 이 세상에 있는가를 올바로 알아야 한다. 기존의 교단, 성별, 지역, 인종, 신분의 벽을 넘어 새로운 공동체로 거듭나야 하는 것이다. 그러기 위해서는 복음정신으로 무장하여 계층간, 세대간, 지역간의 벽을 철폐하고 통합하는 노력이 요

---

55) (i) 성경암송 (ii) 성경-말씀 찬양 (iii) 성경공부-교제를 이루어야 한다. 하나님은 삼위, 성부와 성자와 성령으로 계신다. 성령 하나님은 말씀을 통해 역사하신다. 말씀을 사랑하는 것을 좋아하신다. 그러므로 말씀을 가까이해야 하나님을 사랑할 수 있다는 것을 알아야 할 것이다.

구된다.

역사적으로 주님의 명령에 따라서 복음의 증인이 된 실례는 초대교회가 원형이다. AD 30년 주님의 부활과 승천 이후 476년 로마의 멸망까지 약 500년간 지속된 초대 교회는 제국의 통치아래 끝없는 억압과 박해 속에서 더욱 확산되었다. 이들에게는 여러 의식과 구전도 중요했지만, 지도자들의 삶이 더욱 중시되었다. 정경이 부분적으로 통용되었으나, 아직 정경으로 채택되지 않았기 때문에 혼란하였다. 하지만 속사도들과 변증가들은 교회의 일치를 실현하기 위해 사도적 전통에 따라서 듣고 본 바를 실천하여 후대에 전수하였다. 목숨을 담보로 한 위험한 상황에서 비겁하게 타협하지 않고, 신앙을 지켰다. 박해자를 피해 지하 동굴에 숨어 은신하며 함께 복음을 나누었다. 서로 격려하며 신분 고하, 성별 출신을 묻지 않고 서로 이웃과 함께 삶을 나누었다. 애찬과 성찬을 통해 신앙을 다지고, 주님의 도우심을 사모하였다. 그 중심에 주님의 명령에 순종해야 한다는, 즉 진리의 말씀이신 그분을 향한 열망이 있었기 때문이었다.

하지만 혹시 발각되어 죽음에 직면했을 때, 이들은 기꺼이 순교의 제물이 되었다. 물론 순교는 최후의 수단이었으나 자신들의 신앙을 위해 다른 형태의, 예를 들면 수치와 모욕을 당하고 매 맞고 수감되는 일 등으로 신앙을 표현하였다. 당시에 많은 성도들은 자신들을 가르친 사도나 스승들이 이런 저런 죄목으로 순교의 제물이 되었을 때, 그것을 목격한 후 자신들도 뒤를 따라 제물이 되었다. 이들의 어두운 역사는 주님의 은총아래 250년 간 지속된 오해와 박해를 종식하고 기독교를 합법적인 종교로 공인하고, 마침내 제국의 국교로 확립하는 코페르니쿠스적인 대전환을 가져왔다.[56)] 불타는 신앙은 제국 군인들이 무력으로도 통제할 수 없었다. 오히려 질풍처럼 널리 확산되었다. 이 같은 초대 교회의 신앙 행렬은 생활 속의 개혁으로, 제국을 복음으로 무력화 하여 그 성곽에 교회를 세웠다. 16세기 종교개혁은 이러한 초대교회의 식지 않은 전통과 열정에 기초하였다. 이것은 초기 선교사들이 복음을 전파했을 때, 도처에서 회개 운동으로 급속히 확산되었다.

---

56) 보다 자세한 것은 서요한, 「초대교회사」(도서출판 그리심, 2010, “제5장 로마의 기원과 역사적 발전”과 “6장 로마의 박해와 기독교의 대응”을 참고하라.

6. 종합적 평가와 제언

(1) 발전적 비전: 이것은 통찰력과 선견을 가지고 상상력을 통해 상황을 판단하고 올바로 사물을 인지하는 것이다. 이 비전은 현재 있는 상태에서 다른 대안을 모색하는 열망으로 발전한다. 그러나 우리가 이것을 추구하다 보면 비실제적인 사람으로 지탄과 무시를 받을 수도 있다. 그러나 기독교인들은 알맹이 없는 공상가는 아니다. 잠언에서 꿈과 비전 없는 사람은 멸망한다고 했다. 행 2:17, 너희의 젊은이는 환상을 볼 것이요 너희 늙은이는 꿈을 꾸리라. 사람들은 비전 없이는 살 수 없다. 그리스도인들은 주님께서 주시는 꿈, 환상, 비전, 이상을 가지고 살아야 한다. 이것이 현대적인 용어로 목표, 성명서, 전략이다.[57] 이는 말씀에 기초의 생활화-이를 위해서는 교리적 규범에서 자유로워야 한다. 그러므로 꿈을 크게 가지고 멀리 바라보기 바란다. 높이 나는 새가 때에 맞는 먹이를 구할 수 있는 것이다.

(2) 우선순위의 문제: 이것은 헌신된 삶을 규정해 주는 저울이다. 가장 중요한 일은 하나님의 뜻, 즉 말씀을 사랑하고, 그 말씀에 순종하는 것이다. 하지만 실제 생활에서 가장 많은 약점을 보이는 것이 바로 이 부분이다. 변화무쌍한 생활 속에서 우리의 다짐이 물거품이 되지 않도록 항상 주님을 앙망해야 할 것이다. 물 떠난 고기가 살 수 없듯이 주를 떠나서는 아무것도 할 수 없다는 절박한 마음이 늘 마음에 자리해야 하는 것이다. 그리하여 주의 말씀이 내 발에 등이요 내 길에 빛이 되도록(시 119:105) 생활화하여야 할 것이다. 버릴 때는 과감히 버리고, 대가를 지불할 때는 지체없이 지불해야 한다. 그러나 후회 없는 포기요 지불이어야 한다. 주님은 "손에 쟁기를 잡고 뒤를 돌아보는 자는 하나님의 나라에 합당치 않다"(눅 9:62)고 하셨다. 사도 바울이 빌 1:20와 3:14에서 고백하는 것처럼 사나 죽으나 주님만을 생각하며, 푯대를 향하여 앞으로 달려가야 하는 것이다.

(3) 질적 양적 변화의 요구: 엡 3:21처럼 질적 변화는 깊이와 높이에서, 양적 변화는 넓이와 길이에서 다각적으로 나타나야 한다. 이러한 변화는 역사, 사회, 정치, 문화, 종교에서 나타나야 한다. 그런데 하나님은 질적 양적 변화를 위해 우리에게 고난이라는 진주를 허락하셨다. 마치 정(순)금이 뜨거운 불에서 정제되어 나

57) John Stott, *Issues Facing Christians Today* (Marshalls, 1984), 328.

오는 것처럼, 성도는 고난이라는 연단을 통해 영적 비밀과 장차 받을 영광을 경험하게 된다. 박지영 간사(변호사)의 자서전에서 보는 것처럼, 오늘이 있기까지는 대학 진학을 앞두고 뜻밖에 맞은 절망의 순간 때문이었다. 그는 지난 달 한 신문과의 인터뷰에서 "내 몸 암으로 찢길 때 남 위해 살겠다"고 결심하였다.[58] 매우 인상적이고 감동적인 고백이었다. 욥은 5:7에서 인생은 고난을 위해서 났다고 하였다. 다윗은 시 119:71에서, "고난당한 것이 내게 유익이라. 이로 인하여 내가 주의 율례를 배우게 되었다"고 하였다. 이런 고난은 어찌 몇 몇 분들에게 한정되겠는가? 실로 우리가 여호와께서 주신 모든 은혜를 무엇으로 보답할 수 있겠는가? 하늘의 하늘이라도 하나님께 영광 돌리기에 부족할 것이다. 고난 없는 사람이 없지만, 그것을 영광으로 승화시키는 목표와 그 목표를 성취하려는 인내가 없다. 우리가 원하는 이상만큼의 대가, 즉 상대적인 대가가 요구된다 하겠다.

(4) 선교적 사명의 완수: 이는 하나님의 나라를 건설하기 위해 땅 끝까지 복음을 전파하는 것이다. 한시 미션은 바로 이 사명을 위해 태동한 단체이다. 아직 주님을 모르는, 혹은 복음이 전파되지 않은 벽지에 주의 사랑을 들고 찾아가 그들을 사망에서 구원하는 것이다. 이로써 우리는 교회적, 교단적, 민족적 그리고 국가적 통합을 이루어야 하겠다. 왜냐하면 말씀은 모든 민족을 하나로 통합할 수 있는 유일한 대안이기 때문이다. 말씀이신 주님께서는 십자가로 하나님과 우리 사이에 막힌 담도 허무셨다. 이것이 복음, 즉 십자가의 비밀, 예수님의 비밀이다. 그렇다면 우리가 이루지 못할 것이 무엇이 있겠는가?

7. 결론

서론에서 지적했듯이 오늘 날 교회는, 특히 한국 교회는 전례없이 개혁과 갱신을 요청받고 있다. 하지만 수용할 것과 수용할 수 없는 것, 양보할 것과 양보할 수 없는 것을 구별해야 할 것이다. 교회는 본래의 사명을 따라서 세상에 말씀을 증거

58) 박지영, 「피아노치는 변호사, Next」(땅에 쓴 글씨, 2005)와 AM7.,기획 & News., 2005년 3월 14일(월요일), 8 참조; 「쿰」, 2005, 4, 374-375; 「여성동아」, 2005, 4, 423-425; 「주부생활」, 205, 4, 562-565; 그리고 「여성중앙」, 2005, 5와 「크리스챤니티」, 2005, 5, 「신앙세계」, 2005, 5를 참고하라.

하고, 이를 성취하기 위해서는 어떤 변화를 두려워하지 않고 오히려 변화의 주체가 되어야 한다. 성경은 영원한 우리의 신앙적 규범이요 신학적 표준이기 때문이다. 우리는 하나님이 계시해 주신 영감된 성경에 대한 믿음과 확신이 없이는 아무것도 할 수 없다. 처음부터 마지막까지 무슨 일이 있어도 여기에 메어야 하는 것이다. 불신과 반역이 팽배한 이 세상의 풍습을 거스려 역류해야 하며, 어둠 중에 빛을 발하고 썩고 부패한 곳에서 녹아지는 소금이 되어야 하는 것이다(마 5:13-14). 교회는 그리스도의 부활을 체험한 살아있는 유기체요 유일한 공동체이기 때문이다. 비록 주님의 부활로 사망 권세를 깨뜨리고 승리했지만 교회는 아직도 주님이 다시 오실 때까지 그의 남은 고난을 교회를 위하여 육체 속에 채워야 하는 것이다(골 1:24). 이 교회가 바로 이 세상의 희망이요 대안인 것이다. 교회의 본질이 생명이기 때문에 그릇된 것을 갱신하며 끝없이 개혁되어야 하는 이유가 여기에 있다. 소위 마지막 성지(聖地)라는 주님의 몸 된 교회가 부패하고 타락하면 이 세상은 절망뿐이다. 영광 없는 세속하된 교회가 무슨 희망을 주겠는가? 오늘 날 교회에 대한 비판이 많은 것도 바로 그런 변화에 대한 기대 때문이다.

성경통독과 개혁원리, 우리시대 개혁을 위한 정신과 상상력에 유일한 대안은 역사가 증명하듯이 성경뿐이다. 이는 (1) 살아계신 하나님을 경험적으로 사랑하는 축복된 행동이다. 우리 시대의 개혁의 원리로 이만한 무기도 실천 방안도 없다. 그렇다고 성경 통독을 습관적으로, 문자적인 한계에 얽어매면 안 될 것이다. 내 속에 불완전한, 불확실한 나를 신뢰하지 말고, 그분의 보좌 앞에 무릎을 꿇어야 한다. 그분만을 바라보고 의지해야 할 것이다. (2) 더 넓은 신앙 세계로, 더 깊은 영적 세계로, 그리스도의 정결한 신부로서 더욱 성숙한 성화의 상태로 나아가야 할 것이다. 이렇게 될 때, 성경 통독은 성도를 성도답게, 교회를 교회답게 변모시킬 것이다. 하나님의 나라를 실현하는 것은 그의 왕국을 건설하는 것이다 말씀을 흥왕하게 하는 것, 그 길은 말씀을 읽는 것, 통독하는 것, 암송하는 것이다. 기노가 신앙인의 표식이듯이 성경 묵상과 통독을 통해 주님 사랑의 모습을 실생활로 정착시켜야 할 것이다. (3) 지속적인 노력과 헌신이 요구된다. 바울처럼 사랑에 감사하여 주의 제난에 관제로 드리려는 마음이 요청된다. 애굽과 바벨론의 포로였던 이스라엘 백성들이 신음 중에 있었을 때, 모세나 구약의 선지자들은 탄식하듯 하나님께 큰 목소리로 외쳤다. "여호와여! 우리의 간구를 이면치 마소서. 우리의 부르짖는 기도를 응답하소서!" 라고 기도하였다. 성경 통독을 할 때, 바로 이처럼 사회와 민족의 구원을 향한 간절한 자세가 요구된다. 주님께서 때를 따라 돕는 은혜로 간구하는 우리의 모든 소원을 이루시기를 간절히 기원한다.

제15장

세계관의 기독교적 이해와 전개

1. 서론

요즘 우리는 그 어느 때 보다 정보의 홍수, 가치관의 혼란 시대에 살고 있다. 많은 재물과 부, 시간적 여유를 누리고 살면서도 마음은 공허하고 불안하다. 그 모든 삶의 정점에 무병장수(無病長壽), 즉 인간의 행복, 복지가 자리한다. 어떻게 하면 돈을 벌어 출세 내지 성공할 수 있는지가 최대의 관심사이다. 이를 위해서는 꿩 잡는 게 매라는 식의 삶의 구조와 행태가 보편화되었다.[1] 이에 편승하여 굶주리고 헐벗는 삶의 또 다른 중심에 어떻게 살을 빼고 예뻐질 수 있을 지가 포함되었다. 이 같은 상황에서 삶의 궁극적 목표와 관심은 무엇인지, 과연 우리에게 탈출구는 없는지, 어떻게 현 상황을 타개해야 할지 오늘 우리 사회와 국가, 교회 안팎의 모습이다. 하지만 특별한 탈출구가 없다는 것이 우리를 안타깝게 하고 있다. 비록 최첨단 과학의 발달로 인류는 유사 이래 최대의 수혜를 누리지만 그 만큼 위험에 노출되었다. 연일 새로운 신물질이 발명되는 중에 앞으로 10년, 20년, 50년 후, 다음 세기에는 어떤 변화가 올 것인지 예상해 볼 때, 지금까지 그랬듯이 특별히

1) 이는 신문을 포함한 다양한 언론 매체에서 보듯이 부모와 자식, 형제와 인척 및 친구 간에 갈등과 살상이 심심찮게 자행되고 있다.

기대할 것은 없을 것이다.[2] 하나님의 말씀을 불순종함으로 범죄 타락한 인간이 근본적으로 변하지 않는 한, 그들의 삶은 여전히 스스로를 절대시함으로 그분께 반항적일 수밖에 없을 것이다.

이러한 견해는 역사에 대한 부정적 혹은 염세적인 평가에 기인한 것은 아니다. 오히려 오랜 역사의 객관적 근거와 전통, 교훈과 평가 때문이다. 그러므로 우리는 삶에 지나친 낙관이나 기대를 하지 않아야 할 것이다. 우리 자신과 사회가 근본적으로 변하지 않고 천국은 결코 도래할 수 없다. 오히려 현실은 무법천지로 혼수상태가 될 것이다. 여기에 목적 없이 다수의 여론에 부하 내동하거나 부정적, 심한 경우 염세적으로 살 수 있다. 이는 우리 주변의 이웃들 중에 많은 사람들이 정신불안과 우울증에서 확인할 수 있다. 결국 인간이 인간답게 살 수 있는 것은 올바른 자아 인식과 세상에 대한 긍정적인 관점을 설정하는 것이다. 인간이 인간답게 살기 위해서는 삶의 철학, 즉 인간관, 역사관, 학문관, 자연관, 우주관, 과학관, 예술관, 신앙관이 요청된다. 이 모든 것은 세계관으로 집약되는 바, 각각의 다양한 배경에 따라 형성된다. 그러므로 명확한 견해를 설정하는 것이 무엇보다 중요하다. 인간은 바라고 믿는 의지적 결단에 따라 행동하기 때문이다.[3] 필자는 제시된 주제를 취급하면서 먼저 세계관의 필요성과 정의, 발전, 기독교 밖의 철학적 계보들을 통칭 세속적 세계관과 구분하여 취급할 것이다. 그리고 이와 확연히 구분되는 기독교 세계관 즉 성경적 세계관의 형성 배경과 내용, 몇 가지 실천 방안과 결론으로 정리와 제안으로 마무리할 것이다.

2. 세계관의 필요성, 정의, 발전

(1) 필요성: 고대 그리스 철학자 아리스토텔레스의 지적처럼 인간은 사회적 동물이다. 프랑스의 사상가 파스칼은 인간을 피조물과 달리 생각하는 존재[4]라고 설

2) 송인규, "미래 사회와 기독교 윤리", 『신앙과 학문』 (기독교학문연구회, 1999, 겨울호), 23-86.

3) Louis Berkhof, *Systematic Theology* (Edinburgh: The Banner of Truth, 1984), 484-486. 루이스 벌코프,『조직신학』, 권수경 · 이상원 역 (서울: 크리스챤 다이제스트, 2000), 115-119; 김성환, 『평신도를 위한 칼빈주의 해설』 (영음사, 1976), 235-247.

파하였다. 이는 인간이 짐승처럼 본능에 따라 살지 않고 사고에 의해 행동하며 살아가기 때문이다. 그 행동의 중심이 곧 세상을 살아가는 지혜, 삶의 철학이다. 이는 매우 일관성 있게 생활 속에 견지되는 바, 뚜렷한 체계 없이 일상 속에 나타난다. 때로는 유사한 전제를 가진 사람들끼리 혹은 그 반대의 상황에서 집단을 이루며 필요에 따라 행동하기도 한다. 여기에 정치적 혹은 종교적 이해관계에 맞물릴 수도 있다. 상황이 어떻든 올바른 세계관은 합리적 사고와 통일 된 삶을 제공한다. 이는 인생의 목적과 깊이 연관 되어 의미를 배가하고 생동적인 삶을 살게 한다. 실재로 인간은 살아가면서 자신의 삶과 관련하여 다양한 영역에 관심을 갖는다. 그 관심을 통칭 세계를 바라보는 눈(world-view), 즉 관점(perspective)이 세계관이다. 여기에는 철학적 이해는 물론 신학적 이해와 접근이 요청된다. 다시 말하면 이 세상의 근본이요 궁극적 실재인 절대자, 즉 신(하나님)과 우주, 자연과 인간, 지식과 도덕의 관계, 삶과 미래, 어떻게 살며 종말을 맞아야 하는지 등의 질문[5]을 동반한다. 결국 모든 사람들에게 세계관은 없어서는 안 되는 불가피한 개념이다.

(2) 정의: 이처럼 인간은 자신들의 존재 확인을 위해 각각의 사고를 통해 질적 삶을 지속적으로 추구하였다. 그 과정에서 필연적으로 형성된 세계관은 매우 다양하게 정의된다.[6] 전통적으로 서양인들은 자신과 타인, 자연계와 하나님 혹은 궁극적 실재에 대한 사고방식을 기초로 다양하게 정의하였다. 이는 인간 각 개인과 타

---

4) Anthony Kenny, *A Brief History of Western Philosophy* (Blackwell Publishers, 1988), 217-219.

5) 제임스 사이어, 『기독교 세계관과 현대사상』 (IVP, 1995), 22-24.

6) 역사적으로 세계관의 용어는 근대 독일 철학자 임마누엘 칸트(Immanuel Kant, 1724-1804)에 의해 최초로 시도되었다. 전광식에 의하면 칸트는 3대 비판서 중 하나인 『판단력 비판』(Kritik der Unteilskraft)에서 세계관(Weltanschauung)을 언급하며 본체(Noumenon)를 그 존재적 근거로 삼고 있는 단순한 현상(Erscheinung)과 그것에 대한 직관, 즉 가시적 세계(mundus visibilis)를 눈으로 직관하는 의미로 사용하였다. 그 후 괴테(Johann Wolfgang von Goethe, 1749-1842)는 세계를 전체적으로 조망하는 것으로 이해하였고, 실존주의 철학자 쉬렌키에르케고르(S. Kierkegaard, 1813-1855)는 궁극적 신념의 한 조(組, a set of ultimate beliefs)로 규정하였다. 한편 19세기 빈델반트(Wilhelm Windelband, 1848-1915)와 리케르트(Heinrich Rickert, 1863-1936) 두 사람은 세계관을 인간의 정신에 절대적 영향을 주는 역사 발전의 주동인(Prime mover)로 정의하였다. 이원설, 『기독교 세계관과 역사발전, 서울: 혜신 출판사, 1990, 44; 전광식, "세계관과 기독교 세계관", 『기독교 사상 연구』 (부산: 고신대학교 기독교 사상 연구소, 1992), 11.

인의 관점에서 세상을 보는 방식이 요구되었기 때문이다. 이러한 요구는 현대의 급변하는 다원화 사회에 긴박 하게 요청되었다. 따라서 세속적 세계관은 세상을 살아가는 인간의 사상과 행동의 방향을 결정하는 근본 요소이다. 이는 의식적이든 무의식적이든, 일관적이든 비일관적이든 세계를 구성하는 기본적 전제인 각 개인과 사회, 단체 특별히 종교에 의해 규정된다.[7)]

이와 달리 기독교 세계관에 대한 정의는 지금까지 매우 다양하게 시도되었다. 대표적으로 월터스(Wotters)는 사람이 사물들에 대해 갖는 기본적 신념들의 포괄적인 틀로 정의[8)]하였다. 왈쉬(Walsh)와 미들톤(Middleton)은 "지각의 틀, 사물을 인식하는 방식, 삶에 대한 시각이요 삶을 위한 시각"이라[9)]고 하였다. 호페커는 실재에 관한 어떤 사람의 전제들과 확신들의 총합이라고 하였다. 한국 교회 세계관 확립에 기여한 총신대 신국원 교수는「기독교 세계관의 역사와 전망」에서 세계관을 모든 종류의 세계 경험을 포괄하는 광의적 의미의 인식의 틀로 세상과 삶에 대한, 세상과 삶을 위한 조망으로 정의하였다. 이는 곧 세상과 삶에 대한 이해요 비전으로 정리된다.[10)] 합동신학원의 이승구 교수는 기독교 세계관은 그리스도인이 가진 세계관으로 계시된 말씀으로 세계를 보는 관점과 이해를 포함한다[11)]고 하였다. 한편 전광식은「세계관과 기독교 세계관」에서 세계관을 인간이 개별적 내지 공동적으로 세계와 삶을 직관하는, 즉 그것을 이해하고 해석하며, 또 그것에 따라 세상에서의 삶을 영위해 가려고 하는 기본적인 의식의 방식 내지 근본적인 입장[12)]이라고 하였다. 따라서 모든 사람은 비록 기초적이라도 각각의 배경과 형편에 따

7) 제임스 사이어,『기독교 세계관과 현대사상』(IVP, 1995), 4, 20.

8) Albert M. Wolters,『창조, 타락, 구속』, 양성만 역 (서울: 한국기독학생회출판부, 1992), 13.

9) Brian J. Walsh & J. Richard Middleton,『그리스도인의 비전』, 황영철 역 (서울: 한국기독학생회출판부, 1987), 18.

10) 신국원, "개혁주의 기독교 세계관의 역사와 전망",『총신대논총』(총신대학교, vol. 24., 2004), 132-133. 신 교수에 의하면 세계관은 본래 다원주의적이고 상대주의적인 함의를 내포한 채 화란 개혁신학자들에 의해 소개되었다.

11) 이승구,『기독교 세계관이란 무엇인가?』(서울: SFC, 2008), 16; 김동춘, "개혁주의 세계관에 기초한 유아수학교육"『총신대논총』, (총신대학교, 2010), 38-66.

12) 전광식, "세계관과 기독교 세계관",『기독교사상연구』(부산: 고신대학교 기독교 사상연구소, 1992) 11, 42.

라 다양한 세계관을 가지고 있다. 결국 세계관은 세계를 바라보는 눈 혹은 관점으로, 기독교인들은 성경적 관점, 즉 신앙에 기초하여 세계를 보고 판단하며 행동하는 것을 가리킨다.

(3) 발전: 역사의 발전 속에 시대를 따라 다양한 철학적 사조와 운동이 일어났다. 그것은 종합된 각각의 세계관의 발로에 기인했으나 점차 일정한 유형들로 정리되었다. 그 것은 초기에 고대 그리스 철학자들을 통해서 그리고 중세 스콜라 철학, 중세 말 이탈리아에서 일어난 인문주의와 16세기 종교개혁을 들 수 있다.[13)] 특별히 종교개혁은 중세 1000년의 교황 중심의 가톨릭적 전통과 의식으로부터 오직 성경과 그리스도, 은총의 신학을 체계화였다.[14)] 이 후 종교 개혁과 함께 근대주의(modernism)가 출현하면서 지성사에 변화가 일어났다. 민족주의가 급속히 전 세계로 확산되었고, 17세기 이후 세계는 다양한 사상과 이념의 출현, 예를 들면 합리주의와 경험주의, 계몽주의를 배태하였다.[15)] 그리고 유신론적 사고의 붕괴와 함께 이신론, 자연주의, 허무주의, 실존주의, 동양의 신비주의, 뉴 에이지, 최근에는 포스트모더니즘을 낳았다.[16)] 한편 19세기 이후 성경비평학과 함께 사회복음주

13) Dorothy Mills, *Renaissance and Reformation Times* (New York: G. P. Putnam's Sons, 1939), 3-332; Edward Maslin Hulme, *The Renaissance, The Protestant Revolution and The Catholic Reformation in Continental Europe* (New York: The Century Co., 1915), 3-556; Albert Hyma, *Renaissance to Reformation* (Michigan: Grand Rapids, 1951), 13-586; V. H. H. Green, *Renaissance and Reformation: A Survey of European History between 1450 and 1660* (London: Edward Arnold Ltd., 1965), 13-390.

14) Aubrey Lackington Moore, *Lectures and Papers on the History of the Reformation in England and on the Continent* (London: Kegan Paul, 1890), 1-518; William Cunningham, *The Reformers and the Theology of the Reformation* (Edinburgh: The Banner of Truth Trust, 1989), 1-608; G. R Elton, *Reformation Europe 1517-1559* (London: Fontana Press, 1963), 15-324; Bernard M. G. Reardon, *Religious Thought in the Reformation* (London: Longman, 1981), 1-329; Alister E. McGrath, *Reformation Thought: An Introduction* (Oxford: Blackwell, 1993), 1-235.

15) Tony Lane, *Christian Thought* (England: A Lion Book, 1984), 110-231; Colin Brown, *Philosophy and the Christian Faith* (London: Tyndale Press, 1969), 37-289; 디오게네스 알렌, 『신학을 이해하기 위한 철학』, 정재현 역 (대한기독교서회, 2001), 17-424. Cf. 다이아네 콜린슨, 『50인의 철학자』, 박은미/유현상 역 (시공사, 1999), 11-383.

16) 신국원, 「포스트모더니즘」, (IVP, 1999), 8-261; 「신국원의 문화이야기」, (IVP, 2010), 9-218; 「샬롬이 변혁과 대중문화론」, (IVP, 2009), 13-356; 「니고데모의 안경」, (IVP, 2010), 18-199; 이정석, 「세속화시대의 기독교」, (이레서원, 2000), 5-85; D. A. 카슨/존 D. 우드

의의 출현, 무엇보다도 자유주의 신학과 신정통주의의 등장으로 역사적 기독교 개혁주의 신학은 위기를 맞았으나 하나님의 은혜로 잘 극복해 오고 있다.[17)]

1760년대 활략한 찰스 시므온은 영국 케임브리지대학의 젊은 학생 사역에 헌신하였다. 당시 영국의 기존 성도들은 신앙생활에 매력을 상실, 새로운 사상, 철학과 신학으로 혼란하였다.[18)] 하지만 시므온의 영향으로 허드슨 테일러를 포함하여 6명의 학생들이 중국에서 선교하였다. 그리고 이후 독일 자유주의 신학의 도전 속에 화란과 구미의 개혁주의 신학자들과 사상가들, 대표적으로 후른 반 프린스터(Groen van Prinsterer), 그의 제자 아브라함 카이퍼,[19)] 헤르만 바빙크, 게할더스 보스, B. B. 워필드, 헤르만 도여베르트, 코넬리우스 반틸, 영국의 복음주의자들, 대표적으로 F. 쉐이퍼와 라브리 사역, Dr. 마틴 로이드-존스, 존 스타트, J. I. 패커 등을 세워 기독교 세계관 확립에 크게 사용하였다. 이들 중에 특별히 영국의 지도자들은 20세기 초 UCCF(Universities and Colleges of Christian Fellowship)를 창설하여 활동하였으며, 1950년대 IVF(Inter Varsity Fellowship)를 확대 개편하여 방황 중의 젊은 지성인들을 일깨웠다.[20)] 그리고 IVP 출판사를 통해 세계관 확립과 복음

브리지, 「하나님과 문화」, 박희석 역, (크리스챤 다이제스트, 2001), 13-572; 김정기, 「현대사조의 기독교적 조명」, (성광문화사, 1991), 11-427; 진 에드워드 비스, 「현대사상과 문화의 이해」, 오수미 역, (예영커뮤니케이션, 1998), 13-293; 켄 마이어스, 「대중문화는 기독교의 적인가 동지인가?」 (도서출판 나침반사, 1997), 7-276.

17) 김의환, 「도전받는 보수신학」 (서광문화사, 1971), 128-137; 간하배, 「현대신학해설」, (개혁주의신행협회, 1973), 1-199; 박아론, 「현대신학연구」, (기독교문서선교회, 1989), 9-414; 나용화, 「현대신학평가」 (기독교문서선교회, 1991), 9-493; 김영한, 「바르트에서 몰트만까지」 (대한기독교출판사, 1982), 5-401.

18) William Carus, *Memoirs of the Life of the Rev. Charles Simeon* (London; J. Hatchard & Son, 1847); Abner Brown, *Recollections of the Conversation Parties of the Rev.Charles Simeon* (London, 1863); Hugh Evan Hopkins, *Charles Simeon of Cambridge* (Hodder, 1977); *Charles Simeon Preacher Extraordinary* (Grove Liturgical study, No. 18., 1979); H. M. Preston, *Memoranda of the Rev.Charles Simeon* (London, 1840); D. Webster, "Simeon's Pastoral Theology" in *Charles Simeon*(1759-1836, ed. (A. Pollard and M. Hennell, 1959); John Piper, *The Roots of Endurance* (IVP, 2002), 76-114.

19) William Storbar, *Scottish Identity: A Christian Vision* (Edinburgh: The Handsel Press Ltd., 1990), 51-52.

20) Tissington Tatlow, *The Story of the Student Christian Movement of Great Britain and Ireland*, London: Student Christian Movement Press, 1933, 1-887; Pete Lowman, The Day of His Power (IVP, 1983)

전도, 뿐만 아니라 의사 단체인 누가 회를 통해 활동하였다. 이들은 철저히 교회의 부속 기관으로 활동하였다. 따라서 영국에서는 학생운동과 교회간의 마찰 없이 상호 협력함으로 사명을 잘 감당하고 있다.

한편 한국 IVF는 영국 본부의 도움으로 1956년 창설되었으며, 1957년 CCC, 이후 UBF(한국대학선교회), Joy 선교회, 네비게이토, 한 사랑, 최근에는 UBF에서 독립한 CMI 등이 태동하였다. 소위 복음주의적인 이들 단체들은 1970-1980년대 진보적 성향의 학생 시민 단체와 교회들의 민주화에 맞서 한국 교회의 영적 성장을 주도하며 학내 학생들의 다양한 소그룹 운동을 통해 성경공부와 제자훈련, 세계관 확립에 기여하였다. 그 중심에 CCC와 IVF, UBF가 자리한다. 특별히 CCC는 빌리 그레함 목사를 주강사로 1974년 EXPO 여의도 집회를 주도하였다. 이는 한편 기독교 2,000년 역사 속에 길이 남을 대집회였고 다른 한편 민족 복음화의 초석과 부흥의 전환점이었으며, 1980년 세계 복음화대성회(여의도) 개최로 다시 한 번 열기가 고조되었다. 당시 국내 정세는 10.26 박정희 대통령의 암살과 12.12 전두환 군부 쿠데다로 매우 불안한 상황에서 이듬해 긴장과 대립 속에 5.18 광주 민주화 운동을 촉발시켰다. 동시에 이 때 안으로는 오순절, 성령운동이 밖으로는 기도원 운동과 부흥회 등이 뜨겁게 전개되었다. 그러던 중 한국 교회의 영적 성숙과 성장을 위한 다양한 단체들이, 예를 들면 1987년 기독교윤리실천운동, 1989년 경제정의실천시민연합, 1996년 기독교학문연구회 등이 창립되어 신앙과 학문 저널을 통해 기독교 세계관 확립을 폭넓게 전개하였다.

3. 기독교 세계관의 역사적 전통

하나님은 말씀으로 천지 만물을 창조하셨다. 창조 목적은 사 43:7절 "무릇 내 이름으로 일컫는 자 곧 내가 내 영광을 위하여 창조한 자를 오게 하라 그들을 내가 지었고 만들었느니라". 하나님의 피조물 중에 특별히 짐승과 유인원인 사람과의 차이는 무엇인가? 유사점도 있지만 근본적인 차이는 인격과 지혜, 이성적 판단 능력, 비전과 꿈, 이상이다. 과학자들에 의하면 능력을 결정하는 뇌중에 짐승 중에 돌고래와 코끼리가 사람보다 1.5배 많다. 뇌가 많다는 것은 동물 자체의 능력을 말해주는 것이다. 그럼에도 불구하고 돌고래나 코끼리는 창조 이후 달라진 것 없다. 영국과 미국의 돌고래나 코끼리는 어떤가? 지금까지 그랬듯이 앞으로도 추호의 어떤 변화도 없다. 그러나 인간은 하나님의 형상대로 지음 받았기 때문에 만물 중에 뛰어난, 다스리고 지배하는 영장이다. 그런데 인류는 시대와 지역을 따라, 때로는 각자의 능력에 따라 놀라운 차이를 보인다. 어떤 교육과 문화적 혜택을 받느냐에 따라서 그 능력은 천차만별이다. 이것은 이후 가치관, 인생관, 자연관, 종교관으로 다양하게 표출된다. 이 모든 것을 하나로 통합할 때 세계관으로 정리된다. 사람은 누구나 이 세계관에 따라 생활한다. 무식하든 유식하든, 성공했든 실패했든, 행복하든 불행하든 누구나 세계관이 있다. 이 세계관은 결국 종교관에 의해 형성되는 데, 기독교인들은 성경에 의해 영향을 받는다. 그러면 기독교 세계관이란 무엇인가?

(1) 교회적 전통: 한 마디로 삶 속에 배태된 삶, 공동체적 신앙의 원리이다. 초대 교회는 고난과 박해, 순교의 시기로, 64년 네로 황제의 박해를 기점으로 313년 콘스탄티누스 황제의 기독교 공인까지 약 250년 간 진행되었다. 이 시기에 수많은 교회 지도자들이 성경의 가르침에 따라 온갖 회유와 타협에 굴하지 않고 꿋꿋이 믿음을 지켰다. 특별히 박해 아래서 신앙을 견지한 초기의 속사도 교부들, 대표적으로 폴리캅과 이레니우스 등이다. 당시 교회와 성도들은 로마 제국의 두려움과 경계 대상이었다. 사실 당시 제국에서 볼 때 기독교인들은 상대할 대상이 아니었다. 군대의 조직력과 경제적 부, 인적 능력을 갖춘 제국에 비해 기독교인들은 조직과 무기, 경제적 여건 등이 총체적으로 부실하였다. 때리면 맞고 붙잡히면 처형되는 생사(生死)의 기로에서 이들은 “더 좋은 것을” 택하였다(히 11:38-40). 어떤 고난과 시련, 박해와 도전에도 순교 신앙을 견지하였다. 이처럼 기독교 발전 과정에서 형성된 신앙적 세계관은 오늘 날 이런 모험과 실천을 요청하고 있다. 지난 2,000년 기독교 역사는 우리에게 이것을 실증한다.

(2) 신학적 전통: 고난과 시련의 때에 성 어거스틴, 윌리암 틴데일과 존 후스, 종교 개혁 시대의 루터와 츠빙글리, 칼빈, 낙스, 베자 등을 통해 형성되었다. 이들은 단순히 위기에 맞서 몸으로 신앙을 지키는 정도를 넘어, 성경을 기초로 후대를 위해 신학 사상을 체계화하였다. 행동하는 신앙을 논리적으로 체계화하는 신앙으로 승화시켰다. 특별히 존 칼빈은 자신의 소명을 이루기 위해, 병든 육체를 감싸 않고, 죽는 순간까지, 무엇보다 게으름과 나태를 극복할 수 있도록 기도하며 집필

에 몰두하였다. 그는 관제와 같이 자신의 생명을 제단에 드렸던 사도 바울처럼 그의 심장을 주님께 바쳤다. 육체는 죽으면 그만이지만 사상은 100년 1,000년을 가기 때문이다. 결국 그의 헌신적인 노력의 결과 태동한 것이 「기독교 강요」이다. 이를 위해 교회 지도자들은 때로는 식음을 전폐하고, 사생결단, 이 일에 매진하였다. 이는 생각 없이 살아가는 우리에게 큰 도전이 아닐 수 없다. 하나님의 말씀은 깊은 샘물과 같아서, 마셔도 마셔도 끝이 없다. 연구하고 탐구하여 자녀와 후대를 위해 작품을 남기는 것은 특별한 은총인 것이다.

(3) 문화/사회적 전통: 전통적으로 문화/사회에 대한 견해는 문화적-클레멘트, 반문화적-터툴리안, 변혁적으로-어거스틴 등 3 종류로 구분된다. 그런데 특별히 20세기에 들어와서 화란의 아브라함 카이퍼와 헤르만 바빙크, 도이벨트, 볼렌호벤은 세계의 문화를 기독교적으로 비꾸리는 변혁적 문화를 지속적으로 추구하였다.[21] 이들은 각각 신학과 철학, 여타 학문을 통해서 삶의 보는 영역에서 하나님의 뜻을 활발히 전개하였다. 따라서 이들은 문화적 사회 활동으로 변혁을 시도하였다. 모든 기독교인의 전문화 요청이다. 사물에 대하여, 직업에 대하여, 신앙과 종교, 특별히 과거와 현재, 미래를 긍정적, 적극적으로 사고하는 것이다. 왜냐하면 예수 그리스도께서 사망 권세를 깨뜨리시고 부활하심으로 승리하셨기 때문이다. 다양한 사회적 요구에 맞서 성경적 신앙으로 새롭게 기독교 문화를 건설하는 것은 현대 교회와 성도의 과제라 할 것이다.

4. 기독교 세계관과 성경

기독교 세계관은 궁극적으로 성경과 깊이, 필연적으로 연관되었다. 사실 성경 없는 기독교 세계관이란 존재할 수 없다. 그러므로 기독교 세계관은 성경에 기초한 세계관으로 신앙적 중심을 이룬다. 신앙적 중심은 영감된 성경, 하나님의 말씀을 포함하여 오직 은혜, 오직 구원으로 종교개혁자들의 신학 사상의 중심이었다. 기독교 세계관은 성경이 하나님의 계시된 말씀으로 영원히, 시공간을 초월하여 파노라마처럼 변함없는 역사를 강조한다. 실제로 성경은 딤후 3:17절 "하나님의 사

21) William Storbar, *Scottish Identity: A Christian Vision* (Edinburgh: The Handsel Press Ltd., 1990), 42-43.

람으로 온전케 하며 모든 선한 일을 행하기에 온전케" 한다. 이는 각 시대 우리 사회와 유동적인 사람들의 마음과 제도와 비교할 때 현저히 구별되는 부분이다. 하나님의 말씀은 예나 지금이나 우리의 삶을 간섭하고 각자의 꿈과 이상을 실현하도록 적극적으로 돕는다. 그러므로 성경을 하나님의 말씀으로 믿고 확신한다면, 말씀에 따라 순종하며 사는 것이 기쁨이요 행복이어야 할 것이다. 보다 적극적으로 성경, 즉 성령에 지배아래 사는 삶이 요구된다. 잠 3:6-7절 "너는 범사에 그를 인정하라 그리하면 네 길을 지도하시리라 스스로 지혜롭게 여기지 말지어다 여호와를 경외하며 악을 떠날지어다". 히 11:6절 "믿음이 없이는 기쁘시게 못하나니, 하나님께 나아가는 자는 반드시 그가 계신 것과 또한 그가 자기를 찾는 자들에게 상주시는 이심을 믿어야 할지니라".

그러면 성경의 세계관은 무엇인가? 그것은 원리적으로 하나이지만 크게 두 형태로 전개된다. 이는 마치 사람의 본성, 육체와 영혼처럼 떨어질 수 없는, 본질 상 필연적으로 영원히 함께 한다.

(1) 말씀 계시: 영감 된 계시로 정리할 수 있는 바, 하나님은 당신의 영원한 비밀을 당신이 선택하여 세운 사람들에게 말씀하셨다. 소위 문자로 기록되기 이전의 언어와 말씀의 상태이다. 이 말씀은 보이지 않는 하나님의 형상으로 영원 전부터 영광의 힘을 좇아 모든 능력으로 능하게 하시며 기쁨으로 모든 견딤과 오래 참음에 이르게 하셨다. 그리고 우리로 하여금 빛 가운데서 성도의 기업의 부분을 얻기에 합당하게 하시고, 우리를 흑암의 권세에서 건져 내사(골 1:11-13) 영원토록 왕노릇 하도록 당신의 기쁘신 뜻대로 예정 가운데 두셨다(엡 1:3-5). 이 모든 일들은 마치 화가의 마음에 떠오른, 무엇을 어떻게 화선지에 그릴지를 의식적으로 생각한 것과 같다. 그 영상은 무한하며 누구의 지배도 받지 않는다. 아무도 알 수 없는, 보여줄 수 없는 그 만의 특권일 뿐이다. 창조주 하나님은 영원 전부터 이 계획을 세우시고, 마침내 그것을 드러내어, 사람들에게 계시하였다. 하나님은 태초에 그 계시로 천지를 창조하셨다. 요 1:1-3절 태초에 계시의 말씀이 하나님과 함께 계셨고, 그 말씀이 곧 하나님이셨다. 만물이 그로 말미암아 지은 바 되었으니 지은 것이 하나도 그가 없이는 된 것이 없다. 따라서 우리는 천지가 하나님의 말씀과 계시로 창조되었음을 알 수 있다. 시 119: 105절 "주의 말씀은 내 발에 등이요 내 길에 빛이니이다."

(2) 행동계시: 하나님은 당신의 말씀과 비밀을 마음에 숨기지 않으시고, 때가 되매 그것을 드러내 보이셨다. 자신의 생각과 계획을 문자로 표현하여 기록하신 것이다. 말씀은 계시, Revelation이라 하는데, 이는 하나님이 열어서 보이심이다. 이것은 그가 우리의 구원을 위해 선지자들을 통해 주신 말씀으로 기록되었다. 단지 생각만이 아니라 글로 표현해 주심으로 구체적으로 하나님의 마음과 생각을 알 수 있게 되었다. 그런데 하나님은 마지막 때 당신의 경륜을 이루기 위해 독생자 예수 그리스도를 이 땅에, 말씀과 행동 계시의 완성으로 보내셨다. 구약에서는 창조와 다양한 계시, 꿈과 기적으로, 신약에서는 계시의 완성인 예수 그리스도를 통해 보이셨다. 예수님은 3년여의 지상 사역 동안, 수많은 기적을 통해 이를 증명하셨다. 대표적으로 예수님은 요 4:34절 "나의 양식은 나를 보내신 이의 뜻을 행하며 그의 일을 온전히 이루는 이것이니라" 하셨다. 요 5:19-30절 특별히 30절 "나는 아무것도 스스로 할 수 없노라 듣는 대로 심판하노라 나는 나의 원대로 하려 하지 않고 나를 보내신 이의 원대로 하려는 고로 내 심판은 의로우니라".[22] 요 7:16절 "내 교훈은 내 것이 아니요 나를 보내신 이의 것이니라". 요 8:29절 "나를 보내신 이가 나와 함께 하시도다 내가 항상 그의 기뻐하시는 일을 행하므로 나를 혼자 두지 아니하였느니라". 요 1:14절 "말씀이 육신이 되어 우리 가운데 거하시매, 우리가 그 영광을 보니 아버지의 독생자의 영광이요 은혜와 진리가 충만하더라".

(3) 계시의 완전성 원리: 예를 들면, 창 1-2장에서 보듯이 하나님은 비로소 자신의 생각, 말씀을 문자로 기록하여 직접 우리에게 보이셨다. 이것은 편의상 전자를 말씀계시, 후자를 행동계시로 정리할 수 있다. 하나님의 말씀은 100% 완전하시고, 그의 행동 또한 100% 완벽하였다. 이 하나님은 당신의 완전한 수준에 기초하여 오늘 우리에게 완전을 요청하신다. 예수님은 마 5:48절 "하늘에 계신 너희 아버지의 온전하심과 같이 너희도 온전하라고 하였다." 사도 바울은 고전 11:1절 "내가 그리스도를 본받는 자 된 것같이 너희는 나를 본받는 자 되라". 골 2:6-7절 "그러므로 너희가 그리스도 예수를 주로 받았으니 그 안에서 행하되, 그 안에 뿌

22) 요 21:25절 "예수의 행하신 일이 이외에도 많으니 만일 낱낱이 기록된다면 이 세상이라도 이 기록된 책을 두기에 부족할 줄 아노라".

리를 박으며 세움을 입어 교훈을 받은 대로 믿음에 굳게 서서 감사함을 넘치게 하라". 그러므로 모든 기독교인은 성경에 기초하여 온전하신 주님의 뜻을 이루어야 할 것이다.

5. 성경의 세계관 전개[23)]

성경적 세계관은 전개에 따라 보통 창조, 타락, 구속, 회복, 완성으로 구성되었다. 이것은 구체적으로 다음과 같이 정리된다.[24)]

5.1. 창조

이는 한 마디로 우리가 사는 세계가 전부가 아니라는 데서 시작된다. 그런데 한편 과학적 진화론은 세계를 우연으로, 다른 한편 이신론은 우주 홀로 자연의 질서를 따라 운행된다고 주장하였다. 이는 반 기독교적인 이단적 사상이요 이론이다. 그러나 성경은 사 41:4; 42:5; 시 33:9, 골 1:16-17절을 기초로 하나님이 말씀으로 주권적으로 창조하셨다고 역설한다. 하나님의 사역은 주기도문의 하늘에서 이루어짐 같이 땅에서도 이루어지기를 바란다. 이것은 대개 하나님 자신이 직접 자연법의 원리를 따라서 천체를 운행하시지만 실제로는 만물의 영장인 사람을 통해 역사하신다. 전자에는 중력의 법칙, 운동의 법칙, 열역학 법칙, 광합성 법칙, 유전 법칙, 물리학, 생물학, 화학 등의 모든 자연법칙을 포함한다. 이는 하나님이 모든 일의 주인이심을 보여준다. 후자는 대표적으로 창 2장에 묘사된 바, 하나님의 위임에 따라 아담이 만물의 이름을 성질에 따라 짓게 되었다. 이를 준행하는 과정에서 호흡, 지배, 계획, 의지, 규례와 율례를 주셨다. 이 중에 제일 중요한 것이 법도, 규범인데, 어떻게 실천할 것인가가 중요한 과제이다.

---

23) 이광호, "기독교 세계관에 관한 비판적 이해", 『진리와 학문의 세계』 (달구벌기독학술연구회, 학술논문집 제21권, 2010), 118-138. 이광호는 기존의 기독교 세계관의 기본 틀, 창조-타락-회복을 보다 심층적으로 이해하기 위해 구체적으로 창조-위탁-배신과 타락-구속-재위탁과 회복, 완성으로 이해할 것을 주장하였다.

24) 알버트 월터스, 『창조, 타락, 구속』, 양성만 역, (기독교학문연구회/한국기독학생회, 1994), 1-126.

(1) 관계와 질서의 요구: 상하의 인격적 관계를 가리킨다. 여기 관계와 질서에서 우리는 각각 자신의 위치를 명확히 인식하는 것이 중요하다. 교만하여 자신의 자리와 위치를 이탈하지 않도록 해야 할 것이다. 하나님은 자신의 전적인 능력과 희생으로 이 세상과 우주를 창조하셨다. 이것은 영원한 구속 경륜을 이루기 위한 하나님의 크신 희생에 기초했다. 하나님은 스스로 자존하시는 분이다. 그런 그가 창조를 통해 새로운 역사를 창조하셨다. 그렇지 않으면 관계는 맺어질 수도 혹 맺어졌어도 파행일 수밖에 없다. 어느 한 편의 전적인 희생위에 역사가 창조되는 것이다.

(2) 자유와 평등: 하나님은 당신의 형상으로 지은바 된 우리를 당신의 파트너로 삼으셨다. 빌 2:6-12; 시 8:3-5절 "인자가 무엇이며 사람이 무엇이관데...". 여기에 하나님의 사랑과 은혜가 자리한다. 결혼이 무엇인가? 쌍방의 희생을 통해 맺어진 관계이다. 희생은 자유와 평등을 잉태하였다.

(3) 신뢰와 순종: 하나님이 하신 일에 대해 전폭적인 신뢰가 요구된다. 잠 3:5-8절 "너는 마음을 다하여 여호와를 의뢰하고 네 명철을 의지하지 말라. 범사에 그를 인정하라 그리하면 네 길을 지도하시리라". 순간순간 그를 인정하는 것이 중요하다. 믿음 안에서, 하나님의 관점에서 평가가 적절히 요청된다. 창 1장에서 하나님은 창조 후에 자신의 일을 좋게 평가하셨다. 나는 나를 어떻게 평가할 수 있는가? 자신에게 부끄러움이 없는 삶을 살아야 할 것이다. 바울은 빌 3:6절 율법의 의로는 흠이 없는 자라고 하였다. 실로 놀라운 고백이다. 하나님의 창조 법칙 아래서 유기적인 관계를 형성하는 것이 중요하다. 창조는 하나님의 인류에게 주신 축복의 중심이다.

(4) 보존과 관리의 책임: 보존을 위한 전략 중에 결혼 제도를 들 수 있다. 결혼은 하나님의 선물이다. 감사로 받으면 유익할 것이다(딤전 4:3-4). 권세에 복종하는 것은 또 다른 예이다. 바울은 롬 13:1-2절 로마의 박해 아래 순종을 요구하였다. 벧전 2:13절에서 베드로는 인간에 세운 모든 제도를 주를 위하여 순복하라고 하였다. 요즘 생존 전략 중에 하나는 창조적 시성의 개발이다. 대기와 환경 보존을 위하여 세계가 팔을 걷어 붙였다. 북극의 빙하가 약 5년 사이에 녹을 것이라고 한다. 그러므로 이를 보존하고 관리하기 위해 계속해서 연구하고 탐구하는 정신이 요청된다. 이것이 개인의 전략이자 곧 국가의 전략이다. 시혜가 없으면 후이 주시

고 꾸짖지 않으시는 하나님께 구해야 할 것이다. 롬 11:36절 "이는 만물이 주에게서 나오고 주로 말미암고 주에게로 돌아감이라. 영광이 그에게 세세에 있으리로다". "아멘".

(5) 하나님 나라의 성취와 완성: 하나님의 창조 목적은 당신의 주권을 온 땅에 들어내는 것이다. 왕권의 확립, 즉 마 28:18절 하늘과 땅의 모든 권세를 확립하는 것이다. 이는 성령의 도래로 확증된다. 마 12:28절 "내가 만일 성령을 힘입어 귀신을 쫓아내는 것이면 하나님의 나라가 이미 너희에게 임하였느니라". 재창조는 그리스도를 통한 회복, 건강, 생명, 자유의 회복, 죄의 사슬, 사탄의 눌림에서 자유함이다(창 3:15; 행 10:38). 창조는 한 번 만들어진 후에 정적인 양으로 고정된 것이 아니다. 오히려 성장하고 개발되며 사람을 통해 확대 성취된다. 그것은 하나님의 창조만큼 무한하다. 우리는 하나님의 걸작을 위해 청사진을 끝까지 수행해야 할 것이다. 그러므로 우리는 하나님의 일을 내가 경영하며 돕는다는 생각으로 참여해야 한다. 이를 위해 하나님은 특수 기관으로 교회를 설립하였다. 교회가 감당해야 할 사명이 무엇인가? 순종자에게는 우리가 하나님께 드릴 응답은 감사와 찬송이다. 나의 창조에 대하여 감사한 적 있는가?

5.2. 타락

아담 한 사람의 타락은 후손들에게 본능적으로 타락을 잉태하게 하였다. 이 타락은 반역으로 하나님의 선한 피조물을 심각하게 오염시켰다. 그 결과 모든 희망을 상실하였다. 창 3:17절 "너로 인해 땅이 저주를 받는도다". 엡 2:1, "허물과 죄로 죽었"다고 하였다. 이것이 아담의 원죄이다. 내 의지와 상관없이 죄가 대물림 되었다. 렘 3:25절 "우리는 수치 중에 눕겠고 우리 수욕에 덮이울 것이니 이는 우리와 우리 열조가 열조가 어렸을 때로부터 오늘까지 우리 하나님 여호와께 범죄하여 우리 하나님의 목소리를 청종치 아니하였음이니이다". 시 51:5절 "모친이 죄중에 나를 잉태하였나이다". 불륜이 아닌 정상적인 결혼과 부부생활을 통해 아이를 출산했어도, 그 자식은 죄인입니다. 이것이 원죄요 타락의 효과, 징벌이다. 이것이 해아래 모든 인류의 운명이다. 누가 이 죄악의 사슬을 끊을 수있겠는가? 결국 롬 5:12절 "이러므로 한 사람으로 말미암아 죄가 세상에 들어오고 죄로 말미암아 사망이 왔나니 이와 같이 모든 사람이 죄를 지었으므로 사망이 모든 사람에게 이르렀느라". 여기 아담의 타락은 하나님의 창조 질서와 결코 양립할 수 없다. 아담이 스스로 선택하여 완전에서 불완전으로, 희망에서 절망의 바뀌었다. 인생의 비극은 여기서 시작되었다. 이는 마치 건강에서 질병과 치유의 관계와 같다. 이 두 질서는 하나의 목적 아래 결코 통합될 수 없다. 쭉 뻗은 평행선의 철로와 같다. 본래 죄는 하나님의 창조 목록에는 존재하지 않았다. 사탄에 의한 도전이자 침략이었다.

(1) 대적-반역: 창 3장에서 아담의 반역은 순간의 유혹에서 시작되었다. 그 유혹은 하나님과 같이 되려는 것, 궁극적으로는 교만이었다. 그 결과는 전 피조물에게 심각한 폐해를 미쳤다. 그 폐해가 무엇인가? 불행과 저주이다. 여기서 자유로운 피조물은 하나도 없다. 스펄전의 지적처럼 하나님은 태양 빛으로 이 땅의 모든 생물을 양육하시지만, 사탄은 아담의 죄악으로 어둠이 세계를 지배하게 하였다. 하나님은 빛으로 자신의 목표를 걸었으니, 사탄은 죄와 죄악에 모든 것을 걸었다. 하나님은 생명과 축복을 사탄은 눈물과 저주, 장차 받을 심판을 예약하였다. 죄는 구조적으로 한 방향 파멸과 공멸로 전진한다. 처음 죄의 유혹은 달콤하지만 그 결과는 참혹한 것이다. 개인, 가족과 국가와 같은 사회 제도를 포함하여 기술과 공학의 문화적 추구, 성이나 식욕과 같은 육체의 행위, 창조계의 넓은 영역 안에 있는 모든 것, 예를 들면 자연계의 현상들 모두를 견향한다. 롬 8:19-22절에서 구체적으로 묘사하였다. 이것은 죄의 속성 때문인데, 이는 창조주 하나님의 선한 뜻과 정반대의 속성을 갖고 있다. 창 1-2장에서 창조의 뜻은 선으로 하나님의 보시기에 좋고 옳은 방향으로의 발전이었다. 긍정적인 발전이다. 여기서 하나님이 창조는 죄를 악제한다. 그런데 죄는 본성상 하나님 보시기에 좋은, 선과 정 반대로 모든 것을 어긋나게 의도적으로 청개구리처럼 행동한다. 오히려 새롭게 없던 것을 제공하며, 선과 악을 교란시키며 좀 먹는 기생충처럼 활동한다

타락으로 나타난 결과의 특징은 (a) 부패. 창 6:5-7, 8:21절 "사람의 마음이 어려서부터 악함이라"고 성 어거스틴의 고백록.. 렘 17:9절 "만물보다 거짓되고 심히 부패한 것은 사람의 마음이라 누가 능히 이를 알리요마는" 하였다. 여러분, 부패가 무엇인가? 그것은 3무, 무능력, 무질서, 무관심이다. 모든 만물은 부패하면 썩은 물이 된다. 악취가 나서 버리게 된다. 스펄전은 부페를 찌그러신 공과 같아서

똑바로 날아갈 수 없다. 과녁을 맞추려 하지만 휘어진 활처럼 한쪽으로 치우친다. 우리의 마음은 검은 물방울이 되어, 깨끗이 정화될 수 없다 하였다. 한 사람의 범죄가 이렇게 모든 것을 어둠 중에 무능력, 무질서, 무관심으로 절망을 낳게 되었다. 종종 우리는 무기력을 호소한다. 원인을 알 수 없는 무기력, 죄로 인하여 내 몸을 내가 다스릴 수 없는 것이다. 인류는 타락으로 전적으로 무능력한 존재가 되었다. 욥 14:4절 "더러운 것에서 깨끗한 것이 나올 수 없다"고 하였다. 하지만 우리는 부패하여 이를 상관하지 않는다. 내버려 두라는 것, 소위 자포자기의 상태이다. 모든 것을 자신의 입장에서 판단하고 생각한다. 결국 부패는 무지를 가져왔다. 렘 4:2절 "내 백성은 나를 알지 못하는 우준한 자요 지각이 없는 미련한 자식이라 악을 행하기에는 지각이 있으나 선을 행하기에는 무지하도다" 하였다. 이 무지는 (b) 속박과 배신: 말세의 나타나는 특징 중에 하나이다. 자신이 죄의 포로가 된 것, 장차 죽게 될 것도 모르는, 망각의 상태이다. 현대의 결혼과 이혼, 자녀들 문제, 국가의 다양한 형태의 권력 남용과 독제 통치이다. 국민 전체를 위한 진정한 저의의 요구를 따르기보다 단지 특정 이익 집단의 압력에 눌려 정책을 펼친다. 특별히 서구 열강들의 횡포와 착취, 대기업과 노동조합, 기업의 경영 윤리의 부재이다. (c) 증오와 탐욕, 탐심이다. 롬 7:14-17절 원하는 선은 행치 않고 원치 않는 악을 행하게 된다. 특별히 증오에서 나오는 공격성은 매우 치명적이다. (d) 왜곡이다. 다른 그 무엇보다 우리 자신들의 상태가 가장 잘 설명해 준다. 예를 들면 시기, 질, 살인, 간음, 도둑질, 불경, 부도덕, 태만, 불성실 등이다. 인간관계에서 주된 문제는 오해이다.

(2) 상태와 정도: 타락의 결과는 매우 심각하여 도무지 용납할 수 없게 되었다. 너무 탈선하여 돌아오고 싶어도 돌아올 수 없는 상태가 되었다. 옳고 그름, 선악의 분별은 상실하였다. 육체적으로 정신적으로 소망이 보이지 않는다. 그래서 우리는 하기 싫어도 절망할 수밖에 없는 것이다. 렘 13:23절 "구스인이 그 피부를 표범이 그 반점을 변할 수 있느뇨 할 수 있을 진대 악에 익숙한 너희도 선을 행할 수 있으리라". 이것이 우리의 실상이다. (a) 허무, 채워도 채워도 채울 수 없는 상태, 무의미, 공허한 상태의 도래이다. 죄는 죄로, 악은 악일 뿐, 결코 선으로 환원될 수 없다. (b) 사망과 심판이다. 롬 6:23절 "죄의 삯은 사망이요 하나님의 은사는 그리스도 예수 우리 주 안에 있는 영생이니라". 롬 7:24절 "오호라 나는 곤

고한 사람이로다. 누가 나를 이 사망의 몸에서 건져내랴". 바울은 자신의 상태가 절망적임을 인식하였다. (c) 사탄은 지금도 우리를 밀까부르듯이 하려고 유혹(눅 22:31)하고 있다. 말세에 미혹하는 영들이 많다. 시험을 받지 않도록 힘써야 한다(마 24:24). 여러분 이 믿음 밖에 없다. 오직 믿음이 우리의 보증이다.

5.3. 구속-회복

창조와 타락은 매우 광범위한 개념이다. 그런데 구속-회복을 통해 그리스도께서 더 깊은 의미를 제공한다. 여러분, 성경에는 3가지 죽음을 언급한다. 육체와 영혼, 영원한 죽음이다. 우리는 죽을 수는 있지만 자신을 구원할 수는 없다. 이것이 우리의 운명이다. 그런데 우리 주님께서는 이 죽음을 일시에 십자가로 해결하셨다. 어떻게 주님이 우리를 회복하고 구속하셨는가?

(1) 기준: 전적인 주님의 사랑과 은혜에 기초. 엡 1:4-6절 "곧 창세전에 그리스도 안에서 우리를 택하사 우리로 사랑 안에서 그 앞에 거룩하고 흠이 없게 하시려고 그 기쁘신 뜻대로 우리를 예정하사 예수 그리스도로 말미암아 자기의 아들들이 되게 하셨으니 이는 그의 사랑하시는 자 안에서 우리에게 거저 주시는 바, 그의 은혜의 영광을 찬미하게 하려는 것이라". 요 15:16절 "너희가 나를 택한 것이 아니요 내가 너희를 택하여 세웠나니". 이 비밀이 크고 놀라울 뿐이다. 엡 2:4-5절 "긍휼에 풍성하신 하나님이 우리를 사랑하신 그 큰 사랑을 인하여 허물로 죽은 우리를 그리스도와 함께 살리셨고". 눅 15:24절 탕자는 죽었다가 다시 살았다. 이것은 값없이 베푸신 주님의 사랑과 은혜이다. 하나님의 사랑과 은혜는 주권적이다. 그리스도를 선택하신 하나님, 나를 그리스도 안에서 선택하신 하나님, 전적인 주권으로 하신 일이다. 언제 선택하셨는가? 창세전에 무조건적으로 선택하셨다. 그 선택의 중심은 예수 그리스도이나. 역사는 그리스도를 중심으로 전개된다. 앞으로 그의 나라가 이 땅에 임해야 할 것이다. 그리스도는 당신의 백성들에게 축복을 약속하셨다. 롬 9:10-13절 바울은 야곱과 에서를 통해서 선택을 설명하였다. 임신 중에 주님께서 리브가에게, "그 자식들이 아직 나지도 아니하고 무슨 선이나 악을 행하지 아니한 때에 택하심을 따라 되는 하나님의 뜻이 행위로 말미암아... 큰 자가 어린 자를 섬기리라. 내가 야곱은 사랑하고 에서는 미워하였나"고 하였다. 선

택은 전적으로 하나님의 은혜이다.

(2) 회개와 영접: 요 1:12절 "영접하는 자 곧 그 이름을 믿는 자들에게는 하나님의 자녀가 되는 권세를 주셨느니라". 벧전 1:23절 "너희가 거듭난 것이 썩어질 씨로 된 것이 아니요 썩지 아니할 씨로 된 것이니 하나님의 살아있고 항상 있는 말씀으로 되었느니라". 요일 3:9절 "하나님께로서 난 자마다 죄를 짓지 아니하나니 이는 하나님의 씨가 그의 속에 거함이요 저도 범 죄치 못하는 것은 하나님께로서 났음이라". 롬 1:17절과 히 10:38절 "오직 나의 의인은 믿음으로 말미암아 살리라 또한 뒤로 물러가면 내 마음이 저를 기뻐하지 아니하리라 하셨느니라". 하지만 요일 1:9-10절 "만일 우리가 우리 죄를 자백하면 저는 미쁘시고 의로우사 우리 죄를 사하시며 모든 불의에서 우리를 깨끗케 하실 것이요, 만일 우리가 범죄하지 아니하였다 하면 하나님을 거짓말하는 자로 만드는 것이니 또한 그의 말씀이 우리 속에 있지 아니하니라".

(3) 회복의 정도: 완전한 새 창조 영어로 renewal-새롭게 함, 갱신이다. 롬 12:1-2절 "...너희 몸을 하나님이 기뻐하시는 거룩한 산 제사로 드리라 이는 너희의 드릴 영적 예배니라. 너희는 이 세대를 본받지 말고 오직 마음을 새롭게 함으로 변화를 받아 하나님의 선하시고 기뻐하시고 온전하신 뜻이 무엇인지 분별하도록 하라", 여기 새롭게 함의 (헬) 아나카이노시스(anakainosis)는 다시 새롭게 만듦을 의미한다. 낡아 못쓰는 것을 수리하여 처음 상태, 그리스도의 왕권을 회복하는 것이다(계 21-22). 여러분, 이 땅은 전쟁터이다. 사탄은 우리를 흑암의 권세에 두려고 온갖 음모를 꾸민다. 그러나 그리스도는 골 1:13, 우리를 그의 당신의 나라로 옮기셨다. 그러므로 모든 만물에 우리의 생각과 감정, 정치, 예술, 결혼, 직업, 사업 등 모든 것들을 그리스도의 것으로, 하나님의 영광을 드러내는 일로 새롭게 해야 한다. 계속 존속되어 온 것에 새로운 동력, 생명과 생동감을 불어 넣는 것이다.

(4) 대상: 대상과 목적은 화해이다. 모든 피조물과 삶 전체에 영향을 미침-롬 8:19-22; 골 1:20절 "만물을 자기와 화목케". 구속은 타락의 범위처럼 넓고 광범위하다. 이는 예수 그리스도의 죽음과 부활로 치유되고 극복되며 모든 죄책이 제거되었다. 고후 5:17-18, 21 "누구든지 그리스도 안에 있으면 새로운 피조물이다. 이전 것은 지나갔으니 보라 새것이 되었도다. 모든 것이 하나님께로 났나니 저가

그리스도로 말미암아 우리를 자기와 화목하게 하시고 또 우리에게 화목하게 하는 직책을 주셨으니 이는 하나님께서 그리스도 안에 계시 사 세상을 자기와 화목하게 하시며 저희의 죄를 저희에게 돌리지 아니하시고 화목하게 하는 말씀을 우리에게 부탁하셨느니라". "하나님이 죄를 알지도 못하신 자로 우리를 대신하여 죄를 삼으신 것은 우리로 하여금 저의 안에서 하나님의 의가 되게 하려 하심이니라". 궁극적으로 창조 목적을 회복하는 것이다. 요 3:36절 이를 위해 아들을 믿고 따르는 것이 중요하다. 요 3:14-16절 모세가 광야에서 뱀을 든 것 같이, 예수 그리스도께서 십자가에 죽으심으로 우리를 회복시키셨다. 그를 믿음으로 구원, 영생을 얻는다(유 24-25). 이는 곧 가치관의 전환이다. 골 3:1-5절 "위엣 것을 생각하고 땅엣 것을 생각지 말라".

5.4. 완성: 승리와 영광

요일 5:4절 "대저 하나님께로서 난 자마다 세상을 이기느니라 세상을 이긴 이김은 이것이니 우리의 믿음이니라". 스위스 신학자 오스카 쿨만은 「그리스도와 시간」에서 크리스챤은 두 시대를 사는 자라 하였다. 그러면서 그는 제2차 대전이 종식과 관련하여 1944년 연합군의 노르망디 상륙을 기술하였다. D-Day에 감행된 상륙 작전은 V-Day를 통해 완전히 수행되었다. D-Day와 V-Day이다. 전자는 그리스도의 죽음과 부활, 후자는 그리스도의 재림과 마지막 심판이다. 여러분 내일을 염려하지 말라. 요 17: 내게 주신 자들을 보전하시겠다고 하셨다. 우리는 부족하지만 주님의 사랑으로 승리할 수 있다. 이후에 우리는 주님과 더불어 영광을 누리게 될 것이다. 고전 15:42-44절 "썩을 것으로 심고 썩지 아니할 것으로 다시 살며 욕된 것으로 심고 영광스러운 것으로 다시 살며 약한 것으로 심고 강한 것으로 다시 살며 육의 몸으로 심고 신령한 몸으로 다시 사나니 육의 몸이 있은즉 또 신령한 몸이 있느니라".

6. 기독교 세계관의 실천 방안

6.1. 기독교인의 성결 생활

기독교 세계관의 실천 방안 중에 무엇보다 중요한 것은 구원받은 성도로서의 성결 생활, 구별된 삶이다. 이는 항상 하나님의 은혜에 감사하여 그 나라를 사모하는 심령을 가리킨다.

(1) 개인생활: 신앙생활은 한 사람이 그리스도를 만나 회심과 중생을 통해 그의 은혜로 신비롭게 변화를 받은 자이다. 이제 갓 태어난 성도는 온갖 시험에도 믿음의 장성한 분량에 이르기 위해, 성숙한 신앙인이 되기 위해 힘써야 한다. 이를 위해서는 항상 주님을 의지하되 엡 5:22-23절 성령이 충만하여, 골 3:1-4절 땅엣 것보다는 위 엣 것을 생각하며 사는 것이다. 항상 하나님의 보좌 앞에 자신의 죄악 된 모습을 살펴 통회 자복하고 말씀을 상고하며 기도에 힘쓰고, 경건의 연습으로 속사람을 새롭게 해야 한다. 바울의 고백처럼 항상 믿음이 있는지 자신을 시험해야 한다. 그리스도의 증거와 능력을 보이는 하나님의 자녀가 되어야 할 것이다. 혹여 살았으나 기실 죽은 자가 되어서는 안 될 것이다. 이를 위해서는 하나님 앞에서 늘 자신을 살피는 생활이 요구된다. 구원받은 성도의 삶이 얼마나 놀라운 영광된 특권인지를 실감하며 사는 것이다. 성도의 최대 목표는 그리스도를 닮아 그분의 증거가 되는 것이다. 그리하여 그분의 향기가 되고 편지가 되어 신의 성품에 참여하는 것(벧후 1:4)이다. 이것이 그리스도인의 표식이요 참된 능력이다. 우리의 온 영과 혼과 몸이 그리스도의 강림하실 때까지 흠 없게 보전되기를 열망해야 할 것(살전 5:23)이다. 우리 몸은 우리 것이 아니고(롬 8:9-10, 고전 6:19) 주님께서 산 것으로 성령의 전이다(고전 3:16).

(2) 가정, 교회, 사회생활: 가정과 교회, 사회에서 성도로서 성숙한 삶, 구별된 삶을 요청한다. 그것은 한 마디로 연합인바, 그리스도와 각 성도, 모든 성도들이 십자가로 연합되었기 때문이다. 바울은 우리가 그의 몸과 육과 그의 뼈의 지체라(엡 5:32)고 하였다. 그리스도와 그의 백성은 하나이다. 그는 기초요 그들은 몸이다. 그는 포도나무요 그들은 가지이다. 그는 몸이요 그들은 육체이다. 그가 살아계심으로 그들도 살아 있는 것이다. 이 연합된 우리의 몸은 성령 안에서 신비하게 서로 교통한다. 이 원리에 의해 우리는 기도하며 찬양 드리고, 헌신하며 주의 이름으로 선한 일을 도모한다. 따라서 아버지께서 우리 안에 계심같이 온전히 하나가 되어야 한다(요 17:21-23). 예수님께서는 너희는 세상의 빛이요 소금이라고 하셨다. 어둠을 멀리하고 빛 가운데 사는 삶이 요청된다. 기독교인이 세상에 살면서

성도로서 자신의 신분을 드러내는 것을 매우 중요하다. 때로 신앙 때문에 많은 불이익을 받고 시기와 질투를 살 수도 있을 것이다. 기독교인 이라는 자체가 증오와 비난의 대상일 수 있다. 어둠은 빛을 싫어하기 때문이다. 신앙생활에 시험과 환란은 불가피한 것이나 성도는 하나님의 선물로 인식하고 오히려 시험을 만날 때 감사해야 할 것이다. 고난이 힘들고 어려우나 하나님은 그 고난을 통해 놀라운 당신의 비밀을 보이시기 때문이다. 사도 바울은 하나님의 능력을 좇아 복음과 함께 고난을 받으라고 하였다(딤후 1:8). 따라서 이제부터 성도는 자신을 위해 살지 않고 부르신 자와 몸된 교회, 창조하신 이의 뜻을 실현하기 위해 살아야 한다.

6.2. 개혁주의 문화 창달

성경은 인간이 하나님의 형상으로 창조함을 받고 또한 문화적 명령을 받았음을 가르쳐 준다. 하나님은 첫 사람 아담에게 다른 모든 피조 세계를 지배할 수 있는 권한을 주셨다. 그러므로 인간은 하나님이 규정하신 한도 안에서 세상의 모양을 자유롭게 경영할 수 있다. 그럼에도 불구하고 이 세상의 문화는 유구한 역사만큼 매우 다양하여 통일하기가 쉽지 않다. 그것은 대체로 지나치게 이기적으로 흘렀기 때문이다.[25]

최근 세계화의 급속한 변화와 다원화 과정에서 기독교 문화의 중요성이 강조되고 있다. 이는 무엇보다도 복음 전파 혹은 선교의 측면에서 절박한 문제이다. 그 이유 중에 하나는 현대 자유주의와 혼합주의, 세속주의, 특별히 포스트모더니즘의[26] 등장으로 전통적인 기독교 신앙이 심각한 도전에 직면하였다. 인간 중심의 문화, 즉 개인주의의 역할 증대로 교회의 역할이 축소되기 때문이다.[27] 따라서 절대 신앙, 교회적 신앙 전통, 예를 들면 십계명, 주일성수, 십인조, 성경의 근본주의 교리, 즉 성경의 권위, 동정녀 탄생, 그리스도의 죽음과 부활, 승천과 재림 등이 외면을 받고 있다. 그러니 우리의 문화는 어떤 형태든지 우리의 모든 생활양식은 충

---

25) 앤드류 호페커 게리스미스 편저, 『기독교 세계관』, 김원주 역, (생명의 말씀사, 1993), 18.

26) 각주 8번 참고.

27) Edwin Nisbet Moore, *Our Covenant Heritage* (Scotland: Christian Focus Publications

족할 수 없다. 그리고 그 문화는 근원의 차이로 기독교적 정신, 성경의 가르침을 수용할 수 없다. 따라서 극단적으로 일부 보수적 교회들이 교리 문제에 강경하여 세상 문제에 소홀히 한다 해도 그것은 기독교의 본질 부정하는 것 보다는 낫다고 할 것이다. 역사적으로 19세기 성경 비평주의와 자유주의가 급속히 팽창했을 때, 일부 보수 신학자들이 성경의 계시와 영감, 하나님의 전적인 주권을 주장하며 정통신학의 사수에 진력하였다.[28)]

이 같은 상황에서 세계복음주의협의회가 주관한 1974년 로잔 1차 대회와 1992년 6월 마닐라 이후 이 문제를 심도 있게 논의하고 있다. 현재 세계 2/3는 도시화와 현대화로, 최근에는 인터넷 유튜브의 확대로 주목을 끌고 있다. 이러한 때 기독교인들은 어떻게 문화에 맞서겠는가? 사실 우리의 삶 속에 전통 문화는 종교와 직결되었다. 비록 문화가 현대적일 지라도 그것은 종교를 결코 벗어날 수 없다.[29)] 그 이유는 종교와 문화는 구분할 수 없을 정도로 상호 밀접히 연관되었기 때문이다. 특별히 종교는 문화 속의 어느 한 곳에도 영향을 주지 않은 곳이 없을 정도이다. 물론 기독교는 문화와 깊이 연관되었다. 그럼에도 불구하고 기독교는 기존의 문화를 거부하며, 현실 세계에 기독교만의 독특한 역동성을 강조한다. 실로 이러한 전통이 세계의 변화를 주도하였고, 그렇게 만들어 주는 힘이 기독교의 힘의 근원이다.[30)]

창조주 하나님은 인간의 문화 바깥에 계시며 동시에 문화 속에 계신다. 온전한 하나님이자 동시에 온전한 인간이었던 예수 그리스도는 이러한 이중성으로 당신의 뜻을 이루었다. 우리는 언제나 하나님을 위하여 모든 것을 버리라는 도전을 받고 있으나 동시에 이 세상에 나가서 명령받은 모든 일을 가르치고 실행하라는 분부를 받고 있다. 하나님의 존재에 대한 올바른 인식이 요청된다.[31)] 그러나 한국의 다종교 문화와 전통의 관계에서 기독교의 중심 교리인 그리스도만의 구원과 영생

Ltd., 2000), 3-4.

28) 김의환, 『도전받는 보수신학』 (서광문화사, 1971), 128-137.

29) 안점식, 『세계관과 영적 전쟁』 (죠이선교회출판부, 1996), 5.

30) 문석윤, "유교와 기독교", 『신앙과 학문』 (기독교학문연구회, 1998, 가을, 제3권 3호), 2.

31) David G. Hagopian(ed.), *Back to Basics: Rediscovering the Richness of the Reformed Faith* (P & R Publishing, 1996), ix.

에 관한 교리는 종종 난관에 부닥친다. 심지어 그리스도인 중에서도 그리스도에 대한 구원의 확신이 없는 경우가 있다. 어떤 이들은 오히려 타종교에도 구원이 있다는 것을 인정함으로 종교 간의 화해를 주장한다. 그러나 그리스도의 유일성을 강조하지 않는 다면 구태여 다른 종교 신봉자들에게 복음을 증거 할 필요가 없다.[32] 예수는 자신의 가르침이 진리이며 오직 자신을 통해서만 하나님께 이를 수 있다고 주장하였다.[33] 예수님 자신도 오직 한 분 선하신 하나님만을 가르쳤다. 사람들이 의지하고 사는 모든 권력을 거부하고 오직 한 분 전능하신 하나님을 믿고 순종하였다.

예수의 유일성은 전통적으로 기독교 신학의 핵심원리로 받아져 왔다. 하지만 이 전통은 자유주의자들과 종교 다원주의자들의 도전에 직면해 있다. 이들은 우주적 그리스도 개념을 역사적 예수의 그리스도로 상대화하였다. 그들은 타종교 안에서도 보편화된 그리스도의 진리, 예를 들면 사랑과 용서, 자비와 긍휼을 발견한다. 그러므로 타 종교와의 대화는 유익하며 그리스도에 대한 이해를 증진시킨다고 주장한다. 따라서 기독교의 배타적 선교는 불필요하며 세계 평화를 위협하는 것이라고 생각한다. 이것은 2013년 부산에서 개최되는 제10차 세계교회협의회(WCC)의 핵심 정강이다.[34] 그리하여 한국기독교총연합회 WCC 대책위원회는 WCC 총회 유치에 우려의 입장을 재확인하며 참여 교단의 탈퇴를 조언하였다.[35]

6.3. 교회와 하나님의 나라

기독교 세계관은 성경에 나타난 교훈 중에 하나님의 나라에 관심을 갖는다. 비

32) 강영안, “다원주의 어떻게 볼 것인가”, 유해무, “종교다원주의와 삼위일체론”, 박희주, “다원주의 시대의 과학과 종교”, 오창희, “다원주의 사회에서의 복음”, 최태연, “종교다원주의에 대한 현대 복음주의의 답변”, 『신앙과 학문』, 기독교학문연구회, 1999년 봄 제4권 1호, 1 100.

33) 요 14:6과 행 4:12 참조.

34) 2013년 WCC 부산 총회 주제는 “생명의 주님, 우리를 정의와 평화로 인도하소서”로 확정되었다. 이는 2월 16일 소집된 중앙위원회의 유럽 측의 “일치” 제안에 대해 아시아와 아프리카 지역 교회들이 요청한 “정의 및 평화”를 통합한 세3의 수정안으로 중앙위원회가 최종 의결하였다. (기독교신문, 제2053호, 2011년 3월 6일), 제1, 2, 6면, 참조. Cf. 한국기독교WCC반대대책위원회 편, 『WCC 무엇이 문제인가?』 (대한예수교장로회 총회출판국, 2010), 25-192.

35) “한기총, 명예회장 등 중징계”, (국민일보, 2011년 2월 26일 토요일), 25면 참조.

록 학자들 사이에 이 문제를 둘러싸고 많은 논쟁이 있어왔으나 분명한 것은 하나님의 나라는 예수님의 사역 중에 가장 핵심적인 주제요 메시지였다는 것이다.[36] 기독교 세계관, 즉 성경적 세계관은 개혁주의 신약학의 대가 G. E. 래드 박사의 지적처럼 교회와 하나님의 나라에 관심을 갖고, 이의 실현을 위해 헌신하는 것이다. 그에게 하나님의 나라는 하나님의 통치요 활동으로 나타나는 신적 주권이었다. 그러나 하나님의 나라는 여러 가지 영역에서 미래 뿐 아니라 실재상 현재에 속해 있는 개념이다. 따라서 그는 하나님의 나라를 이 시대에 하나님께 굴복하는 사람들의 마음과 그들의 삶 속에 역사하는 하나님의 다스림, 통치, 또한 다음 시대에 온 세상에 역사하게 될 하나님의 다스림과 통치로 이해하였다. 결국 언젠가는 하나님이 만유를 다스리게 될 것이기 때문이다. 그 때는 실망한 자들에게 용기를, 소망을 잃은 자들에게 소망을 줄 것이다. 하나님의 통치가 현재 어떤 식으로 나타나든지 그것이 결국 승리하게 될 것이다. 그 무엇도 하나님의 통치에 저항할 수 없기 때문이다.[37]

(1) 제 이론: 구약의 약속대로 이 땅에 오신 예수님은 하나님의 나라를 가르치며 그 나라의 성취를 위해 생애를 바쳤다. 마 4:17절에서 예수님은 "회개하라 천국이 가까웠느니라" 선포하셨다. 그리고 마 5:20, 6:10, 7:21절에서 사람들에게 하나님의 나라를 가르치셨다. 그가 행하신 능력의 사역들은 하나님 나라가 그들에게 임했음을 보여주기 위함이었다(마 12:28). 그리고 마 13장에서 보듯이 제자들에게 많은 비유로 가르치시며 약속하셨다(마 25:31, 34). 예수님은 하나님의 나라를 이 땅에 건설하기 위하여 자신의 피로 교회를 세우셨다. 이를 둘러싸고 하르낙과 다드, 일부 진보주의자들은 하나님의 나라를 인간 정신이나 예수의 인격 속에 시공간적으로 들어간 절대적인 어떤 실체, 혹은 인간 사회를 위한 하나의 이상적인 패턴으로 취급하였다. 이들에게 하나님의 나라는 주로 개인의 구원이나 미래에 대한 것이기 보다 현재의 사회적 문제에 관한 것이다. 이상적인 사회 질서를 위해 일하고 빈곤과 질병, 노동관계, 사회적 불평등, 그리고 인종 관계 등의 문제점들을 해결하기 위해 노력함으로 사람들이 하나님 나라를 세워가는 것이라고 하였다.[38]

---

36) 조지 래드, 『하나님 나라』 (크리스챤 다이제스트, 1997), 11.
37) 조지 래드, 『하나님 나라』 (크리스챤 다이제스트, 1997), 13.
38) 조지 래드, 『하나님 나라』 (크리스챤 다이제스트, 1997), 17-18.

한편 일부 보수적인 학자들은 어거스틴 이후 교회와 하나님의 나라를 동일시하였다. 교회의 성장과 더불어 하나님의 나라도 성장하며 확대되는 것으로 인해한 것이다. 이에 또 다른 보수적인 개신교 학자들은 이를 일부 수정하여 하나님의 나라를 가시적인 교회 속에서 구체화되는 교회로 보았다. 그것은 교회가 복음을 들고 세상으로 나아갈 때 하나님의 나라가 확장되기 때문이다. 이 세상을 그리스도에게 이끌어 세상을 하나님의 나라로 변형시키는 것이 교회의 사명이라고 믿었다. 복음은 예수 그리스도의 초자연적인 구속의 말씀이요 교회가 그 말씀을 선포함으로 하나님 나라가 세워진다고 본 것이다. 복음은 단순히 그것을 믿는 자 개개인에게 미래의 생명으로의 개인적인 구원을 제공해줄 뿐 아니라, 현 세상의 모든 삶의 관계들을 변화시켜서 하나님 나라가 온 세상에 가득하도록 만들어 준다. 구속의 은혜의 복음은 개개인의 신자들의 영혼만이 아니라 사회적 경제적 정치적 질서들까지도 구원할 수 있는 능력을 갖고 있기 때문이다. 예수님의 비유에서 보듯이 하나님의 나라는 마치 밀가루 반죽 속에 둔 누룩과 같아서 서서히 그러나 꾸준히 그 반죽 속으로 침투해 들어가 마침내 덩어리 전체를 부풀게 하는 것과 같다. 그러므로 하나님의 나라는 서서히 점진적으로 세상 속으로 침투해 들어가서 세상을 변화시킨다.

(2) 종합: (i) 하나님의 나라는 현재의 영적 실체이다. 이것은 눅 17:20-21절에서 예수님이 말씀하신 대로 "하나님의 나라는 볼 수 있게 임하는 것이 아니요 또 여기 있다 저기 있다고도 못하리니 하나님의 나라는 너희 안에 있느니라" 고 하셨다. 롬 14:17, "하나님의 나라는 먹는 것과 마시는 것이 아니요 오직 성령 안에서 의와 평강과 희락이다". 여기 의와 평강과 희락은 성령의 다스림에 삶을 맡긴 사람들에게 지금 하나님께서 주시는 성령의 열매들이다. 그것들은 이미 사람들 가운데 현존하는 것으로 영적 삶의 가장 깊은 샘물이다. 이로써 예수님은 하나님 나라의 현재성을 보여주셨다. (ii) 그리스도께서 영광 중에 오실 때에 하나님이 그의 백성에게 주실 유업이다. 그러므로 하나님의 나라는 미래적이다. 마 25.34절 "내 아버지께 복 받을 자들이여 나아와 창세로부터 너희를 위하여 예비된 나라를 상속하라". 뿐만 아니라 베드로는 벧후 1:11절에서 "우리 주 곧 구주 예수 그리스도의 영원한 나라에 들어감을" 미래의 한 날로 말씀하였다. 마 8:11절 "너희에게 이르노니 동서로부터 많은 사람이 이르러 아브라함과 이삭과 야곱과 함께 천국에

앉으리라" 하셨다. 이처럼 주님께서는 친히 나라와 관련하여 미래의 사건을 종종 언급하셨다. 하나님의 나라의 미래적 강림에는 장차 큰 영광이 함께 할 것이다. 예수님은 마 13:41, 43절에 "천사들이 그 나라에서 모든 넘어지게 하는 것과 또 불법을 행하는 자들을 거두어 내어, 그 때에 의인들은 자기 아버지 나라에서 해와 같이 빛나"게 될 그 날에 대해서 말씀하셨다. (iii) 하나님의 나라는 현재적이며 동시에 미래적이다. 이는 예수님의 말씀대로 현재 실재하는 것이요(마 12:28), 그러면서도 미래의 축복이다(고전 15:50). 그 나라는 오직 거듭남으로 체험할 수 있는 (요 3:3) 내적인 영적 구속적 축복이며(롬 14:17) 또한 세상 나라들을 다스리게 될 것이다(계 11:15). 그 나라는 사람들이 지금 들어가는 영역이면서도(마 21:31) 동시에 그것은 그들이 미래에 들어가게 될 영역이다(마 8:11). 그 나라는 하나님이 미래에 베풀어 주실 하나님의 선물인 동시에(눅 12:32) 현재에 받아 누리는 선물이다(막 10:15). 눅 13:18-21절에서 말씀하신 바와 같이 언젠가 거대한 나무가 되는 겨자씨와 마치 언젠가 밀가루 전체를 부풀리게 될 누룩과 같은 것이다. 또한 요 18:36절에서 예수님은 빌라도의 심문에 "내 나라는 이 세상에 속한 것이 아니라"고 하였다. (iv) 이 하나님의 나라는 동시에 예수 그리스도를 따르는 자들이 들어간 하나의 영역, 공동체를 의미한다. 바울은 골 1:13절에서 하나님이 "우리를 흑암의 권세에서 건져내서 그의 사랑의 아들의 나라로 옮기셨다"고 하였다. 이 말씀은 구원 받은 자가 이미 그리스도의 나라에 속해 있음을 보여준다.

여기서 필요한 것이 "나라", 구약 히브리어의 말쿳과 헬라어 바실레이아의 개념 이해이다. 이 나라의 이해를 위해서는 현대적 개념 보다는 고대의 관점에서 접근해야 보다 명확하다. 예수님이 이 말씀을 주셨을 때는 로마 제국 황제들이 통치하던 때였다. 당시 황제, 예를 들면 아우구스투스는 독자적인 권위로 제국의 모든 영토를 다스렸다. 한때 세계를 제패했던 영국, 대영제국은 현재 엘리자베스 2세의 통치 아래, 그녀를 군주로 인정하는 나라들이 포함되었다. 이들 나라에 대해 여왕은 수반으로 하나의 국가 통치, 그 영역 안에서 권위를 갖는다. 동시에 나라는 여왕이 다스리는 그 나라에 속한 사람, 시민을 의미한다. 따라서 나라는 통치자의 권위와 주권, 능력과 영광의 영역을 의미한다.[39] 이와 관련하여 성경에 여러 사례

39) 조지 래드, 『하나님 나라』 (크리스챤 다이제스트, 1997), 20-21.

중에 인간의 통치, 대표적으로 에스더와 에스라에 나타난 아하수에로와 아닥사스다 왕의 경우이다(에 1:1, 스 8:1). 그러나 하나님과 관련해서는 시 103:19절 "여호와께서 그 보좌를 하늘에 세우시고 그 정권으로 만유를 통치하시도다"라고 하였다. 하나님의 나라, 말곳은 그의 우주적인 다스림이요 온 땅을 통치하는 그의 주권인 것이다. 한편 시 145:11절 "주의 나라는 영원한 나라이니 주의 통치는 대대에 이르리이다". 결국 하나님의 통치 영역은 하늘과 땅임을 보여준다. 하지만 이 말씀은 영역이 영원할 것을 말씀하는 것이 아니다. 오직 영원한 것은 하나님의 다스림이다. 단 2:37절 "왕이여 왕은 열왕의 왕이시라 하늘의 하나님이 나라와 권세와 능력과 영광을 왕에게 주셨고"라고 하였다.

결국 하나님의 나라는 그의 왕권과 통치, 권위의 문제이다. 따라서 나라가 단순히 영역이나 백성아 아니라 하나님의 다스림을 의미한다. 장차 임할 그의 나라에 들어가기 위해서는 온전한 신뢰로 우리 자신을 현재 이곳에서 이루어지는 하나님의 통치에 맡겨야 한다. 그리고 마 6:33절 "그의 나라와 그의 의를 구"해야 한다. 이는 곧 그의 다스림과 통치를 우리의 삶 가운데 이루어야 할 것을 가리킨다. 그러므로 하나님의 나라는 이중적이다. 동시에 그런데 이 하나님의 나라는 예수님이 오셔서 유대 땅에서 사역을 시작했을 때는 구약의 선지자들이 예언한 그리스도의 때, 곧 종말이었다. 결국 이 종말은 예수 그리스도가 이 땅에 오심으로 하나님의 나라가 임하였고 그가 장차 통치하실 것을 보여준다. 성도들은 예수님의 명령에 따라서 이 땅에 하나님의 나라를 이루어야 한다. 장차 그의 재림으로 모든 구속 경륜은 성취 될 것이다. 따라서 기독교인들은 하나님의 관심에 따라서 그분의 시야만큼 폭넓은 관점을 갖는 것이 중요하다.

7. 결론

7.1. 정리

지금까지 필자는 기독교적 세계관의 이해와 정의, 다양한 형태, 무엇보다도 기독교적 세계관의 구성과 체계, 창조-타락-구속-완성의 전개 과정을 고찰하였다. 세속적 세계관이 주로 이성에 기초한 현실주의적 이상이다. 그러나 기독교 세계관은 성경에 계시된 하나님의 구속 경륜, 만세전에 그리스도 안에서 죄인들을 구원하시는 은총을 말한다. 이는 창조-타락-회복-완성을 통해 성취될 것이다.

7.2. 제안

주님께서는 내 나라는 이 세상에 속하지 않았다고 하셨다(요 18:36). 이제 구원받은 우리는 롬 12:1-2절 이 세대를 본받지 말고 새롭게 되며, 항상 사람의 유전과 세상의 초등학문에서 벗어나 그리스도를 좇아야 할 것이다(골 2:8). 참된 경건은 자기를 지켜 세속에 물들지 아니하는 것이다(약 1:17). 개인적으로는 그리스도의 형상을 닮고, 전체적으로는 하나님의 나라를 이 땅에 실현하여 주의 소명을 이루어야 할 것이다.

(1) 관점을 새롭게: 사 43:18-21절 "너희는 이전 일을 기억하지 말라 옛적 일을 생각하지 말라. 보라 내가 새 일을 행하리니 이제 나타낼 것이라 너희가 그것을 알지 못하겠느냐 정녕히 내가 광야에 길과 사막에 강을 내리니, 장차 들짐승 곧 시랑과 및 타조도 나를 존경할 것은 내가 광야에 물들을, 사막에 강들을 내어 내 백성, 나의 택한 자로 마시게 할 것임이라. 이 백성은 내가 나를 위하여 지었나니 나의 찬송을 부르게 하려 함이니라." 항상 말씀에 따라 신앙으로 생각하고 행동하라. 자신의 관점을 하나님으로 전환하라. 빌 3:14절 말씀처럼 푯대를 향해 앞으로 전진해야 할 것이다.

(2) 행동을 새롭게: 엡 6:10-20절 복음의 전신갑주를 입어야 한다. 그러나 혹 우리 중에 누구든지 세상과 벗이 되고자 하는 자는 스스로 하나님과 원수 되는 것을 알아야 한다(약 4:4). 그리고 적극적으로 자신의 은사를 개발하라. 우는 자와 함께 울며 웃는 자와 함께 울라. 이것이 오늘 날 기독교인이 성취해야 할 과제이다. 주님은 우리에게 영원히 목마르지 않은 물을 준비하시고, 영생하도록 솟아나는 이 물을 마시라(요 4:13)고 하셨다. 믿음에 굳게 서서 남자답게 강건해야 할 것이다. 욥 17:9절 "의인은 그 길을 독실이 행"한다고 하였다. 손에 쟁기를 잡고 뒤를 돌아보지 않는 성도, 앞으로 끝없이 전개될 광야 같은 세상에서, 반드시 믿음으로 승리해야 할 것이다.

제 4 부

결론: 종합적 평가

제16장

종합적 평가 :
21세기 한국교회의 역사적 과제

1. 서론

21세기, 새천년은 세계인의 기대와 희망 속에 벌써 10년을 경과하였다. 그 동안 국내외적으로 엄청난 변화 속에 국가 간의 경쟁으로 긴장이 고조되고 있다. 물론 우리 정부도 세계화 시대에 보조를 맞추어 다양한 콘텐츠, 관광과 교육, 기술을 포함하여 국가 브렌드 개발에 진력하고 있다. 이러한 외적 변화 속에 한국 교회 또한 많은 변화에 직면하였다. 특별히 2009년 8월 스위스 제네바에서 2013년 제10차 WCC(세계교회협의회) 부산 총회 개최가 확정되면서 한국교회는 여러 교파 간의 신학적 정체성 문제로 어수선하다. 연일 기독교 언론 매체들이 찬반양론 입장에서 기사를 쏟아내고 있다[1] 2010년 3월 26일 대한민국 해군 제2함대 소속의 천안함이 서해 NLL 경비 임무 중에 피초되었다. 이 후 원인을 둘러싸고 남북 관계가 급속히 냉각되었고, 미중일을 비롯한 주변국들이 외교적 해결을 위해 활발히 접촉하고 있다.

설상가상으로 2010년 11월 23일 북한의 해안포 및 곡사포 사격 도발로 서해 5

1) 대표적으로 "24일, WCC반대 총궐기대회 연기로", 「기독교신문」, 2010년 5월 30일 3면, 31일 코리아나 호텔, 개신교단 180개 교단과 28개 선교단체 참석. "보수교단의 WCC총회 반대움직임 확산", 「기독교신문」, 2010년 6월 6일, 1, 10면 참조.

도 지역에 군사적 긴장이 고조되었다. 당시 북한은 이날 오후 2시 34분부터 3시 41분까지 해안포와 곡사포를 연평도와 인근 해상으로 100여발의 포성을 발사하였고, 이로 인해 해병대 병사 2명과 민간인 2명의 사망 그리고 군인 16명과 민간인 3명이 부상하였다. 외신 보도와 같이 남북한은 1950년 6.25 이후 최대의 위기에 직면하였다. 이런 긴박한 상황에서 또한 지난 해 12월 1일 한미 FTA 재협상이 타결되었다. 정부는 한미 FTA의 미국의회 비준을 위해 자동차 협상에서 많은 것을 양보하였다. 자동차의 '일부 양보' 와 냉동 돼지고기와 의약분야에서 한미 양국이 서로 주고받았다고 하지만 대체적인 평가는 우리 정부의 '비굴한 변명' 으로 평가된다. 그것은 이번 재협상의 결과 양국의 태도와 여론이 잘 보여준다. 미국 정부와 의회는 물론 미국 자동차업계의 노사 모두 즉각적으로 이번 재협상으로 "양방향의 공정한 무역 기반이 마련되었다", "오바마의 승리" 라고 일제히 환영하였기 때문이다.

오늘 우리의 현실을 직시해 볼 때 외침은 있으나 그 어디서도 희망의 메시지는 찾을 수 없다. 누구를 원망하고 기대해야 할지 많은 부분에서 아쉬움이 남는다. 이러한 상황에서 교회의 존재 이유와 역할이 무엇인지 살피는 것도 유익할 것이다. 왜냐하면 교회는 어느 사회와 국가를 막론하고 모든 상황에 응답하며, 무엇보다도 세상의 빛으로 지렛대 역할을 해야 하기 때문이다. 작금 한국 사회와 교회 문제를 직시하면서 특별히, 교회의 과제는 무엇인지, 차제에 간략히 고찰하고자 한다. 필자의 생각에 한국교회의 과제는 대체로 4가지로 정리하였다.

2. 신학적 정체성 확립

1885년 4월 복음 전래 이후 한국 교회는 급속한 성장을 이루었다. 학자들의 지적처럼 급속한 성장에 건전한 보수 신학이 한 몫을 하였다. 한말(韓末) 당시 국가적 존립 위기와 전통적인 종교들, 예를 들면 불교와 유교, 샤머니즘의 혼재 속에서 보수 신앙의 정착은 주님의 축복이었다. 놀라운 것은 선교 이후 지금까지 수없는 분열을 경험하면서도 대세는 보수신앙의 사수였다. 사실 한국 교회의 분열은 도를 넘어 실망과 함께 현기증을 일으킬 정도이다. 그러나 2000년, 새천년을 앞두고 예장 개혁을 중심으로 연합운동이 진행되었고, 2005년 9월 예장 합동과 개혁

이 분열 26년 만에 극적으로 합동하였다. 이후 몇 몇 교단 간에 합동이 논의되었으나 빛을 보지 못하였다. 최근 예장 통합 측과 합동 정통 간의 통합이 오가는 중에 성사되지 못하였고, 이 중 합동 정통은 교단 통합과 신학교의 관계 문제로, 백석과 총회 측으로 분열하였다. 또 다른 교단으로 순복음을 포함하여 감리교도 벌써 2년 동안 총회장 선출을 둘러싸고 대립 중에 분열했거나 조짐을 보이고 있다.[2)]

역사적으로 한국 교회의 분열의 근저에 일제 강점기 신사참배와 관련하여, 그리고 해외 유학파들의 보수와 진보적인 학자들의 입국과 신학교 강의에서 발생한 신학적 갈등이 중심이었다. 일제는 1910년 강제 합병한 후,[3)] 민족 말살 정책과 황국신민화를 위해 총력을 기울였다. 그 과정에서 신사 참배의 강요로 교회는 분열 양상을 보였고, 1945년 해방과 더불어 현실화되었다. 당시 분열된 교단은 예장 총회와 기장, 그리고 고신측으로 각각 자신들의 신학적 정체성을 따라서 발전하였다.

---

2) "일부 세력 총회강행, 분열위기 직면", 「기독교신문」, 2010년 6월 6일, 3, 6, 12면 참조. 특히 12면의 "개혁선언서, 감리 교회, 반드시 개혁되어야 합니다", 전국 감리교 목회자 서울연회 개혁현대, 2010년 5월 31일 참조.

3) 2010년 5월 10일 오전 백낙청, 이태진 서울대 명예교수, 김지하 시인, 일본의 노벨문학상 수상자인 오에 겐자부로 등 한일 양국을 대표하는 지식인 200여 명은 서울과 도쿄에서 한일병합조약의 원천 무효를 선언하는 '한일 지식인 공동성명' 을 동시에 발표했다. 이들은 성명에서 한국병합을 대한제국의 황제로부터 민중에 이르기까지 모든 사람의 격렬한 항의를 군대의 힘으로 짓누르고 실현시킨, 제국주의 행위이며 불의부정한 행위로 간주하였다. 이들의 선언으로 한일 양국이 희망찬 미래를 약속하는 계기가 마련되기를 바란다. 그런데 한/일 지식인들의 한일합방 원천무효 선언 이후 양국의 의원들이 오는 8월 한일합방의 원천 무효 관련 공동성명을 발표할 것이다. 이를 위해 오는 25일 공동성명 추진과 문구 조정을 위해 강창일, 장세환 민주당, 박선영 자유선진당 의원 등이 일본 의회를 찾아 공동성명 추진에 뜻을 같이 하는 일본 의원들과 시민단체 관계자들을 만날 예정이다. 이들은 '전후 보상을 생각하는 의원연맹' 의 오카자키 도미코 회장과 곤노 아즈마 간사장 등과 공동성명에 대한 의견을 나눌 것이다. 양국 의원들이 추진하는 '화해의 행동'은 3단계로, 우선 민주당 강창일 의원이 지난달 5일 발의한 '한/일 과거사 정리 촉구 결의안'이 상반기 중 한국 국회에서 의결될 것이다. 여야 의원 70여명이 서명한 결의안은 ' 식민지 국가와 국민에 대해 일본이 사죄, 보상하고 1965년 한 · 일 협정 때 배상 대상에서 제외된 위안부 문제 등에 대해 재협상할 것'을 담고 있다. 이 결의안에는 홍준표, 황우여 한나라당 의원 등도 참여하였다. 2단계로는 한국 국회의원 대부분과 일본 의원 100여명이 참여하는 공동성명을 오는 8월 15일 전후로 양국에서 공동 발표하는 것이다. 공동성명은 100년 전 강제 병합의 원천 무효 확인, 일본 정부의 공식적인 사과와 사죄, 한 · 일관계의 미래 지향적 재정립 등이 포함될 것이다. 마지막으로 일본이 과거 식민시 지배를 반성하는 내용이 일본 의회 차원의 결의안을 통과시키는 방안인데, 일본 의회가 이를 처리할 수 있을지는 미지수다. 한편 지난 10일 한/일 지식인 공동성명에 대해 일본 언론들은 거의 침묵으로 일관하고 있다.

1950년 6.25를 거친 후 급속히 안정을 찾던 한국교회는 세계교회협의회, WCC 가입 문제로 대립 중에 1959-60년 예장은 합동과 통합, 기성과 예성으로 분열하였다. 그럼에도 불구하고 이후 한국교회는 세계 교회사에 유래가 없는 성장과 부흥을 이끌었으나, 동시에 크고 작은 교단들의 난립으로 혼란에 빠졌다. 물론 성경을 하나님의 계시된 말씀으로 믿는 교단들의 자율성과 다양성을 획일적으로 단언할 수 는 없다. 혹자의 지적처럼 오늘 날 교세의 급속한 신장은 교회의 분열에 일부 빚을 지고 있기 때문이다. 그렇게 볼 때 교단의 난립을 무조건 부정 보다는 불가피한 상황에서 긍정적으로 하나님의 은총의 한 부분으로 간주할 수도 있을 것이다.

하지만 한국 교회는 1960년대 이후 신학적 쟁점 없이, 이해관계를 따라서 핵분열하였다. 몇 차례 분열된 교단들이 연합하고 다시 재분열하는 과정을 겪으며 질적 저하를 피하지 못하였다. 그 결과 정체(?)를 알 수 없는 무수한 신학교의 난립과 무자격자의 양산, 주택가 인근에 기도원 형태의 소규모 교회의 설립 등이 확산되었다. 급박한 변화 속에 이제 한국 교회는 분열을 극복하고 신학적 정체성을 회복해야 할 것이다. 이를 위해서는 몇 가지 신학적 기준과 설정이 요청된다.

(1) 성경관의 재확립: 즉 사도적 신앙의 사수와 회복이다. 상기한 대로 교회의 신학 부재와 난립은 교회 전체의 질적 저하를 배태하였다. 신학교나 보수적인 교단이 없어서가 아니다. 그렇다고 성도들이 없어서도 아니다. 여기 저기 산재해 있지만, 제 구실을 못하거나 실제 현장에서 성과를 거두지 못하고 있다. 배우고 가르침을 받았어도, 그것이 실제 삶의 현장에서는 매우 이중적이다. 원리 보다는 실리를 추구하다 보니, 꿩 잡는게 매 식이 되었다. 이러한 관행은 한국 교회의 일상이 된 기분이다. 누구도 책임을 지고 나서는 자가 없다. 그러나 이렇게 뒤틀린 현재 상태로는 그 어떤 이상이나 철학도 맛 좋은 개살구 일 수밖에 없다. 따라서 한국 교회는 부흥과 성장을 꿈꾸기 보다는 이제 조상적부터 내려온 영감 된 계시, 하나님의 말씀, 성경관을 재확립해야 한다. 그 이유는 성경을 하나님의 말씀으로 고백하는 신앙 없이는 기독교 자체의 정체성이 무의미하기 때문이다.

그러면 현재 한국 교회의 성경관은 무엇인가? 대체로 교단 마다 다른 성경관을 갖고 있는 바, 몇 몇 진보적인 신학교에서는 성경 자체를 하나님의 말씀으로 보기 보다는 하나의 평범한 책으로 간주한다. 이들은 성경과 하나님의 말씀, 계시를 구분하는 것이다. 때로는 학문적으로 신앙과 신학을 구분하기도 한다. 교단이나 교회가 포함된 일부 현상이지만, 과연 성경, 즉 하나님의 말씀에 대한 고백적 신앙 없이 기독교인이라고 혹은 성도라고 할 수 있는가? 역사적으로 하나님의 말씀으로서의 성경의 권위, 삼위 일체 하나님과 예수 그리스도의 참 하나님과 참 사람으로서의 인격적 속성, 예수 그리스도의 동정녀 탄생과 십자가에 죽으심, 육체적 부활과 재림 등, 사도요한의 표현대로 이 중에 하나 혹은 일부를 부인하면 그것은 더 이상 기독교가 아니다. 이는 이단으로 교회의 정체성을 파괴하고 질서를 교란하는 무리로 엄히 경계해야 할 것이다. 성경은 살아있는 하나님의 말씀으로, 교훈과 책망과 바르게 함과 의로 교육하기에 유익한 영혼의 양식이다. 오직 말씀만의 신앙과 의지적 고백이 요청된다. 칼빈처럼 말씀과 함께 운명을 같이 하는 것이다.

(2) 보수 신학의 체계화와 계승: 즉 사도신경을 포함한 초대 교회의 4대 신경, 16세기 종교개혁 신학과 17세기 정통신앙고백의 재확립이다. 교회가 태동하여 부흥, 성장해 가는 과정에서 성경과 관련하여 신학적인 문제가 끝없이 제기되었다. 때로는 정통 신학을 도출하기 위해 어쩔 수 없이 형제와 등을 돌리며 정죄하고, 별도의 단체, 교단을 구성하기도 하였다. 교회는 믿는 자들의 공동체로 가장 민주적인 단체이다. 그러므로 신앙 행위의 연장으로 다양한 목소리가 교회에서 교류하였다. 그 결과 자연스럽게 교단이 이런저런 이해관계를 따라서 난립하였다. 그 과정에서 먼저는 성경의 이해로, 그 다음에는 신학의 정통성 문제로 갑론을박하였다. 이것이 바로 지금까지의 기독교의 역사이다.

결국 개신 교회는 가톨릭의 교권주의, 강압적 권위와 복종에 맞서 끝없는 자유 논쟁을 통해 교정과 보완을 거듭하며 수준 높은 오늘의 정통 신학을 체계화하였다. 그 중심에 칼빈의 제네바 신앙 고백서와 화란의 돌트 신조, 영국 청교도들이 작성한 웨스트민스터 신앙 고백이 자리한다. 이것은 세월이 흘렀어도, 성령의 역사로 작성되어, 오늘까지 전수된 교회의 신앙 고백이다. 그것은 성령이 역사를 초월하여, 과거 현재 미래를 섭리하신 결과이다. 그러므로 현재적 관점에서 과거의 신앙 고백을 16세기 혹은 17세기의 과거의 사문서 등으로 평가절하하거나,[4] 부정

4) 이형기, "WCC 중심의 에큐메니칼 운동의 역사와 신학", 「WCC 어떻게 볼 것인가?」한국교회사학연구원/한국기독교회사학회, 2010.4.8, vol. 148, 문병호 박사의 강연에 대한 응답, 복음과 성경의 문제와 관련하여 이형기 교수는 문병호 교수의 성경관을 17세기 개혁 정통주

하는 것은 성령을 훼방하는 것이다. 역사적 기독교, 정통 기독교는 이 모든 고백서들을 하나님의 선물로 중요하게 취급한다. 오늘날 소위 신학의 범람 속에서도 정통 신학을 사수케 하시는 하나님의 섭리에 경의를 표하지 않을 수 없다. 역사적으로 정통 신학은 항상 시대를 따라서 도전에 직면하였다. 그러므로 올바른 신학 계승을 위해 때로는 갈등과 대립을 감당할 할 몫으로, 개혁.장로교회는 고통을 피하려 해서는 안 될 것이다. 오히려 대가 지불을 기쁘게 감당해야 할 것이다.

(3) 생활 신학의 확대: 이는 최근 신학의 범람 속에서 출현한 신학으로, 통칭 청교도 혹은 경건주의 신학으로 광의적으로 취급할 수 있다. 쟁점은 신학이 단순히 상아탑에서 논의되는 이론적 학문에 국한되어서는 안 된다는 것이다. 이는 마치 16세기 종교개혁의 교리적 전통에 맞서 17세기 청교도 운동과 경건주의 운동이 태동했던 것과 같다. 그러므로 오늘 한국 교회는 보수적 신학 전통을 사수하되, 역사적 교훈을 따라 삶의 현장에서 목소리를 높이고 뿌리를 내려야 한다. 여기 생활신학은, 칼빈의 개혁주의적 전통을 실제 생활과 삶의 전 분야, 사회, 경제, 정치, 문화, 예술과 종교에 적용하는 것이다. 이를 다른 말로 칼빈주의 문화관의 재정립이다. 신학적 논의가 삶의 현장에서 기쁨과 환희와 더불어 고통과 고뇌의 분담으로, 때로는 눈물과 땀으로 승화되어야 한다. 정통 신학의 매력이 바로 여기에 있다. 그렇지 않는 신학, 소위 삶의 현장에서 투쟁이 없는 신학은 살았으나 실상은 죽은 것이다. 오늘 교회는 작금의 세속주의와 혼합주의, 편만한 신문화주의에 맞서 말씀과 계시의 기초위에서 열매 맺는 신앙으로 승화해야 한다. 한국 교회만의 특별한 신앙 전통을 재확립해야 한다. 더 이상의 저급한 신학적 논쟁, 하나님의 말씀 없는 혹은 이를 부정하는 논의를 중단하고, 열매로 알리라는 주님의 말씀대로 성경으로 복귀해야 할 것이다. 말씀과 함께 삶의 이원화 내지 불균형을 일소하

의와 미국개혁정통주의, 대표적으로 비비 워필드, 아치발드 알렉산더, 찰스 하지 등의 축자 영감에 따른 성경주의와 명제주의, 성경을 자료로 하는 교회 고백적 교리주의로 치부하였다. 이는 칼빈의 신학을 추구하는 전통 장로교 소속의 학자로서 칼 바르트의 성경관과 비교할 때 매우 대비되는 부분이라 할 것이다. 이러한 현상은 한국교회, 특별히 예장 합동과 통합 간의 성경관을 둘러싼 확연히 구별되는 신학적 견해이다. 그러므로 합동을 포함한 보수 교단, 예를 들면 고신과 합신, 기성 약 100여개 교단과 30여 선교단체들이 2013년 부산에서 개최되는 WCC 제10회 총회를 반대하는 이유이다. "24일, WCC반대 총궐기대회 열기로", 「기독교신문」, 2010년 5월 30일 3면 참조.

는 것이 급선무이다.

(4) 사이비 이단의 경계: 예장 합동과 통합, 고신, 합신, 백석, 개혁 및 기성을 포함하여 총 66개 교단이 소속된 한국기독교총연합회, 이하 한기총의 연례 보고서에 의하면 한국 교회는 해외 여타 국가에 비해 많은 이단들을 갖고 있다.[5] 그들 중에 쟁점이 되고 있는 이단들은 신천지와 박옥숙이 대표적이다. 이들은 기성 교회의 경계에도 불구하고 줄기차게 언론을 활용하거나 단독으로 대형 집회를 개설하여 홍보하며 성도들을 교란시키고 있다. 문제는 기존의 한기총 산하 교단과 교회들의 안이한 태도이다. 지금까지 물론 기성 교회의 이단 교육이 미미하였고, 대처할 만한 신학적 준비도 갖추지 못하였다. 차제에 한국 교회는 이단을 경계하고 선교 2세기를 향해 도약해야 할 것이다. 초대 교회의 교부들, 대표적으로 이레네우스는 「이단논박」[6]에서 교회의 일치와 질서를 파괴하는 이단을 강력히 대처하였다. 교회의 순결을 보존하기 위한 합당한 조치로 간주하였다. 한국 교회가 이단에 소홀한 것은, 이에 것 맞는 신학적 지식의 결핍 때문이다. 그러므로 한국 교회는 부흥과 성숙에 따른 신학적 체계를 확대해야 할 것이다.

3. 목회철학의 재확립

1960-80년대는 실로 한국 교회의 중흥기였다. 이 시기에 엑스포 ‘74와 80년 민족복음화는 세계 집회의 이정표였다. 전국에서 모여든 남녀노소 할 것 없이 여의도 광장에, 무엇보다도 우중(雨中)에도 대 성황이었다. 말씀에 사로잡혀, 전하는 자나 듣는 자가 은총에 감격하였다. 이 시기를 전후로 제자 훈련 프로그램이 급속히 확산되면서, 특별히 어린 학생운동이 대학과 개 교회에 도입되었다. 물론 대학가에는 다양한 형태의 기독학생 운동이 확산되었다. 대학가 모임의 활성화와 더불어 지 교회에서는 관심을 개발해야 할 것이다. 중요한 것은 다양한 인재들의 은사 발견이다. 한때(지금도 그렇지만) 제자훈련 과정에서 평신도 중심의 사역이 매우 강조되었다. 하지만 그것을 전부라 말할 수 없는 것이 목회의 신비요 비밀이다. 잘

---

5) Irenaeus, *Against Heresies*, 3.2.1.1.

6) J. B. Lightfoot, *The Apostolic Fathers*, London: MacMillan and Co., Ltd., 1912, pp. 147, 154-155.

배워 실력에 능력 있어도, 그것이 목회의 성공을 담보하는 것은 아니다. 현재 한국교회에 요구되는 것은 목회철학의 재확립이다.

(1) 현실적 출세주의의 지향: 이는 다른 말로 목회자들의 영웅주의적 이상의 경계이다. 사실 대부분의 목회자들이 주님의 소명을 받고 처음에 신학교 문을 두드렸을 때, 그들의 가슴은 감격하였다. 모든 것, 생명 바쳐 헌신을 다짐하였다. 졸업 이후, 목회자로서의 목표를 설정하고 성실히 준비하였다. 그러나 졸업 후 목회현장은 살아남는 자의 승리 이므로 목사 안수 후에 수단 방법을 가리지 않고, 출세주의를 향해 줄기차게 내 달린다. 마치 광야의 야수 하이에나처럼 종류를 가리지 않고 닥치는 대로 먹이 사냥에 나서는 것이다. 무분별한 먹이 사냥으로 결국 상처 받는 것은 성도들이다. 그리하여 현재는 교회가 교회를 집어 삼키는 형태의, 교인간의 수평이동이 관행화 되었다. 솔직히 어느 목회자가 교인 한 사람, 한 영혼을 정말 귀하게 여기는지 모를 일이다. 여기에 윤리와 도덕, 질서와 상호 존중의 소위 인격적 관계는 파기되었다. 더 이상 성경의 원리나 상식적인 교회의 규범도 통하지 않는다. 결국 나와 우리 교회를 제외한 모두가 대적이 되었다. 이러한 현상이 한국 교회의 모습이요 또한 예견되는 내일의 실상이다. 생각하면 잠 못 이룰, 주님의 소명에 통감해야 할 현실이다. 그러나 우리 중에 누가 이 문제에 자유할 수 있는가?

(2) 상호 협력과 유대증대: 결국 출세주의의 경쟁적인 추구와 집착은 한국 교회를 더욱 영육 간에 메마르게 하였다. 그것은 주변 교회들 간의 관계가 잘 보여주는 바, 이웃 교회는 더 이상 어제의 형제와 이웃이 아니다. 언제부터인지 나와 내, 혹은 우리 교회를 제외하고 경계, 내지 단절해야 할 단체가 되었다. 60-80년대의 상호 우호적인 관계는 더 이상 존재하지 않는다. 단적인 예로, 당시 한 교회에서 부흥회 혹은 사경회를 하면, 주변 교회는 물론 노회가 시찰별로 광고하여 참석을 종용하였다. 함께 연합하여 찬양하며 친목을 도모하였다. 몇 몇 도시도 그렇지만 시골에서는 웬만한 거리, 10-20리 거리의 교회들은 노동 시간을 단축하면서 집회 참석에 힘을 모았다. 이것이 바로 우리 교회의 한때, 아름다운 모습이었다. 하지만 지금은 모두가 해묵은 과거 이야기요 추억일 뿐이다. 오늘 우리 주변 교회에서 이런 모습은 동화속의 신화일 뿐이다. 더 이상 형제 교회를 경계하고 단절하는 견원 관계는 철폐되어야 할 것이다.

그러면 목회란 무엇인가? 다양한 정의가 있지만 필자는 (1) 목회는 주님의 은혜, 특별한 소명으로 양떼를 돌보는 것이다. 그러므로 목회(자)는 세상의 여느 직장이나 직업과는 근본적으로 다른 것이다. 그런데 종종 사회가 어렵고 혼란하며, 생활이 막막하면 목회적 관심이 고조되어, 신학교 지원율이 높아지는 것을 본다. 그러나 소명의식, 즉 내적 결단 없이 단지 외형적 기대에 사로잡혀 목회 길에 들어서는 것은 오히려 비 신앙적이며 반 교회적일 수 있다. 이 문제는 신학을 마친 이후 목회 현장에서 다양한 형태로 나타난다. 세상적 성공주의에 빠져 혹은 목회를 생활의 한 방편으로 삼는 것이 아니기를 간절히 소원한다. (2) 사랑과 겸손, 섬김의 지속적 요청이다. 그래서 참된 목회자는 자기 것이 없다. 그러나 그는 영원한 신비와 비밀, 하늘의 은총을 바라며 살아간다. 요 10장에서 예수님의 말씀처럼, 참 목자는 자신의 생명을 양떼를 위하여 내어 놓는 것이다. 우리에게 세월 속에 기억되는 목회자들은 오늘 보다 과거 고난의 시절에 모범을 보였던 분들이 많다. 그들은 지금도 우리의 거울, 영원한 모델들이다.

4. 사회적 변혁의 추구

교회의 존재 목적은 영혼 구원과 더불어 궁극적으로 이 땅에 하나님의 나라를 확장하는 것이다. 이 목적을 위해 하나님은 고난과 시련을 통해 지금까지 당신의 교회를 유지하셨다. 물론 어떤 상황에서도 교회는 멸하지 않지만, 교회를 이 땅에 두신 것은 영혼구원과 더불어 이 땅에 하나님의 나라를 실현하기 위한 그분의 거룩한 뜻이다. 그러므로 교회를 설립하고 기존 사회에 변혁을 추구하는 것은 교회가 빈듯이 성취해야 할 과제이다. 교회는 빛과 소금의 사명을 감당하는 것이 중요하다. 하지만 사회와 국가에 미치는 복음 전파의 영향력은 현재 여러 정황으로 볼 때 심각한 위기에 봉착하였다. 인터넷을 통해 보듯이 저명한 기독교 인사들의 부정부패 연루와 몇 몇 교회들의 세습, 지나친 부의 축적으로 영향력이 급감하면서 상대적으로 반기독교 운동이 활성화되었다. 오늘 날 사회적 이슈는 대부분 교회를 향하고 있다. 설상가상 세속주의와 혼합주의에 익숙한 언론 매체는 여론을 앞세워 기독교의 가치에 도전하며 사기를 저하시키고 있다. 보이지 않는 하늘의 이상을 포기하고 이 세상에 심취해 있다. 이것은 곧 영혼 구원과 지속적인 신앙의 성장을 외면한 결과이다. 그러나 참 교회는 사회적 변혁을 지속적으로 추구한다.

(1) 투쟁 불사 정신: 기독교 신앙은 오랜 투쟁을 통해 전통을 확립하였다. 그런 면에서 기독교 역사는 영적 전쟁사이다. 전쟁은 그 어떤 형태든지 궁극적으로 승리를 요청한다. 그러므로 신앙의 선배들은 신앙의 자유를 위하여 목숨 바쳐 투쟁하였다. 진정한 자유는 대가 없이 주어지지 않는다. 그러나 오늘 날 기독교는 끝없는 도전에 직면하였다. 종교적으로는 불교와 이슬람의 도전, 정치 사회적으로는 세속주의의 도전이다. 이런 가운데 기독교는 또 다른 목표, 기존 사회의 변혁을 지속적으로 추구해야 한다. 이것은 기독교가 갖는 독특한 특성, 세상의 빛과 소금의 본질과 역할 때문이다. 이는 교회가 사회에 대하여 새로운 가치관을 창조하는 일이다. 선교 125년을 맞는 이 때, 이제 한국 교회는 보다 성숙한 자세로, 대 사회와 국가를 대해야 할 것이다. 수구적인 자세에서 벗어나 능동적으로 사회 전 분야에 기독교적 가치를 정착시킬 수 있어야 할 것이다. (2) 성경적 가치관의 전개: 사회적 변화의 중심에 성경적 가치관의 확대 운동을 폭넓게 전개해야 할 것이다. 이를 위해서는 목회자나 성도, 국가 기관의 각 위치에서 성도로서의 책임을 잘 감당해야겠다. 이를 위해서는 이중적 처신 대신 올곧게 믿음으로 나가야 할 것이다. 표리부동한 성도, 초지일관한 실천적 삶이 요청된다.

5. 해외 선교의 확대

2010년 6월 현재, 한국 교회의 선교적 기여는 세계 2위이다.[7] 이것은 한국 교

7) 2008년 12월 10일(수) 국민일보 창간 20주년 특집 기사, 1-7면 미션과 특별히 2009년 1월 13일(화) 미션라이프(25면)에 소개된 한국세계선교협의회(KWMA)의 제19차 정기총회 보고문에 의하면 한국교회는 당년 3월로 1907년 한국 교회가 제주도에 이기풍 선교사를 파송한 이후, 일부 국가 편중에도 불구하고 102년 만에 해외 파송 국가 168개국, 선교사 2만 명 시대를 열 것으로 예상하였다. 현재까지 파송 교단별로는 예장 합동 총회세계선교회가 98개국 2005명, 통합 83개국 1102명, 기독교대한감리회본부선교국 69개국 907명, 기독교대한하나님의 성회 71개국 834명, 기독교한국침례회 54개국 612명이며, 선교단체별로는 대학생성경읽기선교회(UBF) 79개국 1567명, 국제대학선교협의회(CMI) 38개국 628명, 순복음선교회 55개국 598명, 한국국제기아대책기구 58개국 508명, 전문인국제협력단 31개국 460명이었다. 국가별로는 총 232개국 중에 168개국에서 한국 선교사들이 활동하고 있으며, 그 중에 AX(선교사 안전을 위해 국명을 밝힐 수 없는 나라)가 3348명, 미국 1678명, 필리핀 1145명, 인도 631명이었다. 이후 한국 교회

회가 그동안 해외 선교, 즉 영혼 구원을 위해 투자한, 거저 받았으니 거저 주라는 말씀을 실천한 결과이다. 사실 한국교회는 지난 2000년 IMF로 국가 경제가 어려웠을 때도 해외 선교에 주력하였다. 영혼 구원에 지체할 수 없는 현실이다. 교회가 이 세상에 존재하는 목적은 이 세상이 직면한 긴박한 일들을 해결하라는 것이다. 세상은 본질상 죄로 타락하여 항상 그럴듯한 이론을 제시한다. 하지만 그 어떤 제안도 실상은 부정적인 훼방이 목적이다. 여기에 현혹될 필요는 없다. 교회는 교회의 방식, 즉 복음의 명령을 따라서, 그것이 타협이 아닌 이상, 죄에 대하여, 의에 대하여, 심판에 대하여 나팔을 불어야 할 것이다.

세상이 요구한 대로, 정치적인 것, 경제적인 것이 해결 된 후에 상황은 거의 믿을 수 없는 것이다. 역사적으로 그 어떤 사회도 세속적 요구를 충족시켜준 사례가 없다. 그것을 충족시킨 다면, 그것은 또 다른 부패와 폐해를 불러올 것이다. 이는 지상 낙원을 추구했던 심지어 다양한 이단 집단들이 보여주었다. 대표적으로 16세기 독일의 뮌스터에서 일어난 토마스 뮌처의 경우이다. 국내에 들어와 있는 해외 근로자들을 포용하는 것도 또 다른 방식이다. 이와 더불어 국내 전도의 구체적인 활성화 방안이 다양하게 시도되고 있지만, 나라 밖 선교에 치중하다 보면, 종종 잊기 쉬운 과제이다. 먹고 사는 문제에 집착하여, 복음의 우선성을 망각해서는 안 될 것이다.

6. 결론

주지하듯이 현재 한국 교회 전반에 위기론이 팽배하다. 그 이유는 20여 년 전부터 시작된 교회의 성장과 부흥의 정체성 때문이다. 일부 언론이 누차 지적한 것처럼 70-80년대의 성장이 90년대 이후 오히려 감소되었다. 이것은 그동안 한국 교회가 너무 외적 허상에 부풀려졌음을 보여준다. 가장 심각한 문제는 교회와 성도에 비해 신학적 정체성의 결여가 문제이다. 여기에 교단의 갈등과 신학교의 난립으로 교육적 저하가 심각한 상태이다. 개교회의 개교회화도 문제이다. 설상가상으로 기존 목회자들의 목회 철학, 성공위주의와 개인적 세습 관행으로 인식이 곱지

의 선교사 파송 상황에 대한 추가적인 정보는 국민일보, 미션라이프 2010년 1월 12일(화) 29면 참조.

않다. 극복 방식이 다양하게 추론될 수 있지만 2가지로 정리하였다.

(1) 하나님과의 관계개선: 우리가 해결해야 할 문제들이 산적하지만, 가장 먼저 하나님과의 관계를 정상화해야 할 것이다. 하나님과의 관계 정상화의 첩경은 곧 성경관의 올바른 확립, 신학의 정체성의 확립이 선행되어야 한다. 공사를 구별하여 강단에서 타협 없이 죄에 대하여, 의에 대하여, 심판에 대하여 증거하는 일, 영적 능력 회복이 급선무이다.

(2) 사회참여의 확대: 교회가 폐쇄성을 극복하고, 열린 자세로 세상을 향해 나가야 할 것이다. 세상은 지금 교회의 변화된 모습을 열망하고 있다. 이런 기회를 살려 교회가, 교회만의 독특한 가치관을 심어야 할 것이다.

(3) 헌신적인 자세: 교회는 그리스도의 모범을 따르는 희생하는 공동체이다. 그러므로 예수 그리스도의 십자가상의 죽으심이 모델이다. 높은 자리보다는 낮은 자리로, 높임보다는 섬김의 자세를 가져야 할 것이다. 한국교회는 어떤 일도 해 낼 수 있는 저력 있는 교회이다. 세계 어느 교회 성도보다 합심 기도에 헌신적인 자세가 특별하기 때문이다. 60-70년대의 부흥을 되살 릴 수 있는, 복음의 계절의 도래하기를 간절히 기도드린다.

부록1

제17장

한국예수교전도관부흥협회[1]의 형성과 대표성에 관한 연구

-전도관의 재산 상속, 후계자에 대한 법적 권한과 적법성을 중심으로-

1. 서론

태동 이후 기독교는 지금까지 2,000년 동안, 초대교회에서 보듯이 외견상 온갖 고난과 시련, 박해를 극복하며 성장한 세계 제일의 종교이다.[2] 출발 당시 기독교는 유대 베들레헴의 매우 작은 공동체였으나 예수님의 지상 명령을 준행하는 과정에서 급속한 부흥과 확장을 이루었다. 하지만 신앙과 신학적 이해관계로 분리된 채, 로마 가톨릭과 동방 정교회로, 그리고 16세기 종교개혁 이후에는 가톨릭에서 개혁파가 분리되었다.[3] 각각의 공동체는 지리적, 언어적, 사상적 특징을 기반으로

---

1) 본 용어는 이후 필요에 따라 '전도관' 으로 표기될 것이다.

2) 종교에 대한 정의와 형태는 이해에 따른 개인과 단체의 관점, 포괄적으로는 민족적 내지 문화적 전통과 의식에 따라 매우 다양하게 나타난다. 그러므로 종교에 따라 신앙의 원리와 추구하는 이상과 실천 방법의 차이로, 특정 종교를 절대화하거나 이상화 할 수는 없다. 왜냐하면 각각의 종교들은 나름대로의 신앙과 행위, 즉 종교적 철학을 갖고 있기 때문이다. 대표적인 경우가 바로 불교, 힌두교, 이슬람교, 기독교 등의 세계 4대 종교이다. 이 종교를 포함한 크고 작은, 예를 들면, 유교, 도교, 유대교 등 대부분은 인간의 윤리와 도덕, 현실적 물질적, 궁극적으로는 미래적인 삶의 행복을 추구한다. 대체로 현실주의적이며 내세 지향적인 신앙, 소위 권선징악과 인과응보 사상으로 통합된다. 상기한 4대 종교 중에 불교나 힌두교와 달리 이슬람교와 기독교는 계시종교이다. 루이스 벌콥, 「벌코프 조직신학」, (크리스챤 다이제스트, 2001), 107-154; 밀라드 J. 에릭슨, 「복음주의 조직신학」, (크리스챤 다이제스트, 1995), 23-46.

전 세계에 분포되었다. 세계 대부분의 종교들이 그렇지만, 기독교 또한 내부의 분파와 여러 이단들의 출현으로 심각한 혼란에 직면하였다. 이렇듯 지난 2,000년 기독교 역사는 계시된 하나님의 말씀, 성경을 둘러싸고 제기된 "정통성" 문제로 끝없는 갈등과 대립, 반목과 분열이 전개되었다.[4] 그 과정에서 이단들은[5] 말씀과 성령을 빙자한 자신들 특유의 감언이설, 말세론, 변측적 구원론으로, 자칭 하나님, 교주로 행세하며 추종자들을 혹세무민하며 부귀영화를 누리던 중에 "종국에는 비극적 생을 마감하였다". 생전에 지극히 비윤리적이며 부도덕적인 삶으로, 개인의 우상화 내지 지상천국의 실현을 목표로 엄청난 명예와 권세, 부와 재산, 성적 탐욕을 일삼았다. 그리고 교주 사후에는 후계자 세습과 재산 문제로 법정 다툼에 휘말렸다.

역사적으로 한국 기독교는 130년 전 해외 선교사들의 사역 초기부터 일제 강점기, 1945년 해방과 1950년 6.25 사변 후 교회의 재건과 발전, 2014년 6월 현재까지 놀라운 부흥과 성장에도 불구하고 이 같은 일들을 간과할 수 없는 이단의 온상이요 백화점이 되었다. 한국기독교총연합회(이하 한기총) 산하 이단대책협회 연구서에 의하면 한국교회 내 이단들이 많지만,[6] 그 중에 천부교의 창시자 박태선

---

3) Williston Walker(ed.), *A History of the Christian Church*, (New York: Scribner, 1985), 5-709; Earle E. Cairns, *Christianity through the Centuries: A History of the Christian Church*, (Academie Books, 1981), 13-479; A Lion Handbook, *The History of Christianity*, (A Lion Book, 1994), 14-672; Philip Schaff, *History of the Christian Church*, (Michigan: WM. B. Eerdmans Publishing Company, 1910), 8 vols; Kurt Aland, *A History of Christianity*, (Philadelphia: Fortress Press, 1985), 2 vols; Emile G. Leonard, *A History of Protestantism*, (Great Britain: Thomas Nelson, 1965), 2 vols, vol 1: *the Reformation*, 1-351, vol. 2, *the Establishment*, 1-448; William Cunningham, *The Reformers and the Theology of the Reformation*, (Edinburgh: The Banner of Truth, 1989), 1-608; Harold O. J. Brown, *Heresies: The Image of Christ in the Mirror of Heresy and Orthodoxy from the Apostles to the Present*, (Michigan, Grand Rapids: Baker Book House, 1988) 참조.

4) Walter Bauer, *Orthodoxy and Heresy in Earliest Christianity*, (SCM Press, 1963), 1-316; William C. Placher, *A History of Christian Theology*, (London: Westminster John Knox Press, 1983), 11-313.

5) 서요한, "제10장 초기이단들의 형태와 특징", 「초대교회사」, (도서출판 그리심, 2010), 283-319; "제12장 중세교회의 이단 유형과 특징", 「중세교회사」, (도서출판 그리심, 2010), 355-389 참조.

6) 「이단사이비연구: 종합자료 II」, (한국기독교총연합회: 이단사이비문제상담소, 2007),

장로와 통일교의 문선명이 대표적이다. 특히 전자는 소위 "신비가요 권능을 행하는 자, 부흥사요 예언자"로,[7] 1955년 한국예수교전도관부흥협회를 창설한 후 1990년 2월 7일 사망하기까지 35년 동안, 그 중에 후반기 1980년부터 1990년까지 10년 동안 천부교를 창시하고 신앙촌 중심의 공동체 생활과 수 십여 개의 기업 활동, 그리고 포교에 힘썼으나 사후 그 세력은 급속히 쇠퇴하였다. 그는 특히 1980년 1월 1일, 자칭 하나님, 천부(天父)로서 독자적인 교단 천부교를 창설하여 무소불위 권력을 휘두르며 막대한 부와 명예를 누렸다.[8] 그는 이단 종교와 권력, 부와 명예를 유지하기 위해 정권교체기 마다 정권과 야합하였다. 그리고 박태선의 사망으로 그의 아들 삼 형제 중 3남 박윤명 씨가 후계자가 되었고, 이 후 천부교는 1955년 창설 당시 전도관 소속의 경기도 부천 범박동(소사)과 남양주시 와부읍 덕소리 및 부산의 기장읍 죽성리, 그리고 전국 도처의 재산들을 불법으로 차지하여, 대표권자로 행세하였다. 1995년 대법원은 천부교의 모든 재산은 분리 이전 예수교전도관의 신도총유재산[9]임을 천명하였다. 사실 박태선이 자신의 소유라 주장하는 모든 재산은 단 한 푼도 그 자신의 것이 아니며, 오로지 신앙촌 주민들과 그 동안 이곳을 거쳐 간 수많은 신도들의 부담과 희생, 고통으로 이루어진 것이다.[10]

3-170. 2014년 2월 5일자 기독신문 제1면 기사에 의하면 한국교회를 위협하는 이단은 대략 200여 개, 신도 약 200여 만 명이다. 이들 중에 자칭 재림 주는 40여 명이며, 이들 중에 일부는 해외 진출이 활발하게 전개되고 있다. 그런데 최근에는 '동방번개'로 불리는 중국산 이단 등 해외 이단들의 국내 유포가 진행되고 있다. 이러한 상황에서 한국교회연합단체와 일부 언론들이 이단들의 편을 들어 갱신에 걸림돌이 되고 있다. 노충헌, "끊웩굶愎 이단의 소송제기, 이단상담소 재정난 심하다", 「기독신문, 제1949호」, (2014년 2월 5일), 1면; 송홍근, "한국의 메시아들, 하나님들", 「신동아」, 2014. 6. 130-145 참조.

7) 김성여, 「박태선 장로의 이적과 신비경험」, (서울: 신천지사, 1955), 2-3.

8) 한국예수교전도관부흥협회 헌상, 신소 1-8항, 제3장 치리, "본회는 예수교 교리에 의거하여 감람나무를 모체로 하고 성도를 지세루 한나. 그러나 감람나무가 예수교 교리를 위배할 시는 전도관 성도 중에서 신앙과 덕망이 있는 자를 예수교 교리를 위배하지 아니하는 교역자들이 공동 추대하여 한국 예수교 전도관 부흥협회 회장으로 선출하여 그 권한을 승계하도록 한다. 감람나무로 지칭된 박태선 장로는 1980년 4월 5일을 기해 예수교 교리를 위배했으므로 본회 회장의 피선거권이 없음을 천명한다" 참조; 안용택/김경호, 「자격모용사문서작성용」, (인천지방검찰청, 대법원 항소 이유서, 1993.9.4) 및 한국예수교전도관 신조 참조.

9) 1995년 대법원 95다5905 소유권 이전 등기 판결문(139쪽 참조)의 판결로 천부교 재산은 분리 이전의 예수교 전도관 신도들의 총유 재산임을 천명하였다.

10) 「신앙촌 땅을 도둑맞고 있다」, 1-2.

하지만 이후 천부교 내부의 몇 몇 인사들은 지금까지 전도관 신도총유재산, 예를 들면, 토지와 건물을 불법적으로 전용 내지 매각하였다.

이런 상황에서 학창시절부터 지금까지 모든 경과를 지켜본 고(故) 허덕수 장로(1974년 11월 작고)[11]의 아들 허병주 목사[12]는, 2013년 2월 1일, 법원으로부터 신도들의 총유재산의 실질적인 대표자로 결정되었다.[13] 따라서 이후 천부교의 모든 잔여 재산은 실질적인 소유권자 내지 대리인인 허병주 목사의 관리 하에 있어야 하나 그렇지 못한 채 여전히 불법이 자행되고 있다. 이에 허 목사는 지금까지 불법적으로 이단 사이비 천부교가 점유한 신도총유재산을 환수하기 위해 지난 30여 년간 법정투쟁을 해오고 있다. 허 목사는 법적인 절차를 따라 재산이 환수되면 복지 재단 설립과 함께 일부 재산을 사회에 환원할 계획이다.[14] 따라서 필자는 본 논문에서 2014년 6월 현재 천부교의 초대 교주 고 박태선 장로, 그의 후계자 제2대 교주 3남 박윤명이 불법 관리하고 있는 모든 재산은 1955년 설립된 전도관 신도총유재산으로서, 1980년 분열 이전 한국예수교전도관유지재단으로 환수되어야 하며, 이를 대행할 협회 대표는 법원의 판결대로 허병주 목사이다. 그러므로 향후 모든 재산권 행사는 허병주 목사의 관할과 승인 아래 이루어져야 할 것을 첨명하고 있다. 이를 위해 본 논문은 서론, 제I부: 전도관과 천부교의 형성 및 천부교의 불법 재산 상속, 제II부: 전도관 재산과 대표자 허병주 목사와의 관계, 그리고 결론으로 구성되었다. 보다 구체적으로 (1) 서론에 이어 제I부는 (2) 예수교 전도관의 태동배경, (3) 박태선의 생애와 전도관의 발전, (4) 박태선 전도관의 재

---

11) 양천 허씨의 32대 상만(尙萬, 아내 장연희)의 장남으로 1918년 12월 6일 출생(아내는 김재남, 1921년 1월 1일생), 슬하에 4남 2녀를 둠. 2013년 9월 25일 경기도 부천시 소사구청 발급, 허덕수 제적등본 63, 101 참조.

12) 1949년 9월 3일생(2013년 9월 25일 경기도 부천시 소사구청 발급 제적등본 101-106, 109 참조)으로 1989년 1월 이후 경기도 부천시 소사 소재 소신교회의 담임목사로 재직 중.

13) 부산고등법원 창원제3민사부, (창원지방법원 2012.5.2.자2012비합17결정문), 1-3(민법 63조, '이사가 없거나 결원이 있는 경우', '이로 인하여 손해가 생길 염려가 있는 때')참조. Cf. 대법원 95다5905 소유권 이전 등기 판결문 139쪽;「소사 신앙촌 토지 사기사건 자료집」, (한국예수교전도관부흥협회, 2013.12.12), 3, 13, 16, 20, 31-35, 39, 65; 2014년 5월 30일, 서울남부지방법원 판결문 3쪽 참조.

14) 최호열, "샤군蠻탑痰 30년 부동산 전쟁, 창시자 박태선 하나님 선언 후 분열 1000억대 재산 소유권 다툼", 「신동아」, 동아일보사, 2014. 4), 265.

산형성 과정, 제II부는 (5) 예수교전도관과 예수교천부교의 재산 관계, (6) 천부교의 재산 상황과 소유권 문제, (7) 재산소유권 분쟁의 과정, (8) 회장 허병주 목사의 대표성 문제, (9) 천부교 재산권에 대한 대법원의 확정판결, 그리고 결론으로 정리하였다.

제1부 예수교전도관과 천부교전도관의 형성 및 천부교의 불법재산상속

2. 예수교전도관(한국예수교전도관부흥협회)의 태동 배경

(1) 전도관의 태동과 발전: 천부교 교주 박태선 장로는 1955년 전도관 창설 이선에 대한예수교장로회 남대문 교회 집사로 열심히 봉사하며 활동하였다. 딩시 그는 한국의 엘리야로 추앙받던 고 김치선 목사를 따라 남대문교회[15]에서 창동교회[16]로 옮긴 후 그 교회에서 장로 임직[17]을 받았다. 그 후 박태선 장로는 종종 초청집회에서 은사집회를 인도하던 중에 많은 은혜를 끼쳤다. 그 과정에서 그는 당시 교계 지도자들과 동행 하며 집회를 통해 추종자들을 얻게 되었다. 그러던 중에 1955년 3월 28일-4월 5일까지 서울 남산공원에서 미국 선교사 스완슨 목사 초청부흥집회가 열렸다. 이를 계기로 동년 7월 1일 권연호, 김치선, 최준호, 홍순관 목사 등이 박태선을 부흥사로 만들기 위해 한국예수교부흥협회를 창설하였다.[18] 그

15) 「남대문교회사」, (남대문교회사편찬위원회, 1971) 참조.

16) 창동교회는 1945년 10월 10일 전인선 목사가 설립했으며, 1953년 김치선 목사가 부임하였다. 그 해 김 목사는 관악산에 벧엘기도원을 세웠다. 그리고 1955년 9월 창동교회를 한양교회로 개칭하였다. 현재 교회는 남산동3가, 34번지에 위치하며, 예장 통합측 서울노회 소속이다. 2004년 7월 4일 최루톤 목사가 부임하여 오늘에 이르렀다. 김치선, 「김치선: 한국 기독교 지도자 강단설교」, (홍성사), 1-208; 김동하, 「나에게 있어 영원한 것」, (기독교연합신문사, 1997), 297-299.

17) 김동화, 「나에게 있어 영원한 것」, 297; 「남대문교회사」, (남대문교회사편찬위원회, 1971), 197; 「박태선 장로 설교집(제2집)」, (한국예수교부흥협회, 4289), 8. 당시 박태선과 함께 장로 임직을 받은 사람이 이진수, 김상이, 송영주 장로이다.

18) 「박태선 장로 설교집(제2집)」, 10; 김동화, 「나에게 있어 영원한 것」, (기독교연합신문사, 1998), 290-291; 이 집회 후 박태선은 한국예수교 전도관부흥협회를 조직하였다. 이사장

리고 그 집회에서 거둔 헌금으로 1957년 경기도 부천시 범박동 소사 제1신앙촌,[19] 1962년 남양주시 와부읍 덕소 제2신앙촌, 1970년에 부산시 기장 제3신앙촌을 건립하였다. 당시 전도관 신자는 약 700,000[20]명이었다. 박태선은 평범한 부흥사에서 특별한 부흥사로 일명 불의 사자(使者), 감람나무, 동방의 의인 등으로 부상하였으나, 그간에 여러 불미한 사건들, 대표적으로 1958년 12월 생수 치료 사건과 섹스 안찰사건으로 투옥되었다. 그는 석방 후 1960년 3월 20일 한국예수교총회로 교단 명칭을 바꾸고, 동년 8월 15일 다시 그 명칭을 한국예수교전도관부흥협회(이하 예수교 전도관)로 변경하였다.[21] 명칭을 변경한 이유에 대해 당시 상기 단체에 몸담았던 소신교회 허병주 목사는 한국예수교총회가 장로 주축의 교단을 설립함으로 기존 교단 목사들의 반발을 살 수 있기 때문이었다.[22] 그런데 박태선은 1980년 1월 1일, 자칭 1조 5천 살의 하나님, 천부로 자처하며 기존의 한국예수교전도관부흥협회를 한국천부교전도관부흥협회로 명칭을 변경하였고, 1990년 2월 7일 죽기까지 초대 교주를 지냈다.

(2) 한국예수교전도관부흥협회의 조직: 상기 협회의 설립 당시 전도관은 박태선을 중심으로 한 2원제였다.[23] 박태선은 신앙과 기업의 여러 기관들, 대표적으로 시온산업과 시온철강, 한일물산 및 학교 법인 시온재단, 그리고 소사와 덕소, 기장 신앙촌 등을 설립하였다. 이 기관들은 조직 상 여러 기구로 구성되었으나 형식적

최창순, 이사 박태선, 정기원, 이윤영, 양성태, 임영신, 홍은애 등이었다. 그리고 목회자들은 권연호 목사를 포함 김치선, 김두영, 이동선, 김현준, 홍관순 목사, 변호사 황성수 장로가 포함되었다. 「남대문교회사」, (남대문교회사편찬위원회, 1971), 198.

19) 박태선은 신앙촌을 "복된 땅", "영원한 피난처"로 간주하고 온갖 감언이설로 설교한 후 성도들이 당시 시가의 10배인 평당 10만원에 매입케 하였다. 「신앙촌 땅을 도둑맞고 있다」, 1-2.

20) 당시 선친과 함께 신앙촌에 거주하며 모든 실상을 현장에서 경험한 허병주 목사는 지금까지 소사에 회집된 신자수 70만은 허수이며 대략 10만 명이었다고 하였다. 최호열, "소사 신앙촌 30년 부동산 전쟁, 창시자 박태선 하나님 선언 후 분열 1000억대 재산 소유권 다툼", 「신동아」, (동아일보사, 2014. 4), 258; 한국예수교 전도관부흥협회, 「전도관은 이제 천부교의 박태선과는 무관합니다」, (현대종교, 1988. 12), 162-163.

21) 서울 북부지방법원 2007가단67347소유권보존등기말소. 화해권고결정(2. 별지목록 기재 부동산의 소유관계 참조)

22) 이영호, 「박태선의 전도관과 천부교」, 3.

23) 보다 자세한 것은 김경래/탁명환, 「이것이 박태선 전도관이다」, (성청사, 1974), 24-27를 참조하라.

일 뿐 각부서 책임자에게는 업무집행 상 아무런 권한이 없었다.[24] 업무 집행은 박태선의 비밀 사조직이 수행하였는바, 원활한 관리를 위해 각 기관에 따라 이사장과 이사, 총무, 그리고 천부장(한영순)과 관장을 세웠고, 그 아래 신앙촌공업주식회사 산하 직영 공장 덕소로 총 18개, 소사 소재 총 16개를 두었다.[25] 그리고 전도관의 교세 확장, 전도와 예배에 필요한 재산을 보존, 관리하기 위해 1960년 7월 6일 한국예수교전도관유지재단을 설립하였다.[26] 그 후 유지재단은 전도관 산하의 영리법인인 한일물산 주식회사와 시온식품주식회사를 설립하여 주식 지분과 재산을 자신의 3남 박윤명과 대표이사 윤재춘이 신도들의 총유재산을 관장하도록 하였다.[27]

한편 시온학원은 박태선이 지명한 사람으로 교육보다는 사업상의 탈세와 교인 재산을 사유화하는 수단으로 활용하였다.[28] 그리고 전도관은 지방 각도에 도관과 이를 관리할 도관장을 두었다. 도관 산하에는 중앙에서 파견한 시관이 있고, 각 지관에는 전도사가 목회와 포교 활동을 하였다. 그 아래 신도들의 거주 구역 단위별로 기존 교회처럼 구역을 두었다.[29] 전도관에는 기성교회 같은 성직제도는 없었으나 1956년 1월 동대문 숭인동 제3중앙 전도관에 시온신학원을 개원하여 6개월 연수 후 전도사로 파송하였다. 1969년에 2년제로 확대했으나 1971년 1년제로 단축하였다. 그리고 1975년 학생 모집의 결여로 6개월로 단축하였다. 교육 내용은 일정한 커리큘럼에 따르지 않고 단지 감람나무와 체계만 가르쳤다.[30] 1980년 박태선이 성경을 부인하고 자칭 천부교를 창설하자 지원학생이 없어 폐교되었다. 그 결과 신학생 중에 남자 교역자는 추방되었으며, 여자는 1개월 정도 예비 교육을 받고, 그 후 섹스 안찰을 받으면 전도사로 파송하였다.[31] 따라서 전도관의 상황은 당시 기존 교단들, 예를 들면, 대한예수교장로회(예장), 대한기독교감리회(기감),

---

24) "제2편 조직", 「전도관의 역사」, (No. 1.), 46.
25) 김경래/탁명환(공저), 「이것이 박태선 전도관이다」, (성청사, 1974), 24-25.
26) 김경래/탁명환(공저), 26.
27) 김경래/탁명환(공저), 27.
28) "제2편 조직", 「전도관의 역사」, (No. 1.), 91.
29) "제2편 조직", 「전도관의 역사」, (No. 1.), 49.
30) "제2편 조직", 「전도관의 역사」, (No. 1.), 210-212.
31) "제2편 조직", 「전도관의 역사」, (No. 1.), 210.

대한예수교성결교(성결) 등이 대학 4년 포함 신대원 3년 과정[32]을 통해 배출하는 목회자들과 비교할 수 없을 정도로 매우 미흡하였다.

3. 박태선의 생애와 전도관의 발전

전도관의 재산 형성과정은 크게 세 가지로 나눌 수 있는바, 하나는 전도 집회 시에 신도들이 봉헌한 헌금을 축재한 것과 그 다음은 자신이 설립한 신앙촌 생산 물품의 강매와 임금 및 노동력 착취, 마지막으로 예수교전도관 신도총유재산의 천부교의 불법적인 정관변경으로 불법 점유한 것이다.

3.1. 박태선의 생애와 전도관의 태동

(1) 박태선의 출생과 탈선행태: 1917년 11월 22일 평안남도 덕천(영변)군 덕천면 읍남리의 빈농 가정에서 부친 박영진, 모친 김천태 사이에서[33] 태어났다. 부친은 그의 출생 3년부터 조부가 물려준 많은 재산을 방탕 생활로 탕진하며 모친을 돌보지 않았다.[34] 박태선은 소학교 졸업 후 상급 진학이 어렵게 되자 약간의 여비를 마련하여 일본 도쿄로 건너갔다. 그는 그곳에서 온갖 천한 일들, 예를 들면, 우유배달과 신문팔이를 하며 야간 학교를 다녔다. 박태선은 태평양 전쟁 중에 도쿄에서 한 군수품 공장을 운영하면서[35] 징용을 피해 주일에는 그곳 교회를 출석하였다. 1944년 소화 19년, 미국의 일본 본토 공격으로 당시 30세의 박태선은 귀국 후 서울 아현동에서 군수품 정밀 부품 공장을 운영하였다.[36] 1945년 해방 후 당시 "한국의 예레미야" 김치선 목사[37]를 따라 남대문교회에 출석하면서 충성스런

---

32) 참고로 2014년 6월 현재 대표적으로 예장 합동측 소속의 교단신학교 총신대학교 신학대학원, 예장 통합 측의 장신대학교, 백석교단의 백석대학교, 고신대학교, 합동신학대학원대학교, 대신대학원대학교 등의 요람을 참고하라.

33) 박태선의 제적 등본 1(박장규, 서울특별히 용산구청장, 2009. 04.15) 참조.

34) 김성여, 「박태선 장로의 이적과 신비경험」, (서울: 신천지사, 1955), 23.

35) 김성여, 「박태선 장로의 이적과 신비경험」, 38.

36)「남대문교회사」, (남대문교회사편찬위원회, 1971), 196; 김성여, 「박태선 장로의 이적과 신비경험」, 62.

37) 1948년 8월 김치선 목사는 김선두와 윤필성 목사와 함께 남대문교회에 야간 장로

집사(회계담당)로, 매일 저녁 북을 치며 노방전도를 하였다.[38] 이 때 그는 한 여아 중병 환자의 극적인 회생을 경험하며 신유 은사를 확인하였다. 사람들이 그에게 모여 들었고 기도는 계속되었다.[39]

1948년 봄 박태선은 남대문 교회의 이성봉 목사 부흥회에 참석하였다. 이 집회를 통해 그는 큰 은혜를 받고 성령을 체험하였다. 부흥회 마지막 날 이성봉 목사는 "성신 받지 못하고 예수 믿는 사람은 불쌍하다. 성신 받지 못한 신자는 마치 기름 치지 아니한 기계와 같아서 삐그덕 소리가 많이 난다. 성신 받지 못한 사람은 가정에서도 삐그덕 소리가 나고 교회에서도 삐그덕 소리가 난다"[40]고 비유하였다. 말씀을 붙잡고 주야 4일 동안 금식하며 주님께 매달리는 중에 집회 마지막 날 새벽 4시에 불 체험을 하였다.[41] 불 체험 후 구변(口辯)이 열리었다.[42] 1950년

교신학교를 설립하여(대한신학교) 신학생을 양성하였다. 설립 목적은 성경적 근본주의 신학에 기초한 보수신학을 한국에 뿌리내려 천국사역의 성취와 예수님의 구주사역을 성취하기 위함이었으며, 이 후 구성된 총회의 소속 목회자 양성에 기여하였다. 1950년 김치선 목사가 제2대 교장에 취임하였고 1952년 각종인가를 받았다. 1981년 정부로부터 정규대학 승인을 받은 후, 1982년 대한신학교를 대신대학으로, 1987년에는 대신대학교, 1990년 안양대학교로 개명하였다. 현재 서울 강남구 대치동 옛 강남대학교 건물에 총회사무실을 두고 있다. 그러던 중에 미국의 성경 장로회 선교부(ICCC)의 지원 아래 대신교단을 창립하였다. 「남대문교회사」, (남대문교회사편찬위원회, 1971), 182.

38) 「남대문교회사」, 182-187, 196; 김동화, 「나에게 있어 영원한 것」, (기독교연합신문사, 1997), 276-277; 김성여, 「박태선 장로의 이적과 신비경험」, (서울: 신천지사, 1955), 32, 38, 45-46. "박태선에 대한 예장 통합측 제73회 총회보고서", 「교회와 신앙」, http://blog.naver.com/ch_review/150174824 91 참조. 당시 박태선은 내성적으로 말을 잘 못했으나 신앙은 열성적이었다. 하루에 우동 한 그릇을 먹으면서 10의 2조를 드렸다. 이 즈음 그는 박정원(1972년 소천)과 결혼하여 3남 2녀를 두었다. 그 후 개인 비서요 회계 사무인 당시 40세의 노처녀 최옥순과 결혼하여 1974년 3월 영빈관에서 재혼하였다. 그리고 박태선은 죽기까지 기장에 거주하였다. "박태선의 가족 관계 및 3 아들과 딸의 생활상", 「한국천부교전도관부흥협회」, (1981.5.22), 1-2, (1983.9.25), 8-9 참조.

39) 「박태선 장로 설교십(제2집)」, (한국예수교부흥협회, 4289), 8. 이 기간 동안에 수많은 기적이 일어났다. 대표적으로 창천감리교회 조병국 목사의 천추가리에스, 창신교회 권연호 목사의 부스럼 병, 함부통령의 영손녀 함영숙 집사의 척추가리에스 완치 등이다.

40) 김성여, 「박태선 장로의 이적과 신비경험」, (서울: 신천지사, 1955), 33.

41) 이 일로 박태선은 자신이 21년 동안 주일을 거룩히 지키고 십일조를 드리며 십계명을 다 지키었다. 그는 되지도 못하고 된 줄로 알았다. 그는 잘 믿는 사람이라 생각하였다. 그러나 밝은 빛이 그의 마음에 비치매 그는 그의 죄가 머리털 보다 더 많은 것을 깨달았다. 그는 마음속에 모든 악독과 더러운 것이 가득 차 있는 것을 발견하였다. 비록 몸으로 죄를 짓지 않았지만

6.25 사변 중 평택 역 인근 비행기 폭격으로 생사가 불가능하였다. 배고프고 육체가 극히 쇠약할 때 구들장 밑에서 20여 일 동안 생수 경험을 하였다.[43] 그리고 그가 머물던 철도관사에 7개의 폭탄이 떨어졌으나 극적으로 살아남았다.[44] 그 후 갑자기 소변 중에 피를 흘려 놀랐으나 힘이 솟고[45] 전신이 상쾌함을 경험하였다. 그리고 주님께서 내 피를 마셔라 하시고 그의 입에 피를 흘려 넣었다. 그리고 환자들에게 안수하니 병이 나았고 치유되는 기적이 일어났다.[46] 이후 그는 몸속에 있던 마귀의 영을 모두 쏟아 버리고 성령이 충만한 몸이 되었다.[47] 하지만 박태선은 영체교환(靈體交換)[48], 일명 피가름(혼음)을 경험 한 후[49] 광신주의자가 되었다.

마음으로 얼마나 많은 죄를 지었는지 알지 못했다. 그래서 그는 이 모든 죄를 다 통회하고 자복하였다. 자복하면 또 죄가 생각나고 자복하면 또 죄가 나오고 모든 숨었던 죄가 쏟아져 나왔다. 마지막에는 주의 뜻대로 행하지 못한 죄, 남을 참으로 사랑하지 못한 죄, 한이 없는 모든 죄가 쏟아져 나오는데, 가슴이 찢어지는 듯 하고 창자자 끊어지듯 함으로 천지가 아득하고 가슴은 막막하였다. 그러나 이 때 하늘에서 불이 내렸다. 그의 많고 많은 죄를 다 태워버리고 그의 중심은 뜨거워졌다. 중심이 뜨거워 질 뿐 아니라 몸까지 떨리기 시작하였다. 그의 몸은 더 이상 억제할 수 없게 되었다. 그냥 부들부들 전신이 떨리었다. 중심에는 불이 붙어 뜨겁고 가슴에는 평안과 한 없는 기쁨이 임하였다. 김성여, 「박태선 장로의 이적과 신비경험」, 33-34, 39. 130; 승리제단 교사 일동, 하나님의 승리, (경기: 승리제단, 1990), 260; 심창섭, 김도빈, 오영호, 박영관, 「기독교의 이단들」, (대한예수교장로회총회, 2006), 313.

42) 김성여, 「박태선 장로의 이적과 신비경험」, 46.

43) 당시 몸을 꼼짝할 수 없었으나 하늘로부터 오는 생수가 입과 코로 시원한 무엇이 들어오는 것을 경험하였다. 그래서 몸은 말할 수 없이 괴로우면서도 마음 속은 시원하였다. 그러나 일 순간이라도 기도를 끊으면 가슴이 답답해서 견딜수가 없었다. 그런고로 일순간이라도 기도를 끊을 수가 없어 주님과 더불어 사귀는 영교를 끊을 수가 없었다. 살은 다 말라 빠지고 뼈만 남아 해골 같이 되면서도 심령은 배부르게 지냈다. 김성여, 「박태선 장로의 이적과 신비경험」, 62-63.

44) 김성여, 「박태선 장로의 이적과 신비경험」, 66-67.

45) 김성여, 「박태선 장로의 이적과 신비경험」, 88.

46) 김성여, 「박태선 장로의 이적과 신비경험」, 96-97.

47) 김성여, 「박태선 장로의 이적과 신비경험」, 48;「박태선 장로 설교집(제2집)」, 8.

48) 이세영, "한국 소종파의 역사", 「한겨레 21」, 2013.03.02에 의하면 이는 신비주의적인 신과의 합일로, 이로부터 많은 이단들, 소위 하느님 20, 재림예수 50명이 출현하였다. 이세영은 1927년 함경도 원산의 감리교회를 출석한 유명화의 강신극, 이후 평양신학교 졸업한 백남주, 감리교 목사 이호빈과 이용도를 한국 신비주의 소종파의 원류로 간주하고, 이들과 별개로 새주파로 불리는 또 다른 신비주의 집단을 소개하였다. 그에 의하면 1923년 입신 체험을 통해 예수와 대화 했다는 여신도 김성도가 구상하였다. 기성교회는 원산파와 새주파를 이단으로 정죄했으나 이들의 신비주의는 이스라엘 수도원을 세운 김백문을 거쳐 한국의 대표 이단인 통일교의

1952년 김치선 목사를 만나 남대문 교회에서 창동교회로 옮기고 약관 37세에 장로가 되었다.[50] 그리고 1954년 3월 "너는 일어나라"는 명령을 받고 본격적으로 부흥 사역에 뛰어들었다.

박태선은 1955년 1월부터 1979년 12월까지 부흥사로 활동하며 신앙촌 건립과 사업의 확장을 꾀하고, 기성 교회를 비판하면서 자신의 교단 설립을 진행하였다. 특별히 1955년 1월 1-7일, 박태선 장로는 서울 성동구 왕십리 소재 무학교회의 부흥회를 시작으로, 3월 26일-4월 5일까지, 남산 광산천막부흥회,[51] 대구, 부산, 한강집회를 열었다. 그는 능력 체험 후 하나님도 필요 없다고 설교하며[52] 기성교회 목회자들을 마귀새끼라고 비판하고, 설교 중에 이슬성령의 강림[53]을 주장하였다. 그리고 1955년 7월 1일에 독자적인 한국예수교부흥협회를 발족하였다. 이렇게 되자 당월 15일 한국기독교연합회(KNCC)는 박 장로를 이단으로 규정하였다. 이에 맞서 박태선은 칼빈의 예정론을 부정하고 장로교단을 탈퇴하였다. 그리고 그는

문선명과 천부교의 박태선에게 크게 영향을 끼쳤다. 1960년 대 이후 유재열의 장막성전은 여러 갈래, 즉 신천지와 증거장막성전, 무지개증거장막으로 분리된 채 오늘에 이르렀다. http://h21.hani.co.kr/popups/print-h21.hani?ksn=34012 참조.

49) 당시 일명 피가름(혼음) 전도사 정득은은 6.25 사변과 함께 평양에서 내려와 김백문의 이스라엘 수도원 상도동 분소의 사찰 방호동과 삼각산에 기도처를 마련하고 청년 남녀에게 새로운 원리를 가르쳤다. 이 때 정득은은 열렬한 지지자 박태선의 집을 성교(性交) 현장으로 삼고, 생명의 도피라는 말씀을 통해 문선명에게 거룩한 피를 김한, 방호동, 그리고 이수완에게 주입하고, 이수완은 다시 원경숙, 원경숙은 박태선에게 주입하였다. "최근 이탈한 중견간부들에 의한 박태선 이단에 대한 공개 공청회", 56. 이영호, "박태선의 전도관과 천부교", 2;「남대문교회사」, (남대문교회사편찬위원회, 1971), 197-198.

50) 김동화, 「나에게 있어 영원한 것」, 297;「남대문교회사」, (남대문교회사편찬위원회, 1971), 197;「박태선 장로 설교집(제2집)」, 8. 당시 박태선과 함께 장로 임직을 받은 사람이 이진수, 김상이, 송영주 장로이다.

51) 이 집회 후 박태선은 한국예수교 전도관부흥협회를 조직하였다. 이사장 최칭수, 이사 박태선, 정기원, 이윤영, 양성태, 임영신, 홍은애 등이었다. 그리고 목회자들은 권연호 목사를 포함 김치선, 김두영, 이동선, 김현준, 홍관순 목사, 변호사 황성수 장로가 포함되었다. 「남대문교회사」, (남대문교회사편찬위원회, 1971), 198.

52) 김동화, 「나에게 있어 영원한 것」, 287-292.

53) 천부교에서 발간하는「신앙신보」, 제2459호, 2014년 5월 25일 자 1-4면 기사와 사설, 말씀 해설 및 광고에 의하면 기장신앙촌에서 2014년 이슬성신절 예배를 드렸다. 3면에 게제된 글을 요약하면 예수는 구원의 길을 가로 막았다. 예수는 막달라 마리아, 사마리아 여인 등과 부적절한 관계를 갖었고 예수 당시 유대인들은 예수를 믿지 않은 것이 증거라고 하였다.

집회에 참석한 목사 100여 명에게 안찰 기도를 하였다. 그리고 그는 피 가름 교리, '영체교환' 교리, 즉 성상납과 혼음을 가르치며 신봉하였다. 이는 초대교회 이단에서 발견되는바 신령한 존재의 성혈(聖血)을 나눠가짐으로 죄와 타락에서 벗어날 수 있다고 하였다.[54] 그리고 동년 12월 25일, 원효로 2가에 서울 중앙 전도관 개관을 시작으로 전국 각 도청 소재지 및 주요 도시에 14개의 제단을 개관하였다.

(2) 이단 행각과 투옥: 1956년 2월 15일 박태선은 능력 체험 후 악령에 사로잡힌 채 탈선하였다. 그 해 5월 16일 대한예수교장로회 경기노회는 전도관을 이단으로 규정하였다.[55] 1957년 1월 14일-20일 충북 청주시 운천동 집회를 시작으로 16개 재단 개관, 3월 18일 혼음사건으로 사회적 물의를 야기하였다.[56] 4월 12일에는 전남 광산군 지산면 지산리 거주 김춘례(당시 여 20세) 양에게 축복 생수를 강제로 먹이다가 질식사시켰다. 4월 30일에는 자신이 하늘의 권세를 부여 받았다고 선언하고, 5월 18일에는 성화 사진을 조작하였다. 9월 1일 말세에 심판을 피하고 구원을 받으려면 신앙촌에 입촌해야 한다고 하면서 건설을 서둘렀다. 10월 23일에는 자신이 동방의 의인임을 선포하고, 동년 10월 25일, 기성교회는 마귀의 전당이며 오직 전도관만 구원이 있다고 외쳤다. 1957년 11월 경기도 부천군 소사읍 범박리 14만평의 대지 위에 그들의 천년성 제1신앙촌을 건립하였다. 이듬 해 4월 6일 소사의 소래산(蘇來山)은 예수가 재림하는 산이라고 하였다. 동년 6월 30일-7월 5일, 여름 소사 신앙촌 노구산 집회에는 연 인원 약 70만 명이 운집하였다.[57]

---

54) 서요한, "제6장 로마의 박해와 기독교의 대응", 「초대교회사」, (도서출판 그리심, 2010), 157-163.

55) 「대한예수교장로회 경기노회 제66회 회의록」, (1956년 5월 16일, 인천제일교회) 한편 1956년 4월 22일 남대문교회 당회는 박태선 씨의 부흥회 인도는 비성경적이라고 노회(당시 노회장 한경직 목사)에서 일반 교인에게 광고하라는 지시에 순응하여 광고하기로 가결하였다. 1956년 5월 22일자 당회록 참조.

56) 이 일로 동년 3월 18일 경향신문 김경래 기자는 "怪! 전도관의 정체"라는 특종 기사를 썼다. 1958년 1월 10일 문교부가 전도관을 사교로 규정하였다. 탁명환, 「기독교이단연구」, (한국종교문제연구소/국제종교문제연구소, 1999), 165.

57) 당시 노구산 정상에 5만 명을 수용할 대 제단 신축 부지는 예배 자들로 인산인해를 이루며 절정을 이루었다. 당시 상황으로 볼 때 연 인원 70만 명은 역사상 최대의 사건이었다. 이는 부흥회를 통해 수많은 사람들이 은혜를 체험하며 또한 품질 좋은 신앙촌 제품이 전국으로 확산 되면서 교회는 교인과 일반인들, 그리고 사회 각 기관의 주요 인사들이 신앙촌을 찾게 되었다.

1958년 노구산 집회 이후 박태선은 폭발적인 인기와 확장에 고무되었으나 당시 자유당과 민주당, 그리고 일부 기독교 세력들은 이해관계에 따라 박태선을 위협 대상으로 간주하였다. 당년 12월 27일, 박태선은 사기, 상해, 혼음, 위증 혐으로 구속되었다. 이를 계기로 각 언론기관, 특별히 동아일보에서 박태선의 성화조작 사건을 보도하였다. 1960년 3월 26일 이승만의 생신으로 형기 3개월을 남겨놓고 1년 3개월 만에 석방되었다. 옥고를 치른 박태선은 신앙촌 대학생 학우회 회장 권기대와 이종배 등에게 비밀지령을 내려 정부 전복을 획책하였고, 신앙촌 고위간부들, 고급 장교들을 통해 자신을 대통령으로 추대할 것을 모의하였다. 그러나 당시 방첩대 고위간부가 여건 상 혁명이 불가능한 것을 알고 포기를 종용하였다.[58] 그리고 동년 12월 10일 동아일보사를 습격케 하였다.[59] 1961년 1월 18일 박태선은 부정 선거에 연루되어 서울 형무소에 수감되었다.[60] 동년 1월 31일 전 인천전도관장 김문환씨가 박태선으로부터 60년 3월 부정선거 지령 받았다고 폭로하였다. 1961년 2월 10일 검찰부 이택규 검찰관은 박태선을 부정선거 관련, 처벌법 위반으로 2차 구속하였다.[61] 그 후 박태선은 5.16 발발로 재판이 무산되어, 1962년 1월 10일 1년 수감 생활 후 출옥하였다.[62]

---

58) "전도관의 시위난동가능성 경고", (한국예수교전도관 현정회, 1983년 10월 4일), 2; "7 신앙촌의 최근 동향과 참고사상", 「박태선 전도관의 비리, 부록 3」, (한국예수교전도관, 1983. 8.10), 1-2 참조; "육신을 쓰고 온 하나님, 박태선 천부교", http://blog.daum.net/iljyk/43.

59) 당시 박태선은 소사 5만 제단에서 한편 18-40세까지 신앙촌 신도를 선동하고 다른 한편 용역을 동원하여 동아일보에 맞서 폭력을 행사케 하였다. 이일로 당시 신도 800명이 구속되었다. 「전도관의 역사」, No. 1., 31-35; "전도관의 시위난동가능성 경고", (한국예수교전도관 현정회, 1983년 10월 4일), 2.

60) "한국예수교전도관개혁사업의 포괄적 개요", 「한국예수교전도관 개혁사업 계획(안)」, 4-5.

61) 1961년 1월 17일 특별검찰부 발족 제1호로 박태선은 혁명특별법인 부정선거관리자 처벌법 위반 혐의로 구속 결정 후 다음 날 서울형무소에 수감되었고, 27일 정식 구속기소 되었다. 그리고 30일 석방되었으나 박태국(박태선의 형) 중심의 몇 몇 간부들이 신도들에게 연판장 강요 날인이 문제가 되었다. 탁명환과 김경래에 의하면 당시 부정선거 지령 체계는 이기붕(부통령 후보)→신언한(전법무부장관)→박태선(마포 형무소 수감중인 60년 3월초)→김문환(인천전도관장)→강대헌(에덴학원이사장)→이원태(부흥협회업무부장)→각도간부 신앙촌장반장→신도 순이었다. 탁명환, 「기독교이단연구」, (한국종교문제연구소/국제종교문제연구소, 1999), 172; 김경래/탁명환(공저), 「이것이 박태선 전도관이다」, (성청사, 1974), 19-20, 77 참조.

62) 이슈포커스, "천부교 신도들의 하나님, 고 박태선 장로 그는 누구였나?", (2013. 12), 6-7.

(3) 신앙촌 건립과 확장: 출옥 후 승승장구한 박태선은 재산을 정리하고 동시에 자신의 이미지 변신을 위해 소사 신앙촌에서 선발한 이들을 중심으로 7월 20일 남양주군 덕소 한강변 7만평에 제2신앙촌을 건설하였다.[63] 1963년 5월 31일에는 한국예수교전도관부흥협회를 결성하여 문교부에 등재[64]하였으며, 64년 1월 국제기독교뉴스를 등록하고, 6월 12일에는 신앙촌 자가용 버스 영업을 가시화하였다. 당시 국내의 각종 언론들은 박태선 장로와 신앙촌 기사를 쏟아냈다. 1965년 9월 23일 조선일보는 "그해 그 얼굴"의 기획 기사에서 "기독교의 한국적 변형", "감람나무 천년성"을 게재하였다.[65] 그리고 자체 경비원을 배치시켜 교주처럼 군림하였다.[66] 하지만 1967년 1월과 6월 화재와 홍수로 자칭 감람나무 박태선은 수모를 겪었다. 그 과정에서 박태선의 전도관은 급속히 쇠락하였다. 이즈음 박태선의 이단 행각을 더는 방치할 수 없다는 일부 인사들이 1968년 4월 2일 신앙촌의 개혁을 위해 정화대책위원회를 구성하였다.[67] 1968년 8월 박태선은 망우리 고개에서 저격사건을 맞은 후 경비를 강화하였다. 1970년 4월 박태선은 명예 회복을 위해 경남 양산군 기장면 죽성리 해변가 약 240만평에 제3신앙촌 산업기지를 구축하였다. 1971년 1월 1일 덕소 제2신앙촌에 대 화재가 발생하였고, 이듬해 2월 26일 박태선의 부인 박정원이 화병으로 사망 하였다. 그리고 1973년 9월 9일 추풍령에서 저격 미수 사건이 발생하였다. 하지만 1974년 4월 9일 구 정치인 윤치영의 주례로 약사 출신 최옥순과 재혼[68]하였다.

1973년과 1974년 박태선은 신앙촌의 사업 확장으로 정부로부터 수출산업훈장을 받았으나 촌내 생활은 매우 핍절하였다. 그것은 모든 수익이 박태선과 전도관에 귀속되었기 때문이다. 1975년 6월 11일에 장남 박동명의 외화 26만 불을 유출

---

63) "전도관과 천부교의 재산백서", (현대종교, 1989년 7월호), 143.

64) 사회단체등록증(대한민국 문교부, 1963년 5월 31일) 참조.

65) 김경래/탁명환(공저), 21.

66) 김경래/탁명환(공저), 「이것이 박태선 전도관이다」, (성청사, 1974), 115; 이슈포커스, "박태선, 죽은 김창용의 소원 풀어 줘", 최세진(발행, 편집인, 2014, 1), 8-9.

67) 당시 정화위원회는 200명으로 결성되었고, 4월 4일 소사신앙촌 대표 60여명이 소사신앙촌 A동 18호 이병배 집사 집에 모여 그들의 지도자 동방의 의인 감람나무 박태선을 규탄하였다. 탁명환, 「기독교이단연구」, (한국종교문제연구소/국제종교문제연구소, 1999), 173-174.

68) 박태선의 제적 등본 1(박장규, 서울특별히 용산구청장, 2009. 04.15), 31 참조(최옥순은 전북 순창군 순창면 순화리 325번지에서 출생)

하여 구속되는 사건이[69] 발생하였다. 이러한 상황에서 박태선은 자칭 '동방의 의인' 이요 감람나무로 행세하였다. 이 때 박태선은 부흥회와 공장, 주택 건축, 제품 생산과 판매를 통해 굶주린 민족을 먹일 수 있는 기초를 놓았다며 자신의 치적을 선전하였다. 그는 당시 자유당 정부가 이루지 못한 일을 획기적으로 전환하여 원조 대신 자력 갱생의 새마을사업을 전개하겠다고 홍보하며 소사 제1신앙촌 공장에서 캐러멜과 카스텔라를 생산하였다.[70] 당시 박정희의 혁명 정부는 새마을 운동을 통해 오늘 날 부국강병의 초석을 놓았다. 그리고 1978년 자칭 영모님 박태선은 승리제단 건축을 위해 서독에서 제작한 조감도를 제3신앙촌 정문에 세웠다. 그는 이 제단이 완성되면 전 세계인이 인공위성으로 TV예배를 보며 그로 인해 각국의 모든 대통령이 자신에게 복종할 것이라고 포상하였다.[71]

(4) 천부교의 창설과 성적 타락: 1980년 1월 1일, 박태선은 신년 첫 집회를 축복일로 선포하고 인침을 실행하며 생수를 공급하였다. 동년 5월에는 중생원을 설치하여 중견 간부들과 유부녀들을 대상으로 섹스 안찰을 본격화 하였고, 8월 23일에는 예수교 전도관을 한국 천부교로 개칭하고 자칭 새 하나님임을 선언, 교회에서 십자가를 철거하고 비둘기 상으로 대체하였다. 동년 12월 14일 처제 최옥자를 강간하려다가 미수에 그친 사건이 발생하였다.[72] 하지만 박태선은 이 후 부부관계

---

69) 평남 덕천군 덕천면 읍남리 148번지 출생(1980년 10월 23일 한미영과 결혼, 하지만 1968년 10월 29일 이혼 하였다. 1975년 6월 10일 대검 특별수사부는 시온재벌의 장남 박동명(당시 31세, 태광실업 대표)을 26만 5천 달러의 외화불법 유출 혐의로 구속하였다. 본질은 외화 유출보다는 박동명이 영화배우 포함 수십 명의 연예인을 상대로 벌인 여성편력, 엽색행각이 사건의 핵심이다. 이로써 재벌 2세들의 문란한 생활로 사회적으로 엄청난 충격과 물의를 빚었다. "타락재벌 2세의 표본", (경향신문, 1975년 6월 11일); "양정화-박동명 극적 대질", (주간경향, 1976년 10월 3일); 이슈포커스, "세상을 떠들썩, 박태선 장로 2세들", (2014. 1), 16-17; http://blog.naver.com/PostPrint.nhn?blogId=issuefocus&logNo=
60207208589 참조.

70) 당시 신앙촌 물품들은 사람들이 인기 품목으로 전자는 박태선 장로가 친히 배합 기준을 맞추어 생산한 것으로 당시 일본 모리나가 캐러멜보다 맛있는 평가를 받았으며, 후자 카스텔라도 박 장로가 직접 감독하였다. 그리하여 당시 시온제과는 맛과 기술력에서 대단한 호평을 받았다. 노구산 집회와 천부교의 시련 참조.

71) "승리제단 교사 일동", 「하나님이 승리」, (경기: 승리제단, 1990), 295; 심창섭, 김도빈, 오영호, 박영관, 「기독교의 이단들」, (대한예수교장로회총회, 2006), 313.

72) 「전도관의 역사」, No. 1., 41 참조.

를 죄악으로 규정하고, 이듬 해 1월부터 약 183명의 여신도들에게 비밀리에 섹스 안찰을 실시하였다. 그리고 생수 교리를 가르치며, 이를 신앙촌의 주력 상품으로 판매하여 막대한 이익을 취하였다. 특별히 생수권과 정기 생수권[73]에 차등을 두어 신도들에게 강매하였다. 1981년 1월 박태선이 둘째 부인 최옥순을 음란한 여자로 매도하자 가출하였다. 박태선은 이를 틈 타 여신도들에게 공개적으로 섹스 안찰을 하였다. 추행 당한 여성들은 수치감에 침묵했으나 일부 용기 있는 여성들이 관계 당국에 고소하였다.[74] 1983년 2월 20일에 그는 새 하나님을 자칭하고 성경까지 없애도록 지시하였다. 그가 개인 우상화에 몰두하자 동년 3월 22일 약 60여명이 한국예수교 전도관 정화대책위원회를 결성하고 신문지상에 성명서를 발표하였다.[75]

한편 1983년 8월 30일 'KBS 추적 60분' 취재진은 박태선의 비리 특집 방영 일정을 신문에 고지하고 돌연 취소하여 지금까지 의혹으로 남아 있다.[76] 결국 박태선의 탈선행위가 사회문제가 되면서 예수교 전도관 정화대책위원회가 재구성되었고, 기성 교회생활에 적응하지 못한 일부 박태선 추종 인사들이 각양의 종파를 설립하였다.[77] 그 결과 박태선의 약 70만 명의 신도는 1990년 2월 7일 폐결핵과

---

73) 생수의 근거는 요 4:10의 예수님과 사마리아 여인과의 대화에 나오는 것으로 신도들이 만병통치약으로 믿는 만능 물이었다. 당시 생수는 병 치료 뿐 아니라 죄를 사하는데도 사용되었다. 박태선 장로는 공공연하게 자신이 이 땅에 온 5,798세의 새 하나님이며, 자신의 실재 나이는 1조 5천억 세라고 주장하였다. 그리고 크리스마스는 마귀의 날로 폐지하였다. 탁명환, 「기독교이단연구」, (한국종교문제연구소/국제종교문제연구소, 1999), 176-177.

74) 박정숙(본명 금부연), 「고소장」, 1981.6.1;「전도관의 역사」, No. 1., 42 참조.

75) 민태은, 「가칭 유지재단 한국예수교전도관정화추진위원회」, (1983년 3월 22일, 박태선 전도관의 비리 문건 명단 참조.

76) 이는 박태선의 고위층 로비와 신도 30명의 방송국 항의 소동 때문이었다. 탁명환, 「기독교이단연구」, (한국종교문제연구소/국제종교문제연구소, 1999), 177.

77) 그의 가르침과 사상은 약 18개의 이단의 모체가 되었다. 그 중에 대표적인 단체는 한 때 전도관의 전도사였던 이영수이다. 그는 독특한 성경해석으로 추종자들의 열광적인 지지를 받았다. 이에 박태선이 해고 하자 이탈하여 한국기독교에덴성회를 창설하였고, 1980년 초 밀실파 영생교 하나님의 성회는 조희성이 설립하였으며, 같은 시기 이현석 또한 전도사로 활동 중에 이탈하여 한국기독교승리제단(광주삼성교회)을 창설하였다. 최근 이만희의 신천지는 기성 교회는 물론 심지어 천주교까지 침투하여 혼란을 야기하고 있다. 이만희는 자칭 성경의 마지막 종결자, 대언자 사자, 약속한 목자, 예수님의 대언자, 인류구원자, 마지막 시대의 인류 구원자 로 활동하며, 추종자들은 자칭 추수군으로, 최근에는 신천지 맛디아지파와 시몬파를 창설하여 특별 행

고혈압, 당뇨, 정신질환 등으로 그의 사망 당시 신도는 약 2,000명으로 급락하였다.[78] 그리고 700여 전도관과 제단 중에서 60여 개만 동조하였다. 2014년 6월 현재 천부교의 지교회는 국내 122곳, 해외 5곳 등 127곳만이 남아서 명맥을 잇고 있다.[79] 하지만 지회의 대부분이 시온물산의 간장, 요구르트를 판매하는 중간상의 역할을 하고 있다.[80]

4. 박태선 전도관의 재산형성 과정

1950년 6.25 민족상잔의 상처 속에서 절망과 좌절이 사회 전반에 만연하였다. 이 같은 상황에서 당시 박태선은 혜성같이 등장하여 이 땅에 살아 있는 동안 천년성이 도래하고 주의 재림을 맞이한다고 선포하였다.[81] 수많은 신도들이 이 집회를

사를 열고, 과정을 마친 자들에게 수료증을 수여하였다. 그밖에 세검정 밖 기도원에서 활동해 온 김계화는 할렐루야 기도원을 중심으로 절박한 병자들을 이용하여 많은 재산을 모았으며, JMS 집단도 이단적 가르침으로 자신들의 왕국을 건설하였다. "3.강간 및 추행사건", 「미혹으로부터의 각성」, (한국예수교전도관정상화추진위원회, 1983.2.28), 847; 한국예수교전도관 현정회," 한국예수교전도관에서 분파된 교파내역", 「사교증가, 박태선 성화, 예수교 현정회」참조; 탁명환, 「기독교이단연구」, (한국종교문제연구소/국제종교문제연구소, 1999), 121; "한국교회 이단의 역사", cafe.daum.net/leedan4/XcX7/16; "한국신흥종교 기독교신비주의계열", http:// cluster1.cafe.daum.net/-21-/bbs-search-read?grpid=Giv&리양=리양=CiX&datanu...2014-01-23 참조. "한국교회 이단의 역사", cafe.daum.net/leedan4/XcX7/16; 정윤석/진용식/장운철, 「신천지 포교 전략과 이만희 신격화 교리」, (한국교회문화사, 2007), 1-125; cafe.daum.net/ nde1/C1Nk/11808; 송홍근, "한국의 메시아들, 하나님들", 「신동아」, 2014. 6. 130-145. Cf. 최우현, "사이비 종교 감별사 탁명환의 저서로 살펴본 유병헌", 「월간조선」, (2014.6. 134-147 참조.

78) 탁명환, 「기독교이단연구」, (한국종교문제연구소/국제종교문제연구소, 1999), 184.

79) 심창섭, 김도빈, 오영호, 박영관, 「기독교이 이단들」, (대한예수교장로회총회, 2006), 316; http://blog.naver.com/Post Print.nhn?blogId=ch-review/150175125326 참조.

80) 한편 2009년 6월 천부교 산하 기업 중에 하나인 오리엔스금속(주) 대표 이청환은 증권선물위원회로부터 분식회계 등의 혐의로 검찰에 고발되어, 2년 6월 간 복역하였다. 그의 복역은 그룹 총수의 지시 없이는 불가능한 바, 당시 총수 박윤명은 2004년 8월- 2015년 6월 어간에 이미 사망한 것으로 확인되었고, 결국 여러 정황으로 볼 때 총수 사망 후 재산을 노린 일부 지도급 인사들이 벌인 다툼의 결과였음으로 사료된다. 이슈포커스, "신앙촌 기업 대표, 징역 2년 6월 실형선고 내막", (2014, 2), 16-16; 국제기독교뉴스/더굳뉴스/사건25시/사이비종교피해대책연맹/아레오바고사람들/한국예수교전도관부흥협회, 바른사회, 바른 법질서, 바른 신앙 촉구· 시온그룹/천부교 교주 박윤명 회장 실종 및 회계부장 이은선 피살 의혹 수사 촉구 특별 기자회견 보도자료, (프레스센터 19층, 2014.11.6), 4-10 참조.

통해 감동을 받고 재산을 팔아서 헌금을 드리고 패물까지 바쳤다. 박태선은 이렇게 거둬들인 헌금으로 재단을 설립하고 신앙촌 건립과 산하 십여 개의 기업을 창업하였다. 그는 무명의 부흥사에서 한 단체의 교주로, 사치와 향락, 부와 명예를 누리며 한 때를 풍미하였다. 박태선의 전도관 설립과 재산형성 과정은 여러 단계로 나누어 이루어졌다.

(1) 부흥집회와 십일조 강요: 1955년 초 경제 여건의 취약과 전화(戰禍)로 사람들이 지쳐 있었다. 설상가상 기존 교회는 깊이 잠들었다. 이 때 박태선은 김치선, 최창순, 최준호, 홍순관 목사 등을 앞세워 성신의 은혜를 받으라며 부흥회를 인도하였다. 특별히 3월 28일부터 개최된 남산공원(조선 신궁터 광장) 집회와 그 이후 집회에 전국에서 수많은 신도들이 모였다. 특히 소문을 듣고 수많은 환자들이 치유 받으려고 운집하였다. 놀라운 것은 당시 집회에서 많은 기적이 일어났다. 수많은 환자가 치유를 받고 성령의 바람과 냄새를 맡았다. 그들은 몸에 진동과 떨림으로 말할 수 없는 희열을 경험하였다. 당시 김치선 박사의 딸 김동화(최순직 목사의 아내)에 의하면 자신도 집회 중에 십자가를 보았다. 은혜를 체험한 신자들은 너무 기뻐서 자기 몸에 있는 돈과 귀금속을 모두 빼어 바쳤다.[82] 시계와 팔찌, 목걸이, 약혼반지, 심지어 비로도 치마(밍크코트와 유사)까지 벗어서 바쳤다. 당시 신도들이 박태선에게 바친 돈과 귀금속은 몇 가마니였다.[83] 박태선은 집회 중에 자기 재산을 주님께 바쳤으니 여러분도 바치라고 하였다. 이 말에 은혜받은 성도들이 의심 없이 순종하였다.[84] 박태선은 헌금을 강조하되, 이는 먼저는 부흥회 경비를 위함이며, 다음은 하나님께서 맡겨주신 의인의 수를 채워야 하기 때문이다.

---

81) 박형성, "전도관과 박태선의 천부교: 재산싸움 제1라운드", (현대종교, 1989. 7), 144 참조.

82) 김동화, 「나에게 있어 영원한 것」, (기독교연합신문사, 1997), 288-289.

83) 당시 박태선은 한국의 예레미야 김치선 목사를 찾아와 "목사님, 앞으로 내가 집회하여 얻은 이익은 반드시 대한신학교를 위해 쓰겠습니다. 이것이 하나님께서 나에게 맡기신 사명입니다" 하였다. 이 말에 김치선 목사는 적극적으로 그를 도왔으나 실제로는 단 한 푼도 신학교를 위해 쓰지 않고 자신의 왕국 건설에 쏟아 부었다. 하지만 어느 순간 그는 악령에 사로잡혀, 자칭 하나님으로 행세하며 기성 교회를 비판하였다. 하지만 박태선은 신학적 바탕의 결여로 자신을 통제하지 못하고 사탄에게 사로잡혔다. 김동화, 「나에게 있어 영원한 것」, (기독교연합신문사, 1997), 288-290.

84) "제1장 전도관의 창설배경", 「전도관의 역사」, (No. 1.), 58-65.

그리고 하나님께서 특별히 서울 중앙에 5만 제단 건축을 명령했다고 하였다.[85)]

박태선은 집회 중에 합심 기도를 할 때 하나님이 얼마의 헌금을 드려야 할지 알려줄 것이다. 혹 기별이 없는 자들은 하늘과 상관이 없음을 알아야 한다고 말하였다. 그에 의하면 의인의 입에서 나오는 말은 그대로 이루어진다. 그리고 의인 노아의 세 자녀, 셈과 야벳, 함을 비유로 전자는 축복을 후자는 저주를 받았음을 상기시키고, 자신에게 그런 능력이 있음을 선언하며 헌금을 독려하였다.[86)] 특별히 십일조를 드려라. 그러면 축복의 문이 열릴 것이며, 물질의 은혜가 소낙비처럼 쏟아진다고 하였다.[87)] 박태선은 하나님께서 자신에게 철장을 맡겨 주셨다. 가는 곳마다 성신의 불이 떨어진다. 성신의 불만이 아니라 재물의 축복과 물질의 문도 열린다. 지금 하늘과 땅, 바다, 모든 곳에는 축복의 문이 열리고, 그 속에는 말할 수 없는 물질이 충만하여 찾아 갈 자를 기다리고 있다. 오직 하나님에게 드릴 줄 아는 자의 손에 이 모든 물질의 복이 쏟아질 것이다. 하늘 축복의 문이 열리었으니 복 받을 자들은 그 문을 바라보라고 하였다.[88)] 이렇듯 박태선은 집회 때마다 축복권을 빙자하여 신도들에게 사업과 돈 얘기를 하였다.[89)] 그는 돈이 없으면 구원도 없다. 살인강도를 해도 자신이 제작한 금배지를 사면 구원을 얻는다. 돈이 없어 사지 못하면 지옥에 간다고 거짓 설교를 하였다. 이 같은 감언이설에 일부 금배지를 반대하던 부인들이 금배지를 샀다. 상혼(商魂)에 철저한 박태선은 신도들이 드린 헌금으로 신앙을 빙자하여 축재하며 부를 누렸다.[90)] 그러나 어느 순간 그는 악령에 사로잡혀, 자칭 하나님으로 행세하며 기성 교회를 비판하였다. 박태선은 신학적 바탕의 결여로 자신을 통제하지 못하고 십자가 대신 비둘기를 세운 사탄의 앞잡이 적그리스도 이단이다.[91)]

---

85) 김성여, 「박태선 장로의 이적과 신비경험」, (서울: 신천지사, 1955), 112.

86) 여기에는 여러 명목, 예를 들면, 감사헌금, 십일조, 특별헌금, 신앙촌 건립을 위한 일반 연보, 학교 설립 헌금 및 영농조합 설립 헌금 등이 포함된다. 허병수, 「신술소서」, (인천지방검찰청 부천지청, 2008. 8.12), 6 참조; 김성여, 「박태선 장로의 이적과 신비경험」, 112-113.

87) 김성여, 「박태선 장로의 이적과 신비경험」, 113.

88) 김성여, 「박태선 장로의 이적과 신비경험」, 114.

89) 백린, 어떤 날의 사람들, (성별, 1981, 11), 104.

90) 김경래/박명흰(공저), 「이것이 박태선 전도관이다」, (성청사, 1974), 46.

91) 김경래, 「진정서」, (인천지방법원 형사3단독, 한국기독교총연합회, 1991.1.18), 1-2 참조; 김동화, 「나에게 있어 영원한 것」, (기독교연합신문사, 1998), 288, 292.

(2) 신앙촌 건축과 사업 확장: 부흥집회 시에 신도들이 드린 거액의 헌금과 패물이 들어오자 박태선은 신앙촌 건설을 추진하였다. 이를 위해 매 세대에 일정 헌금을 할당하고, 일방적으로 다양한 명목에 따라 헌금을 징수하였다.[92] 1955년 3월 남산 집회를 시작으로 1957년 1월 14일-20일까지 충북 청주시 운천동 집회를, 4월 30일에는 자신이 하늘의 권세를 부여 받았다고 선언하였다. 5월 18일에는 성화 사진을 조작하였고, 9월 1일에는 말세의 심판을 피하고 구원을 얻으려면 신앙촌에 입촌해야 한다고 선동하면서 신앙촌 건설을 독려하였다. 10월 23일에는 자신이 동방의 의인임을 선포하고, 동년 10월 25일에는 기성교회를 구원이 없는 마귀의 전당으로 규정하였다. 박태선은 집회를 통해 거둔 헌금으로 1957년 11월 경기도 부천군 소사읍 범박리 14만평의 대지 위에 소사 제1신앙촌을 건립하였다.[93] 그리고 1958년 4월 6일 소사의 소래산(蘇來山)은 예수가 재림하는 산이라고 하였다. 1962년 박태선은 덕소 제2신앙촌을 건설하였고, 그 이듬해 박태선은 덕소제강공장에서 오토바이를 생산하여 신도들에게 자가용과 피아노, 전축을 준다고 거짓 선전하며 헌금을 독려하였다. 64년 6월 12일에는 신앙촌 자가용버스 영업을 가시화하였다. 이에 당시 국내의 각종 언론은 박태선 장로와 신앙촌 기사를 쏟아냈다. 1965년 9월 23일 조선일보는 "그해 그 얼굴"이란 기획 기사에서 "기독교의 한국적 변형", "감람나무 천년성" 이란 기사를 게제하였다.[94] 그리고 그가 행차하는 도로변에는 국가원수의 행차 시에 벌리는 행사를 진행하고, 경인가도에서부터 예배장소까지 일반인의 통행을 금지하였다. 뿐만 아니라 자체 경비원을 배치시켜 엄청난 군림 행세를 하였다.[95] 하지만 1967년 화재와 홍수로 자칭 감람나무는 이미지에 커다란 훼손을 입게 되었다. 그 과정에서 박태선은 온갖 거짓과 폭행, 살인 등 오점을 씻지 못한 채 급속이 쇠락하였다.

1970년 4월 박태선은 그동안 손상된 명예를 회복하기 위해 모아진 헌금으로 경남 양산군 기장면 죽성리 해변가 약 240만평에 제3신앙촌 산업기지를 구축하

---

92) 예를 들면, 월정헌금, 특별연보, 십일조 헌금, 부인회비, 성미헌금, 청장/노년 천성회비, 유년연보, 건축헌금, 학교증축헌금, 별정헌금 등이었다. 김경래/탁명환(공저), 「이것이 박태선 전도관이다」, (성청사, 1974), 114-115.

93) "최근 이탈한 중견간부들에 의한 박태선집단에 대한 공개 공청회", 50.

94) 김경래/탁명환(공저), 21.

95) 김경래/탁명환(공저), 「이것이 박태선 전도관이다」, (성청사, 1974), 115.

였다. 하지만 기장의 산업체가 부실화 되자 전국의 관장 전도사들을 회집하여 너희들과 신도들이 적극적으로 사업을 후원하지 않으니 축복 촛대를 한국에서 미국으로 옮기겠다. 만약 돈을 거둬 주면 옮기지 않고 그대로 한국에 두겠다고 겁박하였다. 그리고 관장들에게 앞으로 열심히 일하겠다는 서약을 일일이 받았다. 특별히 1978년 말부터 1979년 말까지 1년 동안 기장에 승리재단 건축을 위해 3차에 걸쳐 수십억 헌금을 강요하였다. 그리고 신도들이 바친 헌금은 예금되어 있으니 절대로 의심하지 말며, 자신의 말을 따르지 않고 불순종 하는 자들을 마귀로 몰아 출교시켰다.[96] 1980년 1월 박태선은 자신이 천부, 하나님임을 천명하였다. 그리고 기장에 설립한 시온합섬공업주식회사를 삼광물산주식회사로 변경하여 그의 3형제에게 각각 재산을 분배하고 또한 그의 아내, 처족들에게도 나눠주었다. 박태선은 사업과 헌금 강요로 가책을 받고, 무이자로 1년간 차용해 주면 1년 후에는 원금을 반제해 주겠다고 약속하였다. 그리고 요금 액을 할당하여 내는 자에게는 삼광물산 가수금조로 그 아들의 이름으로 약속어음을 발행하여 약 80억을 거두었다.[97] 그리고 할당액을 낼 수 없는 사람들은 그 액수에 상응하는 월 3부의 이자를 1년간 납부해 주면 타처에서 채금 충당하겠다고 하였다. 그리하여 그는 신도들이 바친 막대한 헌금으로 재산을 축적하였다.

(3) 상품 폭리와 불법적 재정유용: 당시 신앙촌은 각 사내에 가게를 운영하였다. 그 가계는 천부장을 통해 관리하였으며, 사내 생활에 편리를 제공하였다. 하지만 영내 생활의 필수품 물품 가격은 한국에서 가장 비쌌다. 이렇게 폭리로 거둔 이익금은 박태선에게 상납되었다. 당시 정부의 미곡(米穀) 고시 가격도 신앙촌에서는 아무 소용없었다.[98] 사내에서 생산한 물품은 사원들에게 분배하여 팔게 하되, 팔든 못 팔든 상관없이 대금을 지정된 날 자에 납입케 하였다. 당시 특히 소사에서 중학생 이상은 모두가 판매원이었다. 종업원의 급료는 기능공의 경우 월 3만원, 최고 6만원이었다. 하지만 그들의 작업량은 당시 다른 기업체의 몇 배로, 종업원 상호간에 경쟁을 유도하였다.[99] 그리하여 종업원들은 수면 부족으로 건강이 악

96) “최근 이탈한 중견간부들에 의한 박태선집단에 대한 공개 공청회”, 50.
97) “최근 이탈한 중견간부들에 의한 박태선집단에 대한 공개 공청회”, 51.
98) 김경래/탁명환(공저), 「이것이 박태선 전도관이다」, (성청사, 1974), 70.
99) “최근 이탈한 중견간부들에 의한 박태선집단에 대한 공개 공청회”, 51-52; 김재규/

화되었다. 간혹 병에 걸리면 마귀 들렸다고 내쫓고, 외부와 연고가 없는 종업원은 병동에 수용하여 생수를 먹이고, 그러다 병이 악화되어 사망하면 비인도적으로 처리하였다. 그리고 자금상 재정이 어려우면 종업원이 자금을 횡령하여 도주하였다고 거짓을 일삼았다. 은행 거래도 박태선 장로 자신이나 그 아들들 혹은 친족들로 당좌를 개설치 않고 열렬한 추종자 명의로 개설하여 얼마간 거래하다가 수표와 어음을 남발하여 부도를 내고 도피시키거나 구속시켜 수습하는 방식으로 처리하였다.[100] 그러다가 자신의 부정이 노출되면 이를 막는데 온갖 수단과 방법을 모두 동원하였다. 상황에 따라 다르지만 권력자의 비호를 받거나 돈으로 매수하여 강압적인 방법으로 통제하였다.[101]

박태선은 자신이 지불할 조건에는 무책임, 무관심 또는 회피하였다. 하지만 그는 몰인정하고 무자비하였다.[102] 당시 직원들은 경비 부족으로 점심도 제대로 먹지 못했으나 그는 그들의 급료나 후생비, 출장비 등은 덜 주려고 깎았다. 그리고 박태선은 자기 자본금을 들이지 않고, 차용금의 이자를 지급하지 않고 사업하였다. 그 결과 수많은 신도들이 피해를 입고 어려움에 처하였다. 예를 들면, 시중에서 원자재를 구입할 때 외상으로 구입하고 3개월 후 약속어음을 지불하였다.[103] 그러나 기일에 지불 액수가 많아 결제할 수 없으면 고의로 부도를 냈다. 그리하여 실무자 간에 시비가 일면 교섭자를 선정하여 2차 약속 어음을 발행하였다. 그리고 기한이 되면 또 다시 부도를 냈다. 그리하여 부산의 소상인들은 완전히 망하였다.[104] 뿐만 아니라 박태선은 종업원들의 임금을 의도적으로 4~5개월 씩 체불하였다. 외부 채용 종업원들은 노동법에 의해 지불했으나 신도들과 전도사들은 마음대로 처리하여 임금을 착취하였다. 이들은 한 마디 불평도 못하고 수중에 돈 한

이하규, 「금포탈방법」, (국세청장, 1982.9.9); 이하규, 「박태선교주의 비행을 고발한다」, (성별, 1981.6.1), 73-77.

100) "최근 이탈한 중견간부들에 의한 박태선 집단에 대한 공개 공청회", 54.

101) 예를 들면, 1979년 전 전도관 인천지관장 이하규에 의하면 시온학원의 부정 사례를 청와대에 진정하여 경기도 교육위원회로 하여금 조사 시정토록 하였으나 공무원을 매수하여 무마하였다. 최근 이탈한 중견간부들에 의한 박태선 집단에 대한 공개 공청회, 54.

102) 김경래/탁명환(공저), 「이것이 박태선 전도관이다」, (성청사, 1974), 46.

103) 김경래/탁명환(공저), 「이것이 박태선 전도관이다」, 53.

104) 김경래/탁명환(공저), 「이것이 박태선 전도관이다」, 53.

푼 없어 탈출하지 못하였다.[105] 박태선은 자신에게 어려운 일이 생기면 전국의 신도들에게 눈물로 협조를 구하였다.[106] 그 과정은 금전착취, 임금착취, 상품강매 및 장사강요, 생수 및 안찰장사, 승리제단 건축헌금 모금, 가수금 미상환착복, 경제질서 문란행위와 비도덕적 상행위 등이다. 이들은 소사 신앙촌 입주자들로부터 시가의 10배 값을 받고 일방적으로 기부금으로 처리, 개인소유로 해주지 않았다. 그리고 덕소 신앙촌의 입주자들로부터도 고가의 주택 값을 받고도 삼광물산의 소유로 등기하거나 임의로 처분하였다.[107]

또한 박태선은 사업이 부진할 때마다 주님의 사업에 협조하지 않으면 촛대를 옮긴다고 으름장을 놓고 말세가 임박했다며 공갈하여 신도들의 주머니를 털었다. 신앙촌 상품 중 수출품과 불량품을 신도 가족에게 분배하고 시중보다 비싼 값을 받았으며, 소비조합원 및 교역자들에게 일방적으로 상품을 송부한 후, 지정 날짜에 입금 강요, 뿐만 아니라 맹물에 불과한 생수 10리터 한 통에 50만원, 종교의식 안찰 1회 최저 50만원, 최고 300만원을 받았다. 그리고 1978년 세계 최대 제단 신축을 위해 80억 원을 모금하였다. 그리고 그 돈을 승리제단 신축헌금으로 입금과 동시에 삼광물산의 가수금으로 유용되었다. 또한 신앙촌에서 40여 종의 상품을 생산 판매 했으나 물건이 딸리자 타 회사 상품을 저가로 구입하여 상표를 바꿔쳐서 고가로 판매하였다.[108] 그밖에 임의 기업을 빙자하여 직영 사업 종목과 동일한 업종 및 기업은 불허하고 임의 기업 일체를 제한하였다.[109] 그리고 교파를 전향하는 자나 또는 재단 측 명령에 불순종하는 신도에게는 부락민과 자신들의 경비원을 동원하여 욕설과 폭행을 자행하였다. 때로는 거실에 투석하여 공포감에 견디지 못해 자신 철거시켰다.[110] 이렇게 하여 박태선은 엄청난 재산을 축재하였다.

(4) 생수와 섹스안찰: 젊은 시절 일본 도쿄에서 작은 규수품 공장을 운영하던

---

105) 김경래/탁명환(공저), 「이것이 박태선 전도관이다」, 47.

106) 김경래/탁명환(공저), 「이것이 박태선 전도관이다」, 47.

107) "3.강간 및 추행사건", 「미혹으로부터의 각성」, (한국예수교전도관정상화추진위원회, 1983.4), 842-848.

108) 박형성, "전도관과 박태선의 천부교: 재산싸움 제1라운드", (현대종교, 1989. 7), 149-150.

109) 김경래/탁명환(공저), 「이것이 박태선 전도관이다」, (성청사, 1974), 115.

110) 대한일보, 67.9.2일자 보도.

박태선은 1944년(소화 19년, 당시 30세) 귀국 후, 서울 아현동에서 군수품 정밀 부품 공장을 운영하였다. 그러던 그는 1945년 해방 후 열심히 전도하며 신앙생활에 진력하였다. 한 때는 충성스런 집사로 매일 저녁 북을 치며 노방전도를 하였다.[111] 이 때 그는 한 여아 중병 환자를 회생시키며 신유 은사를 확인하였다. 이 일 후 사람들이 그에게 모여 들었고 기도는 계속되었다.[112] 1948년 봄 박태선은 남대문 교회의 이성봉 목사의 부흥회에 참석하였다. 이 집회를 통해 그는 큰 은혜를 받고 성령을 체험하였다. 집회 마지막 날 새벽 4시에 바위 같은 마음이 깨어지는 불 체험을 하였다.[113] 1950년 6.25 사변 중에는 소변 중에 피 흘림을 경험하였다. 그 후 그의 삶은 영체 교환, 일명 피 가름을 경험한 후 과격한 광신주의자가 되었다.[114] 1955년 2월 15일 능력을 체험 후 박태선은 하나님도 쓸모없다고 외쳤

---

111) 「남대문교회사」, 182-187, 196; 김동화, 「나에게 있어 영원한 것」, (기독교연합신문사, 1997), 276-277; 김성여, 「박태선 장로의 이적과 신비경험」, (서울: 신천지사, 1955), 32, 38, 45-46. "박태선에 대한 예장 통합측 제73회 총회보고서", 「교회와 신앙」, http://blog.naver.com/ch_review/15017482491 참조.

112) 「박태선 장로 설교집(제2집)」, (한국예수교부흥협회, 4289), 8. 이 기간 동안에 수많은 기적이 일어났다. 대표적으로 창천감리교회 조병국 목사의 천추가리에스, 창신교회 권연호 목사의 부스럼 병, 함 부통령의 영손녀 함영숙 집사의 척추가리에스 완치 등이다.

113) 이 일로 박태선은 자신이 지난 21년 동안 주일을 거룩히 지키고 십일조를 드리며 십계명을 다 지키었다. 그는 되지도 못하고 돈 줄로 알았다. 그는 잘 믿는 사람이라 생각하였다. 그러나 밝은 빛이 그의 마음에 비치매 그는 그의 죄가 머리털 보다 더 많은 것을 깨달았다. 그는 마음 속에 모든 악독과 더러운 것이 가득 차 있는 것을 발견하였다. 비록 몸으로 죄를 짓지 않았지만 마음으로 얼마나 많은 죄를 지었는지 알지 못했다. 그래서 그는 이 모든 죄를 다 통회하고 자복하였다. 자복하면 또 죄가 생각나고 자복하면 또 죄가 나오고 모든 숨었던 죄가 쏟아져 나왔다. 마지막에는 주의 뜻대로 행하지 못한 죄, 남을 참으로 사랑하지 못한 죄, 한이 없는 모든 죄가 쏟아져 나오는데, 가슴이 찢어지는 듯 하고 창자자 끊어지듯 함으로 천지가 아득하고 가슴은 막막하였다. 그러나 이 때 하늘에서 불이 내렸다. 그의 많고 많은 죄를 다 태워버리고 그의 중심은 뜨거워졌다. 중심이 뜨거워 질 뿐 아니라 몸까지 떨리기 시작하였다. 그의 몸은 더 이상 억제할 수 없게 되었다. 그냥 부들부들 전신이 떨리었다. 중심에는 불이 붙어 뜨겁고 가슴에는 평안과 한 없는 기쁨이 임하였다. 김성여, 「박태선 장로의 이적과 신비경험」, (서울: 신천지사, 1955), 33-34, 39. 130; 승리제단 교사 일동, 하나님의 승리, (경기: 승리제단, 1990), 260; 심창섭, 김도빈, 오영호, 박영관, 「기독교의 이단들」, (대한예수교장로회총회, 2006), 313.

114) 당시 일명 피가름(혼음) 전도사 정득은은 6.25 사변과 함께 평양에서 내려와 김백문의 이스라엘 수도원 상도동 분소의 사찰 방호동과 삼각산에 기도처를 마련하고 청년 남녀에게 새로운 원리를 가르쳤다. 이 때 정득은은 열렬한 지지자 박태선의 집을 성교(性交) 현장으로 삼고, 생명의 도피라는 말씀을 통해 문선명에게 거룩한 피를 김한, 방호동, 그리고 이수완에게 주

다. 그리고 집회 시에 수돗물을 축복한 후 생수로 간주하고, 생수에 밀가루를 반죽하여 식빵과 카라멜을 만들어 팔았다. 그리고 생수를 환자가 마시면 병이 낫는다고 선전하였다. 심지어 시체에 자신이 축복한 생수를 바르면 굳어졌던 시체가 풀린다고 하였다.[115]

1980년 12월 박태선은 부부동침을 죄악시하여 불신남편들을 구렁텅이에 몰아넣었다. 그리고 자칭 하나님으로 유부녀들을 간음과 재물을 편취할 목적으로 섹스 안찰[116]을 실시하였다. 그는 섹스 안찰을 받기 위해서는 하나님께 공로를 쌓아야 한다. 안찰 받을 사람은 그의 지명(은혜)을 받은 자이며, 이 세상 그 누구도 자신의 안찰을 받지 않으면 결코 구원 받을 수 없다고 역설하였다.[117] 1981년 1월부터는 안찰 받을 사람은 1992년 역사의 종말이 올 때까지 비록 정당한 부부라도 일체 성교행위를 금하고 깨끗한 독신 생활, 극기 생활을 해야 했다. 그리고 그는 자신의 성욕을 발산하기 위해 여신도를 유인하여 순응 자를 농락하고 반항 자에게는 강제로 약을 주입하여 음행을 일삼았다. 그는 강압적으로 섹스 안찰을 한 후, 여인들에게 "자신이 남편이며 타인에게 누설하면 죽인다, 이를 발설하면 혀가 잘려지고, 남편은 즉사하며 너희는 지옥 간다"고 위협하였다.[118] 이렇듯 박태선은

입하고, 이수완은 다시 원경숙, 원경숙은 박태선에게 주입하였다. "최근 이탈한 중견간부들에 의한 박태선 이단에 대한 공개 공청회", 56. 이영호, "박태선의 전도관과 천부교", 2;「남대문교회사」, (남대문교회사편찬위원회, 1971), 197-198.

115) "박태선의 섹스 안찰 내막", 「박태선 전도관의 죄악상은 이렇다」, (성별, 1982-11), 148-152; 진영은, 「어느 종교 집단에서의 인생유전」, 526, 534, 540-541; "7. 생수 시체 피는 것, 축복과 생수 번호표", 「박태선 전도관의 비리」, (한국예수교전도관, 부록 3) 별지 참조.

116) 박태선에 의하면 안수를 하면 죄가 여자의 성기로 들어온다. 이 죄를 뽑아내기 위해서는 의로운 손(박태선의 손)으로 만져야 하는데, 그 수고를 누가 알겠는가? 그러나 헌신한 자식(교인)인데 버릴 수 없고, 그러나 공짜로 할 수 없어 최고의 방법, 즉 의인의 성기로 씻어내야 하는 것이다. 두 번째는 입으로 빨아내는 방법이며, 세 번째는 손으로 만진다고 하였나. 피해자에 의하면 박태선은 손으로 만져서 흥분시키고, 입으로 빨아서 올가니즘에 도달 할 때 성기를 주입시켰다. 이로써 섹스 형식을 갖추었다. 박태선이 안찰을 한 동기는 자신이 연로하고 신병이 심화되자 교인들을 해산시킨 후 재산을 사유화하기 위함이었다. "제1장 섹스 안찰과 강제추행", 「제9편 사회문제 발생요인」, (강제추행고소, 1982.2.13), 1-16.

117) 박정숙(금수연), 최미옥(심영자), 「고소장」, 「항고상」 (부산지방검찰청 검사장, 1981.6.1); 참조. "제1장 섹스 안찰과 강제추행", 「제9편 사회문제 발생요인」, 1-15항 참조.

118) "3. 강간 및 추행사건", 「미혹으로부터의 각성」, (한국예수교전도관정상화추진위원회, 1983.2.28), 835, 842-843. 여기 자료에 의하면 당시 강간당한 여인들과 강간 당 한 후 내

섹스 안찰로 가정 파탄을 조장하고, 안찰 명목으로 100만원을 받고, 자신의 침실로 유인하여 여인들을 추행하였다. 남자들은 여자보다 구원받는데 5만 배 이상 불리하므로 100만 원짜리 안찰을 100번 받아야 하며, 여자는 50번 만 받으면 된다[119]고 하였다. 결국 구원 받기 위해서 남자는 100번, 여자는 50번, 1억과 5천만 원이 소요되었다. 그리고 100만원 안찰 자 6만 명이 차면 천국이 도래한다[120]고 하였다. 처음에 박태선은 100만 원짜리 안찰을 받으면 영생을 책임진다고 했으나 후에는 그 이상을 요구하였다. 안찰 대상자가 없자 박태선은 전국 관장들에게 대상자 1명을 모집하면 6%의 커미션을 준다고 하였다. 놀라운 것은 수많은 맹도들이 안찰받기 위해 집을 팔거나 빚을 내었다.[121]

(5) 재산 사유화와 유력인사 채용: 1950년 6.25 전후 국가 경제가 열악한 중에 박태선은 신도들의 헌금으로 거리에 산뜻한 문화 주택도 짓고 공장을 건설하여 시중보다 우수한 품질의 각종 상품을 생산하였다. 그리하여 전후 우리나라 초기 산업 발전에 어느 정도 기여하였다. 당시 공장을 건설하는 인부나 공장 종업원 모두 주인 의식을 갖고 거의 무보수로 불철주야 봉사하였다. 그리고 전도관 신도들을 동원하여 판매요원을 삼고, 의무적으로 신앙촌 생산품을 판매토록 강요하였다.[122] 또한 박태선은 상품 매상 실적에 따라 안찰하였다. 지방 전도관의 전도사들끼리 사업 경쟁을 시켰다. 그 결과 전도사의 권위는 추락하였고, 혹 전도사의 사업 실적이 좋지 않을 때는 마귀로 규정하여 추방하였다.[123] 이에 한국예수교총

연의 첩이 된 자들, 강간 당 한 후 숨기는 사람들의 명단이 기록되었다. 그들 중에 고소자는 박정숙(금부연), 고소장, 1981.6.1 참조; "제1장 섹스 안찰과 강제추행", 「제9편 사회문제 발생요인」, 11항 참조; "박태선 그는 누구인가?"「강간혐의로 수사 받는 박태선 교주」, (성별, 1981.9), 76-80. 당시 안찰의 종류는 5가지로, 안수-머리, 눈 안찰-손가락으로 눈알을 누르는 것, 면 안찰-손 또는 얼굴로 비벼주는 행위, 몸 안찰-상반신 안찰로 상의만 벗은 후 만져 주는 것, 전신안찰-특별 안찰 혹은 섹스 안찰이었다. 이 중에 특별 안찰자는 완전 나체로 1:1의 성행위였다. 대상자는 박태선이 지정한 여자나 학생, 청년, 과부, 유부녀로 100만원에서 최대 500만원을 지불하였다.

119) "나는 이렇게 속았다", 한국예수교전도관정화대책위원회, 안용택, "진정, 소송", 「탄원서, 60여명의 현직 전도관 교역자 일동」, (1983.2.19), 5; "한국예수교전도관개혁사업의 포괄적 개요", 「한국예수교전도관 개혁사업 계획(안)」, 4-5, 7.

120) "제1장 섹스 안찰과 강제추행", 「제9편 사회문제 발생요인」, 13항 참조.

121) "안찰 모집 자에게 6% 컴미숀", 「섹스, 강제 추행 고소」, 9 참조.

122) 김경래/탁명환(공저), 「이것이 박태선 전도관이다」, (성청사, 1974), 32.

123) 김경래/탁명환(공저), 「이것이 박태선 전도관이다」, 32-33.

회가 자신을 대항하는 조직으로 간주하여 해체하고 한국천부교부흥협회를 창설하여 기존의 총회 인사들을 마귀로 규정하였다.[124] 그리고 하나님의 능력으로 한강물이 변하여 휘발유가 될 것이라고 하였다. 박태선은 이렇게 신도들이 헌납한 돈으로 토지 재산을 취득하고 공장건물이나 고정재산을 취득하였다. 주택을 건설함으로 모든 것이 사심 없이 전도관 재산으로 등록되었다.[125] 그러나 이후 신앙촌 재산은 시온학원에 귀속되었고, 대다수 재산은 박태선 교주의 열렬한 추종자들의 개인 명의화 되었다.

박태선은 필요시 재산을 수시로 임의 처분하여 현금화하였다. 경기도 양주군 와부면 덕소리 소재 제2신앙촌도 박태선이 개인적인 영리법인으로 한일물산 주식회사를 만들어 사유화하였다.[126] 뿐만 아니라 덕소 제2신앙촌을 경남 양산군 기장면 죽성리 제3신앙촌으로 이전하고 공장 건물과 시설의 일부를 매각하였다. 당시 기장 신앙촌 건설을 위해 박태선은 이제는 마지막이니 주님 사업에 협조하라고 하였다. 기장의 모든 재산은 박태선의 3남 박윤명을 대표이사로 한 10여개 산하 업체의 시온합섬공업주식회사였다. 이곳에서 생산되는 물품들은 해외로 수출하면서 세계 경제를 주름잡을 것이라고 선전하였다.[127] 특별히 박태선은 신앙촌 확장을 위하여 김우현, 김택곤, 윤원, 이양배 등 사회유력인사들을 포섭하여, 자신이 설립한 사업장의 간부로 채용하였다. 그러나 이들은 박태선에게 이용된 후, 신앙촌 내에 자신들이 당시 시가보다 배 이상 주고 산 집을 "불법점유"라는 근거 없는 구실로 빼앗긴 채 추방되었다.[128] 그리고 비리에 맞서 결성된 당시 정화위원들에게 사내의 모든 시설물들, 예를 들면, 개나리 꽃, 진달래 꽃과 음료수, 목욕탕, 병원 시장 출입 금지, 공동변소 사용금지를 내렸다.[129] 박태선은 내 재산도 주님께 바치고 너희들도 주님께 바쳤기에 모두 주님의 재산인데, 자신이 곧 주님, 하나

---

124) 김경래/탁명환(공저), 「이것이 박태선 전도관이다」, 31.

125) 이하규," 최근 이탈한 중견간부들에 의한 박태선집단에 대한 공개 공청회", (성별, 1982.1-2), 48-53.

126) 최근 이탈한 중견간부들에 의한 박태선집단에 대한 공개 공청회, 50.

127) 최근 이탈한 중견간부들에 의한 박태선집단에 대한 공개 공청회, 50; 김경래/탁명환(공저), 「이것이 박태선 전도관이다」, (성청사, 1974), 72.

128) 김경래/탁명환(공저), 「이것이 박태선 전도관이다」, 100-103.

129) 김경래/탁명환(공저), 「이것이 박태선 전도관이다」, 103.

님이니 모든 재산은 자신의 재산이라고 하였다. 이렇듯 박태선은 신앙을 빙자하여, 소위 특수 지역 혹은 거룩한 땅이니 하여 양의 탈을 쓴 늑대로 온갖 횡포를 자행하였다. 그리하여 신앙촌은 공산국가를 능가하는 극악무도한 단체가 되었다. 이들은 역내 신자들을 일방적으로 믿고 따르는 맹신도로 만들었다. 결국 박태선은 천년성을 빙자하여 신도들의 자유를 억제하며 피와 땀, 고혈을 빨아들였다.[130)]

(6) 천년성, 천국건설과 이단사상: 박태선의 재산형성 과정에서 빼놓을 수 없는 도구는 그 자신의 신격화, 자칭 하나님, 감람나무, 의로운 자라는 이단사상의 주입이었다. 1955년 박태선 주도아래 설립된 한국예수교전도관부흥협회는 총 8개항의 교리로 구성되었다. 예수교 교리는 올바른 신앙생활을 위해 성경의 주요 교리를 간추려 정리한 공식적인 고백이다. 이는 반드시 성경의 영감과 계시에 근거한 것으로 특정 교단과 교회로 한정되었다. 핵심적인 가르침은 성경적 복음전도 사업을 목적으로 계시된 신구약 성경과 창조주 하나님, 삼위일체, 예수 그리스도의 성령잉태, 십자가의 대속과 고난, 예수 부활과 승천, 재림이었다.[131)] 신조는 상기한 성경에 기초하여 작성된 교리로 초대 교회 이후 역사적 기독교의 권위와 공신력을 갖는다. 그러므로 한국예수교전도관부흥협회의 교리를 변경하기 위해서는 예수교라는 종교의 동일성과 성경의 계시에 근거한 전통을 유지하는 것이 요청되었다.[132)] 하지만 한국천부교전도관부흥협회측이 주장하는 교리 변경은 이러한 원칙에서 벗어났다. 그것은 교주 박태선 자신이 천부, 하나님으로 기존 교회의 삼위일체 중 성부 하나님은 마귀에게 결박당하여 똥통에 갇혀있고, 예수는 하나님의 아들도 구세주도 아니며, 원죄와 유전죄와 자범죄를 갖고 있는 마리아에게서 태어난 99% 죄인이며 x새끼라고 하였다. 뿐만 아니라 성경은 정확 무오(無誤)한 말씀이 아니라 98%가 거짓말이며 2%만 진짜이다.[133)] 집회 시에 자신은 5798세로, 이 땅에 오신 새 하나님이라고 주장하였다.[134)] 그리고 자신이 기존의 하나님을 철장

---

130) 김경래/탁명환(공저), 「이것이 박태선 전도관이다」, 114.

131) 김경호, 「천부교단의 세습 범죄행위, 천부교단의 지속적인 범죄행위와 그 비호세력」, (한국예수교전도관부흥협회, 2008), 7.

132) 김경호, 「천부교단의 세습 범죄행위, 천부교단의 지속적인 범죄행위와 그 비호세력」, 4.

133) "예수는 죄 덩어리", 「박태선 왕국의 충격적 내막 해부」, (1980년 5월 23일 기장 신앙촌 설교)」, 42-52.

속에 가두었다. 그리하여 이 땅에 새 하나님이 필요한데, 그 분이 바로 자신이라고 설파하였다. 그 후 그는 자신의 나이를 1조 5천 억 세(歲)[135] 라고 주장하였다.

1980년 1월 1일, 박태선은 신년 첫 집회를 축복일로 선포하고 안찰과 생수를 공급하였다. 동년 8월 23일, 박태선은 예수교 전도관을 한국 천부교로 개칭하고 자칭 새 하나님, 천부임을 선언하였다. 그리고 의식면에서는 주기도문과 사도신경을 부정하며 부활절과 성탄절 대신 천부교의 새 절기로 이슬성신절[136]을 지켰다. 교회에서 십자가를 철거하고 비둘기 상을 설치하였다.[137] 동년 12월에는 부부관계를 죄악으로 규정하고, 생수 교리를 가르치며, 이를 신앙촌의 주력 상품으로 활용하였다. 특별히 생수권과 정기 생수권을 구분하여 차등으로 판매하였다.[138] 뿐만 아니라 이들은 성별에 따라 덕소에 남자 전용, 여자 전용 교회를 건립하였다.[139] 결국 박태선은 성경을 부인하고 말세에 자칭 그리스도로 적(敵) 그리스도가 되었다.[140] 이에 1981년 4월 한국 기독교 지도자 협의회와 사이비 기독교 대책 위원회, 그리고 국제종교문제 연구소 소장 탁명환은 박태선 왕국을 예수를 부정하는 이단 집단으로 규정하고 사회 정화 차원에서 조사를 촉구하였다.[141] 1988년 11월 18일 한국천부교전도관부흥협회의 부회장 서원식이 재단법인의 정관변경을 진정하면서, 자신들의 종교가 기존의 기독교와는 전혀 다른 종교라고 천명하였다.[142]

---

134) 한국예수교전도관, "박태선 전도관의 비리", 부록 3 참조; 탁명환, 「기독교이단연구」, (한국종교문제연구소/국제종교문제연구소, 1999), 121.

135) 탁명환, 「기독교이단연구」, 176-177.

136) 각주 53 참조.

137) 인천지방법원 제1형사부 92노518 가.자격모용사문서 작성 판결문(1993.7.1), 5참조.

138) 생수의 근거는 요 4.10의 예수님과 사마리아 여인과의 대화에 나오는 것으로 신도들이 만병통치약으로 믿는 만능 물이었다. 당시 생수는 병 치료 뿐 아니라 죄를 사하는데도 사용되었다.

139) 김경호, 4.

140) 김경호, 4-5.

141) "예수 부정하는 이단의 집단", 「박태선 왕국의 충격적 내막 해부」, (한국기독교지도자 협의회/사이비 기독교 대책 위원회, 1981년 4월 17일), 53-54; 탁명환, "사회정화 차원에서 조사 촉구", 55-56.

142) 김경호, 7; "신정서", 한국천부교부흥협회의 정관 7항에 의하면, "선지성현들이 바라고 기다렸던 영생의 도를 펼치신 박태선님이 바로 육신을 입고 오신 하나님이시며 구세주이심을 우리는 믿는다"고 되었다. (한국기독교단체총협의회, 1991.2.15), 참조.

제 II 부: 전도관 재산과 대표자 허병주 목사와의 관계

5. 전도관과 천부교의 재산 관계

(1) 전도관의 재산형성: 상기한 바와 같이 1955년 3월 집회 인도 후, 박태선은 막대한 헌금이 들어오자, 그해 6월 소사에 한국예수교전도관부흥협회를 설립하고 이듬해 부천시 소사구 범박동에 신앙촌을 건설하였다. 그리고 전국을 순회하며 자칭 감람나무, 의로운 자로 활동하던 중에 대한예수교장로회 총회에 의해 이단으로 정죄되었다. 그는 강단에 설 때마다 십일조와 헌금을 강요하였다. 1960년 7월 8일, 재단법인 한국예수교전도관유지재단은 한국예수교전도관부흥협회 대표 김문환에 의해 문교부로부터 설립허가를 취득하였다. 그 후 동 법인은 재단 정관의 목적에 따라 한국예수교전도관부흥협회 산하 각 전도관의 예배와 복음전도 및 이에 필요한 재산을 소유 보존 관리할 목적으로, 그리고 한국예수교전도관부흥협회의 헌장, 정관 제3조의 목적을 부흥케 하기 위하여 한국예수교 교리에 의한 성서적 복음전도의 종교 사업을 위해 설립되었다. 전도관 산하 법인 재산은 시온학원과 한일기업을 비롯해 수십 개의 기업이 포함되었다.

(2) 논쟁의 발단: 박태선은 신도들에게서 받은 헌금 등 신도총유재산으로 막대한 명예와 부를 누리었다. 그리고 그는 1980년 1월 1일 신년축복 성회 때 자칭 천부, 하나님임을 선언하였다. 그리고 성경과 삼위일체, 그리스도의 구주되심을 부인하고 자칭 구세주가 되었다. 그는 예수는 구원자가 아니며 자신이 구원자라고 하였다. 동년 6월에는 기존의 한국예수교전도관부흥협회를 탈퇴하고 한국천부교전도관부흥협회라는 단체를 창설하였다. 1980년 6월 한국천부교전도관의 창설과 더불어 기존의 한국예수교전도관부흥협회는 둘로 분열되었다. 분열 후 천부교는 재단법인 한국예수교전도관유지재단을 강점하고, 그 법인을 법적으로 소유하기 위해 1980년 11월 1일 재단법인 한국예수교전도관유지재단 정관변경허가취득을 불법적으로 시도하였다. 사실 법률에 의하면 재단법인은 설립 시에 그 목적과 조직이 확립된 타율적인 법인인바, 정관 변경은 원칙적으로 불가한 것이다. 하지만 이 원칙에 대하여 재단법인의 목적 달성과 재산의 보전을 위해 필요 할 경우 예외적

으로 정관을 변경을 할 수 있게 되었다.[143]

이들이 제출한 법인정관 변경 내용은 "본 법인을 설립한 종단, 전도관이 한국천부교전도관부흥협회로 명칭을 변경하여 사용하고 있으므로, 본 종단에서 재산을 출연하여 설립한 재단법인의 명칭을 변경하여 사용코자 함이었다. 그리하여 제1조 이 법인은 재단법인 한국예수교전도관유지재단이라 칭한다"를 "이 법인은 재단법인 한국천부교전도관유지재단이라 칭한다"로 하였다. 그리고 제3조 "이 법인은 기독교 한국예수교전도관부흥협회 산하 각 전도관의 예배와 복음전도 및 이에 필요한 재산을 소유 보존 관리함을 목적으로 한다"를 "이 법인은 한국천부교전도관부흥협회 산하 각 전도관의 예배와 복음전도 및 이에 필요한 재산을 소유 보존 관리함을 목적으로 한다"고 천부교는 지속적으로 변경을 신청하였으나[144] 문화부는 계속 반려하였다. 1992년 12월 1일, 천부교는 박태신의 사망 2년 후, 다시 정관변경 승인을 신청하였고, 12월 23일 접수한 문화부는 신청 12년 만에 재단법인 한국예수교전도관유지재단의 정관변경을 승인하였다.[145] 그러나 이는 천부교가 문화부를 속여 불법으로 정관을 변경하여 재단법인 한국예수교전도관유지재단 소속의 신도들의 총유재산을 갈취한 것이다.[146]

(3) 문화부의 불법정관 용인: 천부교의 법인정관 변경 신청을 접수한 문화부는 절차를 따라 심도 있게 서류를 검토해야 하였다. 민법 제37조 및 문화부소관 비영리법인의 설립 및 감독에 관한 규칙 제19조에 의하면 "문화부가 재단법인 한국예수교전도관유지재단의 주무관청으로 검사 감독"하도록 규정되었다. 따라서 천부

143) 예를 들면, 설립자가 정관에 그 변경방법을 정하고 있는 경우에 한하여 변경할 수 있다(민법 제45조 제1항) 이 경우에도 주무관청의 허가를 받아야 효력이 있다(민법 제45조 제3항) 혹 정관에 그 변경방법을 정하지 않을 경우에도, 재단법인의 목적 달성 또는 재산의 보선을 위하여 적당한 때, 명칭이나 사무소 소재지와 같은 것은 변경할 수 있다(민법 제45조 제3항) 그리고 재단법인의 목적을 달성할 수 없을 때에는 설립자나 이사는 주무관청의 허가를 얻어 설립 취지를 참작하여 그 목적 기타 정관의 규정을 변경할 수 있다(민법 제46조)

144) 김경호, 「천부교단의 세습 범죄행위, 천부교단의 지속적인 범죄행위와 그 비호세력」, (한국예수교전도관부흥협회, 2008), 2-3.

145) 종이35111-1637 참고; 김경호, 「천부교단의 세습 범죄행위, 천부교단의 지속적인 범죄행위와 그 비호세력」, 5.

146) 김경호, 「천부교단의 세습 범죄행위, 천부교단의 지속적인 범죄행위와 그 비호세력」, 2-4

교가 정관변경 사유로 내세우는 교리 및 교단명칭 변경이 종교상, 법적으로 흠결이 없는지 또한 적법한 절차와 방법이 합법적으로 이루어졌는지를 검토해야 하였다. 하지만 문화부는 교리 및 교단명칭 변경의 진정성 여부에 대한 검사, 즉 동일 종교인 예수교 내에서 이루어졌는지의 여부를 확인하지 않고 그 교리 및 교단명칭 변경을 승인하였다. 오히려 재단법인 정관변경허가 신청자측이 여러 차례 진정을 통해 "자신들은 예수교의 한 분파였으나 그 후 예수교의 신앙대상과 경전, 교리 및 의식 등을 부인함으로, 무엇보다도 현재는 예수교와는 전혀 관계가 없다"고 주장했음에도 불구하고 정관 제1조와 제3조에서 「예수교」를 「천부교」로 종교 그 자체를 승인하였다.[147] 이는 문화부의 그릇된 판단과 변칙적인 법 적용으로 기존의 재단법인 한국예수교전도관유지재단은 해산이나 설립허가의 취소가 아닌 정관변경허가로 자동 소멸되었다. 그리하여 그리스도의 예배와 복음전파에 필요한 재산을 소유, 보존, 관리 할 수 없게 되어 신도들에게 막대한 물질적, 정신적인 피해를 준 이단에게 정당성을 제공하였다.[148] 정관명칭 변경을 하지 않고 그대로 두면 종단과 법인 명칭이 전례대로 일치하는 것임에도 불구하고 문화부는 배교 탈퇴하여 개종한 한국천부교전도관부흥협회를 승인하였다. 종단 명칭 변경 후 천부교 구성원 전원은 과거 한국예수교전도관부흥협회의 신도였다는 연고권으로 엄청난 부와 특권을 누렸다.

(4) 박태선의 후계자 박윤명과 천부교의 불법행위: 정관 개정 후 천부교는 재산과 관련하여 불법행위를 대대적으로 자행하였다. 그들의 불법 행위는 학교법인 시온학원의 수익용 재산처분의 허가권을 남용하여 부동산을 낮게 감정 평가를 받아 헐값에 처분하고, 천문학적 시세차익을 빼돌렸다.[149] 그 중에 하나가 1980년부

147) 김경호, 「천부교단의 세습 범죄행위, 천부교단의 지속적인 범죄행위와 그 비호세력」, 5.

148) 허가 이유는 김경호가 83-90년까지 관계 요로에 약 45회에 걸쳐 각종 탄원과 진정을 했으나 김경호가 한국예수교전도관부흥협회 회장직무대리 부회장 김경호라는 명칭을 오용한 사건으로 1992년 4월 23일 인천지방법원은 유죄가 입증되어 징역 1년 6월을 선고하였다. 그리고 92년 7월 3일 김경호가 제소한 임시이사개입취소신청이 대법원에서 기각이 확정됨으로 임원자격에 관한 논쟁이 일단락되었다. 당시 대법원은 반대측이 주장하는 교리변경 등은 종교적인 내부문제로서 정부에서 관여할 사항이아니라고 판단하였다. 따라서 법인의 의사결정기관인 이사회에서 결의 적법절차에 의한 정관 변경 신청하여 민법 등 관계법에 따라서 허가하였다. 문화공보부는 "교단 명칭이 변경되었다고 하여 법인의 목적수행 상 지장을 초래한다고 할 수 없음을

터 1986년 기간에 천부교가 공문서를 위조하여 불법으로 법인 소유 재산 토지 425필지 3,850,380㎡를 약 45억 원에 불법 처분한 것이다. 정관변경 후 문화부는 전도관 재산을 원상복구 했어야 함에도 불구하고 그대로 방치하였다.[150] 여기에는 종교의 자유를 빙자하여 책임을 회피하고, 특히 사이비 종교의 패륜적 범죄행위를 감싸며 비호해 주는 대가로 뇌물을 챙기는 권력이 개입했기 때문이다.[151] 하지만 분명한 것은 비록 박태선이 한국예수교전도관부흥협회를 설립하고 동 교단을 관리, 운영하는 동 교단의 주체라 해도 그의 모든 권한은 대법원의 판결대로 기존의 예수교전도관부흥협회 교단 소속 신도들, 1980년 1월 1일 분열 이전의 신도총유 재산이다. 분열 당시 박태선은 기존 교단의 신앙인 예수교의 신앙 대상, 경전, 교리 및 의식 등 전반에 걸쳐 예수교 실체 자체를 부인하고 자칭 하나님, 즉 천부교를 창설함으로 기존 교단 한국예수교전도관부흥협회의 신도지위를 상실하였다. 동시에 기존 종교, 전도관 신도로서 향유한 권리와 의무도 상실하였다. 따라서 배교 탈퇴 이후에는 설립자 박태선도 한국예수교전도관부흥협회와 그 산하 단체 및 법인 등에 대한 모든 권리를 상실하여 그 어떤 행위에도 법적 효력을 갖지 못하게 되었다.[152]

(5) 김경호의 법적 소송: 이러한 상황에서 1980년 천부교 창설 이 후 일부 한국예수교전도관부흥협회 전도사와 그 당시 소사 신앙촌에 거주하던 김경호와 계수동 주민협의회 회장 이희정 등은 한국예수교전도관협회 신도 재산을 형성하거나 본 협회의 신도로 확정되지 않은 채 박태선 장로가 한국예수교전도관부흥협회를 버리고 한국천부교전도관부흥협회를 설립하자 마치 자신들이 한국예수교전도

이전에 반송조치를 스스로 파기하였다. 보다 자세한 것은 김경호, 「천부교단의 세습 범죄행위, 천부교단의 지속적인 범죄행위와 그 비호세력」, (한국예수교전도관부흥협회, 2008), 5-6을 참고하라.

149) 김경호, 「천부교단의 세습 범죄행위, 천부교단의 지속적인 범죄행위와 그 비호세력」, (한국예수교전도관부흥협회, 2008), 2.

150) 김경호, 「천부교단의 세습 범죄행위, 천부교단의 지속적인 범죄행위와 그 비호세력」, 6.

151) 김경호, 「천부교단의 세습 범죄행위, 천부교단의 지속적인 범죄행위와 그 비호세력」, 2.

152) 김경호, 「천부교단의 세습 범죄행위, 천부교단의 지속적인 범죄행위와 그 비호세력」, 10.

관부흥협회의 주인인 듯이 이름을 도용하여 재산을 노린 소송을 제기하였다. 이들은 박태선의 사교 및 사기 행각을 바로 잡기 위해 한국예수교신도들이 예배 처소로 세운 소사 국종제1교회(원 한국예수교신도들이 덕소 제2신앙촌으로 이주 한 후, 불확실한 신도들을 위해 소사 제1신앙촌 앞에 세운 교회)를 중심으로 한국예수교전도관부흥협회의 회장 이름을 도용하여 활동하였다. 특히 김경호는 정관변경 허가처분 무효 사유서를 법원에 제출하였다.[153] 그러나 2012년 대법원은 김경호가 이끄는 한국예수교전도관부흥협회의 회장을 부적격자로 확정 판결하였다.[154] 한편 같은 해 법원은 현재 천부교의 모든 재산은 한국예수교전도관부흥협회의 분열 이전 신도들의 총유재산으로, 그리고 전도관 신도협회의 대표는 허병주 목사임을 판결하였다.

결국 논쟁의 핵심은 신앙적, 신학적으로 전도관과 천부교 두 교파 간의 정통교회와 사이비 이단, 구원자 예수 그리스도와 자칭 하나님, 인간 교주 박태선과 그의 아들 박윤명과의 싸움이다.[155] 그런데 그 정점에 신앙을 빙자한 사이비 이단의 막대한 전도관 재단의 재산을 둘러싼 사유화가 자리한다. 상기한 바와 같이 전도관의 재산은 1955년 이후 당시 박태선 장로가 교계의 몇 몇 지도자들의 후원아래 부흥 강사로 전국을 순회하는 중에 모금 된 것이다. 박태선은 집회 시에 기적을 일으키며 무명에서 일약 유명한 부흥사가 되었고, 집회 때 마다 엄청난 헌금을 수납하였다. 그는 신도들의 헌금으로 소사와 덕소, 그리고 기장 신앙촌을 비롯하여 관내 수십 개의 기업을 경영하였다. 그가 이룩한 전도관의 재산은 신도들의 헌금으로 이룩된 신도총유재산이다.

6. 천부교의 재산 상황과 소유권 문제

(1) 천부교의 재산상황: 1989년 6월 현재 전도관이 보유한 재산은 학교법인 시온학원 외 7개 학교와 재단법인 한국예수교전도관 유지재단의 700여개 제단(교회)

---

153) 김경호, 「천부교단의 세습 범죄행위, 천부교단의 지속적인 범죄행위와 그 비호세력」, 1-5 참조.

154) 판결문 참조.

155) 이영호, 「박태선의 전도관과 천부교」, (2014), 1.

과 삼광물산(주), 시온식품(주)의 40여개 된 공장과 소사, 덕소, 기장의 3개 신앙촌, 그리고 서울, 부산, 마산, 동래, 양산, 일산, 보성, 광주, 제주, 부천, 화성, 안성, 남양주 등지에 여러 교인 명의로 신탁등기 된 토지 등이다.156) 그 밖에 미공개 된 명의 신탁 부동산 목록까지 합하면 그 규모는 상상할 수 없다. 2015년 4월 현재 천부교가 재단 정관을 불법적으로 개정한 이후, 상기한 재단 소유의 재산을 상당부분 매각하였다. 박태선이 장악한 전도관유지재단은 이중, 대지, 임야, 전답, 건물 등 부동산 2,737,573평에 대해 매각처분, 삼광물산(주)와 삼광개발(주)의 부채 청산에 사용하겠다고 당시 문공부에 신청하였다. 그리고 문공부로부터 모두 3차례 총 87건 20,530 평에 대해 처분허가를 받았다. 그러나 이들은 실제로 문공부 관인과 공문서를 위조하여 1,161,394 평을 불법 매각처분하였다.157) 따라서 현재 천부교 재산은 대표적으로 전국의 전도관 교회의 매각으로 전과 같지 않아도 여전히 막대한 재산을 소유한 거대 단체이다. 그런데 향후 한국예수교전도관부흥협회 임시 회장 허병주 목사가 박태선과 그의 후계자 박윤명으로부터 환수받을 수 있는 것은 현재까지 전도관유지재단에 등재된 것들을 포함하여 불법 명의수탁된 것들이다.

(2) 언론보도: (i) 시사저널. 2002년 10월 24일자, 678호에 따르면 "박 장로는 1957년 경기도 부천시 범박동 일대에 신도들이 헌납한 재산을 기반으로 16만평 규모의 신앙촌을 세우고 간장, 내의, 비누, 담요공장을 지었다. 그리고 신도들을 판매원으로 내몰아 엄청난 부를 축적하였다. 이렇게 축적된 부를 기반으로 박태선은 1962년 경기도 덕소 5만평, 1970년 경남 기장 2백 만 평에 제2, 제3 신앙촌을 건설하였다. 전성기인 1950년대~1960년대 신앙촌은 전국 전도관 600여개, 교인 120만을 헤아리는 교단이 되었다"고 보도하였다. 당시 검찰은 대통령 처조카 이형택 씨, 제주 지검장 김진관 씨, 고위 공무원 등을 사법처리하였다. 하지만 "이교식 씨와 주민회의 측은 수사가 핵심 근처에도 못 미친 채 엉뚱한 곳만 건드렸다

156) 보다 자세한 것은 박형성, "전도관과 박태선의 천부교: 재산싸움 제1라운드", (현대종교, 1989. 7), 143-149; 심창섭, 김도빈, 오영호, 박영관, 「기독교의 이단들」, (대한예수교장로회총회, 2006), 316.

157) 한국예수교 전도관부흥협회, 「전도관은 이제 천부교이 박태선과는 무관합니다」, (현대종교, 1988. 12), 162; 162-167; 박형성, "전도관과 박태선의 천부교: 재산싸움 제1라운드", (현대종교, 1989. 7), 148.

고 지적하였다. (ii) 신앙촌 소비조합원: 이에 맞서 이들은 조선일보, 2002년 10월 28(월) 일자 1면 하단에 5단 광고 "신앙촌에 대한 근거 없는 음해! 그 저의가 무엇인가? 를 통해, 침묵이 응전의 기본이었다. 하여 그동안 부질없는 오해도 많이 받았고 인간으로서는 참기 어려운 수모도 많이 당했으나, 여기 주간지 내용은 숫제 우리 종단과 신앙촌 자체의 존재를 부정하려 드는 범죄 행위로서 아무리 침묵과 관용을 미덕으로 생각해 온 우리라 할지라도 우리 신앙의 적에게까지 관용할 수는 없게 되었습니다." "신앙촌 설립 초기에 무슨 사이비종교집단으로 오해를 받아, 창립자가 사기, 횡령 등으로 입건되었다가 모조리 무죄가 되었고, 창립자의 사후 유족들에게 상속재산이라고는 거의 없고 보니 그 유족들 중 일부가 종단을 상대로 '우리에게도 아버지가 이룩한 재산을 나누어 달라' 고 소차 제소해온 것을, '이것은 어느 개인 재산 아니고 종단재산이어서 누구에게 상속될 수 있는 것이 못 된다' 고 모조리 패소시킨 것은 세상이 다 아는 사실입니다."라고 밝혔다.[158] (iii) 시사오늘. 2011.4.12. 74호 44쪽 이하에 따르면, 신앙촌의 명의수탁을 받은 이봉장의 상속인들이 그 소유권을 주장하기도 하고, 박태선의 후손들이 소유권 이전등기 청구소송을 제기 하기도 했지만 여러 하급심과 대법원 모두 신앙촌에 대해 '신도총유재산' 이라고 결론을 내렸다. 따라서 이 씨 등 259명은 신앙촌 건물에 대해 2007년 11월 7일 부천지원으로부터 무변론 승소판결을 받아, 2007년 12월 28일 소유권 이전 등기를 마침으로서 '신도총유재산' 이었던 건물을 자신들의 명의로 바꿨으나, 이 건에 대해 서울 북부지원은 대법원 판결을 인용해 2008년 8월 8일 분열 전 신도총유재산임을 인정하며 화해권고결정을 내렸다.[159]

---

158) 이영호, 박태선의 전도관과 천부교, 9.

159) 이영호, 박태선의 전도관과 천부교, 9. 이에 이에 대하여 허병주 목사는 부천지원의 판결의 문제점을 다음과 같이 지적하였다. (a) 시효취득을 인정받은 20년 동안 본 재산은 소유권 관련 법정 투쟁 중이었다. (b) 시효취득 증서인 배치증은 매매증서가 아니기 때문에 그것을 투자 목적으로 취득한 것과 그것을 근거로 소유권을 이전하는 것은 모두 불법(효력이 없다)이다. (c) 신앙촌 입주동은 개별소유 불가 건물이다. (d) 소유권 이전을 한 이들 대부분은 종교단체 신도들과 거리가 멀기 때문에 결과적으로 신도가 아닌 외지인들의 소유가 된 것이다. 따라서 취득시효를 제기할 당시 이 씨 등 259명은 명의 수탁 상속자 4명과 결탁했고, 상속자들이 고의로 법정에 나가지 않음으로써 무변론 승소판결이 내려졌다. 그러므로 허 목사 측은 명의 수탁 상속자들을 포함한 263명의 사기성을 주장하며 4 차례에 걸쳐 검찰 측에 형사 소송을 제기했다. 그러나 검찰은 신도총유재산이라는 '실소유권의 재산 피해가 없다' 는 이유로 모두 불기소 처분을 내

(3) 법원의 판단: (i) 범박동의 실 소유권자: 서울북부지방법원의 화해권고 결정: 청구원인 중 2. 별지목록기재 부동산의 소유관계에서 "나,...소사 신앙촌 내에 있는 부동산은 신도가 개인적으로 소유할 수 없습니다. 부동산을 개인이 소유하는 것을 허용한다면 그 부동산의 소유신도가 신앙촌을 떠날 때 그 부동산을 자유롭게 매매하게 되면 신앙촌 내에 불신자 타 교파신자 및 배교자들이 입주하면 소사 신앙촌의 정체성이 훼손되어 신앙촌 체제가 와해 될 수 있기 때문에 소사 신앙촌 내에서는 신도들이 부동산을 소유하는 것을 철저히 금지시켰습니다." "라...이 사건 협회는...평온한 가운데 예수교 교리에 의한 복음전도활동을 펼쳐 오던 중 1980년 초에 당시 이 사건 협회의 회장이던 소외 망 박태선이 새해 첫 예배에서 그동안 열심히 믿고 증거 해 왔던 예수교의 하나님은 마귀에게 결박당하여 철창에 갇혔고, 예수님은 하나님의 아들도 구세주도 아니고 99% 죄인이며, 원죄와 유전죄와 자범죄를 갖고 있는 놈이고, 그 동안 정확 무오라던 성경은 98%가 가짜라고 하며 예수를 믿어 구원받는다는 것은 새빨간 거짓말이라고 공공연히 주장함으로써, 예수교를 배교하여 예수교 신도자의 지위를 상실하였습니다. 이러한 소외 망 박태선의 공공연한 예수교 배교선언에 동조 동반 배교한 그 배교자들도 이 사건 협회 신도 지위 상실과 동시에 총유재산에 관한 일체의 권리, 의무도 상실한 것입니다. 총유재산에 관한 권리와 의무는 사용 수익권과 관리, 처분권이 분화되어 신도 개인의 지위로는 총유재산에 대한 사용 수익권만 있고 권리 처분권이 없습니다. 그리고 신도 지위는 매매하거나 상속되는 것이 아닙니다. 따라서 이 사건 총유재산에 관한 사용 수익권도 이 사건 협회의 신도 지위의 취득, 상실과 함께 하는 것입니다. 소외 망 박태선의 예수교와 소속교단을 탈퇴하여 1980년 5월 23일 신흥 사이비 종교인 천부교와 그 종단인 한국천부교전도관부흥협회를 조직하여 개종한 자들은 이 사건 총유재산에 관한 일체의 권리와 의무도 모두 상실한 것입니다."[160] (ii) 대법원 판결: 인천지방법원 부천지원 2007가단24468(소유권 이전등기) 사건에 관한 대법원 판결문은 "상고이유에 대하여", "이 사건 각 부동산은 소

렸다.

160) 대법원 판례, 1968.11.19(선고 67다 2125) 2007가단67347 소유권보존등기 말소. 원고: 한국예수교전도관부흥협회 대표자 회장 김경호. 피고: 이정자 외 참고.

외 박태선이 설립한 소외 한국예수교전도관부흥협회 소속 신도들이 의식주의 터전을 마련하고 돈독한 신앙생활을 하기 위하여 신도들의 헌금으로 취득한 것으로서 소외 교단소속 신도들의 총유재산이라 할 것" 이라고 판시하였다. 또한 "교단이 판시와 같이 종전의 교리와 교단의 명칭을 변경하는 것에 대한 의견 대립으로 인하여 소위 박태선 및 그를 추종하는 신도들 간의 교단(소위 한국천부교전도관부흥협회)과 이를 반대하는 참가인 교단으로 분열되었다 할 것이고, 그와 같이 교단이 2개로 분열된 경우 그 재산의 귀속에 관하여 특별한 약정이 없는 이상 교단의 재산은 분열 당시 교단의 소속신도들의 총유라 할 것" 이라고 판시[161]하였다.

7. 재산소유권 분쟁의 과정

(1) 남기윤의 제소: 이영호[162]에 의하면 2007년 5월 11일 남기윤 대표의 계수교회가 예수교 전도관의 권리의무를 승계했음을 이유로 계수동 5-2 일대 필지에 관하여 "1950년대 말부터 1960년대 말까지 건축된 소사 신앙촌 건물은, 전도관 주도하에 희망 신도들의 노력으로 신축되었다. 그 후 신축된 건물에 대해 전도관이 발행한 주택배치증을 매수한 신도들에게 분할되었다. 따라서 건물의 원 취득자는 대지의 구입비용 및 건물 신축 비용을 부담한 후 주택배치증을 교부받은 건물 신축 당시의 입주 신도들이다. 그러므로 소사신앙촌 내 각 건물에 대한 주택배치증을 소유한 신도들이 진정한 소유자들이다" 라고 주장하면서 그 소유명의자 등을 상대로 소유권 이전등기 말소 등기 소송을 제기하였다. 하지만 법원은 "위 교회가 기존 교단의 권리 의무를 포괄적으로 계승하였다고 볼 수 없다" 는 이유로 패소를 확정하였다.[163] 따라서 남기윤의 계수교회는 자연적으로 소멸되었다.

(2) 수습 정리권과 김경호의 제소: 2007년 8월 31일 이후 회장 김경호는 서울시 강남구 포이동 191 포이빌딩 7층 701호실 소재 예수교 전도관 협회 사무실에서 위원 9명 중 7명 참석한 중에 위원회를 열고 교단 정상화를 위하여 "종교재단 불법탈취재산반환추진특별위원회" 를 설치하여 전권을 허병주 목사에게 위임하였

161) 대법원 95다5905 소유권 이전 등기 판결문 139쪽 참조.
162) 이영호, 2015년 4월 현재 아레오바고사람들 대표 겸 한국교회이단대책 협의회 회장.
163) 서울지방법원 2007.5.11(선고 2006가합 20394 판결) 참조.

다. 그리고 동 기구의 설치 운영도 공동위원장 제도 아래 제1대표로 허 목사를 선임하였다. 1995년 6월 16일 김경호 목사가 소사구 계수동 5-2와 8-10번지(대지 3,372)에 대한 소유권 이전 등기 소송에서 신도 총유재산으로 판결을 받았으나, 김경호 목사는 신도총유재산을 예수교전도관으로 환수하지 못하였다. 그리하여 김경호 목사는 2007년 8월 31일 허병주 목사에게 일방적으로 위임하였다.[164] 따라서 소송 수행 및 사후 수습 정리권 일체를 허병주 총무에게 위임을 결의하였다. 사실 허병주 목사는 1980년 박태선의 자칭 천부 선언 이후 1990년 2월 7일 사망시까지 약 10년 동안 성폭행피해자,[165] 신앙의 방황자, 이혼가정(결손 가정의 피해자)들을 현장에서 아우르는 청년회 회장 겸 자생적 한국예수교전도관부흥협회 총무였다. 박태선이 이단적인 교리를 가르쳤을 때 이탈자들이 속출하자, 이듬해 탁명환 국제종교문제연구소(당시 월간 현대종교 발행인) 소장은 1981년 3월 8일 소사에 국종제1교회를, 1981년 11월 15일 덕소에 국종제2교회를 설립하였다.

당시 두 교회의 초대 담임 목사는 탁명환 소장이었고, 1983년 이후 국종제1교회는 계수교회로 재설립되었으나 곧 소멸하였다. 그러나 국종제2교회는 소멸하지 않고 존속하였다. 허병주 목사는 한국예수교전도관부흥협회의 신도들을 보살피며 한국예수교전도관부흥협회의 맥을 이어왔다. 하지만 이후 박태선의 추종자들과 천부교 광신도들은 허 목사와 한국예수교전도관부흥협회의 신도들을 상습적으로 핍박하였다. 따라서 1984년 이후 강남 세곡동 평광교회와 1988년 남양주시 천마산교회, 그리고 1995년 서초구 신원동 샬롬교회, 2007년 이후에는 소사 소재 소신교회[166]를 담임하고 있다. 허병주 목사가 김경호 목사와 입장이 다른 것은 허 목사는 본래 예수교 전도관 출신의 적통이자 내부 개혁의 주체지만 김 목사는 전도관의 교단 명칭 변경 후 천부교 전도관의 입장에서 기존 교회로의 환원을 취하였다. 허병주 목사에 따르면 김경호 목사는 1980년 분열 이전 한국예수교전도관부흥협회 신도가 아니었다. 허병주 목사는 전도관 분열 후 대 혼란기인 1980년 8월 15일 한국예수교전도관현정회 창립시에 김경호 목사를 처음 만났고,[167] 1981년 3

164) 인천지방법원 90가합 13914호(동원 91가합18268호 참가), 서울고등법원 93나2980호(동원93나2997호 참가) 및 대법원 95다5912호 참가)

165) 허병주, 「천부교여성성폭력피해자 사례집」, (국제기독교뉴스사, 2014), 1-

166) 경기도 이천시 마장면장, 「주민등록표(초본)」, 2008년 4월 28일, 1-4 참조.

167) 1983년 9월 1일, 공증인가 한일합동법률사무소, 동부제5098호.

월 8일 경에 친교를 다졌다. 김경호 목사는 단지 한국예수교전도관부흥협회의 재산을 탐하여 상기 전도관 이름으로 계속 소송을 진행했으나 패소하였다. 따라서 허병주 목사와 김경호 목사의 입장은 판이하게 다른 것이다.

(3) 예수교전도관 신도총회: 이 후 소송수행 및 사후 수습 정리권 일체를 위임받은 허병주 목사는 한국예수교전도관부흥협회 회장 겸 총무, 종교재단 불법탈취 재산반환 추진특별위원회 제1대표, 비상대책위원회 회장 겸 소신교회(위 회원 예배처소) 담임목사의 자격으로 2012년 1월 1일 신도총회를 경기도 부천시 소사구 소사본동 77-33 소신교회 본당에서 소집하여[168] 그 동안의 경과를 한국예수교전도관부흥협회 회원 신도총회에 보고하고, 상기 총회를 수습하기로 하였다.[169]

8. 회장 허병주 목사의 대표성 문제

이러한 상황에서 한국예수교전도관부흥협회 회장 허병주와 천부교와의 싸움은 한 때 박태선의 오른 팔이었던 선친 허덕수 장로의 재산 헌납과 헌신,[170] 그리고 그의 아들 한국예수교전도관부흥협회 대표회장 겸 소신교회 담임 허병주 목사와 깊이 연관되었다. 2013년 2월 창원지법은 허병주 목사를 한국예수교전도관부흥협회의 임시회장으로 판결하였다. 그리고 2014년 5월 30일 서울남부지방법원 또한 상기 판결을 인용하였다.[171] 그런데 1980년부터 허병주 목사는 자칭 하나님으로 기독교를 배교하고, 성경을 형편없는 책으로 매도하며, 예수님의 십자가 구원을

---

168) 중앙일보 2011.12.24(토) 31면 공고 참조.

169) 신도 총회록, 2010년 2월 14일, 5월 23일, 2011년 7월 3일, 2012년 1월 1일, 2013년 6월 16일 참조.

170) 이정태, "내가 보고 겪은 허덕수 장로님", (2014년 2월 20일) 친필 자술서에 의하면 이정태는 14세 때 허덕수 장로를 만나 22세 그곳을 떠나기까지 고려청자 화분제조 기술을 전수받은 수제자였다(그 후 경상대학에서 법학을 전공) 그에 의하면 허덕수 장로는 진정한 도공이자 참된 신앙인으로 한 고을을 호령하는 부호였다. 그런데 그는 전 재산을 신앙촌 건립에 헌금하였다. 하지만 노후에 그는 물건 파는 보부상으로 잠바, 양말, 내의, 밍크 이불 등 신앙촌 물건을 짊어지고 초라한 모습으로 지방을 찾아 오셔서 물건을 산 적이 있다고 하였다. 또한 박종선도 당시 허덕수 장로가 벽돌공장, 옹기 공장과 화분 공장을 경영하였다고 확인해 주었다. 「확인서」, (2014년 4월 18일, 경기도 남양주시 와부읍 도곡리 6리장) 참조.

171) 2014년 5월 30일, 서울남부지방법원 판결문 3쪽 참조.

부정하고 기독교를 말살하는 사이비 교주에 맞서, 뿐만 아니라 혼음(피가름)으로 가정을 파괴하고 성폭행, 강간, 마약, 미성년자 유기 및 행방불명, 폭력을 일삼는 천부교의 사교행각을 바로 잡고 무엇보다 불법으로 사용되는 전도관 산하 교회 재산을 환수하여 사회와 교회의 복지에 사용하기 위해,[172] 2015년 4월 현재까지 약 34년 동안 모든 정렬과 에너지를 쏟으며, 그를 추종하는 한국예수교전도관부흥협회 설립 당시 신도들과 함께 투쟁하고 있다. 그러면 허병주 목사가 한국천부교전도관부흥협회와 교주 박윤명을 상대로 법정 소송을 진행하는 근거는 무엇인가? 그는 기실 법적 당사자 자격을 가졌는가? 상기한 질문에 대하여 허병주 목사는 네 가지 근거를 통해 그의 대표성 문제를 정리하였다.

8.1. 선친 허덕수 장로의 헌신

(1) 울산 고산리 외고산 옹기마을: 현재 경기도 부천 소사 소재 소신교회를 섬기고 있는 허병주 목사는 1980년부터 2015년 4월 현재까지 대한예수교장로회(합동)에 소속된 현직 담임목사(당회장)이다. 역사적으로 그와 천부교 교주 박태선 장로와의 관계는 선친 고 허덕수(1914～1972)[173] 장로와 직결되었다. 허덕수 장로

172) 「소사 신앙촌 토지 사기사건 자료집」, (한국예수교전도관부흥협회, 2013.12.12), 66.

173) 양천(陽川)허씨의 제적등본(각주 6-7번 참조) 허덕수의 선친 허상민(아호는 동포)은 도일(渡日)하여 일본인으로부터 도자기 제작 기술과 옹기가마 축조 기술을 배웠다. 1955년 허덕수는 선친으로부터 도자기 제작과 옹기가마 축조 기술을 전수 받은 전형적인 옹기대장으로 동생 허덕만과 함께 영덕군 지품면 오천리에서 옹기점을 설립 운영하였다. 그는 외고산 옹기점을 차려 다량의 화분을 생산하였다. 부친으로부터 기술을 배운 허덕수의 옹기 제작은 평범했으나 탁월한 도예 기법가였고, 무엇보다 개량형 옹기가마를 잘 축조(2014년 현재 가마 하나 축조 경비 약 10억원)하였다. 동생 허종수는 교사였으니 도자기 기법으로 소품을 만들었다. 한편 막내 아우 허춘길은 관광버스 기사였다. 이들 4형제 중 허덕수와 허덕만 형제는 기독교인으로 영덕군 지품면 오천리에서 옹기점을 운영할 당시 마을 교회를 출석하였다. 이들 형제들의 신앙은 남다른바, 1950년대 후반 허덕수와 허덕만이 경기도 부천 소사에 박태선이 조성한 신앙촌에 입사, 그곳에서 생활하였다. 당시 허덕수와 허덕만은 신앙생활을 위해 영덕군 지품면 오천리의 옹기점을 포함한 모든 재산을 정리하였다. 그러나 허덕만은 종교적으로 그곳 생활이 맞지 않자 거의 모든 재산을 날린 채 그곳을 나왔다. 1958년 허덕만은 형 허덕수의 도움으로 외고산에 정착하여 옹기점을 만들었다. 허덕수는 소사 신앙촌에 거주하면서 생활을 위해 전국을 돌며 옹기가마를 축조하되, 특별히 영남지방을 근거지로 하였다. 한편 허상만(동포) 부자가 만든 용기 가마는 재

는 뼈대 있는 명문 양반 후손으로 일제 강점기에 개화하여 이조백자, 고려청자, 청기와, 벽돌, 항아리 등을 생산하는 공장을 전국에 13개나 보유한 거부였다. 유명한 도공(陶工)인 그는 울산시 울주군 온양면 고산리에 옹기마을을 개척하였다. 역사적으로 이곳 고산리는 조선 정조 때부터 존재한 바, 1894년 고종 31년에는 고산동으로, 1911년에는 고사동과 고산동으로 분리되었다. 1914년 이후 행정구역 개편으로 고산리로 통합되었다. 1933년 이후에는 내고산, 중교산, 외고산으로 분리되었는데, 현재 이곳의 옹기마을은 외고산에 소속되었다.[174] 외고산은 불매골로도 불리는데, 이는 과거 벌목을 하던 때 불매(풀무의 경남 방언)를 차려놓고 도구를 달구어 만든 데서 유래하였다. 이곳 저지대 논이 있던 자리는 시비골 혹은 시비기골로 불렸다. 외고산은 지리적으로 멸치가 많이 생산되는 기장과 울산항, 부산이 인접하였고, 국도를 따라 동해 남부의 교통이 편리하여 옹기 수요가 많았다. 그리고 1950년대까지 이곳은 배씨와 장씨 등 약 30여 가구가 사는 작은 농촌 마을이었다.

(2) 외고산 옹기마을: 허덕수 장로[175]는 아우 허덕만과 함께 영덕군 지품면 오천리에서 옹기점을 운영할 당시 독실한 기독교인으로 마을 교회에 출석하였다. 이들 형제의 남다른 신앙은, 1955년 동생 허덕만이 경기도 부천 소사에 박태선이 조성한 신앙촌에 입사, 그곳에서 생활한데서 발견된다. 당시 허덕수 장로는 박태선 장로가 전국적으로 부흥회를 인도하던 때 안동에서 만났다. 그 후 허덕수는 박태선의 소사 신앙촌 건립을 위하여 부천시 범박동 14번지 일대의 학교 부지를 소유한 학교법인 옹진학원, 옹진중고등학교와 괴안초등학교의 인수에 기여하였다. 그리고 당시 박태선의 신앙촌 건설을 위해 영덕군 지품면 오천리의 옹기점을 포함한 모든 재산을 헌납하였다.[176] 그 후 보다 나은 신앙생활을 위해 덕소 제2신앙

래식 대포가마를 개량한 칸가마였다. 허덕만이 외고산에 정착한 이유는 (1) 흙이 타 지역보다 좋고, (2) 이곳의 기후가 따뜻하여 동절기에도 일할 수 있으며, (3) 생산한 옹기를 인근 도시로 이동하기에 좋은 길목이었기 때문이었다. 배영동/김재호/안일국/이채원/이한승, 13-15.

174) 배영동/김재호/안일국/이채원/이한승, 「외고산 옹기 마을의 역사」, (국립문화재연구소, 2011), 10 참조.

175) 가계와 관련해서는 허상민, 「제적등본」, (경북 영덕군 축산면장 황승일, 2010년 3월 12일) 참조.

176) 당시 허덕수는 경주, 이천, 여주, 강진, 고령 등지에 자기 공장을 보유하였고 한 개의 시, 군 토지를 살 수 있는 거부였다. 그러나 동갑내기 박태선 장로를 만나 신앙촌 설립 자금

촌으로 이주할 때, 허덕수는 박태선의 절대 신임을 얻어 본적을 경기도 남양주시 와부읍 덕소리 528번지 덕소 제2신앙촌 대표 번지로 옮겼다.[177] 허덕수 장로는 이후 덕소에서 벽돌공장과 옹기공장, 화분공장, 토관 공장을 경영하여 박태선 장로의 제2신앙촌 건설과 교회 개척에 크게 헌신하였다.[178]

그후 허덕만은 종교 신념이 맞지 않자,[179] 입사 약 4년 만에 전 재산을 날린 채 그곳을 나왔다. 1958년 허덕만은 허덕수 장로의 지원아래 곧바로 외고산 마을로 이주, 언덕배기 밭을 개간하여 옹기를 제작하였다.[180] 이 후 외지에서 이곳으로 이주한 옹기장들이 늘어나면서 외고산 마을은 옹기제조 마을이 되었다. 그리고 허덕만 장로는 주일(일요일은 공휴일)에는 외고산 근교의 남창읍 소재 남창교회를 출석하였다. 혹 교회에 갈 수 없을 때는 외고산에 작은 공소를 지어 기도하였다.[181] 허덕만의 교회 출석으로 옹기점의 전 일꾼들이 교회를 디녔다. 한편 허덕만 장로는 1966년 경 하와이 호놀룰루에 교포들이 사용할 독과 화분을 수출하였다.[182] 그러나 경제적 여건 상 곧 중단되었다. 1970년대 국내 경제의 활성화로 이곳의 마을 호수는 120호로 확장되었다. 당시 한 집에 여러 세대의 옹기장들이 생

으로 전 재산을 헌납하고 전국에 교회 십여 개를 설립하여 봉헌하였다. 그의 둘째 아들 허병주에 의하면 "선친께서는 벽돌, 기와, 항아리 등을 생산하는 공장을 보유하여 큰 부를 이루었으나 신앙촌 건설에 모두 헌납(도자기 공장 5개와 교회 7개)하였다. 6.25 전쟁 직후 이들 제품은 만드는 대로 팔려 엄청난 부를" 일구었다. 이 점은 현재 왜 허병주 목사가 법적 소송을 진행하고 있는지, 예수교전도관 교회 재산 분규에 직접적인 원인이라 할 것이다. 이정태, "내가 보고 격은 허덕수 장로님", 2014(甲午)년 2월 20일(허덕수 장로 수제자 겸 전수자 친필 기록)과 김정수, "샤굶킥남만 아시나요?", 「현대종교」, (국제종교문제연구소, 2010, 10), 110-113;「소사 신앙촌 토지 사기사건 자료집」, (한국예수교전도관부흥협회, 2013.12.12), 3-4 참조.

177) 「소사 신앙촌 토지 사기사건 자료집」, (한국예수교전도관부흥협회, 2013.12.12), 31.

178) 박종선「친필 확인서」, (2014년 4월 18일) 박종선은 현재 경기도 남양주시 와부읍 도곡리 6리장이다; 1955년 7월 1일 한국예수교부흥협회 설립 문건. 설립자: 대한예수교장로회 김치선 목사, 이정길 목사, 허덕수 장로, 허덕만 장로(허덕수 장로 동생), 이봉장, 노대형 장로 등. 이들 중 특별히 허덕수 장로는 현재가 약 1,000억 여원의 도자기 공장 5개 헌납, 교회 7개 헌납, 학교법인 시온학원 이사 이봉장, 계수동 범박동 토지 농지 취득제한으로 이봉장에게 명의 신탁 등기 참조. 이영호, 박태선의 전도관과 천부교, 7.

179) 배영동/김재호/안일국/이채원/이한승, 18.

180) 배영동/김재호/안일국/이채원/이한승, 15, 19.

181) 배영동/김재호/안일국/이채원/이한승, 16.

182) 배영동/김재호/안일국/이채원/이한승, 17.

활하여, 실재 거주자들은 훨씬 많았다. 이처럼 외고산이 단일마을로 옹기마을을 형성하게 된 것은 허덕수 장로와 허덕만 장로 때문이었다. 2015년 4월로 현재 외고산 옹기마을은 57년의 역사가 되었다. 비록 타 지역에 비해 역사가 짧으나, 외고산 옹기마을은 형성 이후 발전과 쇠퇴를 거치며, 현재는 옹기장인들의 군락으로 전국 최대의 규모이다. 지금도 이 마을의 옹기 생산량은 전국의 약 50%를 담당하고 있다.[183] 고찰한 대로 허덕수 장로와 허덕만 장로는 오늘 날 외고산 옹기마을의 정착과 확장에 절대적으로 영향을 끼쳤다.[184]

8.2. 허병주와 천부교의 관계

(i) 출생과 성장: 상기한 대로 허병주 목사는 1955년 박태선 장로가 전도관(1980년 이후 천부교로 개칭)을 창설하여 1990년 2월 7일 사망 시까지 선친을 따라 측근으로 생활하였다. 그리고 이후 지금까지 사이비 이단 천부교의 불법 부당, 재단의 재산 부정사용에 맞서 투쟁하였다. 사실 허병주 목사는 1955년 선친 허덕수 장로의 소사 신앙촌 입촌 당시 어린이였다. 그는 그곳에서 유치원 시절을, 이후 박태선이 설립한 시온 초, 중, 고등학교를 졸업하였다. 중 3 시절, 허병주는 여름 방학 기간에 부친을 따라 전국을 돌면서 옹기를 팔았고, 부친으로부터 칸 가마를 제작하는 기술을 습득하였다. 그런데 무엇보다 허병주 목사는 박태선의 세 아들 중 현재 천부교 후계자로 자처하는 셋째, 막네 박윤명[185]과 시온고교 동창이었다.[186] 고교시절 허병주는 학생회장을 지냈으며, 그의 형은 서울공대 화공과를 졸업하고 신앙촌 중공업에 지대한 공을 세웠다. 그리고 그의 동생은 서울법대를 졸업하고 사법과 행정 양과에 합격하여 서울지검 검사, 경제기획원에 근무하면서 한국예수교전도관부흥협회에 법적으로 크게 기여하였다.[187] 고등학교 재학 당시 허

---

183) 배영동/김재호/안일국/이채원/이한승, 10-13.

184) 각주 166번 이정태 참조; 배영동/김재호/안일국/이채원/이한승, 16.

185) 1957년 5월 18일 용산구 원효로 3가 52번지에서 출생(박태선의 제적 등본 1(박장규, 서울특별히 용산구청장, 2009. 04.15) 30 참조.

186) 「학교법인 시온학원 시온고등학교」, (제15회 졸업기념 앨범, 1967), 32-33; 「소사 신앙촌 토지 사기사건 자료집」, (한국예수교전도관부흥협회, 2013.12.12), 18, 32, 65 참조.

187) 「소사 신앙촌 토지 사기사건 자료집」, (한국예수교전도관부흥협회, 2013.12.12), 34.

병주와 박윤명은 자치회[188]와 학예 발표회,[189] 학교 대표의 일원으로 타 학교 원정[190]을 함께 하였다. 이렇듯 죽마고우(竹馬故友) 허병주는 박윤명의 집에서 함께 하였다. 그런데 시온고등학교 졸업 후, 특별한 재능이나 신학교육이 일천한 박윤명이 1990년 2월 전도관의 설립자요 천부교 교주 박태선 장로의 사후 동 집단의 교주가 되었고, 허덕수 장로의 아들 허병주는 1997년 이후 이단을 박멸하는 정통파, 예장 합동 교단 소속의 개신교 목사가 되었다. 절친 두 사람의 운명이 바뀐 것이다.

(ii) 평광교회: 1955년 한국예수교전도관부흥협회는 박태선 장로가 창설했으나, 1980년 1월 자신이 창조주 하나님임을 선포하고 전도관과 별도로 한국천부교전도관을 창설하였다. 그러나 그는 1980년 이전까지 자칭 감람나무요, 의로운 자로 묘사하는 등 이단적인 설교와 부정한 행실, 나아가 예장 교단 탈퇴에도 불구하고 한국예수교전도관부흥협회의 교의와 신조를 고수하였다.[191] 1981년 11월 15일 박태선이 자칭 하나님, 천부교를 창시하자 본래 한국예수교전도관부흥협회 신도들은 더 이상 박태선과 함께 할 수 없게 되었다. 별도의 예배 처소가 화급히 요청되었다. 이런 상황에서 전도관은 셋으로 분열하였다. 하나는 기존의 예수교전도관부흥협회, 다음은 천부교 박태선을 따르는 단체, 그리고 일부 중간에서 기존교회로 돌아가려는 김경호 중심의 단체였다. 따라서 탁명환은 이처럼 혼란한 상황에서 교인들을 바르게 지도하기 위해 덕소 제2신앙촌 앞에 국종제2교회를 설립하였다.[192] 설립 이유는 당시 박태선의 자칭 천부 선언과 섹스 안찰 등의 온갖 타락과 부정, 전도관 재단의 사유화를 적극적으로 막고, 무엇보다도 혼란에 빠진 신도들을 지도하며 동시에 천부교가 불법 장악하고 있는 재산을 환수하여 교회와 사회에 봉사하기 위함이었다. 당시 허병주 목사는 그 곳에 거주하며 한국예수교전도관부흥협

188) 「학교법인 시온학원 시온고등학교」, (제15회 졸업기념 앨범, 1967), 53.

189) 「학교법인 시온학원 시온고등학교」, 56.

190) 「학교법인 시온학원 시온고등학교」, 58.

191) 한국예수교전도관부흥협회 정관 2-3 페이지 참조. 정관에 의하면

192) 1980년 3월 8일, 당시 고 탁명환 소장은 천부교전도관 이탈자들을 위해 제1신앙촌 인근에 국종제1교회, 동년 11월 15일에는 제2신앙촌 앞에 국종제2교회를 세웠다. 국종제1교회는 20년 이상 전도관의 간부로 충성하던 신도를 비롯해 이탈신도 50여명이, 국종제2교회에는 10명 정도의 탈퇴 자들이 모여 예배를 드렸다. 두 교회 중에 국종제2교회는 어려움이 많았다. 그러나 이 중에 현재 국종제2교회만 명맥을 유지하고 있다. 김정수, “소신교회를 아시나요?”, (현대종교, 2010, 10), 110; 당시 교인의 인터뷰와 교회 사진 참조.

회의 맥을 이어갔다. 그리고 혼란 중에 방황하는 성도들을 위로하며 약 500여명을 지도하는 청년 회장과 섹스안찰 피해여성 및 가정파괴 피해자들의 영적 지도자였다.

(iii) 소신교회와 법적 투쟁: 상기한 대로 박태선의 천부교 창설로 전도관은 극도로 혼란에 빠졌다. 수많은 성도들이 신앙촌을 떠나는 중에 청년들 또한 갈등하였다. 허병주 목사는 성도들의 흩어짐을 막기 위해 약 5년 동안 여러 지역들, 삼각산과 청계산을 오가며 하나님께 예배를 드리며 협회와 교회를 유지하였다. 그러나 하나님의 크신 은혜로 교회가 지속적으로 성장하였다. 그 결과 김경호 목사를 포함한 유사 한국예수교전도관부흥협회 신도들이 종종 허병주 목사에게 도움과 자문을 구하였다. 허 목사는 그 후 박태선 추종자들의 방해 속에 덕소를 떠나 강남 세곡동에 평광교회, 그리고 서초구 신원동과 천마산에 샬롬교회를 개척하여 시무하였다.[193] 당시 허병주 강도사는 인허 후 교회의 담임 교역자와 목사로 활동하며[194] 한국예수교전도관부흥협회 교의와 신조를 고수하였다. 당시 한국예수교전도관부흥협회 신학원장 이정길 목사는 소천 직전까지 허 목사가 설립한 교회에서 협동목사[195]로 봉직하였다. 따라서 허 목사는 2007년 부천 소사에 소신교회로 교회 명칭을 바꾸어 섬겨왔다.[196]

허병주 목사는 육적으로는 선친 허덕수 장로의 신앙을 계승하고, 한국예수교전도관부흥협회를 유지하였다. 실제로 허병주 목사는 천부교의 이탈로 전도관이 붕괴된 상황에서 한국예수교전도관부흥협회를 지켜온 유일한 동 협회의 당사자요 기존 교단의 맥을 이어온 유일한 계승자이다.[197] 이에 부응하듯이 2013년 2월 1

---

193) 1984년 11월 당시 허병주 강도사는 결혼 후 이 교회를 개척했을 때 당시 새댁 김정분 집사(2014년 4월 30일 녹취록과 사진 참조, 현재는 세곡동 소재 한 교회(예장 통합) 출석)가 함께 하였다.

194) 당시 평광교회 교인 김정분 집사(녹취 및 사진 참조)에 의하면 허병주 전도사는 대한신학교를 졸업하고 강도사 인허를 받은 후 그 교회에서 목회를 시작하였다. 허병주, 「졸업증명서」, 대한신학대학원대학교, 1985년 2월 26일; 이후 허병주는 예장 총회(총회장 김인승, 고시부장 손치호), 「강도사인허증」, 1984년 12월 17일; 예장 서울동서노회 노회장 양경용, 고시부장 손치호, 「목사고시합격증」, 1985년 10월 17일 참조.

195) 상기한 김정분 집사의 녹취록과 사진 참조.

196) 김정수, "샤굵킥냠만 아시나요?", 「이단예방과 대처」, (현대종교, 2010.10), 110-113.

197) 현재 허병주 목사가 봉직하는 소신교회 신도들은 전국에 흩어져 있던 당시 한국예수교전도관부흥협회 신도들로서, 신도 중에는 박태선 장로의 손녀딸도 포함되었다. 「소사 신앙

일 부산고등법원은 한국예수교전도관부흥협회가 한국천부교전도관부흥협회로 분열되기 전 단체 회장을 허병주로 판결하여, 마침내 합법적인 당사자가 되었다.[198] 그 후 허병주 목사는 소위 회장을 사칭하는 자들을 치리하되, 때로는 회장 직함을 사용치 못하도록, 특별히 김경호 목사와 남기윤 목사를 한국예수교전도관부흥협회의 헌장에 따라 처리하였다. 허병주 목사는 김경호의 유사 한국예수교전도관부흥협회와 달리 오직 한 길, 선친 허덕수 장로의 신앙을 따라 기존 교단의 전통을 사수하였다. 그는 소송 중에도 포용적인 자세로 한 때 한국예수교전도관부흥협회 초대회장 박옥래 전도사와 학교법인 이사장 이봉장 장로와도 교류하였다.[199]

(iv) 정통교회의 재건: 허병주 목사의 전도관 재산 관련 대표성과 신앙적 정통성은 유일하게 오직 그만이 소사 신앙촌에서부터 선친 허덕수 장로와 함께 덕소와 기장, 그리고 이후 현재까지, 세곡동 평광교회, 서초구 신원동과 천마산의 샬롬교회, 부천 소사의 소신교회 목회를 통해 계승되었다. 당시 활동한 목회자나 측근들은 대부분 사망하거나 뿔뿔이 흩어졌으나 그를 추종하는 세력의 총 집합체를 이끌며, 그릇된 이단 사이비 천부교에 맞서 외롭게 투쟁해 왔다. 지금까지 이 일을 전개한 사람은 그 외에는 없다. 그러므로 그는 이 모든 일을 진행할 적법한 인물이라 할 것이다.

9. 결론

지금까지 고찰한대로 한국전쟁 이후 대한예수교장로회 남대문교회 집사 박태선은 남산집회 이후 부흥사로 활동하던 중에, 1955년 6월 1일 소속교단인 경기노회를 탈퇴하였다. 1955년 7월 1일 권연호, 김치선, 최준호, 홍순관 목사 등의 지원 속에 한국예수교부흥협회를 설립하였다. 1960년 3월 20일 한국예수교총회로 교단 명칭을 개칭한 후, 동년 8월 15일 다시 명칭을 한국예수교전도관부흥협회로 변경

촌 토지 사기사건 자료집」, 35.

198) 판결문 1995년 6월 16일, "대법 95다 5905"를 통해 상소기각, "교단이 분열시 재산 귀속의 특별한 약정이 없는 한 분열 당시 교단소속 신도들의 총유라 할 것이다" 라고 판시하였다. 「소사 신앙촌 토지 사기사건 자료집」, (한국예수교전도관부흥협회, 2013.12.12), 20, 33, 59 참조.

199) 「소사 신앙촌 토지 사기사건 자료집」, (한국예수교전도관부흥협회, 2013.12.12), 35.

하였다. 하지만 이는 불법적인 정관 변경으로 신앙촌의 재산을 갈취하여 사유화하려는 것이었다. 결국 한국예수교전도관부흥협회의 모든 재산은 신도총유재산이며, 법원의 판결대로 허병주 목사가 그 대표이다. 이유를 다음과 같이 정리하였다.

(1) 대법원의 확정 판결: 1980년 박태선은 자칭 하나님, 천부 선언으로 기존의 기독교 색체를 제거하고 새로운 교단을 창설하였다. 그 후 천부교 신도들은 속임수와 폭력 및 관계 공무원들과 결탁하여 수단과 방법을 다 동원하여 한국예수교전도관부흥협회 신도총유재산을 불법 강점하여 횡령하였다.[200] 그러나 예수교 전도관과 천부교전도관은 근본적으로 다른 종파이다. 전자는 정통파 소속이며 후자는 사이비 이단으로 기독교가 아니다. 박태선이 스스로를 하나님이라고 선포했기 때문이다. 천부교 창설 시 박태선은 스스로 구세주를 자칭하며, 한국예수교전도관부흥협회를 한국천부교전도관부흥협회로 명칭을 바꾸었다. 하지만 이 후 기존의 예수교 전도관은 천부교 전도관 교인으로 양분된 채 상호 고소 고발로 수십 년 간 민사 소송을 전개하였다. 하지만 법원의 판례에 의하면 "교단이 판시와 같이 종전의 교리와 교단의 명칭을 변경하는 것에 대한 의견 대립으로 인하여 소외 박태선 및 그를 추종하는 신도들 간의 교단(소외 한국천부교전도관부흥협회)과 이를 반대하는 참가인 교단으로 분열되었다". 그와 같이 교단이 2개로 분열된 경우 그 재산의 귀속에 관하여 특별한 약정이 없는 이상 교단의 재산은 분열 당시 교단 소속신자들의 총유라 할 것" 이라고 판시하였다.[201]

(2) 박태선과 천부교의 권한 상실: 특별히 "서울북부지방법원 화해권고결정문 청구원인 중 2. 별지목록 기재 부동산의 소유관계, 라 항목에 의하면, "이 사건 협회는 평온한 가운데 예수교 교리에 의한 복음전도활동을 펼쳐 오던 중 1980년 초에 당시 이 사건 협회의 회장이던 고 박태선이 새해 첫 예배에서 그동안 열심히 믿고 증거 해 왔던 예수교를 배교하여 예수교 신도자의 지위를 상실하였습니다. 이러한 고 박태선의 공공연한 예수교 배교선언에 동조 동반 배교한 그 배교자들도 박태선과 함께 이 사건 협회 신도 지위 상실과 동시에 총유재산에 관한 일체의 권리, 의무도 상실한 것입니다. 따라서 이 사건 총유재산에 관한 사용 수익권도

200) 김경호, 「천부교단의 세습 범죄행위, 천부교단의 지속적인 범죄행위와 그 비호세력」, (한국예수교전도관부흥협회, 2008), 2-3.

201) 대법원 95다5905 소유권 이전 등기 판결문 139쪽 참조

이 사건 협회의 신도 지위의 취득, 상실과 함께 하는 것입니다. 소위 고 박태선의 예수교와 소속교단을 탈퇴하여 1980년 5월 23일 신흥사이비 종교인 천부교와 그 종단인 한국천부교전도관부흥협회를 조직하여 개종한 자들은 이 사건 총유재산에 관한 일체의 권리와 의무도 모두 상실한 것입니다."[202] 그러므로 서울북부지방법원의 판결에 따라서 그 소유권은 당연히 천부교전도관 신도가 아닌 예수교 전도관 신도들이다.

(3) 박태선의 공언: 한국예수교전도관부흥협회의 모든 재산은 대법원의 판결대로 한국예수교전도관의 신도총유재산이다. 그런데 이를 예견한 듯이 박태선은 과거 사역 중에 단상에서 신도들에게 "모든 재산은 내(박태선 자신)것이 아니라 여러분의 것"이라고 공언하였다.[203] 사실 박태선은 처음에 무일푼이었으나 전국 신도들의 헌금으로 신앙촌을 건설했으며 전도관 산하 기업들은 사업 이익으로 급속히 확장되었다. 박태선은 단지 이를 지도하며 관리한 공은 있지만 실재 상 전도관 소속 재산은 그의 소유가 아니다. 당시 사업이 어려워 당좌 수표가 부도가 났을 때 전국 전도사가 신도들을 동원하여 돈을 구하여 부도를 막아주었다. 물품재고가 산더미처럼 쌓였을 때 전국 신도들에게 할당하여 소비시켜 자금회전을 신속히 해주었다. 신도들은 각양 헌금을 봉헌하여 신앙촌을 이루었다. 실재로 신앙촌 내 거주 세대는 대소인을 막론하고 일인당 매일 2원씩 인두세(人頭稅)를 지불하였다. 한편 신앙촌 내 거주자들은 물건 구입 시에 외부보다 물가가 2배 이상 혹은 3배가 비쌌다. 박태선은 이것을 주님의 사업을 돕는 것이라면서 넘어갔다. 그러므로 신앙촌 재산은 박태선의 것이 아니라 신도전체의 총유재산이 되는 것이다.

(4) 박태선의 자칭 하나님 선언 후 혼란 진압과 헌신: 1980년 1월 1일 박태선의 자칭 하나님 선언 후 소사와 덕소, 부산 기장의 신앙촌은 내부 분열과 반목으로 심각한 갈등에 빠져 들었다. 당시 박태선은 하나님의 은총을 저버린 채, 성경의 권위를 부정하고, 삼위일체 하나님과 성령의 역사, 무엇보다 구원자 예수 그리스도를 실패자로 간주하며 혹독하게 비판한바, 이것은 자신을 신격화하려는 제 1차적인 행동이었다. 그는 자신과의 성적 관계, 통칭 섹스안찰을 받아야만 구원을 얻

---

202) 대법원 판례, 1968.11.19(선고 67다 2125)

203) 「신앙촌 땅을 도둑맞고 있다」, 1-1; 김경래/탁명환(공저), 「이것이 박태선 전도관이다」, (성청사, 1974), 56, 65.

을 수 있으며 하나님의 자녀가 될 수 있다고 거짓 주장을 하였다. 이렇게 되자 남성들은 '우리는 뭐냐? 우리도 섹스안찰을 받아야 되는 거 아니냐' 는 등의 박태선 추종 남성들 간에 가치관의 혼란이 발생하였다. 이런 상황에서 박태선은 여자와 남자들을 분리하는 이간책을 펼쳤다. 이것은 가정을 파괴하여 돈을 수탈하려는데 그 목적이 있었다. 그는 또 신도들에게 생수를 팔아 돈을 갈취하고, 신도들이 드린 막대한 헌금으로 지상 왕국, 천년성 건설에 매진하였다. 당시 박태선이 건설한 신앙촌 중에 소사는 신도들의 임시 거처로, 기장은 다양한 제품 생산과 기업의 확장을 위한 공장으로, 그 중에 덕소는 물 좋고 산 좋은 경관에 전도관 신앙의 중심지였다.

무엇보다 소사 신앙촌 거주자들은 주택을 개별 등기할 수 없었으나 덕소 신앙촌 입주자들은 신도 개인 소유를 약속받았다. 따라서 소사 신앙촌에 거주하던 약 2,000가구 1만여 명 중에 신앙이 깊고, 헌금 많이 한 신도 약 6,000명이 덕소로 옮겨갔다. 그리하여 덕소에는 헌신된 자들이 몰려와 신앙에 정진하였다. 하지만 박태선의 교주 선언 이 후 신도들이 대립하며 갈등하고, 반목하며 분열 할 때, 허병주 목사는 상처 받은 신도들, 특별히 젊은이들을 가슴으로 품고, 그들의 상처를 싸매며 위로하고 이단으로부터 교회를 사수하였다. 허병주 목사는 1950년대부터 1960년대까지 소사와 덕소 신앙촌 건립에 전 재산을 바쳐 헌신한 선친 허덕수 장로의 아들이자, 현재 천부교 교주 박윤명과 시온 초, 중, 고등학교를 함께 한 동창이요 절친이다. 그리고 허병주 목사는 1981년 1월 이후 지금까지 평광교회, 천마산 샬롬교회, 2015년 4월 현재 소사의 소신 교회를 통해 신앙을 계승하여 그간에 천부교가 부당 불의하게 사용한 재산을 환수하기 위해 모든 에너지를 쏟고 있다.

(5) 제3의 대표, 당사자의 부재: 교단의 모든 권한을 허병주 목사에게 위임하고도 교단의 대표인 듯이 소를 제기한 남기윤 목사는 "...계수교회가 전도관의 권리의무를 승계하였음"을 이유로 계수동 5-2일대 4필지에 관하여 그 소유명의자 등을 상대로 소유권 이전등기 말소등기 소송을 제기하였다. 하지만 법원은 "위 교회가 기존 교단의 권리 의무를 포괄적으로 계승하였다고 볼 수 없다"는 이유로 패소를 확정하였다.[204]. 또한 모든 권한을 허병주 목사에게 위임하고도 김경호 목

204) 서울지방법원 2007.5.11(선고 2006가합20394) 참조.

사가 별개로 교단의 대표인 듯이 한국예수교전도관부흥협회장 이름으로 소송을 내자, 위와 같은 이유로 또한 패소 판결하였다.[205] 결국 2013년 고등법원의 판결대로 현재 한국예수교전도관부흥협회 회장 겸 대표는 허병주 목사임이 명확하다.

(6) 재산환수건: 천부교의 전 재산은 1980년 분열 이전 문공부 등록 한국예수교전도관부흥협회 유지재단으로 환수되어야 한다. 여기에 소속된 재산은 모두 예수교 전도관 신도들의 헌금으로 조성된 바, 한국예수교전도관부흥협회의 신도 총유재산이기 때문이다. 소사 신앙촌 이하 전도관의 모든 재산은 대법원의 "신도총유재산"이라는 판례에 따라 "예수교 전도관 신도총유" 소유라고 할 수 있다. 따라서 천부교 전도관은 출발 당시의 기존 교리의 이탈과 교단 명칭의 임의 변경으로 모든 자격을 상실하였다.[206] 대신 이의 개혁과 정화로 맥을 계승해 온 예수교 전도관 신도들, 현재는 이를 계승한 소신교회 신도들이 적법한 대상자이다. 더욱이 대표 허병주 목사는 전도관의 임시 회장이다. 그러므로 향후 전도관의 모든 재산은 그의 관리 및 승인 아래 적법하게 처리되어야 할 것이다. 특별히 허병주 목사는 한국예수교전도관부흥협회가 발행하던 국제기독교뉴스를 이어받아 현재도 인터넷, www.christiannews.co.kr으로 서비스하고 있으며, 또한 한국예수교전도관부흥협회 관련 로고, 명칭 등 무체 재산권을 소유하고 있다. 그러므로 향후 모든 것은 사필귀정, 한국예수교전도관부흥협회가 분열 이전 신도들의 총유재산이라는 대법원의 판결에 따라 신도들의 대표자인 허병주 목사의 한국예수교전도관부흥협회로 귀속되어야 할 것이다.

205) 대법원 2019.12.23(판결 2010다64235); 대법원 2011.11.10(판결 2011다70718) 참조.

206) 김경호, 「천부교단의 세습 범죄행위, 천부교단의 지속적인 범죄행위와 그 비호세력」, (한국예수교전도관부흥협회, 2008), 2.

부록2

제18장

21세기 한일 양국의 협력과 향후 전망

1. 서론

21세기 현저한 특징 중에 하나는 세계화와 국제화의 증대, 막대한 경제 수역의 확장과 급속한 변화이다. 이것을 한 마디로 소리 없는 전쟁이라 표현할 수 있을 것이다. 그 중심에 디지털 문명시대, 전자정보통신, 즉 IT 정보, smart phone이 있다. 스마트 폰은 일부 위험성(개인정보 유출, 해킹, 부정확한 정보, 여론몰이, 인터넷 게임 중독 등)에도 불구하고 현대인에게 없어서는 안 될 최첨단 매직기(Magic machine)이다. 스마트 폰은 지금까지 독립적이던 개인의 삶과 정보를 하나로 통합하였다. 그 결과 사회는 정보 소통이 신속화 되었고 업무능력이 급속히 향상되었다.[1] 이 같은 변화 속에 오늘 세계는 국경을 넘는 경제 블록의 선점과 우주 정복

---

1) 급속한 IT 기술의 발전 속에서 향후 최 첨단 미래형 무기들도 개발되고 있다. 그 중에 하나는 최근 미 국방부 산하 고등연구계획국(DARPA)이 보잉사와 매사추세츠 공대(MIT) 등 산학기관들과 협력하여 공상영화에서 가능한 형태의 무기들을 만들고 있다. 예를 들면, 기어를 조작하면 비행기로 변신하는 트랜스 포머 4인승 자동차라든지 한번 띄우면 5년간 1만8백m 상공에서 기능을 수행하는 태양열 무인 정찰기 솔라이글(SolarEagle) 등이다. 또한 스텔스 전투기와 로봇이 있는바, 전자는 미시스팜에 장착되어 특수 페인트를 이용하여 레이더에 잡히지 않으며, 후자는 부착된 전자 센서를 이용해 주변 환경과 비슷해 보이도록 색깔을 바꿔 자신을 은폐한다. 이 기술이 발전하면 병사들의 위장복에도 적용되어 스텔스 솔저 시대가 가능하게 된다. 그리고

을 둘러싸고 치열한 전쟁을 펼치고 있다. 특별히 전자는 OECD와 FTA로 요약되는 경제협력으로, 향후 어떻게 대응하느냐에 따라 국가의 생존과 전략에 결정적으로 영향을 끼칠 것인바, 한일 양국의 미래도 여기에 달려있다.

지금까지 한일관계는 지난 2,000년 동안 지구상에 몇 안 되는 나라들 중에 대립과 반목, 협력과 자존, 상호협력과 우호증진이 요청되는 상황이다. 여러분은 어떻게 생각하는지 몰라도 대체로 한국의 일본에 대한 인식은 한 마디로 가깝고도 먼 나라이다. 하지만 1965년 수교 이후 한일 양국의 협력관계는 지속적으로 발전하였고, 매우 다양한 방식, 예를 들면 정치, 사회, 경제, 문화, 스포츠 분야로 확대되었다. 이에 편승하여 양국 교회 간의 협력관계도 활발히 전개되었다. 필자는 제시된 "21세기 한일 양국의 협력과 향후 전망"을 전개하며 먼저 양국의 역사와 특징을 서술하고, 두 나라의 관계 협력의 가능성 탐구와 실천 방안, 그리고 전망으로 논문을 정리할 것이다.

2. 한일 양국 역사와 특징

UN 집계 현재 세계는 196개국이다. 이 나라 중에는 지리적 환경에 따라 혹은 각각의 역사적 내지 정치적 이해관계에 따라 우호적이거나 때로는 영원한 앙숙관계, 라이벌들이 있다. 전자는 미국과 영국, 독일과 프랑스이며 후자는 터키와 그리스, 영국과 스코틀랜드, 영국과 아르헨티나, 네덜란드와 인도네시아, 그리고 한국과 일본 등이다.[2] 특히 마지막 한일 관계는 한국인 못지않게 일본도 마찬가지다. 이것은 2012년 1월 일본의 한 앙케트 조사 기관이 한국인에 대한 의식을 조사,

---

개발중인 무인전투기는 탑재한 컴퓨터가 비행조종부터 미사일 공격 등 인명살상행위까지 알아서 한다. 스스로 생각하고 판단하는 로봇, 즉 터미네이터이다.『국민일보』, 2012/5/23(수), 오피니언 22면 참조.

2) 참고로 국가 간 혹은 국내 간 라이벌 관계는 프로 스포츠, 특별히 축구계와 야구에서 발견된다. 예를 들면, 국제 경기에서는 영국과 독일, 한일전, 스페인 국내 프로 축구 프리메라리가의 최대 라이벌은 레알 마드리드와 FC바르셀로나이다. 이 두 팀은 109년 동안, 고전의 경기로 불리며 엘클라시코(El Clasico)가 되었다. 전 세계 축구 펜들이 두 팀의 경기를 열망하는데, 축구 귀재요 천재인 호날두는 마드리드, 메시는 바르셀로나 소속이다. 한편 국내 야구는 지역적 특성에 따라 거의 모두가 라이벌이다.

발표한데서 발견된다. 그러므로 한국인이 일본인을 라이벌로 생각하는 것을 나쁘게 치부해서는 안 될 것이다. 이러한 경향은 한일 양국 외에도 존재하기 때문이다. 어떻든 한일관계는 지구가 존재하는 한 변할 수 없는, 우호적인 동시에 생존을 위해 서로를 견제할 수밖에 없는 숙명적 관계이다.

2.1. 한일 양국의 역사개요

한일 양국의 역사는 세계역사, 특별히 아시아에서 중국과 더불어 장구한 역사를 자랑한다. 그 중 한국의 역사는 일본에 조금 앞서는 것으로 이해되는 바, 대개 B.C. 6,000부터 B.C. 2,333년까지 석기 시대로, 단군이 왕검성을 수도로 고조선을 건국하여 800년까지 통치하였다. 이 시대는 흔히 청동기 시대로 불린다. 이 후 108년까지 철기시대였으나 고조선의 패망으로 한사군, 낙랑군, 대방군이 설치되었다. 그 후 A.D. 59년 해모수가 북부여를 건국하면서 삼국시대가 열린다. 그리하여 삼국시대는 37년 주몽의 고구려 건국, 18년 온조의 백제 건국, 668년 신라가 삼국을 통일하기까지 지속되었다. 그 후 신라는 668년부터 935년까지 통치했으나 그 사이 발해가 699년부터 926년까지 북부를 지배하였다. 그 후 918년 고려가 건국되어 1392년 패망까지 존속하였고, 이후 조선은 1910년 한일합병까지 500년 간 지속되었다. 그 후 1945년까지 일제강점기, 1945년 8월 15일 해방부터 2012년 7월 현재까지 대한민국으로 존재해 왔다.

한편 일본의 역사는 관점에 따라 대략 10여 시대로 구분되나 이를 다시 고대와 중세, 근대와 현대로 정리할 수 있다. (1) 고대는 372년-710년 야마토 시대로 이 시기 백제가 일본의 왕에게 칠지도를 하사했으며 552년 불교가 전래되었다. 630년 중앙집권국가가 성립되었고 672년 임신의 란(jinshin no ran)이 발생하였다. (2) 중기는 710-1573년까지로 다시 4 시기로 구분된다. (i) 710-794년 나라(奈良)시대, 712 일본 최초의 역사서인 '古事記' (koziki)의 편찬, 720 일본서기(日本書紀)가 성립되고, 나라의 동대사(東大寺)에 대불(大佛)이 완성되었다. (2) 중기 794-1192년 헤이안(平安)시대이다. 수도 경도(京都) 천도, 935년 다이라노 마사가도(平 將門)의 란 발생, 996년 후지와라노 미치나가(藤原 道長)의 출현과 좌내신(左大臣) 등극, 1156 호오겐(保元)의 란 발생, 1167년 다이라노 기요모리(平 淸盛), 太政大

臣 취임, 1185년 平氏 멸망하였다. (iii) 1192-1333년 가마쿠라(鎌倉) 막부 시대 개국, 1270년 몽고의 병선(兵船)이 대마도 당도, 1274 원군(元軍), 북구주(北九州) 침공, 1331년 고다이고 천황에 의한 가마쿠라 막부 토벌 쿠데타 발발, 1333 호오죠 다카토키 (北條高時)의 사망과 가마쿠라 막부 멸망하였다. (iv) 1338-1573년 무로마치(室町)시대이다.[3] (3) 근대는 1573-1868년까지 2시기이다. (i) 1573-1600년 아즈치모모야마(安士桃山) 시대, 노부나가(信長)와 히데요시(秀吉)가 실권을 잡았던 시대, 1592년 수길이 조선을 침략하였다(1598년 사망). 1600년 세키가하라 전투에서 히데요시 세력이 도쿠가와(德川)측에 패배하였다. (ii) 1600-1868년 에도(江戶) 시대이다. 1603년 정권을 장악한 도쿠가와 이에야스(德川家康)가 에도(江戶=지금의 동경)에 막부를 펼쳤다. 1615년 오오사카(大坂)에 여름 대진(對陣)이 발생하였고, 1702년 아코(赤穗)의 낭인 복수, 가부키 '忠臣藏' (츄우신구라)을 탄생시킨 역사적 사건과 후지산의 폭발이 포함되었다. 이 때 미국의 동인도 함대 사령관 페리가 일본에 개항을 요청하였다. 그리고 1867년 대정봉환 (大政奉還) 도쿠가와(德川) 막부가 정치권력을 포기하고 황실에 환송하였다. (4) 현대는 1868-2012년 7월 현재까지 3시대이다. 이는 (i) 먼저 메이지(明治)時代) 시대로 일본사에 엄청난 변화를 일으켰다. 이 때 1868년 수도를 경도(京都)에서 동경으로 천도, 1871년 폐번치현(廢藩置縣), 1894년 대(對) 청 선전포고, 1902년 일영(日英)동맹, 1904년 대(對)러시아 선전포고, 1909 이등박문(伊藤博文) 하얼빈 암살, 1910년 한국(대한제국)을 병합하였다. (ii) 1912-1926년 다이쇼(大正)시대, 1912년 7월 메이지(明治) 천황 사망으로 연호를 다이쇼(大正)로 개칭하였다.[4] 그리고 1926-

---

3) 이 시기 중 초기 1336-1392년은 남북조(南北朝)시대로 南朝(大覺寺統)와 北朝(持明院統)가 서로 대립 항쟁하였다. 그러던 중 1338 아시카가 다카우지, 정이(征夷) 대장군이 남북조를 통합하였다. 1467 오오닌(應仁)의 란이 발발하였고, 1560 오케하자마(桶狹間) 전투에서 오다 노부나가가 이마가와 요시모토(今川義元)를 격퇴하였다. 이로써 1573 무로마치(室町) 막부의 패망으로 1477-1573년의 전국(戰國)시대가 종식되었다.

4) 1914년 8월 일본 독일에게 선전포고, 1918년 11월 제1차 세계대전 종전과 더불어 일본, 국제연맹 UN 가입하면서 일영(日英)동맹을 폐기하였다. 1923년 9월 관동대지진 발생과 1925년 11월 동경 시내 순환전철(현재의 山手線)이 개통되었다.

5) 1926년 12월 다이쇼(大正)천황 사망, 쇼오와(昭和) 천황 즉위, 1931 만주사변 발발 이듬해 1932년 3월 만주국 건설, 1936년 2월 군사 쿠데타 발생, 1937년 7월 노구교(蘆溝橋) 충돌로 日中전쟁 발발, 1941년 12월 일본군 진주만 공습, 미국과 영국에 선전포고함으로 태평양전

1989년까지 쇼오와(昭和)시대로 전쟁과 경제 부흥의 격동기였다.[5] (iii) 1989-2012년 7월 현재 헤이세이(平成)시대이다. 1989년 1월 쇼오와(昭和) 천황의 사망으로 이튿날 1월 8일, 헤이세이(平成) 새 연호를 채택하였고, 1993년 7월 제40회 총선: 자민당 과반수 미달로 55년 체제 붕괴, 1994년 6월 2차 대전 후 처음으로 1달러=100엔 깨고 99엔대 진입, 1995년 1월 고오베(神戶) 대지진, 3월 지하철 독극물 살포 사건(옴 진리교) 발생, 2012년 7월 현재 노다 요시히코(野田佳彦) 수상이 통치하고 있다. 상기한 바와 같이 한일 양국의 장구한 역사 속에 한국은 동방예의지국으로 주변 국가들과 우의를 돈독히 하는 중에 발전했으나 이와 달리 일본은 꾸준히 대륙 침략 혹은 공격에 신중하게 접근하였다.

2.2. 한일 관계

이 같은 양국 역사 속에 한일 관계는 현재 대한민국과 북한(조선민주주의인민공화국)을 포함하는 역사로 고대부터 전수된 한일 간 외교, 문화, 경제와 스포츠 등의 교류와 접촉을 말한다. 역사적으로 한일관계는 크게 4시기로 정리된다.

(1) B.C. 3C-12세기: 이 시기는 주로 생존 즉 생활과 깊이 연관되었다. 이 때 벼농사, 철이나 종이의 생산기술, 한의학과 불교 등 선진 문화가 한반도를 경유하

쟁 발발, 1945년 8월 일본의 항복, 1946년 5월 극동 국제군사재판(소위, 동경재판)이 시작, 1947년 5월 3일 일본국 헌법 시행(헌법기념일), 1949년 11월 유가와 히데키(湯川秀樹) 노벨물리학상 수상(최초) 발표되다. 1951년 9월 미일간 안전보장 조약 조인(샌프란시스코), 1952년 역도산(力道山), 일본 프로레슬링협회 결성, 1964년 10월 동경과 新大阪(싱오오사카) 간 고속철도 신간선 운행개시 및 제18회 동경 올림픽 개최, 1965년 6월 한일기본조약 성립, 1968년 12월 작가 가와바타 야스나리(川端康成) 노벨문학상 수상, 1970년 3월 일본만국박람회 EXPO' 70 개최(오오사카), 11월 작가 미시마 유키오(三島由紀夫) 할복자살, 1972년 2월 제11회 동계 올림픽 삿포로 개최, 연합적군파(赤軍派), 아사마(淺間)산장 사건, 5월 오키나와 27년 만에 미국에 반환, 1973년 10월 제1차 오일쇼크, 1974년 사토 에이사쿠(佐藤榮作), 노벨평화상 수상, 1978년 5월 나리타(成田) 신동경국제공항 개항, 1980년 12월 일본 연간 자동차 생산대수 1천만대를 돌파, 세계 1등으로 등극, 1981년 2월 교황 바오로2세 일본 방문, 1982년 12월 음향기기 9개사 메이커 CD 플레이어를 동시 발매되었다.

6) 근초고왕(近肖古王)은 백제 제13대 왕으로,『진서(晉書)』에 의하면 여구(餘句),『고사기』에는 조고왕(照古王)으로 기록되었다.

7) 길이 74.9cm의 칼로 일본 나라현(奈良縣) 덴리시(天理市) 이소노카미신궁(石上神宮)에 소장되어 있으며 1953년에 일본 국보로 지정되었다. 곧은 칼 몸 좌우로 가지 모양의 칼이 각

여 또는 중국 대륙에서 직접 일본에 전해졌다. 삼국시대 백재의 근초고왕(재위 346-375)[6]은 칠지도[7]를 일본에 전달하고 일본과 국교를 수립하는 등 많은 선진 문화를 전달하였다. 백제가 언제부터 일본과 통교했는지는 정확히 알 수 없으나 근초고왕에 이르러 양국의 교류가 활발하였다. 당시 백제가 일본에 보낸 칠지도는 양국의 교류를 보여주는 중요한 증거이다. 백제는 근초고왕 때부터 섬진강 유역으로 진출하여 하구에 위치한 하동을 대 일본 교역의 거점으로 삼았다. 백제는 초기에 한성에서 천안, 금강 상류에서 남원, 섬진강을 타고 하동으로 가는 교역로를 확보하였다. 하동에서 쓰시마 섬을 축으로 이키 섬, 규슈의 마쓰우라 반도(松浦半島)에 이르는 길, 쓰시마 섬에서 오키노시마(沖ノ島), 후쿠오카 현 북쪽 해안에 이르는 길이 생겨났다. 현존하는 인물화상경(5-6세기)은 백제 무령왕(재위 501년-523년)이 게이타이 천황(재위 507년- 531년)에게 선물로 보낸 거울로 당시 백제와 일본의 친밀한 관계를 보여준다.[8]

삼국 중 백제가 일본과 교류가 가장 깊었으므로 일본 귀족층에 백제계 도래인 자손이 많았다. 백제의 일본어는 "구다라"로, 멸망 후에도 부여풍의 남동생, 선광의 자손이 일본 왕실로부터 구다라 노코니키시('백제왕')의 성을 받아 백제의 왕

각 3개씩 나와 있어 모두 7개의 칼날을 이루고 있으므로 칠지도로 불렸다. 한국에서도 1935-1936년 부여 군수리 사지(軍守里寺址)에서 칠지도의 일부가 발견되었다. 양면에 60여 자의 문자가 금(金)으로 상감(象嵌)되어 있다. 이 명문에는 판독이 불가능한 부분이 많았으나 1981년 1월 X선 촬영 및 현미경 확대 사진을 통해 많은 부분이 명확하게 판독되었다. 내용은 다음과 같다. (전면) "태ㅁ 4년 5월 16일은 병오인데, 이날 한낮에 백 번이나 단련한 강철로 칠지도를 만들었다. 이 칼은 온갖 적병을 물리칠 수 있으니, 제후국의 왕에게 나누어줄 만하다. ㅁㅁㅁㅁ가 만들었다. (후면) 지금까지 이러한 칼은 없었는데, 백제 왕세자 기생성음이 일부러 왜왕 지(旨)를 위해 만들었으니 후세에 전하여 보이라".

8) 한편 고구려의 장수왕(재위: 412-491년) 군사들이 한성을 남침하여 개로왕이 살해(475년)되고, 왕자인 문주왕(재위 475년-477년)은 위기에 빠진 백제를 구하기 위해 목만치와 남쪽으로 갔다. 여기서 "남쪽"은 일본을 뜻한다는 견해가 있다. 이 견해에 따르면, 목만치는 일본에 건너가 성(姓)을 바꾸어 소가노 마치라는 귀족이 되었다. 소가노 마치의 후손인 소가노 우마코(551년?-626년)는 당시 불교 수용에 적극적인 성향을 보여, 불교 수용에 관심을 보인 쇼토쿠 태자와 연대하여, 당시 배불파(排佛派)이자 국신파(國神派)인 모노노베노 모리야(物部守屋)와 정쟁을 되풀이한 끝에 승리하였다. 그리고 오무라지(大連)인 모노노베 씨를 타도하고 중앙 권력에 중심이 되었다. 이로써 일본은 백제로부터 불교(6세기)와 한자 등 선진 문화를 수용하며 아스카문화(538년-710년)를 꽃피웠고 백제는 군사를 제공받았다.

통을 전하였다. 간무 천황(재위 781년-806년)의 어머니인 다카노노 니가사는 백제 무령왕(재위 501년-523년)을 조상으로 하는 도래인 야마토씨 출신이다. 일찍이 한반도 남쪽에서 배를 타고 거센 물결을 헤치며 일도로 건너간 백제인들은 현재의 오사카 시를 거점으로 "백제주(百濟洲, くだらす)"라는 터전을 만들었다. 또한 오늘날까지 당시 백제인이 만든 관계용 저수지인 백제지, 백제 씨 일족이나 백제 마을이 남아 있다. 고구려, 신라, 백제로 분립됐던 삼국시대는 7세기까지 계속되었고, 당시 일본(왜)은 백제와 외교 관계를 유지하였다. 당시 일본(왜)의 한국에 대한 외교정책은 백제와 우호적이었으나 고구려, 신라와는 적대적이었다.[9]

(2) 13-16세기, 왜구 퇴치와 근린 정책: 고려 말부터 조선 초에 걸쳐 한국 연안을 노략질한 일본은 한일 관계에서 큰 숙제 중 하나였다. 이 시기 고려와 조선은 중국과 조선을 침략하던 일본 해적의 본거지인 쓰시마(대마도) 섬을 정벌하였다. 조선 태조는 즉위 직후 아시카가(1388년) 막부와 교섭하여 일본 군사의 통제를 요청하였으며, 몇 년 뒤 근린관계를 수립하였다. 중국 왕조에 대한 사대정책과 함께 조선 시대 외교정책의 근간을 이룬 근린정책은 일본 외에 여진에도 행해졌다. 그 뒤 일본에 대하여 여러 가지 회유책을 써서 통상 편의를 주었으나 침략은 근절되지 않았다. 따라서 1419년(세종 1년) 왜구의 근거지인 쓰시마 섬을 대대적으로 정벌(제3차 대마도 정벌)하였다. 그리하여 한때 왕래가 중단되었으나 생활의 위협을 받은 대마도주(對馬島主) 소오(宗貞盛)는 사신을 통해 재 통교(通交)를 요청하여 1426

9) 이에 대해 일본 학자들이 각지의 초기 논의 구조 형태와 농기구들, 토기, 주거 형태와 부락 등을 고고학적으로 규명하였다. 한반도 벼농사의 도래에 관해서는 교토대학 사학과의 가도와키 데이지(門脇禎二) 교수가 토기의 고고학 측면에서 다루었다. 모름지기 일본의 벼농사 문화는 한반도 남쪽 한국을 거쳐 직접 전해졌다. 한국 특유의 바둑판형 고인돌이 기타큐슈의 조몬 시대(BC 3세기 이전) 후기 말경부터 야요이 시대(BC 3~AD 3세기) 전기에 만들어졌다고 하는 것과, 한국의 고인돌에 있는 특유한 간석기가 기타큐슈의 야요이 시대 선기 유적에서도 발견되었다는 점 등은 야요이 문화 형성기에 한반도와 기타큐슈 사이에 밀접한 관계가 있었다는 것을 말해준다. 그리고 나가사키현의 시마바라 반도의 하라야마 유적 조사 중 조몬 시대 만기의 토기와 함께 한국식 고인돌 무리가 발견됐다. 또한 시마바라 반도의 구레이시바루 유적에서는 벼와 직물이 짓눌린 흔적이 있는 토기가 발견됨으로 이미 조본 시대 반기(晩期)에 한국 문화와 접촉이 있었으며, 야요이 문화의 주요 구성 요소 중에 벼아 직물이 조모 만기의 사회에 전해진 것을 알게 되었다. 일본에 벼농사가 시작된 시기와 관련된 여러 요소를 검토해 보면 그 모든 것이 한반도 남부와 직결된다.

년(세종 8년) 내이포, 부산포, 염포 등 삼포(三浦)를 열어 교역을 승인하였다.

일본 선박을 이용한 내왕 자들의 증가로, 1443년(세종 25년)에는 대마도 도주와 대마도와 조선 간의 세견선(歲遣船)에 관한 조약(계해조약)을 맺어 일본 무역선은 50척, 조선에서 주는 곡물은 200석으로 제한하였다. 그리고 부산포, 제포, 염포 세 곳을 개항하는 것으로 통상을 제한하였다. 이 밖에 일본의 사신 접대도 규정을 세워, 일본의 국왕, 거추(巨酋), 규슈 단다이(九州探題), 대마도 도주, 제추(諸酋) 등이 보내는 사신에 대해서는 각각 차등을 두어 영송(迎送), 체재비지급(滯在費支給), 상경인원수(上京人員數), 연회(宴會), 사물(賜物) 및 유포(留浦)의 일한(日限) 등을 정하였다. 왜사선(倭使船)이 삼포에 도착하면 도서나 문인(文引)을 검사하고 서울에 보내어 진상물(進上物)을 바치게 하였으며, 조선에서는 이에 대해서 회사품(回賜品)을 주었다. 일본 사신이 서울에 오면 동평관(東平館)을 유숙소로 쓰게 하였다. 이때 일본의 진상물은 은(銀), 동, 연, 유황, 소목(蘇木), 단목(丹木), 백반(白礬), 감초, 호초, 수우각(水牛角), 상아 등이었으며, 회사품은 면포(綿布)와 쌀을 비롯하여 서적, 저포(苧布), 마포(麻布), 인삼, 표피(表皮) 등으로서 한국과 중국과의 경우처럼 일종의 관무역이었다.

이 밖에 왜관을 중심으로 사무역이 활성화 되었다. 따라서 조일 간 통교가 정상화되자 왜구의 침략도 줄어들었다. 그러나 1510년(중종 5년) 삼포 거주 일본인이 반란을 일으키자 다시 삼포를 폐쇄하고 대마도와 통교를 단절하였다. 그 뒤 대마도주는 아시카가 막부를 통해 다시 교역을 청원하므로 임신약조(壬申約條), 정미약조(丁未約條)를 맺어 이전 보다 엄격한 통제 아래 통교를 승인하였다. 그러던 중 1555년(명종 10년) 일선 60여 척이 전라도 연안을 노략질하여 이곳 병사 원적(元績), 장흥부사(長興府使) 한온(韓蘊) 등이 전사하였다(을묘왜변). 이를 계기로 정부는 비변사라는 특별기관을 설치하였다. 그 후에도 일본의 노략질이 심 하자, 일본인의 내왕을 금지하였고, 두 나라 간 교섭도 정지되었다. 한편 선조 초 일본에는 도요토미 히데요시가 출현하여 전국(戰國) 혼란을 수습하고 통일하였으며 이에 따라 일본의 활동이 억제되었다. 이 때 발생한 임진왜란(壬辰倭亂)은 1592년(임진년, 선조 25) 일본의 조선침략으로 1598년(선조 31)까지 지속된 전쟁을 말한다. 1592년 도요토미 히데요시는 대륙침략 계획에 따라 대군으로 조선 침략을 꾀하였다. 왜란 약 7년 동안 일본군은 한국 전토를 유린하여 수많은 사상자를 내었고 국가 재정은 극도로 피폐하였다. 일본은 개전 초반 한양을 포함한 한반도의 상당 부분을 점령하였으나 중반에 조선군과 의병의 강렬한 저항, 명나라의 지원으로 패배하여 완전히 철수하였다. 임진왜란은 조선 500년 사의 최대 사건으로, 정치, 문화, 경제, 일반 백성들의 생활과 언어, 풍속에 이르기까지 거의 모든 부분에 막대한 영향을 끼쳤다.

(3) 근대: 임란으로 일본은 한국의 도자기, 활자, 주자학 등을 가져감으로 그들의 문화를 크게 향상시켰다. 그리고 이를 계기로 일본의 도요토미가 망하고 도쿠가와(德川家康)가 새로 정권을 잡았다. 도쿠가와는 조선과 평화적인 국교와 수호를 청하였으나, 불응하던 중 1607년(선조 40년) 처음 일본에 통신사(通信使)를 파견함으로 국교가 다시 열렸다. 그 뒤 18세기 초까지 모두 12차례 다녀왔다. 일본은 통신사와 그 일행을 통하여 높은 수준의 문화를 접촉할 수 있는 기회를 가졌으므로 한국 통신사들은 대체로 그곳에서 큰 환영을 받았다. 그러나 막말(幕末)의 소란기를 당하여 내외의 정세가 복잡하였으므로 국교는 정지 되었다. 그 뒤 막부를 넘어뜨리고 메이지유신정부(明治維新政府)를 새로 수립한 일본은 왕정복고(王政復古)를 통고하고 국교를 새롭게 할 것을 요구하였으나, 조선은 쇄국 정책을 통해 일본에서 보낸 국서를 거부하였다. 이로서 일본에서 정한론(征韓論)이 대두되었다.

그 후 19세기-20세기 전반기까지 일본의 한반도 침략과 식민지배, 제국주의 열강의 침투로 정리된다. 1863년부터 1873년까지 10년간 정권을 쥔 흥선대원군이 실각하자 당년 음력 11월 고종이 친정을 선포하였다. 이 후 명성황후를 중심으로 한 여흥 민(민자경)씨 정권이 들어서게 되었다. 이에 따라 자연스럽게 통상 개화론자들이 대누되어 소선의 내외정책에 변화가 일어났다. 이런 상황에서 조선과의 평화적인 교섭을 포기한 일본은, 1875년(고종 12년) 9월 20일 통상조약 체결을 위해 군함 운요호를 강화도에 불법 진입시켜 측량을 구실로 동태를 살피다 수비대와 전투를 벌인 운요호 사건이 발생하였다. 이에 조선에서는 찬반양론 중에 개항 찬성론자들의 입지 강화로, 1876년 2월 3일 일본과 강화도 조약을 체결하여 문호를 개방하였다. 이 조약의 체결 후 일본은 국내에 침부하여 협박과 간계(奸計)를 일삼았다.

(4) 현대: 1910년 8월 한일합방-2012년 7월 현재: 특별히 1868년의 메이지 유

신 이후 급격히 근대국가로 성장한 일본은 한반도에 내정의 혼란과 국력의 쇠퇴를 틈타 1876년 이후 대륙의 강대국인 청국과 러시아에 맞서 한국에 대한 침략정책을 노골화하였다. 그리고 1910년 한국을 강제 합병, 주권을 강탈하였다.[10] 그리하여 동년(융희 4년) 8월 22일 한일 병합 조약을 체결하고, 8월 29일 이를 공포하였다. 이로써 대한제국은 역사 속에 사라지고 약 4,000년간 지속된 군주제도가 막을 내렸다. 그리고 일본 제국은 한국을 식민 통치 지역에 편입하였다.

1945년 8월 15일 해방까지 약 36년 동안 통치하였다. 1948년 대한민국 정부 수립 이후 상호 외교 관계가 없던 중 1951년부터 1965년 6월 22일 한일기본조약(한일협정)이 타결되기까지 14년간 모두 7차례에 회담을 가졌다. 한국의 야당과 국민들의 반발이 거센 가운데, 1965년 6월 22일 도쿄에서 '한-일 양국의 국교관계

10) 1904년(광무 8년) 한반도와 만주의 패권을 둘러싸고 러일 전쟁이 발발했으나, 1905년(광무 9년) 일본의 승리로 러일 간 포츠머스 조약이 체결되었다. 이 조약으로 러시아는 일본의 조선 지배를 인정하였다. 동년 일본은 일방적으로 제2차 한일 협약의 성립을 발표하여 대한제국의 외교권을 박탈하고, 한성에 통감부를 설치하였다. 1905년 7월 29일 일본과 미국은 가쓰라-태프트 밀약을 통해 일본은 필리핀에 대한 미국의 식민지 통치를 인정하며 그 대가로 미국은 일본의 조선 침략에 적극적으로 협력하고 조선에 대한 '보호 통치' 를 인정할 것을 약속하였다. 대한의 사회 각계각층에서는 일본의 침략을 규탄하고, 을사 조약의 폐기를 주장하는 운동이 거세게 일어났다.1)10) 1905년 이후 대한 자강회와 대한 협회, 신민회 등이 국권 회복을 위한 애국 계몽 운동을 전개하였다. 1907년(광무 11년, 융희 원년) 2월 대구에서 김광제, 서상돈 등이 제안한 국채보상운동이 시작되어 전국으로 번져나갔다. 이것은 일본이 대한제국을 경제적으로 예속시키고자 제공한 차관 1,300만 원을 국민들이 갚고자 한 운동이었다. 민영환 등은 자결로써 항거하였으며, 조병세 등은 조약의 폐기를 요구하는 상소 운동을 벌였다. 장지연은 주필로 있던 황성신문에 논설『시일야방성대곡』을 실어 일본과 을사오적을 규탄하였다. 오적 암살단 등이 조직되어 을사오적의 저택을 불사르고 일진회 사무실을 습격하였으며, 민종식, 신돌석, 최익현 등은 의병을 조직해 무장 항전을 벌였다. 또한 독립 협회가 해체된 뒤 개화 자강 계열의 단체들이 설립되어 친일 단체인 일진회에 대항하면서 구국 민족 운동을 전개하였다. 초기에는 일본의 황무지 개간권 요구를 좌절시킨 보안회와 입헌 군주제 수립을 목적으로 설립된 헌정연구회의 활동이 두드러졌다.

1907년 이후 헤이그 특사 사건(4월)의 결과로 일본 제국에 의해 고종이 퇴위당하고, 순종이 즉위하여 연호를 "융희(隆熙)" 로 정하였다. 순종이 즉위한 직후 일본은 한일신협약(7월 24일)을 강제로 체결하여 대한제국 정부의 각 부처에 일본인 차관(次官)을 두어 대한제국의 내정을 노골화하였다. 그리고 이면 협약을 통해, 8월-9월에는 군대를 강제 해산하였다. 1909년(융희 2년) 7월 12일에는 대한제국의 사법권과 경찰권, 교도행정에 관한 업무를 일본 제국에게 넘겨주었다. 이로서 대한제국은 명목상 국권만 보유하였다. 일본 제국은 전국적인 의병의 저항을 남한 대토벌 작전 등으로 무력 진압하였다.

에 관한 조약을 조인함으로 한일 양국이 수교하였다. 1998년 11월 18일에는 1965년에 수교 시에 체결했던 기존의 어업협정을 파기하고 신 한일어업 협정을 체결하였다. 2002년 한일 양국은 월드컵을 개최하였고, 2003년 양국 정상회담에서 공동선언문을 통해 2005년을 한일 우정의 해로 정했다. 2004년 40년간 묻혔던 한일 협정문서가 공개되자 한동안 논란에 휩싸였으나 2005년 한일협정 문서의 공개되었다. 이로써 미국과 일본 정부의 압박에도 불구하고 한국 정부의 외교적 노력이 상당했음이 밝혀졌다. 특별히 한일 협정 시에 한국 정부가 받은 일본의 청구권 자금이 개인 피해자들의 몫이었으나 한국 정부가 이를 경제개발 자금으로 전용한 사실이 재확인되었다. 2011년 6월 부임한 주일본 한국 대사는 19대 신각수 씨이다.

3. 한일 양국-협력의 필요성

(1) 급변하는 시대에 대응: 서론에서 지적했듯이 21세 세계는 급변하고 있다. 이러한 상황에서 한일양국은 공생을 위해 상호 협력이 절실히 요청된다. 실제로 한일양국은 역사 속에 세계 어느 나라 민족 보다 서로를 잘 이해하고 있다. 그럼에도 불구하고 양국은 고대로부터 우방이자 때로는 적대관계였다. 그것은 대한민국보다는 일본의 의도적인 침략 야욕 때문이었다. 사실 한국은 동방예의지국으로 겸양지덕을 중시한다. 이런 한국인에게 일본은 가깝고도 먼 나라로 인식되었다. 때로는 혹독한 말로 표현하기도 하였다. 정말 양국은 우방으로 외교 뿐 아니라 실질적인 협력으로 세계에 기여할 수 있는 부분을 찾아야 할 것이다. 이것이 바로 양국을 향한 시대적 요청이다.

(2) 수준 높은 문화 의식: 이는 각 나라의 역사적 형편과 전통, 대상에 따라 이해가 다를 수 있다. 비록 문명화 되지 못한 나라라 할지라도, 그들 세계에서는 만족할 수 있을 것이다. 그러므로 문명이나 문명화를 절대화할 수도 없다. 하지만 여러 나라들 중에 한일 양국의 문화적, 과학적, 교육적 수준은 세계 최정상이다. 여기에는 양국민의 선진화의 열망이 자리하기 때문이다. 적극적으로 해외 문물을 수용하여 나라 발전에 활용하였다. 지적했듯이 오늘 날 전 세계 약 200여 개 국가 중에 양국의 위상은 상위권이다. 특별히 최근 양국의 위상은 전 세계를 선도하고 있다. 혹자의 말대로 현대 과학 기술과 정보화 시대에 양국의 인재와 활용이 없이

는 어느 것도 불가능할 정도이다. 따라서 양국은 향후 발전과 21세기 무한 경쟁 시대에 더욱 공조해야 할 것이다. 단순한 우방의식, 짝사랑의식을 극복하고 없어서는 안 될 동반자요 반려자가 되어야 할 것이다.

4. 향후 대책과 협력방안

4.1. 한일 간의 견해

(1) 역사적 관점: 한일 양국은 동양의 수많은 나라들 중에 문화적 우수성이 크게 앞선 나라들이다. 하지만 대체로 전자는 과거, 후자는 현재 상황에 관심을 갖는다. 대표적인 사례로 한국인이 기억하는 일본인은 이등방문(이토오 히로부미), 풍신수길(토요토미 히데요시)이며, 일본인은 몇 년 전 방영된 한국 드라마 겨울연가의 유명 배우 욘사마 배용준을 기억하고 있다. 특히 욘사마는 일본의 40-50대 아줌마들에게 전설적인 존재이다. 한국정부는 일본인 관광객 유치를 위해 남이섬에 한 때 KBS에서 방영된 겨울연가 무대를 설정하였다. 저도 한 번 방문했는데, 주변 경관이 정말 아름다운 곳이다. 여기서 주목할 것은 역사에 대한 일본인의 사실성 혹은 진실성 문제이다. 일본은 역사 앞에 진실해야 한다. 거짓을 미화하고 감추는 것은 좋지 않다. 제2차 세계 대전으로 아시아의 여러 나라가 상처를 입었다. 일본의 때린 사람은 쉬 잊으나 맞은 사람은 평생 잊지 않는다.

(2) 현실직시와 사회일본의 역사 이해: 특별히 일본은 1618년부터 지금까지 독도 영유권을 둘러싸고 우리나라와 분쟁을 일으켜 왔다. 그리고 2005년 2월 22일 일본 시마네 현 의회는 본회의를 개회하고 심의 과정 없이 2월 22일을 '다케시마의 날' 로 정하는 조례안을 가결했다. 그런데 일본 정부는 우리 정부와 시민단체의 대책 마련 요구에도 지방정부가 추진하고 있는 일을 중앙정부가 개입하기 어렵다는 입장을 고수하고 있다. 이로써 양국 관계는 역사교과서 왜곡 문제와 맞물려 갈등이 고조되고 있다. 관점에 차이지만 주지하듯 역사적으로 독도는 삼국사기와 세종실록 지리지 등 여러 역사서는 물론 우리나라 고지도를 포함하여 다른 나라의 고대 지도에도 엄연히 대한민국 영토로 명시되었다. 특히 일본인이 직접 제작한 '대일본분견신도' 에서도 독도는 우리나라 땅으로 확실하게 표시되었다. 그리고

현재 일본은 독도뿐 아니라 러시아와 북방 4도, 중국과 쿠릴열도 문제로 동북아시아 여러 나라들과 다투고 있다. 일본은 섬나라로 그리고 수 많은 지진으로 인한 피해로 영토에 극심한 욕심을 보이고 있다. 이에 대하여 우리는 분노하지 않을 수 없다. 아직 해결되지 않은 역사문제를 포함하여 많은 문제를 안고 있는 일본으로 여러 문제를 억지로 결부시키려는 행위는 동북아시아의 분노를 살 수 밖에 없을 것이다. 사실 우리나라 대구광역시와 시마네 현 간의 상호 교류는 일본의 야욕으로 절연되었다.

4.2. 향후 대책

1995년 8월 15일 종전 50주년을 맞아 무라야마 도미이치(村山富市) 수상이 행한 한국 침략과 식민지 지배에 대해 "통절한 반성의 뜻을 표하며 진심으로 사죄의 마음을 표명한다"는 담화[11)]를 기억해야 할 것이다. 따라서 한일 양국은 1910년 한일합병 이후 과거 100년의 갈등을 미래지향적인 관계로 이끌기 위해서 양국의 공동이익, 즉 상호신뢰에 대한 확실한 의지를 천명해야 할 것이다. 이를 기반으로 한일 양국은 공동의 이익(common interests)을 창출하기 위해 제도적 노력을 배가시킬 필요가 있으며, 이를 위해 양국 지도자들의 정치적 의지의 교환과 결단이 중요하다 할 것이다.

(1) 제도적 장치 요청: 이는 현안 문제에 대한 다차원적인 설득과 제도적 장치 마련이 요구되는 부분이다. 이를 위해 한일 양국은 현대 세계는 복합적으로 다원사회라는 것을 인식해야 할 것이다. 이것이 한일 양국의 갈등의 악순환을 벗어나는 출발점이 될 것이다. 그러한 의미에서도 국가주의 패러다임의 충돌이 아닌 시민사회의 복합적인 관계를 토대로 한 한일관계에 대한 관점이 중요하다. 현재 양국은 모두 과거를 바라보면서 앞으로 전진 하지 못한 채 서로를 비난하고 있는 실

11) 1995년 8월 15일 일본의 수상 무라야마는 패전 50주년을 맞아 담화를 발표하였다. 내용은 "우리나라는 머지않은 과거의 한 시기, 국가정책을 그르치고 전쟁에의 길로 나아가 국민을 존망의 위기에 빠뜨렸고 식민지 지배와 침략으로 많은 나라, 특히 아시아 여러 국가 국민들에 막대한 손해와 고통을 주었다. 저는 의심할 여지가 없는 이러한 역사적 사실을 겸허하게 받아들이고 여기서 다시 한 번 통절한 반성의 뜻을 표하며, 진심으로 사죄의 마음을 표명합니다."

정이다. 일본에서는 한국이 지나치게 과거에 사로잡혀 있어 미래지향적인 관계를 구축할 수 없다고들 한다. 하지만 사정은 일본도 예외가 아니다. 일본도 과거사에 사로잡혀 있기는 마찬가지 이다. 누가 먼저라고 할 수 없을 정도로 과거에 매몰되어 현재의 변화를 이해하지 못하는 것이 문제이다. 따라서 한국은 과거사에 과잉 반응을 하거나 이를 정치적으로 이용하는 것은 그만두어야 할 것이다. 한국의 요청보다는 일본 내 해결책이 선행되어야 할 것이다.

(2) 독도 영유권 분쟁: 이를 둘러싸고 한국 민의 감정을 자극하는 일본의 우익세력이 갈등을 증폭시키는 메커니즘이 존재한다. 현재 한일양국은 독도문제가 내셔널리즘과 연결되면서 상대방의 정책에 대해 더욱더 적극적으로 대응하지 않을 수 없게 되었다. 그 결과 앞으로 독도 문제에 대해서는 한국정부 뿐만 아니라 일본정부도 우익 세력과 동원된 국민들의 여론에 의해 악수를 둘 가능성이 높아졌다. 따라서 독도문제로 인해 한일관계가 갈등의 악순환 구조에 빠질 가능성마저 존재한다. 이러한 점을 감안하여 한일 양국은 단계적으로 영유권 분쟁을 현상에서 동결하고 관련 해양문제들을 영유권과 별개로 다루어 나가는 것에 중점을 둔 적극적인 갈등관리 정책이 정착할 수 있다면 영유권과 관련된 악순환의 갈등 고리를 끊고 기능적인 분야의 협력을 통해 갈등을 축소하는 방향으로 나아갈 수 있을 것이다.

(3) 장기발전계획수립: 한일양국은 국가목표달성을 위한 종합적 대일, 대한 전략을 만들어야 할 것이다. 예를 들면 한국의 대일 전략은 즉흥적이나, 사안중심의 단발적인 대응에 그치고 있어, 종합적이고 장기적인 전략적 비전을 공유하고 있지 않는 상태이다. 또한 한일관계를 주로 양자 간의 특수 관계에 한정하여 한국의 전체적인 국가목표 및 종합적인 외교 전략의 틀에서 대일 전략을 구상하지 못하고 있는 실정이다. 일본의 경우에도 한일 전략은 아시아와의 관계에서 중국의 하위전략으로 보는 경향이 짙다. 따라서 중국화의 외교 상황에 따라 일시적인 한일 관계 복원이 거론되기도 함으로써 국가 전략과 연계된 한일정책이 일관성 있게 추진된다고 보기에는 어렵다. 이점에서 대일, 대한 정책이 동아시아 나아가서 세계에서 어떤 역할을 할 것인가에 대한 전략적인 발상은 아직 발전되고 있지 않다. 앞으로 한일의 협력은 국제질서의 변화를 염두에 둔 종합적인 미래 비전을 만드는 작업이 되어야한다. 즉 새로운 국제질서 속에서 한일협력이 어떠한 이익을 가져오는지

를 명확히 인식하고, 이를 바탕으로 서로 협력할 수 있는 공간을 확대하도록 노력하는 것이 바람직하다.

4.3. 협력방안과 사례

양국의 협력은 다양하게 요청되는 바, 상호 공존을 위해 과거 관계에서 긍정적인 요소를 찾아야 할 것이다. 예를 들면, 1950년 6.25 전쟁 시 한국은 일본의 전쟁 물자를 제공 받았고, 경제 발전에 많은 기술을 제공받았다. 2002년 한일 월드컵에서 보았듯이 상호 협력은 세계사적 요청이다. 현재 한국의 과학기술, 특별히 포스코는 일본의 기술 제공 덕분에 우뚝 서게 되었다. 한편 일본은 현재 한류 열풍의 중심이며, 덕분에 우리나라에 관광객들이 많이 오가며, 인적 교류가 활발하게 전개되고 있다. 긍정적인 요소와 함께 그러나 독도문제는 부정적이다.[12] 이는 객관적 사실을 부정하는 역사 왜곡으로 일본이 세계 여러 나라에 로비하여 독도를 자국의 영토로, 동해를 일본해로 표기시키는 행동, 평화헌법을 개정시켜 세계 제 2차 세계 대전 이후 없었던 군대를 회복시키려는 극우세력의 움직임 등으로 많은 면에서 부정적이다. 또한 IMF시절 우리나라에 자금을 지원하는 대신 신 한일어업 협정을 김대중 정부와 맺어 독도를 중간수역에 넣어 공동 관리 하려하였다.

4.4. 최근 사례

역사적으로 한일 양국과 두 교회 간의 협력 관계는 최근 2가지 우호적인 사실에서 발견된다. 하나는 국가적인 일이며 다른 하나는 양국 교회, 교단 간의 일이

---

12) 특별히 독도 분쟁은 일본의 주장에도 불구하고 군대를 주둔시켜 강제 점거하지 못하게 하는 방법과 동시에 북한의 헌법을 이용하여 신 한일어업 협정을 파기시키는 것이다. 북한 헌법에는 독도가 자국 영토라고 되었는데 일본이 제 멋 데로 어업협정 맺었다고 파기시키면 되는 것이다. 물론 지금 남북한 정부의 냉각된 관계에서는 불가능하지만 일본의 역사왜곡에 대해서는 지속적인 연구로 사실을 밝혀야 할 것이다. 그리고 당시에 영토를 침탈당한 대만, 베트남, 중국, 라오스, 캄보디아와 초국가적으로 협력하여 일본의 잔상을 전 세계에 알리는 방법도 요구된다. 하여튼, 한국의 일본에 대한 이미지는 상당부분 부정적이나, 일부 호감도가 높아지고 있으나 앙금이 남아 있는 이유는 일본이 진정성 있는 사죄와 반성을 행동으로 보여주지 않기 때문이다. 그렇지만 한일 관계는 미래를 위해 냉각기를 극복해야 할 것이다.

다. 전자는 2012년 5월 13(일)일 제5차 한.일.중 3국 정상(한국의 이명박 대통령, 중국 원자바오 총리, 일본의 노다 요시히코 총리)은 북경의 인민대회당에서 투자보장협정을 체결하고, 동시에 자유무역협정(FTA)을 위한 협상을 연내에 개시하기로 하였다. 후자는 교회적으로 5월 14-16일, 대한예수교장로회(합동) 100주년 전국목사장로대회 3일 째, 360명이 일본 대마도를 찾아 일본의 복음화를 위해 기도하였다. 당시 일본의 나가이 아끼라(77세) 목사는 한국 목회자들에게 일본 선교와 영혼구원을 위해 중보기도와 사역자의 파송을 부탁하였다. 그리고 5월24-29일(5박6일), 한일 젊은이 약 350명이 순교의 땅 나가사키에서 일본복음화를 위해 기도하였다.

최근 JASTA(Japanese Student Abroad, 연희동 소재) 선교회는 10년 째 일본인 유학생들에게 무료 요리와 한글성경 교실을 열어주고 있다. 2005년 일본인 유학 생 및 외국인 유학생을 돕기 위해 설립된 선교 단체 대표 구드보라(62세, 목사) 선교사는 다양한 교양 및 전도 프로그램을 운영하고 있다. 매년 2월 일본인 및 재일교포 유학생을 위한 선교 집회를 열고 있다. 명절, 예를 들면 설이나 추석, 부활절, 크리스마스 때 유학생들에게 한국의 전통요리를 대접하고 윷놀이, 송편 빚기 등의 문화 행사를 실시하고 있다.[13)]

5. 결론

서론에서 지적했듯이 한일 양국 간의 관계는 새로운 시대, 21세기의 피할 수 없는 우호 관계가 요청된다. 그 관계는 짝사랑이아니라 동반자, 상생관계이다. 이

---

13) 『국민일보』, 2012년 6월 9(토)일, 미션라이프 21면 참조. 일본 선교를 위한 대표적인 단체는 JMF이다. 이 단체는 1999년 고 김의환 총장과 선교 비젼을 함께 하는 형제들을 중심으로 일본의 복음화를 위해 설립되었다. 1990년대 일본복음선교회(JEM: Japan Evangelical Mission)는 한국 교회의 일본선교에 대한 부르심을 받은 사역자들로 시작되었다. 선교의 대상지를 일본으로 삼고, 그들을 위해 한국교회의 일본선교를 지원하고 중보기도 운동을 일으키는, JEM은 전문적이고 체계적인 일본선교를 위해 사역하는 복음주의적 초교파 선교단체이다. 그리고 SIM(Serving in Mission) 선교회와 아시아 엑세스(Asian Access) 선교회가 힘을 모아 향후 9년 동안 1천 개의 교회를 일본에 개척하는 계획을 수립했다. 이를 위해 두 선교 단체는 2020년까지 일본에서 교회를 개척할 선교사들을 모집하여 파송하는 사역을 함께 펼쳐나가기로 합의하였다.

는 오랜 역사만큼 또한 내일을 위해 역사에 기여해야 할 책임이 막중하기 때문이다. 실제로 한일 양국은 오랜 문화적 전통과 과학적 증거로 도움이 절대 필요한 상황이다. 비록 쌍방 국가 간 이해에 부정적인 면이 있으나 이를 신뢰로 특별히 신앙으로 극복해야 할 것이다. 현재 일본 내 한국에 대한 호감도가 높아지고 있으나 한국의 일본에 대한 감정은 정체되어 있는바, 이는 일본의 과거 역사에 대한 진정성 있는 사죄와 반성이 없기 때문이다. 그렇다고 한일관계를 '제로섬 게임'으로 취급할 수만은 없다. 과거의 상처를 극복하고 오히려 포지티브하게 적극적으로 대처해야 할 것이다. 만약 양국이 신뢰 속에 협력한다면 세계는 또 다른 역사를 창출할 것이다. 그만큼 양국의 동력은 만만치 않다고 예상하기 때문이다.

이제 양국은 특별히 외교 관계에서 어느 한편이 일방적으로 손해를 보기 보다는 상호 윈윈(Win-Win)하는 협력 상황이 요청받고 있다. 따라서 한일 양국은 감정적 갈등을 해소하면서 공동의 이익을 찾고 이를 실현하기 위해 필요한 경우 협력 방안을 찾아야 할 것이다. 여기에 양국 교회의 역할이 중요하다. 때때로 몇 몇 일본의 교계 지도자들이 1910년-1945년의 36년 통치와 만행을 사죄하지만, 그 사죄가 단지 인사나 면피용으로 끝나지 않도록 진정성 있는 행동이 요구된다. 한국인들은 매우 정적이다. 그에 비해 일본은 의지적이다. 이것이 조화를 이룰 때 지금까지 이루었던 것 보다 더 크고 놀라운 일들을 창출할 수 있을 것이다. 이번 세미나를 주선하시고 분에 넘치는 환대를 베푸심에 심심한 감사를 드린다. 지금은 작지만 이것이 밀알 되어 숲을 이루고 장차 많은 열매를 맺기를 간절히 기도드린다.

저자는 총신대학교 신학과를 마치고 동 신학부를 수학한 후 합동신학원(M.Div.)을 졸업하였다. 후암제일교회 대학부, 서울남부교회 부목사, 그리고 한국기독학생회(IVF) 간사로 활동하던 중, 영국에 건너가 런던신학교(London Theological Seminary), 스코틀랜드의 수도 에든버러에 있는Free Church College 대학원(Post-Dip., in Theol.,)과 애버딘대학교(Aberdeen University)에서 역사신학(Th.M)을 전공하고, 남웨일즈 글라모르간대학교(Evangelical Theological College of Wales)에서 박사학위(Ph.D.)를 취득하였다. 그리고 다시 영국 옥스포드대학교(Oxford University), Green College에서 Post-Doctoral 과정(현대신학과 기독교윤리)을 이수하고 귀국하여 현재는 총신대학교 교수(역사신학)로 있다.

저술과 논문

- 「언약사상사」, 1994
- 오웬 채드윅, 「종교개혁사」, 서요한 역, 1999
- 「초대교회사」, 2003, 2010
- 「중세교회사」, 2003, 2010(제21회 기독교출판문화상 신학부분 최우수상 수상)
- 「종교개혁사」, 2013
- 시집(1권) 「내 가슴에 타는 불은」, 2013
- 「개혁신학의 전통」, 2014
- 「스코틀랜드 교회와 한국장로교」, 2015
- The Contribution of Scottish Covenant Thought to the Discussions of the Westminster Assembly 1643-1648 and its Continuing Significance to the Marrow Controversy 1717-1723(Ph.D., 1994)
- A Study of the Scottish Covenanters on Church Government from 1638 to 1648(Th.M., 1990)
- Spiritual Discipleship for the Church Ministry Today(Post-Dip., in Theology, 1988)
- A Study on the Theological traditions of the Free Church of Scotland-

10 years conflict from 1834 to the Disruption of 1843-, 2013)
- 청교도의 역사적 기원과 발전 외 다수
- 2009년 문학21 안도섭 선생 추천 시인 등단

- 서요한 작시/최영섭 작곡("그리운 금강산"), 최영섭 가곡집 IV권, 70곡, 가곡선집 V권, 111곡 중 "설악산아!" 와 "영광의 주 여호와"(아브라함 음악사, 2012), 그리고 서요한 작사/최영섭 작곡, "삼각산아", "아 독도여", "영원하라 무궁화여", "그리워라 풍악산아", "내장산아", "아 영원하라 나의 조국" 등 성가곡 15곡, 서정가곡 15곡, 조국사랑노래 25곡 등 55여곡 출간(청조음악사, 2014. 2)

- 한국찬송가연구위원회, 회중찬송가(2014), 최영섭 작곡 "환란 많은 세상에서"(631)와 장욱조 작곡 "주님께 받은 사랑"(646)과 "창소주는 여호와"(688) 등 3곡 작사, 그 밖에 최영섭 찬송가 16곡, 상욱조 3곡, 최중길 1곡 등 20곡을 작사하였다.

A History of
the Reformation
종교
개혁사
A History of the Reformation
서 요 한 著
그리심

서요한 저 / 양장 / 830면

서 교수님은 서두에서 언급한 대로 끝없이 전개되는 역사의 갈등과 대립, 미움과 증오, 반목과 증오에 주목하고, 이를 역사적, 신학적, 실천적 관점에서 조명하였습니다. 개혁주의 전통이 하나님의 주권과 통치에 있는바, 특별히 서 교수님은 이를 언약신학적 관점에서 통시적으로 재해석하고, 역사 속에 성취된 수많은 흔적들을 이미 출간된 「초대교회사」와 「중세교회사」처럼 시대를 따라 심도 있게 학문적으로 정리하였습니다. 각부 각장, 모든 페이지에 간직된 역동적 전개, 분석과 평가는 서 교수님의 열정과 숨결로 대하는 이들의 마음을 사로잡기에 충분한 이유라 할 것입니다. (총신대학교 총장 정일웅 박사)

16세기 종교개혁은 1517년 젊은 대학 교수 마틴 루터의 95개 항의문을 필두로 1572년 스코틀랜드 개혁자 존 낙스의 사망까지 약 50년 동안 급속히 전개되었다. 개혁의 불길은 그 누구도 그 어떤 세력도 막을 수 없게 되었고, 특징 또한 거칠고 매우 다양하게, 예를 들면, 시대별, 언어별, 인물별, 사상별, 국가별로 나타났다. 놀라운 것은 개혁자들이 비록 각각 나이와 배경, 학문과 신학이 달랐으나 공히 중세 1,000년의 구습을 벗고 초대교회의 사도적 전통, 계시의 말씀과 구원의 은총, 그리스도의 주권 회복과 실천적 삶의 구현에 총력을 기울였다. (저자의 머리말에서)

The Tradition of
Reformed Theology
개혁신학의
전통
A History of the Reformation
서 요 한 著

서요한 저 / 양장 / 460면

주지하듯이 2,000년 기독교 역사 속에 수많은 사상과 이념들이 혼재하였다. 일부를 제외하고 대부분은 세월을 거스르지 못한 채 소멸하였다. 하지만 그 중에 성경적 기독교, 정통 신학 혹은 개혁신학은 주님의 지상명령, 성취와 준행과정에서 독보적으로 계승되었다. 그 방대한 역사와 신학을 통합하여 일관되게 정리하기란 그렇게 간단하지가 않다. 더욱이 급속한 변화 속에 21세기는 세속주의와 신자유주의, 혼합주의와 탈현대화 및 최첨단 정보화 시대로 정리된다. 2014년 2월 현재 겔럭시 노트나 스마트폰에서 보듯이 일상에 필요한 모든 것들이 버튼 하나로 결정된다. 정신을 차릴 수 없는, 자고새면 달라지는 실로 급변하는 현실이다.

무엇보다 현대는 다변화된 신학의 홍수 시대로, 오늘 한국 교회는 정체 모를 다양한 신종 신학과 사상 내지 이단의 출현으로 혼란을 겪고 있다. 따라서 오늘 우리에게는 성경적 기독교, 말씀에 기초한 정통 신학 혹은 개혁신학의 정립, 즉 정체성 확립이 긴박하게 요청된다 할 것이다. (저자의 머리말 중에서)

스코틀랜드 교회와 한국장로교

2015년 4월 1일 초 판 1쇄 인쇄
2015년 4월 10일 초 판 1쇄 발행

저 자 / 서 요 한
발행인 / 조 경 혜
발행처 / 도서출판 그리심

도서출판 **그리심** · since 1998
등록번호/제7-258호(1998. 4.23)
● Home page: 그리심
● E-mail: grisimcho@hanmail.net

156-879 서울시 동작구 사당로2길 72 인정 B동(B01호)
TEL : 523-7589(출판), FAX : 523-7590(출판)

* 저자와 협의하여 검인을 생략함

ISBN 978-89-5799-350-7 93230

값 : 표지 뒷면에